U0963008

《道德经》全解

【第一册】

[春秋] 老子◎著
单天信◎主编

时代文艺出版社
SHIDAI WENYI CHUBANSHE

图书在版编目（CIP）数据

《道德经》全解：全四册 / (春秋) 老子著；单天佶主编. -- 长春：时代文艺出版社, 2025.2（2025.7重印）
ISBN 978-7-5387-7346-0

Ⅰ. ①道… Ⅱ. ①老… ②单… Ⅲ. ①《道德经》— 研究 Ⅳ. ①B223.15

中国国家版本馆CIP数据核字(2023)第235302号

《道德经》全解（全四册）

《DAODE JING》QUANJIE（QUAN SI CE）

［春秋］老子 著 单天佶 主编

出品人：吴 刚
责任编辑：徐 薇
装帧设计：韩月朝
排版制作：李舒园

出版发行：时代文艺出版社
地 址：长春市福祉大路5788号 龙腾国际大厦A座15层（130118）
电 话：0431-81629751（总编办） 0431-81629758（营销部）
官方微博：weibo.com/tlapress
开 本：640mm × 910mm 1/16
印 张：64
字 数：774千字
印 刷：德富泰（唐山）印务有限公司
版 次：2025年2月第1版
印 次：2025年7月第2次印刷
书 号：ISBN 978-7-5387-7346-0
定 价：498.00元（全四册）

图书如有印装错误 请与印厂联系调换 （电话：17091085588）

前　言

哲学大体上能与智慧划等号，而想要拥有智慧，首先就要学会思考。《道德经》正是一本讲述“道即智慧，德即众人所得”的书，书中也提出了较为完整的有系统性的进行思考的方法。

《道德经》，又被称为《老子》或《五千言》,由春秋时期的老子所著，也是道家哲学思想的重要来源。它分为上下两篇，涵盖哲学、伦理学、政治学、军事学等诸多学科，文义深奥，内容广博，论述了修身、齐家、治国、用兵、养生等诸多道理，对传统的哲学、科学、政治、宗教等都产生了深刻影响，被后人誉为“万经之王”。

《道德经》中所讲述的哲理，源于老子对世间万物的洞察和思索。春秋时期诸侯间的频繁战争、战争所带来的社会动荡、人性的纷繁与复杂、世事的变化无常，对于观察到的一切所产生的思考，让老子渐渐塑造出了包罗万象、道法自然的智慧之学。

在人生观和宇宙观上，老子的态度是高度一致的，就是所谓的“天人合一”。老子认为，人的行为应该顺应自然，这样才能人生顺遂，如果违逆自然规律，那就一定会招致祸患。在“天人合一”观念的基础上，老子又提出，人应该尽力为更多的人服务，凭借自己的能力推动社会的进步，而并不为自己牟取私利，帮助别人而不挟恩求报，努力工作却不因能力出众而傲慢，有所成就却不因此而洋洋自得，这样才合乎君子之道。

老子认为，面对世事的纷争搅扰，人应当致虚守静。他认为，道体是虚无状的，是万物的根源，它发挥出来的作用可以是无穷无尽的。由此可见，老子提出的“虚”并非空虚无物。我们常说虚怀若谷，形容一个人心胸开阔，此话来源于老子。他用谷象征虚，把虚用到人生观上，便含有深刻的意义。

老子的《道德经》虽然只有五千言，但它内容深奥广博，期间又有无穷的变化之理，因此尽管已历经两千多年，时移世易，仍有历代学者苦心钻研此书。对《道德经》进行更深层次的解读是可以做到的，研究《道德经》是有意义的。传承并发扬人类优秀的文化瑰宝是我们每个人与生俱来的责任。

在现代社会中，科技的飞速进步和信息的海量涌现既为人们带来了前所未有的便利与知识，也可能导致人们出现焦虑和压力。《道德经》所蕴含的深邃精神思想，在此刻显得尤为重要。通过研习《道德经》，人们能够不断提升自己的精神境界，获得人生的启发。此外，通过修身养性、内省自观的方式，人们可以在内心深处找到那份宁静与智慧。这样，就能更加从容地应对生活中不断变化的外部环境和各种挑战。

在我看来，除去哲学家这个身份，老子也是一个诗人，是一个优秀的讲述者。他的语言风格充满了诗意，他所表述出的内容只是与我们建立沟通的一个渠道，而他真正想要表达的，是无法被文字或语言具象化的，如果我们能真正理解，那么也就洞悉了真相。

《道德经》中的诸多语句因其清新脱俗的语言风格和深刻的哲理内涵，成为后世广为传颂的格言或成语。诸如“祸兮，福之所倚；福兮，祸之所伏”以及“民不畏死，奈何以死惧之”等经典之句，至今仍被频繁引用。此外，“物壮则老”“上善若水”“慎终如始”“知人者智，自知者明”以及“天网恢恢，疏而不失”等，无一不彰显着《道德经》的语言魅力。从语言学的视角来看，《老子》无疑为汉语宝库增添了浓墨重彩的一笔，这些历经千年沧桑的成语和格言，依然保持着旺盛的生命力，继续影响着后人。

《道德经》是一本讲述万物真意的哲学著作，“圣人欲不欲，不贵难得之货。学不学，复众人之所过，以辅万物之自然而不敢为”，所以这本书只是写出了问题的另一面。

老子曾说：“圣人抱一为天下式。”看书这件事，尤其是哲学方面的论著，实在是仁者见仁，智者见智，你能从书中获得什么，终究取决于你自己。

目　录

#《道德经》赏析

惚恍
惚恍

第一章　众妙之门

道可道，非常道。名可名，非常名。无名，天地之始。有名，万物之母。故常无欲，以观其妙。常有欲，以观其徼。此两者，同出而异名，同谓之玄。玄之又玄，众妙之门。

【释义】

能用言辞表述的大道，就不是永恒的大道。能够叫得出来的相名，就不是永恒的相名。天地万物未成形的样子，是天地万物的元始；万物初始的命名，是孕育万物之源。所以常常保持清净无欲的状态，来考察“道”无名无形的玄妙；常常从有目的、有追求的状态，来考察它有名有形之处的客观真实。妙和徼这两个概念，本源相同而名称不同，共同称为大道变化。

变化来变化去，这是洞察宇宙间一切奥妙的门径。

【古典今读】

开篇点出“道可道，非常道”，初步揭示了“道”的真正内涵。道是《道德经》所要阐述的核心问题之一，它在天地未生成以前就存在于浩瀚的宇宙中；当天地生成以后，道就在万事万物中发挥着自身的作用，贯穿于万物生成、生长、发展、消亡的始终，作为一种自然规律客观地存在着。提起道，我们不免会在头脑中想象它的模样，然而我们的想象带有很大的局限性和主观性。真正的道是不以人的主观意志为转移的，它是客观存在的，但又看不到，摸不着，正所谓“大道无形”。我们主观想象出的道的样子，不是真正的道，只能称得上“名”。“名”这个概念也是不能用语言和文字来描述形容的，语言文字的局限性比想象的局限性更大，

如果用语言文字来描述大道，只能与大道背道而驰。不能用语言又不能用文字来描述大道，那如何才能认识大道呢？我们不得不采用概念和语言，即“有”和“无”这两个“名”。所谓“有”就是存在的意思，它代表一种正在孕育万物的状态，是万物的生母，即万物是从“有”中孕育生产出来的。“无”，我们理解为没有的意思，代表天地还没有生成以前的混沌状态，说明天地是从无中生出来的。

所以我们可以将“道”理解为一种“无”的状态，一种“有”的能力，它的本源是“无”，却可以生出天地万物。正是如此，我们可以采取“无”的态度去体认道的玄妙。道的原始是虚无，我们要想体认道，就必须抛却所有的杂念，让自己处于一种毫无思想意识的状态，达到一种完全虚无的境界，只有这样，我们才能真正体悟到道的奥妙和玄机。“无”和“有”是我们必须把握的两个概念，它们是打开“众妙之门”的钥匙，只有通过它们，我们才能领悟道的实质。

所谓“恒有”，就是一种永恒的有，也叫“大有”；与此相对应，“常无”就是一种永恒的无，或叫“大无”。我们可以通过这种忘却自我一切的“大无”，体悟到天地初生时的“妙”；通过这种包容万物的“大有”，观察到万物未生前的“徼”。“妙”，按汉字的造字法，可以拆分为“少”和“女”，少女不但处于妙龄，而且是纯真、纯洁的象征，这里用在“大道”中，可以理解为天地的本始。“徼”音“交”，取交际、交媾意。交媾生万物，这是顺理成章的事情。在这里，不论是“妙”还是“徼”，都只是对宇宙大道中的某一状态的描述，还停留在概念这一层面上，都是“名”。“妙”在前而“徼”在后，所以概念的“相名”也就不同了，但它们都是由道生出来的，都是对道的发展和变化，统称为“玄”。“玄”意为转变。变化来变化去，就构成了天地万物的“众妙”。这里的“妙”和“观其妙”的“妙”本质意义不同，“观其妙”的“妙”表现的是万物中的生机，而“众妙”的“妙”表现的是天地未生前的生机。

回过头来看原文，我们不难发现，文中着重阐述了这样几个概念：道的概念、名的概念、有和无的概念、妙和徼的概念、玄的概念。这些概念统称为“名”。借用老子的一句话“名可名，非常名”来说，这些概念并没有真正地揭示出道的真正内涵，这是因为“道可道，非常道”，任何言语和文字都无法揭示出“道”的真义。我们学习和研究这些概念，就是为了更好地理解“道”，它们可以作为理解“道”的桥梁。

“道”和“德”是老子哲学体系的核心，因此老子开宗明义，首先讲“道”。

何谓“道”？

要理解“道”，首先要排斥“神”或“天意”的言论，这是毋庸置疑的。老子所讲的“道”是一种不可言传的恍惚状态，是先天地而生，天下万物的生母；是一种不可名状的力量，滋养天地万物；它是天地万物必须遵循的规律，支配天地万物，却从来都顺其自然而不加以干涉。

由此可知，老子所讲的“道”，指的就是宇宙和自然的规律，也可以称作我们人类的自然观和世界观。对于我们人类而言，只有认识这些规律，顺从而不违背这些规律，适应这些规律，利用这些规律，才能不断发展、壮大自己。

其实，对于宇宙和自然的规律，我们人类并不陌生，它是人类成长的发源地，从猿—猿人—直立人—高智慧的人，人类遵循这些规律进化了几百万年。如果说，人类正是借助宇宙和自然的各种规律而最终使自身获得脱离低等动物行列的伟大成就，应该不是夸大之辞。

规律要顺从而不是违背，可是纵观我们人类的昨天和今天，在人类对于万物的认识中，对规律的作用和性质还是没有足够的认识。许多人只知汲汲于追求名利，去满足各种欲望，对宇宙和自然的规律简直是不屑一顾，做了许多违背自然规律的事情。

违背规律自然会受到惩罚。在我们身边，大到环境污染，如水土流失、气候恶化……，小到一个人精神空虚、道德沦丧、沾染恶习……，这些终将令人类自取灭亡。认识宇宙和自然的规律是我们每一个人都必须努力去做的事情，这也正是老子所讲的“道”给我们的最大启示。

在这一章中，老子以非常简洁、明快的笔触，提醒我们认识“道”所必须注意的问题：“道可道，非常道。名可名，非常名。”这是告诉我们，宇宙和自然的大道是普遍无限和绝对永恒的，是难以描述的。难以描述，是因为我们人类的思维、语言具有极大的局限，是极其片面的。由此我们应该知道，不管我们对“道”的认识如何，都是有局限的，所以，不应停留在原地而不思进取。要想不断发展和壮大自己，必须不断地加强认识，这才是认识“道”的正确方法。

我们一旦真正认识了“道”深邃难测、微妙难识的本质，也就打开了认识世界万物的根源和运动、发展、进化的奥秘，也就找到了我们立身处世的准则，我们便会在这宇宙和自然的大道中不断完善和发展自己。

【事典心裁】

“道”可以说是《道德经》的根本核心。“道”字从“首”从“辶”，“首”是我们的头脑，“辶”是行走的意思。所谓头脑在行走，就是说我们运用自己的思维去思考人生、世界和宇宙的过程就是“道”。这种我们通过思考所得到的认识也应该是“道”，这种认识可以说是对某种规律的揭示。所以老子这里所谓的“道”就是指宇宙和自然的规律，也可以称作是人类的宇宙观或世界观。

应该顺应规律而不是违背规律。违背规律往往适得其反，事与愿违，甚至会招来灭顶之灾；反之，顺从规律则会一帆风顺，不断发展，不断壮大，永远幸福地生活。

春秋时期，齐桓公任用管仲为相，最终成为“春秋五霸”之首。有一天，齐桓公利用政务的闲暇在殿堂上读书，一个叫扁的木匠在殿堂下斫削木料，制作车轮，因为他善于制作车轮，所以人们称他为“轮扁”。轮扁便问齐桓公：“请问君王，您读的是什么书啊？”

齐桓公觉得一个木匠会对他读什么书感兴趣实在是难

得，于是便回答道："我读的是古代圣人的书。"轮扁又问："敢问君王，这些圣人都还活着吗？"齐桓公笑笑说："你真只是个木匠啊，圣人当然不可能活着了，他们早就死了啊！"轮扁若有所思地注视着齐桓公，然后说："既是这样，那么君王您所读的书里的话，也不过是古人的糟粕罢了。"

齐桓公一听这话，怒火中烧。看到齐桓公龙颜大怒，任谁都会胆战心惊，但轮扁却不慌不忙地说："小人不是有意冒犯大王。我是从我做的事情中看出来的呀。砍削木材制作轮子，榫头做得过于宽缓，日后就会松动而不牢固；如果做得太逼仄了，又会滞涩而难以楔入。我做出的活儿正符合心中摸索出的规律。这种火候，我嘴里说不出来，但是的确有个规律存在于其中。"

齐桓公问道："读书与制作车轮是不同的吧？"轮扁接着说："读书和制作车轮都是有技巧的。就像我的儿子，他想学习制作车轮的技术，但是这些技术我却不能给他说明白，因为这是说不来的，所以他就学不到这门手艺，一直不能继承我的衣钵。因此，我虽然年近古稀，却还在做着这项工作，直到我死了，这些技艺就会跟随我一起被埋进坟墓。如此看来，古代圣人们的道理和思想也早已随他们一同死去了。留下来的写在书中的，不过是古人的糟粕罢了。"

齐桓公听后，若有所思地点了点头。

区区一个木匠能从简单的生活常理中推导出高深的哲理，实在可以称得上生活的有心人和深沉的思考者。如他所言：真正的手艺是无法用言语来传授的，而只能用心去领会，这和老子的“道可道，非常道。名可名，非常名”如出一辙，令人深思。

故事一：

20世纪60年代末，美国宇航局曾悬赏10万美金向全世界征集一种能在太空中使用的书写工具，要求使用方便，不用吸墨水，不认方向，失重状态下也不影响书写。

许多人都认为这种笔要求那么多，一定很先进，科技含量一定很高，于是全世界许多人设计了许多种科技含量很高的笔，但都无法通过最后的检验。一个德国科学家突破了常人认为“需要高科技”的思维定式，给美国宇航局写了一封信，信中写道：用铅笔。仅仅三个字，既解决了宇航员太空书写的难题，又赢得了10万美金，可见逆向思维的重要所在。

事实上，人们在日常生活中常常会凭着“想当然”的思维定式对问题做分析、并进行解决。这样的结果往往不那么见效，反而常会导致失败。如果人们能够在常态中采取常法解决问题，在非常状态中采取一种突破性思维进行思考，那么很多难题都会迎刃而解。

故事二：

1943年年中，第二次世界大战进入白热化状态。为了能够更有效地打击法西斯势力，盟军决定给希特勒设下一个圈套，而策划实施这一计划的是英国的情报部门。

为了让希特勒坚信盟军的进攻重点是萨迪尼亚和希腊的伯罗奔尼撒，而不是西西里，他们决定将一具男尸丢入海中任其漂浮，并在其口袋里装入与进攻计划有关的内容。

他们把实施这一计划的地点选在西班牙海岸，因为那里的德国人活动频繁。如果一切进展顺利的话，尸体会被德国人发现，那么假情报就会使他们上当受骗。

英国人根据人们“想当然”的思维方式，把所有的细枝末节都策划得天衣无缝，连尸体都像经历了一场空难而掉进海里的。

经过仔细搜寻，他们终于找到一具最合适不过的尸体——一名死于肺炎又暴尸荒野的男性，他们给他取名为“威廉姆·马丁少校”。

策划者们在尸体的口袋里装入戏票、银行开出的一张透支通知单、几封未婚妻的情书，当然还有绝密的进攻计划。

在一个风平浪静的日子里，他们悄悄将“威廉姆·马丁少校”送入大海……

几个月后，盟军在西西里登陆，发现敌人的兵力果然分散到了别处，从而轻而易举地赢得了胜利。事后获悉，德军果然因自己的思维定式而中计。

第二章　有无相生

天下皆知美之为美，斯恶已。皆知善之为善，斯不善已。故有无相生，难易相成，长短相形，高下相盈，音声相和，前后相随。是以圣人处无为之事，行不言之教。万物作而不为始，生而不有，为而不恃，功成而弗居。夫唯弗居，是以不去。

【释义】

天下的人都知道美之所以为美，是因为有丑的存在；都知道善之所以为善，是因为有不善的存在。有和无相依而生，难和易相辅相成，长和短相互比较而显现，高和下相对而存在，音节和旋律相互应和，前和后相随而有序。所以圣人用无为的态度来处理世事，实行不发号施令的德政教化。让万物自然地产生而不去人为创造，任其自由发展而不占为己有，助其成长而不自恃其能，成就了功业而不居功自傲。只因不居功自傲，所以也不会失去。

【古典今读】

人作为宇宙中的可以忽略不计的小分子，和宇宙中的其他事物一样，都是由肉眼看不见的分子、原子转化或组合而成的。由此可以看出人和其他事物是同源的，没有本质上的不同，都是由大道衍生出来的，所以也都处于永不停息的运动和变化之中，而且和其他物体相互依赖，互相转化。

我们可以通过自身的发展变化说明这个问题。我们的生命开始于一个受精卵，该受精卵的形成本身就带有很大的偶然性，也有复杂的形成过程，我们在这里暂且不提。我们从受精卵说起。一个健全的受精卵在得到母体营养的情况下，会迅速地生长发育，形成胚胎，然后随着各个器官的逐渐发育成熟，胎儿就有了听觉、视觉和触觉。为了满足胎儿的需要，母亲会增加各种营养，甚至开始实施胎教，比如听音乐、欣赏美丽的风景。我们在妈妈的肚子里吃得开心、睡得舒心，听到外婆说："小家伙长得好快啊！"我们不懂什么叫快，就知道拼命大吃大喝大睡，偶尔伸伸小腿、扭扭屁股，听到妈妈开心地说："老公，宝宝又踢我了！呵呵……"我们不知道"老公"是谁，但我们绝对知道宝宝是谁。直到

有一天，我们听到医生的声音，我们就知道大事不好，我们要出生了，要离开这个安乐窝了。我们虽然有那么多的不情愿，可我们必须遵循自然规律，也就是现在我们谈的大道。此后，我们一天天长大，在此过程中我们生过病，因为犯错被父母或老师批评过，当然我们也因为表现出色而被老师夸赞，我们知道了什么叫对错，什么叫荣辱。

后来，我们成了家，有了自己的孩子，对生命的理解更趋深刻。我们在爱护子女的同时，不由得想起父母一辈子的艰辛。我们想去孝敬他们，陪伴在他们身边，可现实是我们无法时时刻刻陪伴他们，因为我们要忙于养家糊口，要忙于实现自身价值。我们感到力不从心，感到矛盾重重。在矛盾面前，我们感到左右为难，甚至痛苦不已。

在工作的过程中，我们不可能一帆风顺，我们会面临残酷的竞争。胜利了，我们狂喜；失败了，我们愁眉不展、痛苦彷徨。

日子无论是幸福还是痛苦，我们都必须一天天地过，谁又能阻止太阳升起和落山呢？我们嫌日子过得太快，可日子不会为我们停留一分一秒，它像一辆快车载着我们向死亡开去，就算我们想瞅空跳下来，那也是枉然，是根本不可能的。

面对这人生路上的矛盾，我们迷惘，我们无奈，到头来，还不是同样的结局，何苦给自己制造那么多的苦恼呢？面对荣辱、得失、成败、哀乐、爱怨，为何不能泰然处之

呢？矛盾的产生是因为我们的头脑中有了知识的概念，它是一个由概念到对立，再由对立到矛盾的自然形成过程。矛盾导致两个方面的结果，一个是好的，一个是坏的。可我们的特点就是只能接受好的结果而无法接受坏的结果，因而我们痛苦，我们迷惘，甚至悲痛欲绝。这种坏情绪会经常困扰着我们，因为我们生活的这个大环境里，矛盾无处不在。

大道无言，大道无际，它孕育了天地万物，并使天地万物感受到了它的存在和巨大威力，但无法对其加以准确的描述，任何概念和名相都是牵强的，都没有恰当地概括出大道的真义。正是因为这种不准确、不完全、不真实的概念直接影响了我们对大道的领悟，所以也就无法真正融入大道无忧愁、无烦恼、自由自在的境界中去。

圣人明白大道的绝对性和它的真实内涵，他们能抛弃和超越人类的自私和贪婪，采取顺其自然的态度来对待人和事。这种无所作为的处世哲学看似消极，却是一种真正的积极，是对人类自身精神境界的提升。他们能真正地理解大道并和大道融为一体，顺应自然和各种变化，也就无所谓得到和失去，也就没有忧愁和烦恼了。

要认识宇宙、自然之道的奥秘，我们人类使用了许多概念与名相。

老子告诉我们，应该学习圣人，圣人即是明白“道”之要义的人，圣人会采取“无为”和“不言”的态度来对待世上的一切，这就叫作顺其自然。

认识宇宙和自然的规律是必需的，给予概念与名相是无法避免的，那我们又如何做到顺其自然呢？

这就要求我们树立正确的价值观。

一个有正确的价值观的人，必然是一个有着自我制约机能的人，同时他也知道自己最需要的是什么，不需要的是什么。一个有了正确的价值观的人，当他认识自然规律并按规律去办事时，即使他因有概念和名相而有了美与丑、善与恶的分别，但他也懂得努力去追求美与善，而尽可能抛弃丑与恶，这样就自然而然地避免了贪婪，做到一切顺其自然了。

唐懿宗时，皇帝荒淫奢靡，加之世风日下，官吏贪赃枉法，极为猖獗。当时有个叫杨收的官员，就是个贪婪成性的奸诈之人，他用联宗的手段巴结上了当时宦官左军中卫杨玄价，当上了宰相。在他当权期间，曾经“收钱百万”，就连他的门吏童仆也狗仗人势，巧取豪夺。他的女儿嫁给尚书右丞裴坦的儿子时，陪嫁了很多嫁妆，器皿用具都用犀牛角和玉石装饰着。裴坦是个廉洁奉公、严于律己、不与奸邪之徒

同流合污的人，他有着远见卓识，高风亮节，一看到儿媳妇陪嫁的财物如此丰盛，用具如此奢侈，不但不高兴，反而怒气冲冲地说："这些东西将来必定会毁灭我的家。"于是下令把它们全都销毁了。不久，杨收这个鼠目寸光、放纵贪婪的小人终因受贿事发，被贬为端州司马，后来又被流放到荒远的欢州，途中被赐死。

可见，裴坦头脑清醒，不追逐奢靡之风，不贪图非分之财，这种品格是值得赞赏的。而杨收以权谋私、贪赃枉法，最后落得个如此可悲的下场，是值得我们引以为戒的。

【事典心裁】

故事一：

三国时期的诸葛亮，便灵活地运用了老子的"故有无之相生也"，从而有机会辅佐刘备成就霸业。

当年，刘备以皇叔之尊，为了请诸葛亮出山，不辞劳苦，前后三次上门拜访，以诚心感动诸葛亮，最后终于得见，请他出山，拜他为军师。后来诸葛亮辅佐刘备征战天下，出谋划策，建立蜀国，与曹操、孙权成三足鼎立之局面。

那么，诸葛亮明明有着经天纬地之才、治国安民之术、克敌制胜之机，为什么却要隐于田野呢？他正值壮年，天下时局又是治乱交替之时、群雄逐鹿之势，为什么他不谋求建功立业，空把满腹才华消磨在山林之间呢？细心的人会发现，这不仅仅是诸葛亮一个人的行为，事实上，历史上有很

多有才志的人在最开始的时候都是采取这样一个隐居的状态，而不是贸然地就冲出来去投奔某个明主的。

诸葛亮之所以没有主动跑出来投靠某一个有权势的人，是因为他不想只当一个职业谋士，他要做的是像吕尚、管仲那样成为丞辅将佐。如果主动送上门去，人家不一定就会重视他，就能发现他的才能，也不太可能让他一来就担任重要的职务，这样一来，他或许反而会湮没在碌碌群儒之中。

而当他的美名触动了某一个枭雄的神经，像刘备这样主动来拜访他的时候，他就已经把主动权握在自己手中了。

另外，让刘备三顾茅庐，一方面是为了考察一下刘备对自己的诚意，另一方面也是为了有充分的时间考虑如何打动刘备，让他对自己的谋划一闻倾心。

结果让诸葛亮很满意。刘备能三顾茅庐，显示出他对诸葛亮的迫切需求，肯定会重用这个得来不易的人才。而诸葛亮的“隆中对”也让刘备深深相信自己找对了人。

诸葛亮的“隆中对”也就是给刘备画出了一个未来国家的蓝图，其“建国大纲”可用八个字来概括——奠基西川，联吴抗曹。

这八个字绝非心血来潮信口胡诌，而是源于诸葛亮对当时天下大势、各诸侯之间的力量对比、生克关系和地理条件的深刻分析。当时的三大力量——曹操、孙权、刘备，各占有利和不利的条件，各有其优势，也各有其劣势。

曹操占天时——挟天子以令诸侯，但“国险”，也就是

地利不如东吴，人和不如刘备；孙权占地利——有长江天险为屏障，但天时不如曹操，人和不如刘备；刘备占人和，手下有关羽、张飞等大将，而且皇叔的身份也颇具号召力，但是天时不如曹操，地利不如孙权。

这是三国鼎立的基本根据，没有这个根据，就没有刘备的前途，也就没有诸葛亮的出山。

天时、地利、人和，各得其一则三国分立，三者齐聚则统一天下。那么曹、孙、刘三家谁能占尽三者？在诸葛亮看来，应当是刘备。以事物相联系、互促相生的关系来看，没有天时，可以等待；没有地利，可以争取；但人和通常不是靠等待和争取就能得到的，这关系到一个道德问题和人心向背问题，不是说有就有的。

所以，从这点来看，诸葛亮对刘备还是信心十足的，并由此制定出逐鹿天下的大计。他建议刘备取西川以占地利，其“岩阻”可比长江之险；“跨荆、益”以“待天下有变”，这个“变”指的就是等曹操篡汉称帝，倒行逆施，失去民心，这样天时就会到了有皇叔身份的刘备这边。但是这个分析可能曹操也考虑过，或许这就是他为什么一直没有称帝的原因，因为他不是不想称帝，而是怕一旦失去了汉室这张“虎皮”，就会丧失天时之利。

故事二：

“万物作而弗始，生而弗有，为而弗恃，功成而弗居。夫唯弗居，是以不去”。在某种意义上说，老子是在教导我们做人应该低调一些。俗话说，“枪打出头鸟”，只有低调一些，才能避免成为“枪口下”的那只“出头鸟”。

《左传》记载，鲁国与齐国作战，鲁军大败，作为统帅之一的孟之反留在后面掩护大军撤退。当大家都安全撤回而迎接他最后到达时，他却故意鞭打着马说：“不是我敢于殿后，而是我的马跑不快呀！”其实，孟之反不自夸，谦逊只是原因之一，原因之二还在于他不愿居功，以免引起其他将领和同僚的妒忌。

谦逊也好，不居功以免妒忌也好，都是立身处世的艺术。尤其是在人际关系复杂的环境下，不锋芒毕露，不居功自傲的确是非常高深的修养。对于一般人来说，能够做到不争功就不错了，哪里还能把自己本来就有的功劳推到一边去呢？正因为孟之反将军有这样高深的智慧，所以才能在乱世中自保。

东汉开国大将军冯异，跟随汉光武帝南征北战，立下汗马功劳，而不以功自居的故事更能解释老子这一智慧。

冯异原来是王莽的新朝官员，以郡掾的身份监察五个县，与父城县长苗萌一同守城，与起义军作战。刘秀那时候是绿林军拥立的更始皇帝的部下，率部攻打父城，驻军在巾车乡。一次，冯异到所管辖的县里去，被刘秀的士兵抓住。

冯异的堂兄正跟随着刘秀，于是把冯异推荐给刘秀。冯异说：“我一个人作用有限，不如让我回去拿五座城地来立功报答您。”刘秀说：“好的。”于是冯异回去劝说苗萌一同归降刘秀。

刘秀向南回到宛城后，更始帝的其他将领，前后共有十几个人带兵来攻打父城，冯异就是坚守不投降。后来更始帝派刘秀到洛阳担任司隶校尉，经过父城，冯异立即开门迎接。刘秀让冯异担任主簿的职务，跟着到洛阳去。

后来，刘秀的哥哥被更始帝杀了，刘秀表面上不敢显示出悲痛。一个人单独居住的时候则不吃肉、不喝酒，暗暗流泪，冯异经常劝解他。后来更始帝派刘秀到河北开拓地盘，冯异劝刘秀趁机派人巡视郡县，平反冤狱，收揽民心，刘秀这样做了。

刘秀到河北的初期，因为王郎割据势力的猖獗，处境一度比较艰难。在饶阳无蒌亭，天气寒冷，人又疲劳，冯异献上豆粥，刘秀喝了饥寒俱解。渡过滹沱河，在南宫遇到大雨，刘秀在道路旁的农舍里避雨烤火，冯异又送上麦饭。后来刘秀消灭了王郎，封冯异为应侯。

可是冯异却从来不居功、不骄傲。每到宿营地许多将领坐在一起谈论自己的功劳时，冯异却常常一个人站在大树底下不声不响，所以军中称他为“大树将军”。

在刘秀麾下的将军之中，冯异治军有方，爱护士卒，深得部属拥戴，因此，士兵都愿意为他作战。

后来冯异为刘秀建立了更大的功勋，打败赤眉军，平定关中地区，成为独当一面的大员。有人上奏章说，冯异专制关中，威权太重，百姓归心，称他“咸阳王”。刘秀把奏章给冯异看，冯异感到恐惧，上书请罪。刘秀说：“将军之于国家，义为君臣，恩犹父子，何嫌何疑，而有惧意？”可见刘秀对他十分信任。

后来冯异到洛阳朝见，刘秀对其他大臣介绍他说：“这是我起兵时候的主簿，为我披荆斩棘平定了关中。”又下诏书说，“仓卒无蒌亭豆粥，滹沱河麦饭，厚意久不报”。说明刘秀一直记着他的情意。

而冯异则一如既往地谦虚不伐其功，他学着管仲对齐桓公说过的话，说道：“臣希望国家（指刘秀）不要忘掉河北时的艰难，小臣我不敢忘记在巾车乡受的恩惠。”后来平定西北时冯异病死在军中。

冯异从不以功自居，坚守旧有的正道，也是终保荣华平安的一个原因。所以，在下者对在上者，切忌以功自居，“无成”才能有成，这就是人生的辩证法。

“功劳”被别人传播出来是金子，被自己卖弄出来就成了黄土。因此我们应该学会老子这一智慧——有了功劳要善于隐藏，不张扬不卖弄。唯有不居功才能给别人留下一个很好的印象，才更能突出自己的功劳，受到重用；相反，如果稍有功劳就自吹自擂，一方面显得自己素质低下，另一方面也容易引起别人的反感，成为公众眼中的“烦人”。

第三章　无为而治

不尚贤，使民不争。不贵难得之货，使民不为盗。不见可欲，使民心不乱。是以圣人之治，虚其心，实其腹，弱其志，强其骨，常使民无知无欲。使夫智者不敢为也。为无为，则无不治。

【释义】

不崇尚贤才功名，使民众不争名夺位。不视难得的奇珍异宝为贵重之物，使民众不去做偷盗的坏事。不让民众看见可贪的功名、利禄，使民众不产生邪恶和动乱的念头。所以有道之人治理政事，要净化人们的心灵，满足人们的温饱，削弱人们争名夺利的雄心，强健人们的体魄。永远使人们没有伪诈的心智，没有争夺名利的欲念。使那些聪明人也不敢惹是生非，不敢做坏事，那么国家就没有治理不好的。

【古典今读】

在原始社会，人们过着群居生活，大家共同劳动、共同分配劳动果实，没有所谓的不均和不平等。自从私有制出现以后，阶级也就形成了，人们的头脑中产生了尊贵卑贱的概念，统治阶级至高无上的地位让被统治者垂涎三尺，他们想通过自身的努力来改变现状，而不想被人奴役，一心一意想变卑贱为尊贵，变贫穷为富有。这无非是名和利的争夺。

名和利自古以来就是相连而生的，有了名，也就有了尊贵的地位，就会被人赞赏和尊敬。一般而言，有地位的人常会吸引富人的目光，他们各有所需，互为利用，即我们常说的权钱交易。所以，有地位的人一般都很富有，富有的人一般都有地位，名和利通常是相随相伴的。

统治者根据人们追名逐利的人性弱点，来实施自己的统治策略，以达到巩固其统治的目的。在封建社会，统治阶级为了笼络民心，利用名利权势来吸引天下的文才武将，这一举措不仅为自己的统治增加了后备力量，而且对维护自己的统治大有裨益。要获得这种名利权势，必须经过争夺来实现，这样一来，人们的聪明才智就不是用来对付统治者，而是用来争夺名利了。正是在人们争夺权位的当儿，统治阶级便可放心地睡大觉了。科举制度就是一个典型的例证。人们为了一朝成名天下知，为了享受荣华富贵，而不得不十年寒窗苦读，到头换来个一官半职，而自己却成了效忠帝王的奴仆，统治阶级成功地实现了维护自己统治的目的。然而这不是最好的治理国家的方法，它的效用很短暂，不可能收到长久的效果。而且这种做法有其弊端，那就是它会使人们的欲望无限制地膨胀，人们会一味地争名夺利而忘乎所以，造成人心大乱，最后必将危及其统治。

老子站在当时时代的高度来审视这种社会现象，思考解决社会问题的途径，他对社会混乱的根源做了极力探求，结果发现：天下之所以混乱，是因为统治阶级不懂“大道”，不懂得无为而治。老子提出要让天下人心静如水，打消内心

争名夺利的欲望，这是心理治疗；要让他们吃饱穿暖，身体健康，这是身体治疗。只有这两方面都能达到完美和平衡，天下人才会安居乐业，才会安守本分地过日子，天下也就太平了。这种看似消极的治国方略，却能起到积极的治理效果。“常使民无知无欲”，这里的“知”有知识、聪敏机巧的意思。整句话的意思是，永远使人们没有投机取巧、争名夺利的欲望。天下人的欲望淡了，人心也就厚道了；人心厚道了，天下自然就太平了。将老子的这种无为治国的思想解释为愚民策略是不正确的，他论述的治国思想看似无为，实则有为，这种境界，恰是悠然中隐含着人性的真实。

本章是接续上章“处无为之事，行不言之教”的论述，是对上章余意的进一步发挥。

“道法自然”“道常无为”，只有遵循自然大道才能永恒、长久。对统治者，老子建议：“不尚贤，使民不争。不贵难得之货，使民不为盗。不见可欲，使民心不乱。”这是老子提出的安民政策，接着又给统治者提出了具体的办法："虚其心，实其腹，弱其志，强其骨，常使民无知无欲。使夫知者不敢为也。"许多人认为老子"常使民无知无欲"的主张是愚民思想，其实不然。事实上老子并不主张去除人的正常欲望，他的目的是使社会安定、人民安居乐业，他实际是主张"少私寡欲，视素保朴"。这一主张对我们的立身处世也有重大的指导意义。

人都有欲望，贫穷的人想变得富有，低贱的人想变得富贵，默默无闻的人想变得举世闻名，没有受过赞誉的人想得到荣誉，这是无可非议的，但问题在于欲望和能力是必须成正比的。修身养性的一个重要内容，就是寻求欲望与能力之间的和谐。在欲望和能力发生严重不协调时，或者抑制膨胀的欲望，或者增强自己的能力。世界上，美好的东西实在数不胜数，我们总是希望得到尽可能多的东西，其实欲望太多，反而会成为累赘，还有什么比拥有淡泊的心胸，更能让自己充实满足呢？所以，请选择淡泊，抛弃贪婪吧。

清朝乾隆、嘉庆年间，辽阳城里出了一位才子，名叫王尔烈，他从小就很会写诗文，书法也很好，非常聪明，才能出众。他长大做官以后，清廉不贪，有“双肩明月、两袖清风”之誉。有一次，王尔烈从江南主考回来，恰逢嘉庆皇帝登基继位。皇帝召见他说：“老爱卿家境如何？”王尔烈回答：“几亩薄田，一望春风一望雨；数间草房，半仓农器半仓书。”嘉庆帝说：“老爱卿为官清廉，朕是知道的，朕现在派你去安徽铜山铸钱，你待上几年，光景就会不错了。”王尔烈到了铜山铸钱，因为那里有座清朝御制通宝的铸钱炉。他在那里工作了三年，又奉诏回到京城。嘉庆帝召王尔烈上殿，问：“老爱卿，这一回可以安度余年了吧？”言外之意是，这一回从钱堆里爬出来，该有不少“收获”吧。王尔烈听了以后，笑了笑：“臣依然是两袖清风，一无所存。”嘉庆帝说：“不会吧，你再查查看！”王尔烈只好又回手一掏，从袖套里掏出三个铜钱来，只见一个个磨得溜光雪亮，原来是铸钱时用的模子。嘉庆皇帝见王尔烈如此清廉，十分感动地说：“卿真可谓老实！”

王尔烈并不富有，甚至可以说是清贫得很，可他过得充实满足。但生活中的许多人并不如此，他们有太多的追求。著名作家林清玄曾在文章中讲过这样一个故事，自己一位朋友的亲戚的姑婆从来没穿过合脚的鞋子，她常穿着巨大的鞋子走来走去。晚辈如果问她，她就会说：“大小鞋都是一样的价钱，为什么不买大的呢？”

许多人不断地追求“巨大”，其实只是被内在的贪欲推动着，就好像买了特大号的鞋子，却忘了不合自己的脚一样。不管买什么鞋子，合脚最重要，不管追求什么，总要适可而止。

【事典心裁】

现在许多人似乎觉得只有钱财才能带给自己安全感，所以疯狂地聚敛钱财。这种人把钱财看得比性命还宝贵，为了钱，什么事情都敢干，投机行险、贪赃枉法、徇私舞弊，那么等待他的也将是法律的严惩。

大家都知道春秋时的晋文公是个贤明的君王，善于纳谏。晋文公手下的臣子也因此敢大胆地向他提出自己的看法。

公元前636年，晋公子重耳回国当上国君，是为晋文公。他当上国君后，开始征发百姓，组织军队，训练作战。两年后，晋文公便准备凭借训练有素的百姓称霸诸侯。

大臣子犯劝阻说："百姓虽然经过训练，身体强健，但还不懂得义，还没能各居其位，不能用。"

晋文公觉得有道理，他便想办法让百姓懂得义。正在这时，周朝发生了"昭叔之难"。

昭叔是周惠王的儿子，串通哥哥襄王的王后狄隗密谋叛乱，襄王知道后，便将狄隗废掉。这件事触怒了狄隗的娘家，他们派重兵攻打周朝，周襄王被迫逃郑国。

当时周朝在名义上还是各诸侯国的宗主，晋文公决定帮助周襄王返回周朝并用此事教育晋国的百姓什么是义。

他派出左右两军，右军攻打昭叔，左军去郑国迎接周襄王返国。事成后，周襄王为表彰晋文公的功劳，以天子的礼仪迎接晋文公。

晋文公却推辞说："这是臣下分内之事。"

他帮助襄王返国后，又回国致力于帮助百姓，使百姓安居乐业。这样他认为可以使用百姓了。

子犯出来阻拦说："百姓虽然懂得了义，但还不知道是什么信，还不能用。"

晋文公听了，觉得有道理。

他率领军队攻打原国，命令士兵携带三天的口粮。军队围困原国城池整整三天，士兵们的粮食全部吃完了，而原国还坚守城池不出。于是晋文公下令退兵，正当晋军退兵时，间谍从城里出来报告说："原国已经准备投降了。"

有人主张再坚持一下，等待原国投降。晋文公坚决地说："当初命令百姓带三天军粮，就是准备攻打三天的；如今已下令退兵，就应该说话算数。如果不退兵，即使得到原国，也会失去信用，得失相比，哪个重要呢？"

由于晋文公利用攻打原国教育百姓何为信，所以国内民风大变，凡事以信为本，他们做生意不求暴利，不贪不骗。

做完这些后，晋文公问子犯："这回行了吧？"

子犯回答："百姓虽知信、义，还不知道礼，还没有养成谦恭礼让的习惯。"

于是，晋文公又在让百姓知礼方面下苦功。他举行盛大的阅兵仪式，每个环节都依照军礼执行，使百姓看到礼仪；他又规定百官的等级及职责，使百姓知道对什么职官行什么礼仪。百姓们不但做到了这些，还知道根据礼来判断一件事的是非。这时，子犯笑着说："可以用民了。"

于是，晋文公开始伐曹，攻卫，取得齐国之地，大败楚军于城濮，成为"春秋五霸"之一。

故事一：

老子最经典的智慧就是"为无为，则无不治"。老子在这里讲的"无为"并不是无所作为之意，更不是什么都不做。这里的"无为"是指不妄为、不随意而为、不违道而为。相反，对于那种符合道的事情，就必须以"有为"处之。

老子所指的"无为"智慧，只是让人在处世之时顺应大势、顺应自然。所以老子这种"无为"不仅不会破坏事物的自然进程和自然秩序，而且还有助于事物的成长和发展。

不该做的事情不要勉强，要克制自己的冲动，是无为的核心内容。不把个人的意志强加在人与事之上，并不是怯懦的表现，而是一种大智慧。它能使人在潜移默化中走向自觉，收到良好的成效。

唐睿宗时，睿宗的嫡长子李宪受封宋王，十分受宠。睿宗的另一个儿子李隆基聪明有为，他杀死了篡权乱政的韦皇后，为睿宗登上皇位立下了大功。

按照礼制，李宪当被立为太子。有的大臣便对睿宗说："嫡长子李宪仁德忠厚，没有任何劣迹，立他为太子既合礼法，又合民心，望皇上早日定夺。"

睿宗感到李隆基有雄才大略，最适合治理天下，所以一时陷入了两难境地，立太子的事于是一拖再拖，没有定论。

李宪看出了睿宗的心思，心有所悟，他对心腹说："父皇不肯立太子，他是对我有疑虑啊！李隆基虽不是嫡长子，但他功劳很大，父皇是中意他啊。"

李宪的心腹说："于情于理，太子之位都是你的，这事绝不能相让。我马上和百官联络，共同上书，向皇上说明利害，一定促成这件大事。"

李宪的心腹和百官议定，正当他们起草奏书时，李宪急忙赶来，他对百官说："我考虑了多时，决定放弃太子之位，你们就不要为我费心了。"

百官十分惊诧，争相进言说："太子之位事关你的前程性命，怎会轻易放弃呢？自古以来这个位置你争我夺，本是常事，有我们替你说话，你还怕什么呢？"李宪说："大丈夫做事有所为，有所不为，我是十分慎重的。平王李隆基是我的弟弟，他有大功于国，父皇有心立他为太子也是情理之中的事。我若据理力争，不肯退出，我们兄弟之间必有大的冲突，朝廷就不会平安。如果危及了国家，我岂不是罪人吗？

这种事我绝不会干。”

李宪制止了百官，又亲自上书推荐李隆基为太子，他说：“平王文武双全，英勇睿智，他当太子有利于国家，我是衷心拥护他的。我个人的得失微不足道，请父皇不要为我担心，早下决断。”

睿宗很受感动，他对李宪说：“你深明大义，我就放心了。你有什么要求，我一定都会满足你。”

李宪一无所求，他说：“一个人只要顺其自然，就没有什么事可以妨碍他了，我不会强求什么。”

李隆基当上太子后，第一个拜访李宪，他说：“大哥主动让出尊位，不是大贤大德的人难以做到，大哥是如何设想的呢？”

李宪说：“你担当大任，大唐才会兴旺，我不能为了私利而坏了国家大事。望你日后勤政爱民，做个好皇帝，为兄就深感安慰了。”

李隆基连声致谢，又说要和他共享天下。李宪不让他说下去，他告诫李隆基说：“很多事是追求不来的，只有顺天应命，才不会多受损伤。你将来治国不要逞强任性，这样效果会更好。”

后来，李隆基登上了帝位，是为唐玄宗。他顺应民情，推出了一系列利国利民的政策，使唐朝进入了第二个盛世——开元盛世，天下走向大治。

李宪在立太子事情上的无为，是经过了深思熟虑的，这样既避免了一场宫廷内斗，又使自己全身而退，赢得了让贤的美名，并被尊为“让皇帝”，这个结果无疑是很完美的。

“无为而治”又是一种管理之道。在老子看来，理想的社会应该奉行无为而治，管理者应当不断减少对人的管制和束缚，制定政策不能政出频繁，更不能朝令夕改。

任何事物都有其自身的规律，规律都是不以人们的意志为转移的，我们只有尊重规律，利用规律。水遇热变成蒸汽，这是客观规律，无法改变的，但我们却可以用这一规律来生产暖气，或制造蒸汽机等。这正是说明，我们无法改变铁一般的规律，只有顺应它，利用它。

故事二：

王安石乃临川人氏，号介甫。少年时好读书，善作文，曾巩常拿他的文稿给欧阳修观看，欧阳修大加赏识，为他到处延誉，因得进士上榜，授淮南节度判官。旧例判官秩满，可以献文求试馆职。安石独不求试，遂调知郑县，寻通判舒州。文彦博任中书时，力为荐举，乃召试馆职，安石不至。欧阳修又荐其为谏官，安石复以祖母年高为辞。修乃勖以禄养，在仁宗末年，荐为度支判官，安石又复辞官，人都说他恬退为怀，贤士大夫都想与望风采，恨不得一见。朝廷也想授以美官，唯恐他不肯屈就，后来改官同修起居注，他又竭力固辞。阖门吏奉敕书来向他道喜，安石反避到茅厕里去了，阖门吏只得将敕书放于案上而回，安石又令人追上送还，往返了八九次，方才收下。不久，又升知制诰，安石却立刻谢恩，不再推辞。直到仁宗驾崩，安石也回家为母亲守丧。

神宗时，王安石虽然没有做官，却无时不想猎取高官。见乡里韩、吕两族都做着朝廷显官，便竭力去与韩绛、韩维、吕公著结交。三人到京供职，便尽力替安石誉扬。神宗即位前为颍王时，韩维充当记室，每逢讲解经义，至独具见解的地方，必向神宗说道："此是故人王安石的新诠，并非维所发明。"因此，神宗记在心内，一意要用他。虽有苏洵作《辨奸论》说："安石不近人情，是个大奸臣。"又有吕诲弹劾他道："大奸似忠，大许似信，外示朴野，中藏奸巧，骄蹇慢上，阴贼害物，诚恐陛下悦其辩才，久而倚国畀，成由是生。臣究安石，本无远略，惟务改作，立异于人，文言饰非，罔上欺下，误天下苍生，必斯人也。"虽然说得十分透彻，无奈神宗总不相信，又下诏令安石知江宁府。众人还道安石又要推辞，哪里知道安石居然受了诏命，竟往江宁赴任，此事出人意料。

安石到了江宁，不上半年，有人诋毁韩琦，说他执政三朝，权力太大。神宗也因韩琦遇事专擅，心内不悦。曾公亮乘机力荐安石可以大用，立刻补授翰林学士。韩琦因内外倾轧，屡乞罢免，遂罢为镇安武军节度使兼判相州。陛辞的时候，神宗问道："卿去之后，谁可主持国事？"韩琦答道："圣衷当必有人。"神宗道："王安石如何？"韩琦道："安石为翰林学士，绰然有余，若以处辅相之任，唯恐器量不足。"神宗不答。韩琦告辞而去，那王安石奉了翰林学士的诏命，有意迟延，经过了七个月，方才入京报到。神宗闻得王安石已来，立刻召见。

神宗问他治道何先，安石答称“先在择术”。神宗道：“唐太宗何如？”安石道：“陛下当上法尧舜，何必念及唐太宗？尧舜治天下，至简不烦，至易不难，后世君臣未能明晓治法，便说他高不可及。尧亦人，舜亦人，有什么奇异难学呢？”神宗道：“卿可谓责难于君了，但朕自顾眇躬，恐不足副卿之望，还要卿尽心辅朕，共图至治。”安石道：“陛下如听臣言，臣岂敢不尽死力！”言毕而退。

一日侍讲经筵，群臣已退出，神宗独留安石，命他坐下。安石谢恩入座。神宗道：“朕阅汉唐历史，汉昭烈必得诸葛亮，唐太宗必得魏徵，然后可以有为。亮、征二人，不是天下奇才吗？”安石抵掌道：“陛下诚能为尧、舜，自然有皋、夔、稷、契；诚能为高宗，自然有傅说。天下甚大，何材没有？独恐陛下主意不坚，就是有皋、夔、稷、契、傅说等人，也不免为小人所排挤，那就不得不远去了。”神宗道：“小人何代没有，就道尧、舜之时，也不能无四凶。”安石道：“那就在乎人主能辨别贤奸了。倘若尧、舜不诛四凶，皋、夔、稷、契能够尽心竭力地办事吗？”这一席话，说得神宗很是入耳，至安石退出之后，尚喜叹不止。从此，一心一意要任用安石。不久，便令王安石参与政事。

第四章　象帝之先

道冲，而用之或不盈。渊兮似万物之宗。挫其锐，解其纷，和其光，同其尘。湛兮似或存。吾不知其谁之子，象帝之先。

【释义】

道本身是中虚无形的，而使用起来却是无穷无尽的。深邃啊，它好像是万物的主宰。挫掉它的锋芒，消解它的纠纷，含敛它的光耀，混同它于尘世。它幽隐虚无而又实际存在。我不知道它是谁孕育生成的，它似乎是天帝的祖先。

【古典今读】

在第一章中我们了解了道的几个相关概念，如名、无、有、妙、徼、玄。这些概念并没有真正解释透道的真意，主要是因为“道可道，非常道”。人类的语言和思维具有很大的局限性，所以任何概念都无法详尽解释道的真正内涵。这一章我们接着对其进行分析。“道冲”的意思是大道本身没有一个具体的形象，它是一种完全虚空的境界，它是天地万

物的本源，因而宇宙间的一切都被它容纳和控制。老子曾说宇宙是分层的，它大到没有边界，小到没有内核，套用科学术语，称作“无穷大”和“无穷小”。在广袤的宇宙空间内，所有的物体都统属大道掌控。大道在运作的过程中，永远也不会穷尽，它不会停息也不会损坏，它会永恒地运转下去，它的运转过程只可感觉，不可触摸和观赏。它远远地躲开我们，却无时无刻不在影响着我们的生活。

正是由于大道无形、无声的特点，我们人类即便穷尽语言，也无法真正地描摹它，这让我们感到无可奈何，只得用一些较为贴近的语言来描述它：深邃啊！仿佛是万物的祖宗，宇宙间的万物皆由它而生，它包容了天地万物，并主宰着一切的一切！清湛幽隐啊！它好像不存在，其实却真实地存在！给大道下一个确切的定义是无论如何都办不到的事情，因为我们无法把握它的来龙去脉，它是怎样生成的？何

时生成的？来自何处，又将何时消亡？谁能说得清楚呢？它好像是万能的天帝的祖先，因为宇宙万物都是它生成的，就连天帝也不例外。

那么，道到底是什么？我们可以说它什么也不是，却又什么都是。我们人类为何要穷根究底地研究如此抽象、晦涩难懂的问题？从人类自身的角度而言，探讨大道可以帮助人们理解自己，透悟宇宙万物，进而建立科学的人生观和宇宙观。现实地讲，就是能让人们生活得更悠然惬意，舒心幸福。还有什么比这更有意义呢？只有真正理解大道的人，才会顺其自然地为人处世，对什么都不强求，这样的人才能真正接近大道，甚至与大道合二为一。与大道合二为一是理解道的至高境界，达到这种境界的人心气平和，没有忧愁和烦恼，生活自然幸福美满。如果全人类都达到了这个境界，那么我们生活的这个地球，不就变成了人们一直向往的"桃花源"了吗？

人生在世，难免会与别人发生矛盾，引起纷争。产生纷

争的根源，主要是人的私欲。当一个人对于别人对自己的态度、给自己的报酬等感到不满，觉得自己受了委屈和不公平对待，而这种不公平又超出了他能够承受的限度时，就会与人发生争吵，产生纷争。

那如何才能解决生活中的矛盾和纷争呢？

这就要求我们顺从大道、遵循大道，做到“挫其锐，解其纷，和其光，同其尘”。一个人能做到如此——折其锋芒，消除纠纷，含敛光耀，混同尘世，自然没了私欲，就不会与人发生纷争。万一发生了，别人大吵大闹，骂不绝口，你也能泰然处之，不与之争斗。俗话说“一个巴掌拍不响”，一个人骂不还口，别人骂得也没意思，闹得也没劲儿，也就不骂了，这样纷争就自然解决了。

古希腊神话中有这样一则寓言故事：

有一位大英雄叫海格力斯。一天他走在崎岖不平的山路上，发现脚边有个袋子似的东西很碍脚，海格力斯踩了那东西一脚，谁知那东西不但没被踩破，反而膨胀起来。海格力斯抄起一根碗口粗的木棒砸它，那东西竟然越长越大，结果把路堵死了。

正在这时，山中走出一位圣人，对海格力斯说：“朋友，快别动它，忘了它，离开它远去吧！它叫仇恨袋，你不犯它，它变小如当初；你侵犯它，它就会膨胀起来，挡住你的路，与你敌对到底！”

面对矛盾和纷争，你越气愤，越回击，你那仇恨的袋子就越膨胀，你与别人之间就越多了一分阻碍；反之，你控制自己，遵循大道，宽容地面对一切，你自然没了仇恨和纷争，并因此获益良多。

【事典心裁】

人生在世，多一敌不如多一友，什么都争强好胜，只会使自己孤立。所以我们在处理纠纷时应该做到能忍则忍，正所谓“忍一时风平浪静，退一步海阔天空”。

富弼是北宋仁宗时的宰相。他年轻的时候，因聪明伶俐，巧舌如簧，常常在无意之间得罪一些人，事后他深为不安。经过长时期的自省，他的性格变得宽厚谦和，所以当某人告诉他有人在背后说他的坏话时，他总是笑着说：“他们怎么会随便议论我。”

一次，一个秀才想当众羞辱富弼，故意向他提出一难题。富弼知道来者不善，但也不能不理会，只好答应了。众人见他被人拦在街上，都过来看热闹。

秀才问富弼：“请问，欲正其心必先诚其意，所谓诚其意即毋自欺也，是即为是，非即为非。如果有人骂你，你会怎样？”

富弼想了想，答道：“我会装作没听见。”

秀才哈哈大笑：“原来你不过如此！”遂大笑而去。富弼的仆人埋怨道：“您真叫人捉摸不透，这么简单的问题我都可以对答如流，怎么您却装作不知呢？”

富弼说道：“此人乃轻狂之士，若以理与他辩论，必会言辞激烈，无论对错，他都是口服心不服。书生心胸狭窄，必会记仇，我与他辩论徒劳无益，又何必呢？”

果然几天后，那秀才在街上遇见富弼。富弼主动上前打招呼，秀才却不理，扭头而去。走了不远，又回头看着他大声说：“你富弼只不过是一缩头乌龟而已。”

有人告诉富弼那个秀才在骂他，富弼却说天下同名同姓的人太多了，是骂别人，丝毫不理会秀才。秀才觉得无趣，低头走开了。

富弼当了宰相后常教育子孙说：“‘忍’之一字，是办好一切事情的窍门。家族要想和睦，一定要注意这个字。倘

若一个清正节俭的人再加上这一‘忍’字，做任何事都会势如破竹，没有能难住他的。大凡朝廷用人，唯才是举；但在任用宰相时，又以‘大度’二字最为紧要。所谓相者，要有天地之气魄，能容万物。如果不能忍，何异于青蛙，一触即跳，一跳便叫，如何能辅佐君王，安定社稷？”

忍一时，风平浪静。不忍者，冲冠一怒，虽气贯长虹，比如项羽，终难免自刎乌江岸上，枉作鬼雄。能忍者，却不多见，比如刘邦，一忍百忍，天下终姓刘。

故事一：

唐太宗李世民是唐朝的第二个皇帝，生于599年，病死于649年，死时50岁。他18岁随父李渊起兵反抗暴虐的隋炀帝；19岁，随父攻入隋朝首都长安，灭隋立唐。李渊即位，就是唐高祖。李世民被封为秦王，其兄李建成立为皇太子，其弟李元吉被封为齐王。27岁，发动“玄武门之变”，杀兄李建成和弟弟李元吉。李渊退位为太上皇，李世民即位为皇帝，就是唐太宗，年号贞观。

唐太宗是中国历史上著名的好皇帝，是一个很有作为的政治家。他之所以把国家治理得很好，主要是由于他善于听取各种不同的意见。他深知，兼听则明，偏听则暗。明君兼听，昏君偏信。这是大臣魏徵跟他讲的。有一次，太宗虚心地问魏徵，明君和昏君怎样才能区分开？魏徵郑重地答道，君主之所以圣明，是因为他能广泛地听取不同的意见；君主之所以昏庸，是因为他偏听偏信。他又举了历史上正反两方面的例子加以论证。他说，古代尧、舜是圣君，就是因为他们能广开言路，善于听取不同意见，小人就不能蒙蔽他。而像秦二世、梁武帝、隋炀帝这些昏君，住在深宫之中，摒弃朝臣，疏远百姓，听不到百姓的心声。直到天下崩溃、百姓背叛了，他们还冥顽不知。采纳臣下的建议，百姓的呼声就能够上达了。魏徵的这些至理名言，深深地铭刻在唐太宗的心里。

从此，唐太宗便格外注意虚心纳谏。不管你是什么人，也不管你提意见的态度如何，只要你的意见是正确的，他都能虚心接受。当时，唐太宗下令，要把洛阳破败的乾元殿修缮一番，作为到外地巡视的行宫。对于皇帝来说，想要修缮一下小小的行宫，本来是小事一桩，可是，有一个小官张玄素却上了一道奏折，痛陈此举不妥。他说，修了阿房宫，秦朝倒台了；修了章华台，楚国散了；修了乾元殿，隋朝垮

了。这都是历史的教训。现在，国家百废待兴，国力哪里比得上当年的隋朝？陛下在这个摊子上，继续役使饱受战乱之苦的百姓，耗费亿万钱财，大兴土木。陛下没有继承前代帝王的长处，继承的却是百代帝王的弊端。如果从这一点看，陛下的过失远远超过了隋炀帝。

这是一道笔锋犀利、击中要害的奏折。小小的张玄素竟敢把英明的唐太宗比作昏聩的暴君隋炀帝，冒犯天威，这不是拿鸡蛋往石头上撞吗？满朝文武都为他捏一把汗，都在观察唐太宗的反应。假如不是唐太宗，换作别的皇帝，看到这一大不敬的奏折，当即会雷霆震怒，不仅张玄素人头落地，甚或会株连九族。但是，唐太宗就是唐太宗，他不仅没有怪罪张玄素，反而下令召见他。此时的唐太宗想进一步试一试张玄素的胆量，就直问道："卿说我不如隋炀帝，那么，我和夏桀、商纣相比，怎么样呢？"要知道，夏朝的桀和商朝的纣王，都是历史上臭名昭著的暴君。唐太宗这样问，自有深意。不承想，这个张玄素却直截了当地答道："如果陛下真的修了乾元殿，那就和夏桀、商纣一样昏庸。"

听到这句答语，唐太宗不仅没有发怒，反而被深深地感动了。他想，一个小官敢于冒死直谏为了什么，还不是为了李唐的江山社稷？因此，唐太宗收回了他的谕旨，停止修整乾元殿，并且表扬了张玄素，同时赏给他500匹绢。对此事一直关注的魏徵，听到了这个完满的结局，颇为感触地叹道："张公论事，有回天之力，这都是因为是有高尚道德的君子说的话呀！"

故事二：

曹操一向赏罚分明，任人唯贤。他在拟派三个儿子前去三地管理军民的时，表现了他的这一作风。其令说：“今寿春、汉中、长安，先欲使一儿各往督领之，欲择慈孝不违吾令，亦未知用谁也。儿虽小时见爱，而长大能善，必用之。吾非有二言也。不但不私臣吏，儿子亦不欲有所私。”

在这道命令里，曹操明确说明不仅对部下不讲私情，连自己的儿子也同样对待，并决定派不违背他命令的儿子前

去三个地方管理，亲自把重任交给他，体现了曹操“长大能善，必用之”的思想，这对儿子们是一种莫大的鼓舞和鞭策。

曹操对子女一向不徇私情，这从曹丕当太子时的一些事情上就可以看得出来。曹丕当太子时，也想多捞点儿外快，但慑于曹操的严法，在宫中还不敢胡来，于是就想出一个向家叔曹洪借贷的主意。曹洪是曹操的从弟，自曹操起兵讨董卓，曹洪就将全部家兵千余人归曹操指挥，并一心一意地跟着干，为曹魏立下了汗马功劳，是曹操眼里的一等心腹之人。曹洪不肯给曹丕面子，曹丕便恨上了他。后来曹丕当了皇帝还恨着这件事，总想报复一下。有一次，曹洪的舍客犯了法，曹丕立即株连上了曹洪，把曹洪关进监狱准备杀头。满朝文武出面求情曹丕也没松口。没有办法，曹丕的母亲卞太后出面，她对曹丕的皇后郭后说：“以曹洪今日死，吾明日敕帝废后矣。”这就是威胁曹丕说：“你今日将曹洪杀了，我明天便废掉你的媳妇。”想必是郭后吹了“枕头风”，又加上曹洪本人“泣涕屡请”，一个劲儿地给皇侄儿说好话，曹丕才给了曹洪一个“免官削爵”的处罚。

第五章　多言数穷

天地不仁，以万物为刍狗；圣人不仁，以百姓为刍狗。天地之间，其犹橐籥乎？虚而不屈，动而愈出。多言数穷，不如守中。

【释义】

天地无所谓仁爱，把万物当成刍草扎成的用作祭祀求福的刍狗；圣人无所谓仁爱，把百姓当成刍草扎成的用作祭祀求福的刍狗。天地之间，岂不像个风箱？空虚但不会穷竭，愈鼓动风就能愈多地产生出来。多说话会使人陷入困境，不如保持虚静无为的状态。

【古典今读】

所谓“刍狗”，就是用稻草扎成的狗，在古代，它有着特殊功用：祭祀。祭祀是一件很严肃庄重的事情，在这种场合，它被赋予了特殊的象征意义，已不再是一个普通的稻草扎成的狗。然而一旦祭祀过后，稻草狗便恢复了它本真的意义，不再被人顶礼膜拜，它的地位发生了翻天覆地的变化，它被人遗弃，甚至践踏，最后被当成普通的稻草焚烧掉。稻草之所以会落得如此的命运，并不是人们对其存在好恶心理，而是为了祭祀的需要。

天地本身没有情谊可言，它是毫无意志的纯粹的自然物，它没有偏好和任何选择。然而它的力量是巨大的，人类无法抗拒和控制。它所表现的一切：地球的形成、人类的产生、物种的灭绝以及若干年后人类的消亡，都是一种很偶然的现象，绝不是天地的意志，它不存在怜爱和刻意践踏的情感取向，万物的生成和消亡都是依照自身的规律发展变化的结果，它赋予了万物自由，因而它才能在自在无为中达到无所不为。它对万物没有施加恩惠，也没有强加干涉，所以万物才能按照自身的发展轨迹共同发展，正因为如此，万物才能真正地感受到它的恩泽。

圣人（统治者）治理国家、管理子民也是如此。古代的帝王称天子，可以看成是天地的化身。他效法天地管理天下百姓，不对百姓施加仁爱，把百姓当成祭祀用的刍狗，这不是不爱惜百姓，相反这是真正的珍惜。怎样理解呢？圣人对百姓不施加仁爱，也不横加干涉，给予他们一定的自由，这样百姓才能感受到真正的恩赐。教导百姓按照自然规律行事，就不会破坏大自然之道，从而实现无为之治。因而百姓才能安居乐业，天下才会太平。天下太平，国家才能长治久安，才能繁荣昌盛。相反，如果统治者没能按照无为而治的原则，而是施与仁爱，自然会对百姓妄加干涉，就会使百姓脱离正确的行为轨道，导致天下大乱。统治者为了安定民心，平息这种混乱的局面，就会很自然地将自己的意志强加给百姓，比如制定各种刑罚，这样一来，不但没有安定民心，反而使人心更加骚动不安，农民起义势在必行，结果是民不聊生，统治者的地位岌岌可危。所以这种貌似仁爱的统治策略，不但害己，而且害民。

橐籥就是风箱，它是一种冶金鼓风用的工具，中间是空洞虚无的，充满了看不见摸不着的空气。天地之间是空虚的，恰似一个大风箱，充满了流动的元气。

正因为天地的空虚，才会有元气流动其间。而且元气无穷无尽，用之不竭，这元气就是主宰万物的灵气，它看不见，摸不着，却又无处不在，越用越灵。

我们应该像天地一般，内心像个大风箱，心里空无一物，而又能包容一切。所谓空无一物也就是不置一物于心中，而应包容万物，做到心中坦荡，不偏执于一物，才能海纳百川。心里的容量像一个大风箱，无穷无尽，这样我们才能放眼宇宙，心无挂碍；才能不以物喜，不以己悲；才不会为外物而影响自己的情绪，才不会对别人的是非对错品头论足，妄下论断。别人的是非和自己有什么关系？为什么拿别人的错误惩罚自己？我们是人，是情感十分丰富的动物，我们有喜怒哀乐，但我们可以控制自己的情绪，我们要无所为，也就是真正的无所不为了。

老子认为，无为而治的政治主张，不仅适用于治理国家，成为统治者的制胜法宝，而且适用于我们每一个个体，将自己与大道紧密相连，甚至融为一体，我们才能获得自由和幸福。这是大道的完美境界。

话说多了，人就会智尽辞穷，不如守住心中的想法不说。有时候什么也不说更有力量，因为沉默会让人觉得充满暗示。

维特根斯坦说："凡是可以说的，就能明白地说；凡是不可以说的，就必须沉默。"沉默丰富了我们言说的内容，也丰富了我们言说的技巧。

《红楼梦》里林黛玉离开贾府回老家扬州吊唁父亲，再

回贾府时，宝玉与黛玉一见面，彼此无多话，只是人哭我哭，彼此问候而已。

宝玉与黛玉这次见面为什么会如此沉默？因为别后重逢，他们要说的话太多了，所以干脆什么也不说。

沉默在此成全了他们的情意，如果任何一方涉及敏感话题，都只会打破完美。宝、黛二人冰雪聪明，当然是什么也没说。

老子指出："多言数穷。"

当他说"多言数穷"的同时，也就是在说"无言数丰"。

老子主张"无为"，所以也主张"无言"。

"无言"不是什么也不说，而是"我正在说"。

"无言"看似无话，实际上是让自己与自己对话，或借助身体语言暗示。"没有话"时，人全身都在说话，眼

神、嘴唇，甚至拿杯子的动作、走路的姿势全都在作明确的言说。粗心的人一见别人不说话就问，细心的人会从对方的无言中解读其中的语言、态度、观点、暗示及指示。

《西游记》中菩提祖师手持戒尺在孙悟空头上打了三下，孙悟空就明白是让他三更时分进去听祖师授法。现在让我们像孙悟空一样天赋异禀还很难，但我们至少应该懂得别人不说话是什么意思。“多言数穷”，就是话说多了会让自己智尽辞穷。

我们常常会看到一些人喜欢喋喋不休，实际上他自己也知道没有效果，所说的不会实现。所以，当有人话特别多时，可以让他说个够，以冷场来对付他便罢。这种人只要你一开口他就来劲，谈天说地，不知所云，让人头晕。这时我们或者强行打断他："你究竟在说什么？"或直接说："你能否把你的观点用一句话说清楚？"或者沉默乃至离去，让他自己感觉无趣，闭上嘴巴。你看，废话过多的人多令人讨厌，我们自己千万不要做这种让人讨厌的人。

有个饶舌者在亚里士多德面前总是喋喋不休地谈论，然后问亚里士多德是否烦得要死，亚里士多德回答说："不是那么一回事，因为我根本就没听你在说什么。"

另外，在必须彻底表达自己全部意思的时候，我们就必须多说，说透。诸葛亮"舌战群儒"，应对那么多人的刁难，话不多是不行的，当然，话多的前提是话要精辟。

当我们自己感觉说不出什么有意思的话时，就应该打住，或让语言简洁一些，以免漏洞百出，活生生当了别人的靶子，遭人肆意攻击。有人老是在心中愤愤不平："他们为

什么老是攻击我？”这总是事出有因的，一定是自己在什么场合说过什么会让人攻击的话。

话可以用来谋求和解，也可以用来杀人。《三国演义》里诸葛亮骂死王朗。《子路杀虎》的故事中，孔子对子路说：“上士杀人用笔墨，中士杀人用语言，下士杀人用石盘。”一句要命的话确实可以置人于死地，所以，人们要避免多说话、说错话。

多言的结果往往会是凶险。你在言语上赢了别人意义也不大，弄不好会把对方逼急，做出什么暴力行为。很多人说话滔滔不绝，天下公理都被他说尽了，殊不知在他最得意时，往往会被人迎头一击。

人不能过度自我陶醉，至少要一边说话，一边看人，不要自顾自地抒情、演说，那样会弄得自己不好收场。

老子说“多言数穷”，一个“穷”字道出了话多之人的窘迫。话越多越窘迫，何必自己逼自己，所以，大部分时候多言是不必要的。多言必使人多心，多言必多生事。

【事典心裁】

只有平时不多言，才能在该多言时多发言。像秉烛夜谈、长亭话别，这些都是应该尽兴说话的时候。可是，如果平时把话说尽了，该说的时候忽然哑了口，那岂不是大煞风景？所以，人在平时一定不可多言。

元朝至正十二年（1352年）九月，红巾军所据濠州被元军包围已七个月之久，形势危急。这段时间里，朱元璋曾奉命攻打灵璧、萧县和虹县，试图分散元军的注意力，但效果一直不好。正当元军即将对濠州发起总攻之时，元军主帅突然病死，士兵们失去主帅，无心恋战，纷纷逃散。濠州之围遂解。

郭子兴的军队得到喘息，就在濠州城内饮酒高歌，庆祝胜利。朱元璋是个志向远大之人，他在军中待的时间长了，对各种事情看得越来越透彻明白，渐渐觉得这帮人治军无方，驭下无术，成不了什么大气候。他还深深地认识到，在这群雄割据、形势混乱的局面下，不壮大自己的军队，不招揽英豪为己所用，很难有出头之日。

至正十三年六月，朱元璋禀明郭子兴，欲回故乡钟离招募士兵，郭子兴同意了。

不到十天，朱元璋就募集了七百人。他将队伍带到濠州，交给郭子兴，郭子兴非常高兴，提升他为镇抚，并把这七百人交给他统领。不久，又升他为总管。

朱元璋虽已被升为总管，但他还是感觉到这样下去不是长久之计。

至正十三年底，朱元璋将自己统率的七百人交给别人，只带着徐达、汤和、吴良等二十四人离开了濠州，前往定远发展自己的势力。

这次出行并不顺利，还没有走多远，朱元璋就患了重病，只得返回濠州治病。过了半个月，才有所好转。这时，他听说张家堡驴牌寨屯居着一支三千人的义军，主帅与郭子兴相识，现在正断了粮，处境艰难。机不可失，时不再来。朱元璋觉得这是扩充自己势力的好机会，他不顾大病初愈，找到郭子兴，请求派自己前去招降。郭子兴问：“带多少人？”

朱元璋说：“人多易使人生疑，带十人就可以了。”

郭子兴也不勉强，便派给他十个人。

朱元璋带病走了六天，才到达张家堡。主帅与他一见面，朱元璋便对他说：“郭公与你是老相识，他听说你们缺粮，又得到消息说有别的军队要来攻打你们，特地派我来通报：如果你们愿意跟随郭公，就与我一起回去。不愿意，也要赶快移到别处，以避来犯之敌。”

主帅想了半天也没有想出好办法，他见朱元璋说得真诚，就与他交换了信物，答应收拾好行装，就到濠州归附。朱元璋见主帅如此，便将费聚留下等候，自己先回濠州，报

告了郭子兴。郭子兴大为高兴，夸奖朱元璋办事得力。

不料过了三天，费聚来报，说事情有变，驴牌寨主帅想把队伍带到别的地方去。朱元璋立即带着三百名士兵赶去，费尽唇舌，劝主帅归附郭子兴。但主帅仍是犹豫不决，朱元璋便定下一计，让人请主帅议事，乘机将他挟持而去。离开营寨十余里后，又派人到寨中传话，说主帅已经选好了新的营地，让部众移营。

部众信以为真，便烧了营寨跟随他们前去。主帅见大势已去，无可奈何，只得投靠朱元璋。

紧接着，朱元璋又带兵去豁鼻山，招降了以秦把头为首占山为王的草寇八百余人。

朱元璋对收编来的队伍进行了集中训练，在较短时间内，使他们的战斗力有了明显的提高。不久，他率领这支部队攻克了屯居横涧山的缪大亨武装，缪大亨投降。这样不到半年，朱元璋的部队就发展到了十几万人，势力逐步壮大，为日后统一全国打下了坚实的军事基础。

故事一：

狂言妄语说出来虽然“虎虎生威”，在某些时候更是显得“豪气过人”，然而用“没有金刚钻，就别揽瓷器活儿”来反驳妄言之人再合适不过了。老子也指出“虚而不屈，动而愈出。多言数穷，不如守中”：狂妄的话多说只有害处而无益处，不如谨守中庸之道，量力而为。老子不愧是一位大师，他总是在正中看出反，在反中看出正。

偏偏有一些人与此背道而驰，结果只能落得个身首异处的下场。《三国演义》中，诸葛亮平定南方以后，一出祁山的失败除了他自身的原因之外，最大的原因还是马谡的狂言妄语。

《三国演义》描写：诸葛亮正在营中为孟达事泄被杀而懊恼不已，忽有哨探来报：“司马懿派张郃引兵出关，来拒我师。”

诸葛亮闻报大惊：“今司马懿出关，不比曹真，他一定会去打街亭，断我咽喉之路。”环视左右问，“谁敢引兵去守街亭？”

参军马谡见丞相吃惊，便觉得好笑，谅那司马懿有什么可怕的？便说：“末将愿往。”

诸葛亮盯着他，不放心地说：“街亭把着要冲，地方虽小，干系却大。如街亭有失，我大军便完了。你虽深通谋略，无奈此地一无城池，二无险阻，把守极难呀！”

“丞相勿虑，再难也得有人把守。末将自幼熟读兵书，精通兵法，又跟在您身边南北征战，耳濡目染，难道还守不住小小的街亭？”

“司马懿非等闲之辈。先锋张郃乃魏之名将，你能对付得了他们？”

马谡不高兴了，丞相也太小瞧我了。嘴一撇，轻蔑地说：“嗨，休道他司马懿、张郃，便是曹睿亲来，又有什么可怕的？若有差池，杀我全家好了。”

在这次请命邀功的过程中，马谡有些过于狂妄了，可以说根本没有掂量自己到底有“几斤几两”。之后的布阵失利，马谡虽然逃得性命，然而却为军法所不容，才有了“诸葛亮挥泪斩马谡”的情节。

《三国演义》中还有一个实例同样是说明狂言妄语招致

毁灭的，那就是魏延的死因。在当时来说，大多数能够单打独斗胜过魏延的人都已经死去了，他因此对自己有些过于自负，以至于在被杨仪激怒，问他是否敢大喊三声“谁敢杀我”时，他毫不畏惧地猖狂大笑而发三声“谁敢杀我”，谁知在第三声之时，他就在毫不知觉的情况下命丧马岱之手。

狂言妄语能够给人带来杀身之祸，多言同样能够让你吃尽苦头，故而老子教导大家“多言数穷，不如守中”。老子并不是教人闭口不言，而是要少说多做，因为“言多必失”是一个千古不变的哲理。

话说多了，漏洞就多，容易出毛病甚至引火烧身。不难理解，这是对说话“多”的人而言的，譬如滔滔不绝的醉鬼、妙语连珠，眉飞色舞的政客，这类人因话多招致的所“失”往往惨重，譬如醉鬼丢了性命，政客落得革职除名，都是值得我们去吸取经验和教训的。

俗话说“病从口入，祸由口出”，在初始交往的过程中谨言慎行是非常有必要的，在讲话时也应注意自己的口气和态度，避免触及他人的利益，毕竟有很多时候“说者无意，听者有心”。

故事二：

“多言数穷，不如守中。”这是《道德经》中的名言，古今中外的历史经验也一再告诫我们：寡言是福，沉默是金。如果一个人话说得太多，往往会使自己陷入困境，还不如保持静气，把话留在心里。特别是中国古代曾出现过的文字狱，文人们因为写文章而丢掉性命或葬送前途的人数不胜数。

以明朝的徐一变为例。有一次，他在贺表中写道："光天之下，天生圣人，为世作则。"意思是说：之前天下大乱，民不聊生，老天有眼，生出了朱元璋这位圣人，救万民于水火，为万世开太平。本意是为朱元璋歌功颂德，可是被居心叵测的人一解读，就解出了大忌讳：你说"光"天之下，是想讽刺我们陛下当过和尚、头顶光秃吗？说什么天生"圣"人，我怎么觉得像是在讽刺我们陛下是"僧"人出身？什么叫为世作"则"？"则"与"贼"谐音（南方方言中，"贼"念作"则"），这不是在讽刺我们陛下参加过红巾军，做过"贼"吗？

经过奸佞小人为皇帝这么一解读，最终，朱元璋下令腰斩了徐一变。但这能怪谁呢？谁让他喜欢歌功颂德，既不知忌讳，遣词造句还不慎重呢？

第六章　玄牝之门

谷神不死，是谓玄牝。玄牝之门，是谓天地根。绵绵若存，用之不勤。

【释义】

虚无变幻的大道是永恒不灭的，即所谓的生育天地万物的神秘莫测的根源。玄妙的神母之门，就是所谓的天地生成的根源。它绵绵不绝地存在着，它的使用价值无穷无尽。

【古典今读】

“谷神”并不是指稻谷之神，谷是指山谷，山谷是空荡荡的，所以用山谷来形容大道的虚无。空荡荡的山谷可以生养万物，恰好可以用来形容大道能生万物。神是指孕育万物的能力和不拘于形式的过程。谷和神合起来就是“谷神”，所以它是一个词，又不是一个词，可以理解为大道虚空生养万物，其精髓就是绵延不绝、生生不息。

“玄牝”一词中，玄是指玄妙，牝指雌性的生殖器官，牝是象形字，像女性生殖器官的形状。在古代，科学不发达，加之人们的思维带有很大的局限性，对于女性能生儿育

女，无法给出科学的解释，他们看问题只停留在事物的表面上，对女性的生殖器官充满了崇拜甚至畏惧，他们看到女子的肚子一天天隆起，十个月后一个小生命呱呱坠地，多么神奇！他们不知道精子和卵子的结合才是孕育生命的开始，所以无限夸大了女性生殖器的作用，以为其中必然蕴含着无数奥妙和玄机，所以才能从无生出有来。

大道生万物就如同人类的孕育过程，它充满了神奇，又不为人所目睹，正因为我们无法亲见，才更突出它的神秘和深奥。大道的孕育和女性孕育生命的不同点在于，大道生育万物的功能是无限的，它会永远存在下去，因而说“玄牝不

死”，它怎么可能死呢？这是大道的本质特征使其永不停息地生化万物。

“玄牝之门”就是指大道生化万物的胞宫，它存在吗？在哪里？如果大道存在牝门，那大道也就是实体了，能够看得见、摸得着了，可实际上大道看不见也摸不着，没有形象；如果大道没有牝门，那么这样形容本身就没有任何意义。所以大道的牝门存在于“无”的状态之中。无的状态无处不在，充盈于整个宇宙中。无中生有，有又变无。无寓意看不见踪影，又无法寻觅，从整体到分散，再由分散聚为整体，包含一切变化。它永远都不会枯竭、停息，无所谓开始，无所谓结束。

喧嚣的生活，使我们的内心无法归于平静，我们忙于满足自己的欲望，而无暇顾及自己灵魂的呼喊。

我们生活得忙碌而平庸，我们常常会听到“忙啊忙啊”的抱怨，怨天怨地还是怨自己？是因为生命短暂，才要穷尽一生的时间去忙碌吗？怎样才算作穷尽呢？泼灭内心燃烧的欲火，坐下来平心静气地听听老子的声音，我们会惊奇地发现，在理解老子的大道的真意后，我们会豁然开朗，按照道的规律去发展自身的优势，会省时、省力，收到意想不到的效果。

“道”具有伟大而崇高的母性，天地万物从它那里诞生，并从它那里获取源源不断的生命和享用不尽的养料。

它养育却不占有，给予却不自恃有功。这种奉献而不索取的品质恰似一位母亲。母亲了解自己的孩子，可又有几个

孩子真正了解母亲。

老子说“道”，我们这里借本章来引起自己的思考，问一问自己是否能读懂母亲的那本书。而后，谨记一句：立身应以孝为先。

【事典心裁】

人们常常将大地比喻为母亲，母亲对自己的孩子可以说是无限地包容。因为包容，地更广博；因为包容，母亲更伟大。母爱让人深深为之动容，在你动容之时，千万别忘了对母亲说一句“妈妈，我也爱你”。

现代管理大师们普遍认为，员工是帮老板实现梦想的最强有力的工具。弗兰克·康塞汀——美国国家罐头食品有限公司的总裁，他就深知这个道理，最终使这家公司成为世界上第三大罐头食品公司。

他的信条是："多跟员工进行交流，多给他们地位、被认可感和满足感……让他们在一个温馨的环境中工作，让他们以企业的兴衰为自己的荣辱。"

由于有这个信条，这家公司从来不担心招聘不到好员工。当他们发布在俄克拉荷马城的分厂有100个工作职位需要招人的广告后，竟然收到了2000份申请。也难怪，这个新工厂充满了家庭气息，有野餐，工作中还会播放抒情的音乐，作为一位员工，还有什么比这更快乐的呢？

在亚利桑那费尼克斯的工厂成绩卓著，公司为了进一步激起员工的自豪感，就搭起了一个露天马戏场让员工们在工作之余开心快乐。

在马戏场建起的那一天，94名工人的日产量达到了100万个罐头的目标。那一天，马戏场成了欢乐的大本营。而3年以后，工人们将日产量提高到了差不多200万个罐头。

公司还建立了心脏保健计划，有600多名受过训练的员工将负责心脏病人的紧急救护。他们已经成功地挽救了两位工友的宝贵生命。

康塞汀为了能让员工在心理上获得满足，把管理人员找来，跟他们讲："管理人员的工作就是把员工们放在合适的岗位上。如果你把适当的人安排在适当的岗位上，他们就会得到心理上的满足，这种满足是自己在他们所不能胜任的更高一点儿的职位上得不到的。"

有的管理人员说：“我们的工作太忙了，也没有太多的时间考虑他们的想法。”

“错了，我们对员工的关注花费并不大，而利益却在员工的忠诚和高度信心中自然而然地增长，你们的任务之一就是把人性的优点运用到同员工打交道的日常事务中去。”

康塞汀常常说：“我们公司也许不会成为同行业中最大的一家公司，但是只要我们诚心地对待职员，就能最大限度地激起员工对工作的自豪感，为公司创造相当多的财富。”

故事一：

齐威王即位不久，即拜邹忌为相。邹忌不负众望，矢志改革，精心治国。齐威王更是秉公任贤，对属下各级官吏的政绩，都做过认真考察，做到贤者任用，庸者辞退，恶者惩罚，决不姑息迁就。

有一次，邹忌听说即墨大夫受到诋毁而东阿大夫却受到赞誉。他便把这件事禀告了齐威王，齐威王就查问左右的人，听他们的说法和邹忌所反映的没有什么不同。他又派人去做进一步的实地考察，等确实搞清楚事情的真相再下结论不迟。

齐威王认为，判断下属的好坏，主要看下属的政绩如何，百姓是否安居乐业，而不能偏听偏信。一切都调查清楚了，齐威王便把即墨大夫和东阿大夫召到朝廷，并召集群臣参加。齐威王对即墨大夫说：“自从你当了即墨大夫以后，时间不长，诋毁你的言论便一个接一个，将你说得一无是处，

不能再让你继续做大夫了。现在，我派下去的人到了你那里一看，你所管辖的地区，荒野得到开垦，人民生活富庶，官吏忠于职守，人人尽职尽责，没有人浮于事的现象，东方得以安宁，人人安居乐业。但是你只知道埋头处理政务，没有时间来讨好我，也没买通我的左右，所以你得到的不是赞美而是无故的诽谤。我认为你是一位忠于职守、治理有方、办事贤明的地方官，对你的出色政绩给予适当的表彰。”于是对即墨大夫封土地百顷、金银匹缎一车。

齐威王又把东阿大夫叫到跟前，严厉地对他说：“自从你当了东阿大夫以后，我听到的尽是说你如何如何好，如何会治理地方，没有听到说你不好的。可是，我派人下去到你管辖的地区察看，才发现你所治理的地方竟仍然是荒芜的田野，杳无人烟，百姓吃不上饭，冬季无棉衣御寒，一派民不聊生的景象。以前，赵国的军队开到你那里，面临异国的侵略，你不能有效地进行抵抗。你只会用金银财宝收买我的左右，让这些人为你说好话，来取得对你的好感。其实，你为政不廉，治理无方，只会拉关系。现在，要对你进行惩罚。”然后，喝令武士把东阿大夫和为他说好话的人一同拉出去烹了。

臣下们看到齐威王办事秉公，处理事情果断，任人唯贤唯能，不受阿谀奉承之惑，个个心悦诚服。从此人人竭尽全力地为国家效劳，不敢有半点儿松懈，也不敢再欺上瞒下，使齐国逐步强大起来。

一个国君或一个领导，如果不能正确地处理国家事务，不能秉公办事，偏听偏信，任人唯亲，则国家日益衰败。反之，则日益强盛。

故事二：

周穆王得到八匹骏马，驾着它们去拜访西王母，回来后，又驾着八骏去讨伐徐偃王，并灭掉了他。后设立了天闲、内厩和外厩三种马厩。把八骏马放在天闲里喂养，每天喂料一石；次一等的马放在内厩，每天喂料八斗；再次一等的马放在外厩，每天喂料六斗；那些达不到以上三等标准的马称为散马，每天喂料五斗；在散马之下的是民马，不在官府饲养之列。周穆王任造父掌管马政，天下没有一匹好马在民间，并按马的上下等级对待各类养马的人，他们对自己的待遇，也没有一个不甘心的。

后来，穆王死了，造父死了，八骏也死了，马的好坏没有人能分辨得了，而后就按马的产地来区分了。因此把冀地北部产的纯色马作为上等，放在天闲喂养，用来驾驭君王的车辆；那些杂色的马作为中等，放在内厩喂养，用来做驾车空缺的备用和打仗的战马；冀地南部和济河以北产的马放在外厩喂养，供诸侯和君王的公卿大夫及出使到四方去的使臣们乘用；江淮以南产的马称作散马，用来传送信息和干各种杂活儿，不承担重大事情。那些喂养它们的马官待遇，也按

所管马的等级不同而不同，按照父先前的规定办。周夷王末年，盗贼四起，内厩的马应当担负作战任务，但它们都饱食终日，且骄横自大，一听到钲鼓声，便吓得往后退，一看见旌旗飘就四处逃跑。于是就改用外厩的马参战。内外两厩的马官相互争吵了起来，管内厩的说："我们的马是驾乘舆用的。"管外厩的则说："你们的马吃得多而用处少，那为什么还比我们高一等？"两家争论不休，被夷王知道了。夷王和大臣都对内厩的马有偏心，让外厩的马参战。出战不久，与盗贼相遇，外厩的马冲在前面，盗贼败逃了。内厩马还是凭着高一等而贪功，于是外厩的人、马都为此而懈怠了。盗贼乘机便攻击它们，内厩的人、马首先逃奔，外厩的人、马看

着也不救援，也四处逃奔，结果那些高头大马全部覆没。夷王非常恐惧，就下令放出天闲里的马。天闲里的马习惯在平安的环境里驾车，不习征战。天闲的马官把这情况告诉了夷王，夷王又改令散马去迎敌。管散马的人说："打仗要靠力气，吃得饱才力强。现在那些比我们的马吃得多的马尚且不能承担，而我们这些力气少而又常服重役的马，恐怕更不能胜任了吧。"夷王听了后，自我反省并深感惭愧，就安慰了养散马的人一番，便派遣散马去迎敌，并且下令让他们享受上等人马的待遇，但粮仓里的粮食已不够吃了，命令只是一句空话罢了。于是四种马在田野里乱跑，看见庄稼便吃，闹得农民不能种庄稼，那些老弱病夫都饿死了，而那些壮年人都投奔盗贼了，那些马也像这些人一样逃跑了。夷王没有马，不能组织起军队，天下一片萧条冷落的景象。

人才兴则国家兴，人才亡则国家亡。要使国家兴旺发达，必须及时发现人才，合理使用人才，不能按其出身贵贱而另眼相待。而要知人善任，量才使用，论功行赏，否则就会埋没人才，浪费人才，给国家带来巨大损失。

第七章　无私有道

天长地久。天地所以能长且久者，以其不自生，故能长生。是以圣人后其身而身先，外其身而身存。非以其无私邪？故能成其私。

【释义】

天地的存在是长久的。天地之所以能长久存在，是因为天地顺应自然而生存，而不是单纯为自己而生，所以能长生。因此圣人谦虚谦让，把自身的利益置于别人后面，反而能居前列；把自己置之度外，反而能保全自身。这难道不是由于他不自私吗？所以反而能成就伟业。

【古典今读】

自从我们出生的那一天开始，我们就看到天高悬在我们的头顶。它虽然高高在上，但它并不自高自大；虽然它有时候也会发怒，会在我们的头顶上电闪雷鸣，但它多数的时候还是晴空万里、温文宽厚，像极了我们的慈父。地则相反，它甘愿位居人下，胸怀包容万物，它默默地承受着众人的践踏甚至粗暴的对待，它从不轻易显示自己的威力，它坚韧、勇敢、无畏，就像我们的母亲，一直默默无闻地奉献着自己的爱，从不奢求回报。天地是那么高深莫测，是那么深奥玄秘，仿佛离我们很远，却又离我们很近，我们无法真正地理解它们，但又无时无刻不生活在它们的怀抱中，无时无刻不在受它们的影响和制约，但这种影响和制约是相对的，而不是绝对的。上一章我们提过，天地不仁，天地对我们是没有

仁爱和恩惠的，所以对我们也就没有约束。

在我们所能观察和理解的范围内，唯有天地是长生不老的，它们无所谓年轻和年老，它们是永恒的，因而人们常常用“天长地久”来表达对婚姻美好的祝愿。

为什么万物都有消亡的那一天，而唯独天地“寿命”悠远长久呢？老子提出了自己的观点，即“以其不自生，故能长生”。如何理解呢？天地之所以能长生不老，最根本的原因就在于它们没有意识、没有思想，不知道自己的存在，没有生的概念，也就无所谓死了。正因为天地没有意识，压根就不知道自己正处于生存的状态，当然也就不会有死亡的到来，所以长生不老也是情理之中的事情。天地是按照大道的规律运行的，它们的一切都是自然而然存在的。

然而，我们人类根据自己的主观臆断来理解宇宙万物，并试图用自己的智慧改变大道的自然形态，也就是说，人类想要成为宇宙万物的主宰，支配宇宙万物。我们给宇宙万物命了名，所以宇宙万物无不打上了我们人类的主观印记。老子在第一章中就点明了“道可道，非常道；名可名，非常名”。我们自私地将自己的主观判断强加于宇宙万物，并为它们命名，就难免走入理解的误区，使宇宙万物失去原本的真意。

圣人知道什么该为而什么不该为，他们能摒弃人性的弱点——自私，做到谦虚退让，与世无争，反而能在众人中显得尊贵，而居于人先。他们遵循大道的发展规律，将宇宙万物的发展变化看成是自然而然的，不对万物强加自己的意

志，所以就能与大道共生共存。

我们说天像父、地如母，天地生养了我们，它们还会保佑或惩罚我们。为什么这样说呢？当我们违背自然规律的时候，天地会毫不留情地惩罚我们的无知，因为天地是严格遵循自然规律的，尽管它们遵循自然是无意识的行为，但正是因为遵循了自然的发展规律，所以它们才得以长生不老，这是天道。我们人类要想长存于世，就必须遵循天道的根本，心存无私，要经常想着别人，而不能只考虑自己，只有这样，我们才能真正地拥有自己，才能得到他人的敬重。自私自利虽然能得到一时之小利，但会失去许多成就大事的机会，因而是得不偿失的愚蠢行为。

天地之所以长生不死，是因为天地无意识，没有“生”和“死”的概念；圣人的心中没有“自私”的概念，所以他才能得到真正意义上的“自私”——成就了自己的利益。

老子在本章提出无私的精神。

天地不是为了自己而生，所以能够永恒长久，而对于我们人类，什么样的人能够拥有老子所说的无私精神呢？老子提到了以圣人为榜样，圣人亦即得“道”的人，圣人把自己置于人后而不顾自己，正是这样的无私成就了自己，让自己位居人前，能够身存于天下。

由此可知，一个人活在世上，不能只关注自己。一个只关注自己的人，是自私的，这样的人最终会为别人所不齿；反之，你忘却自己而去关注别人，你就能因此而成功、生命长存。

我国著名教育家、历史学家翦伯赞就是一个心底无私，外忘自己而关注他人的人。

有一句话经常挂在翦伯赞的嘴边，那就是“学生是祖国的未来，是祖国的希望，是我们事业的接班人。我们应当热爱他们，关心他们，既做他们的先生，也要做他们的朋友”。翦伯赞是这样说的，也是这样做的。他是北京大学接待学生来访最多的系主任之一，而且他还经常参加学生们举办的集体活动。

据一位北大历史系学生回忆，有一次，他去请翦伯赞参加除夕师生会餐，当翦老得知这位同学是老乡又是学考古专业的，便热情地说道：“学考古好哇，学考古可以解决重要的历史问题。比如古代史分期问题，讨论好久了，单凭文献上那么几句话，辩来辩去还是搞不清，我看最后要靠考古研究来解决问题。原始社会史离开考古发现根本就无法讲。汉族以外还有很多少数民族，我就是维吾尔族人。少数民族对祖国历史有很多贡献，古文献中很少记载，只有依靠考古发现才能说得清楚。”翦伯赞的一番教诲使这位同学深为感动，给他留下了极深的印象。

在与学生们的交往中，翦伯赞还注意帮助学生们认清学习和研究历史的目的和意义，帮助他们掌握学习历史和研究历史的正确方法。他多次勉励学生说：“你们学习历史，既要学会使用‘显微镜’，又要学会使用‘望远镜’。前者培

养过细功夫，使你们认识历史事实，洞察细微；后者训练远大眼光，使你们纵览全局，把握要害。所以两者必须结合使用，缺一不可。”翦伯赞的一席话，使学生们茅塞顿开，笼罩在眼前的历史迷雾一下子消散了。

在翦伯赞的思想里，他始终认为，青年一代在历史科学方面所能取得的成就，将大大地超过老一辈人。他始终以发展的眼光看待青年学子，表现出了一代著名教育家、历史学家的博大胸怀，这种胸怀不仅是一种品德，也是一种气度，是一种大家风范。

现实生活中，有这种气度的人不多，因为人总是有私心的。这种私心严重的时候，就是一种缺点，叫作“自私”。

虽然我们不能说人性是自私的，但我们不得不承认，一个人的一生绝大多数时间都是在为自己谋划，绝大多数时间都是在为自己奔忙，所以我们可以说人性是自利的。

人性中这种自利的特征，在遇到利益冲突的时候，极容易演化为自私。这是世界上不断产生种种利益纷争的主要原因，也是世界上存在着世态炎凉的根本原因。

当你觉得自己很软弱，需要别人帮助，而别人没有帮助你的时候；当你栽了跟头，需要别人安慰，而别人没有安慰你的时候；当你感觉世态炎凉的时候，你是否想过，放弃自私是一种品德呢？是否想过，这个社会更需要爱心呢？

【事典心裁】

学会做一个心底无私的人，就像翦老先生一样，你会因自己的无私而得到别人的景仰，或许还会得到许多意外的收获。

唐宪宗时期，令狐楚被任命为兖州太守。

在他上任的时候，兖州正遭受一场严重的旱灾，颗粒无收，民不聊生，到处都是一片凄凉破败的景象：干枯的禾苗，乞讨的百姓，整个兖州没有一丝生机。令狐楚看到这番景象，心情十分沉重。

到了兖州城，他看到街市上的粮店却照样挂着招牌，价格奇高，穷人们哪能买得起呢！令狐楚不禁恼怒，心想原来是这帮粮商趁机发不义之财，哄抬物价啊！难怪当地百姓背井离乡，乞讨逃荒。他决心平抑粮价，让百姓吃上廉价的粮食，同时严厉惩处哄抬物价的奸商。

他还没有走到州府，远远地，那些官吏就前来迎接，争先恐后地和他打招呼，套近乎，令狐楚便趁机同他们寒暄起来。他把话题引到旱灾上，不慌不忙地问：

“现在兖州城内有多少粮库？大约存了多少粮食？”

一旁的官吏大献殷勤，为了表明自己对州内事务的熟悉，他们毕恭毕敬地回答：

“粮仓一共有二十个，平均一个存粮五万石，应该没有后顾之忧。”

“那粮价多少？”

这次大家都绝口不提，陷入了沉默之中。令狐楚已经明白了几分，其中肯定有鬼，一定是他们和奸商勾结起来，从中作祟，谋取暴利。

令狐楚仍然不紧不慢地说：“现在旱灾把百姓害苦了，这些粮食本来就是取之于民，也应该用之于民。明天就把粮仓打开，以最低价出售，救济百姓，你们觉得这个主意怎么样？”

众官吏见新太守主意已定，都附和着点头，说：“大人仁慈，这样不仅可以救灾，还能树立朝廷爱民的形象。好主意！好主意啊！”

令狐楚立即命令随从张贴告示，安抚民心。这个消息一传出，百姓都欢呼雀跃，奔走相告，而那帮趁火打劫的奸商却开始愁肠百结了：如果州里的粮食价格低廉，自己囤积的粮食就会无人问津，时间一长，就会受潮霉烂，岂不是要赔钱？他们索性清仓处理自己的粮食，而且价格比州里的赈济粮售价还低。百姓看到粮价一个比一个低，拍手称快。令狐

楚的几句话、一个告示，就轻而易举地安定了民心，稳定了形势，手段可谓高矣！

故事一：

老子“非以其无私邪？故能成其私”的论述，堪称是人生智慧的经典。老子这句话所说的人生智慧就是：一个人如果以无私的心去帮助别人，最终受益的将会是自己。

美国南部的一个州，每年都举办南瓜品种大赛。有一个农夫的成绩相当优异，经常是首奖及优等奖的得主。他在得奖之后，毫不吝惜地将得奖的种子分送给街坊邻居。

有一位邻居就很诧异地问他：“你的奖项得来不易，每季都看你投入大量的时间和精力来做品种改良，为什么还这么

慷慨地将种子送给我们呢？难道你不怕我们的南瓜品种因而超越你的吗？”

这位农夫回答：“我将种子分送给大家，帮助大家，其实也就是帮助我自己！”

原来，这位农夫所居住的镇子周围是典型的农村生态，家家户户的田地都毗邻。如果农夫将得奖的种子分送给邻居，邻居们就能改良他们南瓜的品种，也可以避免蜜蜂在传递花粉的过程中，将邻近的较差的品种转而传染自己，这位农夫才能够专心致力于品种的改良。相反的，若农夫将得奖的种子私藏，则邻居们在南瓜品种的改良方面势必无法跟上，蜜蜂就容易将那些较差的品种传染给自己，他反而必须在防范外采花粉方面大费周折而劳心费神。

由此可见，这位农夫大公无私的奉献，最终受益的还是他自己。

故事二：

许多人做事情的时候喜欢将事情做绝（对于那些他认为没有利用价值的人），这就如同做生意“一锤子买卖”一样，这样的人目光短浅，丝毫看不到其中的利害，以至于做人，失道寡助；做生意，生意亏本。

做人就应该将目光看得远一些，不把事情做绝，这样也是为自己留条“后路”。

战国时期，齐国的孟尝君广招天下宾客，不管宾客有无才能，他都一律以礼相待。

有人劝孟尝君说：“你志在求取贤人，帮助你建功立业，如今很多无才无德的人混了进来，骗吃骗喝，而你却视而不见，这时为什么呢？”

孟尝君回答说：“我只不过破费些钱财，可赶走他们，他们就会以我为仇，谁知道日后会有什么祸事发生呢？”

孟尝君这样仁义，可有人还是不领情，一个宾客竟勾搭上了他的一个小老婆，暗地里与她私通。这是普通男人都难以接受的事，孟尝君知道后却十分平静。他不主张惩治那个宾客，反而为对方开脱说：“男人喜爱美色，这是人之常情。要怪，也要怪我的小妾淫荡无耻。如果她遵守妇道，这种事就不会发生了。”

孟尝君的手下人又气又怒，坚持要把那个宾客治罪，他们说：“你讲仁义，原谅他人的过错，所以他们胆子才会越来越大。如今这种无耻的事都做出来了，再不严办，我们都没脸待下去。你三番五次替奸人开脱到底为了什么呢？”

孟尝君说："为了我自己啊！我树大招风，说不定哪一天就会大难临头，到了那时，只有我的仁义才会救我。人心都是肉长的，我今天给人留条活路，他日人家才会卖力帮我。这也是我不咄咄逼人的原因啊！"

一年后，孟尝君又推荐那个宾客到卫国为官。那个宾客感动万分，日夜想要报答孟尝君的恩情。

后来，齐国和卫国关系恶化，卫国国君想要联合其他诸侯攻打齐国。这时，那个宾客冒死进谏，他对卫国国君说："我并没有什么才能，多亏孟尝君的推荐，这才被君王器重。君王和齐国交战违背盟约，也不会占什么便宜，不该如此草率。君王如果坚持攻打齐国，我就死在君王的面前。"

在那位宾客的努力下，齐国避免了战祸，渡过了危机。孟尝君受过多次挫折，都依赖他的宾客之力一一化解。他关

心别人，为他人着想，结果受惠最多的还是他自己，这就是他屹立不倒的根本原因。

许多人求功心切，为了达到自己的目的，损人利己，他们认为只有这样就能一步登天，其实他们大错特错了。成功需要别人相助，化解灾难更需要他人援手，没有朋友便会死路一条。如果一个人极端自私，别人自会处处和他过不去，拆他的台，这样的人绝不会有大成就的。

“一分耕耘，一分收获”，我们不要总想着如何去得，而是要学会如何去舍，懂得付出才能有回报。没有无回报的付出，同样也没有无付出的回报，付出越大，回报越大。为人处事也是如此，只有为别人着想，别人才会反过来帮助自己。

第八章　上善若水

上善若水，水善利万物而不争。处众人之所恶，故几于道。居善地，心善渊，与善仁，言善信，正善治，事善能，动善时。夫唯不争，故无尤。

【释义】

最高的品德就如水，水滋润养育万物而不和万物争名夺利。水身居众人所厌恶的卑下垢浊的位置，所以水最接近于“道”。上善之人总把个人处于众人之下，思想清明深邃，施惠万物像天一样，言谈恪守信用，从政善于治理，办事善于发挥特长，行动善于把握时机。因为有不争谦下之美德，所以没有过失。

【古典今读】

水的化学成分是氢和氧，人每天都要喝水，来满足身体的需要，离开水，人就无法生存。不光是人，自然界的所有生物都离不开水。水是生命之源。

水无色无味，没有固定的形状，用什么形状的容器装它，它就呈什么形状。它生性温柔，柔韧而又随遇而安。用

水坝拦它，它就静止不动；用利斧砍它，它就默默承受；将它抛到空中，它会凝成水珠圆润地飘洒到地上。它善于变化以保全自己的性命：它遇冷凝结成冰，遇热变成气体，遇水合而为一，遇风翻滚成一朵朵浪花……不管以什么形式出现，它始终保持着自己的美丽和温柔。它虽然看起来很渺小，但它成就了黄河、长江的浩瀚，所有这些还不足以说明它的特质。无论身处多么显贵的高位，它都会谦卑地向下流淌，这一点和我们人类恰好相反。人是钟情于高处的，仿佛只有不停地高攀，才能实现自身的价值。人人都往高处走，所以难免竞争，有竞争就有争斗，有争斗就会有人受伤，甚至亡命。水比人明智，它甘居下位，滋润万物而不居功自傲，清静无为，而又无所不为。

“水能载舟，亦能覆舟”，水的力量是巨大的，当人们违背自然规律时，它就会显示出自己的威力。历史上发生的洪涝灾害都是水与人类不良行为的无声对抗。

水和大道十分相像。大道无形，大道柔软，大道生养万物，但不与万物争高下，不求万物的报答；大道谦逊，不居功自傲。大道具有很大的威力，它会令那些理解它的人内心平静如水，摒弃杂乱和烦躁，内心充实，而没有了烦恼和忧愁。和大道携手同行的人心境平和，物我两忘。

老子声称，拥有最高德行的人就如同水一样，具有宽广的胸怀、谦逊的品格、与世无争的情操、宽厚诚实的作

风，这些最接近大道的本质，是人类最应效仿的德行。具体地讲，就是心胸要像水泊一样，宽广无边、清湛悠然；要像水的流势一样，谦虚卑下，不可处处与人争高低，要择地而居。对人要亲切自然，以诚相待，老实厚道，宁愿被人欺，也决不欺人。为人处世重诺守信，如同潮汐一般，起落守时。

不只是这一章，老子在《道德经》的其他章节也多次提到水，他把水作为人格的最高写照和完美表达。他谆谆告诫世人：言谈举止要如流水行云，循循善诱、悠然洒脱。对于统治者，施政时要像水一样，要采取低姿态，要有滴水穿石的精神，慢慢深入人心，要用怀柔政策，而不是采用强硬措施逼民就犯。

水是有灵性的，它懂得遵循自然，顺势而为，决不与人相争，这样既成全了别人，也保全了自己，因而也就不会遭到他人的怨恨和嫉妒。我们人类一旦拥有了像水一样的品格，就能助人而自乐，与世无争，日子过得恬淡自然，就能避免与人发生矛盾冲突，就能免去患得患失的精神折磨。有了如水的品格，就能与大道协调一致，就会免去纷争、免去纷扰、免去痛苦、免去烦恼，就能过得逍遥自在。

最上等的德行莫过于水的德行。

老子在本章提出了水的性格、品德和行为，指出水具有滋润万物的本性，却与万物毫无利害冲突，水具有宽广的胸怀，毫无所求，甘居众人厌恶的卑下、污浊之地。水的德行是接近于“道”的了。

接着，老子更详细地指出了人应效法水去修养自己的德行：

（1）“居善地”——应效法水甘居卑下的地位。

俗话说：“人往高处走，水往低处流。”水流善下而不居于高处，我们人类的立身处世也应如此，要时刻让自己保持谦虚的态度。有了功勋却不与人争，不自以为是，不恃才傲物、目空一切。

在我国历史上，因恃才傲物、自以为是而招致杀身之祸者，比比皆是。在现代社会里，显露自己虽然不会招来杀身之灾，但妒忌的社会心理仍然存在，遭到非议、责难是完全可能的。因此，我们要考虑社会生活的复杂性，要时刻注意为人处世的态度和方法。

我国著名的作家、评论家杨晦先生曾说：“上智者必不自智。”最聪明的人不自以为聪明，这就是水的德行，是立身处世的大境界。

（2）“心善渊”——应效法水的沉静和没有物欲。

老子这就话是建议人类恢复自己心灵的透彻明净，抛弃众多物欲的束缚。这一点对于我们今人的立身处世也同样具有重大的指导意义。老子并不是主张人没有一点物欲，只是说要限制自己的物欲，不贪婪，不强求。这其中还包括一种不互换耕耘的精神，这是我们需要效仿和牢记的。

（3）“与善仁”——应效法水以仁爱普施于人。

水润泽万物，而不奢求得到回报，水因此而成就了自己的伟大。做人也是一样，你真心地关心别人、帮助别人，

但不奢求别人的任何回报，你真心付出了，别人就会知道，他自会真心对你。这也正是我们常说的“我为人人，人人为我”。

（4）“言善信”——应效法水的信。

水自高而下，遵循规律，潮涨潮落如期而至，这就是信。人是社会中的人，人离不开交往，交往离不开信用，“小信成则大信立”，无论是治国持家，还是做生意，讲信用在其中必不可少。一个讲信用的人，能够前后言行一致，表里如一，人们可以根据他的言论去判断他的行为，进行正常的交往。你无法判断一个不讲信用、前后矛盾、言行不一的人的行为。这种人，是无法与人进行正常交往的，更没有什么魅力可言。守信是取信于人的第一方法。

（5）“正善治”——应效法水的平正和善于约束自己。

水性平正而善于约束自己，甚至委屈自己，这是水不同于其他物质的重要表现之一。就我们的观察能力而言，水实在是善于约束和委屈自己的最典型的物质，当它们散落于四

方的时候，被地球上所有生命利用而毫不吝惜；而当它们汇聚起来之后，虽然具有了排山倒海之势，却仍然沿着固定的河道流动。联系到具体的人或事，老子希望人们能够效法水的品质，以正当或正常的方式约束和调整自己来适应生活，而不迫使生活来适应自己。

（6）“事善能”——应效法水具有柔弱的形体，能方能圆，无所不及。

这里是借水的本性来告诫我们，凡事要竭尽全力，讲究做事的方法。只有“方”而少权变则常碰壁，一事难成；只知“圆”而多机巧，却是没有主见的墙头草。“方圆有致”才是智慧与通达的成功之道。

（7）“动善时”——应效法水行动之时善于把握时机。

河上公注：“夏散冬凝，应期而动，不失天时。”可见水是非常典型的随自然而变的物质。我们在做任何事时都应考虑时机，顺其自然。条件不成熟时不勉强去做，条件成熟时顺其自然去做，多分析，正确把握周围的环境与条件，将更有利于我们的成功。

【事典心裁】

老子爱水，孔子亦爱水。孔子说“智者乐水，仁者乐山”“逝者如斯夫，不舍昼夜”。水柔静，处下，不争，善利万物，默默无闻地奉献，的确为我们立身处世的典范，也难怪老子会提出那振聋发聩的不朽名言：“夫唯不争，故无尤。”只有奉献不争，才能没有过失，这是多么深刻、多么言有尽而意无穷的哲思，值得每一个人去思考、去践行。

东周时，郑国有一个善于相面的巫师季咸，他能根据人的长相预测人的生死存亡、福祸寿夭，甚至能预测出在何年何月何日应验。

郑国人见了他，怕他说出即将发生的凶事，所以见了他就躲。

列子听说这一奇事后，觉得季咸是个了不起的人，心生仰慕，于是对老师壶子说：“我以前以为您的理论和学问是世上最高深的，现在才知道，天外有天，竟然还有比您更高明的人在呢！”

壶子听了弟子的话，说道：“我只给你讲了道的外表，还没有讲到实质，你怎么就妄下结论呢？世上如果只有雌鸟而没有雄鸟，怎么能生出卵来呢？只有浅薄的人才容易被人看

透心思。你明天把季咸叫来，我见识一下。”

第二天，列子把季咸请来了。壶子一句话也不说，季咸相完面后便出了门。

列子追上问：“情况如何？”

季咸压低声音悄悄对列子说：“你的老师气色不好，脸色就像死灰一样，他活不长了，寿命超不过十天。唉！”

列子一听，赶忙跑进屋里，一边痛哭一边将季咸说的话告诉了老师，谁知壶子却笑着说：“不要怕，刚才我给他看的是土一般的面色，心境寂静，止而不动，所以他看到的是我闭塞生机的样子。明天你再把他请来，让他看看我到底能活多久。”

第二天，列子又把季咸带来。季咸看完壶子面相后，告诉列子说：“庆幸啊！幸亏你老师遇上了我！你老师有救了，你不必担心，我看到他闭塞的生机又开始通畅好转了！”

列子又忙进屋把这些话告诉壶子。

壶子依然笑着说："刚才我给他看的是天地间的生气，我排除一切私心杂念，一线生机从我脚后跟生起，直到头顶。他刚才看到的就是这一线生机。过些时候你再来请他，听他怎么说！"

又过了一天，列子又请季咸来给壶子相面，季咸看完后疑惑地对列子说："你的老师昨天刚有了一点儿生机，怎么今天又精神恍惚、神若游丝了？我无法给他看相。你告诉他，等他心神安定的时候，我再来给他相面。"

列子进屋把这些告诉了壶子。壶子说："我刚才给他展示的是没有任何迹象的空虚境界，所以他看不出什么来，明天你请他再来看看！"

次日，季咸又被请来了。

他刚走进屋，看到壶子的面色，便大叫一声，转身就跑。

壶子也大声喊叫列子："快去把他追回来！"

列子莫名其妙，听了老师的话，拔腿就追。季咸像丢了魂似的，拼命奔跑。列子追赶不上，只得回来，对壶子说："季咸跑得太快了，我追不上他！您究竟给他看的是什么啊？"

壶子说："刚才我让他看的是我的根本大道，但还没完全展示出来，他就跑了。我只是想逗逗他而已，让他无法猜测，就像草遇风披靡，水随波逐流。所以，他刚看我一眼就被吓跑了。"说完，壶子哈哈大笑。

第九章　功遂身退

持而盈之，不如其已。揣而锐之，不可长保。金玉满堂，莫之能守。富贵而骄，自遗其咎。功遂身退，天之道也。

【释义】

与其将水注得过满而溢出，不如适可而止。将铁器磨出锋利的刃，不可长久保持刃的锋利。金玉堆满堂室，不能长久守住。因富贵而骄纵，是自己给自己带来祸害。功成身退是自然运行的规律。

【古典今读】

芸芸众生，谁不追逐名利、贪爱财富、倾慕荣华？能做到超然物外者有几许人？我们生活在现实世界里，不可能不食人间烟火。我们要吃、穿、住、用、行，这是最基本的需求。当这些需求得到满足之后，我们还会积极地思考如何实现自身的价值。马斯洛的“需求五层次”理论告诉我们，人的需求是分等级的，当低级的需求得到满足之后，我们就会迫切地想满足自己更高层次的需求，这是十分简单却又非常复杂的道理。说它简单，是因为提到需求，每个人都深有体会，不难理解；说它复杂，是因为每个人的需求不同，对需求的理解也不同，这是就个体而言的。从整体上说，人类的贪欲是永远都无法满足的，这一劣根性决定了人类会一直追逐名利、富贵。一旦我们名利双收，该如何留住它们，而不致使它们如云烟般飘散？这一章讲的就是怎样才能长久地保住名利和富贵的问题。

我们先从生活中的一个小常识谈起，这也是老子在本章开头点明的问题。

手拿一个杯子，往里面加水，当水满的时候，我们还不停地往里加，结果会怎样呢？这是三岁的小孩都能回答的

问题，水满了当然会溢出来。换一个问题：我们拉满弓后继续用劲拉，结果会怎样呢？毫无疑问，当然是弦被我们拉断了。这两个小问题同出一源，那就是“满招损”，这个道理无人不晓，无人不懂，但要是与我们的实际生活和我们自身的欲望挂起钩来，恐怕就很少有人能够真正明白了。

人的欲望是无止境的，这是人的本性使然。我们人类如何克服自身的弱点，这是个非常重要的问题。

且让我们看锋利的剑吧，它又尖又锐，锋芒毕露，然而

锋刃易卷，再磨再损，不久就会被人抛弃，因而老子说越尖锐的东西，越不易长久保存。

人生一世，草木一秋。如此比喻人生，听起来有些消极，但也不违背常理。人生的短暂和草木的转眼枯亡没有本质上的不同，所以我们一想到自己的年龄就发懵，不禁哀怨日子太过匆匆。有人在短暂的一生里拼命捞取金钱，试图想用对财富的占有来证明自身存在的意义；而有的人一心想出名，想通过名声来证明自己没有虚度生命。于是人们开始争名夺利，为了实现自己的愿望，他们不惜出卖灵魂，结果是得到的没有付出的代价昂贵，何苦呢？当然，我们不反对采

用正当的手段来获取金钱和名利，但我们必须清楚，人是赤条条地来又赤条条地去，富贵和名利是分毫也带不走的。

古往今来，没有人能永久地保存自己的名位抑或财富，即便是财富和权力倾天下的王公贵族，甚或一手遮天的帝王也无法永远保住自己的地位和财富。尽管他们让后人将珠宝和自己的尸体埋葬在一起，并安装上了各种机关，以求保全自己生前拥有的财富，可他们无论如何也不曾想到，就在他们被安葬后，盗贼潜入他们的坟墓，将陪葬的金银财宝洗劫一空，并将他们的尸首抛弃在荒野，这是多么悲惨的结局！更有甚者，连自己的尸体也被偷走了，因为他们身上穿的是金缕玉衣，他们不但失去了珠宝，也失去了尊严。

老子在这一章告诉我们：物极必反。太满会溢，太尖利会断，这就启示我们凡事要适可而止，进退有度。锋芒太露就会遭人嫉妒和陷害，不如到一定的时候退而隐之，即“功遂身退”，绝不可最大限度地满足自己的欲望。退而隐之不是形式上的退居深山，而是要有功不倨傲，有名不恃名，有财不炫财。这就叫遵循大道。

大道就是如此，它滋养万物而不居功，没有所谓的恩义，也就无所谓报答；万物接受大道的恩典，不去报答，大道和万物仿佛毫无关联，所以也就没有怨恨和嫉妒，一切都是自然而然的。人类只有和大道同步，才能做到收放自如、进退有度，才能达到失也是得、退也是进的境界。

老子说：“持而盈之，不如其已。揣而锐之，不可长保。金玉满堂，莫之能守。富贵而骄，自遗其咎。功遂身退，天之道。”它的意思是：与其将水注得过满而溢出，不如适可而止；不停地打磨利刃，欲使之坚锐，却难保其锋永久锐利；满屋的金银珠宝，很难永恒地守护住它；人富贵了就会产生骄奢淫逸的心理，反而容易犯错误；功成名就则应隐退，此乃天理。

它提醒古人功成名就、官显位赫后，人事会停滞，人心会倦怠，业绩也不会有进展，此时就应立即辞去高位，急流勇退。否则，说不定会因芝麻大的小事而被问罪，甚至晚节不保。据《史记》记载：战国时代的范雎本是魏国人，后到秦国。因向秦昭王献远交近攻的策略，深得昭王赏识，被升为宰相。后他因所推荐的郑安平与赵国作战失败投降赵国，而意志消沉。按秦国法律，只要被推荐的人出了纰漏，推荐

者也要受连坐处罚。但秦昭王并没问罪范雎，这使范雎的心情更为沉重。秦昭王为刺激范雎振作起来，为国效力，对范雎叹气道："现在内无良相，外无勇将，秦国的前途实在令人焦虑呀！"可范雎心中另有所想，因而误会了秦王的意思，感到非常恐惧。

恰在此时，辩士蔡泽来拜访他，对他说道："四季的变化是周而复始的。春天完成了让万物生长的任务后，就让位给夏；夏天结束养育万物的责任后，就让位于秋；秋天完成成熟的任务后，就让位于冬；冬把万物收藏起来，又让位于春天……这便是四季的循环法则。如今你的地位在一人之下，万人之上，日子已久，恐有不测，而应让位他人，才是明哲保身之道。"

一席话启发了范雎，他立刻引退，并且推荐蔡泽继任宰相。蔡泽就职后，也为秦国的强大做出了重要贡献。但当他听到有人责难他后，也明智地舍弃了宰相宝座而做了第二个范雎，保全了自己的晚节，也表现出大公无私的精神风貌。

【事典心裁】

凡是气节高尚的君子，都不会一味地贪图富贵安逸，在适当时机，都能主动退出历史舞台，为后来者提供大展宏图的机会。

太平天国起义爆发后，清政府曾经多次派正规军八旗兵和绿营兵去镇压。但是，八旗、绿营在太平军面前连连败北。为了对付太平军，清廷想了个新招，即命令全国各省立即兴办地方团练，共同对付太平军。

当时，曾国藩是清廷的在籍侍郎，因为母亲病故，在老家湖南湘乡守丧。他得知清廷命令各省可以兴办地方团练的消息后，便以在籍侍郎的资格受命帮办湖南团练。没过多久，一支以洋枪洋炮装备的军队出现在湖南大地上，这支军队叫作“湘军”，由水师和陆师组成。

湘军成立后，首先把攻击的矛头指向太平军。在曾国藩的指挥下，湘军倚仗洋枪洋炮攻占了太平天国的部分地区。为了尽快将太平天国的起义镇压下去，在正规军无能为力的情况下，清廷于1861年11月任命曾国藩统率江苏、安徽、江西、浙江四省的军务，这四个省的巡抚（相当于省长）、提

督（相当于省军区司令）以下的文武官员，皆归曾国藩节制。有清以来，汉族官僚获得的权力，最多是辖制两三个省，因此曾国藩是有清以来获得最大权力的汉族官僚。对此，曾国藩并没有洋洋自得，也不敢过于高兴。他头脑非常清醒，时时怀着戒惧之心，居安思危，审时韬晦。

后来，太平天国起义被镇压了下去，曾国藩因为作战有功，被封为毅勇侯，世袭罔替。这对曾国藩来说，真可谓功成名就。但是，富有心计的曾国藩此时并未感到春风得意，飘飘然，相反，他却感到十分惶恐，更加谨慎。他在这个时候想的更多的不是如何欣赏自己的成绩，而是担心功高招忌，恐遭狡兔死、走狗烹的厄运。他想起了在中国历史上曾有许多身居权要之位的重臣，因为不懂得功成身退而身败名裂。曾国藩决心以历史做镜子，在功成名就之时，妥筹保身良策。曾国藩思来想去，采取了如下行动：

一方面写信给弟弟曾国荃，嘱劝其将来遇有机缘，尽快抽身引退，方可“善始善终，免蹈大戾”；另一方面上奏折给清廷，说湘军成立和打仗的时间很长了，难免沾染上旧军队的恶习，且无昔日之生气，奏请将自己一手编练的湘军裁汰遣散。曾国藩想以此来向皇帝和朝廷表示：我曾某人无意拥军，我不是个牟私利的野心家，是位忠于清廷的卫士。曾国藩的考虑是很周到的，他在奏折中虽然请求遣散湘军，但对他个人的去留问题却只字不提。因为他知道，如果自己奏折中说要求留在朝廷效力，必将有贪权恋栈之疑；如果在奏折中明确请求解职而回归故里，那么会产生多方面的猜疑，既有可能给清廷留下他不愿继续为朝廷效力尽忠的印象，同时又有可能被许多湘军将领奉为精神领袖而招致清廷猜忌。

其实，太平天国被镇压下去之后，清廷就准备解决曾国藩的问题。因为他拥有朝廷不能调动的那么强大的一支军队，对清廷是一个潜在威胁。清廷的大臣们是不会忽视这个问题的。如果完全按照清廷的办法去解决，不仅湘军保不住，曾国藩的地位肯定也保不住。

朝廷正在考虑如何解决这个问题时，曾国藩的主动请求正中统治者们的下怀，他们于是下令遣散了大部分湘军。由于这个问题是曾国藩主动提出来的，因此在对待曾国藩个人

时，仍然委任他为清政府的两江总督。这其实也正是曾国藩自己想达到的目的。

故事一：

“功遂身退”是一种智慧，它告诫我们，当我们有功时千万不要居功自傲；如果与这一智慧背道而驰，那么不但不能显示自己的功劳，反而会招来不必要的麻烦，甚是危险。

历史上大部分依靠兵戈上位的皇帝在开国之后为了巩固自己的政权，总会削除大部分开国功臣的兵权，削除兵权的方式有两种：一种是和平解决，另一种是随便加个罪名，“名正言顺”地铲除。

历史上和平削除兵权的例子不多：唐太宗李世民算一个，宋太祖赵匡胤也算一个。而功后诛杀功臣的皇帝则比比皆是：汉朝开国皇帝刘邦、明朝开国皇帝朱元璋，还有清朝雍正皇帝等，他们的开国功臣中，只有极少数懂得“功遂身退”道理的人才幸免于难。

韩信就是因为不懂得“功遂身退”而惨遭杀害的典型。

毫不夸张地说，刘邦的江山有一大半是韩信打下来的，可以说没有韩信就没有西汉王朝，刘邦更不可能当皇帝。韩信功高盖主，在刘邦当皇帝之后他本应该想到这点，然而他还是以功臣自居，完全没有当初带兵打仗时的聪明智慧。刘邦可想到了这点，为了巩固他的皇帝地位，他上台后做的第一件事就是削弱韩信的势力，把当时还是“齐王”的韩信封为“楚王”，使其远离自己的发迹之地，然后又有人适时告发韩信“谋反”，刘邦又再次将他再贬为“淮阴侯”，不出几个月，吕后又和刘邦唱了一出双簧：前脚刘邦带兵出征，后脚吕后就让萧何将韩信诱至长乐宫冠以谋反之罪杀掉。

同韩信并称“汉初三杰”的张良则聪明得多。刘邦即位后，大封功臣，张良再三推辞，最后只领留侯的头衔，坚决不受三万户食禄，忘掉了以前的丰功伟业，过着隐逸恬淡的生活。怪不得后人用诗来称赞张良的智慧过人：“运筹帷幄见真知，暗渡明修尚未迟。业就功成身引退，免遭吕氏害贤时。”

明朝的一批开国功臣，也同样是懂得“功遂身退”而存活下来，而那些不知此道的人，最终都落得身首异处的下场。

明朝开国第一功臣李善长因女婿胡惟庸涉嫌谋反受牵连而被灭门；开国大将、凉国公蓝玉因被锦衣卫告发谋反而被灭三族；功臣冯胜、傅友德、廖永忠、朱亮祖也因失宠先后被杀；徐达没有被朱元璋直接杀害，但也是被朱元璋间接“赐死”的，因为朱元璋趁徐达背上长疽最忌吃蒸鹅时，偏偏赐蒸鹅给他吃，没几天徐达就离开了人世；只有汤和因主动交出兵权，告老还乡，从此闭口不谈国事，才保住了终身。

在古代，“功遂身退”无疑是一种明哲保身的方法，只有智者可为。人生在世，竭尽所能，报效社会是必要的，但当成功了，危险也就来了；可能在论功的时候，就包含分配不公，或骄傲让人嫉恨，更有功高震主等危险和矛盾潜伏着，要学会化解，更要学会韬光养晦，锋芒内敛。

《道德经》讲得好，学会适时地功遂身退，对于保存自己的名节、延长自己的寿命都很有益处。

故事二：

美国汽车大王亨利·福特，“功遂身退”也是他人生的一个亮点。在40岁时，他成功地推行薄利多销的经营策略，创造了福特公司日产汽车7000辆的辉煌。但福特在中年以后就退隐了。他在故乡营造了一处住所，在那里和家人一起过着清闲的日子。他在这安静、惬意的农庄度过了32年安静、舒服的日子，一直活到83岁才去世。这位当时在美国数一数二的巨富，家庭生活却俭朴得令人难以相信，据说只用5个仆人和1个洗衣工人。但他曾以700万美元捐助一所医院，又降低货价，提高工人工资、红利，收容伤残，福特公司收留的残疾工人近万名。

福特的这种行为同样是一种功遂身退，更是一种人生的成功。聪明的人不仅能看透当时的形势，而且能审时度势，做出最明智的选择，所以他们往往拥有多种美誉。

尖锐的东西很容易受到挫折。功遂身退可以保全自身。有了功不居功，有了名不恃名，任何时候保持一颗平常心，是我们一生都需铭记的智慧。

第十章　玄德之道

载营魄抱一，能无离乎？专气致柔，能如婴儿乎？涤除玄览，能无疵乎？爱民治国，能无为乎？天门开阖，能无雌乎？明白四达，能无知乎？生之畜之，生而不有，为而不恃，长而不宰，是谓玄德。

【释义】

形神合二为一，能不分离吗？聚集精气达到柔和，能像婴儿一样吗？清除私心杂念，能心明如镜，没有一点儿瑕疵吗？

爱民治国能自然无为吗？口鼻开闭，呼吸吐纳，能保持守静状态吗？高明通达，能不用智慧吗？生长万物，养育万物，生养而不占有，养育而不自恃有功，滋养万物而不主宰它们，就称作自然无为最高深的美德。

【古典今读】

人类被称为“万物之灵长”，主要是因为人类拥有精神和意志，能够进行独立思考和判断。这样一来，人类对自己周围的事物便有了自己的评判标准，人的主观意识便发挥了它的能动作用，人们就是通过这种主观对客观的思索，来改造周围的世界的。然而，人的意识所能发挥的作用，有很大的局限性，所以我们难免会犯错，造成无法挽回的损失，我们为此懊悔、痛苦。拥有情感体验是人类区别于其他生物的显著标志之一。人和其他生物为什么会有这种区别呢？其他生物为什么没有痛苦和烦恼？

我们常常会有心有余而力不足的感觉，也会有力有余而心不足的深切体会，这主要是因为我们人类的灵魂和肉体经常处于分离的状态，无法达到合而为一的境界。灵魂是长翅膀的，它总能飞跃到一个很高的高度，而我们的肉体却显得很笨重，它无法和灵魂一起飞翔，于是就出现了灵魂在一处、肉体在一处的景况。我们也可把灵魂比喻成理想，把肉体比喻成现实，理想和现实总有很远的一段距离，而且美丽的理想在残酷的现实面前常常会变得不堪一击。理想和现实相分离的状态，常常会令我们感到痛苦、无奈而又彷徨。

现在我们来探讨前面提到的两个问题。人之所以有痛苦、懊悔的情感体验，是因为人类有七情六欲，当我们的情感需求和自身欲望得不到满足时，我们就会感到迷惘和失落，这种情感产生的根源还在于人的肉体和灵魂的不统一。而其他生物则不同，它们的身体和心理是合一的，它们不具备完整的精神体系，不能独立思考，也无法进行判断，它们对任何事物都不会敏感，因而也不会感到失落或痛苦。

我们常用“庸人自扰”来形容无端地痛苦和烦恼的人，因为平庸，所以人才会无端地痛苦。无端其实是有端，只是这个端微乎其微、不值得计较罢了。在现实生活中，有多少人能不被凡事困扰呢？不被凡事困扰者，只有两种人，一是圣人，一是婴孩。婴孩不谙世事，万事皆清，头脑混沌，不知物为何物，不知事为何事，只知饿了就吃，困了就睡，不去思考，一切顺应人的自然本性，当然不会有烦恼和痛苦，他的灵魂和肉体是合二为一的。圣人不是天生的，他也必然经过了庸人的阶段，他感受过痛苦和烦恼的滋味，他不想让自己再度痛苦，他明智地选择了和大道同步：做到了灵魂和肉体和谐统一；做到了专气致柔而如婴孩；做到了心镜明净，而无瑕疵；做到了无欲而逍遥；做到了不受知识的局限而透悟真理。

“专气致柔”就是把自己的精神和元气凝聚起来。如果我们能够聚集体内精气而长久保持婴儿般的柔软体态，就能长盛不衰。我们必须经过心灵的活动，才能达到精神和元气相合，心灵就像一面镜子，宇宙万象通过此镜尽览无余，镜面必须经常擦洗，去其污垢，才能明察世间百态。

作为统治者治理国家也是如此，要像婴儿一样无欲无为，顺应自然本性，而不加任何人为的因素。前面的章节中我们已多次讨论过，无为而治才是真治。采取强硬措施不但不利于安定民心，反而会酿成天下大乱。所以，要顺应百姓自身的自然规律，才能收到较好的治理效果。

本章主要探讨的是人的身体和心灵结合的问题。

我们人类是有思维和意识的高等动物，正是因为会思考，所以我们做任何事情都要先思考，用我们自己的判断和理解去实行。正如前面所说，我们人类的认识是有局限的，因而时常违背自然的规律，办了错事，从而造成痛苦和灾难，所以常有“力不从心，心不从力”之言。

我们往往会想象许多我们肉体无法承受的事情，结果实现不了，自然会痛苦。就是说心理与生理不平衡了，就会造成疾病和障碍。

哈佛大学教务长勃里格是许多人最敬爱的人，可是据为他写传记的作者说，从来没有人像他那样，因为心理过于紧张而受苦。每天终了，他要为已做的或没有做的事而痛苦。因为工作太多，他就高高地悬浮在这些事的上层，心中不免烦躁，因此常常会同人家闹翻。许多芝麻绿豆般无关紧要的小事往往就会把他弄得筋疲力尽。每天黄昏，原本可以停下来休息一会儿的，可是他却仍在折磨自己。假使他觉得对某一个新生责罚太重了，就会整夜都睡不好。假使他竟一时想不起旧生的姓名，晚上就会吃不下饭。原来一个完美、机灵、可爱的人，因为受“恶鬼”的捉弄，后半生的生活都被破坏了。

心理与身体不平衡造成的危害是巨大的，但这一点往往不被我们重视，在生活中我们往往只关注身体，而忽视了心理。

科学的健康观认为，健康所包含的生理和心理两方面的内容是密切联系、不可分割的，生理方面和心理方面相互依存、相互作用、相互转化，共处于一个统一体中。例如，健康的生理可以促使心理上的疾病痊愈；相反，不良的心理状态又会影响生理的健康，如一个身患重病但乐观向上的人比起悲观绝望的人，其生理上的疾患要好得快，就是这个道理。

【事典心裁】

婴儿从来就无忧无虑，想吃就吃，想喝就喝，吃喝拉撒全是本性，没有任何人为的因素，所以婴儿没有烦恼，这也正是由于他的心理与生理保持了平衡。因此，我们要想生活得无忧无虑，就需要保持身心平衡，顺其自然，在这一点上，无知的婴儿是我们学习的榜样。

楚庄王即位之初，有三年的时间将国家大事抛在一旁置之不理，成天纵情欢乐。

一开始，大臣们觉得他刚登基，便没有说什么。但时间一长，大家便开始对庄王担忧起来。尽管庄王张贴过“谏者处以死刑”（有敢提意见者处死）的告示，仍有些忠心耿耿

的大臣敢于冒死求见庄王，直言进谏，但都没有好的结果。

有一天，大臣伍举求见庄王，对庄王说：“大王，臣想请您猜一个谜语。”

“哦，爱卿好兴致呀，快说与寡人听听。”庄王表现得很有兴趣。伍举道：“山冈上有一只鸟，但三年时间它既不叫也不飞，请问大王，这还能算是鸟吗？”

庄王一听，已心中有数，表面上却不动声色。沉吟了一会儿，他才说道：“三年不飞，一飞冲天；三年不鸣，一鸣惊人。寡人明白你的意思，你先回去吧。”

伍举便退了出来，心想：莫非大王知道我的意思了？如果真是这样，那可太好了。

可是，几个月过去了，庄王依然如故，不仅没有收敛，反而变本加厉。奸臣们暗自窃喜，忠臣们则忧心如焚。

这一日，大臣苏从再也忍不住了，他直言不讳地对庄王说：“大王，臣认为您是一国之君，不能终日只知纵情享乐，而应该专心朝政，治理国家。”庄王未置可否，反而提醒他：“苏爱卿，你应该看到寡人贴出的告示了吧，进谏的人将被处死，你不知道吗？”

“臣知道，但如果大王能因此而觉悟，臣甘愿一死。”

“好了，大家都下去吧，寡人累了，想休息一下，好好想一想。”

退朝后，大臣们聚在一起，面面相觑，谁也不知道庄王葫芦里卖的是什么药。而被庄王宠幸的那些奸臣则窃喜：没准儿这次把那些老顽固们一块儿处死呢，谁让他们多管闲事。

然而，奸臣的如意算盘打错了。庄王此后不再纵情享乐，而是开始致力于政治革新。他首先把那些鼓动他吃喝玩乐的谄媚之人严加处分，接着又重用曾经冒死进谏的伍举、苏从等人，励精图治，使整个国家的面貌焕然一新。

故事一：

曹操对于人才的渴求，越到后来越迫切。特别是赤壁战败后，面对孙权、刘备日益强大、三分天下之势逐渐形成的时候，曹操深切感受到了事业的艰难。他认识到，要完成统

一天下的大业，必须网罗更多的人才，以最大限度地充实自己的力量。

为此，曹操专门先后三次下令，要求部属不拘一格地举荐和录用人才。

第一次是建安十五年春，令文认为自古以来的开国帝王和中兴之君没有一个不是得到贤才和他一起治理天下的。而所得贤才，又往往不出里巷，并不是侥幸碰到的，而是当政的人访求得来的。接着点明形势，说明当时正是迫切需要寻求贤才的时候，必须不拘一格地加以选用。曹操想成就齐桓公那样的大业，于是怀着急切的心情问道："现在天下难道没有像姜子牙那样身穿粗布衣服、怀有真才实干而在渭水之滨垂钓的人吗？没有像陈平那样蒙受'盗嫂受金'的污名而还没有遇着像魏无知那样举荐的人吗？"曹操要求左右僚属帮助他发现那些因身处贫贱、地位低下而被埋没了的人才，只要有才能就可以推举，他都可以加以任用。曹操在这里明确提出了"唯才是举"的方针。

建安十九年十二月，曹操又下了一道求贤令，令文说："夫有行之士，未必能进取，进取之士，未必能有行也。陈平岂笃行，苏秦岂守信邪？而陈平定汉业，苏秦济弱燕。由此言之，士有偏短，庸可废乎！有司明思此义，则士无遗滞，官无废业矣。"

这道令着重提出德行、才能和作为往往不能兼具的问题。要求人事主管部门不要求全责备，即使有这样那样的缺点的人也不能废置不用。这样有才能的人就都会得到发挥才能的机会，官府也不会有旷废的事了。在这里，曹操提到了陈平、苏秦，他指出陈平虽没有醇厚的品行，苏秦虽不守信用，但他们一个辅佐刘邦奠定帝业，一个救助了弱小的燕国，其才能还是可堪大用的，因此“士有偏短”，不能因此废置不用。

第三道求贤令发布于建安二十二年八月。

这道求贤令又明确提出了只要有治国用兵之术，即使不仁不孝也“勿有所遗”的问题。令文列举了历史上一些出身微贱、名声不雅、品行不端而才能卓著、立了大功的人物，萧何、曹参原来都是县吏，后来辅佐刘邦，位至丞相。韩信年轻时乞食漂泊，受胯下之辱，但后来却做了刘邦的大将。吴起是战国初卫国人，在鲁国时，齐人攻鲁，鲁君想任他为将，但因其妻是齐人，有些猜疑，他便杀妻换取信任做

了鲁将，打败了齐国。吴起年轻时，为了出外求官，花光了家产，被人讥笑，他杀掉讥笑者三十人，继续外出，临行与其母告别，发誓不至卿相不还乡，不久母死，果然不归。但他先后辅佐鲁、魏、楚，历任将相，建立了卓著的功勋。这些人在历史上都曾声名远播，家喻户晓。举以为例，从而为“举贤勿拘品行”提出了有力的论据。令文最后要求部属将那些流落民间而道德高尚的人，果敢勇猛能奋不顾身对敌作战的人，普通文墨小吏才高质异能做将军、郡守的人，背着不光彩的名声、有着被人讥笑的行为或不仁不孝而有治国用兵才能的人统统推举出来，不得有所遗漏，语气恳切，态度坚决，充分表露出曹操求贤若渴、迫不及待的心情。

三道求贤令的核心都是“唯才是举”，即不管其德行如何，只要有才能就一律加以任用，这种“唯才是举”的方针，使得大批出身低微，甚至曾经反对过曹操的人被选拔在曹操的周围，成为曹操重要的文臣武将。

抱残守缺，求全责备，必然很难大量地网罗人才。要想充分地选拔人才，为我所用，就必须唯才是举，不重出身，不唯德行，而多看重实际才能，扬其长，避其短，这样才能最大限度地网罗人才，推进自己事业的发展。

故事二：

黄庭坚自幼孝顺父母，对于侍奉父母之事，无论大小，他都会认真努力做好，从来没有推辞拒绝过。黄庭坚从小也十分勤奋好学，二十三岁就考中了进士。元祐年间，他又做了太史官。黄庭坚一生不仅为官服务朝廷，造福天下百姓，而且还专心致力道德学问，以非凡的文学造诣为后世留下许多著作。

黄庭坚做太史时，公务十分繁忙。虽然家里也有仆人，而他却不辞劳苦，依旧亲自来照顾母亲的生活点滴，从不懈怠。每天忙完公事回来，他一定会亲自陪在母亲的身边，以便时时感受母亲各方面的身心需要，并且亲力亲为地精心侍候着母亲，事事力争都达到母亲的欢喜满意。

那时候的房子里没有卫生间，所以人们为了夜里方便如厕，通常都准备一个应急的便桶。母亲有特别爱卫生的习惯，黄庭坚为了保证让年迈的母亲身心安稳，避免因为仆人的卫生清洁达不到母亲的满意，而导致母亲心生烦恼，他就坚持每天亲自为母亲刷洗便桶，数十年如一日，从不间断。

黄庭坚的做法曾引起一些人的好奇和不理解。有一次，有人问黄庭坚："您身为高贵的朝廷命官，又有那么多的仆人，为什么要亲自来做这些杂细的事务，甚至还亲手做刷洗母亲便桶这样卑贱的事情呢？"

黄庭坚回答说："孝顺父母是我的本分事，同自己的身份地位没有任何关系，怎能让仆人去代劳呢？再说孝敬父母的事情是出自一个人对父母至诚感恩的天性，又怎么会有高贵与卑贱的分别呢？"

黄庭坚的孝心至诚，品行中肯敦厚，为官时一心报效朝廷，服务百姓。他的书法和文学等才艺上的成就，向世人无声地彰显着圣贤人的德行风范，他的作品在潜移默化之中影响着后人。

他的书法中宫紧收、四缘发散，体现着内方外圆的处世之道。他的诗文出自本性流露，使人读后有“浑然天成”之感。大文豪苏东坡曾经赞叹他说，黄庭坚的诗可谓“独立万物之表”。意思是说，黄庭坚的诗可以屹立于文坛，万世都不灭其光。

自古以来，上至国家君王，下到平民百姓，都是以孝敬父母为修身立德的根本。今天随着客观物质环境的发展变化，人们往往因为所谓的“繁忙”，而过多依赖自己所拥有的外在物质条件，进而取代自己为人子女应尽的本分，甚至将孝道“代理”出去。

冷静思考，当我们用大把的钞票或佣人取代我们孝敬父母的本分时，可曾想过：倘若父母在我们小的时候，也用钞票雇佣别人，将对我们的那份慈爱与呵护代理出去，今天的我们会不会有如此健康的身心呢？

忆古思今，黄庭坚能够效法古圣先贤的德行，不受外界环境影响，做到恪尽孝道，至诚侍奉父母，相信今天的我们同样能够曲承亲意，力行孝道，给父母一个安康幸福的晚年。

儒家经典《孝经》中说：“孝子之事亲也，居则致其敬，养则致其乐，病则致其忧，丧则致其哀，祭则致其严。五者备矣，然后能事亲。”可见，孝敬父母之事不分大小，唯有出自本心的恭敬，方能做得圆满。

第十一章　无之为用

三十辐共一毂，当其无有车之用。埏埴以为器，当其无有器之用。凿户牖以为室，当其无有室之用。故有之以为利，无之以为用。

【释义】

三十根辐条共同支撑着车毂，正是因为它们拱成一个空壳，才成就了车的用途；揉搓黏土制作陶器，正是因为它的中心是空的，才成就了容器的用途；开凿门窗建造房屋，正是因为它的中间是空的，才成就了房屋的用途。总而言之，“有”是物体能够带来便利之处，“无”是物体的功用之所在。

【古典今读】

这一章老子讲的是“无”和“有”的辩证关系问题。“无”和“有”相互矛盾，又相互依存。没有“无”，也无所谓“有”，它们是对立统一的关系。必须明确指出的是，这里的“无”和“有”和第一章讲的“无”和“有”是完全不同的概念和范畴。

老子举了三个例子来说明问题。车轮中间空无，可以用来放车轴，从而发挥车子的功用；瓷器中间空无，可以用来盛东西，从而发挥了瓷器的功用；房子中间空无，可以用来住人，从而发挥了房子的功用。

同样的例子不胜枚举，老子通过这三个简单易懂的例子说明了这样一个道理：任何一个物体，它有形的部分只是为了实现某一目的而设置的，而真正起作用的正是它虚无的部分。

虽然老子把“无”作为主要的对象考察是片面的，但就老子对“无”和“有”的辩证关系的整体认识而言，这一

思想体系具有很大的借鉴意义。在现实生活中，我们常把“无”当成“有”，为根本不存在的东西烦恼、忧愁。在现实生活中，有“无”中生“有”的幻想家，也有不知道如何正确对待“有”的人，而且这种人不占少数，我们大多数人都会犯这样的错误。对于我们自己拥有的东西，我们该如何正确对待呢？我们应该始终保持虚无的态度：做到“有功”而不自居，“有才”而不自傲，“有力”而不乱用。“有”和“无”是互相转化的，我们拥有的东西也可能瞬间化为乌有，因此只有以虚无的心态和境界来对待自己拥有的东西，才能真正地拥有它们。

这一章老子讲的是“有”和“无”的关系。

“有”和“无”相互矛盾，又相互依存，老子举了车轮、陶器、房子这三个例子来说明“有”和“无”的辩证关系，其实，同样的例子还有很多，老子在这里无非是要我们悟出

“有”和“无”的辩证关系，老子是告诉我们，为人处世必须处理好各种“有”和“无”的关系。

老子的五千言，文约义丰，涵盖极广。就拿这个“有”和“无”来说，文学讲究含蓄而有余味，“无字处皆有其意”（王夫之）；绘画注重空白处理，“虚实相生，无画处皆成妙境”（笪重光）；书法追求“潜在半腹”（智果），“计白当黑”，“实处之妙，皆因虚处而生”（蒋和）；建筑提倡“透风漏目”，从房屋的门窗和亭台廊榭之间的空间去得自然之景，感宇宙之情韵。世界著名建筑大师美籍华人贝聿铭先生十分赞赏老子：“我时常读老子，我相信他的著作对我建筑想法的影响可能远胜于其他事物。”

由上可见“有”和“无”的内涵之广，暗示性之大。而在指导我们立身处世上也是如此，“有”和“无”要求我们时刻保持虚无的态度。

南美独立战争时期，统帅西蒙·波利瓦尔来到基层，恰好看到士兵正在安装大梁，旁边有个人正在得意扬扬地指手画脚。

西蒙·波利瓦尔问：“您怎么不动手？”

那人回答：“我是班长。”

西蒙没说什么，立即与士兵一起忙碌起来。

等到干完了活儿，西蒙·波利瓦尔擦了擦汗，对那位班长说：“班长先生，如果今后还有类似任务，请尽管吩咐您的总司令，他肯定会立即赶来帮助士兵的。”

明白了站在面前的人是总司令，刚才还在端架子的班长立刻羞了个满脸通红。

西蒙·波利瓦尔以自己虚无的态度为士兵们做了榜样，也教育了那个自视甚高的班长，也难怪他的士兵认为他是最和善、最亲近的统帅，因而尊敬和爱戴他。

【事典心裁】

保持虚无的态度，就是要处理好各种“有”和“无”的关系，比如有才和无才，有功和无功，有私和无私，有欲和无欲等。而处理好这些关系的关键就是要努力祛除“有”的束缚，发挥“无”的妙用。

故事一：

这一章，老子讲的是“无”和“有”的辩证关系问题。“无”和“有”相互矛盾，又相互依存。老子认为：“埏埴以为器，当其无，有器之用。凿户牖以为室，当其无，有室之用。”事实上正如老子所说，物品只有保留一定的空间，才能发挥它们的作用。

人又何尝不是如此呢？人若想发展，也同样需要留出足够的空间才行。

有一天，有位大学教授特地向一位著名的禅师问禅，禅师只是以茶相待，却不说禅。

他将茶水注入这位来客的杯子中，直到杯满，还是继续注入。这位教授眼睁睁地望着茶水不停地溢出杯外，再也不能沉默下去了，终于说道："已经漫出来了，不要再倒了！"

"你就像这只杯子一样，"禅师答道，"里面装满了你自己的看法和想法。你不先把你自己的杯子空掉，叫我如何对你说禅呢？"

心太满，什么东西都进不去；心不满，才能有足够的装填空间。

弓如果时刻保持张开的状态，那么等到使用它的时候就不会将箭射得很远，人的内心一旦被装得过满，就不会在人生之路上再有大的作为了。给自己的内心留出足够大的空间，我们才能发挥更大的潜力。

永远都不要给自己的人生打满分，顶多打到99分就可以了，否则就会失去前进的动力。只能达到99分的人生，就如同是一个永远都装不满

的箩筐，因为装不满，我们才能往里面装进去更多的东西，人生才能学到更多的东西。

在这个瞬息万变的社会，随时需要知识、资讯，不断吸取养分，所以心一定要空，也就是所谓的虚怀若谷，这样就能吸收无尽的知识资源，容纳各种有益的意见，从而使自己丰富起来。

故事二：

现在，有些人总是不屑于赞美别人，其实赞美是一种交际的技巧。懂得赞美别人的人，一定是个能明察秋毫的人，请不要吝啬你的赞美之词。

西汉龚遂在渤海太守任上干了好几年，政绩突出，颇受当地百姓爱戴。这天，他忽然接到圣旨，皇帝要他进京接受召见。

龚遂动身时，属吏王生提出愿意随他进京。此人素来喜欢酗酒，放荡不羁，龚遂本来不想带他，但又不忍心拒绝，只好答应了。进京后，王生仍天天饮酒，并不理会龚遂。这天，轮到龚遂进宫面见皇帝，王生醉醺醺地从后面赶来，叫道："太守大人，等等，我……我有话要说！"龚遂停了下来，转身问他想说什么。

王生说："天子肯定要问你渤海郡是怎样治理好的。你不要罗列什么措施，应当说，都是陛下的圣德所致，归功于陛下的英明，并不是微臣的能力。"

见了汉宣帝后，汉宣帝果然询问他渤海郡是怎样治理的，龚遂想起了王生教他的话，便说："臣不才，没有什么特别的才能，不过是托陛下的宏福。渤海能有今天的局面，都是由于陛下您的圣德啊！"宣帝听了，觉得龚遂很谦虚，十分高兴，笑着说："你是从哪里学来的这种谨慎厚道的话？一定有人教你吧？""我并不懂得该怎么说，"龚遂如实禀报道，"这是属下王生教我的。"汉宣帝决定奖赏他们二人，便任命龚遂为水衡都尉，提拔王生为水衡丞。

第十二章　抱朴守真

五色令人目盲，五音令人耳聋，五味令人口爽，驰骋畋猎令人心发狂，难得之货令人行妨。是以圣人为腹不为目，故去彼取此。

【释义】

五彩缤纷使人眼花缭乱，音乐喧嚣使人听觉失灵，美味佳肴过量使人舌不辨味，纵情狩猎使人心发狂，奇异珍宝使人行为不轨。圣人只关心民众能否温饱，不逐声色之娱。所以应当舍弃物欲的诱惑和华而不实的虚名，保持简单素朴而又满足的生活。

【古典今读】

“五色令人目盲”，这里的“五”并不是一个确数，五色并不是就指黑、白、黄、绿、青五种颜色，它是一个不确定的概念，泛指五颜六色、五彩缤纷。“目盲”也不是指眼瞎，而是指令人眼花缭乱的事物使我们的眼睛丧失了辨别事物本原的能力。眼睛的功用就是观察事物，一旦我们观察到的事物真假难辨时，我们常常会陷入迷惘的境地。

懂得了“五色令人目盲”的道理，“五音令人耳聋”也就不难理解了。单一的乐声令人心旷神怡，让人精神放松，从而得到美的享受。然而再动听的声音，一旦和别的声音混杂起来，美的享受就会瞬间变成痛苦的煎熬，这是生活在喧嚣的闹市区的人们渴望田园生活的最好注脚。

我们在理解“五味令人口爽”时，可以参照以上两句话的解释。人的口舌具有感知各种食物味道的能力，它能敏锐地品尝出酸甜苦辣等滋味，然而过多地品尝各种风味的美味佳肴，就会使人的口舌麻木，无法辨别各种美味了。人的口舌是专门用来享受美味的，一旦丧失了鉴赏美味的能力，给我们自身所造成的损失是不可估量的。

“驰骋畋猎令人心发狂”，畋猎即狩猎，狩猎曾是早期人

类谋生的重要手段，也是人类最早开展起来的生产和军事活动，人类的动物本性最早在狩猎中得到了鲜明的印证。综观人类狩猎活动的发展历程，狩猎始终是带着血腥和暴力性质的杀戮和掠夺行为，它是充满野性的不文明行为，这种行为使人们的精神变得疯狂和残忍，疯狂和残忍的心理状态是滋生社会动乱的根源。

何谓“难得之货”？为什么说难得之货会使人的行动受到损害呢？我们按老子的思想进行推演，可以得出“难得之货”就是社会上流行的稀有珍贵之物，比如金银珠宝、华衣

美食、玉璧、铜器、羽饰、武器等物品。正是“难得之货”的稀有性，强烈地撩拨起人们占有它的贪婪欲望，在这种欲望的驱使下，人们的行为会变得怪异反常，盗贼爬房越脊、穿窬走户，甚至不惜谋财害命；权臣互相倾轧、钩心斗角、尔虞我诈等。

从以上的阐释中，我们可以看出，“五色”“五味”“五音”之所以会伤害我们的器官，是我们自身的欲望无限膨大的缘故。最后老子提出“是以圣人为腹不为目”，一句极其通晓明白的话，点明了圣人的生活方式：只满足吃饱肚子这一低级需求，而不满足眼睛欣赏外物的欲求。

老子在这一章的论述并不是反对人们享受生活，而是警醒人们追求享受要适可而止，不可无限制地满足自己的贪欲。他希望人们能够丰衣足食，建立内在恬淡宁静的生活方式，而不是只顾外在私欲的满足。一个只顾着满足自己外在私欲的人，就会产生自我疏离感，心灵难免会愈发空虚。因此老子提醒我们，要彻底摒弃各种外在欲望的诱惑，始终保持内心清净满足，才能生活得自在快乐。在物欲横流的今天，很多人无法抵挡物欲的诱惑，不惜一切代价地满足自己的欲望，眼睁睁地看着自己堕落消沉，甚至走上犯罪的道路，这些人的价值观和道德观已经严重扭曲变形。所以，在物质文明高度发达的今天，我们静心聆听老子的教诲，仍然具有十分重要的意义。

在《道德经》五千言中，老子一直提倡摒弃欲望，过简朴的生活。

本章老子提到了人类的五大困扰：五色、五音、五味、畋猎及难得之货。

理解了老子的思想，我们就会知道，老子并不是要求我们不去享受，合理的享受是可以的，但一定要放弃过多的欲

望，追求享受要适可而止。

欲望不能让我们真正地得到享受，反而会给我们带来巨大的危害。沉沦于欲望之中，五色使人目盲，五音使人耳聋，五味使人口爽，畋猎使人放荡不羁，难得之货使人贪婪。过多的欲望害人不浅，甚至还会危害生命。

北宋杰出的文学家欧阳修说："夏禹走天下，乘四载，治百川，可谓劳其形也，享寿百年。颜子萧然，卧于陋巷，箪食瓢饮，外不诱于物，内不动于心，可谓至乐也，而年不过三十。"欧阳修将古代的名人夏禹与颜回进行对比，得出的结论是："劳其形者长寿，安其乐者短寿。"夏禹因治洪水，修通河道，劳其形，常劳动，相传享年一百六十岁；而颜回

终日端坐读书，不常活动筋骨，结果只活了三十岁。

阿塞拜疆南部海拔约两千五百米的山区，有个远近闻名的寿星村，居民几乎是居住在陡峭的山崖上。村里有五十多位百岁以上的老人，其中最年长的是一百二十一岁的米尔扎罕·摩夫拉莫夫老人。他二十五岁时曾在沙皇尼古拉二世的哥萨克兵团服役，列宁逝世时，他四十岁。米尔扎罕老人一生结过三次婚。曾有人问他为什么能如此长寿，他总是说，他一生只知道干活儿。

【事典心裁】

真实的享受是有理性有节制的，虚假的享受是愚蠢的放纵，所以我们应该采取前一种方式享受，而抛弃后者。

孟浩然是唐代颇有名气的文人，富有灵气，文采卓绝。他年轻时和其他人一样，希望靠着自己的诗才求取功名，光耀门楣。但是年轻气盛的他锋芒太盛，结果因为一首诗惹怒了唐玄宗，从此仕途不济。孟浩然见做官无门，就怅然离开了长安。

经过一段时间的静坐冥思，他参透了大半人生之味和宦海沉浮，于是归隐田园，寄情于山水，过着逍遥自在的生活。

当时，朝中有一位清官韩朝宗，身兼数职：既是荆州都督府长史，又担任着襄州刺史，还是山南东道采访处置使。他久闻孟浩然的才华和名气，并且深知孟浩然的遭遇，于是有心举荐他。韩朝宗深得皇上信赖，曾经为朝廷发掘了许多栋梁之材，如果这次孟浩然和他一同去长安，应该有很大的希望。在韩朝宗的一番劝说之下，孟浩然答应了，并和他约好出发的时间。

可在临行前，有一个意气相投的朋友前来拜访，孟浩然兴致勃勃地和他把酒谈笑，竟然把去长安的事抛到了九霄云外。韩朝宗左等也不见人来，右等还是没有半个人影，大失所望，只好一个人走了。

从此，孟浩然彻底地脱离了仕途的俗念，忘情于变幻多姿的大自然中，从中汲取灵感，并以山峦、树木、松月、飞鸟和鸣蝉等为素材，创作了意象万千的诗歌。

一天，孟浩然与一位朋友走在乡村的小道上。道旁修竹挺立，别有一番风韵，孟浩然禁不住驻足观赏。远处的渔夫收拾好渔网，在暮色中归来。孟浩然赶忙上前，询问渔夫的收获，然后仔细端详篓子里的鱼儿，看完后莫名其妙地笑了。朋友觉得他的举止有些怪异，问：“你在想什么呢？有什么好笑的事情吗？”

孟浩然开心地说：“刚才看到那翠竹，诗兴大发，琢磨出两句，其中有竹和鱼。只是平时没有注意竹有多少节，鱼有多少鳞，所以刚才看了个明白，心中甚是高兴！”说完就爽朗地笑了。

孟浩然在淳朴的田园中生活了大半辈子，与山水为伴，浑然忘我，创作了许多流传后世的名篇佳作。这位隐逸之士一直隐居至终老，诗人李白专门有诗称赞他为“白首卧松云”。

故事一：

针对当时社会中人丧失自我于物欲、迷失本性于世俗的现象，老子阐述了修身养性的道理。他认为“圣人为腹不为目，故去彼取此”——圣人对生存的条件并不苛刻，他们没有过多的贪欲，只追逐内心的满足。

像老子这样对人与社会认识透彻的人，对于人生的态度是不会过于激进的。他们知道人事的微妙和社会的错综复杂，如履薄冰是他们真实的感觉，很少有放松的时刻。烦恼都是因事情而起，而好事也绝非那么单纯。其实，人们眼中的美事有许多都是虚幻的，它们能让人逐步堕落，过分地追逐物欲只能给人们带来一时的快乐，而引发的祸患却是长久的。

春秋时期，越国被吴国打败，越王勾践带领残兵逃到会稽山上，被吴军团团围住。勾践派人向吴王夫差请降，夫差不答应，勾践几乎绝望了。

这时，勾践的谋臣文仲、范蠡为他出主意说：“吴国大臣伯嚭十分贪财，他现在正受夫差宠信，如果用重礼向他行贿，他一定会为我们说好话的。”

勾践于是让文仲带上大量金银财宝，又选了八位美女，前去求见伯嚭。

伯嚭偷偷地接见了文仲，他一见重金和美人，心中就高兴起来。文仲对他说：“我奉命来见你，是不想让好事给别人占去啊。财宝和美人都在这儿，只要你肯替我家大王美言几句，让吴王退兵，这些就都是你的了。”

伯嚭说："越国灭亡了，越国的东西都会归吴国所有，这点儿东西又算得了什么呢？你是骗不了我的。"

文仲早有准备，他马上说："如果是这样，越国的一切也是都归吴王所有，你是得不到半点儿好处的。何况只要越国不亡，我们定会时时记得你的恩德，进献永远不会停止。这是天大的好事，聪明人是不会拒绝的。"

伯嚭觉得文仲说得在理，于是留下美人和财宝，答应替越国求情。

伯嚭的一位心腹看出了问题，他对伯嚭说："越国送钱送人，看是好事，实际上这是陷你于不义啊！他们现在有求于你才会这样，哪里是他们的真心呢？收下礼物，以后的麻烦就大了。"

伯嚭不听规劝，百般在吴王面前说勾践的好话，越国终于被保存下来。

勾践在吴国做人质期间，文仲给伯嚭送礼无数，从未间断。伯嚭不停地为勾践进言，帮助他回到了越国。

勾践灭掉吴国后，伯嚭自以为有功，欢天喜地拜见勾践。勾践对他说："你贪财好色，出卖自己的国家，还有脸见我吗？"

勾践杀了伯嚭，伯嚭的家人也一个不留。

伯嚭被主动上门的好事迷住了双眼，不厌其多，结果搭上了自己和全家人的性命，还断送了吴国。他不问青红皂白，见好事就要，这是他贪婪幼稚的表现，注定要有那样的下场。

曾有一位哲人说过：“财富一半是天使，一半是魔鬼。满足你正常需要的财富是天使，满足你欲念膨胀的财富是魔鬼。”贪欲的膨胀使简单变得复杂，轻松变得沉重。古人因为贪欲而丢权丧命的不在少数，而现代人却依然没有感悟老子的这方面智慧——现代人常常认为“吃点儿拿点儿收点儿，不算什么大事情”，这种自谅心态使有些人忽视了贪欲之害。

不要过分去追逐那些生不带来死不带去的虚幻物，各种贪欲就不会成为扼杀我们美好人生的隐形杀手。换句话说，人生少一分贪念，便会多一分快乐，多一分幸福。

故事二：

魏文侯为宰相的人选拿不定主意，征求宾客李克的意见。

“先生曾说过，家贫要有贤妻，国乱要有名相。现在丞相的人选有魏成和翟璜二人，这二人都非常优秀，难分伯仲，究竟要选谁呢？”

李克道：“俗话说，身份低微的人，不要插手地位尊贵的人的事，也不要管别人的家务事。卑职实在不敢回答这个问题。”

“先生不要顾虑那么多，请多多指教。”

“不，卑职并不是顾虑太多，只是希望国君好好考虑。至于鉴定人物的原则有以下五项：一、际遇不佳时和谁亲近？二、富裕的时候帮助过谁？三、居高位时任用谁？四、在困境中是不是刚正不阿？五、贫穷时是不是能去掉贪念？

国君只要依照这五项原则来决定就可以了。”

“嗯！有道理，我已经想好了。”李克离开王宫，在归途中顺道经过翟璜住处，谈起魏文侯选择宰相的事情，并且重述这段谈话。翟璜问李克：“依阁下看，魏文侯会决定用谁呢？”

“恐怕是魏成吧！”

“这就奇怪了，我翟璜哪一点比魏成差呢？更何况把阁下介绍给魏文侯的人是我啊！”

“大人该不是为了自己升官，自结朋党而把我推荐给魏文侯的吧？我只不过提供他五个原则，至于决定宰相的人还是魏文侯。依我看来，魏成被拔擢为宰相的可能性比较大，因为魏成把十分之九的薪俸施舍别人，自己只留下十分之一。魏成因此获得国君的老师子夏、田子方、段干木三人的支持，而大人所推荐的五个人只不过是魏文侯一般的臣下罢了。”

翟璜低下头来向李克道歉，懊悔自己的自大。

第十三章 宠辱不惊

宠辱若惊，贵大患若身。何谓宠辱若惊？宠为下，得之若惊，失之若惊，是谓宠辱若惊。何谓贵大患若身？吾所以有大患者，为吾有身。及吾无身，吾有何患？故贵以身为天下，若可寄天下；爱以身为天下，若可托天下。

【释义】

得宠和受辱都会感到震惊，把它看得和祸患缠身一样重要。为什么得宠、受辱都使人感到担惊受怕呢？因为得宠的人是卑下的，得宠会使他惊喜，失宠亦使他惊恐不安，所以说宠辱都使人受惊。为什么会重视得如自己身体遭到大祸呢？我之所以有大祸，因为我有这个身体；若我没有这个身体，我有什么祸害呢？所以能做到忘我去治理天下的人，才可将天下的重担托付给他；像爱护自己的身体一样爱护天下的人，才可将天下重担交给他。

【古典今读】

这一章主要讨论两个问题，一是“宠辱若惊”，一是“贵大患若身”。人是情感动物，对荣辱这种情感体验十分敏

感，当我们得宠的时候，内心是喜悦的，但这种喜悦是短暂的，因为人有患得患失的弱点，得到宠爱并不会令我们永远快乐；同样，当我们受到别人的冷眼、辱骂、轻视的时候，我们也会表现出不安、惊恐，人类自身的弱点决定了人无论得到宠爱还是受到屈辱，都会忧心忡忡，惶惶不可终日。所谓“贵大患若身”：“贵”，以之为荣，看重；“大患”，极大

的祸患；“若”，如。得宠就惊喜，受辱就惊惧；把心中的忧虑看得与自身的生死存亡同等重要。“宠辱若惊，贵大患若身”是世间常人的普遍心态。

为了便于我们理解，老子对以上两句做了解释：“何谓宠辱若惊？宠为下，得之若惊，失之若惊，是谓宠辱若惊。何谓贵大患若身？吾所以有大患者，为吾有身。及吾无身，吾有何患？”“有身”，心里还存有自身的利益；“为”，就是因为；“及”，如果；“无身”，无自身利益之念。为什么世间常人会存在那种普遍的弱点呢？老子在对世间常人在精神追求中的普遍弱点做了解释之后，又分析了产生这种心态的原因，那就是：世间常人还在念念不忘其自身利益，因而经常下意识地为自身利益患得患失。于是老子又提出了他所提倡的人生精神追求观，老子没有直接告诉人们他所提倡的人生精神追求观是什么，而是通过可当大任者和不能当大任者的

对比，来说明人们应该有什么样的人生精神追求观：“贵以身为天下，若可寄天下；爱以身为天下，若可托天下。”如果以患得患失的心态去治理天下，那么你只配寄身于天下做个普通之人，而不配去治理天下；如果你像爱惜自身那样爱惜天下，那么就可以把天下事托付给你，让你去治理天下。老子所提倡的人生精神追求观，就是把自身融入天下之中，没有自己的利益，只有天下的利益。自第九章至此，老子讲的都是修德而非修道，修道要比修德更高一个层次。修德讲求“生而畜之，生而不有，为而不恃，长而不宰”，讲求“无之以为用”，讲求“爱以身为天下”，而修道讲求的是纯粹的自然和无为。

一般人十分看重身外的宠辱荣患，许多人甚至重视身外的宠辱远远超过自身的生命。人生在世，难免要与功名利禄、荣辱得失打交道，许多人是以荣宠和功名利禄为人生最高理想，目的就是享受荣华富贵、福佑子孙。总之，人活着就是为了寿、名位、货等身外之物。人可以追求功名利禄，

但是，把它摆在什么位置上才好呢？如果把它摆在比生命还要宝贵的位置上，那就大错特错了。老子从贵身的角度出发，认为生命远远贵于名利荣宠，要清静寡欲，一切声色货利之事，皆无动于衷，然后可以受天下之重寄，而为万民所托命。

“宠辱不惊”，意即得宠、受侮都不感到惊异。晏子是齐国的宰相，有一天他坐着马车外出，经过闹市。车夫的妻子立在路旁家门口，看见自己的丈夫高高地坐在驷马大车上，神气活现地挥着马鞭，洋洋得意地吆喝着。等车夫回到家里，妻子打起了包袱，要同他离婚。车夫慌了，忙问原因。妻子说：“晏子虽然身长不到六尺，乃是一国堂堂的宰相，名闻诸侯，今天我看他坐在马车上，低头沉思，态度谦虚。而你虽身长八尺，不过一个车夫，看你赶车时那副神气和派头！我不愿意跟一个自以为是的人过日子！”车夫听了很惭愧，以后每次赶车，都十分注意自己的言行。

这种受宠而不知轻重者，生活里也不少见。如有的人考上名牌大学，就趾高气扬，瞧不起旧日好友；有的人因升了官，便鼻子朝天，斜眼看人；有的人发表了几篇“豆腐块”文章，便以为自己“档次高”，以文人自居……

除了受宠，现实生活中，人们也会因为自己的弱小或能力的低下，受到别人的欺压凌辱，甚至是盘剥。是用鸡蛋碰石头进行粗暴的反抗，还是忍耐一时的屈辱，先保护自己，积蓄力量，寻找摆脱欺辱的方法呢？事实上，不是每一个人都能够选择明智的方法，忍辱图强的。

【事典心裁】

人在一生中，地位总会发生变化，宠辱也无常。受宠之时，以平常心待之；受辱之时，应不怒、不忿、不争、不仇，更应保持一种平常心。能做到“宠辱不惊”的人，才“可寄天下”“可托天下”。

天宝元年，李白来到京城赶考。他听说考官是太师杨国忠，监考官是太尉高力士，这二人皆爱财之辈，考生倘不送礼，纵有天大的本事也会落第。李白偏偏一文不送。

考试那天，李白一挥而就。杨国忠一看卷上李白的名字，提笔就批：“这样的书生，只好与我磨墨。”高力士说：“磨墨算抬举了，只配给我脱靴。”便将李白推出考场。

后来，有个番使来唐朝递交国书，上面全是一些密密麻麻的鸟兽图形。唐玄宗命杨国忠开读，杨国忠如见天书，哪里识得半个？满朝文武，亦无一人能辨认。唐玄宗大怒。后来，有人推荐李白，国难当头，李白没有推托，他走上金銮殿，接过番书，一目十行，然后冷笑说：“番国要大唐割让

一百七十六城，否则就要起兵杀来。”

玄宗一听，急问百官有何良策，群臣面面相觑。李白说：“这有何难，明日我面答番书，令番国拱手来降。”玄宗大喜，拜李白为翰林学士，并赐宴宫中。

次日，李白上殿，对唐玄宗说：“臣去年应考，被杨太师批落，被高太尉赶出。今见二人，臣神气不旺。请万岁吩咐杨国忠给臣磨墨，高力士与臣脱靴，臣方能口代天言，不辱君命。”

玄宗用人心切，顾不得许多，就依言传旨。杨国忠气得半死，忍气磨墨，然后捧砚侍立；高力士强吞怒火，双手脱靴，捧跪在旁。

李白这才舒了一口气，拟写了一封陈述利害的国书，番使听后吓得魂飞魄散，连连叩头谢罪。

故事一：

生活中就是有这么一些人，整个儿被笼罩在患得患失的阴影之中，心里被得失纷扰，以致寝食难安，终日忧心忡忡。

在一座寺院里面住着一个游方化缘的和尚。这个庙的香火很盛，经常有人来上供一些好东西。这个和尚就把这些东西卖掉，慢慢地积攒起一大笔钱。自从有了这些钱以后，和尚整天疑神疑鬼，无论白天黑夜，他都把这些钱抱在怀里，不敢有一时松懈，生怕丢失或被别人偷走了。每日每夜，他都感到心神不宁，以致痛苦不堪。

为什么世间常人会存在这种普遍的弱点呢？就是因为过于置身于利益中。古人说，“得不喜，失不忧”。这话说起来不难，做起来却并不容易。

从前有一位神射手，名叫后羿。他练就了一身百步穿杨的好本领，立射、跪射样样精通，而且箭箭都射中靶心，几乎从来没有失过手。人们争相传颂他高超的射技，对他非常敬佩。

夏王也从左右的嘴里听说了这位神射手的本领，也目睹过后羿的表演，十分欣赏他的功夫。有一天，夏王想把后羿召入宫中来单独给他一个人表演一番，好尽情领略后羿那炉火纯青的射技。

于是，夏王命人把后羿找来，带他到御花园里找了个开阔地带，叫人拿来了一块一尺见方、靶心直径大约一寸的兽皮箭靶，用手指着箭靶说："今天请先生来，是想请你展示一下你精湛的本领，这个箭靶就是你的目标。为了使这次表演不至于因为没有竞争而沉闷乏味，我来给你定个赏罚规则：如果射中了的话，我就赏赐给你黄金万两；如果射不中，那就要削减你一千户的封地。现在请先生开始吧。"

后羿听了夏王的话，一言不发，面色变得凝重起来。他慢慢走到离箭靶一百步的地方，脚步显得相当沉重。然后，后羿取出一支箭搭上弓弦，摆好姿势，拉开弓开始瞄准。

想到自己这一箭出去可能发生的结果，一向镇定的后羿呼吸变得急促起来，拉弓的手也微微发抖，瞄了几次都没有把箭射出去。后羿终于下定决心松开了弦，箭应声而出，"啪"地一下钉在离靶心足有几寸远的地方。后羿脸色一下子变白了，他再次弯弓搭箭，精神却更加不集中了，射出的箭也偏得更加离谱。

后羿收拾弓箭，勉强赔笑，向夏王告辞，悻悻地离开了王宫。夏王在失望的同时掩饰不住心头的疑惑，就问手下道："这个神箭手平时射起箭来百发百中，为什么今天跟他定下了赏罚规则，他就大失水准了呢？"

手下解释说："后羿平日射箭，不过是一般练习，在一颗平常心之下，水平自然可以正常发挥。可是今天他射出的成绩直接关系到他的切身利益，叫他怎能静下心来充分施展技术呢？一个人只有真正把赏罚置之度外，才能成为当之无愧的神

箭手啊！”

面对得失成败，不同的人有不同的态度，但患得患失却是不少人的通病。面对得失，斤斤计较，瞻前顾后，犹豫不决。吃着碗里的，看着锅里的，“得之若惊，失之若惊”。

一个和尚肩上挑着一副担子信步而行，担子一头悬挂着一个盛满绿豆汤的壶。他不慎失足跌了一跤，壶掉落到地上摔得粉碎，这个和尚爬起来，仍若无其事地继续往前走。

这时，有一个人急忙跑过来激动地说：“你不知道壶已经破了吗？”

“我知道。”和尚不慌不忙地回答道，“我听到它掉落了。”

“那么你怎么不转身，看看该怎么办？”

“它已经破碎了，汤也流光了，你说我还能怎么办？”

在得失之间，一定要有寓言中和尚那样的心态——得则得之，失则失之。任何东西都是生不带来死不带去的，何必让自己饱受心惊的煎熬呢？

古人云：世事如庭前花，花开也有花落；又如天边云，云舒也有云卷；何必患得患失，终日萦挂于怀呢？观世间万事，既得之，则安之；既失之，亦安之。不患不得，亦不患得而复失。这是一种自然、旷达、超然的人生智慧。

故事二：

乐毅少年聪颖，喜好兵法，深得赵人推崇。赵武灵王时，因避沙丘之乱来到魏国都城大梁当了大夫。此时，燕国因为子之之乱而被齐国打得大败，新即位的燕昭王时刻不忘为燕国雪耻。但燕国弱小又地处僻远，昭王自忖力量不足以克敌制胜，于是便屈己礼贤，延聘贤能之士相佐。首先礼待郭隗，借此招揽天下英才。乐毅适于此时替魏出使到燕国，

燕昭王用客礼厚待乐毅。乐毅谦辞退让，最后终于被昭王的诚意所动，答应委身为臣，燕昭王封乐毅为亚卿（仅次于上卿的高官）。

当时齐国非常强大，齐愍王率齐军南败楚相唐昧于重丘，西摧三晋的势力于观津。接着与三晋联手攻秦，助赵国灭中山，打败宋国，趁机扩地千余里，诸侯各国在强大的齐国面前都表示臣服，齐愍王因此而骄矜自满。由于齐愍王的骄横自恣，加上对内欺民而失其信，对外结怨于诸侯，造成齐国政治局势不稳，形势恶化。

燕昭王认为时机成熟，欲兴兵伐齐，遂问计于乐毅。乐毅回答说："齐国地广人多，根基较深，且熟习兵法，善于攻战。对于这样一个大国，虽有内患，仅由我们一国单独去攻打它，恐怕很难取胜。如果大王一定要去攻伐齐国，必须联合楚、魏、赵、韩诸国，使齐国陷于孤立被动的地位，方可制胜。"这就是所谓"举天下而攻之"的伐齐方略。

燕昭王接受了乐毅的建议，便派乐毅去同赵惠王盟约攻齐，并请赵国以伐齐之利诱说秦国，予以援助。又派剧辛为使分别到楚国和魏国进行联络。当时各国都因厌恶齐愍王，听说联兵伐齐，均表赞同。

乐毅返燕后，燕昭王在公元前284年命乐毅为上将军，同时赵惠王也把相印交予乐毅，乐毅率全国之兵会同赵、楚、韩、魏、燕五国之军兴师伐齐。齐愍王闻报，亲率齐军主力迎于济水（在今山东省济南西北）之西。两军相遇，乐毅亲临前敌，率五国联军向齐军发起猛攻。齐愍王大败，率残军逃回齐国都城临淄。乐毅遣还远道参战的各诸侯军队，拟亲率燕军直捣临淄，一举灭齐。谋士剧辛认为燕军不能独立灭齐，反对长驱直入。乐毅则认为齐军精锐已失，国内纷乱，燕弱齐强的形势已经逆转，坚持率燕军乘胜追击。

乐毅率燕军乘胜追击齐军至齐都临淄。齐愍王见都城临淄孤城难守，遂率少数臣僚逃往莒城（今山东省莒县）固守。乐毅用连续进攻、分路出击的战法，攻城夺地。攻入齐都临淄后，尽收齐国珍宝、财物、祭器运往燕国。燕昭王大为欣喜，亲自到济水前来犒赏、宴飨士兵。为酬谢乐毅的功劳，将昌国（在今山东省淄川县东南）城封给乐毅，号昌国君。

乐毅率燕军半年内连下齐国七十余城，仅剩聊城、莒城、即墨（今山东省平度市东南）三城仍顽强抵抗，久攻不下。其余全部并入燕的版图，燕前所未有地强盛起来。乐毅

认为单靠武力，破其城而不能服其心，民心不服，就是全部占领了齐国，也无法巩固。所以他对莒城、即墨采取了围而不攻的方针，对已攻占的地区实行减赋税、废苛政、尊重当地风俗习惯、保护齐国的固有文化、优待地方名流等收服人心的政策，欲从根本上瓦解齐国。

公元前278年，燕昭王死，太子即位，称燕惠王。燕惠王做太子时，就与乐毅有隙，所以当他即位以后，对乐毅用而不信。齐国大将田单探知此种情况，乘机进行反间，派人到燕国散布说："除莒城和即墨之外，齐国大片土地全在燕国军队手里。乐毅能在短时攻下齐国七十余城，难道用几年工夫还打不下莒城与即墨吗？其实他是想用恩德收服齐人之心，为他叛燕自立做准备。"燕惠王本来就猜疑乐毅，听了这些话信以为真，于是下令派骑劫为大将去齐接替乐毅。乐毅深知燕惠王收回他的兵权，意味着听信谣言，欲加罪于自己。他认为"善作者不必善成，善始者不必善终"，决定拒绝回燕而西向去赵。赵惠王见乐毅归赵，隆重地接待了他，并封他于观津（在今河南省商丘东），号望诸君。赵王这样尊崇乐毅，是借以提醒燕、齐，使他们不敢轻举妄动。

骑劫寡思少谋而又骄狂自大。乐毅奔赵后，他来到齐国，一反乐毅原来的战略部署和争取齐人的正确政策，而施之以残暴的手段，遂激起了齐国军民的强烈反抗。田单设谋诳骗燕军，在即墨城用火牛阵大破燕军，杀死骑劫。转而追歼燕军直到黄河边上，收复齐国所失之城邑，将燕军逐出齐境，从莒城迎齐襄王（愍王死，襄王立于莒）归临淄。

燕惠王后悔派骑劫代替乐毅，以致军队被打败，将军被杀死，曾经占领的齐国土地又丢失了；但又怨恨乐毅奔赵，恐怕赵国用乐毅乘燕国吃了败仗的时候进攻燕国。于是惠王派人责备乐毅，并向他道歉说："先王曾以举国之兵托付将军，将军为燕大败齐军，报先王之仇，天下人为之震动，我也时刻记着你的功绩。可是刚逢先王去世，我又初立，听信于左右而误国。我之所以派骑劫代替将军，为的是将军经年累月的暴露于荒郊野外，怕你太辛苦，所以请你回来休养，并想同你共议国事。将军却误听传言，和我产生怨隙，弃燕降赵。将军为自己打算，这样做是合宜的，可你如何报先王的知遇之恩呢？"于是乐毅慷慨地写下了著名的《报燕惠王书》。书中针对惠王的无理指责和虚伪粉饰，表明自己对先王的一片忠心，与先王之

间的相知相得，驳斥惠王对自己的种种责难、误解，抒发功败垂成的愤慨，并以伍子胥“善作者不必善成，善始者不必善终”的历史教训申明自己不为昏主效愚忠，不学冤鬼屈死，故而出走的抗争精神。这才打消了燕惠王对乐毅的某些偏见，便封乐毅之子乐间为昌国君。

尽管乐毅受到不公正的待遇，但乐毅也并不因个人得失而说赵伐燕，以泄私恨，而是居赵、燕两国客卿的位子，往来通好。乐毅最后卒于赵国。

第十四章　无状之状

视之不见名曰夷，听之不闻名曰希，搏之不得名曰微。此三者不可致诘，故混而为一。一者，其上不皦，其下不昧，绳绳兮不可名，复归于无物。是谓无状之状，无物之象，是谓惚恍。迎之不见其首，随之不见其后。执古之道，以御今之有。能知古始，是谓道纪。

【释义】

看它看不见，称它为“夷”；听它听不到，称它为“希”；摸它摸不着，称它为“微”。这三者形象难以区分开

来，所以是浑然一体的。所谓“一”，它的起始不清晰，它的末尾不暗昧，它绵延不绝地、无始无终地发展变化，难以名状，又总要回到没有物体的虚无状态。这就叫没有形状的形状，没有具体物象的物象，这就叫作“惚恍”。迎着它看不见它的前头，跟随着它看不到它的后面。遵循现实存在的道的规律，来驾驭现实，来探知宇宙的本始，这就是道的规律。

【古典今读】

这一章主要讨论道的形象和规律问题，涉及“夷”“希”“微”“惚恍”“道纪”五个概念。

何谓“夷”？我们的肉眼无法看到的东西，我们称之为“夷”，看不见并不代表它不存在，只是它无法被我们用眼睛认知罢了。我们站在平地上极目远眺，看到的东西是极其有限的，地平线那一边的东西，我们是看不见的；我们必须借助仪器才能看到微生物，而肉眼根本看不见。但我们可以肯定的是地平线那一边确实存在着一些事物，微生物确实是存在的，它们的存在都不以人的意志为转移。这正像大道不以人的意志为转移一样，它是客观存在的，并时时刻刻在对人发生影响，我们只有认识到了这一点，才能更好地遵循大道的规律，而不是与大道背道而驰。

何谓“希”？希就是我们的耳朵无法听到的声音，它的特点是细小、邈远、轻微，这一特点决定了它不可能被我们听得真切。除此之外，还有距离因素，我们只能听到一定的

范围内的声音，所以距离会令我们无法听到一些声音。大道即便有声，也不会被我们听见，因此我们常说“大道无声”。

何谓“微”？微就有小的意思。小是相对的，当一个东西小到无法被我们摸着时，我们就称它为“微”。

大道就是那个看不见、听不见、摸不着的东西，它无法用我们的视觉、听觉、触觉所感知。希、夷、微这三个概念无法穷尽道的本源和真正内涵，但它们是不可分割的一个整体，我们称之为“一”。

何谓“惚恍”？我们说大道是一个东西，东西应该是有形象的，但它却看不见、摸不着，它若有若无、若隐若现，无法用概念来表述。对于这种模糊而又深奥的、亦真亦幻的状态，我们称之为“惚恍”。

为了表述上的需要和方便，我们必须给“道”定名，所以就称“道”为没有形状的形状、没有具体物象的物象。“惚恍”虽显牵强，但它是所有词语中最能表现这一点的了。为什么这么说呢？因为大道是支配万物的，但它又存在于冥冥之中，无迹可寻；同时它又是多变的，是不易被人把握的。它没有前进和后退的区别，没有运动和静止的区别，没有光明和黑暗的区别，所以它是永恒的，是生生不息、绵延不绝的。当我们感觉到它的存在时，它又恢复到无迹可寻的状态了，它恍惚缥缈、若有若无、若明若暗，令人捉摸不定。

何谓“道纪”？简而言之，就是大道的纲纪和规律。认识和理解“道纪”比认识大道本身更有意义，大道的规律和纲纪能有效地指导我们的日常生活，一旦我们的行为顺道而行，我们就能一帆风顺、事事遂心；相反，如果我们逆道而行，我们的行为就会受阻，甚至遭受祸患。

本章讲述了“道”的形象，提出了四个关于“道”的形象：“夷”“希”“微”“惚恍”。

“道”拥有怎样的形象呢？

“道”，我们无法用眼睛看到它，但它确实存在，所以叫作“夷”。“夷”就是没有任何颜色，看不见的意思。

“道”，我们无法用耳朵去听到它，但它确实存在，所以叫作“希”。“希”就是没有任何声响，听不到的意思。

“道”，我们无法用手去摸到，但它确实存在，所以叫作“微”。“微”就是没有形体，触摸不到的意思。

大道就是这样，我们是无法用感官去感知它的，既然无法感知，当然无法用概念去判断和分析它，只知它是以上三者的统一体，似有似无，不可名状，所以只好把它叫作“惚恍”。

故此有了“迎之不见其首，随之不见其后”的言论。这是由先前所述而得出的结论。

“迎之不见其首”，指不见开头。“随之不见其后”，指找不到结尾。看不见开头和结尾并不是没有开头和结尾，而是

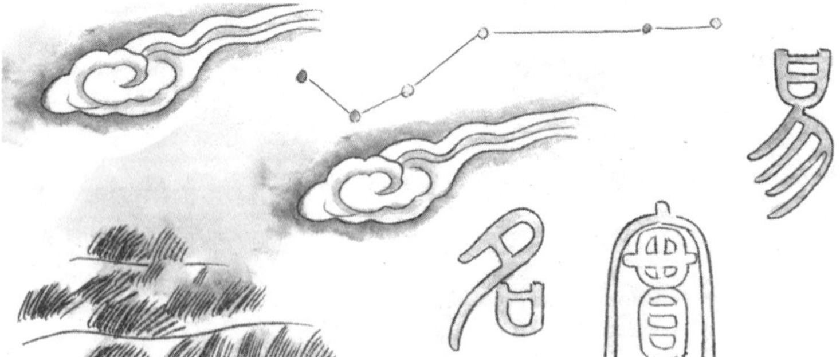

让人捉摸不到，无法感知。

对于我们而言，处理生活中的一些事情也可以如此，自身清清楚楚，却让别人感到神秘难知，不可预测。

香港有一个小地产商何礼杰，准备拿出自己名下唯一的一块地皮与一家实力雄厚的城建开发公司合作开发。因这块地皮紧靠交通要道，城建公司拟在此建立一个大规模的商业广场，其设计部门甚至在谈判前已拿出了设计方案，志在必得。

何礼杰在与城建公司的代表们一次次接触、商谈之后，谈判陷入了僵局。何礼杰知道城建公司确有意做成此项目，故提高了地皮的价格；城建公司知道何礼杰仅是一个小地产商，而且仅有这一块地皮，故也寸步不让。怎么办呢?

何礼杰似乎表现出要放弃与城建公司共同开发的打算。他整天与一位阿拉伯富商混在一起。他们多次共进午餐，甚至一起出入舞厅、家中，显得关系极为亲密。如此高频度的接触，终于引起了城建公司情报人员的注意，结合当时阿拉伯商人涉足房地产的情形，他们怀疑何礼杰欲与阿拉伯商人合作，而且何礼杰故意放出类似的口风，这下城建公司的人坐不住了，因为他们对这块地皮的前景十分看好，并把它作为今后三年里公司发展的主要项目，志在必得。因怕何礼杰把这块地皮卖给别的公司，城建公司在以后的谈判中节节让步，何礼杰则大获全胜，他不仅可以在建成后享受40%的收益，而且还可以在合同签字后当即获得300万港币的补偿金。

上例中，何礼杰瞒天过海，假意亲近阿拉伯商人，让城建公司捉摸不定，最后让步。这就是活用老子本章思想的典范，应为所有欲成大事者所借鉴。但须注意的是，这仅为“不见首尾”之法中的一种，可借鉴，但切忌局限于此。

【事典心裁】

做大事要像“道”一样不见首尾。如管中窥豹，只能看见斑点；如盲人摸象，只能摸到厚墙。如此不让人测知，才不会让人控制，才易成就大的功业。

胡雪岩为自己的蚕丝生意与帮办王有龄湖州官府的公事，几下湖州，结识了湖州颇有势力的民间把头——现正做着湖州“户房”书办的郁四。胡雪岩凭着仗义和识见，也因为帮助郁四妥善处理了家事，深得郁四敬服。为了报答胡雪岩，郁四做主，为胡雪岩娶了寡居的芙蓉姑娘。

芙蓉姑娘的娘家本来也是生意人，祖上开了一家很大的药店，牌号“刘敬德堂”。药店传至芙蓉姑娘父亲一辈时也还能勉强支持，不料她父亲十年前到四川采办药材时，在三峡新滩遇险，船毁人亡。她的叔叔外号“刘不才”，本来就是一介纨绔，挥霍无度，还特别好赌，接下家业不到一年就无法维持，将药店连房子带存货都典给了别人。不过刘不才非常顾及脸面，自己穷困潦倒，却不同意侄女芙蓉给人做“偏房”。芙蓉再嫁，他不肯认胡家这门亲戚。他即使到了告贷无门的地步，都不肯押出自己手上的祖传秘方，以为只要秘方还在，“家底”就还在，心里还想着有一天要重振家业。

胡雪岩娶了芙蓉姑娘，对刘不才不能不管，人们认为他有两个选择：一是按郁四的想法，送刘不才一笔银子，不再与他发生任何关系；一是按芙蓉的想法，由芙蓉劝刘不才拿出祖传秘方，胡雪岩帮忙卖掉，让他自己生活。

胡雪岩却不这样想，他要认这门亲戚，借刘不才开一家药店。他凭自己的眼光，看出药店生意是一个相当不错的行业。乱世当口，军队行军打仗，转战奔波，需要防疫药；大兵过后定有大疫，逃难的人们生病之后要救命药。因此只要货真价实，创下牌子，药店生意就不会差。而且，开药店还有活人济世、行善积德的好名声，容易得到官府支持。

不过自己不懂这行生意，刘不才懂，只要能将他收服，帮他改掉身上的毛病，他就可以起大作用，而且他手上的祖传秘方也正好可以充分利用。想妥之后，胡雪岩请郁四帮忙，摆了一桌认亲宴，在席宴上便谈妥了药店开办的地点、规模、资金等事项。

胡雪岩的“胡庆余堂”就是这样立起来的。在其后的几十年中，“胡庆余堂”成为名闻天下的老字号药店，不仅成为胡雪岩的一个稳定财源，也使他赢得了“胡大善人”的好名声。

故事一：

有一天，齐景公和群臣来到公阜这个地方游玩。早上，宽阔的大地一片生机，绿的庄稼，红的鲜花，相映生辉。鸟儿唱着歌，蜂蝶跳着舞，景公感叹地说：“如果我能长生不老，天天畅游在这山水之中，那该多好啊！”

齐景公身边的晏子听到这话，觉得国君如果去追求长生之术，必然淡于治国之道而不求进取，于是接过景公的话头说：“生和死是不能改变的自然规律。再说人人都长生的话，那也未必是好事。”

“那又为什么呢？”景公不解地追问。

“这道理很简单，如果齐国的开国君主太公和丁公活到现在，他们一定还是一国之主。那么，桓公、文公、武公就只能当他们的助手，而你也只能头戴竹笠，手拿锄头终日在田里劳动，怎么还能率领群臣到处玩乐呢？”

晏子的话扫了景公的游兴，景公别过脸去不理睬他。

到了中午，远处出现了一辆六匹马拉的大车，烟尘滚滚而来。景公得意地对晏子说：“这是梁丘据接我来了，你看他驾驶的马车奔得多快！朝中文武只有他最了解我的脾气了。”

晏子却不满地说：“梁丘据称不上好的臣子。古人说

过：作为一个忠实的臣子，不应该事事附和国君，因为国君认为是好的，并不一定都对；国君认为不对的，也不一定都不对。这个梁丘据最会察言观色，对国君拍马奉承，不论对错，一味迎合，你听了也许心顺气平，可是对国家长远利益，又有什么好处呢？”

景公很不高兴，转身拂袖而去。

夜色深沉，星光灿烂。这时一颗流星在头顶疾驰而过，景公面如土色，以为这是不祥之兆，忙请主管祈祷的官员设香案祷告，保佑齐国君臣的平安。

晏子赶去劝阻，对景公说：“流星有什么可怕呢？它只扫除邪恶的事情，国君如果没有做这种丑事，何必提心吊胆的呢？要是做了这类事，让流星扫掉，不是很好吗？”

景公气得脸色铁青，说不出一句话来。

可是晏子言犹未尽，批评的话也越说越重：“现在我担忧的倒不是流星的出现，而是国君贪恋酒色，亲近小人，喜听谗言，疏远贤臣。长期下去，灾难必然降临到我们齐国。国君的这些过失，靠祈祷是帮不了忙的。”

齐景公再也没有游览的兴致了，立即下令驾车回宫。这天夜里，这位齐国至高无上的人，翻来覆去睡不着觉，准备寻找机会煞煞这位相国的气焰。然而当他细细品味晏子三次批评他的话时，觉得每句话都有道理，终于钦佩起这位相国对他的忠心来。

晏子去世后，景公在吊唁时痛哭流涕地说：“那天相国在公阜三次给我指出过错，这样忠心耿耿的贤臣我现在到哪里去找啊？”

故事二：

公元938年的一天，在南汉王府内，南汉王刘正在给先锋官——儿子刘弘操下达作战命令：“令你率三百只战船，由海道火速前往交州，增援皎公羡。”

原来，交州守将皎公羡暗杀了安南节度使杨廷光，篡夺了他的官职，激起了杨廷光旧部的愤怒，交州军中摩擦不断。前不久，杨廷光旧将吴权正式起兵攻打皎公羡，两军在交州展开了激战。由于皎公羡平时对士兵十分刻薄，不堪压迫的士兵纷纷倒戈投降吴权。皎公羡只得派使者用重金贿赂南汉王刘龑，请求他派兵搭救。刘龑握兵南汉，早就对交州存有觊觎之心，只是苦于没有借口，现在有了这个机会岂肯放过？于是急急派儿子刘弘操作先锋，名正言顺地向交州出兵，自己统率大军殿后。

崇文使萧益满怀忧心地向南汉王进谏道："王爷，我军这么仓促行事，是否有欠周全？海道非比陆路，路遥风险难料。而且吴权又素以狡诈闻名，我军万不可冒险轻敌。大军出动，还是多用向导，然后进军为上。""现在顾不得这些了，不要多说了。"南汉王皱皱眉头，不让萧益说下去。他决心已定了。

不久，刘弘操带领先锋船队赶到了交州海湾入口处。遇到吴权军的几只小船，正开过来向南汉军挑战。刘弘操命令各船全速前进。几只吴权军小船，见南汉军大队船队开进交州，便调转船头逃跑。南汉军紧紧追赶，企图把它们一举歼灭。就在南汉军深入交州海湾的时候，海水开始落潮了。吴权军的小船三划两划便溜走了，可南汉军的战船行动不便，就在他们想调转船头时，船底突然触及硬物，"嘎嘎"出声，战船全部动弹不得了。

这时，隐藏在四周的吴权军纷纷出动了。一时间，喊杀声四起，南汉战船在吴权军强大攻势面前只有干等挨打，多半士兵落水淹死，刘弘操也落入水中死了。

原来，吴权早得知南汉军要来进攻，便利用海水涨潮落潮规律，在海湾设下铁尖木桩阵，有意用轻便小船引诱敌军进入伏击圈，一举打败了南汉军。

第十五章　不盈不溢

古之善为士者，微妙玄通，深不可识。夫唯不可识，故强为之容：豫兮若冬涉川；犹兮若畏四邻；俨兮其若客；涣兮若冰之将释；敦兮其若朴；旷兮其若谷；混兮其若浊。孰能浊以止，静之徐清？孰能安以久，动之徐生？保此道者不欲盈。夫唯不盈，故能蔽而新成。

【释义】

古时那些善于运用道的规律的人，见解精妙而且精深玄达，达到了常人无法理解的地步。这样的人的风貌品格特征只能这样勉强形容：行事稳妥谨慎啊，就像严冬赤脚过河；心怀畏惧啊，就像提防四方邻国来围攻；恭敬严肃啊，像做客一样；顺应潮流啊，就仿佛正在消融的冰；敦厚质朴啊，像未经雕琢的原木；旷达开阔啊，像空旷的山谷一般；浑厚含蓄啊，像江河浊流一样。谁能够让浑浊的流水静止下来，静止后慢慢澄清？谁能够使静而不萌发的东西运动起来，使其慢慢显露生机？遵循道的规律的人不提倡盈满、过度，因为他从不自满，所以才能去故更新。

【古典今读】

老子承接上一章的内容，讲解领悟了“道纪”之人的风貌特征。大而言之，得道之人有良好的人格修养和心理素质，有很强的静定功夫。表面上清静无为，而实质上蕴藏着极大的潜能，他们极富创造性，只是不愿显山露水。他们静谧幽深，难以测识。老子对得道之人的风貌特点作了详尽的概括，我们归结为以下七点，并逐一进行解析。

一是“豫兮若冬涉川”，豫，警惕、慎重的样子。全句的意思是说，得道之人的每一步行动都是无比警惕、小心的，就像冬天赤脚过河一样小心谨慎。我们都知道在冬天踏着冰面过河是十分危险的行为，一般人经常遇到这种情形，所以在处理事情时，往往表现得粗心大意；而得道者无论遇到什么事，都会表现出谨慎的处世态度，就如同冬天涉河一般。

二是“犹兮若畏四邻”，犹，小心、犹豫的样子。全句的意思是说，得道之人好像强敌就在四邻一样，在日常生活中处处严格要求自己，约束自己的言行，使之不逾越常规；制止自己的行动使之不嚣张放肆、干扰邻居的生活。人是群居动物，得道之人也是人，他们也不可能生活在人世之外，他们要生存，就必须与周围的人建立密切的联系，离群索居不是真正的得道之人。当他们和周围的人进行交流的时候，就不可避免地发生矛盾，处理矛盾的过程最能反映一个人的道德观和处世哲学，周围的人对其评价的高低是至关重要的，因为它最能映射出一个人的真正本质。

三是“俨兮其若客”，俨，庄严肃穆的样子。全句的意思是，得道之人无论在什么场合、什么情形之下，都会把自己摆在客人的位置，小心谨慎、严肃认真地对待人和事，而不会随随便便地对待日常生活中的问题。从生命的本质意义上来考察，人是人生路途上的匆匆过客，是大自然的普通客人，和其他的生物一样，这是大道的必然规律。得道之人和大道同步，他们乖乖地做客人，严肃认真地对待日常生活琐事，和世间的庸人有本质的不同。庸人以大自然的主人自居，势必以嚣张的态度对待自然，庸俗之人以损害自然为代价来满足自己的私欲，最后以毁灭自己而告终。老子主张以客人般严肃认真的态度度过自己的一生，而不是以玩世不恭的态度混过一世。

四是“涣兮若冰之将释”，涣，涣散；释，消解；形容冰解冻的情形。比喻得道之人从自己的欲望、梦想、抱负、追求、知识等重负中解脱出来，恢复为本我，就会有难以言表的轻松愉悦、悠然自得。这种感觉就像是冰封了一个冬季的河水在春风的吹拂下慢慢消融，是一种轻松惬意的感觉。得道者之所以会有这种感觉，是因为他们懂得如何释放自己，老子把得道者的觉悟恰当地比喻为冰封消融，从而焕发出自然的勃勃生机。对得道者自身而言，他们能冲破束缚自己的追求、意念、思维，完成自己对自己的超越。他们不执着于一事一物，了无牵挂，自然也就逍遥自在。

五是“敦兮其若朴”，敦，内在端庄、厚重，外在朴素、自然。全句的意思是得道之人以其端庄厚实的本质能轻易地抵御外界的干扰和诱惑，因而表现出返璞归真的外在形象。敦厚实在的品格是人类社会一直提倡和赞颂的，简单朴素的生活方式也是人类社会所提倡的。我们常用浑金璞玉来形容那些不炫耀的敦厚朴实的人，得道之人就如同浑金璞玉，具有真材实料，但默默无闻。

六是“旷兮其若谷”，旷，开阔、宽广；谷，比喻像山谷一样虚空。全句话的意思是，得道之人心胸辽阔，就如同山谷一般空虚高深。他们能够包容万物，无所谓仇恨，心中充满了友善，和没能体悟大道的人有本质的不同。

七是“混兮其若浊”，混，混同；浊，浑浊。得道之人是清醒的，清醒的最高境界是浑浊的外在形象、透亮明净的内心。这是修道的最高境界，也是修道的终点，它是平淡无奇的，没有浓墨重彩、大肆渲染，而是不显山露水，于平淡中见道之真谛。

老子在上一章最后还提出了一个“道纪”的概念。“道纪”就是大道的纲纪和规律。我们要认识“道”，并不是只认识它的形状、声音、物体，而是主要认识它的规律。它的规律对我们立身处世有巨大的指导意义，认识了“道”的规律，我们的行为就不会出现障碍和祸患，就能真正达到明哲保身的境界。

于是本章老子接续上一章，讲了真正认识“道”之规律的人士的情形，这几种情形应为所有欲成功者共同的行

为准则。

（一）“豫兮若冬涉川。”像冬天涉过大河一样小心谨慎。

冬天河面结冰，从冰上行走过河，稍有不慎，就会有失足落水的危险，所以必须小心。这里讲的是一种非常谨慎的态度，联系到我们做事，也应具有这种“事成于慎而败于纵”的态度（后面有详细的介绍）。可见，欲成功，谨慎之心是多么重要。

（二）“犹兮若畏四邻。”像强敌在四邻一样。

之所以畏惧邻居，是因为得“道”之人处处严格要求自己，约束自己的言行，使之不逾常规；制止自己的行为，使之不过分嚣张放肆。对于任何一个欲成大事者而言，只有严格要求自己，才会使自己不断完善，才会使自己拥有好的人际关系，少树敌而多交朋友。严格要求自己，也是一种谨慎的态度，这样的人“正”而且“大”，在他们的人格中有一种光明正大的东西，有一种高贵的精神内涵。

（三）“俨兮其若客。”像在别人家做客一样严于律己。

去别人家里做客，势必牢记自己是客人的身份，注意自己的言行，规范自己的态度。

老子是在告诉我们要以客人的姿态来对待我们的生活，客人在主人家里一定会保持谦卑的态度。但在我们的生活中，我们往往喜欢看高自己而贬低别人，这就犯了错误，是将自己视为主人，难免有自大甚至是嚣张之嫌，这是应该极力避免的。

（四）“涣兮若冰之将释。”像冰雪融化一样温和自如。

（五）“敦兮其若朴。”像未经雕琢的玉石一样淳朴。

（六）“旷兮其若谷。”像山谷一样豁达。

以上三者的意思很好明白，是说要效法“道”，成为得

"道"之人，就应具有温和、淳朴、豁达的品格。一般人应如此，对于一个欲成大事者来说，更是不可或缺，一个人只有学会做人，才更有可能取得成功。

（七）"混兮其若浊。"像污水浊流一样浑浊。

老子提倡"无为""不言"的处世态度，像污水一样浑浊正是这种处世态度的体现。外貌上表现得浑浑噩噩的样子，内心却如明镜。大巧若拙，大勇若怯，天下之智皆在一个"藏"字。与人交往，藏得巧妙，则能先发制人，出其不意，比之锋芒毕露者，不知要高明多少倍。从表面上看，这种处世态度似乎保守，可细想起来，却很是可取。

凡事为自己留条退路。不炫耀显露自己，如浊水一般，这样的人才不会犯大错，才易有所成就。

【事典心裁】

能成大事者有一颗谨慎的心，能严格要求自己，他更具有温和、淳朴、豁达的品格，凡事为自己留条退路，正是由于他能保持谦虚而不盈满，所以他仍有很大的上升空间，还能有更大的进步。

张之洞每次遇事都能够保持头脑清醒，行事谨慎，就是在立宪这样的大问题上也不例外。

张之洞主张立宪法、设议院的立场是鲜明的，态度是坚决的，要求也是迫切的，但他并未鲁莽行事。

清政府发布预备立宪上谕的第二天，便颁发了改革官制的谕令。命载泽、荣庆、奎俊、铁良、徐世昌、陆润庠、袁世凯等诸大臣共同编纂改革官制的方案，又令端方、张之洞、周馥、岑春煊等督臣派司道大员进京随同商议。紧接着，又编订地方官制，在编制时又分两层。第一层为各省设行省衙门，督抚总理政务，略如各部尚书，藩臬二司略如各部丞；合并各司道局所，分设各司，酌设官，如参议者领之，司以下设曹，以五品至九品官分掌之；每日督抚率属官，定时入署，共同商议各事；各府州县公牍直达省；每省设高等审判厅，受理上控案件，行政司法，各有专职。第二层是督抚经管外务、军政，兼监督一切行政、司法；布政使管民政，兼管农工商；按察使专管司法方面的行政，监督高等审判厅；设财政司，专管财政、交通；学、盐、粮、关、河各司道仍照旧制。

张之洞对地方官制改革的方案提出了许多异议，基本上持反对态度。他在1907年1月2日致军机处厘定官制大臣的电文中说：“此次官制之应如何改定，自以有关于立宪之利害为主，其无关宪法者，似可不必多所更张，转致财力竭蹶、政事丛脞、人心惶扰。”这表明他主张缓进、审慎行事。如他不同意裁撤知府，其理由是“一府所辖，少则四五县，多至十县，各县距省遥远，极远者至二三千里，若有知府犹可分寄耳目，民冤可申理，灾荒可覆勘，盗匪可觉察”，因而撤知府“势有难行”。又如合并各司道一事，他认为各司各自有印，各自有稿，若合为一署，“无此广大廨舍能容许多官吏，能存许多案牍”。再如各省高等审判厅一事，他认为“一省之中臬司即为高等审判厅矣，另设一厅何为”，至于第二层办法，他反对的理由是：“尤多窒碍之处，民政以警察

为大端，乃臬司分内事，今乃不属臬司而属藩司，理财乃藩司分内事，今乃互访商谈立宪大计不属藩司，而又别立财政司……藩、学、臬、运、粮、盐、关、河权限本自分明，不相混淆，乃亦议改变，则尤可不必矣！”总而言之，他认为改革官制各条，“似不尽与立宪关涉，窃谓宜就现有各衙门认真考核，从容整理，旧制暂勿多改，目前先从设四乡谳局选议绅、董事人手，以为将来立宪之始基。如能实力奉行，此尚是达民情、采公论之实际，亦可稍慰环海望治之心”。

张之洞认为，立宪事关乎根本政治体制改革，牵涉到统治集团的切身利益，不可能一蹴而就。所以，他主张稳妥缓进，结果他在朝廷里受顽固势力的冲击最少。

由于张之洞一直谨慎行事，他得到了皇上的信任、老百姓的爱戴，一生都未遭遇大的变故。

故事一：

战国时的乐羊子，一天在路上拾到一块金子，高兴极了，回到家马上交给了妻子。

谁知妻子却瞪了他一眼，说：“志士不饮盗泉之水，廉士不受嗟来之食。而你在路上拾到别人丢失的金子，却是那样高兴，我不觉得这种贪财求利的品行是高尚的！”

乐羊子很惭愧，立即把金子丢到野外去。后来，他在妻子的鼓励下，去远方求学。

一年过后，乐羊子回家了。

正在织布的妻子问：“你已经学到很多知识了吗？”

乐羊子说："不，我在外面游学久了，很想你和母亲呀。"

妻子很生气，立即操起一把剪刀，把没织完的绸子剪断了，然后说："你知道吗？这绸子是用蚕丝在织布机上织成的。一根丝虽然很细很细，但只要不断地织，就能由一丝织成一寸，由一寸积累成一尺，由一尺积累成一丈，由一丈积累成一匹。现在，你外出游学，每天学到一些新鲜知识，逐步培养美好的品德。如果半途而废，和剪断的绸子有什么不同呢？"

乐羊子听了这一番朴素而又生动的话，很受启发，又外出学习，整整七年没有回家。

在这七年中，乐羊子的妻子起早贪黑地辛勤劳动来养活婆婆，可用织成的布匹换来的只是粗茶淡饭，勉强糊口。

一天，别人家的鸡误入了她家的菜园子，婆婆因为好长时间没有吃到荤菜了，捉到鸡二话没说就把它宰了煮着吃。媳妇知道这鸡是别人家的，就哭了起来，一口也不吃。

婆婆奇怪地问："难得有鸡吃，你还哭啥呀？"

媳妇不责怪婆婆贪小利，反而自责道："媳妇不孝，不能挣大钱换好吃的，使得咱家的饭中有外人的鸡肉啊。"

婆婆听了，很是惭愧，就丢弃鸡肉不再吃。以后也不再占人家的便宜。

故事二：

上古的圣人虞帝舜本是个普通平民，父亲瞽叟是个盲人，且品性固执，不懂礼仪。舜母早逝，瞽叟再娶，后母

刁顽，常作恶言，并唆使舜父欲杀舜。后母生子名象，为人傲慢，亦对舜仇视。但是舜仍然对父母很孝顺，对弟弟很友爱，设法避免祸害，但却毫不怨恨，并承担全家的劳动，常在历山耕种。

舜二十岁的时候，他的事迹已传播很远，到他三十岁的时候，当时的领袖帝尧为找寻替任的接班人而问计于四岳（四方之官），四岳一齐推荐了舜。于是帝尧决定深入对舜进行考察，便把两个女儿娥皇和女英嫁给舜，又命九个儿子和舜一起工作，观察他对内对外的为人。

舜成亲后，要求妻子孝敬公婆，尽媳妇之道，关照弟弟，尽嫂嫂的本分，不可以因自己的高贵出身而破坏家庭的规矩。舜对尧的九个儿子要求也很严格，一点也不迁就，使他们为人更敦厚谨慎，事事心存恭敬的态度。

舜在历山耕作，由于和气谦让，同他一起开荒种地的人受到感染，变得能够互让，融洽相处，对田界也不计较。舜去雷泽捕鱼，那里的人慢慢也都放下争执，互敬互让。舜在河边制作陶器，仔细认真，不合格就重做，那些马虎的人见了，感到惭愧，跟着渐渐也就做得精致了。舜的品德在人群中产生很大感召力，人们都愿意亲近他。他住的地方本来很偏僻，但一年后就变成村落，两年成了邑，三年成了都。

帝尧很赏识舜，奖赏给他高级衣料做的衣服、一张名贵的琴、一群牛羊，又为他修建了粮仓。

舜的父亲、后母和弟弟象看到，很是妒忌，一心想暗害舜，将他的财产占为己有。瞽叟叫舜去修理粮仓的屋顶，然

后暗中纵火，要烧死他。幸得娥皇、女英预先给舜准备了竹笠，舜因此逃过一劫。瞽叟又与象设计让舜淘井，然后填埋泥沙土块活埋他。得手之后三个人瓜分舜的财产，象要琴和舜的两个妻子，而牛羊、衣物、粮仓归瞽叟及后母。幸而舜预先在井旁凿开一洞，下井后即藏身而得不死。舜心中明知瞽叟、后母和象合计害他，但仍然和过去一样，孝敬父母，友爱弟弟，并没有一丝埋怨。

帝尧对舜经过长时间的考察，又分派工作让舜去做，终于认为舜的品德确实好，而且能干，能凝聚天下有才之士，使更多能人愿意出来辅助政事。治理的地方父有义、母有慈、子女孝顺、兄长爱护弟妹、弟妹恭敬兄长，远近的部族都对舜异常尊敬，尧便将帝位传给这贤人，这就是历史上所谓的禅让。舜以一介平民，一跃而为虞朝的帝王，是孝与忠所致。

第十六章　观复知常

致虚极，守静笃。万物并作，吾以观复。夫物芸芸，各复归其根。归根曰静，是谓复命。复命曰常，知常曰明。不知常，妄作，凶。知常容，容乃公，公乃全，全乃天，天乃道，道乃久，没身不殆。

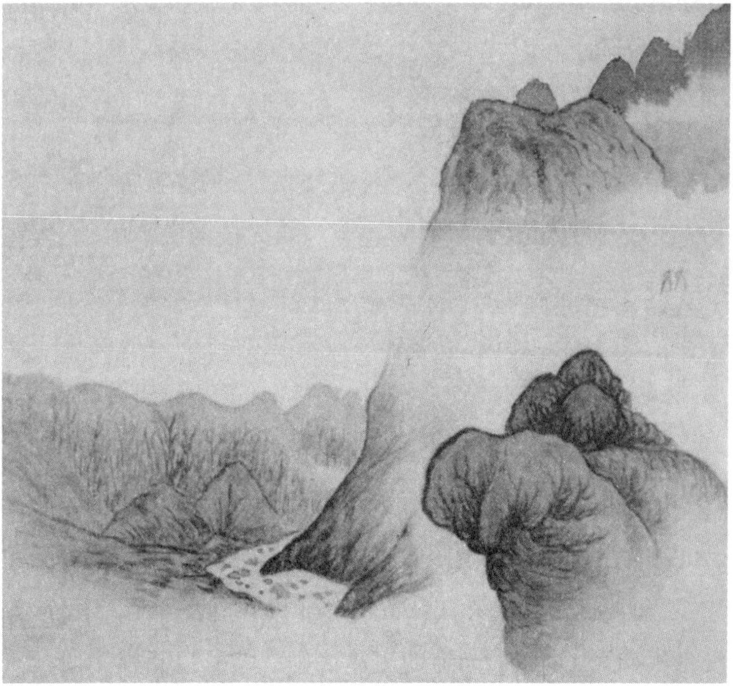

【释义】

达到虚无的极端境界，固守宁静达到厚重忠实。在万物的生长发展中，我用虚静之境界去观察万物的循环往复。万物尽管众多纷繁，最终都向其根本回归。复归到根本叫作静，清静中孕育出新生命。孕育出新生命的历程是宇宙永恒的法则，明了宇宙永恒法则叫作明智。不明了宇宙永恒法则，轻举妄动，就会招来祸害。认识宇宙永恒法则就能包容一切，包容一切就会大公无私。大公无私可以保全，这样的保全符合天理法则，天理法则必符合“道”，符合“道”就能长久，终身免于危险。

【古典今读】

这一章，老子提出了“虚极”“静笃”“静”“常”“明”“容”等概念。“致虚极，守静笃”，“致”的春秋古义有“委身”之义，此句意为“将身置于静寂无极的虚空中”。人在修行时，内觉全身心融入太虚之中，达到了物我两忘之境，并非茫然一片，一点真我静守着湛然的纯一，这就是“守静笃”。

“复命曰常，知常曰明。不知常，妄作，凶”，老子告诫万物生生灭灭是大道法则，知而不干涉是明智，如果凭借自己的能力妄加干涉必遭凶险，因为这是违背天道的！

“知常容，容乃公，公乃全，全乃天，天乃道，道乃久，没身不殆”，知道了天道的规律法则，才可以涵容一切，不倚仗神通妄加干涉。做到涵容一切，才会无私无欲；做到了无私无欲，才可能神机博大；神机博大，才可能神融太虚；神融太虚，才可能神会生命的本源；只有回归那生命本源，才会永存不息。

上一章老子为我们描述了体悟大道的人的形象，本章则继续揭示悟道之人的理性认识。我们常说“叶落归根，以粪

其土”，自然又变成了生命，生命又长出茂枝繁叶，再落叶而化肥。从有到无，从无到有，不停地循环，不停地生灭。一切的一切都自然而然。

悟道之人认识到了这一自然的规律，所以他们努力让自己达到那虚无寂寥的极点，从而坚守那种清静无为的境界。一切归于沉静无为，没有分别，自然也就可以包容一切，快乐而长久地生存下去。

生活中的许多人，正是由于少了这份清静无为的包容之心，因而多了许多烦恼。也许是生活的压力太大，有些人说：“活着，真累。”也许是遇到不顺的事太多，有些人说：“活着，真烦。”也许是对柴米油盐的平凡生活感到厌倦，有些人说：“活着，真没劲。”这里，有一个如何认识生活的问题，也有一个如何调整自己心境的问题。

生活就是生活，它像泥土一样真实而粗糙，如果你对它抱有不切实际的幻想，你难免会失望。像自然界有风雨阴晴一样，生活不会总是一帆风顺，如果你对此没有思想准备，你可能就会悲观彷徨。生活也不会总是充满着戏剧性的高潮，更多的时候，它是平凡琐碎的，甚至显得沉闷。宋代大词人苏轼说：“人有悲欢离合，月有阴晴圆缺，此事古难全。”你怎么可能指望生活天天都如狂欢节一般呢？

过得快乐不快乐，在于谁？全在于你自己对生活的态度和理解。

有一个青年老是埋怨自己时运不济，发不了财，终日愁眉不展。

这一天，走过一位老人，问他：“年轻人，干吗不高兴？”青年回答：“我不明白我为什么老是这么穷。”

“穷？我看你很富有嘛！”

“这从何说起？”青年问。

老人没有直接回答，而是说：“假如今天我折断了你的一根手指，给你1000元，你干不干？”

“不干。”

“假如斩断你的一只手，给你1万，你干不干？”

“不干。”

“假如让你马上变成80岁的老翁，给你100万，你干不干？”

“不干。”

“假如让你马上死掉，给你1000万，你干不干？”

“不干！”

“这就对了，你身上的钱已经超过了1000万了，你还不高兴吗？”

老人说完笑吟吟地走了，留下青年独自站在那里发呆。

平凡的生活处处充满快乐，这恰好印证了牛顿的一句话：“愉快的生活是由愉快的思想造就的。”

【事典心裁】

一个人有太多追求，他就生活在欲望的漩涡之中不能自拔，甚至忧郁成病；反之，一个人沉静无为，他就可以包容一切，永远满足和快乐。欢乐就是健康，忧郁就是病魔，聪明的你选择哪一种呢？

李士谦，字子约，北魏末赵郡平棘（今河北赵县）人。他很小的时候，父亲就去世了，他侍奉母亲，以孝著称。他的伯父是北魏岐州（今陕西凤翔）刺史，对他的行为深深叹赏，常称赞他说：“这个孩子是我家的颜回。”士谦12岁时，北魏广平王元赞征召他为开府参军事。后来他为母亲守丧，哀痛过度以至骨瘦如柴。士谦服丧期满，舍弃家宅，将其改为寺院，自己脱身而出。

他到学校请求受业，精研不倦，于是博览群籍，兼长天文术数。南齐吏部尚书辛术召任他为员外郎，北齐赵郡王高

睿要以德行推举他，他都称病不就职。北齐宠臣和士开也很器重他，劝朝廷擢任他为国子监祭酒。士谦知道后坚决推辞，获免。等隋文帝得了天下，他就立志永不做官。因为自己从小就成了孤儿，所以他从不饮酒吃肉，口不出杀害之言。亲戚朋友聚会时，他总摆下盛酒食的器具，面对大家端坐，终日不倦。

李氏宗党豪盛，每到春秋两个社日，必大会极欢，无不沉醉喧闹。有一次曾集会于士谦的居所，丰盛的食物满布面前，但他先摆上黍子，对众人说："孔子称黍为五谷之长，荀子也说先吃黍稷，古人所倡，能违背吗？"老少肃然，不敢放肆，退下后相互议论道："见到君子，才知我们这些人德行不好。"士谦闻后自责说："怎么能被人疏远，以至于到了这步田地！"

他家中富有庄稼，仍自奉俭约，常以布施为务。州里有无力办丧事的，士谦总是为之奔走，缺什么随时供给。如有兄弟之间分家不均，以至相互不和、争讼的，士谦听说后都会拿出钱财，补给少的，使之与多的相等。兄弟往往惭愧不安，转而相互推让，最后都成为讲道理的人。有一次，一头牛误入了他家田地，吃了他家的庄稼，士谦便把牛牵到阴凉处喂养，比它的主人还要耐心。如果他远远看到有人偷割他的庄稼，他就默然躲避。他的家仆曾经抓到一个偷粮的人，士谦用好话慰解说："都是穷困逼得他这样啊，按照情理不应该责罚他。"立即命令家仆把他放走。他性情宽厚，大都与此相类。

后来有一次，他还拿出数千石粮食，贷给乡民，碰到歉收之年，债家无法偿还，都来致歉。士谦说："本是我家余粮，原本想的是救济，哪能用来求利呢？"于是他将债家全

部叫来，准备酒饭，当面烧掉债契，说：“债已了结，请不要再以此为念。”让大家都放心回家去。第二年大丰收，债家争着来还债，士谦都拒绝了，一点儿也没有接受。他年又发生大灾荒，人死了很多，士谦竭尽家财，为人煮粥，赖以活命者将近万人。他又率人收埋骸骨，所见到的都予以埋葬。到春天，他又拿出粮种，分给贫困人家。赵郡乡民对其感恩戴德，抚摸自己的子孙说：“这是李参军的遗惠啊。”有的对士谦说：“君多有阴德。”士谦说：“所谓阴德是什么呢？如

耳鸣，自己独自听到，他人不知道的东西。现在我所做的，我自己都知道，哪里有什么阴德！”

隋文帝开皇八年（588年），士谦死在家中，时年66岁。赵郡的男女老少听说后，都痛哭流涕地说：“老天为什么不让我们死，而让李参军死呢？”参加葬礼者有一万多人。乡人李景伯等以士谦修德于家乡，列举其事迹，到尚书省为他请求谥号，被扣压而无结果，于是一起在墓地为士谦树碑纪念。

故事：

老子在“知常容，容乃公，公乃全，全乃天，天乃道，道乃久，没身不殆”这句话的论述中，肯定了包容是做事公正、周全、终身没有危险的前提条件。可见，老子给予了包容这一人生智慧多么高的评价。

法国作家雨果说：“世界上最宽阔的是海洋，比海洋宽阔的是天空，比天空宽阔的是（君子的）胸怀。”如果说忍耐多少掺杂了无可奈何的成分，那么宽容则是发自内心的襟怀坦白。

当一粒河沙侵入蚌的体内，挥之不走，驱之不去，对于蚌来说，这便是生命中的无可奈何。但世事总不相同，蚌对河沙的态度不是消灭它，而是反其道而行之，磨炼它、关爱它，用生命的能量去温暖它，直到让它成为光彩照人的珍珠。难怪有些珠宝加工大师看着珍珠的华贵，感受珍珠的温润，说能从它的光辉中感觉到生命的律动。

从人类历史来看，“包容”总是和繁荣、昌盛、进步联系在一起，而偏执、独断、专制总是和战争、不幸、灾难联系在一起。“百家争鸣”乃有战国的学术繁荣；“独尊儒术”乃有刘汉以后的文化衰颓。大唐对异域文化兼收并蓄，遂有盛唐文明辉耀千古；清朝在外来文明面前闭关自守，终致近世中国积贫积弱。

从人们琐碎的生活来看，“包容”总是与家庭和睦、幸福联系在一起的。而夫妻间相互的不谅解、猜疑总是和家破人亡联系到一起。

在某个城市的一对中年夫妇，家里有一个正在上中学的孩子，一家人原本生活得和和美美。起先他们经常有说有笑地一起散步。不知何时，这种和谐美满的气氛消失了。夫妇俩开始频繁吵架，经常演奏着与生活不和谐的“战争交响乐”——家具的碰撞声、瓷器的碎裂声、男人的谩骂声、女人的号啕声、孩子的啜泣声，八音齐奏，此起彼伏。

后来，男人带着孩子离开了，只剩女人一个人了。女人整个儿变了，整天阴着脸，不哭不笑，似痴似呆，看了令人心碎。

缺少了包容的家庭终将解体。包容，归根结底，根源于爱和理解。只有心中有爱，我们才能以同情的态度对待他人，才会充分尊重他人的立场和见解。只有爱，才能消除彼此的敌视、猜忌、误解，让不同民族、不同国家、不同文化的人们在这个世界上和谐共存。而爱的荒芜和消亡，将使最亲密的人彼此伤害、仇视以至兵戈相向。

包容不仅是家庭和睦的润滑剂，更是成就事业的重要条

件。古今成大事业者，必有大胸襟；学会包容，甚至能把胜利也包容过来。

公子小白尽弃前嫌，任管仲为相，终成春秋首霸；诸葛亮更是以宽广胸怀赢得孟获和西南少数民族的信服。

林肯对政敌也素以宽容著称，后来终于引起另一个议员的不满。该议员说："你不应该试图和那些人交朋友，而应该消灭他们。"林肯微笑着回答："让他们变成我的朋友，难道我不正是在消灭我的敌人吗？"

一位哲人曾说过："不要追求财富，因为你不会永远拥有它，只有朋友才能伴你走完一生。"所以朋友很重要，但是在与朋友交往的过程中，也会经常发生矛盾，唯有包容才能让朋友之间建立更加牢固的友谊。

不久以前，曾经看到了一部关于鲁迅先生生平事迹的书，上面这样写道：

“鲁迅先生写了很多批评那种柔软而中性化的作家的文章，因为他认为在那种战争年代，文人的义务便是激励和警醒那些愚昧、沉睡的民众。在他批评的人中便包括郭沫若先生。而郭先生也并不示弱，同样写了文章来回击鲁迅。一时间，这文人的战争硝烟四起……”

文章又写道：“鲁迅逝世时，上海滩云集了大批的学生、工人，还有从各地赶来的文人、学者。这些中国知识分子很多都受过鲁迅文章的批评，然而他们无不表示了巨大的悲痛。其间尤数郭沫若最为突出，他一连写出几篇文章，说道：‘我与周先生吵了一辈子架，然而我们是一辈子的朋友。’”

这是两位多么伟大的人啊！他们用最伟大的胸怀包容对方。这种包容使他们能够求同存异，冷静地看待对方，欣赏对

方高尚的人格，在大方向上一致团结起来。

每一个生物体，都是一个依赖包容创建起来的和谐的、有机的组织。从最低等的原始生物到作为万物之灵长的人，任何生物体都由许多不同的物质成分、不同的元素组合而成。生物体要维持机体的正常运转，要维持其作为生命的存在，就一刻也不能没有包容。如果组成这个生物体的物质成分闹起“分裂”，等待这个生物体的就只有解体和死亡。包容是生命的根本法则。

包容会产生强大的感染力和凝聚力，使各种各样的人都能成为你的朋友，团结在你周围。包容是一种豁达的人生态度，一种深厚的性情修养，它可以化干戈为玉帛，化戾气为祥和，增进人与人之间的相互理解，在人间播撒爱的种子。包容的人有爱，因而也被别人爱；包容的人包纳万物，因而也能拥有万物。

第十七章　诚外无物

太上，下知有之。其次亲而誉之，其次畏之，其次侮之。信不足焉，有不信焉。悠兮其贵言。功成事遂，百姓皆谓“我自然”。

【释义】

最高明的统治者，民众只知道他的存在；次一等的，民众亲近他、赞颂他；再次一等的，民众害怕他；更次一等的，民众轻视他、侮辱他。统治者的诚信不足，民众自然不信任他。好的统治者谨严慎微，不随意发号施令，事情自然而然会圆满成功，让老百姓说：我们本来就是这样自然而然地做好的。

【古典今读】

这一章，老子主要论述统治者治理国家的问题，他主张无为而治，无为的真正内涵是无不为，只有达到了这一境界，国家才能安定，人民才能富足。那么统治者怎样才能做到无为而治呢？

老子说大道无言而长存，大道无为而长能，真正是无为而无不为。我们也常说“强扭的瓜不甜”，这是有道理的，因为人之所以强扭，是因为没等到瓜熟蒂落，没长熟的瓜怎么会甜呢？这是人们没有顺应自然规律，必然会自食苦果。这里的自然规律也可称之为道。在现实生活中，一旦我们违

背大道，就会受其惩罚。为了不受大道的惩罚，我们的言行就必须合乎大道。一旦我们的言行合乎了大道，就会自由自在。推而言之，统治者要想不受大道的惩罚，就要顺应大道，做到无为而治。

老子在这一章里将统治者分为四个等级，他们分别是：太上、其次、又其次、再其次。

“太上”有两个意思：一是最高明的统治者；二是遥远的上古时代。这里指最高明的统治者。最高明的统治者实行无为而治，这种政策的特点是尽量减少对国家和人民施加强有力的影响，不增加人民的负担，不对外进行大规模的扩张，因而民众感觉不到他的存在。最高明的统治者采用的是顺应自然规律的方法，不对人民的生活进行干涉，人民获得了真正的自由，所以生活得自在安乐。因为生活得富足、安乐，所以民众无怨尤的对象，也就感觉不到统治者的存在了。

“其次亲而誉之”，这是次一等的统治者，这种统治者的特点是给人民以恩惠，人民亲近他、赞誉他。他施惠于民，但不高高在上，不让人民感觉到他的特殊性，他可亲可敬，和人民相处融洽。

“其次畏之”，这种统治者声色俱厉，经常摆出盛气凌人、不可一世的神态，让百姓见了就害怕。他制定出苛刻的规章制度，这些规章制度的制定直接威胁到了人民的生命财产，老百姓对其又恨、又气、又惧怕，常常处于暗无天日的悲惨境地。

“其次侮之”，这是最下等的统治者，这种统治者专横跋扈，不把老百姓放在眼里，甚至不把他们当自己的子民，而是当作奴隶横加奴役、剥削、辱骂。老百姓对此非人的待遇很是恼怒，他们背后咒骂统治者，侮辱其人格，恼怒至极，

他们会揭竿而起，举起推翻统治者的大旗。

真正做到对人民实行无为而治的统治者，不会轻易向人民发号施令，他们慎言谨行，决不破坏老百姓的生活规律，老百姓遵循自然规律生活，自然会国富民强。统治者不费任何精力，国家就得到了治理，百姓得到了安宁。生活富足安定的百姓感觉不到统治者的治理，觉得这一切都是自然而然的，本来就是这样的。

老子给我们讲了四种管理天下的方法和相应取得的政绩。这里老子告诉我们，最好的统治者，应该让百姓自己去顺其自然地生活，而不要苛政繁文，既苦了自己，又害了百姓。如果统治者的诚信不足，百姓自然不会信任他。

这一思想运用到现实生活中，一个领导者应该充分信任自己的下属，通过察人之后，把任务交于下属，就应在一定程度上充分放权，不干涉他，让他充分发挥自己的能动性，这才是最明智的方法。在我们身边就有这样的例子。

有一个生产BP机的小企业，原是美国著名品牌摩托罗拉的代理商，后见市场很大，遂投资建了一个100多人的小厂。厂长、人事经理、生产部主管、采购主管等都是由当年与自己一同打天下的亲戚朋友担任。但工厂运作了一段时间之后亏损严重，老板左思右想，觉得还是人才方面的问题，于是决定在人才市场上进行招聘。

果然，企业很快地就走出了低谷。但令人非常遗憾的是，老板顶不住那些亲戚朋友的压力，并没有把原班人马全撤换掉。面对新老两套人马，老板竟想出这样的办法：利用

"老人"监视"新人"，又利用"新人"监视"老人"。于是新老两套人马为了争取老板的信任，都充当老板的"警察"。老板沾沾自喜，以为所有的人都在他的眼皮子底下干活儿。这样做的最终结果是老板在企业人心丧尽，企业陷入瘫痪的绝境。

其结果是，领导不得不又亲自出面来安抚这些下属，平息他们的怒火。正确的做法是：领导有时间了，可以光明正大地到他们中间去走走，关心他们，帮助他们解决遇到的问题，他们也就会乐意把工作的情况和进展向老板汇报。

【事典心裁】

我们说用人不疑，必须以疑人不用为前提。所以你不能把一项重任交给未通过"信任度"考验的下属。如果你将任务交给可信之人，就不要疑神疑鬼了。

胡雪岩常说："做人无非是讲个信义。"做生意与做人，本质是一致的。一个真正成功的商人，往往也是一个讲信义之人。胡雪岩正是因为仗义守信，才比一般人更为成功。

胡雪岩的阜康钱庄开业不久，接待了一位特殊客户。此人名叫罗尚德，是驻杭州绿营兵的千总，他存入阜康钱庄一万两银子，既不要利息，也不要存折。原来他在老家时，是个赌徒，定下婚约，不提婚期，却因好赌，用去岳父家一万多两银子，最后岳父家提出：只要罗尚德同意退婚，宁可不要银子。这下刺激了罗尚德，他不仅同意退婚，并发誓做牛做马也要还上银子。

罗尚德后来投军，辛辛苦苦十多年，熬到六品武官的位置，又省吃俭用，积攒了这一万两银子。前几天接到命令，要到江苏与太平军打仗，因为没有亲眷相托，因而将钱存入阜康钱庄。他既不要利息，也不要存折，因为既相信阜康钱庄的信誉，也因自己打仗生死未卜，存折带在身上是个麻烦。

得知这一情况后，胡雪岩当即决定：虽然对方不要利息，自己也仍以三年定期的利息照算；虽然对方不要字据，也仍立字据交由刘庆生代管。

罗尚德后来在战场上阵亡。临死之前，他委托两位老乡将自己在阜康钱庄的存款提出，转给老家的亲戚。两位同乡没有任何凭据就来到阜康钱庄，办理转移手续，原以为会遇到一些刁难或麻烦，甚至阜康钱庄会赖账。他们却没想到，除为证实他们确是罗尚德的同乡，请人出面作证外，没费半点儿周折，阜康钱庄就连本带利为他们办了手续。

其实，罗尚德手上没有任何字据，帮他来办理这笔款的人，也同他没有很大关系，阜康钱庄倘若否认这笔存款，当然无可厚非，在商场上也并不是没有先例。但阜康钱庄却不肯这样做，从这一点上，我们能够看出胡雪岩仗义而守信的人品。

阜康钱庄兑付了罗尚德的那笔存款，两个帮罗尚德办理取兑的同乡回到军营，讲了他们的经历，使阜康钱庄的声誉一下子在军营传开了。许多官兵甘愿把自己的积蓄长期无息地存在阜康钱庄，阜康钱庄因此引来了大批的存进。

信用是一个人立身行事之本。孔子说：“人而无信，不知其可也。”一个全无诚信可言的人，一定会为众人所不齿；一个讲信用的人，一定会有人与他一起打天下。

故事一：

为人，首先要学会做人，其次要学会做事。然而，无论是做人还是做事，人们都离不开一个“诚”字。古代人做生意讲究童叟无欺，现代人做生意讲究诚信为本；古代人交朋友讲究肝胆相交，现代人交朋友讲究一诺千金。怪不得老子一直告诫我们说，“信不足焉，有不信焉”，让我们在做人方面一定要紧守诚信美德。因为诚信可以让我们交更多的朋友，让我们获得更多的信赖，使人生之路更加顺畅。

东汉的许慎在他所著的《说文解字》中说，“诚，信也”，又说“信，诚也”。由此可见，“诚”和“信”，无论是单独使用还是相连使用，在古代都是同一个意思。诚实守信无论是在古代还是现代，都具有十分重要的意义。

故事二：

自古以来，诚实守信就是做人最基本的品德，诚实犹如树木的根，如果没有根，树木也就别想拥有生命了。“言出必行”“一诺千金”“诚实不欺”一直被公认是为人处世的基本准则。

西汉初年有一个叫季布的人，他为人正直，乐于助人，特别是非常讲信义。只要是他答应过的事，无论有多少困难，他一定要想方设法办到，所以在当时名声很好。

季布曾经是项羽的部将，他很会打仗，几次把刘邦打败，弄得刘邦很狼狈。后来项羽被围自杀，刘邦夺取天下，当上了皇帝。刘邦每想起败在季布手下的事，就十分生气。愤怒之下，刘邦下令缉拿季布。

有个姓周的人得到了这个消息，秘密地将季布送到鲁地一户姓朱的人家。朱家是关东一霸，素以“仁侠”闻名。此人很欣赏季布的侠义行为，尽力将季布保护起来。不仅如此，还专程到洛阳去找汝阴侯夏侯婴，请他解救季布。

夏侯婴从小与刘邦很亲近，后来跟刘邦起兵，转战各地，为刘邦建立汉王朝立下了汗马功劳。他很同情季布的不幸处境，在刘邦面前为季布说情，终于使刘邦赦免了季布。

当时，楚地有个名叫曹丘生的人，能言善辩，专爱结交权贵。季布和这个人是同乡，很瞧不起他，并在一些朋友面前表示过厌恶之意。偏偏曹丘生听说季布又做了大官，一心想巴结他，特地请求国戚窦长君写一封信给季布，介绍自己给季布认识。窦长君早就知道季布对他印象不好，劝他不要去见季布，免得惹出是非来，但曹丘生坚持要窦长君介绍。窦长君无奈，只好勉强写了一封推荐信，派人送到季布那里。

季布读了信后，很不高兴，准备等曹丘生来时，当面教训教训他。过了几天，曹丘生果然登门拜访，季布一见曹丘生，就面露厌恶之情。曹丘生对此毫不在乎，先恭恭敬敬地向季布施礼，然后慢条斯理地说："我们楚地有句俗语，叫做'得黄金百两，不如得季布一诺'。您是怎样得到这么高的声誉的呢？您和我都是楚人，如今我在各处宣扬您的好名声，这难道不好吗？您又何必不愿见我呢？"

季布觉得曹丘生说得很有道理，顿时不再讨厌他，并热情款待他，留他在府里住了几个月。曹丘生临走时，季布还送他许多礼物。曹丘生确实也照自己说过的那样去做，每到一地，就宣扬季布如何礼贤下士，如何仗义疏财。这样，季布的名声越来越大。后人用"一诺千金"来形容一个人很讲信用，说话算数。

诚实守信，在社会交往中有着十分重要的作用。一个人说话实实在在，说到做到，就会使人产生信任感，愿意同他交往、合作。相反，轻诺寡信，一而再地自食其言，必然要引起人们的猜疑和不满。只有彼此守信，友谊才会持久。因此老子“信不足焉，有不信焉”的智慧，仍然是现代人立足社会的法宝。

一个人要做到诚信并不是一件简单、容易的事情，必须具备诚信的世界观，养成了诚信的品格才能做到。一个人要做到诚信，就须在生活、学习和工作中，处处以诚为本才行，凡与诚信相符者就做，与其相悖者坚决不做。如若不然，必将一事无成。

第十八章　大道不孤

大道废，有仁义。智慧出，有大伪。六亲不和，有孝慈。国家昏乱，有忠臣。

【释义】

因为大道被废弃了，才彰显出仁义。因为投机取巧、追名逐利的智谋出现了，才会产生狡诈、虚伪。父子、兄弟、夫妇之间不和睦了，才会提倡孝慈。国家动荡混乱了，才会彰显忠臣。

【古典今读】

我们人类是最复杂的情感动物，我们拥有自己的思想和意志，能够进行思考并为之行动，在处理问题时，有自己独特的想法和行为准则。人类虽然由大道而生，而且在大道中发展壮大，但随着人类智慧的开启，人类不再遵循自然大道，这种对大道的漠视态度，使得我们离大道越来越远。

偏离大道越来越远带来的直接后果是人类自取灭亡。为了避免这种惨剧的发生，人类人为地制定了一些行为规范来约束自身，于是一些政令条文、奖惩制度、政策法规相继出现。这些政策法规虽然在一定程度上缓解了社会矛盾，但它不能从本质上解决问题。

废止大道的必然后果是有所作为的开始，有了作为，也就有了好和坏的区别。对于好的、正确的事物，我们加以褒扬、赞颂；而对于坏的、错误的事物，我们大加鞭挞、惩治。只有这样，才能保证社会的正常运转和协调发展。

何谓“仁义”？仁，我们从古人的造字方法来考察：二人为仁。为什么需要二人呢？因为没有比较就没有鉴别，有参照物才能进行区别。再者就是没有人和我们对应，我们也就不能称其为人了。孔子曾这样定义仁，他说：“仁者爱人。”连自己的同类都不爱的人，还配称作人吗？这种行为还配叫作仁吗？义，指正义、道义、义气。仁和义合起来就是仁义，仁义在本章中指那些合情合理、合乎道义并热爱同类的行为。仁义是相对的概念，它是与不仁义相对而言的，仁义能带来和睦安定，而不仁义必将招致祸患和攻击。人们明白了这个道理之后，就纷纷遵行仁义，这是人们有智慧的表现。

人是有欲望的动物，由于欲望的驱动，人们难免会利用

各种手段来满足自己的私欲。有些人为了职位高升，对上级溜须拍马；有些人善于为自己的罪责开脱，不惜蒙骗别人，颠倒黑白；也有些人成天摆出一副忠实的面孔，其内心早已打好了坑害别人的小算盘。他们使用种种伎俩损害他人的利益，只为一己私利。这种运用小聪明处处蒙骗别人的行为就叫大虚伪。

“伪”字何解？人为即伪。人为就是人有意去做的，而不是顺应自然的行为，是违背了大道的行为。人在作为的时候往往会掺杂进自己的智慧，所以就有了尔虞我诈、钩心斗角等不良行为。虽然这些行为是在暗中进行的，掩盖在虚伪的外衣下，但还是能被人感知，甚至被人揭露和批判。

只有六亲不和睦了，才会提倡孝和慈。为什么这么说呢？六亲不和睦是人有私欲的结果之一，私欲得不到满足时，必然会发生矛盾和争斗。这种争斗由小及大，会危及国家的安宁，于是不得不制定一些行为准则：做儿女的应该孝顺自己的父母；做父母的应该慈爱自己的孩子。也就是孝和慈。

“国家昏乱，有忠臣。”这句话不能单纯地理解为国家混乱了，才有忠臣，而应当理解为：在国家安定的情况下，人民富足、自由，忠臣就如同高明的统治者不被人所知道一样，忠臣在和平安定的时期是不会显山露水的，只有在国家出现混乱的危急关头，才会挺身而出，拯救国家于危难之中。

在老子生活的年代，已经出现了种种反常的现象，即违

背“道”的现象，所以，老子认为大道已被废弃，人们离大道越来越远了。本章老子就此提出“智慧”“孝慈”“忠臣”，都是世道混乱之后显现出来的产物。我们从老子的思想来追究一下缘故，可见由于我们人类做了许多违“道”的事情，如此不守本分、背“道”而驰，是极其危险的，是有灾祸的，因此说我们必须安守本分才无大碍。那如何才能做到安守本分呢？我们就从本章中寻找答案。

“智慧出，有大伪”。

老子认为智慧是大伪出现的原因。这里老子并不是要否定智慧本身，他反对的是伴着智慧出现的虚伪、狡诈、欺骗，这是不安守本分最明显的表现。

有些人因为汹涌澎湃的欲望而放弃诚实、守信，甚至干起了诸多违法的勾当，以致出现“无商不奸”“世态炎凉”的言论，正因如此，国家制定了法律以约束人的行为，

使“大伪”之人受到惩罚。如果避开法律不谈，这种“大伪”也是危险的，“大伪”之人会被众人看不起，被众人抛弃，会因此而失去更多。因此，人要做到安守本分，首先必须约束自己，从“大伪”中走出来，去除一切虚伪、狡诈和欺骗。

“六亲不和，有孝慈”。

这也是不安守本分的表现。六亲一旦不和睦，做儿女的不孝顺长辈，做长辈的不慈爱自己的儿女，诸如此类，家庭中就会争吵不断，纷争不断，家人生活痛苦，事业无心经营。从这几点可见人在家中不安守本分导致家庭不和睦的危害，所以老子说由此而产生了“孝慈”。

“国家昏乱，有忠臣”。

如上所述，家庭都不和睦了，那么由家庭构成的国家自然就会动荡不安、混乱了。国家混乱并不是人们所希望的，因此就出现了一些力挽狂澜的人，叫作“忠臣”。有了“忠臣”的概念，自然便有了“乱臣贼子”的概念。因此老子说国家产生混乱就有了“忠臣”的概念。

“智慧”“孝慈”“忠臣”的产生，都是由于人放纵私欲远离大道，是人不守本分的结果。老子借此告诫我们——做人要安守本分才无大碍，如此社会才会安定，家庭才会和睦，国家才能长治久安，我们才能永远和平、快乐地生活。

【事典心裁】

做人安守本分才无大碍。安守本分像一面镜子，时刻自

我观照；安守本分像一只皮箱，提放自如；安守本分像一本簿子，不断记录功过；安守本分像一支蜡烛，永远照亮别人……安守本分的人就是一个善于自律的人，他永远站立在善人的行列中而不跃入恶行的泥沼。

唐玄宗时的奉礼郎陆南金是一个十分看重兄弟情义的人。开元初年，太常寺少卿卢崇道犯罪流放岭南，因为一肚子的冤屈，又不甘心屈死瘴乡，就历尽艰辛逃回东都洛阳。当时，陆南金由于母亲去世，守孝在家。卢崇道是他在太常寺的上司，两人私交很好。卢崇道逃归洛阳后，躲躲藏藏，无处安身，迫不得已，借吊孝为名，来到陆南金家里，将自己的冤屈处境向陆南金一一讲明。陆南金很同情他，便冒险让他躲在自己家里。

过了不久，卢崇道逃走的事被发现了，官府发文缉捕他归案。不久，他的仇人探知到他的行踪，便立即向官府告发。

朝廷即刻派人将他搜出收捕，而且委派侍御史王旭主持审理这起犯官私逃案件。窝藏逃犯的陆南金自然也被牵连进去，进了监狱。结果，陆南金被定为死罪。

陆南金有个兄弟叫陆赵璧，平时只是个好读书的富家公子，并无特异之处。当他得知兄长被判死罪后，马上来到主持审案的侍御史王旭那里，声称收留卢崇道全是自己的主意，与兄长没有半点儿关系，自己愿意承担一切罪责，请求释放兄

长，自己情愿留下受死。而陆南金则严词痛责弟弟，向侍御史王旭重申自己是卢崇道的朋友，收留他完全是出自朋友义气，是自己的事，与弟弟无关，弟弟只是为了救他而自诬，这是国法所不允许的，他的罪责不能由弟弟代替。

陆南金兄弟争死，让侍御史王旭十分吃惊，他把陆赵璧叫来详细推问究竟。陆赵璧应对不出来，不得不承认他不认识卢崇道，但他又放声大哭，泣不成声地恳求："我哥哥是家中长子，又善于主持家事。而今老母刚刚去世，尚未安葬，小妹又待出嫁，家里的这些大事都要他安排料理。至于小人，从小娇惯顽劣，事事不如兄长，留我在世，于国于家无益，经过深思熟虑，自愿请求代兄受死，但求恩准。"说罢叩头不止。

侍御史王旭被陆家兄弟深深感动了，他将事情的经过和陆家兄弟争死全义的事奏告皇帝。唐玄宗也很赞赏他们舍生取义的表现，特下诏宽免了陆南金的罪行。

第十九章　绝圣弃智

绝圣弃智，民利百倍。绝仁弃义，民复孝慈。绝巧弃利，盗贼无有。此三者以为文不足，故令有所属：见素抱朴，少私寡欲，绝学无忧。

【释义】

杜绝智慧，抛却巧辩，民众获益百倍之多。杜绝仁慈，抛弃道义，民众才能回复到子孝亲慈。杜绝机巧，抛弃私利，盗贼也就没有了。以上三种可以作为巧饰的东西，不足以治理天下，因此要让民心有所归属：保持纯真质朴，减少私心，减少欲望；即使没有学习，也可以没有忧患了。

【古典今读】

开篇点明“绝圣弃智”，我们不免产生疑惑，瞪大眼睛问一句：“聪明睿智和巧言善辩乃人人向往之事，为何要杜绝和抛弃？”智慧是好东西，这一点谁也不否认，但好的东西不一定有好的用途。也就是说，如果将聪明才智用于为人民服务，用于积善养德，那无疑是好的，是应该大力提倡的；但如果用到损人利己的事上去，是十分可怕的事情，还不如没有智慧。

在远古时期，人类和自然是和谐相处的，人类吃的、用的无不直接取于自然，那时候人类的头脑不发达，不认为自己比别的动物聪明和高明。然而随着人类智慧的增长，人类开始自高自大起来，认为自己是万物的主宰，然而大自然不

吃人类那一套，它以各种方式惩罚人类的“无知”，这是人类滥用智慧付出的代价。人类拥有智慧的另一个突出变化，那便是阶级的出现，人类从此出现了压榨和纷争，这也是人类的智慧增长的不良后果。

有这样一个故事：客机在大沙漠里失事，幸存者只有十一人，这十一人中，有大学教授、政府要员、公司经理、部队的军官、家庭主妇……另外还有一个傻子。沙漠白天的气温高达五六十摄氏度，如果不能及时找到水源，人很快就会渴死。一种强烈的求生欲在每个人的心中疯长，他们拼命地去寻找水源，然而，大沙漠却向他们开了个玩笑，当他们看到一片绿洲并向其狂奔而去时，绿洲却在瞬间消失了。他们就这样一连几次被愚弄之后，发现所谓的绿洲只是海市蜃楼，他们为此黯然神伤，决定等死。而唯有傻子不知道什么是海市蜃楼，他只知道口渴，只知道要喝水，在人们已完全丧失希望之后，他还在找水，最后他爬上一座沙丘找到了水，他呼喊着、狂叫着飞奔而去，没有人理会他。三天后，当救援人员找到他们时，发现除了傻子还活着，其他十个人全都死了。

傻子不懂什么叫海市蜃楼，不懂什么叫欺骗，当然也就不会猜疑，不会决定等死，而那些人相反，是他们的聪明才智将他们推向绝路。傻子因“傻”得福，是“傻”救了他的命。

此章并不是倡导我们都做傻子，而是警醒我们不要用自己的智慧去猜疑人、伤害人，要做到质朴淳厚、少私寡欲。

上一章我们说过，做人要安守本分才无大碍，进而言之，如不安守本分，要起小聪明来，那就危险了。

老子接续上章告诉我们：圣智、仁义与巧智三者，是绝对不能鼓励的，这样做就会与“道”相背离，招致祸端。正如人如果不安守本分，喜欢要小聪明，那就有灾祸了。

生活中有这样一些人，聪明形于外，总是自以为聪明而逞能，耍小手段、小心计、小伎俩，往往是没有看到客观事物的全局。偶尔一两次侥幸成功，最终结果却是洋相百出，与他们的初衷大相径庭，自讨没趣。

清朝某县令，在任十二年，没有一点儿政绩，但令他自鸣得意的是，不管哪一位上司到任，他总能竭力奉承，讨得上司欢心，因此官位得保。有一次，县令的一位同乡做了巡抚，他连忙赶去拜见。当时同僚都在场，他从官署的第二重正门起便唱名膝行至大堂，叩了无数个头，额上竟突起个鸡蛋大的包。叩头完毕，他又从袖中掏出一颗金珠，偷偷放在巡抚座位之下，又匍匐不起。巡抚见状，脸有怒色，县官即俯首说道："大人是我的老子，我是大人的儿子，不周之处，大人只管训教。"巡抚越发生气，说："你欺我太甚！"把金珠扔在地上，喝令他站起。同僚见状便代为求情，巡抚说："你们都不知道，他并不是奉承巴结我，而是讥笑我呢。"众人都不大明白，巡抚便告诉他们说："我和他是同乡，一向知道他有惧内的毛病，每天早上，便穿好衣服在卧室外，向他夫人叩头问安；待夫人盥洗完毕，他便膝行趋伏在梳妆台前，趴在地上叩头无数次，然后取出金珠，献给夫人做首饰之资；夫人稍有不称心，他便双手伏地，只称请夫人训教，口中呼道：'夫人是我母亲，我是夫人儿子。'夫人怒叱之，他才战战兢兢地爬起来。刚才看这情景，竟如此相似，他简直是把我比作女流之辈了，怎不令人愤慨？"众同僚方才明白，连忙退下。不久，巡抚竟罢了这个县令的官。

县令以善拍马屁自居，结果一拍不慎，竟拍到马蹄子上。这样的人，自以为高明，结果真是笑料百出。

【事典心裁】

聪明是人的一种长处，但聪明也会让人失了心性，而致糊涂，这就是聪明反被聪明误。对聪明人来说是这样，如果你本不聪明，而故做聪明状，那就更不是滋味了，因为你会由此而玩弄了你自己。古人说：“声色未必障道，聪明乃障道的屏藩。”意思是说，声色可能迷惑不了意志坚强者，但是，人的偏见、陋习却是很难自觉的。真正聪明的人会使自己的聪明深藏不露，或者不到刀刃上、不到火候时不轻易使用，他一定会貌似浑厚，让人家不眼红于他。事物是复杂的，不顾客观实际，一味循着自己的思路去考虑问题，卖弄小聪明，是愚人的行为，是招灾引祸的根源。多点儿踏实，多点儿考虑，应是自作聪明者的座右铭。

贝尔特拉摩公司是美国的一家颇有名气的公司，实力十分雄厚。它的成功秘诀是什么呢？

贝尔特拉摩公司就是通过许多小事得到了顾客的终生信任，从而为自己拉来许多回头客的。如发生在美国加州门罗公园旁边的一家贝尔特拉摩公司分店的故事，就能很好地说明这一点。

一天，有一位消费者来到该分店打算买一箱酒，以备开晚宴用。在柜台边，消费者递给售货员一张美国运通公司信用卡。运通公司的办事机构正忙于别的工作，一时只有令人心烦的忙音，售货员在电话上花费了三四分钟的时间，才获得公司对信用卡的征信。售货员把信用卡还给消费者，随手从柜台里的糖果盒中取出单价5美分一条的薄荷口香糖放入食品袋中，并说："实在抱歉，耽误了您的宝贵时间。要知道，我们非常看重您的惠顾。希望您不久后再次光临。哦，祝晚宴成功！"

很明显，美国运通公司电话占线并不是售货员的过错，但售货员主动把这个责任承担起来，他也不评判美国运通公司到底如何，更不发脾气，而是自己主动向因占线而久等的消费者道歉。事后，这位消费者深有感触地说道："他赢得了我们终身的信任！我们今后会毫不犹豫地继续走向那个'售货员赠5分钱糖果的商店'去购买东西。"

像这样的小事在这个店里时常发生。就这样，对这家商店产生好感的顾客越来越多，这家商店的销售额也因此不断飙升。像这样的分店在贝尔特拉摩公司里随处可见。

不难看出，要想在商海中独占鳌头，就要意识到"面向消费者"的重要性。它直接关系到产品畅销与否，经济是否繁荣，因为购买商品的是消费者而不是市场，市场又是由消费者造就的。尊重消费者不同于寻常的礼貌待客，脚踏实地，认认真真给消费者良好的售后服务，那也就等于给对手设置了与消费者沟通的标杆。

提供优质服务的做法并不需要技术推动，却能让公司在市场营销中获得持久的优势。这种竞争优势不用大张旗鼓地宣传，也不用讲究生产条件如何，而是来自持之以恒地把日常普通事情做得好上加好，从而在竞争中占绝对优势。身边生活中有很多小事，纵然它们都微不足道，但从这些小事中能充分体现一些企业家成功的秘诀。贝尔特拉摩公司就是这样的一个公司，善于从小事上取得顾客的信任。

故事一：

孔子有一天感叹，他说我始终没有看见过一个够得上刚强的人。要注意这个“刚”字，脾气大不算刚；刚指的是方正，并不一定脾气大；高帽子戴不上，骂他也不改变，这差不多有点儿像“刚”，但还要看他的品德、智慧、修养。常言道：上等人有本领没脾气，中等人有本领有脾气，下等人没本领脾气大。孔子这里的“刚”是指有本领没脾气的上等人而言的。

孔子讲了这句话，有一个人说：“有啊，申枨不是很刚吗？”子曰：“枨也欲，焉得刚？”孔子说申枨这个人有欲望，怎么说是刚呢？一个人有欲望是刚强不起来的，碰到你爱好的东西，就非投降不可。人要到无欲才能刚。譬如说：这个人真好，真了不起，就是有一个毛病——爱钱。既然他爱钱，你拿钱给他，他的“了不起”就变成“起不了”。你说这个人品德样样都好，就是有一个毛病——爱藏书，遇到懂得手段的人就利用他了，什么都不和他谈，专谈书，他就中计了。历史上有的人，“天子不能臣，诸侯不能友”，请他出来做官，他不干；任何权势拉拢他，理都不理。但是如果以礼待他，他就不免来入彀中。如果没有道德的基础，仅是这样乱用，礼也是一把刀，所以真正刚强的人是没有欲望的——即所谓无欲则刚。

这个无欲，换种角度来说就是知足。一个人能知足，自然也就不会对外物生出多余的欲望来了。

曾国藩曾说："知足天地宽，贪得宇宙隘。岂无过人姿，多欲为患害。在约每思丰，居困常求泰。富求千乘车，贵求万钉带。未得求速偿，既得求勿坏。芬馨比椒兰，磐固方泰岱。求荣不知厌，志亢神愈忲。岁燠有时寒，日明有时晦。时来多善缘，远去生灾怪。诸福不可期，百殃纷来会。片言动招尤，举足便有碍。戚戚抱殷忧，精爽日凋瘵。矫首望八荒，乾坤一何大。安荣无遽欣，患难无遽憝。君看十人中，八九无倚赖。人穷多过我，我穷犹可耐。而况处夷涂，奚事生嗟忾？于世少所求，俯仰有余快。俟命堪终古，曾不愿乎外。语云：名根未拔者，纵轻千乘甘一瓢，总堕尘情；客气未融者，虽泽四海利万世，终为剩枝。"

可见这世上不知足的人多，贫者有贫者的不知足，富者有富者的不知足。总之，欲望是无止境的。看来只有按照老子所说，让自己能够“见素抱朴，少思寡欲，绝学无忧”，方可以知足而常乐啊。

故事二：

春秋时，晋国君主晋襄公死了，而太子夷皋年龄太小，什么也不懂，再加上没有什么实力，根本控制不了局势。大臣们见太子位子难保，私下里积极活动起来，每个人都希望重新立自己能控制的公子为太子，朝内一片混乱。

在大臣中，有两个人的势力最大，竞争也最激烈。这两个人就是赵盾和贾季。赵盾想立襄公的弟弟公子雍，而贾季想立襄公的另一个弟弟公子乐。两人明争暗斗，互相挖墙脚。当时两公子都不在晋国，必须从国外将他们接回来。贾季派人到陈国接公子乐，他行动迅速，走在赵盾前面。眼看公子乐就要回到晋国，赵盾岂能善罢甘休！他派人跟在公子乐回国队伍的后面，找机会将公子乐杀死了。公子乐死后，赵盾不慌不忙地派人前往秦国迎接公子雍。为安全起见，秦国派军队护送公子雍上路。

公子乐一死，贾季知道大势已去，也不再与赵盾争权。看来，公子雍做晋国国君大局已定。襄公夫人穆嬴作为一个弱女子，也无计可施，只能看着自己的儿子夷皋失去继承君位的权力，而且极可能遭到暗算。但是，做母亲的本能使她拼命想保全自己的儿子，她也没什么办法，只能哀求，争取感化大臣们。

每次群臣朝会议事，穆嬴就抱着儿子在朝堂上痛哭，说："先君到底有什么过失？年幼的太子有什么罪？太子虽然还小，但总还是先君亲自册立的，难道说废就可以废掉吗？废掉太子而从外面迎立新君，你们眼里还有先君吗？你们不怕坏了祖制吗？"说到伤心处，穆嬴掩面而泣。太子什么事也不懂，但也跟着放声大哭。母子抱头痛哭，场面非常凄惨。群臣看了，也有些不忍，逐渐有了心虚的感觉。

穆嬴还经常抱着太子到赵盾家中，以情动之，对他说："先君那么器重你，临终时将太子托付于你，当时的场面，妾身还记得清清楚楚。先君正因为你答应照顾太子，他才放心地去了。如今废掉太子，难道你不想想先君的重托吗？大丈夫岂能不忠，又岂能无信？"

赵盾听了，也感到自己太过分了。如果真这样做的话，势必会落个不忠不信的名声。再说这样下去，人心惶恐，势必天下大乱，自己拥立的新君名不正言不顺，怕也难以服众。于是他和群臣商量，派军队阻止护送公子雍的军队，不许他们入境，仍然立太子夷皋为君。

由于能据理力争，所以穆嬴保住了太子。这就启示我们将命运的钥匙操之在我，所有的一切由自己肯定，也由自己否定，不能轻言放弃。

《道德经》全解

【第二册】

[春秋] 老子◎著

单天佶◎主编

时代文艺出版社
SHIDAI WENYI CHUBANSHE

第二十章　独异于人

唯之与阿，相去几何？善之与恶，相去何若？人之所畏，不可不畏。荒兮其未央哉！众人熙熙，如享太牢，如春登台。我独泊兮其未兆，如婴儿之未孩。儽儽兮若无所归。众人皆有余，而我独若遗。我愚人之心也哉。沌沌兮。俗人昭昭，我独昏昏。俗人察察，我独闷闷。澹兮其若海，飂兮若无止。众人皆有以，而我独顽似鄙。我独异于人，而贵食母。

【释义】

唯喏和呵斥相差多远？美好和丑恶相差多远？让别人感到害怕的东西，自己亦不能不害怕。这其中的道理，茫茫然啊，无尽头。众人都去寻欢觅乐，好像去参加丰盛的宴会，又像春天登台观赏美景；而我独自漂泊啊，不知去往何方？就像婴儿还不会发出笑声，疲惫不堪啊，无所归就。众人都富足，我却一无所有。我有一个愚人的心肠啊，混沌无知。俗人都光耀自炫，我独昏昏昧昧啊。众人都精明审察，我独懵懂啊。心境辽阔啊，似大海无所止。众人都有作为，我独愚顽且鄙俗。我独期望与别人相异，而贵养根本。

【古典今读】

此章是老子思想的精华，可以称得上《道德经》一书的重点。

老子开篇提出反问："唯之与阿，相去几何？"唯是唯诺顺从的意思；阿是呵斥，引申为反对之意。整句话的意思是顺从和反对有多大的距离呢？"善之与恶，相去若何？"意思是善良和邪恶能有多大的距离呢？仅在一念之差罢了。

在常人看来，美和丑是一对相对存在的概念，人们普遍偏爱美好的事物，而讨厌丑恶的事物。因为这种心理的驱使，人们往往不惜一切代价去追求美好的事物，当追求得到满足时，就欣喜若狂，而一旦无法实现自己的愿望，便闷闷不乐，烦恼和忧伤等坏情绪便接踵而来。得道之人却不同，他们心目中无美和丑的区别，一切顺应自然，绝不刻意追求什么，也就无所谓得和失，也就不会有痛苦和烦恼了。一个人整日闷闷不乐，不但是一种最残酷的自我折磨，而且会影响别人的心情。带着忧愁和烦恼生活的人，其人生质量大打折扣，更不会有什么人格魅力了，试想这样的人生还有什么乐趣可言呢？

老子将众人和得道之人做了极其鲜明的对比。当众人都沉浸在春天般的美景、享用着丰盛的大餐时，得道之人却独自甘于寂寞，怀着无比淡泊宁静的心境，就如同刚出生的婴孩般，处于无为状态。众人借助外在的事物（美食、美景）而乐，一旦外在的事物消失了，他们的快乐也就不存在了。得道之人明白外在环境转瞬即逝，并非本质，所以他们会保

持淡泊恬静的心境。

众人都有强烈的占有欲，所以他们利用自己的聪明才智你争我夺，直至绰绰有余，而我却好像丢失了什么东西一般。得道之人在众人的眼里是多么愚笨的人啊！众人在收获财富、地位、名利后必然会不甘寂寞，进行大肆炫耀，而得道之人却采取昏昏沉沉、迷迷糊糊的生活态度。正因为得道之人心灵空明，了无牵挂，无为而自在，烦恼和忧愁自然会远离得道之人而去。聪明人凡事都要争出个所以然来，以不知强为知，不聪明强装聪明。他们凡事都要斤斤计较，辩他个明明白白、一清二楚，而得道之人却哑口无言、闷闷不语。众人都要有所作为，而得道之人却清净寡为，这在众人看来，得道之人是多么冥顽不化、卑鄙下贱啊！

老子对众人的思想没有做出任何批判，他只是通过众人的思想来反衬得道之人的思想，起到了极其鲜明的对比效果。老子追求“沌沌”“昏昏”“闷闷”的思想境界，他认为得道之人之所以和众人的思想不同，因为其注重洞察万物的根源，以此来滋补自己的灵魂。万物之根源就是大道。得道之人整日处于大道之中，无言无为、无欲无求，自然也就无忧无虑、无伤无痛、逍遥自在，可谓真正的至乐境界。

老子在本章仅仅用了128个字，便全面而简单扼要地介绍了自己独特的行为方式、思维方式以及生活方式。

老子首先提出了两个疑问，但并不需要我们回答，其答案显而易见。

顺从与违逆，相去甚远吗？

美善与丑恶，相去甚远吗？

答案是不远。既然不远，自然是令人惧怕的，一个人一不小心就会由顺从走向违逆、由美善走向丑恶，所以老子说："人之所畏，不可不畏。"

接着老子谈得道之人，行文上依然采取形态对立的写法，这种对立共有五种：

众人忙于嬉乐、吃美食、赏美景，而得道之人却淡然处之；

众人欲望磅礴，各有所得，而得道之人却一无所有；

众人都喜欢自我炫耀，而得道之人却昏沉迷糊；

众人对利非常精明，而得道之人却一声不响；

众人有所追求，希望有所作为，而得道之人却独自冥顽不化。

老子追求以上这五种思想境界，是因为老子只注重生命的根本——“道”的境界，可见老子做人的节操。正是有了这做人的节操，才能真正做到保持自我，不随波逐流。

所谓节操，也就是人的气节与操守。

一腔正气，可贯长虹。不虚饰，不苟且，不贪恋荣华富贵，不惧怕强权势力，不以全身而偷生，不为五斗米而折腰，这就是气节。知道而持行不怠，守本性而遗世独立，行仁仗义，依理遵道，这就是操守。

合而论之，人之节操，存于内则为仁德，化于外则为坚贞，执于行则成义礼，达于人则为典范。说到底，节操是做人的根本。

在我国历史上如老子一般拥有做人节操者不乏其人。

晋代陶渊明从小喜欢读书，不想求官。家里十分贫困，常常揭不开锅，但他还是照样读书作诗，自得其乐。后来陶渊明家境更为贫寒，靠自己耕种田地根本养不活一家老小，亲戚朋友于是劝他出去谋一官半职，他无可奈何，只好答应了。当地官府听说陶渊明是名将陶侃的后代，又有文才，就推荐他在大将军刘裕手下做个参军。但是没过多少时日，他就看出当时的官员、将领互相倾轧，心里十分厌烦，提出到地方上去做官，上司就把他派到彭泽当县令。当时做个县令，官俸并不高，加上陶渊明既不会搜刮百姓，又不会贪污受贿，日子过得还是不富裕，但是比起他在乡里的穷日子，当然要好得多。他觉得留在一个小县城里，没有什么官场应酬，也还比较自在。

有一天，郡里派了一名督邮到彭泽检查工作。县里的小吏听到这个消息，连忙跑来向陶渊明报告。当时陶渊明正在他的内室里捻着胡子吟诗，一听到来了督邮，万分扫兴，但是又没办法，只好勉强放下诗卷，准备跟小吏一起去见督邮。小吏一看他身上穿的还是便服，吃了一惊，说："督邮来了，您该换上官服，束上带子去拜见才好，怎么能随随便便穿着便服去呢？"

陶渊明本来就看不惯那些依官仗势、作威作福的督邮，听小吏说还要穿起官服行拜见礼，更不愿受这种屈辱。他叹了口气说："我可不愿为了这五斗米官俸，去向那小儿打躬作揖。"说着，他也懒得见督邮，索性把身上的官印解下来

交给小吏，辞职不干了。陶渊明回到老家以后，觉得整个社会局势乱糟糟的，自己的志趣、理想很难实现，从那以后，他就隐居起来，过着逍遥自在的日子，闲着就写诗歌、文章，来寄托自己的心情。

“不为五斗米折腰”正是从陶渊明这段故事总结出来的。

【事典心裁】

节操是做人的根本，是一种生命的境界，正如孟子所说：“富贵不能淫，贫贱不能移，威武不能屈，此之谓大丈夫。”拥有节操的人，就是顶天立地之人，是真正的大丈夫。

吕僧珍，字元瑜，是东平郡（今山东济宁市北）范县人，家世居广陵（今江苏扬州）。从南齐时起，吕僧珍便追随萧衍。萧衍为豫州刺史，他任典签。萧衍任领军，他补为主簿。建武二年（495年），萧衍率师援助义阳抗御北魏，吕僧珍随军前往。萧衍任雍州刺史，吕僧珍为萧衍手下中兵参军，被当作心腹之人。萧衍起兵，吕僧珍被任为前锋大将军，大破萧齐军队，为萧衍立下大功。

吕僧珍有大功于萧衍，被萧衍恩遇重用，其所受优待，无人可以相比。但其从未居功自傲、恃宠纵情，而是更加小心谨慎。吕僧珍当值宫禁之中，盛夏也不敢解衣。

每次吕僧珍陪伴萧衍，总是屏气低声，不随意吃桌上的果实。有一次，他喝醉酒，拿了桌上一个柑橘，萧衍笑着说："卿真是大有进步了。"拿一个柑橘被认为是大有进步，可见吕僧珍谨慎到什么程度。

吕僧珍因离乡日久，上表请求萧衍让他回乡祭扫先人之墓。萧衍为使其衣锦还乡，光宗耀祖，不但准其还乡，还任其为使持节、平北将军，又任南兖州刺史，即管理其家乡所在州的最高行政长官。然而，吕僧珍到任后，平心待下，不私亲戚，没有丝毫张狂之举。吕僧珍的从侄是个卖葱的，他听说自己的叔叔做了大官，便不再卖葱了，跑到吕僧珍处要求谋个官做。吕僧珍对他说："我深受国家重恩，还没有做出什么事情报效国家，怎敢以公济私？你们都有自己的事干，岂可妄求他职，快回葱市干你的本行吧！"吕僧珍的旧宅在市北，前面有督邮的官府挡着，乡人都劝吕僧珍把督邮府迁走，扩建旧宅，吕僧珍说："督邮官府自我家盖房以来一直在北地，怎能为扩建吾宅让其搬家呢？"遂不许。

君子立身处世：富贵不能淫，贫贱不能移，威武不能屈。这是封建社会中理想的做人准则。然而，这并非常人可以做到。反之，更有甚者，贵而忘贱，得志便猖狂，恣意妄为，最终身败名裂。吕僧珍可谓是深知立身之道的智者，他

功高不自居，身贵不自傲，从而使皇帝对他更加信任，放心。吕僧珍58岁时病死，梁武帝萧衍下诏说："大业初构，茂勋克举，及居禁卫，朝夕尽诚。方参任台槐，式隆朝寄：奄致丧逝，伤恸于怀。宜加优典，以隆宠命，可赠骠骑将军、开府仪同三司、常侍、鼓吹、侯如故。"不但如此，吕僧珍还被加谥为忠敬侯。吕僧珍能够善终，当和他立身谨慎是分不开的。

故事：

声色不忍的害处很大。忍声色则要修其身，固其本；对于人生男女之大欲，要适可而止。人平时做事应朝事物的对立面想想，人生在世，宜控制自己的欲望而修些德性，做事勿为欲望丧失本性，否则会自取灭亡。历史的教训是深刻的。

《三国演义》中，在镇压黄巾起义中卓有“战功”的董卓，率兵进入了洛阳，废掉汉少帝，立献帝，独揽朝中大权。董卓看出丁原是他专权的障碍，遂起杀机，收买了丁原的部将吕布，最后将丁原杀死。从此，董卓权倾朝野，为所欲为。司徒王允表面上效忠董卓，暗地里却对他恨之入骨，时刻想除掉他，于是授意貂蝉对付董卓之计。不久，董卓义子大将吕布在府中宴请宾客，于是王允借机派人参加，并送去许多珍贵之物。吕布不知为何居司徒高位的王允，要给自己一个小小的骑都尉送厚礼，于是决定亲去王府，一来探明究竟，二来作为回拜。吕布到王府后，被热情款待。王允笑着说：“您是天下的英雄，我不过是略表敬意而已，区区薄礼，实在不值得将军挂在心上。”吕布本是见利忘义之人，王允也正是投其所好，才选择他作为除掉董卓的突破口。

听到王允的称赞，吕布心里十分舒畅，所以话语也多了。王允命貂蝉前来献酒。经过刻意修饰的貂蝉，容貌艳丽，楚楚动人，在侍女的搀扶下，由内室款款走出。吕布一见貂蝉不由得两眼发直，心中暗自说：“真想不到天下竟有如此美女！”吕布看得愣住，直到王允和他说话，才回过神来忙掩饰着问道：“小姐是府中什么人？”王允漫不经意地回答说：“是小女貂蝉。”随后让貂蝉为吕布敬酒。貂蝉为吕布斟满了一杯酒，装出一副羞涩的样子，双手献给吕布。吕布连忙接过酒杯，偷看貂蝉，正巧貂蝉也在看他，二人的目光碰到一起。王允见状心中暗喜，对貂蝉说："你陪将军多喝几杯，让将军尽兴，今后我们还要仰仗将军呢！"然后让貂蝉坐在身边。

席间二人眉来眼去，有王允在旁又不便开口说话，吕布有些急躁。王允见时机已到，就借故离开。王允一走，只剩吕布和貂蝉二人，吕布心中高兴，对貂蝉问长问短，貂蝉都一一回答。这时王允回到席前，暗示貂蝉回避，貂蝉心领神会，于是起身告辞吕布走向内室。吕布按捺不住地问王允说："小姐真是美丽无比，不知何人有此大福，能娶她做夫

人？”王允回答：“小女还不曾许配，我想高攀将军，不知您意下如何？”说完观察吕布的反应。吕布一听大喜过望，急忙向王允参拜说：“岳父大人在上，请受小婿一拜。”王允扶起吕布说：“将军不必多礼，待选个良辰吉日，就将小女送过府去成亲。”吕布再次拜谢了王允，才高兴地告辞。

第二天散朝后，王允、董卓走在一起，王允邀请董卓去府上喝酒，董卓很痛快地答应了。酒兴越来越浓。王允举手向侍从示意，音乐声徐徐响起，伴随着乐曲走出一队歌女，个个国色天香，婀娜多姿，尤其是领队的那位，更是美若天仙，看得董卓欲仙欲醉，就问王允说：“这位漂亮的歌女是谁啊？”王允说：“是我新买来的歌女，名叫貂蝉。”董卓笑道：“不但人美，名字也悦耳。”一曲终了，王允叫众人退下，留住貂蝉给董卓敬酒。貂蝉手捧酒杯缓步上前为董卓敬酒，董卓满脸堆笑问道：“今年多大了？”貂蝉微笑不语。王允在旁说：“今年已经16岁了，您若是喜欢，就带回府去伺候您吧。”

吕布得知此事，怒气冲冲找到王允指责道：“您既然已将貂蝉许配于我，为何又送给董卓？”王允见状，四周环顾，见没有人，就压低声音对吕布说：“这里不便细说，请将军随我回府。”说完立即同吕布一同回到王府。吕布迫不及待地问道：“有人亲眼看见貂蝉在太师府中，这难道是假的不成？”王允见吕布怒火中烧，更不急于回答，给吕布让座后，又命人献茶，然后才做出一副无可奈何的表情说：“前几天太师来我府中饮酒，席间说要见见我的女儿，我不好拒绝，就让小女出来给太师敬酒。谁知太师见后，就十分喜爱，说府中缺人侍候，暂时让她过去，待找到合适的人，再送她回来，我不能违抗太师的要求啊！”

吕布见王允说得合情合理，无可指责，只好向王允赔罪，然后离去。吕布回府后，坐卧不安，第二天一早就借故来到太师府打探消息。侍卫告诉吕布，太师新得美人，还未起床呢。吕布听后心如刀割，但又不敢过于放肆，急得在大厅中团团转。后来，董卓来到大厅问吕布是否有事，吕布谎称刚刚听到义父得了美人，特地前来贺喜。董卓听后，称赞吕布有孝心，并让貂蝉出来相见。貂蝉在吕布面前装出愁眉不展的样子，趁董卓不备时，用手指向自己的心口，然后又指吕布。吕布领会貂蝉的示意，心中更加凄苦。董卓见已到上朝的时候，就和吕布一同而行。见皇帝后，董卓留在朝中

处理政务，吕布借机来到太师府找貂蝉。正在二人难舍难分之际，董卓突然从外面进来，见到他们情意绵绵，气得大喝一声，直奔过来。吕布见势不妙，扔下貂蝉向外逃走。

第二天，王允将吕布请到府中，吕布满脸愁容，王允假装不知。问吕布因何事而闷闷不乐，吕布就将昨天在太师府中发生的一幕，详细地告诉了王允。王允听后，故意气愤地说："想不到董卓已经荒淫霸道到如此地步，连自己儿子的妻子都要强娶，这不但使我无脸见人，还是将军的耻辱啊！"王允的话音刚落。吕布就拍案而起，手握剑柄，满脸杀气，咬牙说道："我一定杀了他，报夺妻之仇！"王允见吕布决心已下，煽风点火说："将军如果杀了董卓不但报了仇，重要的是为国家除去一害，可以名留千古啊！"吕布伏地而拜，表示愿意听从王允调遣。几天后，董卓在去未央宫的路上死于非命。

第二十一章　惟道是从

孔德之容，惟道是从。道之为物，惟恍惟惚。惚兮恍兮，其中有象。恍兮惚兮，其中有物。窈兮冥兮，其中有精。其精甚真，其中有信。自古及今，其名不去，以阅众甫。吾何以知众甫之状哉？以此。

【释义】

大德者唯一服从的是大道。道这个东西，恍恍惚惚。虽然恍惚迷离，其中却有形象啊；虽然恍惚迷离，其中却有实物啊。深远暗昧啊，其中却有精气，实在的东西很真，其中有信验可凭。从远古到如今，它的功能永远不会消失，以它认识万物的本始，我怎么知道万物本始的状态呢？是根据道认识的。

【古典今读】

这一章老子提出了“德”的概念。从造字法来看，“德”字从“彳”从“目”从“心”，彳是行走的意思，整个字可以理解为眼睛看到的心行。大道无形，大道无声，只能通过我们的思维去体认，而德却能被人看到，它是人类对道体认后所采取的行为。也就是说，德是道在人类身上的体现，德是形式，道是内容。

在这一章里，老子对大道再一次做了形容：它是恍恍惚惚、似有似无的。然而在恍惚之中，有一种形象存在着，那就是宇宙的大形象；在恍惚之中，还有一种物质在流转，那就是大气在流动。这个大形象和大气在恍惚之中存在着，非常地幽暗深远，虽然我们无法看到它们，但是其中有着精深微妙的东西真实地存在着，那正是事物的本质。这一本质已超出了我们人类所能认识的范围，虽然我们不能真正地认识它们，但我们能真切地感知到它们的存在。这是因为它们有信期，这就如同潮水，如期而至。我们在生活中摸索到了这一规律，并从中感知到了大道的存在和它带给我们的影响。

大道是恍惚的，大德是什么呢？大德与大道是相融相通的，它像大道一样恍恍惚惚、幽暗深远。道是德的根本，德是道的显现。无道就无德，有道就有德，合道者有德，不合道者无德。这样一来，老子所建构的道德体系也就基本上完善了。道体现在宇宙万物上，所以它代表的是宇宙观和世界观。德对于我们人类而言，它是品格，是德行，是成功者所具备的内在素质的标准性外化，它能被人看到，被人解读。只有真正领悟大道的人才能拥有大德，才能将德行发挥到极致。这就是大道和大德的关系，我们只有对大道和大德的关系问题做深入的探究，并在实践中验证它们，才能领悟大德的真意，从而建立正确的价值观和人生观。正确的价值观和人生观的确立，对于我们人类而言，具有十分重要的意义。有道德修养的人能得到大家的敬仰，并成为他人的人生楷模。

老子和他的《道德经》之所以流传至今，并得到极力推崇和赞扬，其中最重要的一点，是因为人是高等动物，追求美德和高贵的灵魂，人类成全了《道德经》；反过来，《道德经》又为人类建构道德体系提供了依据。没有人，就无所谓道德；没有道德，也就无所谓人类。

在本章，老子给我们提出了一个新的概念——“德”。

要理解这个“德”，需要从“道”的角度出发。“道”，孕育万物却不占有，滋养万物却不自恃，它看不见、听不到、摸不着，“道”是无为不言、无形无状的，我们只能通过自己的思维去认识它。

认识了“道”，我们便努力遵循着“道”，这一认识“道”后遵循“道”的行为，即“道”在我们身上的表现，就是“德”。

也就是说，“道”是“德”的根本，“德”是“道”的显现。顺从“道”就是“有德”；违背“道”就是“无德”。

由此可知，我们要遵循“道”，就必须做有“德”之人。

“德”对我们人类而言，就是指一个人的品格、德行，品格和德行是一个成功者必须确立的内在标准，没有这个内在标准，人生之路就会失去支撑，最后必将导致失败。古人有云：“欲明德于天下者，行治其国；欲治其国者，先齐其家；欲齐其家者，先修其身；欲修其身者，先正其心；欲正其心者，先诚其意；欲诚其意者，先致其知；致知在格物。”

这里所说的正是自身“德”之修养的重要性。可在当今物质丰富的年代，有的人却认为“德财不可兼备”。要讲

"德"，就勿涉足尔虞我诈的商场，要追求利润，击败对手，就要不择手段。在他们看来，既要拜金，就没资格谈"德"。这是一种极其错误的观念，他们忽视了以德立身的重要性，他们只有欲望和追求，无视做人与经商、做事的关系，也无视了那许许多多以德立身而获取成功的人。

【事典心裁】

故事一：

"道"作为一种能为人们所观照、所体验、所认识的存在，它只是一种在顷刻间照彻一切，而又倏忽即逝的心理意象。这样疏忽即逝却又照彻一切的心理意象，人们可以在自己的心灵中观照到它的生动的模样，体验到它的真切的实

质。它有如一种深远神秘的理想境界，人们置身于其中可以享受到世界万物的精粹，可以体会到至真至切的美好幸福。经历过这种境界的人，会对道这个超凡入圣的理想境界有着绝对的信念。

古时候交通不便，人们要去一个稍远的地方总是困难重重，而现在，人们可以凭借种种便利的交通工具到达自己想去的地方，地球就像缩小为一个村庄。也正因为交通的便达，获得信息的便利，使得人们在选择人生之路的时候，就像是站在一个巨大的迷宫里，自脚下延伸出去的道路有千条万条，纵横交错。但大多数人都对这些路视而不见，在他们眼中，路只有一条。

在明代吕楠所著的《泾野子》一书中，载有这样一个故事：

某翁有五个儿子，老大木头木脑，老二聪明机灵，老三双目失明，老四弯腰曲背，老五一腿残瘸。在一般人看来，这个家里恐怕只有老二能有点儿出息，老大能过个平常人的小日子，至于有残疾的老三、老四和老五基本上是注定了不幸的人生了。可是知子莫若父，当父亲的对儿子们的生计做了妥善的安排：让木头木脑的大儿子种田，面朝黄土背朝天，用不着花心计与人打交道，也就不会吃亏上当；让聪明机灵的二儿子经商，精打细算不吃亏；让双目失明的三儿子算命，占卜起卦行走江湖；让弯腰曲背的四儿子搓绳，这活儿即使是驼背也一样干得像样；让一腿残瘸的五儿子织布，坐在织机前面用不着费力。等老翁去世后，五个儿子都能安

身立命，一生不愁衣食。

这位父亲的高明之处就在于他能扬长避短，把儿子们的优势发挥出来，甚至是将缺陷化为长处。如果他让呆板木讷的大儿子去经商，让聪明机灵的二儿子去搓绳，让双目失明的三儿子去织布，让驼背的四儿子去种田，让瘸腿的五儿子去算命，那他们只怕都会一事无成，抱憾终生。

但是在现实生活中，有很多人却是在扬短避长，让有着音乐天赋的人去经商，让擅长体育运动的人去做文员……这样的“恍恍惚惚”又怎能到理想的境界呢？跟随着别人制定的规则去追寻名与利，就真的是适合自己的人生之路吗？

《战国策·或谓韩公仲》中记载：

公元前293年，秦国与齐国连横之后，向韩、魏两国发动了大规模的进攻。韩、魏两国面临共同的威胁，但他们却貌合神离，互相之间并不信任，也不愿意真诚合作，而是互相推诿，谁都不愿意打先锋，结果连连败北。公元前298年，魏国为了自身的利益，企图将韩国抛在一边，单独同秦国议和，形势变得对韩国十分不利。

这时，有一位谋士对韩相公仲说："双胞胎的长相非常相似，只有他们的母亲才能分辨清楚；利与害在表面上也很相似，只有明智的人才能分辨清楚，看透它们的本质。您的国家目前正面临着利与害相似的情形，也需要由明智的人把它们分辨清楚。如果能采取正确的处理方法，就能尊卑有序、各安其分，否则就会败坏纲常、带来祸患。如果秦、魏联盟不是您促成的，韩国就面临遭到秦、魏图谋的危险；如果韩国追随魏国去讨好秦国，那样韩国将依附于秦国并遭到

轻视，韩国国君在诸侯中的地位就降低了。那时候，秦王就要把他宠信的人安插到韩国做官，这样您的处境就危险了。”

谋士层层递进地分析，引申出如何判断当时的政治局势后，又说：“从目前的形势分析，您不如主动去撮合秦、魏进行和谈。两国和谈成功与否，对于韩国都会很有利。若和谈成功，是您穿针引线撮合而成，韩国就成了秦、魏联合的门户，既可以受到魏国的推崇，也可以得到秦国的友善。再说，秦、魏不可能永远互相信任，秦国会因为得不到魏国的援助而发怒，一定会亲近韩国而远离魏国。魏国也不会永远服从于秦国，一定将设法亲近韩国而防备秦国。这样您就可以像选择布匹随意剪裁一样轻松。由此可见，如果秦、魏联合，它们都会感谢您；如果秦、魏分裂，两国又都会争取您。这样做，进退对韩都非常有利。希望您能下定决心。”

从中可以看出，这个谋士不只是站在韩国的角度看待问题，而且还是从全局观察，从而得出化被动为主动的办法——主动撮合秦、魏和解，同时取信于两国，而使整个局面向着有利于韩国的方向转化。这就是从多角度考虑问题的优势，也是灵活应变的一种表现，不仅对于政治上的风云变幻可以灵活反应，应用在人际交往中，也能够善察利害，化被动为主动，找出问题的根本。如果只是按照常理来判断，那么，韩国要么是拼个鱼死网破，要么就只能是委曲求全，又哪里能化被动为主动呢？

如此“恍兮惚兮”“惚兮恍兮”，才能找准适合自己的那条路，看到事物发展的规律。

故事二：

王艮是明代大学者、大思想家。史书上说，有一次，青年王艮去山东经商，恰好经过孔庙，看着有那么多人在拜谒孔子，他受到了极大的震撼。当时王艮就说："孔子也是人，我也是人。"言下之意是说，既然孔子能成为圣人，我也能！当然，想成圣人，绝不是说两句大话那么简单。更何况，他之前只受过四年蒙学教育，而且他生活圈子内也没有几个有学问的人。因此，王艮只能靠自学，加上独立思考、逢人便问，总算走上了自学成才的道路。

《三字经》中有句话，叫"苏老泉，二十七，始发愤"，苏老泉就是苏轼、苏辙的老爸苏洵，据说他是二十七岁才开始发愤攻读，最终，他的两个儿子在父亲的激励下，同年中了进士，成了中国科举史上的美谈。而王艮的起点竟低到了29岁居然还不知道颜回是孔子的高足的程度！但是刚刚请教完别人，刚刚明白了颜回是与孔子并列的圣人，他就说："圣贤不是仅供人们口颂耳闻的偶像，每个人都应该以圣贤为榜样，躬行实践，那样，不仅可以成为圣人，还能超过圣人！"后来，他还针对《论语》中孔子夸奖颜回"其心三月不违仁"之语，声称自己可以做到三个半月都不违仁！说白了，就是他认为自己可以比颜回做得更好。

后来，王艮在一首名为《大成学歌寄罗念庵》的小诗中写道："掌握乾坤大主宰，包罗天地真良知。自古英雄谁能比，开辟以来惟仲尼。仲尼之后惟孟子，孟子之后又谁知？”俨然以“开天辟地以来第三号儒者”的身份自居。你可以说他狂，但他的可贵之处在于，他从一开始就没有把孔子、孟子、颜回等人置于我辈只能望其项背绝不可能超越的高位，而是认为“圣人”从本质上跟“凡人”没有区别，所谓“圣人不曾高，众人不曾低”也。

正是靠着这股“狂”劲，王艮终由一介布衣跨进了学者的门槛，后来，他还有幸成为心学大师王阳明的弟子，创立了泰州学派。在教导自己的弟子时，王艮也时常强调学生们“当以尧、舜、文王、孔子自望”，绝不能“不自用功而自弃”。

第二十二章　圣人抱一

曲则全，枉则直。洼则盈，敝则新。少则得，多则惑。是以圣人抱一为天下式。不自见，故明。不自是，故彰。不自伐，故有功。不自矜，故长。夫唯不争，故天下莫能与之争。古之所谓“曲则全”者，岂虚言哉！诚全而归之。

【释义】

树木长得卷曲不合规矩反而会免除先被砍伐之祸，屈就反而能伸展。低洼反而充盈，破旧反而生新。少取反而多得，贪多反而迷惑。所以圣人掌握万事归一的法则，可以治理天下。不单凭自己所见，反能看得清楚；不自以为是，反能声名昭彰；不自我夸耀，反能建功劳；不自高自大，反能领导他人。正因为不和世人相争，所以没有谁能与他相争。古人所说“曲则全”的道理，怎能只是一句空话呢？确实做到周全，就会回归于道。

【古典今读】

老子开篇说："曲则全，枉则直。洼则盈，敝则新。少则得，多则惑。"这六个词分别指代六种完全不同的事物，它们共同反映一个道理，就是一种不争的生活态度。对于除人以外的诸多生物而言，不争确实能保全它自己，以免受外来的伤害，这在一定程度上可以将其界定为一种大智慧。

在生物圈中存在着环环相扣的食物链，各种生物为了免受淘汰而生存，纷纷显示出自己的生存技巧。蛇是一种最柔软的动物，正因为它的柔软，它才可以改变自己的形状，以逃避敌人，并自由前行而不受外界环境的阻挠。试想：如果蛇像一根大木棒一样坚硬，它还能自由前行吗？这乍听起来是一个十分可笑的问题，其根源在于它违背常理，即我们所说的大道。大道虽然看不见、摸不着，但能被我们所感知，德是道的体现，体现了道的无行无为。蛇本身不是道也不是德，它只是体现道和德的万物中的一种。作为灵长类的人类是最能体现道和德的载体。

我们经常用青松的孤傲和柳树的温顺来形容完全不同的处世风格。青松不畏惧严寒，傲然挺立，任凭外界风暴雷电的狂虐。而柳树却不同，它随风而舞动，姿态妩媚。态度的不同就必然造就两种完全不同的命运：青松折干倒地而死；柳树左右摇摆，保持平衡，没有受损，反而得到了杨柳依依的美名。我们应该学习柳树，以"曲"而保"全"。

几何定理的证明中，有时会用到逆证法，也就是倒着推

理，我们在此也不妨使用逆证法来推断。如果我们从全的方面去求全，直的方面去求直，必然无法达到目的，这是因为全的方面会走到它的反面——曲，直的方面会走到它的反面——枉。所以，我们有时为了达到全，不妨先曲；为了达到直，不妨先枉。

得道之人最明白这个道理，他们永远处在曲和枉的境界里，所以就无为地得到了全和直，也就无所谓曲和全、直和枉了。没有了概念和分别，也就没有了矛盾；没有了矛盾，也就没有了痛苦；没有了痛苦，也就自在无为，和大道同步了。

圣人（得道之人）的眼里没有自己，自然也就没有别人或他物，没有任何东西遮蔽，自然会清澈明亮，也就什么都能看得见了。他们不自夸，也不损人，自然会得到别人的赞扬、拥护和爱戴。他们对于自己的成绩从不夸耀，心中没有功过的概念，自然也就不会骄傲。常人则不同，有点儿成绩就沾沾自喜，到处炫耀，开始别人还能容忍，最后别人也厌烦了，他自然无法得到别人的认可和称颂。

最主要的是圣人没有分别心，对所有的事物都不会分别对待，无所谓名利，一切顺应自然，淡然而宁静。他们不会与人进行残酷的你争我夺，始终和大道合为一体，万物皆源于大道，和大道同体的人岂不是拥有了宇宙万物，还有什么可争夺的呢？得道之人不与人争，也就没有得；没有得，也就没有失。没有得失也就无所谓患得患失，没有患得患失也就没有痛苦的折磨。没有痛苦是美好的人生，这是不与人争夺的结果。

前面我们讲到大道和大德的关系，委曲求全是一条智慧的处世方略，这是解悟大道之人的行为，也可以说是真正的

大德。

开篇老子便讲出了本章的主旨："曲则全，枉则直。洼则盈，敝则新。少则得，多则惑。"这六个词组指的是六种事物和现象，却只反映了一个道理，即采取低姿态的生存方式。这种生存姿态的具体行为方式虽然多种多样，但可以总结出一个人人皆知的道理，即"委曲求全"。

"委曲求全"多用于自我处于弱势时，是不得已而为之。

在21世纪竞争激烈的今天，在面临强敌威胁的情况下，为求生存而暂时委屈自己附和他人，甚至由此而牺牲一些小的利益，这才能赢得时机，以图大的谋略。

英国友尼利福公司总经理G. J. 柯尔，正是因他在企业经营生意谈判交涉中采取"委曲求全"的方式，才赢得了发展的时机。

友尼利福公司在非洲东海岸早就设有规模庞大的友那蒂特非洲子公司，从业人员达到14万。这里有丰富的肥皂原料，并有适合栽培用以压榨食用油的原料落花生的土地，是友尼利福的一块宝地，是公司财富的主要来源之一。

第二次世界大战结束后，非洲各地的独立运动如火如荼。结果，友尼利福这些肥沃的落花生栽培地，一块块被非洲国家没收，这就使友尼利福公司面临着极大的危机。这时，经验丰富的总经理柯尔，亲自来到非洲，找些旧友办理交涉。针对当时非洲民族解放运动日益高涨的实际情况，柯尔对友那蒂特非洲子公司发出了6条指令：第一，非洲各地所有友那蒂特非洲公司系统的首席经理人员，迅速启用非洲人；第二，原来非洲人与白人在薪水上的差异，即时取消，采取同工同酬的办法；第三，为了培养非洲籍的干部，在尼日利亚设立经营干部培训所；第四，应采取互利的政策；第五，以退让寻找生存之道；第六，不拘束于体面问题，应以创造最大利益为要务。

上述6条，似乎是妥协退让、示弱于人的下策，但后来的事实证明，柯尔不仅没有受到任何损失，反而获得了极大的利益。

柯尔在与加纳政府交涉的过程中，为了表示尊重对方的利益，主动把自己的栽培地提供给加纳政府，这就获得了加纳政府对他的好感。后来，加纳政府为了报答他，指定友尼利福公司为加纳政府食用油原料的买卖代理人，这就使柯尔在加纳享有专利权。

在与几内亚政府的交涉中，柯尔表示将自行撤出公司，这种坦诚的态度反而使几内亚政府受到感动，因而愿意挽留柯尔的公司，希望它继续存在。除此之外，柯尔在非洲各地都采用了退让的策略，也获得了不同程度的利益。

柯尔“委曲求全”的策略，使他在非洲独立运动的高潮中没有受到任何影响，而且获得了巨大的利益。所以，也难怪老子会说，“委曲求全”怎么能是空话呢？它完全是能够达到的事情。

【事典心裁】

对于弱小的个人来说，要想在各种压力下求生存，就必须“委曲求全”，以求自保。实践证明，能屈能伸、能识时务的人，在竞争的过程中，总能求得最大的生存空间。

西汉末年，绿林、赤眉起义爆发，刘秀、刘伯升兄弟也在南阳起兵。后来义军联合起来，推刘玄为帝。在义军发展过程中，刘秀兄弟逐渐显示出超人的才智和胆识。特别是在昆阳一战中，刘秀临危不乱，以少胜多，取得了昆阳大捷。然而大胜之后，义军开始分裂。有人对刘玄说：“刘秀兄弟才识过人，且屡立战功，势力越来越大。二人难以久为池中之物，此时不除，将来必为祸患。”刘玄觉得言之有理，便下令杀掉刘秀的哥哥刘伯升，刘秀本人也大祸临头。

刘秀这时正在带兵攻打昆城附近的县城，听到哥哥被杀的消息，非常悲痛。他明白自己功劳太大，遭到皇帝刘玄的猜忌，性命悬于一线之间。本来他是久怀自立之心的，但若这时起兵反叛，自己势力尚弱，无异于以卵击石。逃跑吧，身家性命或许能够保住，千秋大业则付之东流。思来想去，

刘秀决定效法孙膑装疯、以柔克刚之计。

于是刘秀急令收兵，匆匆赶回宛城，叩见皇上。一到殿上，他“扑通”一声跪伏在地，向刘玄连声谢罪，流着泪说：“我们兄弟没有听从陛下的旨意，是天大的罪过。我们百死莫赎！”刘玄本就觉得杀害功臣有些过分，见刘秀如此自责，反而不知如何是好。

旧时的部下听说刘秀回来了，纷纷前来探望。有人说些激愤的话，刘秀总是借口有事，敬而远之。为了表明立场，哥哥的丧礼，他也不去参加，而且一点儿悲痛的表情都没有：一日三餐，总是饮酒作乐，谈笑风生；跟别人谈话，绝口不提自己在昆阳大捷的功劳，总是显出一副唯唯诺诺的样子；不停地责备自己，说皇上如此器重自己，自己却有负他的期望。刘秀的表现传到皇帝刘玄耳中，皇帝的警惕之心马上松懈下来。他觉得刘秀对自己这么忠心，怎么会背叛呢？

后来，他反而深深内疚起来，后悔听信谗言，杀害功臣。刘秀不但躲过了此次劫难，还被加封为破虏大将军。后来，刘秀看准时机，离开了刘玄，在河北建立了自己的队伍。他以河北为基础，扫荡群雄，终于统一了天下。

刘秀之所以能取得成功，主要在于他恰到好处地运用了委曲求全的处世策略。为了积聚力量，他低三下四、忍辱负重，上天不负苦心人，最后他取得了成功。

故事一：

老子认为能够经受得住委屈，才能够保护周全自己的利益；能够弯曲，才能有一展宏图的机会。

老子的这一观点，正是我们为人处世时须时刻牢记的人生大智慧。在人生的舞台上，我们会遇到许许多多的不公与压迫，倘如仅凭一时之气奋起反抗，往往解决不了问题，反而会造成更不利的局面。

大丈夫能屈能伸，没有胜算的时候，就不能去硬拼，只能隐忍。隐忍并不可耻，只要在这段时间内积蓄力量，待形势一变，必能稳操胜券。如此之人，方能顶天立地。

史书记载：张耳和陈余都是魏国的名士，秦国灭了魏国后，用重金悬赏两人的头颅。

张耳和陈余于是改名换姓逃到陈国，以看门人的身份逃避追杀和维持生活。一天，陈余犯了过错被官吏鞭挞，他怒不可遏，便想起而反抗，这时张耳暗暗踩了他一脚，要他暂且忍耐。

等那官吏离开后，张耳把陈余叫到桑树下面，悄悄对他说：“忘记我们当初的志向了吗？今天受到一点儿小小的侮辱，你就想去为一个小官吏而死吗？”

从此事可以看出陈余浮躁浅陋，相较张耳差远了。后来的史实更加证明：两个人虽然一同起事，却一个成功，一个失败。张耳辅佐刘邦成了开国之臣；陈余一直辅佐赵王歇，被韩信、张耳打败，斩杀。

吕后有着过人的智慧，在能屈能伸这方面，她不能不被称为女中豪杰。

汉高祖刘邦去世后，吕后临朝称制。

匈奴单于冒顿曾把刘邦和三十万汉军围困在平城达七日之久，对大汉也很轻视，然而对刘邦还多少有些忌惮。

刘邦一死，冒顿单于想挑起兵端，便派使者给吕后送去一封信，上面说：“孤独苦闷的君王，生于荒野大泽之中，长于旷野牛马繁育的区域，多次到达边境，希望能游览中国。陛下独立，孤独苦闷孀居，两位君主都不高兴，也没办法让自己快乐起来，希望以我的所有，换你的所无。”

这是一封言辞亵慢的求婚书，冒顿单于妻妾成群，自不会对吕后有何兴趣，不过是借戏侮她来戏侮汉朝。

吕后见信后大怒，便招集群臣商议，要大举讨伐匈奴以雪此辱。吕后的妹夫樊哙率先高喊道：“我愿带十万人马，横行匈奴之地。”吕后大喜，季布却怒声叱道：“樊哙理应斩首。”

朝堂上的人都吓了一跳，不知季布在哪儿吃了熊心豹

胆，竟要斩元勋国戚。

季布接着说："当年高帝率三十万精兵讨伐匈奴，却被围困在平城七日七夜，那时樊哙也在军中，却束手无策。今日为何就能以十万人马横行匈奴之中，这不过是当面阿谀陛下，犯欺君之罪，按律当斩。"

樊哙被质问得哑口无言，其他众将也纷纷附和说："以高皇帝之英武，尚被困于平城，匈奴势力强盛，委实不宜擅起战端。”

吕后见众将意思一致，回头细想也确实如此，便忍下这口恶气，退朝回到宫内，不再提讨伐匈奴的事了。

过后，吕后为安抚冒顿单于，居然卑辞婉约地写了一封拒绝信，上面说：“单于不忘我中国，赐给书信，我等国人都很恐惧。我自思自忖：身体老迈，气息也衰弱，牙齿也脱落得差不多了，走路的步子都不均匀，您听信了传言，我实在不足以使您自污。我国无罪，应在您赦免之列。我有自己坐的车两辆，马八匹，送给您平时乘坐。”然后派宦官张泽送去。

单于冒顿原以为汉朝一定会倾竭国力攻击自己，对此严加戒备，没想到等来的不过是一个汉使，读信后反倒觉得羞愧。便又派使者送给吕后好马，回信说：“我生长荒野，没听过中国的礼义，多亏陛下赦免了我。”便又和汉朝和亲。

由吕后巧避冒顿的挑衅而获得胜利的事例中，我们不难发现：在恰当的时候不与别人争长短，懂得避其锋芒、故意示弱，往往能令对手不寒而栗。因为谁都知道，能够如此做的人都是智者，而非莽夫。

古人讲，“小不忍则乱大谋”，在某些时候，我们就应该多运用老子的“曲则全，枉则直”的智谋，在该弯的时候一定要弯起来，只有这样才能为“伸”创造良好的条件。

故事二：

圣人以自然的观念去看待天下一切现象，对待一切人、

事、物，都采取平等之心，也就是没有分别之心，或称为“无二见”，简称“无二”。

由于个人差异，每个人在社会中的地位同样存在着差异，这样的差异就使一些人内心的天平失去了平衡——在自认为毫无利用价值、地位低下的人面前，他们显得高人一头，对于这些人总是不屑一顾，甚至还颇带鄙视。

老子认为“圣人抱一为天下式”，他觉得有修养、有成就的人对待一切人、事、物，都采取平等之心，不存区别之心。他们不会与人进行残酷的你争我夺，始终和大道合为一体，而万物皆源于大道。

在这个社会中，人们在待人处事上，应该抱着尊重任何人的态度，不要因为工作分工不同而轻视或鄙视他人。每个人的人格是平等，意味着每个人都应该受到同等的尊重。尊重他人意味着尊重他人平等的人格，是人与人交往的基本要求，是每个人应有的对待他人的态度和方式。不要因人们之间所存在的先天或后天的差异而区别对待，也唯有这样，我们才能受到别人的尊敬。

人生路漫漫，世间存百态，世象有纷繁，每个人在生命舞台上扮演的角色也不尽相同。因而，人们的生活态度、生活方式也迥然不同。但不管怎样，面对生活，我们在待人接物方面都应摆正心中的天平。

第二十三章　依德合道

希言自然。飘风不终朝，骤雨不终日。孰为此者？天地。天地尚不能久，而况于人乎？故从事于道者同于道，德者同于德，失者同于失。同于道者，道亦乐得之；同于德者，德亦乐得之。同于失者，失亦乐得之。信不足焉，有不

【释义】

少发政令合于自然。狂风刮不了一整天，暴雨下不了一整天，谁让它们这样的呢？是天地。天地形成的狂风暴雨尚

不能长久，又何况人的狂妄行为呢？所以，从事于道的人合于道，从事于德的人合于德，失德失道的人，就会失去它们。合于道的人，道会乐于帮助他。合乎德的人，道就会使之有德。失合一的人，道就会抛弃他。诚信缺失了，民众就不会信从他。

【古典今读】

这一章接着上一章的道和德讲起，论证了人们必须与道和德相一致才能真正顺应自然，且只有做到天人合一，才能从自然中受益。

对于统治者而言，少发号施令是合乎自然规律的。为什么这么说呢？自然界的狂风都刮不到一整天，暴雨下不到一整天，这是因为自然界的万事万物都是相对平衡的：疾生疾

灭、迟生迟灭、有生有灭、无生无灭……

老子在这一章里论述了统治者实施不言之教的重要意义，并通过自然界的变化来说明问题，比喻贴切，具有很强的说服力。他通过大家都熟悉的自然现象来阐释遵循自然规律的大道和大德，我们人类只有合乎自然法则才能长久。具体而言，就是合于自然，合乎自然也就是按照大道和大德来行事。按照大道来行事的人，大道也乐于得到他，愿意和他和谐相处；按照大德行事的人，大德也乐于得到他，和他永远在一起。而不合乎道的人，道自然远离他，最后什么好处也得不到。

天地在我们的眼里是神秘莫测的，而且蕴含着巨大的力量。但即使蕴藏着巨大力量的天地，也必须遵循自然的规律。我们人类无法和天地相比，天地的巨大都无力对抗自然，更何况渺小的人类呢？我们只有不违背自然规律，做到合道合德，才能和大道大德融为一体，并从中获得无限的益处；与之相反，如果我们违背大道大德，不但得不到益处，而且会受到大道大德的遗弃，和大道大德相背离，必然会遭受痛苦和灾祸。人具有主观能动性，正是这种主观能动性决定了人类会受到自然的奖惩。当人的行为合乎自然规律时，人就能从自然中受益，一旦违背自然规律行事，必然会受到自然惩罚。很多事例无不证明了这一点，比如人们为了眼前的小利，对森林乱砍滥伐，最后导致泥石流、滑坡，死伤惨重。这样的例子还有很多，这里不再一一列举。总之，违背大道大德就等于自我毁灭。

这一章，老子接续上一章，从“道”与“德”讲起，论证了人必须顺应“道”，合乎“德”，才能顺应自然，避免灾祸，并因此得益。

老子告诉我们，天与地也不能违背自然之道的规律，天与地尚且如此，更何况是人？只有我们人类按大“道”去行事，才能与“道”合为一体；为“德”去努力，才能与“德”融为一身，得“道”有“德”之人，自然不会遭受痛苦和灾难。

上面所说的规律，是真理。由此可见，“道”与“德”中有“信”，正是由于有“信”，所以“道”与“德”才会为万物做证明。

按照老子所说：“信”仿佛就是道德的标志，正如古人所说“德无信不行，人无信不立”。事实也确实如此，你答应了别人什么事情，对方自然会指望着你；一旦别人发现你开的是“空头支票”，说话不算数，就会产生强烈的反感。“空头支票”不仅仅为他人增添了麻烦，而且也损害了自己的名誉。对别人委托的事情既要尽心尽力地去做，又不要应承自己根本力所不及的事情。华盛顿曾说过：“一定要信守诺言，不要去做力所不及的事情。”这位先贤告诫他人，因承担一些力所不及的工作或为哗众取宠而轻诺别人，结果却不能如约履行，是很容易失去信任的。

在人与人的交往中，中华民族历来把信用、信义看得很重要。

孔子说：“与朋友交而不信乎？”墨子说：“志不强者智不达，言不信者行不果。”还有“一诺千金，一言九鼎”“一言既出，驷马难追”等都是强调一个“信”字。清代顾炎武更是以“生来一诺比黄金，哪肯风尘负此心”，表达了自己坚守信用的处世态度。因此，中国人历来把守信作为为人处世、齐家治国的基本品质，言必行，行必果。自古以来，人们便欢迎和赞颂讲信用的人而唾骂不守信用的人。李白曾在他的《长干行》中写道：“常存抱柱信，岂上望夫台。”

所谓“抱柱信”是说一个叫尾生的男子和一个女子在桥下约会，女子没有来，河水就涨了。尾生为不失信用，还是不走，女子没有来，尾生就抱住桥柱，一直到被水淹死。诚然，尾生的行为过于迂腐拘泥，但我们还是称颂他表现出的守信精神。

只有守信，才会有人信任你。只有做到一诺千金，你的事业才会蒸蒸日上。也只有守信，你才能有“道”、有“德”，才会少有灾祸，而多得益。

【事典心裁】

言必有信是做人的准则，不管是天子，还是平民；也无论是在工作中，还是在生活中，不诚信的人都将被人们唾弃和抛弃。

周庄王九年（前687年），齐襄公大败天子之兵。齐襄公不免害怕，毕竟是与天子为敌，于是派大夫连称守卫边关葵丘。连称说：“虽说守边关很辛苦，但这是作为大将应该做的。不过总不能让我们一直守下去吧，总得给我们个换防的期限吧。”这时齐襄公正在吃瓜，就顺口说：“明年瓜熟的时候了，就派人替换你们回来。”

于是，连称率人兢兢业业地守卫着边关。转眼到了第二年，部下摘瓜给连称吃时，连称忽然想起齐襄公答应的期限到了，于是高高兴兴地命人运了一车瓜送给齐襄公，暗示要求换防。不料齐襄公却说："换不换防我说了算，需要你提醒我吗？你做臣子的如此不忠，那就惩罚你再守一年，等到下次瓜熟的时候再说。"

连称非常恼火，对齐襄公非常失望，于是联络自己的妹妹（齐襄公失宠的妃子）和齐襄公的堂弟公孙无知准备谋反。

当年年末，齐襄公打猎时被野猪咬伤，连称趁机抓住齐襄公，列举他的罪状，其中有一条就是"瓜期不代，是为无信"，然后杀了齐襄公，立公孙无知为国君。

故事一：

提到书，人们就会想到黑字印在白纸上的有字书，或是历史上的汉简竹帛。提到无字书，则难免会有人感到困惑：书还有无字的吗？真的存在无字书吗？

从狭义来看，无字书指的是不著录一字一文的白纸书册。唐僧与孙悟空等师徒四人到达西天取经，首先得到的就是“无字真经”——无一字一句印录的白纸书——此乃《西游记》所描述的一段故事。而从广义的标准来看，无字书泛指的则是独立在有字书之外的、人们所指的生机盎然的日常生活，是风声、雨声、读书声，也是家事、国事、天下事，是衣食住行，也是男女私情，是你的对空长啸，也是她的望月感怀；是日月历天，江河东流；是鸟语花香、风云变幻……总而言之，无字书所囊括的，是有字书之外的一切。古人所讲的“无字书”，正是在此意义上而言的。如此看来，无字书的内容，要比有字书丰富得多，无字书的变化，要比有字书微妙得多。举个例以证之，现实生活中，恋人之间的那种心有灵犀一点通的瞬间，较之文学大师对此的最为优秀的文字描写，还会更多了千种风采、万缕情丝。

因此，解读无字书，无疑要比解读有字书更不容易。无字书的内容是无限的，是剪不断、理还乱的无尽的生活头绪，而有字书的内容则是有限的，是摘一个就是一个的饱满的既有成果。归根结蒂，无字书是有字书的根源与依据。

读无字书也就是最根本最彻底的，同时还是极富于禅意

的。诚如清朝文学家张潮所言："山水亦书也，花月亦书也。能读无字之书，方可得惊人妙语；能会难通之解，方可参最上禅机。"在这个层面上，我们可以进一步理解，禅宗何以通过不立文字、以心传心来立宗。理解了无字书的实质及解读无字书的必要，再去认识弹无弦琴，相对而言，就容易些了。

"弹无弦琴"的典故，出自东晋著名诗人陶渊明的一段往事。据史书记载，陶渊明有一把无琴弦之琴，当他心情十分平静之时，他就会摆出这把无弦琴，在上面"弹奏""抚弄"一番。当然，这把没有可抚弄弹拨的琴弦的琴，自然是不会演奏出任何悦耳动听的琴声的。

而这，对于不谙音律的陶渊明来讲，却已经是足够的了。因为他所追求的是弹琴的神趣，是对弹琴的一种神悟、一种意会，用他自己的诗句言说，就是“但识琴中趣，何劳弦上声？”。况且，如果是琴中有了弦，难免就使弹者的手受到了阻碍；因弹拨琴弦产生了琴声，难免就限制了听者的无限乐思及其想象。这些都是陶渊明在弹无弦琴时所没有受到的束缚，一如他不愿为“五斗米而折腰”般的洒脱与超越。

故在弹无弦琴这种看似是反常的行为中，所隐含的就是中国传统文化对“弦外之声”“象外之致”之类的境界追求。未尝不可把它视为一种智力的挑战，一种反常识与反逻辑的游戏，一种等待填充的空白，且看我们能否神思飘逸，能否也有足够丰富的精神意识来把握、理解并完成它。就如在面对一张白纸时，我们要经受能否就白纸而想象出一幅接近于尽善尽美的设计图一样的测试。读无字书、弹无弦琴难，但并非不可为。

古人在讲“读万卷书”时，还讲到“行万里路”，就可算是读无字书的路径与方法之一。至于更详尽、更丰富也更具体的路径与方法，则隐藏在我们的学习、工作与为人处世之中，有待于每个人各自去参详了。弹无弦琴，也是如此。进而能举一反三，不拘泥于形迹而能心领神会，则可得琴与书的真趣味，得人生的真趣味，这才是陶渊明最终想要的。

所以，无字书、无弦琴中的一个“无”字，看似简单，事实却不然。在这个包含有哲学智慧在内的“无”字中，肯定还有许多文章可以继续做，可以引申，可以作出新阐发。

故事二：

据史料记载，“先天下之忧而忧，后天下之乐而乐”的北宋名臣范仲淹，两岁时父亲范墉便因病去世，其母谢氏贫困无依，只好抱着襁褓中的范仲淹改嫁。因此少年时代的范仲淹经常受虐待，母亲伤心之余，便把他护送到博山的荆山寺中读书学习。

寺中生活非常艰苦，范仲淹和僧众们只能每日食粥度日。有一次，一个小和尚实在太饿，便把范仲淹的粥偷吃了，范仲淹看见了却没有作声。但他的肚子饿得咕咕直叫，没办法，他就吃了几口咸菜，然后跑到后院的泉水边喝水。长老看到后问他：“你怎么啃咸菜喝凉水？以后我让人分给你一份干粮吧，不要再这样了。”范仲淹却说：“长老，省出干粮还是让师兄们吃吧。”二人一问一答，恰好被躲在树后的小和尚听到，他眼里噙着泪花，从此以后再也没有动过范仲淹的米粥。

又有一次，范仲淹在山上遇到一位算命先生，他走上前去躬身行了一礼，问道："您帮我看一看，我能不能当宰相？"

一个十来岁的小孩开口就要当宰相，把算命先生吓了一跳，他说："看你小小年纪，怎么口气这么大？"

范仲淹有点儿不好意思，他接着问："要不这样吧，您再看看，我能不能当个医生？"

算命先生觉得很纳闷，心说这孩子的愿望怎么差别那么大？于是好奇地问他："你先告诉我，你为什么要问这两件事情？"

范仲淹不假思索地说："因为只有良相和良医才能救人啊！"

一个孩子居然念念不忘地想着救人，让算命先生很感动，于是他假装看了半天，然后煞有介事地说："你以后一定可以当宰相。"

后来，范仲淹果然成为一位出将入相、文武兼备的人才。

第二十四章　自是不彰

企者不立，跨者不行，自见者不明，自是者不彰，自伐者无功，自矜者不长。其在道也，曰：余食赘形，物或恶之，故有道者不处。

【释义】

踮起脚用脚尖站立，是站不稳的；大跨步前行，是走不远的；表现自己的人不高明；自以为是的人辨不清是非；自我夸耀的人显不出功劳；自高自大的人不可能长久。以上这些行为从“道”的观点来看，只能称得上残羹、赘瘤，惹人厌恶，所以有道之人是不做这些事的。

【古典今读】

在上一章中，老子讲述了合乎“道德”和不合“道德”

的不同，这一章老子接着讲述不合“道德”的结果，这是老子思想中极富精义的部分。老子用极其精练的语言向我们阐释了人的主观意志和客观规律之间存在的矛盾，进一步点明了自己的观点：人只有按照客观规律办事，遵循自然大道，才能收到良好的效果，才能不使行为和结果太过偏离正轨、矛盾太过尖锐。

“企者不立，跨者不行”，用脚尖是难以站立的，这是人的身体结构决定的。身体的全部重力都落到了两只脚上，所以脚长得厚实、宽阔，足以支撑起沉重的身躯。而一旦改变这种平衡，将全身的重力都集中到脚尖上，是无法承担这项重任的，因为脚尖太瘦弱了，它根本没有能力完成这个任

务，如果我们硬要将这项重任强加给它，这种强迫性的行为本身就是违背自然规律的，也就是所谓的不合“道德”。踮起脚跟用脚尖站立，其目的是为了站得高，看得远，但脚尖不堪重负，所以只能是事与愿违。企，本身并没有错，错的是人的思想和行为违背了大道，其结果必然失败。同理，跨的意思是三步并作两步地走，这种走法是不科学的，因为一条腿抬起来还没等落下，就要走第二步，这怎么可能行走呢？跨者是为了快才跨，但这么一跨，就走不了路了。跨是情绪焦躁的表现，由此可见，急于求成、焦急烦躁是办不成事的。跨这一动作本身也没有错，关键在于我们的动作和行为是否能达到目的，如果不能达到目的，就是违背自然规律，就是违背大道和大德的行为，自然无法达到我们预期的目的和渴望的结果。

“自见者不明，自是者不彰，自伐者无功，自矜者不长。”这几句在前面的章节中已经出现过，如此重复出现就是为了强调不合道德是有百害而无一益的。其中始终贯通着大思想家老子以退为进、委曲求全的处世哲学。既然是“曲则全”，那么不故意去表现、张扬自己是比较明智的行为，自以为是的人是无法彰显自己的能力和优势的，自我炫耀是没有什么功劳可言的，自高自大是不能长久的。总之，以上的行为和结果恰恰是背道而驰，这根本不是我们期望得到的结果。老子形容这些行为是残羹、赘瘤，是令人作呕的东西。

我们可以从中领悟出：做人不能太虚荣、太张扬、太妄自尊大。我们如何身处闹市而抛却浮华，做一个有大道大德之人？这是很多人都关心的问题。可是针对这个问题，没有人能给我们一个切实可行的答案。老子作为一个几千年前的思想家，他的思想体系对现代人而言，依然具有很大的借鉴意义，他对大道的透析及由此形成的处世哲学是人类的思想瑰宝。

上一章老子讲述了合“道”与违“道”的区别，本章老子又接着讲了不合“道”的结果，通篇都有劝人戒除虚荣之心的思想。

老子首先提出“企者不立，跨者不行”。正是由于人有了虚荣之心，于是便太过于关注自己的愿望，如用脚尖站立，如用跨步行走，都显得急切、急功近利了。如此便是与“道”相背离，所以不会有好的结果，站不牢靠，行不长久。

老子具体地指出了被虚荣之心占据的四种人：“自见者”“自是者”“自伐者”“自矜者”，即自以为高明、自以为是、自吹自擂、妄自尊大的人。这样的人只能走向自己的反面，结果是想得到却什么也得不到。在这里，老子用残羹、渣滓、毒瘤来形容这样的行为。

老子对这种违背“道”的虚荣之心是深恶痛绝的，其思想得到了今人的肯定。巴尔扎克说：“许多虚伪的人用粗暴掩饰他们的平庸；你碰撞他们一下吧，他们就像用别针刺着气球一样，瘪了。”培根说：“自夸自赏为明智者所避免，为愚者所追求。”

但在我们的生活中，仍有不少喜欢卖弄自我、自以为是者。可以这样说，追慕虚荣是一种腐蚀人类心灵的通病，没有人在一生中能完全不受它的影响。它使人变得自负，自以为了不起。有些人私底下常常十分无奈，但还是拼命想出风头，结果什么也得不到。一旦真相大白，他们便无地自容，失去信心，到头来，虚荣带给他们的只有失败。

其实，贪图虚荣的人是在玩一种注定要失败的游戏，他们将自己变成了一个固执己见的人，到最后处处碰壁，夜不能寐。

虚荣之心违背“道”之规律，应为我们每一个人所警惕，由此让我们想起托马斯·马修·比斯的金玉良言：“一个真正伟大的人从不关注自己的名誉。”

【事典心裁】

虚荣是建筑在沙漠上的华厦：务虚名者，招灾祸；好虚名者，必多怨；过分膨胀是欺骗；虚荣是骄矜的食物，轻蔑则是它的饮料；虚荣成性，浮华生贪婪……应为虚荣者戒啊！

《三国演义》中，曹操手下有位才子，名叫杨修。他不仅才华出众，而且反应机敏，聪颖过人。最初，曹操非常看重他。不过，杨修一向恃才傲物，锋芒太露，不但使曹操渐渐生出反感，而且最终引来杀身之祸。

杨修善于揣摩曹操的心思。有一次，曹操命人新修了一座花园，修好后带人来参观。曹操觉得很满意，只是临走时在花园门上写了一个“活”字。等曹操走后，杨修对修园人说："主公嫌花园的门太宽阔了，请你把它改窄点儿。"

修园人不解其意，杨修便说："你没看见主公刚才在门上写的'活'字吗？'门'与'活'合在一起，正是一个'阔'字。这就是告诉你们，花园的门太宽了，必须改小。"众人听了，都说有道理。于是，修园人按照杨修所说的去办。过了几天，曹操再次来参观时，发现花园门改小了，连连称好。

又有一次，有人送曹操一盒酥饼。曹操在饼盒上写了"一合酥"三个字，便放在桌子上。恰巧杨修进来看见了，便把大家叫来，想分吃酥饼。

可是，这盒酥饼是送给曹操的，谁敢轻易品尝？看到人们迟疑不动，杨修就说："主公在盒子上面写了'一合酥'三字，分开来念就是'一人一口酥'。所以你们尽管放心吃好了，出了事由我来承担。"

大家觉得他说得对，便纷纷上前将酥饼一抢而光。曹操知道此事后，虽然没说什么，但心里却对杨修的自作主张有些反感。

后来曹操率军攻打刘备，在定军山大败。曹操感到进退两难，但却不愿轻易撤兵。一天晚上，大将夏侯惇走进帐来，向曹操询问当晚夜巡的口令。曹操正在吃饭，手中拿着一块鸡肉，就随口说了"鸡肋"二字。

夏侯惇出帐后，就把这个口令告诉了夜巡的将士。杨修听到后，便吩咐手下人赶快收拾行囊，准备撤退。有士兵把此事报告了夏侯惇，他有些迷惑，赶忙问杨修。

杨修说：“鸡肋，鸡肋，食之无味，弃之可惜！主公是不想在此恋战了，他虽然没有直接说出来，但心里已经准备要班师回朝了。”

夏侯惇早有耳闻，对他的话深信不疑。回到帐中后，也命令手下人收拾物品为撤军做准备，并派人通知了其他将士。

这一消息，有人很快报告给曹操。曹操一听，不禁勃然大怒，他早就对杨修的恃才之举有厌恶之心，立刻命人以蛊惑军心为由将杨修斩首。

故事一：

老子认为，将脚跟离地用脚尖站立的人，是站得不稳的（企者不立）；将胯部跨开的人，是无法走路的（跨者不行）。这一论断给我们一个很大的忠告——人可以拥有梦想，但这个梦想应该建立在对自身正确的定位之上，千万不能好高骛远，贻害终生。

在水生动物中，螃蟹是横着走路的，河虾倒退着走路。它们怪异的行走方式引来了不少嘲笑和讥讽。一天，敏捷矫健的银鱼嘲笑说：“螃蟹你真笨，横着走路！如果旁边有障碍物你怎么走啊？”聪明的章鱼也插嘴讥讽道：“河虾更傻，向前走多顺啊，可你偏偏倒着走，何时才能到头啊？”螃蟹和河虾听见了，只是淡淡一笑。他们心里知道，选择什么样的行走方式，是根据自己身体情况决定的。只要自己把握好方向和目标，给自己定好位，横着走或者倒着走，都是一种前进的姿态。

不能准确地给自己定位，是人们常犯的大错，由此而导致的后患是十分严重的。特别是弱者，如果盲目自恃，势必会做出许多不切实际的事来。正如，杯子是杯子、打火机是打火机一样，打火机的功能就是打出火来，杯子的功能就是装水、泡茶等，它们的自身条件不同，使用功能也不同。倘若杯子想做打火机，或者打火机想做杯子，那将是它们噩梦的开始。

隋朝建国之初，功臣梁士彦被隋高祖杨坚冷落，没有受到封赏。梁士彦牢骚满腹，他对家人说：“我追随皇上多年，屡建奇功，如今皇上这样待我，太让人寒心了，我要和皇上理论一番。”

梁士彦的家人怕他惹祸，忙道：“你的功劳太大了，皇上不封赏你，分明是防范你啊！这个时候，你岂能还去找皇

上说理呢？”

梁士彦不听，向杨坚哭诉了一番，杨坚表面上安慰他，事后却解除了他的实职，只让他在京赋闲。梁士彦又感委屈，整天喝酒消愁，他的一位好友规劝他，说：“所谓功高盖主，说的就是你这样的人。我们做臣子的，在君主面前始终是弱者，如果你认不清这一点，非要和君主争个高下，岂不糊涂之至？你还是安心认命吧。”

梁士彦行伍出身，做事鲁莽，他认为自己无错，便四处大吐苦水。对地位比他高的人，他不仅不敬，反是多有讥笑。朝中上下对他顿生嫌恶。他的家人担心地对他说：“此一时彼一时也，你不要再活在从前了。现在皇上疏远你，你又无官无权，做事说话不能收敛些吗？你现在只求无祸，便是最紧要的事。”梁士彦也因为家人的奉劝而痛骂家人，并谢绝了所有人的劝告。后来他和不得志的宇文忻、刘昉等人勾结在一起，竟想杀掉杨坚，率众造反。

梁士彦的阴谋被他的外甥裴通察觉，裴通为他痛心。一次，裴通侧面规劝他说："一个人如果不知道自己有多大能耐，那么他就会干出无法无天的事来，这岂不是很可怕吗？所以说凡事要量力而行，否则就是可笑可悲了。"梁士彦听不出裴通的弦外之音，仍自我吹嘘说："我当年统率千军万马，什么事情我做不到呢？可惜皇上不重用我了，这便是皇上的大错。"裴通试探几次，见劝他无望，于是向朝廷告发了梁士彦的谋反阴谋。

杨坚始终派人监视着梁士彦的一举一动，为了不背上滥杀功臣的罪名，他决定先稳住梁士彦，一待他原形毕露时，再行诛杀。

不久，梁士彦突然被任命为晋州刺史，杨坚还让他重掌兵权。梁士彦不知这是杨坚的计谋，于是更加紧了谋反的

步伐。他对同党刘昉说：“皇上不敢不安抚我啊，只可惜皇上醒悟得太晚了。似我这等大才之人，又岂能长久甘居人下呢？”梁士彦野心疯长，于是上书杨坚，请求批准同党薛摩儿做自己的长史。他在奏章中辩解说：“薛摩儿才气过人，有他相助，我可以给陛下建更大的功劳。从前我没有辜负陛下的厚爱，今后我更要给陛下一个惊喜。”杨坚看罢梁士彦的奏章，轻蔑一笑，说：“无知狂徒，你这是自寻死路啊！”

杨坚批准了梁士彦的请求，梁士彦更加自信。他暗中命薛摩儿四处联络，只等时机成熟便公开起事。

梁士彦的二儿子梁刚劝父亲不要谋反，他哭着说：“皇上对父亲纵是千般不对，父亲也不该不忠。何况父亲人单势孤，又怎会成功呢？父亲不为自己着想，也应为家人着想啊！”梁士彦的三儿子梁叔楷和梁士彦一样热衷权势，他对父亲说：“父亲能征惯战，无人能敌，何必委身于人？做猛虎必须称王，难道皇上都是天生的贵人吗？”

梁士彦反迹日显，杨坚这才决定收网。一次，趁百官朝见之机，杨坚命人将梁士彦、宇文忻、刘昉等人一举抓获。至此，梁士彦方知自己被杨坚玩弄于股掌，但已是追悔莫及。梁士彦和他的同党美梦不成，却葬送了性命。

一个有理想的蚂蚁，是把自己变成最优秀的蚂蚁；一个有理想的狮子，是把自己变成最优秀的狮子。蚂蚁想变成狮子，那便是好高骛远、痴心妄想了。

在生活中，也许会有人劝你脚踏实地一步一步来，有人劝你不要白日做梦实在一点儿。你对此或许根本不屑一顾，发出“燕雀安知鸿鹄之志”的感慨。你或许曾以为自己是鸿鹄、是大鹏，一展翅便能冲上云霄；你或许曾经以为自己是盖世奇才，业绩一定远胜比尔·盖茨、洛克菲勒、李嘉诚……然而，这一切如果不能联系实际情况而定位自己的话，那么这心比天高的理想，更多的会是好高骛远，故而也早已注定了一事无成的结局。

故事二：

春秋末期，齐国王室萎靡，政权落入了田、高、国、鲍、晏五大家庭手中，其中又以田家的田桓子野心最大，他想篡权，但又担心其他家族人多势众。于是田桓子便想通过对外战争的方式进一步树立自己的威信。

说干就干，很快齐国大军就杀向了近邻鲁国。

当时，孔子正率领众弟子在卫国游说。听到消息，他大吃一惊：“鲁国是我的祖国，不能不救。”他权衡再三，派得意弟子子贡去处理这件事。

子贡很快来到齐国，见到了田桓子。可是还没等子贡开口，田桓子就说：“先生此来，是为鲁国做说客吧？”子贡说：“我这次来，专为相国——我听说‘忧患在外面就攻打弱国，忧患在内部就攻打强国’。您的心思我非常清楚，但照您现在的做法，结果只能是为他人作嫁衣裳：打败了弱小的鲁国，功劳是国君和战将的，没有你的份，对方势力、威望越来越大，相国您就危险了。反之，如果攻打强大的吴国，一时打不赢，就把你的对头困在了外面，那时你在国内做事就不会有人妨碍了，你说是不是？”田桓子听了大喜，但齐国大军已杀到了鲁国边境，他也不好突然改变计划去攻打吴国。子贡又说：“不如我去游说吴王，让他发兵打你，你不就有借口了吗？”田桓子听后，就派人命令部队暂时不要进攻鲁国，坐等吴军。

接着，子贡到了吴国，对吴王夫差说：“吴国与鲁国曾经联手打过齐国，现在齐国攻打鲁国，接下来肯定会打吴国，大王您为什么不发兵攻齐救鲁呢？”吴王说：“我也想攻齐救鲁，但听说越国准备攻打吴国，我想先打败越国，然后再打齐国。”子贡说：“您不用担心越国，我愿意到越国去一趟，让越王不敢攻打吴国。”

于是子贡以吴国特使的身份来到越国，他对越王勾践说：“吴王夫差听说你想攻打吴国，现在正准备打越国，您

现在的处境可是太危险了。”勾践一听，大吃一惊，连忙说：“先生一定要想办法救我！”子贡说：“吴王很骄傲，你就对他说要亲自带兵帮助吴国攻打齐国，他一定会相信。仗打败了，吴国实力会大减，越国可以趁机攻打吴国；打胜了，吴王必定要攻打晋国，称霸诸侯，到时越国就有了可乘之机。”越王听了大喜，一切照办。

回到吴国，子贡对吴王说：“越王根本没有攻打吴国的想法，过几天就会派人来请罪。”果然，五天之后，越国大臣文种带兵来吴，说要和吴王一起去攻打齐国。吴王不再怀疑，遂起大军攻打齐国。最后一站，子贡跑到了晋国，对晋定公说：“吴国正在攻打齐国，如果吴国胜了，肯定会来攻打晋国，以称霸诸侯，大王可要早点做好准备呀！”晋定公说：“谢谢先生的教诲。”结果还没等子贡返回卫国，齐国已经被吴国打败了。得胜的夫差果然乘胜杀向了晋国，不料却中了晋国的埋伏，死伤无数。越国勾践乘机在背后起事，先攻下吴国都城，接着又擒杀了慌不择路的夫差，结束了自己卧薪尝胆的生活，也结束这场无中生有的“世界大战”。

之所以说这场战争无中生有，就在于这场战争原本可以避免，至少与吴、越、晋三国没有关系。很明显，这得益子贡能说会道。但这仅仅是能说会道那么简单吗？老百姓常说，会说的不如会听的，我们都有过这样的经历：好话坏话都说尽了，对方就是不听。为什么子贡一说别人就乖乖照办呢？原因就在于他在游说对方时，始终站在对方的立场上考虑问题：为了保住鲁国，他先是站在田桓子的角度去拉吴国参战，又站在吴国的角度去越国看风向，接着站在越国的角度帮他们盘算吴王，惹的吴、齐、越各怀鬼胎。最后还不忘去晋国上好保险，将所有人都引入了自己的预定轨道之中。试想，如果子贡只是想着达到自己的目的，而不去为对方着想，那些尔虞我诈的政治大腕们会听他的吗？

我们也应该像子贡那样，学会换位思考，在与人打交道的时候充分考虑并满足对方的需求。很多人经常怨天尤人，说什么与人打交道难于上青天，其实打交道并不难，如果你觉得难，那肯定是你在做事的时候根本不顾及对方的利益，把自己的预定目标建立在了对方的损失上。无我才能成就自我。如果觉得有些人、有些事、有些坎过不去——先推倒自己。

第二十五章　师法自然

有物混成，先天地生。寂兮寥兮，独立而不改，周行而不殆，可以为天地母。吾不知其名，强字之曰道，强为之名曰大。大曰逝，逝曰远，远曰反。故道大，天大，地大，人亦大。域中有四大，而人居其一焉。人法地，地法天，天法道，道法自然。

【释义】

有一个浑然天成的东西，在天地形成以前就已经存在了。它寂寂无声而又广阔无形，它独立长存而永不改变，周而复始永不停息，可以看成宇宙万物的根本。我不知道它的

名字，勉强将它叫作道，我再勉强替它起个名字叫作大。它广大无边而无所不至，无所不至而伸展遥远，伸展遥远而返回本原。所以说道大，天大，地大，人也大。宇宙中有四大，而人居其中之一。人取法于地，地取法于天，天取法于道，道取法于自然。

【古典今读】

在这一章里，老子再一次阐述了道的性质和规律。道是物质性的，是最先存在的实体，但这个实体看不见、摸不着，既寂静又空虚，不以人的意志为转移，无所不在地运行而又永不止息。大道无形，它没有形状可供我们辨认，但它确实是一个东西，但这个东西很特别，它不同于我们所能认识的东西，它是一个混沌的整体，在天地生成之前就已经存在了。因而它是超越了时空概念的东西，我们无法用肉眼看到它的样子，无法用耳朵听到它的声音。我们看不到、听不到，并不代表它不存在。

我们能真实地感知道的存在，它就在我们的身边，并影响着我们的行动，制约着我们的行动，一旦我们的行动违背了大道，它就会毫不客气地惩罚我们。道是永恒存在的，它恍恍惚惚，我们只能勉强地称之为“道”。道独立存在，是绝对独立的。因为没有矛盾的方面，所以永远不会走向它的反面，不会改变，所以它恒久不变。它是一个整体，它无所不在，遍及整个宇宙，从这个意义上说，它是衍生天地的根源。

在这一章中，老子提出了一个新的概念“大”，这个“大”和我们平常所说的小不是相对的概念。在这里，“大”代表一种形象，是一种虚空的形象，用来比喻大道的本质。大道要运行，而且因为大，所以它的运行速度极快，等到运行到一定的极限，它会自动返回，所以它永远不会枯竭。我们将一杯水洒到地上，水会顺势而流，当流到极限时，它就不能再流了，于是停止，然后蒸发，直至消失得无影无踪。而大道不同，它永远也不会枯竭，其中最主要的原因是大道能返回到它的原始状态，从而保留自己的实力，以完成周而复始的运行。

因为道“大”，所以道生出的天大，地也大。人是万物之灵长，人有自己的思想和意志，只有人能认识到大道的存在，所以可以称得上大。老子将存在于茫茫宇宙间中拥有巨大能量的四种事物做了排序，它们的顺序为：道大、天大、地大、人大。在这里，老子把人和大道、天地并列起来，是因为人能体认到大道的存在，能够感知到天地的力量，能够将自己融合到道、天、地中。

道是大而且玄奥的，它生成了天地万物，而它又是如何产生的呢？它是自然而然生成的。“道法自然”的意思是道是自然生成的，它向自然学习，效法并顺应自然。道是至高无上的，连它都要向自然学习并顺应自然，何况人类呢？人能无视自然而自高自大吗？但人类确实犯了这个毛病，人类自以为自己有独立的思想，头脑聪明，忘却了在我们的头上还有大道和天地，它随时都会来惩罚我们的贪婪、无知和狂妄。所以我们绝不可自以为是，要和天地合二为一，要学习大道包容万物的胸襟，和大自然和谐相处。只有这样，我们才不会有烦恼和痛苦，才会过得逍遥自在，无所为而又无所不为。

在本章中，老子言明在宇宙的广大空间中，有四种能量巨大的东西，他做出了“道大、天大、地大、人亦大”的排列。与以往的认识完全不同的是，老子在此居然把传统的关于鬼神的巨大影响力都排除在外，以“道”取代了鬼神。在此基础上，他进一步提出了“人法地，地法天，天法道，道法自然”的宇宙法则，这使老子的“道”在思辨的基础上切实地契合到了人生之中。

而“人法地，地法天，天法道，道法自然”的思想也正是本章我们所要特别注意的。目前人类所能达到的最高智慧就是师法自然，而不是自以为是。

老子这句最著名的话有两解：

（一）“法”就是师法，就是某物向某物学习。人向地学习，地向天学习，天向道学习，道向自然学习。

（二）“法”就是被法约束，即臣服、被统治。人被地统治，地被天统治，天被道统治，道被自然统治。自然是一切的生母，它管理一切。

以上两种解释的第一层意思是“师法自然”，第二层意思是“臣服自然”。

关于师法自然，人们比较容易接受。

至于臣服于自然，很多人就不能接受了。有的人一听“臣服”两个字就要跳起来大叫：“我反叛！我反叛！我反叛！打倒！打倒！”著名作家王少农还专门就此写了一本名叫《弑神论》的哲学书。所谓“弑神”就是对神的反叛。他写道：“从弑君到弑神，人类凭反叛获得解放。”

理论上是通的，但细想不可能。人如何能弑神成功？

说人定胜天的人必须还靠天吃饭，说过要走出森林的人如今已感到回归自然的紧迫性。

人要无条件地遵循一切的自然规律，顺应自然规律。

【事典心裁】

目前人类所能达到的最高智慧就是师法自然，而不是自以为是。我们只有当好了自然的学生，我们才能运用从自然中学到的知识，去改变我们的生活，而在改变的同时，我们在不知不觉中也成了老师——人类社会的老师。

有个生物系的大学生去吓唬他的教授，他把自己打扮成怪兽模样，头上长着尖尖的犄角，嘴里露出锋利的牙齿……满以为会把教授吓个半死，谁知教授看了非常镇定，说按照生物学的规律，根本就不会有这样的动物：长着犄角的，牙齿就不会太锋利；牙齿太锋利的，绝不会长犄角……学生对教授的话感到既没趣儿又佩服。

这个故事很容易让人想到"智者不惑"这个成语。不过严格说来，它算不上标准的"智者不惑"，顶多算得上"知者不惑"。知者与智者，虽仅一字之差，实质却有天壤之别。人们总是佩服那些知识渊博的人，其实做一个有知识的人并不难，只要努力学习就行。但想做一个有智慧尤其是有大智慧的人却很难，对那些知识渊博的人来说也是如此。因为智慧的产生不仅需要学习，还需要必要的慧根。

苏格拉底说，知识关乎自然，智慧关乎人生。这话可谓一语中的。可以说，所有人、所有生物，生存与发展都离不开对自然世界内在变化规律的认识与掌握。所以说，知识

就是力量。当然，这里的知识是宽泛化的。农民依据时节播种、收获依靠的是知识，科学家制造航天器也是依靠知识。也就是说，知识广泛地存在于人类社会的每个人身上。而智慧则不同，“智慧关乎人生”，但人生没有假设，不讲逻辑，没有绝对的规律可循，唯有的就是洞察。所以说，智慧是一种远超知识的认识境界。先哲也说：“形而上者谓之道，形而下者谓之器。”辨乎器者是知，辨乎道者才是智。也就是说，尽管智慧离不开知识，但智慧绝不与知识成正比。那些智者，也并非无所不知，他们只是掌握了人生的要义，了解了道，并懂得遵循于它。

故事一：

我们的痛苦烦恼似乎永远也没有尽头，一下成功，一下失败，时而悲伤，时而喜乐；在生活里我们东突西窜，愈陷愈深，找不到一条出路。而老子告诉我们，道就是道，不生不灭，欲望太多的人就无法看透迷茫的前途；而平心静气者，却能够灵敏活泼地勇往直前，这才合乎大地所具有的德性。

有一则寓言：

有位书生准备进京赶考，路过鱼塘时正巧见到渔夫钓了一条大鱼，便问渔夫是如何钓到大鱼的。渔夫得意地说：“这当然需要一些技巧。当我发现它时，我就决心要钓到它。但刚开始，因鱼饵太小，它根本不理我。于是，我就把鱼饵换成一只小乳猪，没想到这方法果然奏效，没一会儿，大鱼就上钩了。”

书生听后，感叹地说：“鱼啊，鱼啊，塘里小鱼小虾这么多，让你一辈子都吃不完，你却禁不住诱惑，偏要去吃渔夫送上门的大饵，可说是因贪欲而死啊！”

欲望与生俱来，生命开始之时，欲望随之诞生。饿了要吃饭，冷了要穿衣，这是人的本能。仅从生命科学而言，人类绵延、生息不绝，可以说欲望是生命的动力。生命停止，欲望则消失；同时，人的欲望的满足，又是生命消耗的过程。

从某种意义上讲，有效地节制欲望，是构建和升华生命，也是延伸和拓展生命长度的必由之路。这就不得不让我们想起了性情淡泊、道法自然的庄子。

有一天，秋高气爽，太阳已爬在半空，庄子还长卧未醒。忽然，门外车马滚滚，喧嚣非凡，随后有人轻轻叩门。

原来是楚威王久仰庄周大名，欲将他招进宫中，辅佐自己完成图霸天下的事业。楚威王派了几位大夫充当使者，抬着猪羊美酒，携带黄金千两，驾着驷马高车，郑重其事地来请庄周去楚国当卿相。

半个时辰过后，庄子才睡眼惺忪开门出来。使者拱手作揖，说明来意，呈上礼单。不料庄子对礼单瞟也不瞟一眼，仰天大笑，说了一套令众使者大跌眼镜的话：

“免了！千金是重利，卿相是尊位，请转告威王，感谢他的厚爱。

“诸位难道没有看见过君王祭祀天地时充作牺牲的那头牛吗？想当初，它在田野里自由自在，一旦作为祭品被选入宫中，给予很好的照料，生活条件是好多了，可是这牛想不当祭品，还有可能吗？还来得及吗？

“去朝廷做官，与这头牛有什么差别呢？天下的君主，在他势单力孤、天下未定时，往往招揽海内英才，礼贤下士。一旦夺得天下，便为所欲为，视民如草芥，视功臣为敌手，真所谓‘飞鸟尽，良弓藏；狡兔死，走狗烹’。

“你们说，去做官又有什么好结果？放着大自然的清风明月、荷色菊香不去观赏消受，偏偏费尽心机去争名夺利，岂不是太无聊了吗？”

使者见庄子对于世情功名的洞察如此深刻，也不好再说什么，只得怏怏告退。

其中一位使者还如临当头一棒，看破数十年做官迷梦，决定回朝后上奏威王告老还乡。

庄周仍然过着无忧无虑的生活。登山临水，笑傲烟霞，寻访故迹，契合自然，抒发感情，盘膝静坐，冥思苦想，在贫穷中享受人生的快乐和尊严。

老子说得好："见欲而止为德。"邪生于无禁，欲生于无度。当官掌权忘记了世界观改造，忘记了清正廉洁，忘记了立党为公、执政为民，难免产生邪心恶念，而"疾小不加诊，浸淫将遍身"，到头来必然出大事，栽大跟头，为众人所唾弃。

清代陈伯崖写的对联中有这样一句"人到无求品自高"。这里说的"无求"，不是对学问的漫不经心和对事业的不求进取，而是告诫人们要摆脱功名利禄的羁绊和低级趣味的困扰，去迎接新的、高尚的事业。

有所不求才能有所求，无求与自强是不可分割的。这正是这句对联所反映的辩证法思想。人生在世，不能离开名利等，但对这些身外之物，必须有一个清醒的认识，保持一定的警觉。一个人只有抛开私心杂念，砸掉套在脚上的镣铐，心地才能宽阔，步履才能轻松，才能卓有成效地干一番事业。

提倡"人到无求品自高"，不是让人们去过那种清贫的生活，而是为了清除社会上的腐败现象，使那些追名逐利者保持头脑清醒和思想道德上的纯洁。

无欲则静，但多数人不能做到如出家高僧。付出不图回报，但必有回报，尽管并非得如所付。尽心尽力地劳动也许不能暴富，总比出卖灵魂、肉体来得踏实。

人的心理有个潜在的平衡，欲望过少缺少动力，欲望太多心烦意乱，你所要做的就是把握你的心，它的跳动是有规律的。

故事二：

公元757年，唐肃宗至德二年。冬天，太原守将河东节度使李光弼派兵支援朔方，抵挡安禄山大军，然而刚把军队派出去不久，史思明便率10万大军围困了太原城，要李光弼投降。

史思明是安禄山部下一员主将，他知道太原城内虽然没有多少兵，但太原城池坚固，易守难攻，况且天寒地冻，长期露宿城外于作战不利。

史思明决定临城筑土山，通过土山登上太原城。于是他的士兵们开始运土挑泥筑土山。李光弼见对方在离城不远，弓箭射程却又达不到的距离建筑土山，城池受到很大威胁。于是，他想了一条妙计，让手下人从城内挖了一条通往土山的秘密地道。

土山筑成后，史思明故意示威地在土山上饮酒作乐，观看歌舞，又令人向城上大喊大叫，让李光弼也“观赏”歌舞开眼界。这时李光弼派来的人，却从土山地道掩蔽口里走出来，以敏捷的动作抓走了数名歌舞表演者，然后不见了。史思明大吃一惊，不敢再在土山上停留，急令转移到军营内，召集部下商量对策。

李光弼又借着土山地道挖下去，一直将地道挖到史思明的军营内，又在地道内用木柱支撑顶面，防止塌陷，然后设下活动机关以备应用。待一切安排就绪，李光弼派得力干将去史思明处说：“太原城内现在粮草已空，兵士多有生病者，李光弼大人实在支持不住了，决定向你们投降。”史思明大喜，并深信不疑，因为他对太原城里的情况也略有所知。他称赞李光弼识时务，并答应投降过来后封官赏爵。

待投降之日，只见城门大开，李光弼带人出太原城投降。史思明命将士将营门也大开，列阵以待，自己则端坐大营内等着受降。这时，李光弼命将士们把地道机关启动，将支撑的木柱歪倒。霎时间，史思明军营内地面塌陷，一下子陷进去千余军士。李光弼亲自指挥军队杀进军营。

史思明被打了个措手不及，部将死伤惨重，他只得带着被杀败的部下，从死伤兵士中冲出逃命去了。地道战仿如天降奇兵把史思明军打得丢盔弃甲，损失惨重。这归功于李将军的绝妙的主意，这是对方无论如何都难以想到的，所以一出奇招，对方就手足无措。

下面这则故事讲李光弼采纳下属建议，设计智取史思明的优良战马，同样让人叹服。

公元759年，唐肃宗乾元二年。这天，镇守河阳的唐朝大将李光弼，带领卫兵，出南城门，来到黄河岸边。这几天夜里，部属士兵多在纷纷谈论着，对岸叛将史思明的军队是如何兵强马壮，说他们有数不清的剽悍的战马，每天都赶到对岸河边的沙滩上洗澡。情况究竟如何？李光弼决定亲自出城观察敌情。

果然，在黄河南岸沙洲上，史思明的官兵们牵来了许多健壮高大的战马，有的在河边用刷子给马匹刷洗，有的在遛马，有的牵着马匹啃食沙洲上的嫩草……好不热闹。

李光弼一眼就看破了史思明的用心：哼！反贼想用几匹马来炫耀自己，动摇我军心，休想得逞！得想个办法把反贼的那些马匹弄过来才好。

“将军，我有一个办法夺取反贼的战马。”一个卫兵看出了李光弼的心思，凑近李光弼的耳边细谈了一番。李光弼听了频频点头。依据这位士兵的计策，再经过自己的周密部署，一个大胆的巧夺敌马的方案形成了。

第二天，李光弼下令征集500匹正在奶着驹的母马，要士兵把它们全部赶到南城外黄河岸边。并特意关照，把它们的小驹务必都拴在城内，不准跟母马一起出城。

正在奶驹的母马，不愿意离开它们的小驹子，被强行牵到城外后，便一个劲地嘶叫。一匹先叫，引得其他的母马跟着叫唤。它们无法见自己的亲生骨肉，便用这叫声来表示离别之情。河对岸史思明的战马都是公马，听到北岸母马的叫唤，便一匹匹春情勃发，先是跟着对岸的母马叫唤，继而，胆子大的公马便涉水游向北岸。那些健壮的公马一见有开了头的，便纷纷叫唤着游到北岸去。史思明的士兵一看到这种情况，便纷纷出来阻挡。可是，几个士兵又如何挡得住不顾一切的公马呢？不一会儿，南岸1000多匹马，全数跑到了北岸的母马群里。

李光弼大笑着命令士兵把这些战马全部赶回城里去了。

李光弼不但打破了敌方的如意算盘，还一举赢得无数战马，没损伤士卒，不但稳定了军心，还削弱了敌方。这一举两得的计策不过是遵循了自然界生物的规律和生活习性而已。原来真正的智慧是蕴藏在生活中的。

第二十六章　静为躁君

重为轻根，静为躁君。是以君子终日行不离辎重。虽有荣观，燕处超然。奈何万乘之主而以身轻天下？轻则失根，躁则失君。

【释义】

稳重是轻率的根基，静定是躁动的主宰。因此君子整天行进，从不轻举妄动，虽然有豪华的楼台亭榭，但他安闲静处、超然脱俗。为什么拥有万辆兵车的大国君王，却使得自身轻浮躁动以治天下呢？轻浮失去根本，躁动失去君位。

【古典今读】

这一章紧承上一章的内容，讲述了自然对人的制约及我们为何要顺应自然的问题。

老子一开始就举出了两对矛盾的现象：轻重、动静。在前面的第二章中出现过美丑、善恶、有无、难易、长短等对立统一的概念，第十三章中出现过宠辱，这些概念的提出和

论述，真实地反映了老子朴素的辩证法思想。他认为矛盾是普遍存在的，任何事物都不是孤立存在的，而是相互依存、相互制约的。

在重和轻的关系问题上，老子认为：重是轻的根本，轻是由重决定的，如果只注重轻而忽略重，就会失去根本。正是因为有了重，轻才能得以存在和维系。老子认为在动和静这一对矛盾中，静是根本，动是其次。在这里，轻可引申为轻浮，动可引申为躁动不安。我们知道轻浮和躁动都是人格缺陷所映射出来的不良行为举止，是我们成功的大敌，这种举止在很大程度上反映了我们违道而行带来的后患，而不顺应自然大道必然受到惩治。

君子（得道之人）是如何合道而行的呢？君子整天在行进，却从来不轻举妄动，而是慎重考虑后再行动，决不会表现出轻率、焦躁的样子，这是因得道之人顺应了天道，而不是恣意妄为。他们虽然有可供享受的华丽的亭台楼院，但他们身居其中，却怡然自得，超然对待安逸的环境，而不是心气浮躁，沉迷其中。在物质生活极度丰富的今天，我们该如何看待物质财富，是坦然地享受它们，还是依旧过简朴的生活？这是一个摆在我们面前的问题，我们该如何给出一个圆满的答案？老子那顺应自然的观点也许能给我们一些指引：物质是人创造的，它生不带来、死不带去，我们活在这个人世间，追求物质和金钱本身并没有错，享受双手创造的财富并没有错，但必须强调一点，那就是我们必须锻炼自己创造价值的能力，不去劳动而只追求享受是不合大道的，是应该为我们所摒弃的。

最后，老子将矛头指向了“万乘之主”，即大国的国王。当时的统治者过着纵欲奢靡、奢侈轻浮的生活，他们狂妄、自大、焦躁、轻率，在老子看来，一国之君应当持重、守静，而不是轻浮、焦躁、轻举妄动。统治者以沉湎于玩乐享受为重，而以治理国家大事为轻，这是有违“重为轻根，静为躁君”的天道的，所以只会落下“轻则失根，躁则失君”的下场。历史上有违大道的暴君、昏君无不是以这样的残局收场，遭到了后人的唾骂和鄙弃。

上一章老子告诉我们人应效法自然，即自然对人必有约束的作用，于是本章便具体地讲述了自然的约束力。

老子崇尚稳重、沉静而排斥轻浮、狂躁，认为前者才是自然之道，后者违背了自然之道，应摒弃。

其实，老子的思想并不难懂。就自然界的现象看，无边无际的天宇因其高远而稳重，辽阔苍茫的大地因其厚重而稳定，一座高山因其庞大而稳定，一块巨石因其沉重而亦稳定。而天上的游云尽管可以一时地遮天蔽日，却因其轻飘而转瞬即逝；至于风雨来势汹汹，却因其轻飘而终不能长久。

所以，老子说得“道”的圣人行事，虽有美轮美奂的楼亭，但他们却丝毫没有因此而轻浮狂躁、自以为是，始终安静地生活。圣人治理天下更是如此谨慎，从不敢轻率行事。反之，轻浮就会失掉根基，躁动就会丧失君位。

本章老子给了我们一个极其深刻的提醒，告诫我们无论做什么事，要保持冷静，从容镇定，不要急急忙忙，心慌意乱。要知道“性急吃不了热豆腐”，急切慌乱不但解决不了问题，还会更加拖延时间，忙中出错。虽然这些事在一定的方面决定一个人的性格，但也反映了一个人的涵养。

《晏子春秋》中有一则历史故事：

很久以前，鲁昭公亡命于齐。一日，齐景公问昭公说：“你年纪轻轻就即位，即位没几天就亡命于他国，到底是怎么回事呢？”

昭公回答说：“我一向受众人喜爱，但是，现在喜爱我的人都离我远去。因为，他们都曾极力劝谏过我，而我只当耳边风，不认真听；听了，也是敷衍，不去付诸行动。结果，周围只剩下逢迎拍马、胁肩谄笑之辈，而没有一个真正关心我的人了。我的情形就如同一棵秋草，当秋风劲吹时，我就不堪其力而折断了。”

景公将这话传给后来升为宰相的晏婴，并问："我想竭一己之力助昭公返回王位，该如何是好？"

晏婴回答："这是不可能的。失败了才知道后悔的人，是愚蠢的人。比如走路事先不知问路而随意走动，迷了路才向别人打听；过河不知事前测量水的深浅，溺水后才后悔不迭。这就像遇到强敌了呀！"

有人说"边干边想""做起来再说"，看起来是积极的态度，但不加运筹的行动，实际的效果常以失败告终。

"养军千日，用军一时""有备无患"的道理，是否能给那些急躁的朋友们提个醒呢？

走出心性的急躁，你就会沐浴温暖和煦的春风。

【事典心裁】

人不能心浮气躁，静不下心做事将会一事无成。荀况在《劝学》中说："蚯蚓没有锐利的爪牙、强壮的筋骨，但却能够吃到地面上的黄土，往下能喝到地底的泉水，原因是它用心专一。螃蟹有八只脚和两个大钳子，它不靠蛇鳝的洞穴，就没有寄居的地方，原因就在于它浮躁而不专心。"轻浮、急躁，对什么事都深入不了，往往只知其一，不究其二，只会带来损失，以失败而告终。

一天，魏文侯心情不错，就命乐师弹琴，魏文侯亲自起舞，诵赋。魏文侯一副全心投入的样子，使在场的每一个人都为之感动，没想到大王还有这样一手高超的本领。平日里大王在朝上很是威严，大臣们都有些害怕，今天见大王有如此闲情雅致，在场的大臣们也很兴奋，有的也不禁翩翩起舞；不会跳舞的就在旁边不住地点头，夸奖大王跳得好，诵得妙。魏文侯看到大臣们这样欣赏自己的表演，就更加高兴了，于是即兴作了一篇赋，当他朗诵到“让我的话无一人敢违背”时，乐师突然停止鼓琴，并将案上之琴举起来向魏文侯砸去。刚才那其乐融融的气氛一下子烟消云散，代之而来的是紧张的氛围，两旁的大臣吓得瞪大了眼。魏文侯也大惊，幸亏两旁武士眼疾手快，一把抢过乐师手中的琴，并牢牢地把乐师按在地上。

魏文侯实在太生气了，本来自己今天心情很好，却被乐师搞得一塌糊涂，恨不得一口一口撕下他身上的肉。他坐在桌旁，怒视着乐师。两旁大臣都有些害怕，心想：这个乐师，太大胆了，竟然敢袭击大王，不是找死吗？乐师却神态自若，安静地趴在地上。魏文侯看到乐师竟然是这种表情，就更加气愤了，大喊：“执法官来了没有？我要治这不知天高地厚的乐师的罪。”执法官忙快步跑到魏文侯面前，弯腰

鞠躬，说：“大王，臣在，您有何吩咐？”魏文侯说：“按照我国法律，臣子袭击君主，应该判什么罪？”执法官说：“禀报大王，应判死罪。”魏文侯说：“听到没有，快把这乐师给我拉出去，砍了！”他甩袖就要走，乐师听到这，忙说：“大王，臣有一言，请您听我说完，再让我去死吧。”魏文侯不耐烦地说：“快说，快说，我一刻也不想再见到你。”乐师说：“过去，尧、舜为君主时，唯恐自己的话没人反驳。后来桀、纣为君主时，唯恐有人反驳他们的话。今天您所讲的话和讲话时的神态颇像桀、纣啊。我心中气愤，心想一定是他们的灵魂附到了您的身上，因此，我举琴就打。我是在打桀、纣的灵魂，让他们不要依附在您的身上，使您也成为暴君、昏君。我在打他们，不是在打您啊。”魏文侯听到这，知道自己错了，就命人把他给放了。

故事一：

老子对于人们的行为有过这样的告诫：“重为轻根，静为躁君，是以君子终日行不离辎重。”老子在这里所说的“轻”，指的是轻浮，而“躁”是浮躁的意思。很明显，老子在为人处事方面更多的是建议人们要谦虚、稳重。

历史上伟大的人物大都具备虚怀若谷与稳重谦卑的态度，很少有骄傲自负、狂妄自大或目空一切的习惯。也唯有如此，他们才能不断地继续努力，不停地探讨钻研，发掘创造，永远不以已有的成就感到自满。俗语说：满招损，谦受益。唯有谦逊卑下的态度才能使人变得更有成就，古今中外

的伟大人物几乎莫不如此。

17世纪最伟大的科学家牛顿曾经向世人表示，他并非一般人所称赞颂扬的科学奇才，他说："我常觉得自己不过是像一个无知的小孩，在海滨上游玩，偶然发现一些发亮的贝壳，由于好奇心的作祟，而加以观察一番而已。事实上，整个宇宙的奥秘，就像那浩瀚海洋的内部一样，是我们无能为力的。"

但历史上也不乏有一些人自身有一定的天分，却因为他们的狂妄、轻浮而一败涂地，遗憾终身。

西汉成帝时，著名大儒刘向受成帝的指派，率领儿子刘歆和一大批学者整理藏书。

刘向治学严谨，为人正直，他告诫儿子刘歆说："我们读书人有个毛病，一旦书读多了，便以为无所不知了，浑身染上傲气，你一定要自律啊！”

刘歆聪明好学，深得父亲厚爱，他提出疑问说：“父亲学问精深，人所敬仰，难道非要做出谦逊之态吗？和那些无知的俗人相比，父亲用不着自抑啊。”刘向一听，大怒，斥责说：“我哪里是什么惺惺作态？我是真的自觉无知啊！你这样狂妄，不知世情，将来要吃大亏的！”

刘歆心中不服，对刘向的话并不放在心上，他对别人说：“我父亲太迂腐了，如果换作他人，就会有更高的官职，这不是太可惜了吗？这只怪他事事不张扬。”刘歆写成一部目录学著作《七略》，在别人的恭贺声中，刘向提醒儿子说：“你写得很好，但我并不想夸赞你。很多人就是在他人的赞颂声中毁灭的，因为这助长了他的傲气。大地如此之大，我们所学所知的实在太少，如果你知道这一点，时刻牢记在心，做事才不敢张狂啊。”

整理图书之时，一批战国以前的典籍浮出水面。刘向对此并不推崇，而刘歆却主张向天下人推行这些典籍。为此，父子二人发生了争论。刘向说服儿子道：“古时典籍固有些道理，但它并不能揭示万物的规律。世事千变万化，一切贵在创新，何必拘泥于古呢？”

刘歆辩论说：“是好是坏，相信人们一看便知，我敢断定，我的意见终会有人赏识的。”

后来，汉平帝继位，王莽掌握了朝廷大权。王莽为了篡权的需要，他招来刘歆，假作诚恳说：“先生聪明过人，从前主张推行古籍，这实是远见之举啊。我的心意和先生相同，先生的大志可伸了。”

刘歆感激涕零，马上投到了王莽的怀抱。有人提醒他说：“如果事关个人前途、国家命运，那么一切就必须慎重。王莽要重用你，福祸未知，你不能太草率了。”

刘歆自信满满地说：“我一向不甘为人下，今日终有出头之日，可见苍天佑我。以我的智慧，只要王莽纳谏，天下的局面定会焕然一新。”

刘歆自恃己能，频频向王莽进言，建议全面复古，他信誓旦旦地说：“在我看来，世事的变化已被古人全然掌握了，现在只要大胆实行便是。治理天下虽不是易事，但只要多读一些古书，也就了然于胸，化难为易。我看古籍所述完全可行，称得上尽善尽美了。”

刘歆的朋友为他担心，说：“凡事说得容易，但做起来就难了，你不该轻下断言。老实说，你做学问可以，对治国之术就生疏了。纸上谈兵害国害己，怎敢涉足呢？”

刘歆暴跳如雷，大骂朋友是个愚人，朋友说：“我宁肯做一个愚人，这样至少不会招惹祸患。你把自己看得无所不能，将来一定会后悔的。”

王莽依刘歆所议全面改制，结果遭到了惨败，激起了各地的民变。刘歆害怕王莽追究，又自作聪明地想要发动宫廷政变，除掉王莽。很快，消息泄露出去，刘歆绝望之下，无奈自杀了。

西方有一位哲学家曾经说过一段发人深省的话：“一个人如果骄傲，即使是身为天使也会沦为魔鬼；如果是谦卑，虽是凡人也会成为圣贤。”由此可见，谦卑不仅是一种美德，而且也是导致成功和伟大的一个途径。

人和自然社会相比，始终是渺小的，在无穷奥妙的宇宙面前，人应该保持一种谦卑态度。实际上，一个知识广博的人，他所知的也很有限，这就决定了人不能自恃聪明，傲视一切。但总有人处处显露精明，玩弄手段，他们自以为这才是聪明人的表现，也能得到更多的实惠。这是一个致命的错误，真正的聪明人是勇于承认自己的无知的。

故事二：

清朝有个秀才为自己的表兄写过这样一篇墓志铭：

吾表兄，年四十余。始从文，连考三年而不中。遂习武，练武场上发一矢，中鼓吏，逐之出。改学医，自撰一良方，服之，卒。

这段话翻译过来，是说：我的表哥，活了四十多岁。一开始是从文的，连续考了三年都不中。于是就改行习武，考试那天在练武场上射了一箭，射中了敲鼓的小吏，被赶了出来。表哥又改行学医，还未学成，自己写了一个药方子，吃过以后，死了。

常言道，“人挪活，树挪死”，我们并不推崇雷打不动的人生，但是像上述故事中的老兄那样，即使他没有“吃错药”，他又能做成什么事呢？所谓“无恒心者常立志”，很多人之所以不能在某一领域取得成就，就在于他们静不下心，耐不住寂寞，经常改变自己的志向，到头来一事无成。

有些人的失败源于内心的软弱，有些人的失败则源于内心的贪婪。很多人都感慨，机会难得啊！其实当今社会，机会并不是什么稀缺资源。对很多人来说，机会其实很多，只是机会一多，人们要么无从选择，要么是这个也想干，那个也想做，一辈子都在追寻，一辈子都在选择，总是觉得已经到手的不是最好的，结果到最后往往连最不好的也把握不住。机会，对于一个是机会就想抓住的人来说，反而是一种祸害。

有这样一个小故事：

一位落魄的青年，满怀忧郁地找到一位隐居的智者，诉说自己毕业多年，做过很多事情，但几年下来，依然一事无成。智者微笑着听他说完，然后指着墙角一把特大号的水壶对他说："你能不能先帮我烧壶开水？"

"没问题。"青年略一打量，见水壶旁边有一个小灶，唯独没有柴，便出门去找。

不一会儿，青年拾了一些枯枝回来，他装满一壶水，放在灶台上，在灶内放了一些柴便点火烧了起来。可是由于壶很大，水太多，那些柴烧尽了，水也没开。于是他再次跑出去继续找柴，回来的时候那壶水已经凉得差不多了。这回他学聪明了，没有急于点火，而是再次出去找了些柴，由于柴准备得充足，水不一会儿就烧开了。

"如果没有足够的柴，你该怎样把水烧开？"智者忽然问他。

青年想了一会儿，摇了摇头。

智者说："如果那样，就把水壶里的水倒掉一些！"

青年若有所思地点了点头。

智者接着说："你一开始踌躇满志，树立了太多的目标，就像这个大水壶装了太多水一样，而你又没有足够的柴，所以不能把水烧开。要想把水烧开，你或者倒出一些水，或者先去准备柴！"

青年恍然大悟。回去后，他把自己的人生目标去掉了许多，同时利用业余时间学习各种专业知识。几年后，他的目标基本上都实现了。

有句俗话：三百六十行，行行出状元。所谓状元，无非就是"烧开了的水"。经常听到一些人说："你这人怎么哪壶不开提哪壶？"其实他们应该反过来想想：你有哪壶水是开的？你哪一壶都不开，让人怎么提？

第二十七章　善行无迹

善行无辙迹，善言无瑕谪，善数不用筹策，善闭无关楗而不可开，善结无绳约而不可解。是以圣人常善救人，故无弃人；常善救物，故无弃物，是谓袭明。故善人者不善人之师，不善人者善人之资。不贵其师，不爱其资，虽智大迷，是谓要妙。

【释义】

善于行动的人，做事从不留下痕迹；善于言谈的人，不留下漏洞让人指责；善于计数的人不用筹码；善于封闭的人，没有门闩却叫人无法打开门；善于打结的人，不用绳索却没人解

得开。圣人善于救助人，所以没有被遗弃的人；圣人善于利用物，没有被废弃的物，这叫作因循常道之理。所以善人可以当不善人的老师，不善人也可作为善人的一种财富。不尊重善人的教导，不注重不善人的借鉴作用，看起来明智其实很迷糊，这实在是高深奥妙的道理。

【古典今读】

老子的《道德经》在结构安排上十分紧凑，而且前后呼应。这一章，老子沿着道的理论，进一步提出了人们应该怎样展开自己的行动，他提出了“五善”，即善行、善言、善数、善闭、善结，这五善是合乎大道的，我们只有达到五善的境界，才能行动自如，同庖丁解牛一般。在这一章中处处闪耀着老子的智慧火花，无不显示了他深藏不露的睿智。

善于行动的人，绝不会留下对自己不利的迹象，他们善于掩盖自己的行迹，以达到自己行动的目的。在《三十六计》中第一计叫“瞒天过海”，意思就是将自己的行迹隐蔽起来，瞒过别人的眼睛，以达到自己“过海”的目的。这一计谋不仅适用于军事领域，而且适用于生活、处世、经商等各个领域。在实际应用中，就体现为善于隐蔽自己的迹象，而且巧妙地瞒过别人的眼睛，而绝不是大张旗鼓，生怕别人不知道，虽然他们一时满足了自我彰显的欲望，但最终的结局会是如何呢？我们人类在处世上不如狐狸，狐狸善于掩藏自己的行迹，因此保全了自己的性命，我们可以学习狐狸在一切行动中所表现出的高度警惕性和敏感性。

大多数人在不会走路时就学会了说话，甚至在三四个月的时候就开始用自己的语言和家人进行交流了，家人虽然听不懂我们在说什么，但能明白我们的意思。语言是我们欲望的声音，因为我们最先使用它时，就是为了表达自己的欲望，除了生理上的吃喝拉撒外，还要证明自己的存在和表达渴望被家人爱抚的欲望。等到我们长大，真正会说家人能听懂的言语时，我们更是尽情表达自己的感情：我们会大声地嚷嚷以示自己的愤怒，我们会向家人撒娇以获取家人的宠爱；当我们不再是孩子，而完全将自己交给社会时，我们要和别人进行语言交流以表达自己的观点和想法。在运用语言进行交流的时候，怎样才能既充分表达自己的观点，又不会留下漏洞让人指责，这是至关重要的问题，但不是每个人都能做到。完美表达自己的观点，而又不被人挑出漏洞的人才是真正的善言者，我们也许会存在这样的疑惑：我们小时候只“嗯啊”几声就能被家人理解，而长大后却常常遭到别人的误解和非议，原因何在呢？原因是多方面的，其中最主要的一点是言多必失，我们往往会因为一句话而被别人抓住非议的把柄。所以，真正会说话的人并不是滔滔不绝的人，而是能说到点子上而不会被人抓住把柄的人。

我们知道有一种人善于心算，他们不需要借助任何计算工具就能准确地计算出结果来。在科学技术日新月异的今天，电子计算机有着惊人的计算速度，而且精确度也较高，人们无须开动脑筋思索计算，便可得出结果。然而计算机终究代替不了人类，因为计算机只能对有形的事物进行推算，而对于无形的东西，它根本不能把握。而人类却不同，我们人类可以默记无形的东西的发展规律和各种变化，从各种变化中寻求到适合自己的理想的生存方式和状态，这种用心默识、默算的处世态度是老子无为处世的哲学的一部分。

真正会封闭的人是不需要利用锁和闩的，这里的封闭具有积极意义，不是我们平常所说的封闭自己、不求更新，而是为了防止同类残害而不得不采用的一种手段，是为了保护自己。这会不由得使我们联想到“装在套子里的人”，他将自己包裹在严实的衣服里，一副与世隔绝的丑态，让人看了忍俊不禁。他不但思想上封闭自己，而且连形式上都做了层层包裹。他不是一个善于封闭自己的人，所以他成了被人嘲笑的对象。

不用绳索就能将人牢固地捆绑起来，是高明的捆绑者。这里用了比喻的手法，指对事物的掌控能力，这种掌控能力的获得，是圣人依大道行事的结果。

以上“五善”是老子高深智慧的有力反映，也是他对自然无为思想的引申。

本章老子沿着“道”的理论，进一步提出了人们应该怎样展开自己的行动。

老子共提出了五善，就是讲要顺其自然，无行之行自然没有辙迹，无言之言自然没有瑕疵，无数之数自然不可筹策，无闭之闭自然不用门闩也不可开，无绳之绳自然不用约束而不可解。这五种行为，正是由于行动之人本身已没了分别心，所以才能顺其自然而游刃有余。这一思想是老子一贯的主张，不过此处老子又深化了一层，提出了另一个指导人们得“道”、善行的途径——不善之人应以善人为师，善人应以不善之人为借鉴。

用今人的话来说，老子教我们要想得“道”，让自己为善行，必须做到离“道”之人向得“道”之人学习，而得“道”之人则以离“道”之人为戒，以防止自己远离大道，如此方能达到同“道”的目的。

老子在这里是提倡一种向别人学习的精神，学习别人的长处，以别人的短处为戒，此点对于任何一个追求成功的人来说，很是重要。

学习别人的长处是成功重要的秘诀。

有些人之所以能实现目标，乃是穷多年之功，历经无数

的失败，才找出一套特别之道。你只要走进使他们成功的经验中，也许用不了多久就可以取得像他们那样的成就。

拿破仑·希尔在成功之前，曾利用20年的时间帮助钢铁大王卡耐基工作，这期间他一分钱的报酬也没有，在帮助卡耐基的同时，也帮助了他自己——他本人在成功学研究上获得了巨大的成功。

但也要注意的是，如果没有自己的东西，就只能永远跟在别人的后面亦步亦趋，那样是始终无法赶上别人的，更不用说超越别人了。这就需要观察别人的短处，引以为戒，从而取得成功。不但要警惕别人的短处，以防自己深陷其中，更高明的做法，就是利用别人的短处来成全自己。

【事典心裁】

一说起借鉴，有人就会援引“东施效颦”“邯郸学步”的典故，把借鉴贬得一无是处，他们说：“为什么借鉴、模仿别人呢？要干就要拿出自己的一套来！”这话听起来很豪壮，殊不知没有“东施效颦”的勇气，没有“邯郸学步”的追求，连模仿也没有，更谈不上借鉴，而离开了模仿和借鉴，又何来创造呢？

在商业活动中，竞争对手之间在技术水平、产品质量、信誉和知名度等自身实力方面，都有高低强弱之分，如果你是一个“弱小”者，却采取硬碰硬的方式跟实力雄厚的企业竞争，十有八九要败下阵来。避开对手强大的优势，不与之发生正面交锋，而要以己之长攻彼之短，捕捉机会，乘虚而

入，定能收到以小搏大的惊人效果。

春卷是我国通行南北的美味小吃，北宋时期称作“面蛋”。在古代，人们靠天吃饭，因为在各种自然灾害面前无能为力，所以无不希望风调雨顺、五谷丰登，于是人们常用小麦、大豆和稻谷等农产品制成节令食品，来祭祀神灵，祈求保佑来年吉祥。而春卷则是立春那一天的应时小吃，人们将馅用面皮卷裹，做成茧儿样的食品，来祈求五业兴旺发达。有谁能想到，就是这小小的春卷，却能在远离中国的西方国家“卷”出奇迹，使奇迹的创造者从无到有，从小到大，闯进丹麦的饮食行业，并获得巨大的成功。

故事一：

企业界有一个流传已久的故事：

许多年前，西方某国一位年轻有为的炮兵军官上任伊始，奉命到下属部队视察操练情况。他在几次视察时都发现了一个相同的情况：在炮兵们操练过程中，总有一名士兵自始至终站在大炮的炮管下面，纹丝不动。军官不解，询问原因，得到的答案是：操练条例就是这样要求的。军官对这个答案很不满意，回去后反复查阅军事文献，终于发现，长期以来，炮兵的操练条例仍因循非机械化时代的规则。最初，站在炮管下的士兵的任务是负责拉住马的缰绳（那个时候，大炮是由马车运载到前线的），既保证战马不被震耳欲聋的炮声吓惊，也便于调整大炮发射后由于后坐力产生的角度偏差，减少再次瞄准所需要的时间。而现在大炮的自动化和机械化水平很高，已经不再需要这样一个角色了，但操练条例却没有及时地调整，因此才出现了“不拉马的士兵”。军官很快写了一份报告，引起了广泛关注，并且因此获得了国防部的嘉奖。

不管这个故事是否真实，它至少可以给我们提出三方面的思考：一，为什么不拉马的士兵一直存在？二，为什么原来的军官和士兵都未发现？三，为什么新军官就能一下发现这种情况？答案倒也简单：其一，问题之所以长期存在，是因为大家对某种制度或某种做法过于依赖已习惯成自然，缺乏对客观条件发生改变后的敏锐把握；其二，之所以此前的军官和士兵都未发现，实质上是暴露出了工作责任心已存在相当大的问题，因为我们不排除有人知道这个士兵的多余，但考虑到方方面面的关系而不愿指出；其三，新来的军官一下就能发现问题，并不是他的能力有多强，而是他有强烈的使命感和直面问题的勇气，善于观察，且有独立的思考和分析能力。

这种精神和能力，无疑是社会各行各业都需要但很多人都很欠缺的能力。国外有一个小笑话：一个壮志未酬的年轻人，总是喜欢抱怨：那个著名的苹果为什么不掉到我的头上？那颗价值连城的“海洋之星”的钻石为什么不遗失在我家的门口？为什么拿破仑会碰上约瑟芬，而高大威猛的我却无人垂青？有一天，他的老师听到抱怨后说：“好吧，我成全你，我先照样给你掉下一个苹果，结果你却把它吃到了肚子里；我又把钻石放在你的脚前，结果你被绊倒，爬起来后你一脚把它踢进了阴沟。最后我决定就让你做拿破仑吧，不过也要像对待他一样，先把你抓进监狱，撤掉将军的军职，赶出军队，然后再把身无分文的你扔到塞纳河边。最后，就在我催促约瑟芬上路的时候，远远听到‘扑通’一声，你投河自尽了……”的确，机遇就是那个掉到牛顿头上的苹果，没有它，牛顿就发现不了万有引力；机遇就是瓦特家被蒸汽频频顶起的水壶盖，没有它，瓦特就成不了“蒸汽机之父”；机会就是阿基米德家盛满洗澡水的澡盆，没有它，阿基米德就发现不了“阿基米德定律”。生活中那些貌似简单的事，都蕴藏着学问。只要用心观察，用心寻找，我们或许都成不了大科学家，但生活肯定会更幸福些，工作和事业肯定会更顺利些。

故事二：

苏东坡曾经写过一篇文章，说有个盲人理解不了太阳，请教眼睛健康的人。

有人告诉他：“太阳就像铜盘。”说完把铜盘敲了一下，盲人记住了“当当”的声音。后来他听到钟声时，误以为是太阳，被笑话了一番。盲人又问别人，有人告诉他：“太阳是有光芒的，就像蜡烛。”盲人找来蜡烛，反复抚摸，记住了蜡烛的形状。后来有一天，他摸到了一种叫作龠的乐器，这种乐器类似笛子，与蜡烛的外形差不多，于是盲人惊呼起来：“呀！太阳在这里！”

为什么人们反复给盲人描述太阳，盲人也没能正确地理解呢？

苏东坡举例说，南方有很多会潜水的人，是因为他们每天与水为伴，七岁就能蹚水过河，十岁就能浮于水面，十五岁就自然而然地能够潜水了。他们潜水的技术可不是随随便便就能掌握的，是从小沿水而居，日夜在水中摸索，才最终习得的。但很多北方的勇士不明白这一点，以为只要找个会潜水的人求教，懂得些潜水的道理就行，结果跳进河里，再也没能出来。而那些想不通过努力学习就得到学问的人，与那些不幸的溺水者是一样的。

我们这个时代是知识爆炸的时代，同时还伴随着信息爆炸、数据爆炸，各种爆炸还炸出各种碎片，如果说过去上网就好比在大海边冲浪，现在上网则像是在大洋中游泳，根本看不到地平线与着陆点。有时候你以为自己发现了一个岛屿，拼尽全力游过去，却发现那只是个浪头。它可能是比特币，也可能是AI，还有可能是直播，是自媒体，总之让你兴奋不了多久，又让你沮丧，并且感觉越来越空虚。唯一欣慰的是，身边还有不少相似的人，大家还可以相互点赞，相互“取暖”。

所以，我们要在知识里潜水，而不是在信息里溺水。

第二十八章　知白守黑

知其雄，守其雌，为天下溪。为天下溪，常德不离，复归于婴儿。知其白，守其黑，为天下式。为天下式，常德不忒，复归于无极。知其荣，守其辱，为天下谷。为天下谷，常德乃足，复归于朴。朴散则为器，圣人用之，则为官长。故大制不割。

【释义】

深知自己的刚强，却甘居柔弱的地位，甘为天下的溪涧。甘做天下溪涧，永恒的德就不会离去，又会复归于婴孩般的纯真柔和的状态。深知洁白，却甘居黑暗的位置，成为天下的范式。成为天下的范式，永恒的德就不出差错。永恒的德不出差错，就会回复到宇宙的初始。深知尊荣，却安守卑辱，做天下的低谷。做天下的低谷，永恒的德就充足。永恒的德充足，就会回复到纯真状态。混沌的原始状态演化成宇宙万物，圣人懂万物治理的法则而成为领导者，完善的统治制度是一个体系，不能割裂。

【古典今读】

在这一章，老子主要论述道所包含的基本内容，即柔和虚无，此二者合起来就是朴素自然。他还强调了道的理念的整体性、不可分割性。道的法则就是从无到有，再从有到无的循环往复、永不停息的过程。这一法则就决定了人在修道时不可能一次完成，还要进行永不停息的修炼，即便修得完满后，还必须继续保持道德的不流散，确保它的完整性。因为一旦流散，就会再一次进入从无到有、从有到无的循环往复之中。这一章是承上一章而来，上一章主要论述无为而为的思想，人能做到自然无为，也就进入得道之境了。

在老子看来，刚强是有为的表现形式，柔弱是无为的表现形式，柔弱是合于道的，而刚强是不合于道的。他要求人

们要认识到刚强是不合道的，所以要坚守柔弱。人们常用温柔似水来形容女子美好的性格特征。水性本柔，所以能承载天下万物，人们如果能达到如溪水般柔顺，也就符合了道的要求，也就回归到婴儿般的自然状态，得道也是必然的了。

老子认为真正的知识不是靠别人的传播，也不是靠自己的经验积累，这在常人看来，却是自己的明白之处，与老子的观点恰恰相反。老子认为这些知识都没有体现道的本质和道的法则，都不是真正的知识。在常人看来，糊涂就是没有知识和经验，而在老子看来，这才符合道的真谛。无是道的真谛，无知无识是道的精神的真正体现。因而老子主张得道之人应保持糊涂的状态，并将此作为人类的楷模。

“为天下式，常德不忒，复归于无极。”忒是差错的意思，无极是无边无际、无始无终的意思，这里是强调榜样的力量，得道之人要实施无言之教，而不是将自己的观点强加于人，这正体现了老子无为而为的处世哲学，他强调不能将人的思想引入歧途，以免让人对道的理解出现差错。

人是有欲望的，人只有认识到了荣华富贵终究会归于无，才能泰然处之，无所不容且无所不能容，才能达到道的境界。然而达到道的境界后，也不是大功告成了，要必须继续保持对道的理念的坚守，否则又会进入从无到有的循环往复之中去，所以保持对道之理念的坚守是十分必要的。

在本章，老子给我们讲述了回归自然的道路。因为我们人类为了认识自然之道的规律，建立起了许多相对的概念和范畴（这一点在第二章中有明显的体现），如此我们便无法安宁地进入无为的状态与大道融为一体了。

不过，本章老子给我们提出了一种方法，那就是认识矛盾的两个方面，利用矛盾相互转化的特点，抓住不利的那一面，自然就会转为有利的那一面了。老子告诉我们：“知雄守雌”便可“复归于婴儿”，“知白守黑”便可“复归于无极”，“知荣守辱”便可“复归于朴”。前者是守“道”的行为，后者是得“道”的表现。

老子这种守雌、守黑、守辱的观点，在今日是仁者见仁，智者见智，所以我们不能一概而论，但可以肯定的是，老子的这些观点在现代也有其可行的一面，是一种很高明的处世智慧。

【事典心裁】

“虚心竹有低头叶，傲骨梅无仰面花。”从对人生的态度来看，退却有时也是一种进攻的策略。现代社会中，以退为进也不失为一种良好的方法。先退一步，可使自己处于比较有利有理的地位。待时机成熟，便可以退为进，成功地达到自己的目的。

崔玄伯是清河（今河北清河）东武城人，少年时就显露奇才，人称“冀州”。

北魏太祖驾临邺地（今河北临漳县西南邺镇东），召玄伯询问旧事，玄伯熟知历史，一一从容应对，有问必答，太

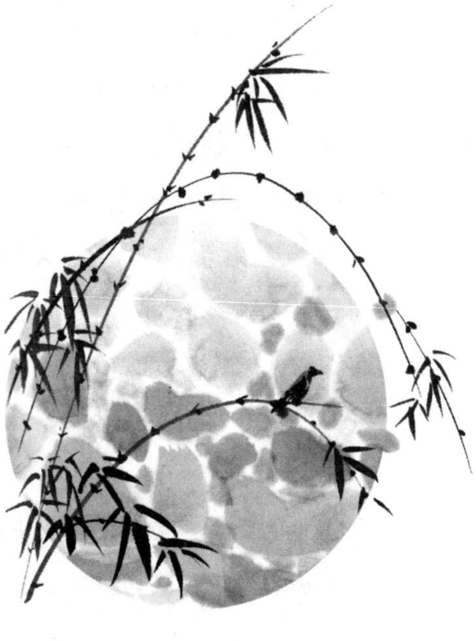

祖非常满意。此后，任命玄伯为吏部尚书。大业初创，百业待兴，玄伯受命，督促各有关机构设置官职爵位，制定朝廷礼仪，颁布法令律条，明确各种规章制度，最后交由玄伯审查裁定，一旦确立，即作为今后长久的规范。此时的玄伯，位高权重名望高，可以说是要风得风，要雨得雨。人逢得势，最易忘乎所以，日渐奢侈，为所欲为，以致招致祸灾。但玄伯一向清醒，十分自律，不随同流俗。他官越做越大，仍一如既往，洁身自好，俭朴清廉。玄伯淡泊利禄，自己不经营产业，家徒四壁，清贫如洗，出门不乘车马，朝夕步行上下朝。老母七十高龄，每日也是粗茶淡饭。太祖久有耳闻，曾派人秘密察访，果然不错，因而对他更加器重，优厚赏赐。也有人讥笑玄伯这样自苦未免过分，他听后都泰然处之，不因别人的议论甚至嘲讽而改变初衷，反倒格外小心谨慎，清廉一贯。

太祖驾崩，太宗尚未继位，此时清河王拓跋绍听说朝中人心不稳，觉得有机可乘，便拿出大批钱财布帛馈赠朝臣，收买人心，只有玄伯知道他居心叵测，坚决不肯接受。太宗登朝，因玄伯拒受拓跋绍财物，有忠臣的节操，非常敬重他，屈尊登门看望，特别赏赐丝帛200匹，这令曾接受过拓跋绍馈赠的重臣长孙嵩等人惭愧不已。

故事一：

俗话说，做日短，看日长。要考虑到将来的前程，设身处地地想，人生的福分就像银行里的存款，不能一下子就透

支，应当好好珍惜，精打细算，方能细水长流。不因一时贪心毁坏将来的名声，抱着平常心，才是得乐的好办法。

商鞅，姓公孙，所以也叫卫鞅或公孙鞅，战国时期的卫国人。他原本在魏国宰相公叔痤手下任中庶子，帮助公叔痤掌管公族事务。因商鞅的才华受到公叔痤的欣赏，曾建议魏惠王用商鞅为相，但魏惠王瞧不起商鞅，便没有答应。公叔痤死前又向魏王建议，魏王仍没有起用商鞅。

公叔痤死后，失去了靠山的商鞅便投奔到了秦国。通过宠臣景监的荐举，秦孝公多次同商鞅长谈，发现商鞅是个难得的治国奇才，便“以卫鞅为左庶长，卒定变法之令”。因为当时新兴地主阶级认为封建生产关系已经登上政治舞台，社会正处于新兴的封建制取代奴隶制的大变革时期，商鞅变法正好适应了社会变革的需要，所以秦孝公才看重商鞅。同时秦孝公也是一位奋发有为的君主，商鞅提出的一整套富国强兵的办法，也正是他所想要的。

商鞅变法的主要内容是：废除井田制，从法律上确认封建土地所有制，“为田开阡陌封疆，而赋税平”。商鞅特别重视农业生产，鼓励垦荒以扩大耕地面积；建立按农、按战功授予官爵的新体制，以确立封建等级制度；废除奴隶制的分封制，普遍实行法治，主张刑无等级。

商鞅变法的内容基本都是促使社会发展的进步措施，当然会受到许多守旧“巨室”的反对。变法之初，这些人专程赶到国都来“言初令之不便者以千数”，甚至太子还带头犯法。为了使变法顺利实施，商鞅毫不留情，“刑其傅公子虔，黥其师公孙贾”，真正做到了“王子犯法与庶民同罪”。结果，新法实行十年，秦国便国富兵强，乡邑大治。最后，秦孝公成为战国霸主。

然而，正当商鞅在秦国功勋卓著的时候，他的心情却反而感到孤寂和迷惘，他自己也弄不懂为什么会这样。于是，商鞅便去请教一个名叫赵良的隐士。他对赵良说：“秦国原本和戎狄相似，我通过移风易俗加以改除，让人们父子有序，男女有别。这咸阳都城，也由我一手建造，如今冀阙高耸，宫室成区。难道我的功劳赶不上从前的百里奚吗？”百里奚是秦穆公时的名臣，现在商鞅和百里奚比，当然颇有一点儿委屈的情绪。

但是赵良却直率地说："百里奚刚受到信任时，就劝秦穆公请蹇叔出来做国相，自己则甘当副手；你却大权独揽，从来没有推荐过贤人。百里奚在位六七年，三次平定了晋国的内乱，又帮他们立了新君，天下人无不折服，老百姓安居乐业；而你呢，国人犯了轻罪，反而要用重罚，简直把人民当成了奴隶。百里奚出门从不乘车，热天连个伞盖也不打，很随便地和大家交谈，根本不要大队警卫保护；而你每次出外都是车马几十辆，卫兵一大群，前呼后拥，老百姓吓得唯恐躲闪不及。你的身边还得跟着无数的贴身保镖，没有这些，你就不敢挪动半步。百里奚死后，全国百姓无不落泪，就好像死了亲生父亲一样，小孩子不再歌唱，舂米的也不再喊着号子干活儿，这是人们自觉自愿地敬重他；你却一味杀罚，就连太子的老师都被你割了鼻子。一旦主公去世，我担心有不少人要起来收拾你，你还指望做秦国的第二个百里奚，这是非常可笑的。为你着想，不如及早交出商、於之地，退隐山野，说不定还能终老林泉。否则，你很快就要败亡。"

后来的事实不幸被赵良所言中，商鞅变法之所以能够成功，主要是他能够抑制上层保守派的反抗，例如刑及太子的老师。试想，太子犯法尚且不容宽恕，老百姓当然只有遵照执行了。但这同时也就给商鞅埋下了致命的败因。"商君相秦十年，宗室贵戚多怨恨者。公子虔杜门不出已八年矣"。一旦有机可乘，上层保守派肯定会合而攻之。

秦孝公死后，太子继位，就是秦惠王，公子虔等人立即诬告"商君欲反"，并派人去逮捕商鞅。商鞅迫于无奈，最

后只好回到自己的封地商邑，秦发兵攻打，商鞅被杀于渑池。秦惠王连死后的商鞅也不放过，把商鞅五马分尸外，还诛灭其整个家族。

所以，给自己留条后路，从多方面考虑事物发展的大势，无论是做什么都会有好处的。

故事二：

北宋仁宗庆历三年，南方出了个叫张海的大盗，不仅无恶不作，而且还有一支数百人的队伍，而各地方官府却只有少数狱卒、捕快，因此难以制衡。有一天，高邮城的军事长官晁仲约得到消息，张海正率大批人马向高邮城而来，他思考再三，自认无法抵挡，便号召了一批有钱人，捐了一批金钱、牛羊、酒菜等，提前去欢迎慰问贼兵。张海见没费力气就得了这么多钱财，非常高兴，吃足喝足后便率众扬长而去。但消息传到朝廷，他这种开门揖盗的做法却引起了轩然大波，大臣富弼当场提议必须处死晁仲约，以正国法。范仲淹却持反对意见，他说："我们应该站在晁仲约的立场上想一下：如果他手上有足够的兵力，哪怕只够防守，那么他遇到贼兵不抵御反而去贿赂，必须处死；但当时实际情况是高邮兵力不足，根本没有办法防守。况且这样做最终免使百姓遭遇杀戮和更大的抢劫，所以没有必要杀死晁仲约。"宋仁宗最终采纳了范仲淹的意见。与他持不同意见的富弼自然很生气，他私下问范仲淹："我要宏扬法令，你却多方阻挠，这样如何治理百姓？"范仲淹答道："本朝从祖宗开始，未曾轻易处死臣下，这是一种美德，怎么可以轻易破坏？假如皇上做惯了这种事，他日一旦手滑，没准你我的性命也不保啊！"富弼当时不以为然，但后来遭遇政治危机时却感叹道："范公真是圣人啊！"

富弼在中国历史上也是个颇有正能量的政治人物，但跟范仲淹一比，立即落了下风。尽管范仲淹的做法未必符合今人的法律观念，但他总体来说还是做到了"先天下之忧而忧，后天下之

乐而乐”，且在具体操作一些问题时很有灵活性，上面的例子就是明证。而富弼，不仅处理问题相对僵化和片面，也缺乏一颗基本的仁爱之心。即使是到最后感叹“范仲淹真是圣人”时，他也不是发自内心地佩服范仲淹的做法，而只是因为自己遇到了类似晁仲约一样的危机而已。所以，我们不仅应该学会站在他人的角度上想问题，还应该尽量站在道德的高度去想问题。如能这样，不管是思自己，还是思别人，都不难思出其中的是非对错。

第二十九章　圣人三灭

将欲取天下而为之，吾见其不得已。天下神器，不可为也，不可执也。为者败之，执者失之。

夫物或行或随，或嘘或吹，或强或羸，或挫或隳。是以圣人去甚，去奢，去泰。

【释义】

要想治理天下而又主观去施为的，我看他根本达不到目的。天下是大自然神奇造化之物，是不能凭主观意愿施为而改变的。凭主观意愿施为的必定失败；把持天下，把它据为私有的，也必定失去。

世间之物有的前行，有的后随；有的性情和缓，有的性情急躁；有的强壮，有的瘦弱；有的小受挫折，有的全部伤毁。因此圣人要去除极端，去除奢侈，去除过度。

【古典今读】

这一章主要论述了顺应自然的重要意义。自然界的一切事物都有它存在的独特方式，而不能人为地强加干涉，如果强加干涉，就是违背大道，就会受到大道的惩罚，注定要失败，任何事物都是这样，都不能违背大道的运行规则。

老子在他的《道德经》中多次提到统治者应该无为而治，实施不言之教，只有这样才能定国安民，国家才能长治久安，其统治地位才能长久。

君主具有超然地位，他不但可以裁断国家内部的一切矛盾，亦能够全权处理国家外部的纠纷。老子认为，国君固然会有一些所谓大有作为的举动，但任何领导者都不能用国家来作为施展自己个人理想抱负的工具。老子态度严厉地警告那些野心勃勃的统治者：谁想以国家做事业的赌注，谁就会失败；谁想长久把持国家，将其作为个人私产，谁就会失去它。因此圣人们治理国家，都是努力消除个人那些偏执、奢华、过分的行为方式。圣人（得道者）明白这个道理，所以就采取无为的方针来治理，也就不会失败；因为他不去支配百姓，所以也从来不会失去什么东西。这样一来，天下也就得到大治了。

俗话说千人千面，人们的性格特征迥然不同，各有所好：有些人喜欢特立独行，而有些人喜爱随声附和；有的人帮助加温，有的人吹着凉风；有的人刚强好斗，有的人羸弱好欺；有的人喜欢安逸，有的人却喜欢冒险。天下芸芸众生，而各人的性格又不相同，那么圣人该怎么去治理国家，才能确保人心归顺呢？老子反复讲要顺其自然，要每个人按照他们的不同特性去生存和发展，而不要人为地去干涉，以确保人心安稳，因为只有得人心者才能得天下。

所以，圣人治理国家要做的事情，就是把那些极端的事情去掉，把那些奢侈的东西去掉，把过分的行为去掉。这样一来，天下的人也就得到平衡和安定了。没有那些过分的人或者过分的事来干扰天下的百姓，天下的百姓也就能过上自由自在的生活了。

从老子本章思想中去体会立身处世的原理，老子是在指导我们该如何去面对选择，这就需要我们“去甚”“去奢”“去泰”，这样才能顺从自然的规律，而不会产生坏的结果。

事实也的确如此。面对生活，我们必须做出正确的选择。当然我们可以选择争、选择斗，结果可能成功，但必然也会因此而失去什么，可能是友谊，也可能是尊严，或者其

他的东西。我们也可以选择忍，选择吃亏，以换得大家的和平相处。也许，我们会失去什么，但却得到了大家的尊重。如此一比较，便可见选择的重要性。

现如今，生活条件好了，我们可选择的东西多了。在这种情况下，我们更应学会“去甚”“去奢”“去泰”，就像下面这位同学看了《道德经》本章后所说：

“近来，我特别热衷于上网聊天，一有时间就去。现在都快期末了，考试一门接一门，我总有一种忙不过来的感觉。于是干脆不忙了，整天去上网。这样做的结果是功课落下不少，空度不少光阴，于是，我静心坐下来，拿起《道德经》翻了一遍。看到《为之》这一篇，回想起平时自己的所作所为，我猛然醒悟过来，不能再如此下去了，我得做出选择：复习抑或上网？冷静权衡之后，我决定选择复习。我庆幸自己没完全被诱惑所俘虏，做出了一次正确的选择。”

人生就是选择，每走一步，都是一次选择。选择奉献，可以做一个好官，对得起老百姓；选择私情，亲朋欢心，自己良心难安；选择忍让，将是海阔天空；选择争斗，矛盾纠纷不断；选择坚持，痛苦将与幸福并存；选择退缩，每天都会沉陷于痛苦的深渊之中；选择节俭，做一个好接班人；选择安逸，做一个千古罪人……选择是痛苦的，人生要求我们选择。“故物或行或随，或嘘或吹，或强或羸，或载或隳。是以圣人去甚，去奢，去泰。”《道德经》教导我们要学会面对选择，教导我们要像圣人治理国家那样来治理自己的心灵和身体，把一切极端、奢侈、过分的东西都去除，这样我们自己就会平安、幸福地生活，而我们的祖国也会安定、繁荣。

【事典心裁】

有选择就有放弃，放弃对每一个人来说，都有一个痛苦的过程，因为放弃意味着可能永远不再拥有。但是，不放弃，想拥有一切，最终你将可能一无所有，这是生命的无奈之处。如果你不放弃眼前的热烈，就无法享受花前月下的温馨……人生如戏，每个人都是自己生命的唯一导演，我们只有学会选择，才能彻悟人生，让自己拥有一片更加广阔的天地。

冯谖是战国时代齐国人，原先他穷得连饭都没得吃，后来经人介绍，成为孟尝君的食客。

冯谖经常唱“不如归去”，然而孟尝君却对他有求必应，因此冯谖帮助孟尝君收债买义，游说诸侯，为孟尝君“凿了三窟”，使他高枕无忧。

话说冯谖到孟尝君门下不久，孟尝君询问府里的门客：“有谁能算账理财，替我到薛地去收债？”

冯谖自告奋勇。

临行前，冯谖问道：“债款全部收齐后，需要买些什么东西回来？”

孟尝君说：“看我家里缺少什么就买什么。”

冯谖乘马车到薛地，召集那些应当还债的百姓来核对借据。

借据都核对完了，冯谖假传孟尝君的命令，把债款赐给百姓，于是烧掉他们的借据，百姓齐声欢呼“万岁”。

冯谖马不停蹄地赶回齐国都城，大清早就请求见孟尝君，孟尝君见他这么快就回来，觉得很奇怪，问道：

“债全收齐了吗？用它买了什么回来？”

冯谖回答说：“都收齐了，我走的时候，您说看家里缺什么东西就买什么，您府里缺少的要算是‘义’了，因此我私自做主，替您买了‘义’。”

孟尝君问：“买‘义’是怎么个买法？”

冯谖说：“如今您只有一块小小的薛地，却不能抚育、爱护那里的百姓，反而用商贾的手段从百姓身上榨取利息。我私自假传您的命令，把借款赐给百姓了，并烧掉了他们的借据，百姓齐声欢呼‘万岁’，这就是我给您买的‘义’啊！”

孟尝君心中不高兴，但脸上并不表现出来，说：“好吧，先生，算了吧！”

过了一年，齐王疏远了孟尝君，孟尝君只好回到封邑薛城去住。

走到离薛城还有一百里的地方，百姓扶老携幼，在大路上迎接孟尝君。孟尝君对冯谖说：“先生替我买的‘义’，在今天总算看到了。”

冯谖说：“聪明的兔子要有三个洞穴才能避免灭亡。如今您只有一个洞穴，还不能舒舒服服睡大觉呀！请让我替您再凿两个洞穴！”

于是孟尝君给他五十辆车子，五百斤黄金，往西游说魏国。

冯谖对魏惠王说：“齐王放逐他的大臣孟尝君到诸侯中，先迎接他的，就能使自己的国家富足，军队强大。”

于是魏惠王空出位置，派使者带着千斤黄金，赶着百辆马车去薛城聘请孟尝君。

冯谖抢先回薛地嘱咐孟尝君不要急于去魏。魏国的使者往返三趟，孟尝君坚决推辞，不肯到魏国去。

齐王听到这个消息，赶紧派人向孟尝君道歉，并迎接他回到国都。

冯谖又嘱咐孟尝君，要他向齐王请求，在薛建立宗庙。宗庙建成了，冯谖对孟尝君报告说：“三个洞穴已经凿好，您就安心地去过快乐的日子吧！”

后来，孟尝君位居齐国宰相几十年，没有半点儿灾祸，都是由于冯谖的精心策划，才能如此平顺。

故事一：

《淮南子》上说：“天下最毒的药草就是附子，但是高明的医生却把它收藏起来，这是因为它有独特的药用价值；麋鹿上山的时候，善于奔驰的大獐都追不上它，等它下山的时候，牧童也能追得上。这就是说，在不同的环境中，任何才能都会有长短不同。比如胡人骑马方便，越人乘船方便，形式种类等都不同，但彼此都觉得方便，然而一旦换过来去做，就显得很荒谬了。”

每个人做自己能做的事，从而使每个人的特点都得到了充分发挥。管仲在向齐桓公推荐人才的时候说：“对各种进退有序的朝班礼仪，我不如隰朋，请让他来做大行吧；开荒种地，充分发挥地利，发展农业，我不如宁戚，让他来做司田吧；吸引人才，能使三军将士视死如归，我不如王子城父，请让他来做大司马吧；处理案件，秉公执法，不滥杀无辜，不冤枉好人，我不如宾胥无，请让他来做大理吧；敢于犯颜直谏，不畏权贵，尽职尽忠，以死抗争，我不如东郭牙，请让他来做大谏吧。你若想富国强兵，那么，有这五个人就够了；若想成就霸业，那就得靠我管仲了。”黄石公说：“起用有智谋、有勇气、贪财、愚钝的人，使智者争相立功，使勇者得遂其志，使贪者发财，使愚者勇于牺牲。用兵最微妙的权谋就是根据他们每个人的性情来使用他们。”

基于这一道理，曹操说：“有进取心的人，未必一定有德行；有德行的人，不一定有进取心。陈平有什么忠厚的品德？苏秦何曾守过信义？可是，陈平却奠定了汉王朝的基业，苏秦却拯救了弱小的燕国。这就是因为他们都发挥了各自的特长。”由此可见，让韩信当谋士，让董仲舒去打仗，让于公去游说，让陆贾去办案，谁也不会创立先前那样的功勋，也就不有今天这样的美名。所以，“任长”的原则，应当仔细研究。

魏时桓范说：“审时度势，合理使用人才，是帝王用人的原则。打天下的时候，以任用懂得军事战略的人为先；天下安定之后，以任用忠臣义士为主。晋文公重耳先是遵照舅舅子犯的计谋行事，而后在夺取政权时又因雍季的忠言奖赏了他。汉高祖刘邦采用陈平的智谋，临终时把巩固政权的重任托付给了周勃。”古语说：“和平的时期，品德高尚的人受到尊崇；战乱发生的时候，战功多的人得到重赏。”诸葛亮说：“老子善于养性，但不善于解救危难；商鞅善于法治，但不善于施行道德教化；苏秦、张仪善于游说，但不能靠他们缔结盟约；白起善于攻城略地，但不善于团结民众；伍子胥善于图谋敌国，但不善于保全自己的性命；尾生能守信，但不能应变；前秦方士王嘉善于知遇明主，但不能让他来侍奉昏君；许子将不能靠评论别人的优劣好坏来笼络人才。”这就是用人之所长的妙处。

此外，德与才是相辅相成不能分开的，德靠才来发挥，才靠德来统率。从德和才两个方面出发，可以把人分为四种：才胜德为小人，德胜才为君子，德才兼亡为愚人，德才兼备为圣人。在用人时，如果没有圣人和君子，那么与其得小人，不如得愚人。

因为“君子挟才以为善，小人挟才以为恶，而愚者虽欲为不善，但智不能周，力不能胜。”意思就是，有才而缺德的人是最危险的人物，比无才无德还要坏。人们往往只看到人的才而忽视了德。从古到今，国之乱臣，家之败子，都是才有余而德不足。

故事二：

曹操在官渡打败袁绍之后，袁绍的许多东西都落入了曹操手中，包括大量的辎重，以及珍宝、图书等。曹操在清理这些战利品时，意外地发现了许多手下将官写给袁绍的信件。换言之，曹操手下有很多内奸。换作旁人，肯定要逐个查出，逐个清洗。但曹操却没有多看，便吩咐人将它们全部付之一炬，并公开说：“在袁绍没被打败之前，不要说我的这些部下很担心自己的前途，就是我本人也有自身难保的忧虑。事先为自己找出路是正常的，不值得大惊小怪。”事实也的确如此，当人们得知曹操获得了自己通敌的信件时，许多人的心都提到了嗓子眼，害怕遭到曹操的处罚，有些人甚至做好了逃跑或叛乱的准备。看到曹操把信烧了，人心顿时就踏实了，从此也就死心塌地地追随曹操了。曹操的这一举

动，的确很了不起。不管曹操在别的方面做得如何，但此时的曹操，绝对称得上心比瀚海。

曹操还有许多容人的故事。他手下有许多武将，比如张辽、徐晃等，都是收降的原来属敌对一方的人，这些人做曹操的敌手时，对他是毫不手软，曹操没少吃他们的苦头，可是曹操仍然毫无芥蒂地放心使用他们。可以说，没有他们，曹操的事业就不可能做到这么大。

除了武将，曹操也没少收编当时的文化精英，其中最典型的人物就是身为“建安七子”之一的陈琳。公元200年，袁绍与曹操争雄中原，袁绍按谋士郭图的建议，命书记陈琳起草讨伐曹操的檄文。陈琳素有才名，在“建安七子”中是排第二位的大牌作家，领命之后，他当即写了一篇《为袁绍檄豫州文》，文中写道：曹操的祖父曹腾，是从前的中常侍，与左悺、徐璜，同时兴风作浪，骄横放纵，损害风化，虐待百姓；他的父亲曹嵩，是曹腾收养的义子，借助曹腾的地位，乘坐金车玉辇，勾结权势，篡夺皇位，颠覆皇权。曹操是宦官阉人的后代，本来就没什么品德，狡猾任侠，喜欢制造动乱和灾祸……文中不仅骂了曹操，连曹操的祖先都没放过，大张旗鼓，挖地三尺，刻薄狠毒，措辞用字无所不用其

极。据《三国演义》的描写，檄文传至许都，曹操的偏头疼正在发作，卧病在床，听完之后竟毛骨悚然，以至出了一身冷汗，不觉头风顿愈，从床上一跃而起。官渡之战后，陈琳被曹军俘虏，一路上浑身发抖，面无人色。然而事情却出现了转机，曹操责问陈琳，你骂骂我也就行了，怎么连我的祖宗也给了骂了？陈琳说当时是“箭在弦上，不得不发”，曹操觉得这回答很老实，也很妙，便生了爱才之心，把陈琳留在了身边，做自己的记室。

第三十章　以道佐人

以道佐人主者，不以兵强于天下，其事好还。师之所处，荆棘生焉，大军之后，必有凶年。善者果而已，不敢以取强。果而勿矜，果而勿伐，果而勿骄，果而不得已，果而勿强。物壮则老，是谓不道，不道早已。

【释义】

依照道的原则来辅佐君主的人，不靠兵威在天下逞强。用兵这种事必然会得到报应。军队所停驻的地方，田地里必然会荆棘丛生，大战之后，必定有凶荒的年岁。善用兵的人，达到基本目的就立即停止，并不因为兵力强大而耀武扬威。达到基本目的而不自大、不夸耀、不骄傲、不自鸣得意，认为战胜乃不得已，这就是达到基本目的而不自以为强。事物达到强盛之极点，就会走向衰亡，就不合于“道”，不合于“道”就会很快败亡。

【古典今读】

在这一章和下一章里，老子论述的重点都是战事问题。但必须明确指出的是，《道德经》主要是一部哲学著作，而不是兵书，他论兵是从哲学的角度，而不是军事学的角度。讲到许多哲学问题时，也涉及军事，因为哲学与军事虽非同一学科，但有许多内在相通之处。他着重讲战乱让广大人民付出背井离乡、妻离子散的惨重代价，战争是人类最残酷、最愚昧的行为。这是从反对战争这一角度出发的。

君王在治理天下时，必然有一些辅佐他的人，这些人在辅佐君王、管理臣民的同时，也操纵着军队，一旦他们过分夸大军事在整个统治中的作用和地位，势必会影响君王的想法，甚至会给君王带来争夺天下、穷兵黩武的治国主张，酿成不好的结果。不论战争是胜是败，都会遭报应。因为战争本身就是最大的危害，战争带给我们的是灾难、痛苦和衰亡。

话又说回来，一个国家如果没有自己的军队，就会遭到其他国家的侵略，就无法保证自己国家的安定祥和。所以老子主张，用兵之道不是为了战争，不可以强兵天下；而是为保家护国，为确保人民的安全和政治的稳定，是不得已而为之的事情，是被动的，而不是主动的。一旦发生战争，必须用兵的时候，也要遵循大道的原则：不过分用兵逞强，只要达到保全自身利益的目的就可以了；而且在达到目的以后，不要自满、不要骄纵、不要显示。因为这样做不仅会引起别人的嫉恨，也会使自己放松警惕，还会使自己放纵和腐化，这会使已经取得的胜利化为乌有，同时导致最终的失败。所以做任何事都要追求一个合理的度，过度用兵以逞强和显示

威风，只会落个一败涂地的下场。这就要求统治者在治理国家时应采用顺其自然的做法，而不采取过分的行为，才能确保天下太平、国富民安。

老子向我们说明了这样一个人生道理，做事情不能太过头，太过头就会走向反面。当我们取得了成绩时，不可沾沾自喜，更不可妄自尊大，而应该保持一个适当的度，否则就会向相反的方向转化。人们常常说的否极泰来就是这个道理。我们常常用乐极生悲来形容那些得意忘形的人，也常常作为自己的警钟，快乐得忘了形的人在我们的生活中随处可见，而悲伤过度的人也不在少数。我们为什么这么难以把握自己的情绪呢？其实答案很简单，那就是我们都离大道太远了，无法和大道合而为一。在掌控情绪方面，老年人是年轻人的楷模，老年人在残酷的现实生活中经历了太多的大风大浪，情感磨砺得比较坚忍，不容易冲动，也不会感情用事；而年轻人却不同，年轻人经不起风吹草动，稍遇挫折就会痛苦不已，特别是在情感方面。一位年近花甲的老者，每当回忆往事，总对自己年轻时的一次失恋经历感慨万千，为什么呢？因为他曾因失恋痛苦得想要自杀，但经过一番思想斗争之后，他还是得到了自救，他形容自己当时真的已经达到了痛苦的极点，再也无法承受，他很佩服自己当时的猛回头，就是这猛回头成全了他的宝贵生命和现在的辉煌业绩，现在他是一名伟大的作家，写了很多人们喜爱的作品。年轻人大都会遇到这样的烦恼和痛苦，但处理的方法却不同，大多数人都只是一味地忍着伤痛，想起一次痛一次，而不是作为一次经验和教训，不懂得化悲痛为力量，没有向积极的方面转化。失败和痛苦在很大程度上能为人的成功积累经验。所以，我们决不能让坏情绪毁了自己的一生，生命是多姿多彩的，关键在于我们要有欣赏的眼光和快乐的心情。

上一章老子讲述了君主应如何治理国家，本章老子接续上一章讲述如何辅佐君主用兵。老子反对战争，描述了战争的种种危害，主张用兵之人“不以兵强天下”。而事实的矛盾是一个国家不可能没有军队，有军队，这是因为有战争发生的可能，所以老子又退一步提出，军队和战争只是为了保证国家、人民的安全和政治的正常运行，所以，是不得已而为之。一旦发生了战争，应遵循的原则是：不自满、不自骄、不自豪。为什么这样说呢？老子告诉我们，这是“道”的原理，事物强盛到了极点，就会逐渐衰弱了。

本章在老子的话语中透露着劝人得意之时莫忘了回头的意图，这正是我们需要注意的。世事如浮云，瞬息万变，但世事也并非无章可循，而是物极必反，循环往复。

中国人常说：“做人不要做绝，说话不要说尽。”廉颇做人太绝，不得不肉袒负荆，登门向蔺相如谢罪。郑伯说话太尽，无奈何掘地及泉，遂而见母。故俗言道：“凡事留一线，日后好见面。”凡事都能留有余地，方可避免走向极端。特别在权衡进退得失的时候，务必注意适可而止，尽量做到见好便收。

一个成熟的人知道恰当地表现自己。美酒饮到微醉处，好花看到半开时。明人许相卿说“富贵怕见花开”，此语殊有意味，“言已开则谢，适可喜正可惧”。做人要有一种自惕惕人的心情，得意时莫忘回头，着手处当留余步。此所谓“知足常足，终身不辱。知止常止，终身不耻”。宋人李若拙因仕海沉浮，作《五知先生传》，谓做人当知时、知难、知命、知返、知足，时人以为智见。反其道而行，结果必适得其反。君子好名，小人爱利，人一旦为名利驱使，往往只知进，不知返。尤其在中国古代的政治生活中，不懂得适可而止，见好便收，无疑是临渊纵马。古代的君王，大多数可与同患，难与处安，所以做臣下的在大名之下往往难以久居。故老子早就有言在先：“功成，名遂，身退。”范蠡乘舟浮海，得以终身；文种不听劝告，饮剑自尽。

任何人不可能一生总是春风得意。人生最风光、最美妙的时刻往往是最短暂的。常言道：“人无千日好，花无百日红。”见好就收的人，才是最大的赢家。世故如此，人情也

是一样。与人相交，不论是同性知己还是异性朋友，都要适可而止。君子之交淡如水，既可避免势尽人疏、利尽人散的结局，同时友谊也只有在平淡中方能见出真情。越是形影不离的朋友，越容易反目成仇。因此，古人告诫说："受恩深处宜先退，得意浓时便可休。"即使是恩爱夫妻，天长日久地耳鬓厮磨，也会有爱老情衰的一天。北宋词人秦少游所谓的"两情若是久长时，又岂在朝朝暮暮"，这不只是两地分居的夫妻之间的心理安慰，更应成为终日厮守的男女情侣之间的醒世忠告。

【事典心裁】

《周易·复卦·彖辞》说："复其见天地之心乎！""日盈则昃，月盈则食"，智者从周而复始的自然变化中得到心灵的启示："无平不陂，无往不复。"老子要言不烦，将其概括为："反者道之动。"人生变故，犹如水流，事盛则衰，物极必反。过犹不及，不及是大错，太过是大恶，恰到好处的是不偏不倚的中和。

春秋时期，齐相国晏婴是一位家喻户晓、德高望重的政治家，人们尊称他为晏子。他博闻强记、知古通今，辅佐齐灵公、齐庄公、齐景公三世，达五十七年。他提倡节俭，并能以身作则，尽忠直谏，对国君从来是知无不言，言无不尽。

一日，齐庄公在花园里与妃子下棋，听说晏子前来求见，就撇下妃子，与这位棋坛高手在棋盘上厮杀起来。

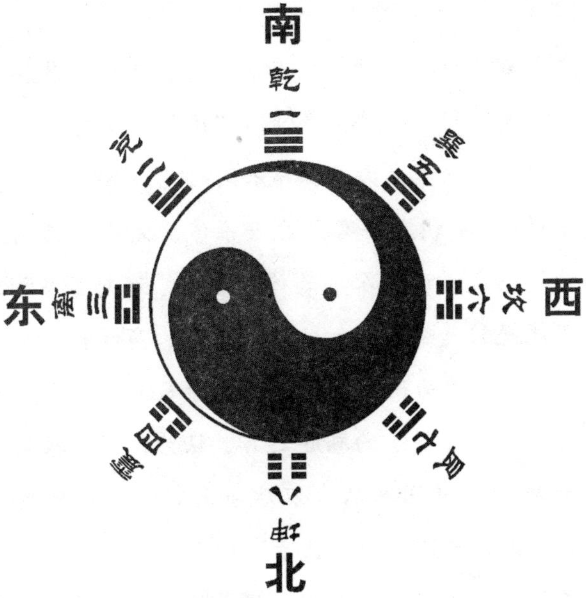

晏子也不多话，稳稳坐在那里，摆开阵势，一会儿工夫就吃了庄公不少棋子，占尽优势。但不知为什么，晏子连连用强，走了几步棋，棋局就发生了变化。庄公沉着应战，居然转败为胜，赢了一局。

齐庄公疑惑地问：“为什么这局棋会下得如此差呢？”

“臣有勇无谋，输棋自在情理之中。”晏子手指棋盘说，“下棋是这样，治理国家也是这样，如今各国的状况，对我而言，已经很难胜任相国的重任了。”

庄公吃了一惊，晏子又说：“近年来，由于您偏爱勇武有力的大臣，使武夫们滋长骄傲情绪，傲视文臣，欺压百姓，闹得京城临淄乌烟瘴气。许多有才干的文臣得不到重用，官风民风越来越坏。若这些人不加以严格约束，势必会出乱子。”

齐庄公有些自知之明，但身为国君，怎可轻易接受一个臣下的批评呢？于是不服气地问：“请相国直言，古代有没有哪一个国君，依靠武力而安邦治国的呢？”

晏子说：“夏朝末年有大力士推侈、大戏，殷朝末年有勇士弗仲、恶来，这些人都是神力无边、万夫莫当之辈，可他们却不能挽救夏桀、殷纣的灭亡。夏、商的覆灭告诉后世一个道理：光靠勇力而不行仁政，是行不通的。”

庄公仔细体会晏子的肺腑之言，认为他说得很对，就恭敬地表示感谢，并同意从今以后省刑轻赋，施仁政以固国本，让万民敬仰自己，让文臣亲近自己。

晏子下棋，开始时猛如虎，顾前不顾后，待到后来欲挣扎时，早已成败局。他以此吸引庄公，提出话题，并顺势转到以武治国和以仁治国上面来，当庄公不服气时，他又举出

实例，证明以武治国是不可行的。其婉转自如的口才，令人叹服。

故事一：

有道的人取得一定的成功就适可而止，不执取成功而强梁霸道。不把成功作为凭恃，不借成功而张扬夸耀，不恃成功而骄慢待人，只把成功作为情非得已的必需，并不因此而强霸天下。要知道，事物强壮了就难免趋于老化，这是不合于道的，不合于道总是自速其亡。

在这段话里，老子告诉我们一个很重要的道理，就是适可而止的重要性。

有智慧的人，明了世事如浮云瞬息万变的道理，不过，世事的变化并非毫无规律，而是穷极则返，循环往复。

生活既然如此，安身立命就应该讲究恰当的分寸，过犹不及，恰到好处的是不偏不倚的中和。基于这种认识，我们就不难明了“物壮则老，是谓不道，不道早已”的道理。这句话老子反复强调过，也就是说凡事要适可而止，留有余地，避免走向极端，特别是在权衡得失进退的时候，务必注意这一点，不能“恃果而骄，恃果而强”。

《菜根谭》里说“花看半开，酒饮微醺”，这是一种境界，古诗也有云“美酒饮教微醉后，好花看到半开时”。酒饮微醺，正得其醺醺然的快感，若是狂饮烂醉，超过了微醺的度，那接下来不仅感受不到酒的好处，反而会头痛、呕吐，在生理上遭受痛苦。还有的人喝醉了之后会做出一些平日清醒时绝对不会做的事，说错话，这就不仅仅是个人生理上的痛苦了，还会给其他人带来麻烦。

而花看半开，自然的，花未开时领略不到它的美，而花若全开也就离凋谢之期将近，最美便是半开时。

做人要有一种自惕惕人的心情，得意时莫忘回头，着手处当留余地。

但是君子好名，小人好利，人们往往为各色欲望所驱使，身不由己，只知进不知退，得意处张扬跋扈，全然不会未雨绸缪。

长孙无忌是唐太宗李世民的宠臣，他早年追随秦王李世民打仗，多有战功，屡有升迁。而且他的妹妹是李世民的结发妻子，贤良淑德，世人敬仰。有这两层关系在，李世民对长孙无忌是非常信任和重用的。

在李世民登基后，长孙无忌受封齐国公，但他从不倚仗自己的身份而骄横行事，每言大事必反复思量，然后方徐徐陈进。有人说他太过谨慎，长孙无忌就说："身为重臣，当自知厉害，慎对宠恩。我若倚仗皇上垂爱，不知检点，乱进谏言，一来对皇上不敬，二来也会由此失去皇上的信任，怎敢大意呢？"

有一次，在朝会上商议讨伐突厥的事，有人借突厥发生内乱之机，主张发兵讨伐，以成大功。长孙无忌听后却久久不发一言，唐太宗就问他的意见："你足智多谋，相信此事自有明断。你不作声，可是另有打算吗？"

长孙无忌见皇上相询，这才上前应对说："此事臣以为不可征伐。"

唐太宗很奇怪，说："你从前一向主战，今日缘何至此呢？"

长孙无忌说："动止之间，全在变化，焉能不变呢？从前突厥与我为敌，不伐不行。如今突厥刚与我结盟，伐之失信，毁我天威。再说夷狄今已内乱，无力再侵我朝，这正是我朝求之不得的好事，何必多此一举呢？如果一兴刀兵，徒增烦恼不说，恐怕祸患将生，于我大唐有弊无利，故不应出兵。”

唐太宗接受了他的谏言，说道：“动止之祸，你已言透了。朕若贪恋全功，只怕终有抱憾。”唐朝不攻突厥，突厥感恩戴德，最后归顺了唐朝。

这里长孙无忌说明了两个道理，一个是事情是不断发展变化的，对同一件事情的处理方式要根据它的变化而有所不同，要因地因时制宜；另一个就是要适可而止，表面上看来唐朝正占了有利时机，可是如果因此而冒进讨伐突厥，后果却是自损大唐的威名，让其他附属国家认为唐朝不重结盟的诚信，也就会失去归顺的想法，从这一点来看，大唐的损失要比得到的好处更多。

后来长孙无忌的权力过大，以至于许多人都不断上书攻击他。唐太宗没有猜忌他，却把这些表文直接拿给他看。长孙无忌背生冷汗，坚持辞官，还泣泪说：“陛下信任于臣，可是臣也不该让陛下为难。臣为国做事，本不在意身任何职，倘若为了那些身外之物而令天下猜忌，却非臣之所愿了。”

唐太宗一口回绝。长孙无忌忧心更甚，对自己的家人说：“我虽然表面上受到尊崇，可实际上已经处在风浪中了。这个时候，若不知退让，只是倚仗皇上撑腰，只怕他日有悔。”他的家人反对说：“皇上不准你辞官，别人又能把你怎么样呢？他们嫉恨你，难道就让他们得逞吗？你也太软弱了。”这就是世俗的看法，不明白物壮是不合于道的。

长孙无忌说：“只进不止，只能授人以柄，时间一长，皇上也会起疑心。何况既是皇上厚爱于我，我又何必为了那些虚名而自树强敌，招惹祸端呢？”在他的坚持下，唐太宗只好解除了他的尚书右仆射之职，但仍让他主持门下省的事务。长孙无忌还是推让，唐太宗下诏说：“黄帝因为得到了力牧，才能成为五帝中第一个帝。夏禹因为得到咎繇，才能成为三王中第一个王。齐桓公因为得到了管仲，才成为五霸中第一个霸主。我得到了你，才平定了天下，你不要再推让了。”

唐太宗还亲自作了一篇《威风赋》赐给他，以表彰他的功绩。长孙无忌深感其诚，这才勉强留在朝中。此事传出，

人们对他的攻击也就戛然而止了。

由此可见，身处繁盛时期尤其不能恃果而骄，因为事物是在不断变化的，今天的繁盛可能就是明天的衰败，谁也不能保证自己永远在一个永胜不败的境地里，所以要适可而止。

故事二：

古人告诫我们：做事勿待极致，用力勿至极限，悬崖撒手，适可而止，才能确保平安。做事是这样，生活上也该如此。“花要半开，酒要微醺”，才能享受到其中的真正乐趣。反之假如酒喝到烂醉如泥，不但不是快乐反而是受罪。所以，我们要学会控制自己的欲望，以免乐极生悲。

年羹尧字亮工，是汉军镶黄旗人，进士出身，颇有将才，多年担任川陕总督，替西征大军办理后勤。年羹尧早年已为皇四子胤禛（雍正）集团成员，还将妹妹送给胤禛当侧福晋，以表对主子的亲近和忠心。隆科多是孝懿仁皇后的兄弟，既任步军统领，又是国舅之亲，十分受康熙的器重，后来果然成为康熙病中唯一的顾命大臣。

雍正与二人交结，当然有自己的良苦用心。康熙末年，由于太子被废，诸皇子见机，都加紧忙于争夺嗣位的斗争。胤禛暗地里自然也着力较劲。他很清楚，除了用精明务实的办事能力博取父皇的信任外，必须集结党羽，拉拢拥有兵权的朝中重臣，所以极力拉拢隆科多和年羹尧。隆科多统辖八旗步军五营两万多名官兵，掌管京城九门进出，足以控制整个京城局势。而年羹尧辖地正是胤禵驻兵之所，可以牵制和监视胤禵。西安又是西北前线与内地交通的咽喉所在，可谓全国战略要地，所以后来史家也认为："世宗之立，内得力于隆科多，外得力于年羹尧。"

雍正即位之初，隆科多和年羹尧执掌政治大权，恩宠有加。当胤禵被召回，年羹尧即被授命与掌抚远大将军印的延信共掌军务。未及半年，雍正又命将西北"俱降旨交年羹尧办理"。雍正元年十月，青海厄鲁特罗卜藏丹发生暴乱，雍正又任命年羹尧为抚远大将军。年羹尧也不负圣恩，率师赴西宁征讨，平定成功，威震西南。雍正加封年羹尧一等公爵。

雍正不但对年羹尧加官晋爵，赠予权力，还关心其家人，把他的家人也笼络到极致。甚至把年羹尧视作"恩人"，

当对年羹尧“共倾心感悦，若稍有负心，便非朕之子孙，稍有异心，便非我朝臣民也”。又口口声声对年羹尧说：“从来君臣之遇合、私意相得者有之，但未得如我二人耳！总之，我二人做个千古君臣知遇榜样，令天下后世钦慕流涎就是矣。”这类甜言蜜语，出自皇帝之口，很少听得到。

年羹尧却蒙在鼓中，真以为有皇帝把他当知己，他也就以皇帝为后台，居功恃傲、骄肆蛮横起来。年羹尧凯旋还京，军威甚盛，盛气凌人。雍正亲自到郊外迎接，百官伏地参拜，年羹尧却没有因此而丝毫感动，与雍正并辔而行。这时雍正心中甚是不快，做臣子的怎么能如此放肆，便开始对他感到厌恶。雍正三年四月，皇上仅以年羹尧奏表中字迹潦

草和成语倒装，就下诏免其大将军之职，调补杭州将军，以解除兵权。而臣僚们见年羹尧失宠，便纷纷上奏，检举揭发年的种种违法罪行。此时雍正又听说年羹尧在西北之时，曾与胤禩等人有所交往，密谋废立等谣传，便决意处置年羹尧。

最后议政大臣等罗列了年羹尧几条罪状，拟判死刑，家属连坐。雍正以年羹尧有平青海诸功，赐死，令其自裁。其父年老以免死，子年富立斩，其余15岁以上男子俱发往广西、云南极边烟瘴之地充军。族人全部革职，有亲近年家子孙之人，也以党附叛逆罪论处。

隆科多的命运与年羹尧是一样的。在雍正即位之初，他备极宠信，授吏部尚书，加太保、赏世爵。隆科多亦恃恩骄肆，多为不法。年羹尧狱起，隆科多起而庇护，却激起龙颜大怒，被削去太保衔、诏夺世爵。雍正四年初，被罚往新疆阿尔泰充军，其妻子家属也被流放成奴，家人牛伦被斩。雍正五年十月，又以家中抄出私藏玉腰带，诏调回革职查问。接着被拟罪名达110项，雍正下旨，将隆科多下狱，永远禁锢，当年的冬天，隆科多就病死在了狱中。

第三十一章　恬淡为上

夫兵者，不祥之器，物或恶之，故有道者不处。君子居则贵左，用兵则贵右。兵者，不祥之器，非君子之器，不得已而用之，恬淡为上。胜而不美，而美之者是乐杀人。夫乐杀人者，则不可得志于天下矣。吉事尚左，凶事尚右。偏将军居左，上将军居右，言以丧礼处之；杀人之众，以悲哀泣之；战胜，以丧礼处之。

【释义】

兵器是不吉祥的事物，有些人憎恶它，所以有道的人不依靠它。君子平时居处以左边为上，用兵时则以右边为上。兵器是不吉祥的东西，不是君子的东西。不得已而使用它，应淡然处之（不出于泄私愤，逞贪欲）。战胜不要得意，如果得意，就是喜欢杀人。喜欢杀人的人（将引起天下人的反对），就不能得志于天下了。吉事以左边为上，凶事以右边为上。偏将军在左边，上将军在右边，这是说用丧礼来对待。战时官兵被杀的众多，要以悲哀的心情对待之。战胜了，要用丧礼来处理这个胜利。

【古典今读】

这一章和上一章紧密相连，是写老子对战争所抱的态度，他反对战争，对兵器进行了犀利的批判，认为兵器是不祥之器，老子把对兵器的看法融入自己的哲理中，他认为战争是有悖于大道的，为得道之人所不为，甚至是深恶痛绝的。

在老子看来，任何个人、集体、国家或者社会，在国家统治者的召集下，手执武器来战斗，都是一种迫不得已的行为。因此，应以一种淡然的心境来参与和对待，即使胜利了，也不值得庆幸和赞美，如果表示赞美，就表明是乐于杀人的人，对于所有喜欢杀人的人而言，或许他们能逞强于一时，但他们绝对不能得志于天下。老子所处的那个时代战争频仍，老子目睹了战争给百姓带来的祸患，各个国家也遭到了不同程度的破坏，百姓生活在水深火热之中。老子站在时代的高度发出了振聋发聩的反战呼喊，这一呼喊震天动地。

我们习惯上把左边的位置看成是尊贵的象征和吉祥的标志，而不祥的事物在右边。在战场上，副职将军居于左，而上将军居于右，就是说要用办丧事的规矩对待战争，体现了对战争的审慎态度。一旦战事爆发，上将军会像处理丧事似的来处理，无论战败还是战胜，都采用办丧事的仪式来处理。

本章紧接着上一章谈兵事，上一章老子提出了“不以兵强天下”的主张，本章老子又表达了同样的思想——“兵者，不祥之器”。

兵器是战争的祸端，无论是正义之战，还是非正义之战，都没有好结果，故老子认为兵器是不祥之物。

与上一章相同，老子并不赞成用武力来解决问题，认为武力只会带来不好的结果，国与国之间动用武力，就会死人无数，血流成河；个人与个人之间动用武力，就会激化矛盾，危及性命。由此可见，我们与人相处，应尽量避免与人动用武力。

据统计，几乎所有的动武之事，都是由人与人之间的矛盾冲突引起的。因此，社会学家告诫人们，在与人交谈的时候，应尽量避免与他人产生正面冲突。如果实在难以回避的话，则可以运用幽默的手段来进行侧面回应。

美国有一位大名鼎鼎的律师马塞，是一个善用幽默的人。

有一次，他当众演说时，听众中不时有人大声喊着："讲大声一点儿！大声一点儿！"起初马塞还置之不理，但后来实在忍无可忍了，便用很严肃的态度对主席说："主席，你想将来如果有一天，一个天使跑来宣布上帝的命令，说世界已经到了末日时，那些呆子会不会也挤在老远的听众后面，大声地叫他说'大声一点儿'呢？"他这样一说，那些一味瞎喊的人便立刻静下来，于是他得以继续讲完他原来的演说。

还有一次，马塞在一个大会中演讲时，台下有一个爱尔兰人对他破口大骂，他却若无其事地说："你尽管骂个痛快吧！因为我正是那个最不懂会场规矩的人。"这使听众们立刻哄堂大笑，并把那个不懂会场规矩的人赶走了。

以上种种都是我们在日常社交处世中回避冲突的绝妙办法，我们不妨学来一用。

没有冲突，自然没了矛盾，没有了引发武力的导火线，由此我们便可以与人和平相处，不仅远离了战争，甚至还成就了一个幽默、睿智的你。

【事典心裁】

与人无争，就能亲近他人；与物无争，就能抚育万物；与名无争，名会自动到来；与利无争，利会自动聚集。祸患的到来，全是争的结果。

我们都知道越王勾践卧薪尝胆的例子，但往根源上追溯，他当初如果不那么好战的话，根本没必要这样折磨自己。

史书上记载得明明白白，勾践听说吴王夫差奋发图强，日夜练兵，想找自己报仇，就想先发制人。智囊范蠡劝道：“不可以。古人说：‘兵者，凶器也；战者；逆德也；争者，

事之末也；阴谋逆德，好用凶器；试身于所末，上帝禁之，行者不利。’”但勾践不听良言相劝，说：“我已经决定了，你不必再多言。”然后发兵攻打吴国。吴王率精兵迎敌，追而围之，这时候，勾践才醒悟说：“我后悔当初不听你的话，才落到今天这步田地。为之奈何？”好在范蠡及时提出了针对性的策略，历史也给了他足够的机会，才有了勾践后来翻盘的传奇。

故事一：

公元前710年，宋国的太宰华督杀死了宋国大臣孔父嘉，占有了他的妻子，之后又杀害宋殇公，立宋殇公的儿子公子冯做了国君。这年三月，齐、鲁、郑、陈四国承认了华督的新政权。华督为拉拢四国，就向四国行贿。其中，鲁国得到的贿赂是郜鼎,也就是原属郜国的大鼎，鲁桓公把它安放在太庙里，很是得意。

大臣臧哀伯劝阻说："做人君的，应该发扬美德，阻塞邪恶，以此来作为百官的榜样，还怕有所缺失，所以还要宣扬美德以昭示子孙。因此太庙用茅草盖成，大车用薄草席做垫子，肉汁不调五味，主食不用精米，这样做是为了表明节俭。礼服、礼冠、蔽膝、玉笏、腰带、裙子、裹足、鞋子、横簪、瑱系、帽带、头巾，这些是用来表示等级制度的；玉器的垫子、刀鞘的装饰、束衣的布带、下垂的大带、旌旗的飘带、马鞅，这些是用来表示尊卑等级的；衣上画火、画龙、画黼黻，这些是用来表示贵贱的花纹；用五色来象征天地四方，是为了表明车服器械的颜色；用各种各样的鸾铃来点缀车马旗帜，是为了表明各种声音；将日月星辰画于旗上，是为了表明光彩。讲求美德，就应该节俭而有法度，升降而有等级，用文彩和器物来记录它，用明亮的声音来发扬它，以此来为百官树立榜样，百官因此警醒恐惧，不敢轻视纲纪法律。现在您废弃道德而炫耀有违礼法的行为，把人家贿赂的器物置于太庙之中，把它明明白白地置于百官面前，如果百官也跟着这样做，您又能惩罚谁呢？国家的衰败，是由为官者走入邪路开始的。为官者丧失道德，是由于自恃被宠信而明目张胆地接受贿赂。郜鼎置于太庙之中，什么样的明目张胆接受贿赂能比这更甚呢？周武王打败商朝，将九鼎迁到洛阳，正义之士还有所非议，何况把象征着违背礼法、表明叛乱的贿赂器物放在太庙之中，这怎么能行呢？”

鲁桓公固执己见，不肯听从。

不久，周朝的内史听到了此事，就把这件事记录下来，并称赞了臧哀伯，批评了鲁桓公。

我们知道，鼎属于礼器，不是兵器，但往往与刀兵战火脱不开干系。因为正如我们看到的，臧哀伯有忠心，也擅辞令，在说明“纳鼎”的坏处时，直刺要害，但架不住鲁桓公不听。同样的道理，老子五千言，字字珠玑，真正能知行合一的，又有几人呢？

故事二：

我们再来看一个兵器与礼器“交锋”的故事：

公元前606年，楚庄王亲领大军北上，以“勤王”名义攻打一个被称为“陆浑之戎”的少数民族。这是楚庄王首次涉足中原。“陆浑之戎”根本不是楚国大军的对手，迅速溃败。然而胜利之后，楚庄王并没有班师回国，而是直接带着军队来到洛河之滨。越过洛水，北面就是周王朝的首都洛阳。周王室大惊，急忙派大夫王孙满前去慰劳楚师。楚庄王借机向王孙满询问周鼎的轻重与大小。众所周知，鼎是周天子的权力象征，王孙满看出了楚王的野心，回答说：“统治天下，在德不在鼎。从前夏朝施行德政的时候，远方的国家把物产画成图像进献，九州又进贡了各自出产的铜。夏王于是用这些铜铸成了九鼎，把图像铸在鼎上，鼎上各种事物都已具备，使百姓懂得哪些是神圣的，哪些又是邪恶的。所以百姓进入川泽、山林，就不会碰上不顺利的事情。因此能使上下协调一致，承受上天的福佑。夏桀昏乱无德，九鼎于是迁到商朝，前后六百年；商纣暴虐，九鼎又迁到了周朝。如果德行美好光明，九鼎虽小，也重得无法迁走。如果德行奸邪昏乱，九鼎再大，也轻如鸿毛。上天保佑有圣明德行的人，也是有限度的。成王将九鼎安放在王城时，曾占卜预告周朝传国三十代，享国七百年，这个期限是由上天决定的。周朝的德行虽然衰落，但天命并没有改变。九鼎的轻重，也就不必询问了。”

楚庄王无言以对，也终于明白了为什么楚国以前总被称为“蛮夷”，不久便率兵离开了洛水。

第三十二章　知止不殆

道常无名，朴。虽小，天下莫能臣也。侯王若能守之，万物将自宾。天地相合，以降甘露，民莫之令而自均。始制有名。名亦既有，夫亦将知止，知止可以不殆。譬道之在天下，犹川谷之于江海。

【释义】

道本来是没有名称的，道原始的混沌状态虽然细小，可天下没有人能支配它。侯王如果能守住它，万物将会自然地归从。天地间阴阳之气相合，就会降下润泽万物的甘露，民众没有谁去命令它，它却能自然分布均匀。天地万物生，便有了名位。名位既已制定，就要明白各自的限度，知道各自的限度，守好本位，就不会有危险。比如道在天地间，犹如江河之水都要汇入江海一般。

【古典今读】

道德在于万物，而万物也都受着道德的支配与调节。如果合乎了大道和大德，那么一切事情都会顺其自然，天下安定，人民幸福。然而大道和大德到底是什么呢？

至于那个大道，我们是永远也无法给它命名的，没有办法用一个固定的概念去描述它，但它确实是存在的。大到无穷大，小到无穷小。非要用我们能够理解的概念去命名，那就是“朴”字。虽然说那“朴”字微小精致，但谁也不能去支配它，或者让它臣服。反过来，它却主宰着万物。

只要人类能够守得住这个纯真的“朴”，那么天下万物都会自然而然地为人类效劳服务。不仅如此，就连那天与地也会阴阳相合，普降甘露，泽润万物。而那老百姓则不需帝王侯公去下什么命令，也就自然平均和睦，无争无夺了。

但是，人类认识的一个最大的特点，也是一个最大的局限，就是必须设立概念和名相。因为没有概念和名相，人类也就无法进行思维和认识了，所以，对任何事物，我们都必须先给出一个概念和名相来。尽管概念本身就存在着很多的

问题，但我们一直在努力地接近那个最终的真理。所以，谁也否定不了名相的作用和意义，包括老子在内。尽管在强调名相的局限性，但他一样在运用着名相。因为一旦离开了名相，他自己也就无法讲话，我们也就无法听懂他在说些什么了。

所以，人类为了认识事物，在一开始就制定了名相和概念。不过老子的意思是说，既然有了名相和概念，那就不要太执着于我们自己的认识。要知道我们的认识有限性，所以要适可而止。一旦按照我们自己的认识走得太远，就会违背那真正的“朴”，从而导致自然的不平衡，为我们自己带来灾难。所以，只要我们知道适可而止，那就不会离开大道之朴太远，自然也就不会招致灾难了。

大道生出天下万物，但同时也存在于天下万物之中。或者说，天下万物生于大道，但又回归于大道之中，生生灭

灭不偏离大道。说得明白点儿，就如那天下的千万条河谷川流，尽管都汹涌澎湃，却都汇入大海之中。

侯王治理天下，也应该像那大道一样，善于处于下方，能够容纳天下万物。当然这里有一点值得注意，人们都喜欢好而厌恶丑，那些帝王贵族、侯王公卿更是纵欲无度，如何能够处于下方而接受天下万物呢？侯王心中首先不平衡，百姓如何能够得到他们的庇护，又如何能够服从他们的统治呢？

这里强调了侯王治理天下，必须要像大道之朴那样善于处下，而容纳天下万物，庇护万民百姓，百姓才会服从。

老子在痛斥了战争和战争武器造成的恶果之后，在本章继续阐述了自然之道的伟大功能。老子提出了大道存在的特征，他说："道常无名，朴。虽小，天下莫能臣也。"大道永远没有属于自己的名字，处于质朴的状态，它虽并不显赫，但天下无人能使它臣服。

由此联系到侯王治理国家，只要侯王能守住“道”的这种状态，那么天地万物就会自然臣服了。不仅如此，就连那天地也会阴阳相合，降下滋润万物的甘露，而那人民，侯王则不需要下什么命令，也就自然平均和睦、无争无夺了。

晋国是春秋中期的强国，它常向那些弱小的诸侯国索要贡品财物，许多小国都难以承担重负，郑国就是其中的一个。

范宣子执掌晋国时期，郑国的执政子产托人带信给范宣子，说：“您在晋国执政，四周的诸侯没听到您的美德，却都听说您增加了要缴纳的贡品，我对这种情况感到很迷惑。因为我听说掌管国家政事的君子，不会担心自己纳入的财礼不丰厚，只会担心自己没有好的名声。当诸侯们的财富都集聚到晋国的时候，诸侯就要开始有二心了。如果这些财礼被您私自占有，那么晋国的内部就会不团结。诸侯怀有二心，

那么晋国就要受到损害；晋国内部不团结，那么您的家族就要受到损害。何必这样贪恋呢？要这些财物又有什么用呢？古人说：美好的名声，是传播美德的车子；美好的德行，是国家的根基。有了根基才不至于败亡，不应当致力于此吗？有了好的德行就会快乐，这样的快乐才能长久。《诗经》上说：'快乐啊君子，他们是国家的基础。这是因为君子有美德吧！天帝在你的上面，不要让你的心志不纯正。'这是告诉人们要有好的名声啊！用宽厚的态度来发扬美德，那么好的名声就会载着美德四处传播，因此远方的人会来归附，近处的人会得到安宁。是要让人们对您说'您确实养活了我'，还是让人们对您说'您榨取我们来养活自己'呢？大象因为有象牙导致丧命，这是因为象牙值钱的缘故啊！"

范宣子看了信后，深以为然，马上减轻了各诸侯国的贡品负担。

【事典心裁】

苏东坡在《艾子杂说》中记载了一个故事：

有一天，一只青蛙和龙王相遇在海滨，寒暄一番后，青蛙问龙王："大王，你的住处是什么样的？"龙王得意地说："宫殿是珍珠做成的，楼阁是贝壳做成的，台阶是玉石做成的，屋檐是琉璃做成的……"总之，既富丽又堂皇。龙王说完，问青蛙："你呢？你的住处怎么样？"青蛙说："我的住处绿藓似毡，娇草如茵，清泉沃沃，白石映天。"说完，青蛙又问龙王："大王，你高兴时如何？发怒时又怎样？"龙王说："我若高兴了，就普降甘露，让大地滋润，使五谷丰登；我若发怒，则先吹风暴，再发霹雳，继而打闪放电，令千里以内寸草不留。那么你呢？"青蛙说："我高兴时，就面对清风朗月，呱呱叫上一通；发怒时，先瞪眼眼，再鼓肚皮，最后气消肚瘪，万事了结。"

故事中的青蛙是一只可爱的青蛙，它比很多人活得明白：龙宫固然美丽，但我的蜗居也不错。更重要的是，我蜗居不窝心，不窝火，高兴我就唱出来，生气我就适当发泄。发泄完就万事了结，而不是像龙王那样，一生气就"令千里以内寸草不留"。这样一比较，龙王非但不值得羡慕，反倒让人觉得愤慨。

道才是天下的真正主宰，道所主宰的天下可以像溪水河流都流归于江海一样自然统合，并像天地普降甘露一样均衡。道是无形的，和光、同尘、无色、无味，不能用感觉器官来证明它的存在。天地万物都受其支配，可是不但毫无知觉，而且皆以为自然。

虽然有的人能够认识并理解“道”的存在和运行规律，但是大多数人仍然对其知之甚少，甚至根本不相信它的存在。这是因为“道”总是处在不为人知的默默无闻的状态中，所以在寻常人眼中它显得太渺小了，简直不值得关注。

虽然如此，但是在天地万物之中没有谁能够让“道”向自己臣服，事实上天地万物没有不受它的支配的。因为“道”就是天地万物内在运行的变化，即使想脱离也不能够。如何理解“道”的既大又小呢？在《三国演义》中，曹操有

一段话可以为注解，他说："龙能大能小，能升能隐；大则兴云吐雾，小则隐介藏形；升则飞腾于宇宙之间，隐则潜伏于波涛之内。"老子所说的"道"正是这样的。

故事一：

东汉时期，吴祐在任新蔡县县令时，有人给他出了很多点子治理百姓，吴祐却无一采纳。他说："现在不是措施不够，而是措施太多。每一任知县都强调己能，朝令夕改，百姓无所适从啊。”

于是，吴祐不仅不提出新的主张，而且废除了原有的许多不合理的规章。他召集百姓说：“我这人没有什么本事，凡事要依靠你们自己的努力，只要有利于发展生产的，你们尽可按照自己的方法去做，有什么困难可以随时来找我。”吴祐不干涉百姓的生产生活，又严命下属不许骚扰百姓。闲暇的时候他整日在县衙中写字看书，过得十分轻闲。

有人将吴祐的作为报告给了知府，说他不务公事，偷懒放纵。知府就把他找来责问，吴祐解释说：“新蔡县之所以贫穷困顿，是因为从前的县令约束太多，才造成今天这种局面。官府重在引导百姓，取得他们的信任，没有必要凡事躬亲，把一切权力都抓到自己手里。我这样做是想要调动他们的积极性，让百姓休养生息，进而达到求治的目的。我想不出一年，你就可以看到效果了。”

一年之后，新蔡县果然面貌一新，粮食产量有了大幅增长，社会治安也明显好转。知府到新蔡县巡视之后，对吴祐说：“古人说无为而治，今日我是亲眼见到了。从前我错怪了你，想来真是惭愧。”

吴祐的无为而治不是消极的，他是针对从前的弊端而制定的全新措施，是顺应了“道”的规律，看似无为，实则是内含道理的。之前的几任知县不顾这种道理，而想以自己的方式强加上去，结果使得原本可以运转正常的变得混乱了，结果也就导致了百姓的贫困。

故事二：

汉惠帝即位的第二年，相国萧何病重。汉惠帝亲自去探望，问他将来谁来接替他合适。萧何不愿意发表意见。汉惠帝又问他："你看曹参怎么样？"萧何和曹参早年都是沛县的官吏，跟随汉高祖一起起兵。曹参虽然是身经百战，但是到了晚年却专修黄老之术，讲清静无为之道，平时与人无忤，与世无争，生活非常恬淡。虽然两个人关系一般，但是萧何知道曹参是个治国的人才，所以汉惠帝一提到他，他也表示赞成，说："陛下的主意错不了。有曹参接替，我死了也安心了。"

曹参本来是个将军，汉高祖封长子刘肥做齐王的时候，叫曹参做齐相。那时候，天下刚安定下来，曹参到了齐国，

召集齐地的父老和儒生一百多人，问他们应该怎样治理百姓。这些人说了一些意见，但是各有各的说法，不知听取哪个才好。

后来，曹参打听到当地有一个挺有名望的隐士，叫盖公，便把他请了来，向他请教。这个盖公是相信黄老学说（黄老就是指黄帝、老子）的，主张治理天下的人应该清静无为，让老百姓过安定的生活。曹参依了盖公的话，尽可能不去打扰百姓。他做了九年齐相，齐国所属的七十多座城都比较安定。

萧何一死，汉惠帝马上命令曹参进长安，接替做相国。曹参还是用盖公清静无为的办法，一切按照萧何已经规定的章程办事，什么也不变动。有些大臣看曹参这种无所作为的样子，有点儿着急，也有的去找他，想帮他出点儿主意。但是他们一到曹参家里，曹参就请他们一起喝酒。要是有人在他跟前提起朝廷大事，他总是把话岔开，弄得别人没法开口。最后客人喝得醉醺醺地回去，想提的意见还都没说出来。

汉惠帝看到曹相国这副样子，认为他是倚老卖老，心里很不高兴，也感觉挺不踏实。曹参的儿子曹窋，在皇宫里侍候惠帝。惠帝嘱咐他说："你回家的时候，找个机会问问你父亲，高祖归了天，皇上那么年轻，国家大事全靠相国来主持。可您天天喝酒，不管事，这么下去，怎么能够治理好天下呢？看你父亲怎么说。"

曹窋回家把惠帝的话一五一十跟曹参说了一遍。曹参非常生气，他骂道："你这种毛孩子懂得个什么，国家大事也轮到你来啰唆。"说着，竟叫仆人拿板子来，把曹窋打了一顿。曹窋莫名其妙地受了责打，非常委屈，回宫后向汉惠帝诉说了此事。

第二天，曹参上朝的时候，惠帝就对他说："曹窋跟你说的话，是我叫他说的，你打他干什么？"曹参向惠帝请了罪，接着说："请问陛下，您跟高祖比，哪一个更英明？"汉惠帝说："那还用说，我怎么能比得上高皇帝。"曹参说："我跟萧相国比较，哪一个能干？"汉惠帝不禁微微一笑，说："好像你不如萧相国。"曹参说："陛下说的话都对。陛下不如高皇帝，我又不如萧相国。高皇帝和萧相国平定了天下，又给我们制订了一套规章。我们只要按照他们的规定继续办，不要失职就是了。"汉惠帝沉吟道："你说得也有道理。"

曹参用他的黄老学说，做了三年相国。由于那时候正在长期战争的动乱之后，百姓需要安定，他那套办法没有给百姓增加更多的负担。因此，当时有人编了歌谣称赞萧何和曹参。历史上把这件事称为“萧规曹随”。

在现实生活中，我们常见到一些新上任的管理者，为了表现自己的能力，并显示自己与前任不同，总是急急有所作为。但事实证明，这种急于求成、不顾原本的运行规律的做法往往是欲速则不达的，其原因就是他们违背了无为而治的管理原则，想以个人的力量去使事物运转的规律臣服。

第三十三章　自胜者强

知人者智，自知者明。胜人者有力，自胜者强。知足者富，强行者有志。不失其所者久，死而不亡者寿。

【释义】

能够了解他人的人是有智慧的，能够了解自己的人是高明的。能够战胜他人的人是有力量的，能够战胜自我的人是真正的强者。知道满足的人是富有的，努力不懈地去奋斗的人是

有志气的。言行不离道之规律者能够长久，躯体虽死而精神永存的人才是长寿的。

【古典今读】

这一章虽然只有寥寥数语，看似浅显易懂，其实老子向我们展示的是极其深奥的道理。老子强调，能够理解判断外人和外物的人，只能称其为拥有世间的庸俗智慧；而通过外事外物反观自己，从而悟出生命的本来面目的人，才配称为有大智慧，也就是明。能够以武力战胜别人的人，只能称其为有力量，而这个力量是大道所给予的，是大道的生命活动本身的体现；能战胜自己的私欲和成见的人才是真正的强者。人的私欲是无止境的，而且其危害很大，一个能战胜自己私欲的人已达到了物我两忘的境界，我是谁？谁是我？这已不再重要。只有达到了这种境界的人，才能无所不容。万物皆容，他自然是强大的。

老子在这里提出的“知足者富”和我们所说的知足常乐有明显的不同，我们所理解的知足常乐，和老子的深刻思想大相径庭。什么是真正的富？真正的富不是拥有私家豪宅，不是拥有宝马香车，也不是拥有万贯家产，真正的富有不是你实际拥有什么，而是你能在多大的程度上抛弃私心杂念，抛却自己的妄想。真正能抛却私欲的人才叫真正的富有。何谓妄想？我们要善于在具体的事物上体认到大道运行的轨迹，这个轨迹以内的事物就是道给予我们的，是理应得到的，也是我们必然能得到的；而在这个轨迹以外的任何事物都不是我们应该得到的，我们一旦有了想获得它们的想法就叫妄想，是不可能实现的。即便是实现了，也不会给我们带来好处；即便是我们一时获得了眼前的少许利益，也不会长久地得到拥有。因此可以说妄想是对我们没有任何益处的，是不可追求的。大道既然生养了我们，就必然会给予我们所需要的一切，我们还有什么可以担忧的呢？我们的头脑中不去妄想得到什么，无所谓得到和失去，自然我们无所有也无所不有，也就是真正的富了。

联系前几章，我们可以推断，“强行者有志”中的“强”，不是自恃武力高强而妄自逞强的意思，而是“自知者明”的

“强”，这话怎么讲呢？所谓自知者，就是能以外事外物来反观自身，从而确认生命的本来面目的人。这种人十分了解生命本身的意义，他们对于自我和他人十分了解，只有做到对自己的真正约束，才能彻底排除自己的私心杂念，做到“存天理，灭人欲”，这里所讲的不是要束缚自己的观念，而是要彻底解放人性。天理和人欲是一对矛盾，它们会互相争斗。所谓“天理”就是事物本来的合于生命自身之道的东西，所谓“人欲”就是人们主观滋生的不合乎大道的东西，天理和人欲，一是客观，一是主观，二者往往会发生冲突，如何克制自己的欲望，这是界定强者的标准。

“不失其所者久，死而不亡者寿”，和上文有隔离之感，“不失其所”就是叶落归根的意思，不仅叶子会回归到生它

养它的根系中去，我们人类也会回复到孕育我们的天地中去。按照科学的解释，人的一生从生到死，只有短短的几十个春秋，眨眼之间我们已被生命驱逐出境，我们没有选择的权利，这种被动的局面不是我们能够掌控得了的。按照老子的说法，这是大道的要求，“所”是我们最终要去的地方，是自然之所，是我们与大道合而为一之契合点，我们从最初不愿接受人要死亡的这个事实，到读懂人生，看破红尘，心里逐渐接受了人终归要死去的事实。我们不违背大道，自觉而平静地接受大道的安排，与大道合为一体，才是真正的“久”和“死而不亡”。一滴水归入它的生命之所——大海里去，它们就永远也不会消亡，说的就是这个道理。

本章老子延续上章的内容继续阐发自己的理念，乍看起来平淡无奇，但其中蕴含着深刻的人生道理。老子在此以四组排列来说明自己的观点，以启发人们郑重地对待自己以及自己的行为方式：

（一）“知人者智，自知者明”。

一个人善于了解别人，就是知彼，那就是明智。历史上此种人很多，诸葛亮就是其中的代表，诸葛亮之所以被认为是有智慧的人，就是因为他善于知人。

但这还不够，一个人最重要的是认识自己，就是知己，老子说这样的人才最聪明。知人难，知己更难。一个人往往只能看到自己的优点，不知道自己的缺点，难以给自己一个正确的评价；要么自视甚高，目空一切；要么自视甚低，缺乏自信。自己知道自己的优缺点，才能发挥优点，克服缺

点，如此方能不断完善和发展自己，而做事情也少了许多人为的阻碍。

总之，一个人不光要善于知人，更要善于知己，善于知己的人才是最明智、最有智慧的人。而同时能够知己知彼的人，就会百战不殆了。

（二）“胜人者有力，自胜者强”。

一个能够战胜别人的人，只能说明他有力量，并不能证明他自己真正的强大。

一个真正强大的人是那些能够战胜自己的人。能够自己战胜自己，战胜自己的私心欲望，战胜自己的胆小怕事、贪生怕死，战胜自己的短视狭隘、斤斤计较，战胜自己的自高自大、骄傲自满，战胜自己的懒惰和不求上进等劣根的人，

当然是最有力量的人。吴王夫差战胜不了自己，被美女、财宝、甜言蜜语所打败；越王勾践战胜了自己，卧薪尝胆，所以最终打败吴国，夺回了天下。

（三）“知足者富，强行者有志”。

知足的人才能富有。不知足，就会产生贪欲，欲望得不到满足，就要争斗，就会牢骚满腹，就会恨苍天之不公，叹自己命运太苦，就会活得空虚、十分痛苦。知足的人，没有多少欲望，得多、得少一样高兴，顺境、逆境一样快乐，所以永远富有，永远快乐。

知足者富有，但只有坚持不懈的人才最有志。

“强行者有志”则强调了意志力和行动力的重要性。这里的“强行”并非指盲目地强行做某事，而是指坚定地追求自己的目标和理想，勇往直前。有志向的人，往往具备坚定的信念和决心，他们不怕困难，不畏挫折，勇往直前。强行者之所以有志，是因为他们深知只有通过不懈的努力才能实现自己的目标。他们愿意付出时间和汗水，甚至承受痛苦和牺牲，只为达成心中的愿望。这种坚定的意志力和行动力使他们能够在人生的道路上不断前行，最终实现自己的抱负。

“知足”和“强行”，是相反的态度，却并不矛盾。知足才会富有，而自己按“道”坚持不懈才是真正的有志，这“知足”和“强行”的态度都是值得提倡的，而后者应更为我们所注意。

（四）“不失其所者久，死而不亡者寿”。

大树离不开根本，人类的行为也都不能够离开根基。如果以人的身体来说，古人不提倡迁徙，认为这是不安定的表现，是所谓的“流离失所”，所以主张找到一个栖身、安定的场所。如果从人的精神和心灵来说，就需要人们找到一个可以寄放、停泊之处，不因层层叠叠的大千世界而目眩神迷。人只有有了栖身、停泊之处，保持住了根本，才能长久地生存而没有灾难。

接着老子又从相反的角度提出一种更高明的生存理念，即“死而不亡者寿”。老子是告诉我们，真正长寿不死的，便是那些被人们所牢记不忘的人。一个人的寿命有限，一个人的精神却是无限的，一个人为人类做了贡献，被人们永远记住，就是长寿，就是永垂不朽。

【事典心裁】

老子在本章提出的几个命题，“知人”与“自知”，“胜人”与“自胜”，“知足”与“强行”，“不失其所”与“死而不亡”都是十分有意义的，从其中我们可以学习到高明的生存理念，以指导我们的生活。

任何技艺都是学无止境的。山外有山，人外有人，每个人都需要不断地学习。刘伯温说：“视而不见的人喜欢说自己的长处，听而不闻的人喜欢说人家的短处。喜欢说自己长处的人，不能正确认识自己；喜欢说别人短处的人，不能正确对待别人。不能正确认识自己的人，就什么也看不见；不能正确对待别人的人，就什么也听不到。什么也看不见的人，可说是瞎子；一个人如果没有自知之明而狂妄自大绝无

好处。”

王积薪是唐代翰林棋待诏，是当时有名的棋手。王积薪在下棋技艺学成以后，自以为天下无敌手。

有一次他游览京城，住在旅店里。晚上熄灯后，他听到店主人的老妇隔墙招呼她的儿媳妇说：“这么好的夜晚，时间难消遣，下一局棋吧。”

儿媳妇说：“好啊！”

于是她们就开始下起了盲棋。

王积薪听老妇人说：“我在第几道下子。”儿媳妇说：“我在第几道下子。”各人说了几十道。

最后老妇人说：“你输了。”儿媳妇说：“这一局输给你了。”王积薪暗暗记下她们下子的步骤，第二天照着次序，重新摆出那盘棋的局势，她们下子用意之深，布局之妙，都令王积薪自叹弗如。

从此他悟出艺无止境的道理，再也不认为自己天下无敌了。

凡成功者，都是一些在某个领域有些专长、有些成就的人。像王积薪那样对自己有个清醒的认识，自觉地把自己放在一个虚心学习的小学生的位置上，对不断取得成功是非常必要的。

故事一：

要做一个“明”人，最关键的一点就是要看到自己的长处，找准自己的位置。当然，位置的高下有时也是相对的。

如果你一直向上看，就会觉得自己一直在下面；如果你一直向下看，就会觉得自己一直在上面。如果一直觉得自己在后面，那么你肯定是一直在向前看；如果一直觉得自己在前面，那么你肯定是一直在向后看。

目光决定不了位置，但位置却永远因为目光而不同。关键是，即使我们处于一个确定的位置上，目光却仍然可以投往任何一个方向。

只要我们安心于自己的位置，那么周围的一切就会以我们为中心，或是离我们而去，或是冲我们而来，或是绕着我们旋转，或是对着我们静默；如果我们惶惶不可终日，始终感到没有一个合适的位置，那么周围的一切就都会变成主人，我们得跑前跑后地侍候着它，我们得忽左忽右地奉承着它，我们得上蹿下跳地迎合着它，我们得内揣外度地恭维着它。

位置本身没有多少差别，但不同位置上的人在审视同一个物体时却往往会有不同的印象。

在一个地方待久了，便想去一个新的地方，生命大抵如此，正是因为太熟悉了，也便忽略了它的美。当我们到了对岸，才知道原来我们待着的地方，也是那样的美丽。

在演员的位置上时，就要学会表演；在观众的位置上时，就要学会欣赏。社会是个大舞台，而我们却总是分不清我们到底是在表演还是在欣赏。或许，生活本来就是要我们以观众的心态去表演，以演员的心态去欣赏；或许，这正好能够检验一个人随时调整与适应的能力。

很多人士的成功，首先得益于他们根据自己的特长来进行定位。如果不充分了解自己的长处，只凭自己一时的兴趣和想法，那么定位就很不准确，有很大的盲目性。

歌德一度没能充分了解自己的长处，树立了当画家的错误志向，害得他浪费了十多年的光阴，为此他非常后悔。

查理·卓别林刚刚参加拍电影的时候，导演让他模仿德国当时一名著名的喜剧演员，可他表演得一直都不出色，直到找到了属于他自己的戏路，才成为举世闻名的喜剧大师。

美国女影星霍利·亨特一度竭力避免被定位为娇小精悍的女人，结果走了一段弯路。后来幸亏经纪人的引导，她重新根据自己身材娇小、个性鲜明、演技极富弹性的特点进行了正确的定位，出演《钢琴课》等影片，一举夺得戛纳电影节的“金棕榈”奖和奥斯卡大奖。

在欧文·柏林与乔治·葛希文两人相识的时候，柏林已是有名望的作曲家，而葛希文还仅是个每星期只能赚35块钱的无名小卒。柏林非常欣赏葛希文的才华，愿付三倍的价钱聘请他为音乐助理，但同时又说：“你最好别接受这份工作，否则你可能会变成一个二流的柏林；假如你秉持本色努力奋斗下去，你会成为一个一流的葛希文。”葛希文牢记柏林的忠告，努力奋斗，最终成了美国当代著名的音乐家。

遗传学家说，人的正常的、中等的智力由一对基因决定，另外还有5对次要的修饰基因，它们决定着人的特殊天赋，起着降低智力或升高智力的作用。不管怎么说，人的这5对次要基因总有一两对是“好”的。一般人总有可能在某些特定的方面具有良好的天赋与素质。既然如此，我们每个人都应该努力根据自己的特长来设计自己，量力而行。根据自己的才能、素质、兴趣，环境、条件等，确定进攻方向。不要埋怨环境与条件，应努力寻找有利条件。

胡适考取官费留学后，他的哥哥为他出国送行时说："贤弟，家道中落，你出国要学些有用之学，帮助复兴家业，重整门楣。你去学开矿或造铁路吧，这些学科比较容易找到工作。千万不要学没有用的文学、哲学之类没饭吃的东西。"当时胡适回答哥哥："好的。"开船后，胡适在船上想，自己对开矿没兴趣，对造铁路也不感兴趣，干脆采取一个折中的办法，学有用的农学吧，也许这将来对国家社会有些贡献。于是他学了一年农学，虽然每门课成绩还不错，但他对这些没有兴趣，决定转系重新选课。这时他又犯难了，选课用什么做标准？听哥哥的话？看国家的需要？还是凭自己的爱好？最后他还是根据自己的兴趣选择了文学和哲学。

胡适终于以文学和哲学成为著名大家。若当初他违心地听了哥哥的话，选择了当时容易找到工作的开矿和造铁路专业，也许胡适将终生默默无闻。

胡适认为，选择科系时只有两个标准，一个是"我"，一个是"社会"。看看社会需要什么，国家需要什么，中国现代需要什么，但这个标准——社会上三百六十行，行行都需要，现在可以说三千六百行，从诺贝尔得奖人到修理马桶的，社会都需要，所以社会的标准并不重要。因此，在给人生定位的时候，便要根据自己的特长来确定。

胡适还打了一个比方：譬如一个有作诗天才的人，不进中文系学作诗，而偏要去医学院学外科，那么文学院便失去了一个一流的诗人，而医疗界却添了一个三四流甚至五流的饭桶外科医生，这是国家的损失，也是他自己的损失。这真是一个妙喻。

胡适成为文学和哲学大家，与他当初给自己定位不无关系，当他修正了人生定位时，命运也发生了改变。

故事二：

如果说影响人生成功最大的障碍是物质方面的客观因素，那么，那些白手起家的企业家，那些身处困境而大有作为的人，就不会在历史中存在；细心体味影响人生成功的最大障碍应该与老子说的不谋而合——自己。

人生虽然面对着各种各样的艰难困苦，然而这些困苦并不能使那些拥有坚强意志、坚信自己能够成功的人俯首称臣；相反的，这些人利用坚强的意志克服了物质甚至生理上的障碍，揭开了自己人生光辉的篇章。

有一位老师，他带领的班级在学校所有的竞赛中总是名列前茅，有人向他取经，他走到黑板前写下两个大字："不能"。然后问全班同学："我们该怎么办？"

学生们马上高高兴兴地大声回答："把'不'字擦掉。"

是的，这就是答案了，擦掉"不"字，"不能"就变成"能"了。

不仅仅是这些学生，我们也需要这样的教导，我们必须随时提醒自己，把“不”字去掉，只要“能”，这就是我们获胜的秘诀。如果“不能”这个字在心中扎根，最终你会发现，即使是你擅长的事业，也会在激烈的竞争中败下阵来。

一个人生活在世上，要面对的东西有很多，烦恼、朋友、敌人……在对外界事物应对自如的时候，我们往往忽略了一个最重要的对手——自己。于是有了这样一个难题：有人能轻易打败敌人，却不能战胜自己。

有一位上大学的年轻人，一天他忽然发现，当时大学的教育制度存在许多弊端，便马上向校长提出。他的意见没被接受，于是他决定自己办一所大学，通过自己当校长来消除这些弊端，让教育体制更适合学生们的发展。

话说起来简单，然而办学校至少需要一百万美元。上哪儿去找这么多钱呢？等自己毕业后去挣，那太遥远了。于是，这位年轻人每天都在寝室内苦思冥想如何能有一百万美元。同学们都认为他有神经病，做梦天上掉钱来。但年轻人不以为然，他坚信自己可以筹到这笔钱。

终于有一天，他想到了一个办法。他打电话到报社，说他准备筹备一场演讲会，题目叫《如果我有一百万美元怎么办》，想让报社给予支持。报社被这个异想天开、然而却创意独特的想法打动了，决定在报纸上给这位有创意的年轻人以支持。

在一切准备就绪之后，演讲会如期举行了，他的这一演讲创意吸引了许多商界人士的参与。面对台下诸多成功人士，年轻人在台上全心全意、发自内心地说出了自己的构想。

当演讲结束以后，一位叫菲利普·亚默的商人站了起来，说："年轻人，你讲得非常好。我决定给你一百万，就照你说的办。"

就这样，年轻人用这笔钱办了亚默理工学院，也就是现在著名的伊利诺伊理工学院的前身。而这个年轻人就是后来备受人们爱戴的哲学家、教育家冈索勒斯。

年轻时候的冈索勒斯并没有因为别人的讥讽、资金的缺乏而放弃自己的梦想，相反，他拥有了坚定的信念，积极地思考解决方法，最终获得了人生的成功，可以说这也是自胜者的成就。

历史上自胜的成功者比比皆是：文王被拘而演《周易》，屈原被放逐乃赋《离骚》，司马迁遭宫刑依然完成了历史巨作《史记》……

古人云："胜己者赢天下。"对于现代人来说也是如此，好吃懒做的思想令人们眼高手低；意志薄弱的心理常常令人们浅尝辄止。如果人们能够体会到老子这一"自胜者强"的智慧，切实地战胜自己的懒惰、坚强自己的意志，那么任何人都不会再像从前一样只能感受失败的苦果，而是能面露微笑地品味成功的甘甜了！

俗话说"困难像弹簧，你弱它就强"。我们每走一步都会遇到困难，感受到困难的威胁和压力。如果我们一味退缩，困难就会变大、变大……直至我们主动放弃，这样的结果只有一个——失败；相反的，我们如果充满了"赢"的力量，让成功的渴望战胜苦难的恐惧，困难就会越来越简单，简单得只要我们去做就能克服，就能成功！

第三十四章　不自为大

大道泛兮，其可左右。万物恃之以生而不辞，功成而不有，衣养万物而不为主。常无欲，可名于小。万物归焉而不为主，可名为大。以其终不自为大，故能成其大。

【释义】

道像泛滥的江河，广博无际，它能左右宇宙。万物依靠它而生存，而它不去管理。它生长万物的功已成，而不据为

己有。它包容养育万物而不自以为主宰，永远没有私欲，可以说它为渺小。万物归依它，而它不自以为主宰，可以称它为伟大。因此圣人所以能成就伟大，是因为他不认为自己伟大，所以能成就伟大。

【古典今读】

此章老子借大道的人格化本性，讲统治者怎样才能把社会治理成符合大道要求的社会，核心内容是老子对小和大的阐述。老子认为统治者治理社会是与统治者的个人人格修为紧密相关的，个人人格修为是小道，而以个人人格修为的小道去治理社会，则能成就大道。“常无欲”是个人人格修为的核心，只要统治者个人没有私欲，那么就不会把天下万物视为己有，从而也就会形成“万物归焉而不为主”的理想社会环境。

老子的这一思想是与儒家“溥天之下，莫非王土；率土之滨，莫非王臣”的封建思想针锋相对的，可以说老子对儒家的这种思想持批判的态度，对封建社会制度持否定态度，他追求的是人人平等的理想社会。在当时的社会，老子的这种思想无疑是有积极意义的。

老子开篇就指出：“大道泛兮，其可左右。”什么是大道？事实上，老子在这里非常形象而具体地描述出大道的存在形态，在老子眼里，天地之间的大道像河水一般广泛流行、周延四方，世间万物没有任何东西是如此存在的。

“常无欲，可名于小。万物归焉而不为主，可名为大。”这两句话，老子把道的性质刻画得淋漓尽致，什么东西能够永远没有自己的欲望？老子认为，只有道永远没有自己的欲望，没有欲望，便不需要追求名声，所以它在自然万物，包括在人类的眼里，始终是微不足道的渺小存在。

老子最后指出：“以其终不自为大，故能成其大。”古代那些成功的圣人们就是因为不认为自己伟大，才终能成其伟大。

我们人类却与大道的做法截然不同。我们认为我们是万物之灵长，我们有思想和意识，我们可以创造事物，也可以改变事物，所以我们就自认为我们是万物的主人，可以任意命令和指使万物。这种想法是多么幼稚和无知，这种心态是多么可悲和可叹！殊不知我们是依靠万物得以生存和发展的，我们也同样是从大道中衍生出来的。

老子在本章以诗化的语言描写了“道”的伟大，“大道泛兮，其可左右”。大道无所不在，它的恩泽如海，无所不至。普施于天下，这是“道”的伟大，而“道”更伟大之处在于“万物恃之而生而不辞，功成不名有”，有功而不自恃，更不占为己有。接着老子又进一步将“道”人性化，“衣养万物而不为主，常无欲，可名于小；万物归焉而不为主，可名为大”。从这“小”“大”之中，老子得出了圣人“以其终不自为大，故能成其大”的结论。

“小”，平淡无奇；“大”，伟大。“小”成就了“大”，也就是说，平淡往往是伟大的诞生地。

【事典心裁】

“淡泊名利，用一颗超然的心面对各种诱惑，甘心为他人作嫁衣。”这是一个成功者遵循的准则，应为我们每一个人所铭记。

弘治十五年（1502年），明孝宗从大臣的奏章中得知：江西大旱，百姓颗粒无收，饿殍遍地，再加上盗匪横行，世风日下，冤狱更是不断出现。经过与群臣商议，便命监察御史王哲巡按江西。

王哲领旨急速前往，所到之处，无不令人触目惊心。为了彻底治理好地方风纪，他每到一地，都要深入民间，体恤百姓的疾苦，还整修了大量先贤的祠堂坟墓，使世风在很短的时间内有了好转。当时正值天旱，难以耕作下种，劳动力

严重不足。王哲开动脑筋，终于想出一个大胆的办法。他亲自审理监狱中的囚犯，释放了应该宽大或免罪的数百人，让他们回家种地。因为不久就降了雨，劳动力问题又得到了解决，这一年仍获得了收成。

王哲巡按江西这段时间里，还凭着他的经验和智慧，破获了一些疑难案件。

一个百姓家的女仆自己逃跑，其仇家知道这件事后，去官府控告，非说是这家主人故意杀害了女仆，虽没有什么证据，但屈打成招，使这家主人竟被问成死罪。此案本已了结，王哲却觉得有许多疑点，便提出复审。

在堂上，王哲注意观察那位招认杀人者的举止表情，发现他不仅面带委屈，说话时的口气也有一股怨气，再听他供述的杀人时间、地点及动机更是破绽百出，难以自圆其说。王哲心想：他看起来是个本分人，像蒙受冤屈的样子，也没有什么明显的杀人的动机，何况办案关键是证据，活不见人，死不见尸，怎能单凭口供就断定他是杀人凶手呢？那位女仆完全可能藏匿在一个地方。对！只要想办法找到那位女仆，就能让案情水落石出。

于是，王哲便派人秘密查访，结果找到了私自逃匿的女仆，使那位百姓的冤情得以洗清。

又有一户人家被盗，失主诬告一位与自己有仇怨的人，说他偷了东西，并贿赂镇守官，把他抓进了监狱。王哲知道这件事后，亲自到牢中审讯了“犯人”，经过进一步的核查，断定这是件诬告案，就释放了他。当时，镇守官非常恼怒，

想告王哲贪赃枉法，众人也表示怀疑，但王哲很坦然，不去为自己的行为辩解。过了很长时间，真正的盗贼被捕获了，众人才由衷地感到佩服。

王哲离任以后，百姓都很怀念这位好官，还特意编了首歌谣说："江西有一哲，六月飞霜雪；天下有十哲，太平无休歇。"

故事一：

至高无上的道，恩泽博大如海、无所不至，可普及于或左或右的各种领域。万物依靠它才得以欣欣向荣，道不偏不倚，不居功亦不占有。道之本体不忮不求，可以说是微不足道。而道之影响所及，万物都以其为依归，故而其大无极。正因道不自以为大，所以才能充塞宇宙之间，大至无极。

天地之大，以无为心；江海之大，以虚为本。因以善处下才能接受得更多，虚己接物就能容纳万物，继而成就其大。这是一种因果相继的关系。我们做人处世也是如此，唯有谦逊谨慎，不骄傲自满，不倚势横行，才能够得到别人的尊重，才能够圆融于世，才能够不争而胜，才能够充盈自我。

所以，真正做善事的人，不会留下自己的名字，也不会到处去宣扬，但是别人会因此更加敬重他。真正有学问的人，不会四处彰显自己的学富五车，也不会贬低别人的见解，但是别人会更加认同他。真正有能力的人，不会喋喋不休谈论自己的功绩，也不会故意出风头、抢功劳，但是别人会更加赞赏他。

因为他们不自以为是，不认为自己就是大的、好的、强的，所以他们的“大”才是真正令人钦服的“大”。

“以其终不自为大”，故而有虚己之量，足以容纳世界，从小处来说也能保全自身。

有的人身处高位而倚仗权势，以为自己可以横行天下，结果引来杀身之祸，胡惟庸、和珅就是这样。有的人有学问而不谦虚，以为自己可以恃才傲物，有“竹林之风”，结果身首异处，祢衡、陆成秀就是如此。有的人积财而不散，贪恋世俗的金银珠宝，以为这就是得到一切的途径，结果祸患不请自来，沈季、徐百万就是这样。

东汉明德马皇后，是伏波将军马援的小女儿，扶风茂陵人。

在马援死后，公元52年，年仅十三岁的小女儿被选入太子刘庄的宫中。刘庄是皇后阴丽华所生，深得光武帝的宠信。马氏入宫后，悉心侍奉阴皇后，一举一动都合乎封建礼法的要求，待人又和蔼可亲，与宫中上下都相处得十分融洽。因此深得阴皇后的喜爱。公元57年，光武帝刘秀去世，太子刘庄即帝位，即汉明帝，封她为贵人。公元60年，大臣们联名上奏，请立皇后。明帝去问阴丽华皇太后，太后说："马贵人德冠后宫，即其人也。"

马氏当上皇后以后，依然保持勤奋、恭谨、俭朴的本色，衣服很朴素。

马皇后不仅为人恭谨朴素，悲天悯人，而且很有处理国家政务的才能。有时明帝在宫廷上遇到公卿大臣难以裁决的事，便回到后宫试着让马皇后解决。马皇后为他深入地分析事情原委，并提出解决方法，弥补了许多朝政上的缺陷，明帝也总是听从。虽然马皇后如此受到明帝的敬重，但却从未提及过自己的家事，也没有趁机为自己的亲属要求封赏。

马皇后是真正能够虚己的人，不因自己是皇后之尊而肆意妄为，而且还能够约束亲属，不让他们做出不合礼法的事情，这是非常难能可贵的。虚己处世，千万求功不可占尽，求名不可享尽，求利不可得尽，求事不可做尽。这样不居功自恃，才能成其大道。

故事二：

有的人在无意中获得了一件心爱的宝物，或办成了一桩得意的事情，往往爱在人前炫耀一番。这种炫耀久而久之就变成了一种卖弄，这样一来，别人知道自己拥有了宝物肯定会投以赞赏和羡慕的眼光，而且自己还因为有这样一件宝物，时常为办成一件小事而沾沾自喜。

就算是功绩盖世，也会因居功自傲而前功尽弃。无论是“矜”还是“悔”，其实人生就是一个“悟”字。就是要悟到真正的生存智慧，就是要认识到自己应该为什么而活着。面对世人的称颂，面对荣华富贵，如果以为这些就是人最终的追求，一旦拥有了这些，就自足自骄起来，那就是自己把自己的功业断送掉了，甚至还会走向反面，对世人犯下悔亦不及的大罪过。古往今来，多少人在“骄傲”的问题上栽了跟头，出了问题。

有时候虚荣可以帮助我们，成为我们生命的动力；我们为了私欲而贪图虚荣，虚荣会害我们，成为我们生命的累赘。因此不要带着这些负累去面对漫长的人生之路，以一颗轻松、纯净的心去面对，那时我们就会发现，我们的人生路上充满了阳光。我们要像元代王冕《题墨梅》诗中说的那样：“不要人夸好颜色，只留清气满乾坤。”

任何情况下都必须把自己的位置摆正。即使立下盖世奇功，成为天下崇拜的英雄，假如自己产生自傲的念头，不但功劳会在自傲中丧失，还会招来无妄之灾。切记：“骄矜无功，忏悔灭罪。”与大家一起分享好东西，把自己拥有的好东西露给别人看一看，把自己的得意之事说给别人听听，也没有什么不可以的，也没有什么不好的；但是，如果炫耀的心理太炽热，想听好听、奉承和赞美之话的渴望太强烈了，人就陷入了“卖弄”之歧途。而这种卖弄有时就像是毒药，会让人上瘾，最后把做人的本性失去。

爱卖弄的人总是故意要显露某些东西，企盼获得他人的喝彩，以满足自我的虚荣之心。这种人生状态虽不会给人带来什么灾难，但却常常引发他人的厌恶，甚至鄙视，且易养成自我骄傲自满的心理，这极为不可取。

曾经有一位俄国农夫，拾到一个非常脏的金卢布。有人对他说：“只要你愿意，我们就用三大把五分的硬币跟你调换。”“不！”农夫想，“我一定要让你们出价更高。如果我略施小计，你们会争着抢着出大价钱来买哩！”于是他找来了铅粉、树皮和砂纸，先把金卢布在砖上磨着，再用树皮刮着，然后用砂纸和铅粉擦着，最后，金卢布变得金光闪亮，可是它的重量减轻了，价值自然也就降低了。

在现实生活中，类似老农的人很多。我们往往把各种徒有其表的时髦当成典范。因此，当你为质朴的灵魂撕去粗野的外表时，千万不要糟蹋了他们善良的品质，而只落得虚有其表的光彩，到头来不但品质没有提高，反而以糟粕代替了精华。虚荣心很强是好卖弄的人的特点。虚荣是我们心灵深处的魔鬼，使我们变得自负，误以为自己很了不起，可事实上并非如此。有些人私底下常常十分无奈，但还是拼命想出风头，结果什么也得不到。一旦真相大白，他们便无地自容，失去信心，放弃了使自己重新振作起来的机会，到头来，虚荣带给他们的只有失败。其实，这些人是在玩儿一场注定要失败的赌博游戏，他们将变成固执己见的人，最终只能连连碰壁。

第三十五章　执道乐往

执大象，天下往。往而不害，安平泰。乐与饵，过客止。道之出口，淡乎其无味，视之不足见，听之不足闻，用之不足既。

【释义】

奉行大道法象的人，天下人都去投靠他。投靠他而不去互相妨害，于是天下和平安泰。音乐和美食，能使过路人停止前进的步伐。而传道之言平淡而无味，看它看不见，听它听不着，然而道的作用是不可穷尽的。

【古典今读】

在这一章里，老子提出了“大象”的概念，很显然这里的大象不是动物的大象，而是道的法象。这是承接上一章说的，讲了统治者如果能掌握大道的“大象”，就能得到天下人的顺从和归附。上一章谈到了圣明的统治者不以万物的主宰自居，不自高自大，却偏偏受到了天下人的尊敬和爱戴。圣明的统治者就如同大道一般气象宏大，不争名夺利，不计较个人得失，不以天下的统治者自居，正因为如此，他反而得到了地位和声望，人们争相投靠他，他不干涉来投靠他的人，不采取强硬的措施限制他们的自由，人们感到极其安全可靠。

我们在前面的章节中反复提到大道的特征，它无处不在，而又不被人们看见、听到，它无声无息，就像一个平凡的默默无闻的人，它是那么安静，悄无声息，不为人所知。它没有华丽的外表，不会引诱人，也不会被人所引诱。高明的统治者和大道同步，他们具有大道的一切特征，人们自然心甘情愿地归顺于他。这种归顺不同于世俗的归往，世俗意义上的归往是由于名利的驱使，人们有追名逐利的需求和欲

望，一旦这种欲望有了实现的物质前提，人们就会趋之若鹜，就如在人们必经的路旁设置可供娱乐的设施或摆设散发着诱人香气的美味佳肴，有几个人能抵挡住这种声色的诱惑呢？

大道无声无形，根本不可能对人构成诱惑，我们看不见它、摸不着它，无法对它执着追求，更无所谓争夺和占有它，但它能使我们受用不尽。高明的统治者和大道同步，他们不对人们进行声色诱惑，声色诱惑不会长久。统治者深知，一旦诱惑终结，必将使人心不安，天下大乱也就成了必然。

所以，高明的统治者采取和大道统一的方式，实行无为而治，人们自然会受益无穷。

在本章里，老子首先提出了一个“大象”的概念，何谓“大象”？

在老子眼里，“道”是有生命的存在，它不但有体亦有体象，有形亦有形象，这种体象和形象就是“大象”，它既可以成为被观察、辨识的具体存在，也能成为需要理解和遵循的道理和规律。

老子认为，一切行动者，只要把握了“道”的规律，就可以顺遂地走遍下天；而且走到哪里都不会受到伤害，使自己处于安全、平稳、太平的状态之中。

但还需要注意的是，这“道”的规律一旦被说出口来，就没有什么滋味了，也不能用眼睛来仔细观察，听起来也没什么动静，但它的作用却是无穷无尽的。

老子本章的思想就是叫我们遵循“道”的规律，而道出于何处？道出乎平淡之中。

有个教书先生去朋友家里玩，朋友家的花园很大，专门的园艺工人正埋首整理花草。教书先生饶有兴致地看了一会儿，只见工人或是用剪刀将花木的枝叶剪去，或是将花草连根拔起移植到另外一个花盆，或是对一些看上去将要枯萎的花木浇水施肥，给予特别照顾……

教书先生不解，问：“这位师傅，为什么好好的枝叶您要把它剪掉呢？为什么枯萎了的反而要浇水施肥？为什么这一盆要搬到那一盆里？有必要这么麻烦吗？”

工人说："当然了。照顾花草，就像先生教育你的学生一样。人要怎么教育，花草也是。"

教书先生不以为然，说："花草树木怎么能和人相比呢？"

工人一边忙活，一边说："照顾花草，一定要把那些看似繁茂却生长错乱的枝蔓杂叶剪除，免得它们浪费养分，将来整个植株才能发育良好，这就如同收敛年轻人的气焰，去其恶习，使其纳入正轨一样。而将花木连根拔起植入另一盆中，目的是使植物离开贫瘠，接触沃壤，这就如同使年轻人离开不良环境，到另外的地方接触良师益友，求取更高的学问一般。之所以要特别照料那些病弱的花木，是因为它们

表面上看起来已经死了，但里面还蕴藏着生机。教育学生，千万不要认为不良子弟都是不可救药的就对他灰心放弃，要知道人性本善，只要悉心爱护，照料得法，他们还是可以重生的……”

教书先生听得连连点头，最后说：“师傅，您的话真是令我茅塞顿开啊，谢谢了！”

我们在上学时，经常学到这样的话：“××××是古代劳动人民智慧的结晶。”其实身份地位低下者，绝不等同于智慧和悟性也低下。就比如这位园艺工人吧，虽说地位不高，很平凡，但是能把育人的道理与自己的工作相结合，阐释得那么深入浅出、精辟入理的人，古往今来又有几人呢？千万不要夜郎自大，更不要看人下菜碟，否则不仅要自绝于人群，还会自绝于智慧。

【事典心裁】

郭子仪，唐朝大将。因为平定“安史之乱”有功，被任命为尚书令，后又晋封为汾阳郡王，唐德宗即位后，被尊为“尚父”。

在郭子仪为汾阳郡王时，他的府第在京城最繁华的地段，来往的行人、车马很多。郭府的大门总是大开，不论是自家人还是过往行人都可以随便出入郭府，没有任何限制。

有一次，郭子仪手下有位将军即将出征，特意前来向郭子仪辞行，由于不需要通禀，这位将军就直接来到郭子仪的房前。此时郭子仪的妻子和女儿正在梳妆打扮，准备出门，郭子仪则在一旁伺候，夫人叫：“拿毛巾来。”郭子仪就乖乖地拿着毛巾递给夫人。一会儿女儿又说：“父亲，我要洗脸。”

郭子仪就连忙端过洗脸水，帮女儿洗脸。还没等伺候完女儿洗脸，夫人又叫：“快过来帮我梳梳头！”郭子仪又立刻跑到夫人那里伺候，十足一个仆人的形象。来拜见郭子仪的将军一时不知道该怎么办，心想自己看到郭大将伺候妻子女儿梳妆，这对郭将军来说是多么难堪的一件事啊，因而不敢轻易上前说话，只好在门前不停地踱步。过了好一会儿，待郭子仪的夫人和女儿梳洗完毕，准备出门的时候，发现了这位将军。他才不好意思地说：“郭将军，小人特地来向您辞行。”看到他难以启齿的样子，郭子仪就明白了，一定是他觉得不应该看到自己给夫人女儿梳洗的样子，认为这有辱大将军的尊严。于是，郭子仪哈哈大笑，将他请进屋里，说：“习惯了，习惯了，平时我都是这么伺候她们的。”

这位将军拜别了郭子仪，心里越想越觉得不妥，郭大将军身为郡王，还像仆人一样伺候夫人和女儿，这太不像样了，更不像话的是他还开着大门，让来人都看到了，这有辱大唐将军的威严啊。于是，他在临走之前召集郭子仪的旧将们，和他们说了自己看到的“不该看到”的一幕，其他人也都说，自己也碰到过这样的情况，大将军太不顾自己的脸面了。大家商量着，要一起说服大将军不要这样不顾身份。

可是，无论他们怎么苦口婆心地劝阻，郭子仪就是不听，仍旧坚持己见。旧将们急得团团转，甚至流下泪来，说：“大将军，您功名显赫、德高望重，却不知道自重、自爱。不论贵贱，什么人都可以在您的寝室里随便走动，我们认为就是伊尹、霍光那样贤德的大臣，也不应该这样啊！”

郭子仪笑笑说："我的做法不是一般人所能够理解的，我们家现在有四五百匹马吃公家的粮草，一千多人吃公家的粮食，所以进退没有什么余地。但是如果我围起高墙，紧闭大门，不和外面来往，一旦有人与我结仇，诬陷我不守臣子的法度，再加上那些贪图功利、嫉贤妒能的人煽风点火，我们全家就会性命难保！我故意将大门敞开，这样越是透明越是没有人能够诬陷我了！"

故事一：

明朝人王阳明的观点是："人情诡诈多端，如果用诚信来抵御它，往往受到欺骗。想发觉人情的诡诈，自己就会预

先揣度别人欺诈自己，会猜想别人不相信自己。逆诈应当是欺诈，臆不信就是不诚信。被人欺骗了，又不能察觉到。能够不事先怀疑别人欺诈，不无故意猜想别人不相信，而又常常能预先知觉一切的，唯有光明纯洁的良知才做得到。但是，这里却有很微妙的差别，常常是背离知觉和暗合欺诈的事情多有发生。”

不逆诈，不臆不信，但是做到先知先觉，这是孔子就当时社会情况而言的。其实，许多人一门心思想去逆诈、去臆不信，反而使自己陷于欺诈不诚信。同时也有人虽不逆诈、不臆不信，但不懂得致良知的功夫，往往只受人欺骗，因此孔子有感而发，说了这番话。孔子的话并不是教人以此存心而一味去发现别人的欺诈和不诚信。

不逆诈，不臆不信却被人欺骗的人，也还不失为善，但不如那些能致其良知、自然能预先觉知的人更贤明。你认为只有良知光明纯洁的人才能够这样，可见你已经领悟孔子的宗旨了。

然而，这也只是人能领悟到，恐怕还不能在实际中落实。良知在人的心中，恒通万古，充塞宇宙，没有不相同的。这就是古人所说的“不学而能”“不虑而知”“恒易以知险”“恒简以知阻”。背离觉知而暗合欺诈的人，他虽然能不逆诈，但他也许不能真的自信。他也许常常有先觉的念头，但他却不能常有自觉。人如果常常有求先觉的心，这就已经陷入了逆诈与臆不信，这样就会被蒙蔽良知了。这也就是人为什么背离良知而暗合欺诈的原因。

君子学习是为了自己，没有担心自己会受到欺骗，只是永远不欺骗自己的良知而已。所以，君子不欺骗，良知就没有虚假而能诚，良知诚就能光明。君子自信，良知没有疑惑而能光明，良知光明就能诚。明和诚互相促进，所以良知能常觉、常照。常觉、常照就如同明镜高悬，任何事物在明镜前不能隐藏其美丑。这是因为良知没有欺骗而诚信，也就不能容纳别人的欺骗，如果有了欺骗就能发现，良知自信而光明，也就不能容纳不诚信，如果有不诚信存在就能发现。这就叫做“易以知险”“简以知阻”，也就是子思所说的“至诚如神，可以前知”。然而，子思说“如神”，说“可以前知”，还是说成了两件事，因为这是从思诚的功效上推论的，还是

对不能预先觉知的人说。如果就至诚而信，那么，至诚就能无知又无所不知，就不必说“可以前知”了。

天道就是良知，良知只是个判断是非的心，是非只是个好恶。知道好恶就穷尽了是非，穷尽了是非就穷尽了万物的变化。“是非”这两个字是个大规矩，能否灵活应用，只能因人而异了。

举例来说：

有一天，王阳明的弟子捉住了一个小偷，扭送到王阳明面前，王阳明就对小偷讲了一番关于良知的道理。小偷大笑，问他：“请告诉我，我的良知在哪里？”当时是热天，王阳明就叫小偷脱光上身的衣服，说这样凉快一点儿。小偷不以为意，说：“脱就脱！”光着膀子，摆出一副死猪不怕开水烫的架势。王阳明又说：“我看还是太热，你干脆把裤子也脱掉吧？”这下小偷犹豫了，说：“好像不太好吧。”王阳明向小偷大喝道：“这就是你的良知！”小偷一愣，继而低下头来。

故事二：

明朝成化年间，有个叫孔镛的官员被朝廷派往田州担任太守一职。孔镛上任刚刚三天，就遇上棘手的事。当时州里的驻军还被调走了，州里的官员们都认为应该紧闭城门，严防死守，孔镛说：“我们只有一座空城，守又能守多了几天？依我看，只有对变民晓以利害，说服他们自动放下武器，解除包围。”众人都以为不可行，是书生的迂腐之见。孔镛并不生气，只是反问：“那你们有别的办法吗？”众人也实在拿不出办法，便问：“即使按您说的办，那应该派谁去呢？”孔镛说：“我是一州之长，自然责无旁贷。”说完，便不顾劝阻，只带了两个牵马的人，就出了城门。

围城的乡民初时见城门打开，还以为是军队出来交战，及至看清只有三人一马，徐徐而来，根本闹不清怎么一回事。思量间，孔镛已来至近前，对他们说：“我是新来的太守，请领我到你们的寨子里去，我有话要对你们的首领说。”乡民摸不清他的底细，见他反正三个人，也翻不起大浪，便直接把他带到了寨子里。一路上，孔镛的两个马夫先后溜了，只剩下孔镛一人。最终，负责带路的乡民把孔镛带到了首领邓公长住的山洞前，邓公长听说有人单身匹马而来，不禁大吃一惊，赶紧拔刀亮剑，想给孔镛个下马威。孔镛却从容不迫，不慌不忙地说："我是新任田州太守孔镛，是你们的父母官，快拿椅子来给我坐下。"一个乡民立即搬来一把椅子，孔镛大马金刀地坐下，招呼众人上前。大家不自觉地相互看了看，然后逐一走到近前。这下，弄得邓公长也不知如何是好了。这时，不知谁问了一句："你说你姓孔，那你是孔圣人的后人吗？"孔镛说"是"，这下子，大家都放下武器，围了上去，邓公长则跪了下去。孔镛不失时机地说："我知道你们以前都是好百姓，只是由于饥寒所迫，才不得不落草为寇，图个活路。前任太守却不懂得体谅你们，还派兵攻打你们，你们为了活命，自然要反抗。"一番话说到了乡民的心坎里，大家纷纷咒骂起来，历数前任官员的劣迹。孔镛及时止住大家，接着说："如今不一样了，我是奉朝廷之命来做你们的父母官的，你们都是我的孩子，我不忍心加害你们。如果你们听我的劝告，送我回城，我就赦免你们的罪过，还给你们粮食和布匹，只要你们今后不再干杀人越货的勾当就行。如果你们不信，那现在就把我杀了，朝廷的大军马上就到，那样你们这里连小孩子恐怕也别想活。"说到这里，乡民中有人已哭了起来，大家纷纷表示："假如大人您真的能抚恤我们，那么只要您在这里做太守，我们就绝不生二心。""君子一言，快马一鞭！"孔镛坚定地说。接着，孔镛又表示自己赶路而来，又累又饿，要求吃点儿饭。众人连忙做了一顿丰盛的饭菜招待孔镛，吃饱后，孔镛又表示今天不回去了，就睡在寨子里，说完解开衣服，找地儿躺下来就睡。乡民们你看我，我看你，都对孔镛的胆识和坦诚心服口服。第二天，孔镛便依前言，带着邓公长派的几十骑人马回到州城，城中人初时还以为是孔镛被抓了，对方用孔镛做挡箭牌来攻城了，孔镛只好让随同前来的乡民们后退一段距离，才得以入城。入城后，孔镛把来龙去脉和大家说清楚，大家这才放下心来。少顷，孔镛命人送来布匹和粮食，让乡民们带回山寨。乡民们都觉得孔镛言而有信，几天后便烧了山寨，投降官府，田州从此一片太平。

第三十六章　欲取先予

将欲歙之，必固张之。将欲弱之，必固强之。将欲废之，必固兴之。将欲取之，必固与之。是谓微明。柔弱胜刚强。鱼不可脱于渊，国之利器不可以示人。

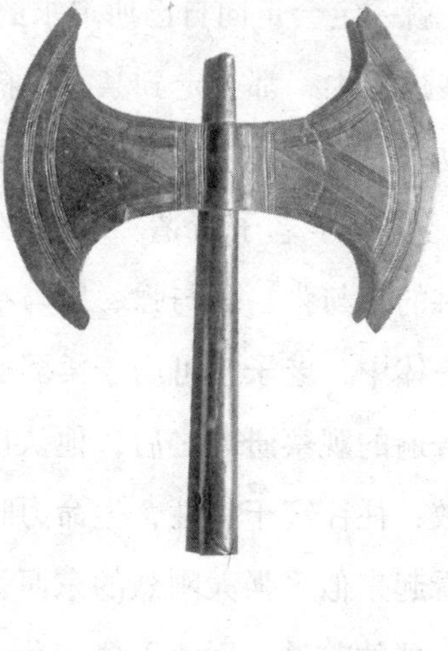

【释义】

要想收缩它，必先扩张它；要想削弱它，必先增强它；要想废除它，必先推举它；要想夺取它，必先给予它。这是事物发展中能及早察觉的幽妙的征兆，从而做出判断。柔弱能战胜刚强。鱼的生存不可以离开水，国家的锐利武器不可以向人展示。

【古典今读】

在这一章里，老子主要论述了事物的两重性和矛盾相互转化的辩证关系，通过对这些矛盾的辩证分析，来说明社会现象，以引起人们的警觉。

大道无言无为，无形无象，但它存在于有形的万物之中，则自然按照那相对的自然规律行事，有生就有死，有好就有坏。也就是说，大道本身是断绝了区别对待的，只要与大道相合，也就不会有区别对待了。不与大道相合，就一定会有区别对待，就一定会走向自己所追求的事物的反面。

事物在发展过程中，都会走到某一个极限，此时，它必然会向相反的方向变化，本章的前四句是老子对于事态发展的具体分析，贯穿了老子所谓“物极必反”的辩证法思想。在以上所讲的歙与张、弱与强、废与举、取与予这四对矛盾的对立统一体中，老子宁可居于柔弱的一面。在对人与物做了深入而普遍的观察研究之后，他认识到，柔弱的东西里面蕴含着内敛，往往富于韧性，生命力旺盛，发展的余地极大。相反，看起来似乎强大刚烈的东西，由于它的显扬外露，往往失去发展的前景，因而不能持久。在柔弱与刚强的对立之中，老子断言柔弱的呈现胜于刚强的外表。

我们知道大道是无言的、无形的、无声的，它无处不在。大道对我们的影响是我们能意识到，却无法感觉到的，这就是大道的平凡。而它不以声色相诱惑，不以名利做引诱，不以武力相威胁，一切都是自然而然的，使我们自然而然顺从它的原则，归属它的怀抱，得到永久的安详和平静，永远也不会受到伤害，这就是大道的伟大。大道之所以伟大，是因为它的平凡，而这才是老子所说的大道的根本，无为而无所不为的真谛。如果我们能够掌握大道的这种根本，能够效法大道那无为而无所不为的做法，那么就无须用各种手段来笼络人心，费尽心机地控制他人了。人们会自然而然地归依到我们身旁，来享受没有任何伤害的安宁、平等和祥和。

上一章老子提出了“小”而变“大”的思想，本章老子继续为我们阐述事物变化的规律，并提出了促使事物变化的手段。

“将欲歙之，必固张之。将欲弱之，必固强之。将欲废之，必固举之。将欲夺之，必固与之。”老子是告诉我们，矛盾双方是相互转化、互为生灭的，谁也改变不了，欲张必先合，欲弱必先强，欲废必先举，欲夺必先予。

【事典心裁】

俗话说“若欲擒之，必先纵之”“若欲得之，必先舍之”，这里“擒”和“得”是目的，而“纵”和“舍”是表象。在处世办事时，如果我们能洞察人心、巧做安排，则可先纵后擒而擒之无患，先舍不得而得之无虞。

故事一：

公元前314年，秦惠文王欲发兵攻齐，因齐、楚结盟而不能如愿。于是，秦王即派张仪赴楚游说，以“离齐、楚之党”。张仪入楚，得知楚怀王的宠臣靳尚，“在王左右，言无不从”。于是先以重贿于靳尚，然后去见怀王。张仪说，秦王派我来与贵国交好，可惜大王却与齐国通好，若大王与齐绝交，秦王愿把商於之地600里献给楚国。贪利的楚怀王一听便动了心，他高兴地对张仪说：“秦肯还楚故地，寡人何爱于齐？”此事遭到大臣陈轸的极力反对，已得利的靳尚却为之辩护说：“不绝齐，秦肯与我地乎？”楚怀王遂以相印授张仪，并赐其良马、黄金。之后就与齐断交，同时派使臣随张仪去秦国接受商於之地。张仪回秦都咸阳后，称病不出，等到离间齐、楚之目的达到后，便向楚臣道出他的骗局，说献给楚王的土地是6里而不是600里。楚怀王因此而恼羞成怒，于公元前312年派10万大兵攻打秦国，结果兵败将亡，丢失楚地600里，真可谓偷鸡不成蚀把米，贪利不得反失利。

《军谶》曰：“香饵之下，必有悬鱼。”军事作战的双方，无不是为利而战，也就容易为利所惑。而指挥战争，以谋取利，可以说是广大指挥员所共有的主观愿望。正如《兵经百篇·法篇》所云：“行兵用智，必相其利。”但利与害总是密切相连的，“智者之虑，必杂于利害”。因此，辩证地看待利害，权衡利弊，趋利避害，既是每个指挥员必须经常把握的问题，更是决策者选择手段时应该把握的基本原则。一个优秀的政治家必须把握全局，对每一个军事行动都应兼顾利弊，在利思弊，在害思利，始终处于主动地位，而那些楚怀王式的贪利之徒，见利忘义，必然为利所惑，成为“贪饵之悬鱼”。以利诱之，使其就范，也是重要的政治谋略之一。古往今来，不乏其例。利令智昏，必然乱谋，从而上当受骗。

摆正个人对金钱的追求的态度，“金钱不是万能的”，至少金钱不能买到亲情。再者，就是不要利令智昏，耽误了自己的大好前途。树立正确的世界观和价值观，正确地对待利益和诱惑，才能正身修性。

故事二：

“鱼不可脱于渊，国之利器不可以示人”，揭示的正是老子小心谨慎方面的智慧。这是老子对众人的一个“得意时不要忘形”的忠告，说的是让人们在得势之后一定要居安思危，存在一定的忧患之心，才能让自己“得意”得更长久。

炎炎夏日，蚊虫肆虐，人们对此深恶痛绝。它们虽不易灭绝，但却容易捕杀，原因很简单，它们时常得意忘形，把自己推上死路。

如果仔细观察就会发现，有些蚊子在吸食人畜的血液时，在没有受到惊扰的情况下，它会一个劲地吸起来没完，直到飞不动或勉强飞往一处自认为安全的地方休息，安于享受成功。此时它们吃饱喝足的身体已变得迟钝，完全忽视了危险的存在，而这正是它们接近死亡的时刻，若现在想杀死它，已无须奋力拍打，只需轻轻一按，它们便一命呜呼。

蚊子的死给我们的启示是深刻的：一个人经历千辛万苦

换来成功的甘果时，是手捧观之得意扬扬，还是保持冷静视之为过去，重新设定新的目标，并加倍努力实现之。选择前者，就选择了和蚊子一样的命运；选择后者，成功的甘甜将会始终伴随左右。

“得意时不忘形”，在现实中更多地表现为懂得居安思危。其实，居安思危的道理人人晓得，但真正做起来，就没有几个人能贯彻始终了。人在安逸的环境中，总以为苦难远在天边；人在得意时，总认为快乐可以长久，那就大错特错了，其实，一时的得意并不能说明自己以后便高枕无忧。

前秦皇帝苻坚刚上台时，做事谨慎，善于听取不同的意见。苻坚统一北方后，他变得自命不凡起来，他对大臣们说：“我东征西伐，没有谁是我的对手。现在我准备征服晋国，一统天下，相信定会马到成功了。”

丞相王猛这时已死，他临终曾告诫苻坚不可伐晋。太子苻宏于是以王猛的遗言劝谏苻坚说：“从前王猛丞相主张不能对晋国用兵，是因为我国内部还不稳定，而晋国也无败亡之相。现在这种情况并没有太大的改变，父皇还是不出兵的好。”

苻坚说：“我国正处盛时，这时候攻打晋国，不是最好的时机吗？现在国内大治，人心稳定，你说得一点儿也不对。”

对形势盲目乐观的苻坚决心开战，名僧道安急忙出来相劝。他说：“皇上统一北方不久，人心并没有真正归附，许多不甘心失败者还蠢蠢欲动。现在皇上虽有百万大军，可有不少还是刚刚归顺的，他们的战斗力并不强大。皇上应当看到这些不利情况，万不可为表面的强盛所迷惑啊！”

道安说的都是实情，但苻坚听了却感到分外刺耳。心有异志的慕容垂为了自己的打算，极力拥护，苻坚伐晋主张就这样轻率确定了。

事后，慕容垂对他的心腹说：“苻坚狂妄自大，他是被先前的胜利冲昏头脑了。我怂恿他伐晋，一旦天下大乱，我们就能趁机复国了。”

苻坚出征之前，仍有忠贞的大臣苦苦相劝，说：“皇上现在回头，也不为晚啊。要知晋国君臣合心，百姓安定，皇上无故出兵，他们一定会拼死反抗。而我军人员复杂，来源不一，有小的失败都可能引起大的波动。一旦出师不利，国家就有瓦解的危险，皇上不该不计利害啊！”

苻坚坚持用兵，结果正像劝谏者所预料的那样，前秦大

败。不久，苻坚被杀，他的国家也灭亡了。

苻坚是个很有能力的君主，否则，他也不能统一北方了。他的失败是因为他太相信自己的能力了，看不到自身的骄狂，结果做出了十分错误的决策。

有能力的人能干大事，同样，有能力的人也最容易骄傲。骄傲可以使人过高地估量自己，进而在力不从心的事情上失败。

成功永远是相对的，在成功之时，危机并不是被永远消灭了，而是潜藏起来了。看不到这些隐患，高枕无忧地大肆行乐，隐患便会悄悄增长，直到有一天浮出水面。促使成功的奋斗精神和积极力量一旦消退，导致失败的各种要素就要强劲反弹，就会把成功化为乌有了。

第三十七章　道常无为

道常无为，而无不为。侯王若能守之，万物将自化。化而欲作，吾将镇之以无名之朴。无名之朴，夫亦将不欲。不欲以静，天下将自正。

【释义】

道永远是无所作为的，而它又无所不为。侯王如能遵守道的无为法则，天下万物将按自身规律正常发展。化育成长会产生私欲，应以道之真朴去整治它。有了道的真朴，人们将会无欲无求。无欲求必然会清静无为，天下万物将自归安定。

【古典今读】

这一章是老子《道经》的最后一章，可以说是老子对前文所做的小结。《道经》共三十七章，主要讲述了大道的概念、形状、意义、价值和规律。人们的行为如果顺从自然大道，就会无灾无害，甚至会永恒不朽；违背了自然大道，就会受到惩罚，走向自己意愿的反面。

此章老子再次强调了治国之道在于无为，治民之道在于使民无欲。对于老百姓的违道作乱，不能采取刑罚之法，更不能采取武力镇压之法，而要以纯朴和无欲去教化他们。

老子把第一章提出的道的概念，落实到他理想的社会和政治——自然无为上。在老子看来，统治者能依照道的法则来为政，顺其自然，不妄加干涉，百姓们将会自由自在，自我发展。在第二十五章提到“道法自然”，自然是无为的，所以道也是无为的。静、朴、无欲都是无为的内涵。统治者如果可以依照道的法则为政，不危害百姓，不胡作非为，老百姓就不会滋生更多的贪欲，他们的生活就会自然、平静。

老子的道不同于任何宗教的神，神是有意志的，有目的的，而道则是非人格化的，它创造万物，但又不主宰万物，顺从自然万物的繁衍、发展、淘汰、新生，所以无为实际上是不妄为、不强为。这样做的结果，当然是无不为了。第二句便引入人类社会，谈到道的法则在人类社会的运用。老子根据自然界的“道常无为而无不为”，要求“侯王若能守之”，即在社会政治方面，也要按照“无为而无不为”的法则来实行，从而导引出“化而欲作，吾将镇之以无名之朴”的结论。老子认为，理想的执政者，只要恪守道的原则，就会出现“天下将自定”这样的理想社会。这里所说的“镇”，有人解释为“镇压”，并据此认为老子在这章的说明中透露出了暴力镇压人民的面目：谁要敢闹事，那就要严厉镇压。这种解释，我们感到有悖于老子的原意，“镇”应当是“镇服”“镇定”，绝非是武力手段的“镇压”。为此，我们也认为，老子并不是代表奴隶主统治阶级的利益，并不是仅仅代

表某一个阶级或阶层的利益和意愿，而是从人类社会发展进步的角度考虑问题。这表现出老子内心深沉的历史责任感，因而是进步的、积极的。

自然有其自身的规律，人为地去改变它反而只能带来坏的结果：笼中的小鸟不再有灵性，关起来的老虎也会失去往日的威风。遵循自然，反对人为束缚，这是我们从《道经》中学到的东西。

从《道经》中，我们应学会如何成功。

孔子有一次在吕梁游玩，有一个地方地势极高，水流落差很大。从高山上飞泻下来的瀑布有几十丈高，顺势奔流，拍石激浪，浪花飞溅开来达几丈远。看着如此湍急的水流，孔子心想，恐怕乌龟、鳖鱼也不能在其中游动了。

就在孔子欣赏、赞叹之时，他忽然发现有一个男子正在水流中挥臂拨水。孔子大吃一惊，以为这人掉进急流，必死无疑了。于是，孔子立即叫自己的弟子，顺着水流的方向去救人。可是弟子们急急忙忙跑了一段路，那人却从水里钻出来上岸了，他披着长长的头发，边走边唱着山歌，在堤岸上优哉游哉地走着。

孔子便跟上去，问他说："我还认为你是神鬼水怪什么的，这会儿看清楚了，你不就是个正常人吗？请问，你蹈水有什么秘诀没有？"

那个男人说："没有，我哪有什么秘诀呢。我只是开始于本然，慢慢地，许多时光过去，我又习惯于自然，最后，自自然然地在水中如履平地一样。我跟漩涡一起卷进去，又同漩流一道翻出来。我一起一伏，伸手抬腿，弯腰仰头，都顺着水的路子去做，而不以自己的意愿做。可能，这就是我蹈水的秘诀吧。"

孔子又问："什么叫作开始于本然，习惯于自然，成功于自然？"

那男人便解释说："我出生在高土上，并且安于高地，这就是开始于本来的样子；成长于水中又安于水中，长于习惯，形成自然；我不知道所以然而然，就是成功于自然。"

孔子喟然长叹。

老子主张"人法自然""无为""不言"，因为按自然办事就是成功的秘密。"人法自然"正如儒家主张"民胞物与"和"仁民爱物"，人法自然才能胸襟开阔，对万物持兼容并蓄的宽宏态度；只有民胞物与和仁民爱物，才能发挥爱人及物的博爱精神，才能以平常之心对待人、事和物，一切都合

乎规律，合乎自然，如此就顺利了。

我们还应向自然学习如何生活。

在自然界，没有浪费，所有的东西都在循环。因此我们应学会循环，也必须循环。

我们知道自然界的生命是多种多样的，所有事情都是不同的，因此我们有必要提倡百花齐放、推陈出新的文艺方针。

我们向花儿学习应该怎样生活——每株鲜花都是从种子开始的，你不可能期望种下芙蓉的种子能够长出雏菊来。由此我们可以知道真实的人格是给予我们大家的一份礼物，就像一粒播下的种子一样。

我们通过观察生命的规律，生命的连续性以及生命不可被打破的循环，可以学会从悲伤中恢复过来。

我们从动物那里看到平等和自由，正如沃尔特·惠特曼说的那样："没有人会不满足，没有人会疯狂地追求一切，没有人向别人下跪，几千年来一直如此。"

我们对自然有了一份尊重，对真实的自我有了一份尊重，比任何事情都重要。我们像讨厌周围虚假的东西一样反对虚假的人际关系。

自然无声的诉说，教给我们许多生活的道理。

它能够认识个人的价值和尊严，确定任何人都有权决定他们是谁。

它能更加生动地帮人寻找生活的热情，一种精力充沛的感觉。

它能给人以启蒙——给人的思想带去新的光亮，帮人认清虚伪和做作。

它能给人以鼓舞——给人闯荡世界和建立功绩的精力，使生活充满热情和友爱，让人为正义而工作。

它能体现一种真实自我同大我相联系的信仰，聆听人发自内心的声音，点燃生命之火，能帮人找到生活的信仰。

总之，遵循自然，放弃一切人为束缚，这是老子对我们的教诲，是我们追求成功的奥妙，更是我们富有、快乐、平安生活的源泉。

【事典心裁】

矫揉造作与顺应自然，是两种截然不同的生活方式。换个角度看，事理都有自然之道，不是可造作出来的，学会顺应自然，做起事来就会得心应手，生活也会无忧无虑。

汉文帝时期，政府实行无为而治，休养生息，社会经济获得了较大的发展。

有一次，文帝朝会时询问右丞相周勃："天下一年审理和判决的诉讼案件有多少？"

周勃谢罪道："不知道。"

文帝又问："天下一年钱粮的收入和开支有多少？"

周勃又道歉说不知道，他吓得汗流浃背，因为回答不上而感到惭愧。文帝看到他回答不上来，又问左丞相陈平同样的问题。陈平回答说："有主管的官员管理。"

文帝问："主管官员又是谁呢？"

陈平道："陛下如果询问诉讼案件，就去问廷尉；如果问钱粮问题，就去问治粟内史。"

于是文帝说道："如果各个部门都有主管的人，那么我用你主管什么事呢？"

陈平怀着歉意说："我作为臣子感到不安的是，陛下您不知道我们才疏智浅，却让我们占据着宰相职位。宰相的职责是对上辅佐天子，对下抚育万物；对外镇抚四夷和诸侯，对内亲抚百姓，并使百官各司其职。"

文帝听后，对陈平大加赞赏。

周勃极其惭愧，他退朝后埋怨陈平道："您为何不在平时教我如此对答呢？"

陈平笑着说："您身居丞相之位，不知道丞相的职责吗？如果陛下询问长安城里盗贼的数目，您自己也要勉强回答吗？"

这时周勃才知道自己的才能不如陈平。不久，周勃称病，请求免除右丞相的职务，汉文帝应允。于是，陈平独自担任丞相。

在其位，谋其政。当宰相的职责是要指导百官各司其职，抓大事，抓全面，抓总体，而不能越俎代庖，各行各业的具体工作必须由各行各业的官员去做。

陈平巧妙地回答了文帝的提问，委婉地将自己的意思告诉了文帝，既表明了自己的职责，又谦虚地做了自我批评，文帝对陈平的回答当然是一百个满意了。

故事一：

晋国内乱，公子重耳逃亡列国，辗转流浪，最后在齐国安下身来。齐桓公择宗女齐姜嫁给了他，供奉无缺，朝夕欢宴，不知不觉度过了七年。

齐姜是一个有远见、识大体的女子，希望重耳回到晋国，重振国威，干一番轰轰烈烈的大事业。他见丈夫溺于享乐，儿女情长，英雄气短，早把复国一事丢置脑后，就与随从重耳逃亡的晋国大臣商议好，打算先好好规劝，让他回心转意。这一天，齐姜摆置了丰盛的酒宴，敬上一杯酒，神色庄重地对重耳说："公子，诸位老臣跟随您流亡列国，历尽艰辛，您知道这是为什么吗？""你说说看，他们追随我是

为什么？”重耳从心里敬爱这位貌美又贤惠的妻子，很喜欢她的意见。“妾以为，他们是看重公子的贤名，盼望您有朝一日重振国威，共享富贵。可自从公子来到齐国，终日沉浸在卿卿我我的温情中，居然疏远了他们。妾能得到公子厚爱，平生之愿足矣。但因为妾而误了公子的复国大业，那罪责可担当不起了。我看，晋国局势已经发生了变化，您现在回去，正是时机！”

重耳饮着美酒，靠着齐姜的香肩，悠然惬意，但听完她一番婉转的规劝，却不由得怒气冲冲，几欲发作。“怎么，连齐国君臣都把我敬为上宾，你倒劝我再去过那颠沛流离的日子？”齐姜见重耳难以被言语打动，就满脸堆笑地陪着他饮酒，一杯接一杯地敬着，终于让他醉倒在温柔乡中。原来，她早已和狐偃定下计谋，如劝说无效，就设法把重耳灌醉，把他劫掠回晋国。重耳不知是计，酩酊大醉。齐姜吩咐

宫女用锦被把他裹起来，装上马车，交给狐偃等晋国的大臣。狐偃和众豪杰向齐姜拜辞，驱车连夜离开齐国，齐姜望着远去的丈夫一行，不觉流下了伤感的泪水。正所谓：“公子贪欢乐，佳人慕远行。要逞鸿鹄志，生割凤鸾情。”后来，重耳在狐偃等大臣的协助下，登上了王位，就是成为中原霸主的晋文公。他不忘齐姜，派使臣到齐国隆重地接至晋国。齐姜说：“妾非不恋夫妻之情，所以醉夫，正为了今天啊……”

齐姜深明大义，为了帮助晋文公重振晋国，毅然斩断了儿女情长，设计把重耳推上复国之路，晋文公敬她的贤德，立齐姜为中宫夫人。

故事二：

邹忌是战国齐威王的国相，齐威王不善于听从别人的劝谏，邹忌便想法让威王广采群言，以便战胜诸侯。他想起来前些日子他的妻、妾、朋友对他赞美的事，何不以此来劝威王呢？

事情是这样的。邹忌是位仪表堂堂的美男子，这天早上，他穿戴好了衣帽，照着镜子，问他妻子；“我跟城北的徐公比，谁漂亮？”他的妻子说：“您漂亮极了，徐公哪能比得上您呀！”城北徐公是齐国的美男子，邹忌自己不相信自己能比得上徐公，又问他的妾，妾说：“徐公哪能比得上您呢？”第二天，有位客人来访，邹忌同他聊天，问客人：“我和徐公谁漂亮？”客人说：“徐公不如您漂亮！”第二天，徐公来了，邹忌仔细地看他，自己认为不如他漂亮。照照镜子看看，觉得差得更远。晚上，他躺在床上左思右想，终于悟出了其中的原委：“妻子说我漂亮，是因为偏爱我；妾说我漂亮，是因为怕我；客人说我漂亮，是因为想求我帮助。”想到这里，他联想起威王，他该受多少蒙蔽啊！

于是，邹忌进朝廷去拜见威王，说：“我知道自己确实不如徐公漂亮。可是，我的妻子偏爱我，我的妾怕我，我的客人想求我帮助，都说我比徐公漂亮。现在齐国方圆千里，城池百座，宫里的后妃和左右侍候的人，没有谁不偏爱大王；朝廷上的臣子，没有谁不怕大王；国境之内，没有谁不向大王请求帮助，从这点看起来，大王受到的蒙蔽可厉害啦！”听了邹忌的话，齐威王连声说好，就下了一道命令：“文武百官和百姓能够当面指出我的过错的，受上等赏；写信规劝我的，受中等赏；能够在公共场所指责议论我让我听到的，受下等赏。”命令刚下达时，群臣纷纷进谏，宫门口和院子里像闹市一样人来人往。几个月以后，隔些时候，才间或有人进谏。一年之后，虽然有人想说却没有什么可以进谏的了。燕、赵、韩等国听到这种情况，都到齐国来朝见。

第三十八章 上德不德

上德不德，是以有德。下德不失德，是以无德。上德无为而无以为，下德为之而有以为。上仁为之而无以为，上义为之而有以为，上礼为之而莫之应，则攘臂而扔之。故失道而后德，失德而后仁，失仁而后义，失义而后礼。夫礼者，忠信之薄而乱之首。前识者，道之华而愚之始。是以大丈夫处其厚，不居其薄；处其实，不居其华。故去彼取此。

【释义】

上德之人不自居有德，故真正有德。下德之人追求守德，故实际上达不到德。上德之人顺其自然而无心作为，下德之人强调作为而无以能为。上仁之人勉力博施于人，但无私心意图。上义的人勉力施为，但常有私心目的，上礼的人勉力施为而得不到回应，于是就伸出胳膊使人强从。所以，丧失了道以后才出现德，丧失了德以后才出现仁，丧失了仁以后才出现义，丧失了义以后才出现礼。那礼呀，是忠信衰败的表现，也是社会动乱的祸首。那先见者，是道的虚饰，是愚昧的开始。因此，大丈夫应居于忠厚不取薄礼，取实在不取虚华。所以，舍弃薄和华而选取厚和实。

【古典今读】

这是老子《道德经》的第二部分——《德经》。在前面的章节中我们探讨了老子的《道经》，《道经》向我们阐明的是天道，即自然规律。《德经》向我们揭示的是人德，即人生的行为准则。天道和人德二者共同构成了老子的整个思想哲学体系。时至两千年后的今天，老子的道德思想依然深深地影响着我们，并成为我们的行为指南和道德标准。

作为《德经》的开篇，老子首先给我们揭示的是，有德与无德的概念与行为之区别。因为在前边已经提到过德的概念了，这里不再赘述。

大道无言无名，大德同样也无言无名。一旦有名，那就进入了后天的分别之中，而具有分别心的人就是凡夫俗子。所以，那些具有下德的人，把道德看得很重，生怕失去了道德，做什么事情都要用道德去衡量。这样一来，他所做的事情也就没有真正的道德了。

老子认为不顾客观实际情况，仅凭人的主观意志加以推行，这不是上德，而是不德；而老子的上德则是无以为、无为，它不脱离客观的自然规律，施政者没有功利的意图，不单凭主观意志办事，这样做的结果当然是“无为而无不为”，即把道的精神充分体现在人间，所以接近“道”。然而下德是有以为的无为，抱着功利的目的，凭着主观意志办事。

在本章里，老子把道德分成两个类型、五个层次。两个类型即无为和有为。道和德属于无为的类型；仁、义、礼属于有为的类型。五个层次是道、德、仁、义、礼。这五个层次中，道和德是最高标准，但德只是指上德，不是下德。“失道而后德”，这是在无为的类型内部说的，失道则沦为下德，那就与上仁相差无几了。“失德而后仁”，这是指离开了无为的类型才有了仁。仁已经是有为、为之了，所以“失仁而后义”“失义而后礼”，就是在有为的范围内所显示出来的不同层次。

茫茫宇宙间，所有的生命都只是偶然的发生，它们犹如虚空寂寞清冷的大自然中的过客，来去匆匆，既不能对大自然的生生不息有所助益，也不能对其构成任何重大危害，它们自以为丰富多彩的生命，在大自然中连一丝痕迹都不会留下。所以，所有的生命都只有当下的存在意义而没有原始的

或终极的纪念意义。我们不禁为生命的短暂和自身的渺小而扼腕叹息，可叹息本身是毫无价值的，它只会空耗我们的生命。在这短暂的一生里，我们该如何有意义地度过？这是我们都十分关心的问题，我们之所以比别的动物高明，是因为我们有自己的思想和意志，能够区分善恶美丑，正因为有了区别对待，我们才会存在道德的标准，当然这种标准也是人为规定的，在老子看来，真正的德是不需要形式的，这就为我们提供了足以参考的指标，我们在参透这一思想的同时，也就明白了什么是该做的，什么是不该做的，让自己做一个大写的“人”，只有这样，我们才不负自己的一生。

从本章起，进入老子《道德经》的第二部分——《德经》。读了第一部分，你就会明白《道经》所牵扯到的是自然的规律，即天道。那么后面又讲的是什么呢？这就是老子

的睿智之处。老子讲述自然规律之后，又为我们阐述了人生的行为准则，即人德，这也就是老子《德经》所要讲述的内容。“道”与“德”相合，构成了老子思想的整个哲学体系。

本章作为《德经》的开端，老子即为我们揭示了“德”与“无德”的概念，指出有德者从来不追求形式上的“德”，一切顺其自然；反之，无德者从来都不放弃追求形式上的“德”，喜欢人为地施为。正是由于喜欢施为，所以老子引出了“仁”“义”“礼”的概念，这三者都是施为者的表现，而且施为的程度逐层递增，老子是反对这一切的，所以他有言:“失道而后德，失德而后仁，失仁而后义，失义而后礼。”对于“礼”，老子更是鄙夷，认为它是“攘臂而扔之”，是人心不够忠厚的根源，是社会动乱的祸首。

真正的有德不是装出来的，真正有德是一种名利难动的心境，是一种清静无为的境界，是一种明“道”后自然流露出来的气质。正如苏东坡所说：“腹有诗书气自华。”真正有德者绝不会矫揉造作地表现什么，反而会自有一番蕴涵。而一个一心只追求外在东西的人，他所表达的，只会是简单的肢体语言和自欺欺人的虚伪。

【事典心裁】

真正的有德在于内涵之中，绝不是装出来的或刻意“做”出来的，而应该是一种真实自我的表露，这才是有德的自我表达。

近代高僧弘一大师有一位老友，经常去寺里看望他。有一年春天，老友惊奇地发现，寺里一株枯死多年的古树，竟然发出了新芽，便对弘一大师说：“这树死了多年，现在又发芽了，大概是因为你这位高僧住到这里，感动了它，使它起死回生的吧！”弘一大师却说：“我哪有那么大的本事？我只是给它浇了一些水，没想到它竟然活了过来。”老友听了，佩服之余，自叹不如。

如果弘一大师不道破缘由，谁又知道那枯树重新发芽的真正原因是什么？若是碰上个有炒作需要的，还少不了一番大力宣传，引得一些稀里糊涂的信徒前仆后继，让大师名利兼收。真正境界高的人，总会把自己放低再放低，做一些旁人不屑甚至认为是无聊的事情；而越是境界低的人，偏偏越是爱给自己扣各种“伟大”的帽子。至于到底谁境界高，不是洞悉世事的人，很难分辨。

故事一：

唐太宗与魏徵是一对千古名君名臣，不少人知道魏徵敢于触犯龙颜，敢于直谏。但是，魏徵并不鲁莽，他有他的准则。魏徵向唐太宗说自己可以做个良臣，却不能做个忠臣。

唐太宗不解，魏徵就说出了以下一番道理：所谓的“良臣”，流传千古，能辅助君王得到美誉，同时，他的家族也能兴旺，子子孙孙可以繁衍。所谓的“忠臣”，碰上一个无道的君王，则有随时被诛杀的可能，在国破家亡之后，就只能留下一句“曾有一位忠臣”之类的美誉。可见“忠臣”和“良臣”差别之大。

这番话既在理，又包含着称誉唐太宗之意，说得唐太宗连连点头，也表明了魏徵的敬畏。因此，魏徵的直谏，并非任意胡来，他讲究委婉在理的技巧，以求取得最佳效应。这一点，唐太宗看在眼里，记在心上，他曾对别人说：“人们都说魏徵举动疏慢，我却见到他的妩媚（即《龙文鞭影》所说的“魏徵妩媚”）。”

故事二：

清朝同治年间，浙江鄞县县令段广清在一次出巡的路途中，看到了一群人在围观一个农民与一米店老板吵架，他即停步询问原因。

原来，这个农民在进城时，不慎踩死了米店老板所养的一只小鸡。于是，米店老板揪住了这位农民，以这个小鸡是特别的品种，只需再养数月，就可长至九斤重，按一斤鸡肉值一百文钱的市价来计算，坚持要农民赔偿九百文钱才行。

但农民身上仅带了约三百文钱。于是，双方一语不合，当街争吵了起来。了解了事情的原委后，身为父母官的段广清平静地对农民说：“你走路不小心，踩死了别人的小鸡，理应赔偿。他要求九百文钱的赔偿费，并不过分。你现在所带的钱不够，你可以将你穿的衣服马上拿去典当，如果还不够的话，我替你补足。”

农民无奈，只得将衣服典当了，得了三百文钱，再加上段广清补足的部分，米店老板心安理得地收下了这九百文钱的赔偿费。此情此景，农民及旁观者多心中不平，心中都很怨怒。

正当米店老板拿钱欲离去之时，他被段广清叫住了：“你的小鸡虽再养数月，就可重达九斤，但它死时，实不足九斤。人人皆知，养肥一斤鸡需一斗米。现在，你的鸡死了，可省下九斗米，既然你获得了别人的赔偿，看来，你也应将这省下的九斗米还给别人才合理嘛。”

闻此，米店老板不敢抗命，只能乖乖地向农民交出九斗米。

此时，这位农民与旁观者才恍然大悟，意识到段广清巧惩贪婪狡猾的米店老板的良苦用心。因为当时买一斗米的钱，就可买五六斤鸡肉。这样，双方的争执就平息了。贪婪的米店老板，这回是赔了鸡又赔了米。似得实失，还招来了邻人的冷嘲热讽，日后再利欲熏心时，也就不能不有所顾忌了。

段广清不愧为一个善于为民解忧的清官。他能做到不以忧国为民之言作为哗众取宠的招牌、自卖自夸的广告，而是平平实实地做来，这不仅反映了他淳朴的一面，也反映出了他老练稳重的一面：不自语自夸我有忧国忧民之心，从而不给别有用心者滋生出种种毁谤的口实。

《道德经》全解

【第三册】

[春秋]老子◎著

单天信◎主编

时代文艺出版社
SHIDAI WENYI CHUBANSHE

第三十九章　落落如石

昔之得一者：天得一以清，地得一以宁，神得一以灵，谷得一以盈，万物得一以生，侯王得一以为天下正。其致之也，谓天无以清将恐裂，地无以宁将恐废，神无以灵将恐歇，谷无以盈将恐竭，万物无以生将恐灭，侯王无以正将恐蹶。

故贵以贱为本，高以下为基。是以侯王自谓“孤”“寡”“不毂”。此非以贱为本邪？非乎？故至誉无誉。是故不欲琭琭如玉，珞珞如石。

【释义】

自古以来与大道统一的情形是这样的：天得道而清明，地得道而宁静，神得道而灵验，川谷得道而盈满，万物得道而生存。侯王得道而成为天下的君长。将推究其理，天不清明的话恐怕将会崩裂，地不宁静的话恐怕将塌陷，神不灵妙的话恐怕将消失，川谷不盈满的话恐怕将空竭，万物若不得道，就不能生存，将会灭绝。侯王如果不得道的话恐怕将垮台。

所以高贵必须以贱为本，想要高必须以下为根基，所以君王自称是孤家、寡人、不穀，这不是说明君王以贱为本吗？不是吗？所以追求过多的荣誉就会失去荣誉。因此，不追求美玉的尊贵华丽，反而要像石头那样坚硬低贱、不张扬。

【古典今读】

这一章老子强调了“一”的概念，并反复使用了“一”，什么是“一”呢？狭义的理解，“一”有“唯一”“统一”的意思；从广义上讲，“一”是物质的唯一性，也是认识的统一性，是一个十分抽象的概念。在这一章里，老子强调了“一”是万物的最早起源，从普遍性说“一”，宇宙万物全都由“一”产生并慢慢衍生出其他物，这是万物所共有的“一”，也是万物的共同起源。从个别性上说，每个物亦是从“一”开始的，这是每个物所单独拥有的“一”。

在本章中，老子列举了天、地、神、谷、王侯，说天和道统一就会变得清明，地和道统一就会变得宁静，神和道统一就会灵验，川谷和道统一就会盈满，王侯和道统一就能使天下安定。通过这些自然物和人作论证，无疑是向我们阐明宇宙万物都以“一”作为存在的基础，“一”是万物的始祖。

没有“一”会是什么样的一种情景呢？老子接着论述没有“一”，这些自然物和人会出现以下情形：天如果没有得到清明就会崩裂，地如果得不到安宁就会废止，神如果没有得到灵气就会消失，川谷如果没有盈满就会枯竭，万物如果没有得到生发就会灭绝，王侯如果没有使天下太平就会被颠覆。由此可见，“一”是万物存在的基础，是万物生命的源泉。

说了半天，“一”到底是什么，还没有说清楚，它不是一个实物的体，而是一个抽象的理，只能被我们所感知，我们无法看得见、摸得着，也无法用语言来描述。“一”是统一性和规律性，它无形无状、无声无息、无色无味，它存在于万物萌发的开始，是宇宙万物得以生成的根源。

“故贵以贱为本”，这里是顺承着“昔之得一者”说的，我们要想得到这个玄妙、伟大的“一”，就必须抛弃分别心和私心杂念，达到“物我两忘”的至境，让外物与我无分别，心中无所谓美丑、善恶、荣辱，没有了这些概念，也就没有了分别对待；没有了分别对待，也就没有了争夺；没有了争夺，也就没有了达不到目的的痛苦和烦恼，人生就达到了无欲无求的境界，达到了和大道的完美合一。

只要我们没有了妄想，也就不可能去妄为，不妄为也就

不会违背道德规范，我们经常说的缺德，就是违背道德规范的行为。我们知道大道和大德无处不在、无所不在，它们无言无为，没有分别，自然而然地，无所谓喜欢和不喜欢，万物都由它们衍生出来，它们无所谓追求和索取，自然也就无执着心。我们人类却不同，欲念是人的本性，追名逐利是人与生俱来的特性，这是任何人也无法否认的事实。虽然这种特性在一定的程度上会推动人类社会的进步，但从人性的角度上来分析，过度的欲念是我们必须抛弃的东西，因为它会制约我们对幸福感的认知。

人生一世，短短几十个春秋，如果只限于满足自己的贪欲，难免会陷入痛苦的境地，在欲望的驱使下，我们会干出一些伤天害理的事情，这是违背自然和道德的行为，不仅伤害了别人，也伤害了自己的良知，并将自己的幸福毁于一旦，何苦呢？

只有不受欲望的驱使，我们才会甘于做一块厚道、朴实、毫不张扬的石头，而不是一块精雕细琢、华贵无比的美玉。

“德”乃“道”的化身，“道”乃“德”的根本。由此可知“德”是不可以改变的，是由大道决定了的。合乎了“德”，则一切顺利；违背了“德”，就会导致灭亡。

老子在这里举例说明了与“德”相合的好处以及相违的害处。

那什么样的德行才是真正的“德”呢？

“故贵以贱为本，高以下为基”。能够做到高不忘下，贵不忘卑，这就是真正的“德”。正如君王称呼自己为孤、寡、不穀一样，目的就是让自己变得卑下一些，从而合乎“德”。

所以说那些最高的荣誉，是不需要自己去夸耀的；只要有了真正的德行，别人自然会去给你真正的名誉。正如那君王，他谦虚而不自夸，卑下而不自大，别人自会尊敬他、赞美他，以他为骄傲。因而真正的德行所讲的就是不需要那虚华美丽的玉石，宁可做一块实实存在的石头。厚道而真实，是什么就是什么，这就是真正的德行。

西方谚语有云：“名声躲避追求它的人，却去追求躲避它的人。”这是为什么？著名哲学家叔本华回答得好：“这只因为前者过分顺应世俗，而后者能够大胆反抗的缘故。”名声——荣誉；顺应世俗——追求虚华的玉石；大胆反抗——宁做那实实存在的石头。其思想与老子不谋而合。

而生活中许多伟大的成功者，也正是此思想的忠实践行者。

美国发明家莱特兄弟1903年发明了飞机并首次飞行试验成功后，名扬全球。一次，有一位记者好不容易找到了兄弟两人，要给他们拍照，弟弟奥维尔·莱特谢绝了记者的请求，他说：“为什么要让那么多的人知道我俩的相貌呢？”

当记者要求哥哥威尔伯·莱特发表讲话时，威尔伯回答道：“先生，你可知道，鹦鹉叫得呱呱响，但是它却不能飞得很高很高。”就是这样，兄弟俩视荣誉如粪土，不写自传，从不接待新闻记者，更不喜欢抛头露面、显示自己。

有一次，奥维尔从口袋里取手帕时，带出来一条红丝带，姐姐见了问他是什么东西，他毫不在意地说："哦，我忘记告诉你了，这是法国政府今天下午发给我的荣誉奖章。"

莱特兄弟就是这样厚道而真实，他们不愿在人前显露自己，究其原因，他们知道，荣誉只不过是虚华的东西而已，正如居里夫人所说："荣誉就像玩具，只能玩玩而已，绝不能永远地守着它，否则将一事无成。"

【事典心裁】

其实，就荣誉本身而言，追求荣誉是人之常情，是美好的。它是一个人追求理想、完善自我的必然结果，但切忌以它为人生的目标。一个人如果把荣誉作为自己的人生目标，处处卖弄、显示，就是追求虚华的玉石，就会超出限度和理智，常会迷失自己。

三国时期是个英雄辈出的时代，而曹操无疑是英雄中的英雄。但他直到死也不过是“挟天子以令诸侯”，始终只敢以丞相自居，未敢称帝。有人认为这是过不了自己的心理关，怕被人视为“乱臣贼子”。事实上并非如此，因为他虽未篡位，名声也没好哪儿去，时至今日，“曹操”二字简直就是“奸臣”的代名词。他只是知道什么更重要，什么是本质而已。

曹操曾对刘备说：“天下英雄，惟使君与操耳。”刘备自然是英雄，是雄主，不过曹操的另一主要对手——孙策，也是世之英雄。而且，孙策还是个懂得里子比面子更重要的英雄。孙策的父亲孙坚死时，什么都没给他留下，只有几个

残兵败将和一块有价无市的玉玺。如果孙策是个胸无大志的人，那么他完全可以把这玺献给别人，多少也能混个富翁。但他心比天高，估计也曾具体地想过当皇帝，毕竟按照理论上的说法，谁得了玉玺谁就是皇帝。但他的可贵之处就在于他明白单是一块石头是决定不了什么的，如果没有足够的武力，别说当皇帝，恐怕连小命都得搭上。事实上，他的父亲孙坚就是死在了这上面。

在《三国演义》中，孙策做了一个中国历史上前不见古人后不见来者的举动：他把玉玺“当”给了袁术，换了三千兵马。此后，孙策就靠着这三千兵马，东征西讨，短短几年时间就夺取了江东六郡。

我们不应该看到孙策成功了，就觉得他“当”玉玺是一个正确的决定，事实上，单从他敢“当”玉玺这一点，他就了不起。所谓“莫以成败论英雄”，英雄之所以为英雄，就在于他们能想人所不敢想，为人所不敢为。

孙策敢想，并且想通了人不能指着一块石头过活；孙策敢为，于是他把玉玺换成自己有所作为所必需的实实在在的资本。反观袁术，就明显不是一个重量级了。此人也是名门望族出身，但从一出场，他始终没有大家主的风度，唯一能让人记住的，就是他一天到晚做皇帝梦，虽说他也真正当过几天皇帝，可他这皇帝终究是个冒牌皇帝，是个没人承认的皇帝。不仅如此，还引起了天下的公愤，招来了曹操的讨伐大军，并终因此而死。

故事一：

战国时期，赵国北有林胡、楼烦、燕国，东有东胡，西临韩国，与秦国只隔一河。处在这样的形势之下，赵武灵王感到危机四伏，唯恐赵国日渐衰弱，决心要施行一些新的措施，以富国强兵。

那个时候，中原国家的人们穿的都是长袍大褂。这些衣服平时穿，倒也不觉得有什么不方便，可是穿它出征作战，就显得十分笨拙不便了。再有就是作战乘战车，打起仗来，很不灵活。而胡人就不同了，他们的衣服短小窄瘦，不论做事，还是出兵作战，都很方便。他们也不用战车，而是用灵活自如的战马，小巧有力的弓箭。

赵武灵王了解到胡服骑射的这些长处，就决定把它借鉴过来。为了使国民接受这些外来事物，他自己先做出了很好的表率：上朝时，穿一身胡服；不再乘车，改骑战马。

朝中大臣都不能理解他的做法。他们认为中原地区人杰地灵，是尚贤教化、仁义施行之地，怎么能反过来向愚昧落后的胡人学习呢？于是纷纷表示反对，其中尤以公子成反对得最坚决。

公子成是赵武灵王的叔父，他见赵武灵王身穿胡服上朝，很气愤，第二天就借口生病不去上朝。赵武灵王知道公子成在群臣中的威望很高，除非先把他说服，否则，胡服骑射就难以在国内施行，于是，亲自去公子成府中看望他，对他说："我们治理国家，一定要根据实际情况制定施政方针。

只有这样，才有利于国家，有利于百姓。现在我国四面皆有危险，并且邻国有相当一部分具有很强的军事力量，他们身穿胡服、骑马射箭，在战场上占有很大优势。而我们如果还不改变现状，采取有力的措施，那肯定会有被动挨打的一天。再说，根据不同情况采取不同的措施，这是我国先君一贯的做法，我们为什么就不能效仿他们呢？”

公子成听了赵武灵王所言，才知赵武灵王要实行胡服骑射的深远意义。他对自己的无知感到十分惭愧，向赵武灵王表示愿意支持胡服骑射的变革。

赵武灵王见说服了公子成，很是高兴。其他大臣见公子成都改变了主意，也便不再固守反对态度，纷纷请求赵武灵王下令在全国推行胡服骑射。

没过多久，全国上下，不论贫富贵贱，人人都穿起了胡服。经过亲身体验，大家都觉得胡服确实比以前的衣服方便。胡服因此而成为一种时兴的服装。同时，赵国的大队骑兵也训练成功了。

公元前305年，赵武灵王从魏国手中接管了中山国。以后收服了东胡和临近的几个部族。秦、韩、齐、楚等国闻讯纷纷与赵国建立了友好关系。

赵武灵王没有拘泥于长期形成的风俗制度，锐意革新，因而使赵国不断强盛起来。

故事二：

宋代大文豪苏轼，是中国历史上最顶尖的学霸之一，我们都知道，他诗、文、书、画俱佳，而且知识渊博，过目成诵。鲜为人知的是，他少年时代也曾为学习而苦恼，直到他发明了“八面受敌”读书法。

所谓八面，是指一本书中包含的各个方面的内容，它可以是政治政策，也可以是典章制度，还可以是公理公式，苏轼把它们想象成八类敌人，分列于东、南、西、北、东南、东北、西南、西北八方，想一招平定天下是不行的，只能逐一击破。那好，你就带着目的去读书，越具体越好。比如这一次，你什么也不用管，只管对准南方的敌人——历史重要年份——开战，那就把相应的历史阶段所有重大的年份、年号与事件，逐个去搜集、整理、记录就好，如果再配合相应的记忆诀窍，效果肯定会更好。再比如下一遍，你依旧不管其他，只管攻击北方的敌人——历代典章制度——即可，肯定比以往那种漫无目的的涉猎好很多。

苏轼曾专门把这个办法教给自己的侄女婿王庠，说一本好书就像广阔的知识海洋，不仅内容丰富，而且学问也很深。读一本好书，要尽量每次只带一个目标，或是朝着一个方面的问题去深度探索，直至完全弄懂。这就像打仗一样，把敌人化整为零，各个击破。不然，就只能慨叹书中虽然到处都是知识，但却无从下手，最后一无所得。他还以自己为例，说自己就是这样读《汉书》的：第一遍学习“治世之道”，第二遍学习“用兵之法”，第三遍研究人物和官制。数遍之后，苏轼对《汉书》多方面的内容便熟识了。

不仅如此，他还曾经三抄《汉书》。一天，有位朋友去看他，问他在做什么，苏轼答：“我正在抄《汉书》。”客人很不理解：“你公认的天赋好，还用得着抄书吗？”苏轼说：“当然，不过我抄书有方法。第一遍，我每段只抄三个字，第二遍每段抄两个字，现在是第三遍，每段只需抄一个字。”其实，苏轼不仅三抄《汉书》，其它的史书如《史记》等，他也曾这样一遍又一遍地抄写，并且给自己这种方法起了个名字，叫“愚钝三法”。

其实，这不过是“贱为贵本”与“下为高基”的变式，正像苏轼说的，方法虽然愚钝，但是非常有效。有效到什么程度呢？有一次，苏轼问他的同乡，有着“小东坡”之称的才子唐庚：“最近在读什么书？”唐庚说：“《晋书》。”然后滔滔不绝地讲起来，苏轼突然插入一句：“里面有什么好听的亭子的名称吗？”唐庚被问蒙了，答不出来。事后，他才领悟到，这是苏轼在教他读书之法，大为感叹。

第四十章　有生于无

反者，道之动。弱者，道之用。天下万物生于有，有生于无。

【释义】

发展是道之运动的内在动力；柔弱是道的运动法则的具体运用。天下万物从有中产生，有又从无中产生。

【古典今读】

这一章虽然只有两句话，但含义十分丰富、深邃。在这一章，老子重申了道和德的关系，道无形、无言、无为，不能被我们真正认识，我们认识到的只是道的德性而已，因此可以说德是道的属性。

“反者，道之动”，意思是说事物运动变化的规律是循环往复的，如果我们善于观察就不难发现，我们周围的事物都处于永不停息的运动变化之中，蝉皮挂在枝头，而蝉却没了踪影，我们四处寻找，树叶深处传来蝉的鸣叫，原来它的翅膀长硬了，就躲到密叶深处唱歌去了。然而好景不长，随着夏天的飞逝，它的生命也就走到了尽头，第二年的夏天蝉声又起，如此循环往复，永不衰竭。

“弱者，道之用”，意思是说道在发挥的时候，用的是柔弱的方法，它一切顺应事物的发展变化，任由万物自然而然地发生和生长，而绝不将自己的意志强加给万物，不去干涉，给万物足够的发展生长空间。道孕育了万物，而不将万物据为己有，不使万物感到自己的压迫力量。如果天下的统治者能够用这种柔弱的手段来治理天下，顺应民心民意，自然会得到民众的拥护和爱戴，自然会拥有大道的力量而永不枯竭。

由此可见，大道的德性就是循环往复和柔弱顺应，宇宙万物由道而生，自然应该合乎大道的德性，才能得以正常生长、发展、运行，一旦违背道的德性就无法运作，就会被淘

汰出局，这是因为宇宙万物都由大道孕育而生成，这就是老子开篇所提到的“有名，万物之母”。而我们必须清楚的是，大道的孕育状态又来自于无的混沌未开的状态，也即是第一章中老子所说的“无名，天地之始”。无的状态也就是道的德性了。人是万物中的一员，处于宇宙万物中就如同滴水藏海一般，是那么微不足道，而我们喜欢夸大自身存在的价值。人类的虚妄致使人类忽略自然规律的存在而恣意妄为，恣意妄为是对大道的公然叛逆，其表现是多方面的，比如任意砍伐森林、任意捕杀野生动物、污染环境、自虐和虐待他人……人类认为自己强大而睿智，这是不自知的表现，其结果必将是自我毁灭。我们人类只有顺应自然之道，明晓生死皆自然，短暂的人生不容许我们蹉跎岁月，也不容许我们陷于无谓的纷争中。人生一世，草木一秋。生命就如同一次短暂的旅游，从起点出发，最后又复归于起点，这种循环往复不会以我们的主观意志为转移。有生就有死，这是大道的规律，没有人能够改变得了，既然无法改变，我们为什么不能换一种方式对待它呢？顺应它就合乎了道的大德，就能活得自然、坦然、悠然。

这一章，老子重申了大道与大德的关系。

“道”无形象，无言语，无作为，我们所能认识到的，只是它的一种德性而已，所以“德”就是“道”的属性。

“道”有自己的运动方式，它循环往复地运动着，这一点我们可以从自然中看出来，月圆月缺，花开花谢，草木春生而夏长，秋收而冬藏，如此循环不已。

“道”生万物却不占有，滋养万物却不自恃。“道”无形象，不占有，不自恃，所以说它是天下最柔的东西，没有什么东西能够战胜它。

由此可知，大道的德性就是循环往复、柔弱顺应，而人只有顺从自然之道，把握住循环往复、柔弱顺应的德性，才能无灾无害，一切顺利。

如此，便是要求我们为人处世要“藏器于身，待时而动”。

也就是说，有才能但不使用，而要待价而沽。天才无此器最难，而有此器，却不知收敛，则锋芒对于人只有害处，不会有益处。所以古人说：“额上生角，必触伤别人。不磨平触角，别人必将力折。角被折断，其伤必多。”可见天才的锋芒就像人额上的角，既害人，也伤已！如此说来，还不如没有。

如果将有此器视为无此器，必不会成为圆月，成为全开之花，自然就没有缺、谢的危险了，这就是把握住了循环往复的结果。有能力却不与人争，隐藏智慧，这就是把握住了柔弱顺应的表现。

【事典心裁】

战国时代出现了大批能言善辩的纵横家，为了当官发财，他们游说列国，一时间，到处都是才华横溢的说客。他们纵横于各国朝堂。史上鼎鼎有名的张仪就是其中一位。

张仪是魏国人，他在早期的游说生涯中曾到过楚国，不过没受到楚王的重用，生活非常穷困。

有一次楚王召见他，但却表现出满脸不耐烦的样子。

张仪对楚王说："如果大王不想任用我，我请求到魏国去走走。"

"那好吧。"楚王答道。

张仪问："难道大王不想从魏国得到什么东西吗？"

"黄金、珍珠、象牙等楚国都有，我什么也不想要。"楚王说。

"难道大王不喜欢美女？"

"什么意思？"楚王不解地问。

"听说魏国美女貌若天仙，最为娇艳，可谓当今天下第一。"

楚王听了这番话不禁心驰神往，心中起了些淫念。于是他赐给张仪许多珍珠、宝石，请张仪为他从魏国多带几个美

女回来。

楚王的两个爱妃听了此事，慌忙把张仪请去。张仪把楚王托他到魏国寻求美女的事，大肆添油加醋地说给她们听，她们因为害怕，所以贿赂了他许多黄金，求他别带美女回来让她们失宠。

临行前，张仪要求楚王设宴送行。

酒过三巡，张仪又请楚王把平常身边侍奉的人请来，说要为她们敬酒。楚王于是把两个爱妃叫了进来。

一见她们，张仪马上从座位上跳下来，趴在地上磕头不止，并连连说道："我有欺君之罪，该死，该死！"

"这是怎么回事？"楚王不解地问道。

"我周游列国从未见过如此漂亮的女子，上次我还说要给您找最美的女子，这不是欺骗您吗？”

“好了，算了吧！”楚王听了也无奈地说道，“我也认为我这两个爱妃是天下最美的。”

如此一来，张仪到魏国去找世上最美女子的许诺就成了空话，也就是“无”；黄金、珠宝以及楚王的盛情款待就成了这个“无”中产生的“有”。

故事一：

大道作用一切事物都是用柔弱的方式，是最有效且无法抗拒的。

老子认为人们做任何事的时候，都应抱有一种遇事不乱的态度（弱者道之用），对所遇之事宜谨慎分析，才有利于将事情办好。

沉着和冷静是办大事者必备的素质，也是老子这一智慧的现代诠释。所谓沉着，就是镇静、不慌不忙；冷静，就是遇见事情不头脑发热，感情用事，而是能够认真地思考，缜密地分析，最终做出对自己最有利的决定。

有一个大公司在招聘人才，一群年轻人都是经历了层层筛选胜出的佼佼者，现在他们正面临最后的考验——一场定时十五分钟的考试。谁通过了这次考试，谁就有机会进入这家著名的跨国公司。

试卷上共有四十道题，题量大，涉及的知识面很宽，这完全出乎大家的意料——这么多题，一刻钟的时间实在是太仓促了。许多人一拿到试卷，连半秒钟也不想浪费，立刻做起题来，全然不顾监考官“请大家先将试卷浏览一遍，看清要求再答题”的忠告。

虽然许多考生因为没有答完而显得不心甘情愿，但试卷在一刻钟之后还是全部收完。总经理来到考场，当场亲自批阅试卷。他很快地翻遍所有的试卷，然后便从中挑出了五份。这五份试卷的卷面有一个共同特点，即第1至37题全都没做，仅回答了最后三个问题。而其他试卷上的答题情况看上去则好得多，做了前面的不少题目，最多的一个人做到了第29题。

总经理当场宣布，公司将录用那五个只答了最后三道题的年轻人。在众人的一片惊讶和质疑声中，监考官道出了秘密——原来秘密就藏在第37题中，它的内容是：前面各题都可以不回答，只要答好最后三道题即可。

这次测试是很成功的。那五个人后来表现都非常优秀。特别是在风云变幻如战场的商场上，他们遇事历来不慌张，总是能举重若轻，冷静地分析问题，提出正确的应对措施。由于具备这种素质，他们不久都做到了中层管理人员。三年后，有一位还被破格提拔为副总经理。

故事二：

有一年，某公司要招聘一名会计。面试那一天，公司里人山人海，经过严格的笔试又经过细心的筛选，最后只剩下了A、B、C三位非常优秀的女大学生，经理发给她们每人一件衣服和一个黑皮包，告诉她们：“现在进入口试环节——你们必须在8点半之前穿着我给你们的衣服去总经理室口试——胜出者将获得这个职位。但我提醒你们一句，每一件衣服上都有一块污迹，而总经理却喜欢干净整洁、落落大方的人，你们身上的污迹最好不要被总经理发现，否则就会被淘汰。”

此时已经是8点15分了。A赶紧拿出手帕纸擦衣服上的污迹，谁知污迹越擦越脏，越擦越大，A非常着急，苦苦央求经理，想让他再换一件，可是经理却带着遗憾的口气说：“不好意思，你已经被淘汰了。”A哭着离开了。

B吸取了A的教训，她飞奔着跑到洗手间，想把污迹洗干净。她以飞快的速度洗了一遍又一遍，果然洗掉了污迹，但衣服的胸前部位却湿了一大片。看看表，已经快到8点25分了，她稍微整理了一下，便奔向总经理室，到那一看C居然还在那儿站着，胸前还有那块污迹，B这才放了心，于是她胸有成竹地走了进去，但总经理却说："不好意思，你被淘汰了，胜出者是C。"B非常惊奇，很不服气，总经理看出了她的心思，微笑着说："假如我没猜错的话，你的黑皮包大概落在了洗手间里。你回头看看C的黑皮包——"B回头一看，只见C把她的黑皮包挂在胸前，恰好挡住了那块污迹！B心服口服地离开了总经理室。

第四十一章　道隐无名

上士闻道，勤而行之。中士闻道，若存若亡。下士闻道，大笑之。不笑，不足以为道。故《建言》有之：明道若昧，进道若退，夷道若颣，上德若谷，大白若辱，广德若不足，建德若偷。质真若渝，大方无隅，大器晚成，大音希声，大象无形。道隐无名。夫唯道善贷且成。

【释义】

上等悟性的人听了道，勤于去实践它；中等悟性的人听了道，觉得它的存在若有若无；下等悟性的人听了道，捧腹大笑。不被嘲笑就不足以为道了。所以《建言》说：光明的道好似暗昧，前进的道好似在后退，平坦的道好似凹凸不平，崇高的德好似峡谷，洁白无瑕的东西好像有黑垢一般，广大的德好像有所不足，刚健的德好似怠惰。纯真质朴的品格好像受污染变质，最方正的东西好似没有棱角，大型的器物是最晚完成的，最大的声响反而听不到声音，最大的形象反而看不到它的形状。大道幽隐而默默无闻，无名无状。也只有大道，善于创造万物并且成全万物。

【古典今读】

在上一章，老子论述了道的德性，即循环往复、柔弱顺应。万物为大道所生，就应该遵循大道所具有的德性，顺应自然，循环往复，而不违背自然的规律，达到无言无为的境界。只有这样，我们才能免受自然的惩罚，才能领略到生命的充实和美好。

在这一章里，老子重点讲解如何依道修德的问题。老子将人类分为三个等级，即上士、中士和下士。在封建社会，上士是指高明的奴隶主贵族；中士指平庸的贵族；下士指浅薄的贵族。老子在此并非指等级上的差别，而是就认识水平上的高低而言的。上士也就是悟道较深的人，中士就是对道半信半疑的人，下士就是对道一点儿也不开悟的人。由于对道的领悟水平不同，所以他们就对道产生了不同的看法，并采取不同的行为。上士听人讲道，能立即领略到其中的妙处，并反映到自己的实际行动中，积极努力地实践它，做到与大道完全融合。中士听人讲大道，由于觉悟的局限，他不能完全理解大道，所以总是半信半疑，在这种思想的影响下，他时而实践，时而疑惑，不能完全投入其中，总在半信半疑之间徘徊，因此这种人很难真正地觉悟和得到解脱。下士完全否定大道的存在，他们一旦听到道就会哈哈大笑，认为修道者所说的话是信口开河。

对于下士对道的无知和嘲讽，老子表现出了极度宽容的态度。对于道这样浅显而又玄妙的东西，怎么能避免下士们的嘲笑呢？老子认为没有下士的嘲笑就称不上真正的大道了，为什么这么说呢？紧接着老子引用了十二句古语来证明自己的观点，即“明道若昧，进道若退，夷道若颣，上德若谷，大白若辱，广德若不足，建德若偷。质真若渝，大方无隅，大器晚成，大音希声，大象无形”。这么隐晦难懂的话有几个人能理解呢？即便是被人理解了，又有几个人能参悟其中的深意呢？毕竟得道之人是少数，而下士占多数，道对他们采取宽容的态度，因为大道包容万物、给予万物、成全万物。不被不明之人怀疑，不被愚笨之人嘲笑，那就不是真正的大道了。也就是说，不管你怎么去笑那大道，大道也都不会有什么改变。

我们在生活中难免和各种各样的人打交道，他们或粗俗，或高雅，或单调乏味，或幽默风趣，面对形形色色的人，我们怎样才能和他们和平共处呢？有人采取了极端的方式，干脆不和低俗之人交往，摆出一副自命清高的架势，见了粗俗之人就以冷面孔相对，他忘记了什么是真正的高雅，不自觉地将自己推向了低俗的深渊。为什么不能做一株出淤泥而不染的白莲呢？如果我们真的有莲花的高洁，我们就应该以自己的品行感化人，使他们慢慢脱离低俗，这是最好不过的处世方略了。拥有一颗包容的心是我们的无价之宝，我们将受用一生。

我们人类只有认识自然大道的德性，把握住这些德性，才能一切顺利。可往往并不是所有人都能对“道”之德性有正确的认识。

而对于明道之人，古人说：明白大道的人好像什么都是糊涂的，进入大道的人却好似是在退步，走在平坦的大道上，却好像走在那崎岖小路上。如此不被人理解，可明道之人自己明白什么才是“道”之德性，他们不会因别人的误解而改变什么。

明白了这一点，运用到我们的为人处世之中，真理始终是真理，不会因别人错误的认识而随之改变。因此，对于别人犯的那些认识上的小错误，也不必追究，让人难堪。

美国著名的成功学家戴尔·卡耐基是处理人际关系的高手，然而早年时，他也曾犯过小错误。有一天晚上，卡耐基参加一个宴会。宴席中，坐在他右边的一位先生讲了一段幽默故事，并引用了一句话，意思是“谋事在人，成事在天”。那位健谈的先生提到，他所引用的那句话出自《圣经》。然而，卡耐基发现那位先生说错了，因为他很确定地知道出处，一点疑问也没有。

为了表现优越感，卡耐基很认真又很强硬地纠正了他。那位先生立刻反唇相讥：“什么？出自莎士比亚？不可能！绝对不可能！”那位先生一时下不来台，不禁有些恼怒。

当时卡耐基的老朋友法兰克·葛孟坐在他左边。葛孟研

究莎士比亚的著作已有多年，于是卡耐基就向他求证。葛孟在桌下踢了卡耐基一脚，然后说：“戴尔，你错了，这位先生是对的。这句话出自《圣经》。”

那晚回家的路上，卡耐基对葛孟说：“法兰克，你明明知道那句话出自莎士比亚。”“是的，当然。”葛孟回答：“在

《哈姆雷特》第五幕第二场。可是亲爱的戴尔，我们是宴会上的客人，为什么要证明他错了？那样会使他喜欢你吗？他并没有征求你的意见，为什么不保留他的脸面，却说出实话而得罪他呢？”

一些无关紧要的小错误，放过去，无伤大雅，那就没有必要去纠正它。这不仅是为了避免不必要的烦恼和人事纠纷，而且也顾及了别人的面子，更体现了一个人做人的雅量。

【事典心裁】

生活中一个人寻找别人的缺陷，指责别人，远不如发现自己的缺陷，审视自己，更不如发现别人的优势，称赞别人。指责别人，远不如去了解别人，理解别人，原谅和宽容别人。世上有几个人十全十美？谁没有缺陷？为什么总是揪住别人的缺陷而看不见他还有更多的优点呢？

列御寇喜好打猎，经常邀请朋友们一块儿到深山密林中捕猎野兽。

可是朋友们每次都婉言谢绝他的邀请。原因是列御寇虽然爱好打猎，而射箭技术却十分糟糕。

列御寇自己也十分着急，于是决心从头开始练好箭术。经过一段时间练习，列御寇的箭术突飞猛进。

他为自己的进步得意不已，同时也想去向朋友们显示自己箭术的精妙。为了增强说服力，他决定先找个精通箭术的人来给自己射箭的技术下个权威性的结论。

他想到了伯昏无人。伯昏无人是著名的箭术专家，曾经培养了许多优秀射手。

列御寇向伯昏无人说明了自己的意图，就在自己的后院中立好箭靶，开始射箭。

列御寇拉满了弦，把装满水的杯子放在肘上，凝神注视一处，目不斜视，耳不旁听，连发了好几箭，后箭箭尖和前箭箭尾紧紧相连，形成一条线，所有的箭都射到同一点上，箭术实在高明，用“百步穿杨”来形容一点儿也不过分。

然而，伯昏无人却像个木头人似的，面无表情地站在那里，嘴里连一句赞美的话也没有。

沉默了良久，伯昏无人才开口说：“你是为了向人展示你的箭术而射的，还没有达到那种不射之射的境界。只有那种看似不经意的射箭，才是真正的好箭术。如果我和你登上高山，脚踩着不断摇动的石头，前面是万丈悬崖和幽深的瀑布，你还能射吗？”

于是，伯昏无人便带着列御寇登上高山，踩着摇动的石头，面临着无底的深渊，背后高低不平，脚一半在山巅之外。

列御寇好像患了恐高症一样趴在地上，汗水流到脚跟，

哪还敢站起来射箭呢？

伯昏无人说："最有修养的人，上可以望青天，下可以入黄泉，技穷八荒，收放自如。现在你战战兢兢，生死得失之心表现于眼神和心态，你内心的害怕就可想而知了。"

故事一：

有识者得悉"道"之理后，勤勉行政，身体力行；普通人听了似懂非懂，半信半疑，不知如何是好，终究无所得；无知的人听了觉得难以置信，大加嘲笑。如果“道”不能让第三种人听了觉得可笑，那也就不是什么真正的“道”了。

宣扬成功学的人们会主张，一个人若想成功，就要先向成功的人学习，然后和成功的人合作，这样才能从已经成功的人身上学到他们成功的因素，并找到使自己成功的方法。同样的，若是想成为上士，那么就要掌握他们是怎么思考问题的，有着什么样的处理问题的方式，有着什么样的人生观和事业观。如果你有着成功者的心态和思维方式，再加上能够坚持不懈，那么你前面的终点就只有一个——成功。如果不具备这种心态，即使拥有再多的物质，也不能算是上士。看看那些“富不过三代”的显赫之家，就是因为子孙没有先祖创业时的那种兢兢业业的态度，即使有了财富也守不住。所以才有人说“创业难，守业更难”。

如果觉得这些道理好像有些用处，自己也想要成功，可是又觉得不容易做到，对前途感到渺茫，怕付出了也得不到回报，还不如再等等看，看别人照着这方法做会怎么样，等他成功了我再跟着做；要是他不行，那我就笑他不知道观火候……如果是抱着这种观念做事，那就属于“闻道”后“若存若亡”的人，是中士。或许可以触及成功，但也有可能是失败，这就要看最终的选择如何了。如果只是存有观望的态度，而迟迟不肯迈出第一步，那就是在选择失败。而下士是些什么样的人呢？那是根本就不相信这些道理的人，如果有人跟他说：“你现在穷，是因为你的观念造成的。”他或者听不懂，或者要“大笑之”以示不信。态度与物质方面是否富有并不完全正相关，不论是否有钱、是否有权或者是否有名，将来的走向都是被你的意识所牵制的，如果你只有下士的心态，那又怎么可能利用现有的物质基础发挥上士的优势呢？即使因为一时的运气，或是先人的积累，而获得了一些机遇，但这都是不可能长久的。没有上士的心态却想成为上

士的人，难免要做出一些危险的事情，有可能在物质欲望膨胀起来之后什么事情都敢做，甚至触犯法律，这是因为他们没有一个正确的意识去支配自己的行为。

有这样一个故事：一个富翁要出门远行，临走之前把三个仆人叫到面前来，给他们每人一百个金币，对他们说："你们拿着这些钱去做生意，等我回来时，再来见我。"三年之后，富翁回来了，第一个仆人报告说："主人，您交给我的一百个金币，我已经用它赚了十倍。"富翁很高兴，就把这些钱都奖励给他。

第二个仆人说："主人，您交给我的一百个金币，我用它赚了五倍。"富翁也很高兴，照样奖励了他。

第三个仆人说："主人，您交给我的一百个金币，我害怕丢失，又怕做生意赔本，所以一直埋在地底下。"富翁很生气，命令将那一百个金币也奖励给第一个仆人，并说："凡是少的，就连他所有的也要夺过来。凡是多的，还要给他，叫他多多益善。"

这就是著名的"马太效应"。这其实就是基于心态和思维方式的不同，付出的越多就会得到的越多，而害怕损失不敢付出的就会连现在所拥有的都会失去。因为没有什么东西是可以守住一直不失去的，这是事物运行的必然。想要一直拥有，就得一直付出，像流水一样，有进有出，水才是活的，才是丰盈的，若只进不出，或只出不进，那水要么会溢出来，要么就会干涸。人生也是一样。

老子虽然提倡清静无为，要顺其自然，而不给自己的天性妄加些没有用处的东西，但是这不是说让人不思进取，碌碌无为。要顺其自然，就要吐故纳新、新陈代谢，所以这种清静无为是积极的而不是消极的。

如果一个人只是想平庸地过一生，可是又不能让自己心静如水，对各种物欲的诱惑心动不已，那么这种生活就是痛苦的，是不幸的，更是与老子所说的那种顺其自然的生活搭不上边。

故事二：

有人说，真正清楚明白的“道”在愚昧的人看起来似乎是晦暗不清的；最高明的畅通无阻的“道”在愚昧的人看来却是最闭塞不通的；最宽阔平坦的“道”在愚昧的人看来却是最崎岖坎坷的。

明白了大道就抛弃了小聪明，在只有着小聪明的人眼中看来反而是糊涂了，走上了歧途还以为自己是走在正道上，那是因为从未真正体会到正道的存在，或者说从来就没接触过那个境界的边缘。最完美的美德就是虚怀若谷，只有这样才能海纳百川，然而人们往往并不这样认为，他们只要有一杯水就以为自己得了大智慧，只要有了一块石头就以为自己拥有了天下。

在这种情况下，人们往往走不出自己的路，前途在他们眼中迷迷茫茫，歧途甚多。有时候循着自然大道才走了没多久，被旁边小聪明的人说上几句，就以为自己走错了路，慌慌张张地改道而行，殊不知这才是歧路。

因为看起来通往“道”的路是如此崎岖不平，而且晦暗不明，所以人们觉得走这种路是太艰险了，可是风光往往只有在险峰上才可以领略到。

北宋真宗时，契丹人入侵，告急的文书连连发到朝廷，却都被宰相寇准给扣下了，不让真宗皇帝知道。

真宗在别处听说了这个消息，非常着急，就向寇准询问。寇准说：“大敌当前，如果没有拼死的决心，任何妙计都是无用的。我请求皇上御驾亲征，为将士们击鼓打气。”

真宗害怕了，说：“我贵为天子，怎么能以身犯险呢？除非你能保证我的绝对安全，否则就是对我不忠了。”

寇准说：“如今敌军气势正盛，我军连连失地，这种局面必须改变了。皇上虽然冒些凶险，但只有这样才能鼓舞将士们的士气，挽回颓势。我想敌军万万预想不到皇上会亲自

上阵，他们一定会十分恐慌的。”

真宗被寇准劝服，勉强出征。走到南城的时候，随行的大臣又劝真宗回去，他们说：“契丹的兵力强大，皇上为什么要和他们硬拼呢？不如迁都到南方，以后再作打算。”

寇准舌战群臣，坚持请真宗到澶州督战。他说：“成就大业，就不能回避风险，以求安稳。现在契丹势在灭我大宋，我们如果退让，那么就会一败涂地，不可收拾。”

真宗犹豫不决，寇准于是把负责军事的武将高琼找来，对他说：“国家危难，皇上决心难下，还请你去劝谏皇上不要后退。如今人心不稳，这也是你们武将为国报效的时候了。”

高琼便去面见真宗，说：“兵来将挡，水来土掩，这是很自然的事，皇上不该听信南迁的话。如果皇上带领我们杀敌，军心一定大振，我军一定会大胜的。”

有了武将的保证，真宗终于安心了一些，于是亲临澶州督战。全体将士奔走相告，士气大振。契丹人果然胆怯起来，不敢进攻了。

最后，双方签订了“澶渊之盟”，大宋北方的一些领土得到了保全。

寇准力主真宗涉险亲征，这在大多数人眼里都是一条不可取的路，然而正因如此才避免了宋朝亡国的命运。人们不愿冒险走自己认为不清楚的路，这是因为他们不知道，有时候只有那些他们认为不安全的路才是真正的“道”，是顺应事物发展趋势的正确之路。在这一点上，只有像寇准这样有远见的人才能坚持正确的方向。

第四十二章　负阴抱阳

道生一，一生二，二生三，三生万物。万物负阴而抱阳，冲气以为和。

人之所恶，唯“孤”“寡”“不穀”，而王公以为称。故物或损之而益，或益之而损。人之所教，我亦教之。强梁者不得其死，吾将以为教父。

【释义】

道生初始的一，初始的一又生出阴阳的二，阴阳二气交合而生三，混合的三生万物。万物包含阴和阳，阴阳二气交互作用生成和谐状态。人所厌恶的虽然是“孤”“寡”“不穀”，但王公却用这些词来称呼自己。所以世上事物有损必有益，有益必有损。他人所教诲的道理，我亦以此来教诲他人。强横逞凶的人不得善终，我将以此作为施教的根本。

【古典今读】

老子在这一章讲了大道的衍生规律：大道生出了一，一生出了二，二生出了三，三生出了万物。这和第一章里所说的意思相同，大道之无而生出了妙一，妙一而生出了天地的二，二生出了徼三，三衍生出了宇宙万物。我们从而可以推断出万物都在道中。既然万物都在道中，那么万物自然会怀抱着天，背负着地，天为阳，地为阴，老子将阴阳理论和道理合在了一起，难免有些晦涩难懂。读过《易经》的人都知道，《易经》中有“太极生两仪，两仪生四象，四象生八卦”一句，其中的太极就是我们所说的道，它混沌未开浑然一体，无所谓两仪，也无所谓阴阳。阴阳是相对立的，又是相互统一和融合的，它们的对立表现在二者相互排斥，是分隔裂变的产物，它们的融合表现在它们本是一个物体，来自同一种物质：太极，也就是道，就是一。正因为它们的这一特性，我们才可以将它们糅在一

起而成为“和气”，天气阳而地气阴，万物生于天地间，自然带有阴阳二气。万物生长离不开阴阳相合产成的和气，和气使万物得以安宁和生生不息。

我们生存的宇宙空间，万物都有阴阳之分，各种生物，包括人类在内，都有雌、雄之分，也就是我们所说的阴、阳。雄性都有阳刚之气，而雌性刚好相反，具有阴柔之气。阳刚和阴柔是万物的特征，也是万物得以延续的基础。阳和阴相辅相成，相互独立存在而又不可分割，二者相合而成和气。和气取的是阴阳二气的中和，因此，无论是黎民百姓还是王公贵胄，只有和气为人，才合乎大道的规律要求，才是一个有道德的人。任何凶神恶煞的行为都不会得到人们的认可，更谈不上拥有人格和尊严。因为人和万物的特性就是一个“和”字，和气的人就合乎大道，合乎大德，就会受到大道的拥护；相反，不和气就是不合乎大道，自然会受到自然规律的惩罚，比如我们上面所说的得不到尊重，等等。

我们往往喜欢风和日丽的天气，而憎恶阴雨潮湿的天气，也就是趋阳避阴。谁都不喜欢鳏寡孤独，不喜欢被人遗

弃，而王侯公卿却喜欢称呼自己为“孤”“寡”“不穀”，为什么会这样呢？他们这是自谦的说法，其实他们本身并没有脱离“和气”，他们越是自谦，越是能得到众人的拥护和尊敬，也就是损之有益。我们爱说“和气生财”“家和万事兴”，这里的和就是“和气”，也可以称为我们的人气。一个人气旺的人，不计个人得失，不贪占小便宜，自然也就少了很多痛苦和烦恼。我们不可为一时的得失而大喜大悲，即便我们正处于人生的低谷，有很多的不如意或被耻辱包裹，面对这样的窘境，我们是消极躲避还是积极应对？答案是明显的，我们只有冷静、平稳、和气地面对，才能战胜狂风骤雨，迎来美丽的彩虹。

本章接续上一章讲大道的德行和悟道圣人的行为。

“道生一，一生二，二生三，三生万物”，这是宇宙的规律，由此我们可以知道万物都在大道之中。

既然万物都在“道”中，那么万物自然背负地阴而怀抱天阳，从而将阴阳二气糅合在一起而成为和气，也就是说万物的生成正是因为阴阳相合所生成的和气所致。

而人也在万物之中，所以人气便是和气，和气取得的是阴阳二气的中和。所以只有和气为人，才是人真正的德行，才是合乎大道规律的。

俗话说：“和气致祥。”即认为和气相处可以带来吉祥。一个家如此，一个单位和一个社会更是如此。如何保持和气呢？古人指出“长傲”“多言”是破坏和气的两大因素，更是产生战争和残杀的原因，而要做成熟的人，就应该谦虚而少语。

确实，和气是团结的基础，也是生财的基础，现代人更应讲究一团和气。现实中有这样一个例子：

一家保险公司的一名经验丰富的推销员去拉团体保险。一般情况下，推销员都希望公司主管答应投保。但是所有的上司都很忙，无法长时间交谈。愚笨的推销员一看见主管人员就缠着不走，侃侃而谈，不管别人忙不忙，殊不知对方是看在介绍人的面子上才同意见面的，这时已生反感。这位出色的推销员不同一般，很懂得把握时间，时间一到，马上离开，绝不逗留。如此重复几次，彼此都很熟了，对方一见面就笑着说："你真热心，又来了！"和气一到，财气果然也到，对方就签约了。

俗话说："清官难断家务事。"对棘手的家庭问题，不论是自家的还是别人的，都应该本着"和为贵"的原则，这样才能照顾到方方面面，大事化小，小事化了。

宋英宗刚即位时，一天，慈寿太后差人送给韩琦一封密札。密札中说皇上和高皇后不侍奉她，要韩琦“为孀妇做主”，并命太监等着韩琦回报。韩琦只说：“领旨。”将太后派来的太监打发走了。

不久韩琦上了封札子，说有重要的事要请示，需要单独见皇帝。于是英宗单独召见了他。见面后，韩琦对英宗说：“您不要吃惊，有一封信必须给您看，把事情说明白，只是不能泄露……皇上能有今天，全靠慈寿太后的力量，此恩不可忘记。虽然不是亲生母子，但只要多加奉承，便可以相安无事了。”英宗说：“一定接受先生的教益。”韩琦又说：“太后的这封信，臣不敢留。希望能在宫中秘密烧掉，如果泄露出去，谗言将会趁机兴起。”英宗连声赞同。这以后，太后与皇帝、皇后的关系很融洽，人们根本看不出曾发生过矛盾。

韩琦把皇帝家的家务纠纷解决得如此漂亮，不愧为一代名臣。他的计谋出发点是以大局为重，不激化矛盾，采取了暗中调停的办法，从中可见“和气”的妙用。而那些不知和气的人，就违背了“道”的规律，与真正的德性相违，就叫做“强梁”，老子说，强梁者是和气的反面，是我们立身处世的反面教材。

【事典心裁】

作为一个人，总不免要与他人交往。所谓处世，指的是在与人交往过程中的态度和方法，一团和气才能与人为友。如果与人相处像是一杯水的话，那么和气就是给这杯水加的糖。以和为贵是一种较高的处世境界，更是一种聪明的交友态度。

胡雪岩十分注意维护别人的面子，因为他深知一个人的信誉被破坏，对大家都不利，所以他坚持“得饶人处且饶人”，这正是不伤和气的生意经。

胡雪岩刚出道的时候，王有龄用他从信和钱庄借来的五百两银子捐官成功，回到杭州，得知胡雪岩为此丢了饭碗，落魄不堪。他要为胡雪岩洗刷耻辱，就在海运局支出六百两银子，去了结这笔账。他穿上官服，吩咐备轿，准备鸣锣开道，和胡雪岩一同前往。按他的想法，以自己的威风为胡雪岩扬名，顺便也替他出气。

但胡雪岩拒绝了。他不去的理由很简单，信和钱庄的“大伙”就是当初将他开除出信和的张胖子，如果此时他和王有龄一同前往，势必让张胖子大失面子，张扬出去，张胖子在同行和东家面前的面子也没有了。这是胡雪岩不愿意看到的事情。他不仅不与王有龄同去，而且还叮嘱王有龄吹捧一下信和，这使王有龄对胡雪岩的做法赞不绝口。

王有龄理解了胡雪岩的用心，还款时，他特意换上便服，只坐一顶小轿到了信和。由于信和当初就将这笔款当作一笔收不回来的死账，因此也没把胡雪岩写的借据当回事，不知扔到了何处，此时王有龄来还钱，居然找不到借据。当钱庄张胖子据实相告后，王有龄不仅没有为难他，而且二话没说，拿出该还的银子，只要对方写个已经还清的字据，至于原来的借据，以后找到，销毁就是了。

在对待吃里爬外的朱福年时，胡雪岩牢牢记住“饶人一条路，伤人一堵墙”的道理，把这件事处理得极为漂亮。

朱福年不仅在胡雪岩与庞二联手销洋货的事情上作梗，还拿了东家的银子做小货，他的东家庞二自然不能容忍。依庞二的想法，他一定要查清朱福年的问题，狠狠整他一下，让他滚蛋。但胡雪岩觉得不妥，说：“一发现这个人不对头，就彻底清查后请他走，这是普通人的做法。最好是不下手则已，一下手就叫他晓得厉害，心生佩服。要像诸葛亮‘七擒孟获’那样使人心服口服。火烧藤甲兵不足为奇，要烧得他服帖，死心塌地替你出力，才算本事。”

胡雪岩的做法是：先通过关系，摸清了朱福年自己开的户头及底细，然后再到丝行看账，在账目上点出朱福年的漏洞。他也只是点到为止，不点破朱福年做小货的真相，也不再深究，让朱福年感到自己似乎已经被抓到了把柄，但又莫名实情。同时，他还给出时间，让朱福年检点账目，弥补过失，这等于有意放他一条生路。最后，他明确告诉朱福年，只要尽力，朱福年仍然会得到重用。这一下，朱福年真的感激不尽，彻底服帖了。他死心塌地地替胡雪岩出力，后来也从未犯过这样的错误。

故事一：

据史料记载，名将郭子仪为大唐江山的稳固立下了汗马功劳，唐代宗感其功高，将女儿升平公主嫁给了郭子仪之子郭暧。有一次，小两口吵架，郭驸马越说越气，忍不住说道："你爸爸有什么了不起的？给我们当皇帝，我们还不稀罕呢！"公主听罢大怒，立即回宫告状。郭子仪知道后吓得赶紧把儿子关了禁闭，然后自己面圣请罪。谁知代宗听了公主的哭诉后却说："原来如此。这是你的不好，你为何在夫家不守妇道？如此吵闹？你知不知道，要不是郭子仪拼死战斗，我们李家可能早就丢了江山！凭他的威望和能力，的确可以做皇帝！"见了郭子仪后，代宗则安慰他说："爱卿！古人云：不痴不聋，不作家翁。孩子们吵架时说说气话，我们怎能当真呢？不必放在心上。"

代宗的话其实一点儿不假，由唐玄宗开始，儿子唐肃宗，孙子唐代宗，乃至曾孙唐德宗，四朝都由郭子仪保驾。唐玄宗时，"安史之乱"爆发，玄宗提拔郭子仪为卫尉卿，兼灵武郡太守，充朔方节度使，命令他率军讨逆。唐朝的国运几乎系于郭子仪一人之身。代宗时，天下不定，回纥叛军都快打到长安了，皇帝下诏请郭子仪出山。当时他连一支部队都没有，跟在身边的只有老部下数十人，但接到诏命，他马上临时凑人出发，勉勉强强把没有经过训练的后备兵连退伍老弱都加以整编，也只凑了5000人，去抗拒敌人10万雄兵。到了前方一看，他跟随军的儿子讲这仗不能打，我一个人去敌营或许还有点办法。郭子仪出发之际，他的三儿子紧紧拽住父亲的马缰："父亲大人是堂堂元帅，怎么能自己送上门去当俘虏？"郭子仪告诉儿子："现在敌强我弱，如果硬拼，我们父子都要战死，江山社稷就危险了。如果能与回纥谈判，说服他们倒戈，那就是黎民百姓

的福气，扭转战局，在此一举。”他推开了儿子，向回纥军营策马而去。回纥首领药葛罗听说郭子仪来了，将信将疑，他生怕有诈，命人弯弓搭箭，严阵以待。郭子仪摘下头盔，脱掉铠甲，放下兵器，缓缓而行。当他来到药葛罗面前时，回纥酋长们一起拜倒，表达了诚心诚意的欢迎。郭子仪凭借一己之力说服回纥首领撤兵。郭子仪单骑退兵，从此名震千古，传为佳话。

不止一次，许多危急都被郭子仪化解了，当天下无事了，皇帝又担心功高震主。朝中的文臣武将，都是郭子仪的部下，为免皇帝疑虑，他多次自请离任，坦然归去。等国家有难，一接到命令，郭子仪又不顾一切，马上行动，所以屡黜屡起，四代君主都离不开他。

就是这样，还是免不了小人嫉恨。皇帝面前有一个颇有权位的太监，名叫鱼朝恩，他曾用各种花样算计郭子仪，而郭子仪从不记恨，一一包容。最后，鱼朝恩居然派人暗地挖了郭父的坟墓，郭子仪仍不动声色，在皇帝吊唁慰问时哭着说："臣带兵数十年，士兵在外破坏别家坟墓的事我都顾及不到，现在家父的坟墓被人挖了，乃因果报应，与他人无关。"

故事二：

明朝时，苏州城有个姓尤的大商人，人称"尤翁"。尤翁开了一家大典当铺，有一年年底，一个穷邻居空着手要赎回当在这里的衣物，站柜台的伙计不同意，他便破口大骂。尤翁走过去对穷邻居说："你不过是为了年关发愁，何必为这种小事争执计较？"随即命人将他的衣物找出来四五件，指着棉衣说："这个你可以用来御寒，不能少。"又指着一件袍子说："这是给你出去拜年用的，其他没用的暂时就放在这里吧。"邻居拿上东西默默地回去了。当天夜里，他竟死在别人家里，他的家人同那家人打了很多年官司，狠狠地敲诈了那家人一笔。

原来穷邻居是有备而来，他因为在外面欠了很多钱，无路可走，便想自杀，但妻儿无法安置，于是他事先服了毒，本想敲诈尤翁，但尤翁不跟他计较，他只好转移目标，祸害了另一家人。事后，伙计问尤翁是怎么事先预知的，尤翁回答："我也没想到他会走绝路。但我知道一点，凡是无理挑衅的人，一定有所依仗。如果在小事上不能忍耐，那么多半会招灾惹祸。"

尤翁的话里蕴含着这样一个道理：世事原本复杂、浑浊，我们也应该学会用浊眼看待生活。许多事情，该装糊涂时就别让自己太清醒；许多时候，不糊涂也要让自己装装糊

涂。生活中免不了碰上不合作，甚至跟我们对着干的人，只要不是大是大非的问题，根本没必要做无谓的坚持。

《王阳明全书》中有这样一个故事：有一个名叫杨茂的聋哑人，阳明先生不懂手语，只好和他笔谈。阳明先生首先问："你的耳朵能听到是非吗？"答："不能，因为我是个聋子。"问："你的嘴巴能够讲是非吗？"答："不能，因为我是个哑巴。"又问："那你的心知道是非吗？"但见杨茂高兴得不得了，指天画地地回答："能、能、能。"于是阳明先生就对他说："你的耳朵不能听是非，省了多少闲是非；嘴巴不能说是非，又省了多少闲是非；你的心知道是非就够了。"的确，生活中少不了是非，绝大多数是非都是听来的、看来的，人家一句话就能让你暴跳如雷，一个眼色就能让你耿耿于怀，那人家岂不成了我们生活的导演？糊涂一点儿，睁一只眼闭一只眼，放一马，退一步，与人方便，也是为了自己方便。

郑板桥说得好，"聪明难，糊涂更难"。所谓"难得糊涂"，不是让人懵懵处世，任人宰割，而是明明是非黑白了然于心，偏偏装作良莠不分，即"由聪明转入糊涂"。《论语》中说："宁武子，邦有道，则智；邦无道，则愚。其智可及也，其愚不可及也。"意思是说，孔子认为宁武子这个人非常厉害，在执政者有道时，他就显得非常聪明，执政者无道时，他就显得很愚笨。他的聪明孔子也能做到，但他的愚笨孔子却做不来。这里的"愚笨"，不是真正的智力上的愚笨，而是一种大智若愚的糊涂：因为看透了事物的发展态势，明白自己再表现得聪明的话就会有灾难，所以不得不选择“糊涂”这一明哲保身的最有效法宝。今日世界，聪明人比比皆是，缺的偏偏是糊涂人。许多人往往以为有足够的智慧就可以保全自己，殊不知过度的智慧本身才是致祸的种子。

有些人对外倒是能糊涂，但却喜欢跟家人计较，这就更不应该了。著名作家王海鸰说过，结婚前要睁大双眼，慎重选择一个可以眷顾你一生的人。结婚后，就要学会睁一只眼闭一只眼。这句话虽然令很多性格严谨的人不能接受，但却是一种大智。因为婚姻生活需要原则不假，但更多的时候需要宽容和谅解。两个来自不同“星球”的人凑在一起过日子，磕磕碰碰的事情在所难免。事事计较，人就会活得很累。即使不累，身边的亲人也会跟着受累，生活的情趣更会在计较的过程中消磨殆尽。所以，当妻子的菜炒咸了，饭做糊了，丈夫至少不要大发脾气；如果丈夫忘记了妻子的生日，妻子也要学会自我开释，不去追究，千万不要据此认定他不再爱了，大吵大闹……婚姻中很多事情没法计较，否则就是自讨苦吃，弄不好就会计较出个婚姻危机来。

第四十三章　以柔克刚

天下之至柔，驰骋天下之至坚。无有入无间，吾是以知无为之有益。不言之教，无为之益，天下希及之。

【释义】

天下最柔弱的东西，能腾跃穿行于天下最坚硬的东西中，空虚无形之物，能够进入没有缝隙的东西中，我因此而知道了顺应自然无所作为是有益处的。无言的教诲，无所作为的益处，天下很少有人能够做得到。

【古典今读】

上一章老子论述了万物的和气，这一章紧接着上一章的论述，继续阐述柔和无为的妙处。什么是天下至柔之物呢？毫无疑问，水是至柔、顺从的东西，我们在前面的章节中已经论述过关于水的一些特性，它可以柔顺地任凭我们把它放到不同的器皿中，它泰然自若、无欲无求。水是最柔和的东西，它象征着大道的德行，无欲无求的水总是顺着低洼的河谷缓缓而下，它绝不会在地势险峻处、壮观处驻足停留，它默默无闻地顺流而下，滋润田地、山谷，但它绝不居功自傲，它造福万物而绝不主宰万物，它甘居于卑下的地位而毫无怨言。

我们只看到水至柔的一面，还不足以说明水的本质，水虽然柔弱到了近乎虚无，但绝不意味着它柔弱可欺。老子说:“天下之至柔，驰骋天下之至坚。”意思是说水虽然柔弱，但它可以在最为坚硬的东西中驰骋、奔流，谁能阻止它的前进呢？有一句歌词写得好：抽刀断水水更流。是啊，柔顺的水面对无论多么锋利坚硬的刀，都是不会畏惧的。我们都听说过“水滴石穿”的故事，一滴两滴水的力量是那么微不足道，但随着时间的累积足可以将坚硬的岩石穿出孔，石头的密度很大，可以说没有任何的空隙可供侵袭，而水却能在不占有丝毫空间的情况下侵入石头内部，这是多么柔弱而又神奇的力量！

从不可知的宇宙洪荒年代起，水就开始以自己的柔顺几乎攻无不克，它几乎侵占了所有的领域：平原、丘陵、沟壑、沼泽、低谷、深潭，水成了万物的生存之源。作为万物之灵长的我们也同样依赖水的哺育才得以生存，我们在母体内，需要羊水的供养，同时羊水也保护着我们免受外物的挤压。可以说水是孕育我们的源泉，没有水我们就无法生长，也无法在世间存活下来，水有如此大的作用，但它却从不居功自傲，而是表现出无为、素朴、默然的柔和状态。

我们人类如果能像水一样自然无为，就能做到心静如水，不加入争名夺利的、无休止的、残酷的纷争中去，自然就会少了许多痛苦和烦恼。水是柔和的，它无为不止、顺势而流，不会受到伤害，即便受到伤害，也不会在它的身上留下任何影响，而我们人类为何不能学习柔水的处世态度呢？面对伤害该如何处理？是宽容对待还是睚眦必报？我们应该效法水的与世无争。

在上一章，老子讲述了人类真正的德行——和气。老子在本章紧接着“和”字又讲述了“柔”的美妙。

“柔”与“和”是常联系在一起的，“和”本身也就是“柔”，其代表就是水。水是柔和的，是最接近于大道的，它可以与天下最坚硬的东西相抗衡。人们常说的水滴石穿，就叫作以柔克刚。

“以柔克刚”语出诸葛亮《将苑·将刚》：“善将者，其刚不可折，其柔不可卷，故以弱制强，以柔制刚。”这是一种避开敌之锋芒，用温和的手段取胜的计谋。好的将帅

应该具备刚强、刚烈的性格，但不固执己见，温和、柔顺，但不软弱无力，即通常所说的刚柔相济，才能以弱胜强，以柔克刚。

“以柔克刚”是孙子兵法中常见的一招。“以柔克刚”是制服一个大发脾气的人的最好办法。对方愈是发怒，你愈发镇定温和；愈是紧张的场合，愈应保持头脑冷静。这样，你才能发觉对方因兴奋过度而显露的种种弱点，从而一一击破。

这就好比瓦沟里淌下的流水，一点一滴地落在坚硬的巨石上，最初还未见得有什么不同，久而久之，巨石就会出现漏洞，甚至断裂。这就是水滴所爆发出的威力，不可阻挡。

在美国经济大萧条时期，有一位17岁的姑娘好不容易才找到一份在高级珠宝店当售货员的工作。

圣诞节的前一天，店里来了一位30岁左右的贫民顾客。

他衣衫褴褛，一脸的悲哀、愤怒，盯着柜台里贵重的高级首饰。

这时，姑娘要去接电话，一不小心，把一个碟子碰翻，六枚精美绝伦的金戒指落到地上。

她慌忙捡起其中的五枚，但第六枚怎么也找不着。

这时，她看到那个30岁的男子正向门口走去，顿时，她意识到戒指在哪儿。

当男子的手将要触及门柄时，姑娘柔声叫道："对不起，先生！"

那男子转过身来，两人相视无言，足足有一分钟。

"什么事？"

他问，脸上的肌肉在抽搐。

"什么事？"

他再次问道，带着一种说不出来的哀怨的神情。

"先生，这是我的第一份工作，现在找事儿做很难，是不是？"

姑娘神色黯然地说，眼眶中充满着哀伤的泪水。

男子长久地审视着她，终于，一丝柔和的微笑浮现在他脸上。

“是的，的确如此。”他回答，“但是我想，您在这里会干得不错。”

停了一下，他向前一步，伸手与她相握，“我可以为您祝福吗？”他转过身，慢慢向门走去。姑娘目送他的身影消失在门外，转身走向柜台，把手中握着的一枚金戒指放回了原处。

没有批评，没有呵责，然而姑娘却成功地要回了青年男子偷捡的那一枚金戒指，这是为什么？正是因为姑娘的头脑冷静，避实就虚地以情动人，她这种似水似风的柔情打动了青年男子的心。

【事典心裁】

“以柔克刚”不是以硬碰硬、以刚克刚，它体现在特定的场合和特定的人物身上，是一种迂回的方式。我们走路，经常会遇到各种障碍，对横在面前的大石头，是搬开它，是绕着走，还是爬过去？只有权衡比较，才能得出结论。这样才能胸有成竹地一一绕过它们，快速前进。“以柔克刚”是智慧的、成功的做人处世之道。

唐肃宗的七子李豫外表柔弱，但他内心很有主见，颇具处理事务的才干。

在他当太子时，张皇后与亲信宦官李辅国共同把持朝政，干预政事，权倾内外，朝廷上下都惧怕他们。二人曾共

同陷害了李豫的弟弟建宁王李倓，李豫十分气愤。

李豫十分厌恶张皇后的骄横，但考虑到自己身单势孤，于是行事十分小心，唯恐得罪她遭到陷害。

后来，由于张皇后与李辅国都心怀鬼胎，所以互相猜忌，产生隔阂。李辅国拉拢统领射生手（内廷禁兵官）的宦官程元振，视之为心腹，与张皇后对抗。李豫暗自高兴，准备寻找机会离间二人。

上元二年（761年），肃宗病危，张皇后担心李豫登基，就召越王李系入宫监国。李辅国、程元振知道事情紧迫，告诉李豫要防备张皇后的陷害。张皇后召李豫入宫后，对他说："李辅国久握禁兵，私下与程元振联合，图谋作乱，应该杀掉他。"李豫早知道张皇后的奸谋，为了使张、李二人相斗，就假意哭着说："父皇病得很厉害，不禀告陛下就杀了他们，恐怕他经受不起。”张皇后拉拢李豫失败，就自己选调宦官，准备谋杀李辅国等人。李豫马上将这个消息告知李辅国，李辅国很感激李豫，就抢先率禁兵入宫，诛杀越王和张皇后。

宝应元年（762年），在李辅国等人的拥戴下，李豫继承皇位，史称唐代宗。李辅国平素专横骄纵，欺压群臣，这次立了大功，更加张狂。而代宗懦弱温顺，在小事上从不与他理论，都让他拿主意。他见代宗无主见，就公然对代宗说：“陛下只管住在宫殿里，外面的事情任凭老奴处理。”这使代宗非常气愤，下决心要除掉这个逆宦。但又考虑到李辅国手握重兵，党羽众多，不敢轻易下手，所以假意以礼相待，加

封他为尚书令，称呼他为“尚父”，事情不论大小，都征询他的意见。李辅国未察觉代宗的用意，依旧横行宫廷内外。

程元振当时因拥立代宗为帝而被授任飞龙副使、知内侍省事，官职不如李辅国显赫荣耀，心里很不自在。李辅国经常趾高气扬，借一些小事羞辱他，这令程元振很愤怒。代宗得知程元振与李辅国暗生嫌隙，就善待程元振，给他加官封赏，并委婉地暗示他和怨恨李辅国的人上奏抨击李辅国。程元振受到皇帝恩遇，受宠若惊，自思有皇上支持，就大胆上表指责李辅国专权、卖官鬻爵、制造冤狱，罪不容诛。众臣亦借机纷纷请求将李辅国罢官。

代宗顺水推舟，罢免李辅国禁卫军元帅一职，转由程元振代替。尽管当时有许多李辅国的同党为其求情，但代宗没有理会。

从此以后，李辅国有所收敛。但代宗还是不放心，又下诏罢免他中书令一职，只允许他每月初一、十五进宫朝见。最后，代宗秘密委派刺客潜入李辅国的府第将他刺杀。就这样，代宗铲除了奸臣，巩固了自己的政权。

故事一：

老子“天下之至柔，驰骋天下之至坚”的智慧，我们其实并不难于理解：天上的风是最柔的，但是却能拔坚倒屋，再小的孔隙也能通过；电是最柔弱的，但它能通过金石，透过钢铁。

为何能至柔至刚呢？从物理的角度来看，刚性越大，物体的脆性就越大，抗打击的能力也就越低，钻石的确是自然界最硬的东西，但又有谁注意到，钻石甚至比玻璃更易碎呢？而硬度极差的铅，柔韧性却极好，你甚至可以用锤子把它砸得像纸一样薄，但仍然不能将它砸断。

有个成语叫“四两拨千斤”，讲的正是以柔克刚的道理。俗语说：“百人百心，百人百性。”有的人性格内向，有的人性格外向，有的人性格柔和，有的人则性格刚烈，各有特点，又各有利弊。然而纵观历史，我们不难发现，往往刚烈之人容易被柔和之人征服利用。太过于嚣张的民族，往往越容易被低调的民族所征服。

冒顿是匈奴单于头曼的太子，头曼后来又喜爱别的妻子生的小儿子，想废掉冒顿而立小儿子为太子。冒顿便杀掉头曼，自立为单于。

当时东胡强盛，听说冒顿弑父自立，内部形势不稳定，

乘机挑衅，派使者到冒顿那里，索要头曼的一匹千里马。

冒顿问左右大臣，大臣们都说：“千里马是匈奴的宝马，绝不能送给他。”

冒顿沉吟着说：“东胡索要千里马不过是个借口，假如我们不给，他就有理由攻打我们，就要发生战争。”

左右大臣都振臂愤慨地说：“宁可和他们拼一生死，也绝不可示弱送马”。

冒顿说：“打起仗来就要损失几千几万匹马了，人死得更要多，不值得为了一匹千里马付出如此大的代价，况且都是邻国，在乎一匹千里马也显得过于小气。”冒顿便派人把千里马送给东胡人。

过了不久，东胡又派人来索要单于的一个阏氏（单于的妻子称为阏氏），冒顿又问左右大臣。左右大臣都义愤填膺，说：“东胡太没有道义了，竟敢索要阏氏，是可忍，孰不可忍，请您下令发兵攻打他。”

冒顿说：“为了一名女子和邻国大动干戈，损失人马牲畜无数，太不值得了，况且和人家邻国友好，何必吝惜一名女子。”便又把东胡索要的阏氏送了过去。

东胡王见所求辄获，意气骄横，根本瞧不起冒顿单于，又派使者见冒顿，说：“你我两国边境之间有块空地，有一千多里，你匈奴也到不了那里，把这块地送给我吧。”

冒顿又问左右大臣该如何。左右大臣们说：“这本来就是块无用的土地，给他也可以，不给也可以。”

冒顿闻言大怒，说道：“土地是国家的根本，怎么能把土地送给别人？”

凡是说可以把地给东胡的大臣都被他斩首，然后他下令集中兵马，有敢迟到者一律斩首，便亲率大军袭击东胡。东胡素来轻视匈奴，全然不加防备，冒顿一举消灭了东胡，把东胡的百姓和牲畜占为己有。

冒顿弑父自立，虽属自保，也显露出他凶猛残忍的天性，然而面对东胡的无理要求，却一忍再忍，而且忍常人所不能忍，这是因为他要成就常人所不能成就的事业。

当时东胡最为强大，东胡敢于提出无理至极的要求也是倚仗自己的实力，索要千里马和阏氏不过是想挑起事端，以便自己出师有名，假如此时冒顿不答应请求，正式开战，一定占不到上风。

冒顿偏偏都忍住了，要马给马，要人给人，就是不给你开战的理由。另外也以谦卑懦弱的姿态达到骄敌、愚敌、痹敌的目的，同时用所受到的耻辱来激发国内斗士的血性，“知耻近乎勇”，耻辱常常会增强斗志。

东胡见所求无不获，心满意足，既不把匈奴放在眼里，也不屑出兵攻打了，却不知骄兵必败，在表面的胜利中，已经输掉了最关键的战争要素。

冒顿战胜东胡的智慧，正是以老子“天下之至柔，驰骋天下之至坚，无有入无间”为指导思想才成功的，或者说是一种退一小步而进一大步的胜利。倘若东胡是一块巨石的话，那么冒顿就必须要让自己成为一堆棉花，而不是同样硬的岩石，因为棉花与巨石相碰，则会很轻松地将其包在里面。而如果巨石与巨石相碰，必然会两败俱伤。

至柔治刚的智慧并非让我们在面对强者时一味退缩、忍让，而是让我们适时地避开锋芒，与对手巧妙地周旋，最终达到制胜的目的。历史上最有名的以柔克刚的事例莫过于“将相和”，蔺相如正是善于使用柔术，不但避免了窝里斗，还使廉颇自己认识到错误，主动请罪。

阳刚没有问题，然而处事过于阳刚就不明智了。遇到问题应该以冷静的心态去对待，在某些不能直接解决的问题上不妨退一步，以一种柔弱的态度转到另一个方向去解决，这就是那些会办事的人通常采取软硬兼施手段的原因了。

故事二：

春秋末期，吴国与越国因解不开的世仇兵戎相见。最终，越军战败，越王勾践只能屈辱地去吴国，为吴王夫差当马夫。因为勾践毕恭毕敬地伺候吴王，于是三年后，他被吴王放回越国。勾践立志复仇雪国耻，所以，他摒弃了一切可能消磨志气的舒适生活，晚上就卧睡在柴草上，吃饭前必先尝尝极苦的苦胆，即所谓“卧薪尝胆”。

在国内，勾践狠抓衣食的生产和兵马的操练。对吴国，勾践则不断给吴王送美人和极好的木料，以消磨吴王的斗志，并促使他大兴土木，招致民怨沸腾。勾践还设计离间吴国的君臣。如此经过九年的精心准备，越军终于打败了吴军，最终逼得吴国向越军求和。又经九年，越王勾践亲自率军攻灭了吴国，走投无路的吴王夫差只能自杀了之，勾践成为春秋时期最后的霸主。因为勾践深切地认识到了那些邪僻险诈的人情，走过了一段坎坷曲折的路途后，当他从一国之王而变为吴王的马夫时，无疑是从天堂堕入地狱。难能可贵的是，失败的勾践并没有气馁。于是，他以坚韧的耐心，充分调动越国臣民的力量，终于反败为胜，获得了更大的新胜利。

想想，倘若勾践心中少了一个“耐”字，他如何能够不堕入荆棘陷阱中？如何能够成为被对手打倒之后仍能爬起来并最终打倒对手的强者？所以，一个“耐”字融入人生的历程中，就是坚韧的耐心，是忍耐，是能耐，是恒心，也是毅力。

可以说，每一位成功者都经历过失败，而那些人生的大成功者，就更是体验过大失败的滋味。卧薪尝胆的勾践如此，因试验炸药导致意外爆炸而从血泊中爬起的诺贝尔如

此，电灯的发明者爱迪生也如此，在他为发明蓄电池而经历了一万次失败之时，他仅是轻描淡写地对安慰他的朋友说：“这没关系，我只是刚刚发现了一万种行不通的办法。”后来，他得益于那一万次失败而取得了成功。可见，学会失败才能取得成功。

在把握成功、减少失败的策略方面，还应该注意到两点：一是在挽救几成败局的事情时，心态与作为要如驾驭临崖之马，不要轻易就策打一鞭，而应以如履薄冰的心态处置；二是在图取垂成之功时，更不能松懈，如逆水行舟，不能少停一棹，否则，最终只会前功尽弃，功亏一篑。

第四十四章　知足不辱

名与身孰亲？身与货孰多？得与亡孰病？甚爱必大费，多藏必厚亡。故知足不辱，知止不殆，可以长久。

【释义】

名誉和生命哪个更值得珍惜？生命和财物哪个更重要？得到名利和丧失名利哪一个更有害？过分珍惜必定会造成大量的耗费，过度敛财必定会造成惨重的损失。所以知道满足就不会受辱，知道适可而止就不会有危险，因此能长久安定。

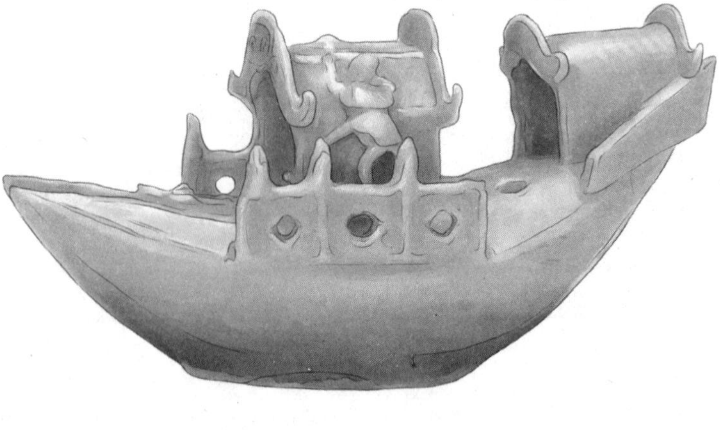

【古典今读】

老子在这一章主要讨论应该如何看待人生追求的问题。在老子看来，人的最高追求应该是健康长寿，而不是对名利财物的疯狂占有。过分地追求名利、地位和财富，只会消耗大量的精力。

人的精力是有限的，过分地耗费精力对生命有百害而无一益，所以追求物质财富和名利本身并没有错，错就错在对财富和名利的追求不知满足，不知满足是一切祸患产生的根源，所以做到适可而止，对我们的人生有着不可估量的价值。

老子的思想是一个完整的体系，各章节之间有着密切的关系，将任何一章孤立起来理解都是不合理的。这一章和前面的第十三章有相似之处，都是讲人的尊严的问题，第十三章拿宠辱荣患和人的生命相比，这一章拿名利和财富与人的生命相比，两者都是为了说明人应该自重自爱的问题，如何看待人生追求最能体现一个人的人格。

名誉和长寿哪一个更值得我们追求？财富和生命孰轻孰重？得到和失去哪个害处更大？老子在此向我们提出了这样几个问题，这是几个棘手但大家都必须面临的问题，如何恰到好处地回答这几个问题并且做到身体力行？这不是每个人都能做到的。

老子向我们亮明了自己的观点：人应该尊重和珍惜自己的生命，对名利和财富要淡然处之，不可无限制地追求，知足常乐，不可贪婪成性。老子所提倡的重生贵己的观点，并不是贪生怕死，这是建立在尊重自己生命的基础上的生，而不是苟且偷生。老子讲的是不贪慕虚华、美名，而要珍惜自身的价值和尊严，不可自贱自轻。

“甚爱”就是过度地贪爱虚名和地位，其结果会怎样呢？必然会耗费大量的精力，付出很大的代价。“多藏”就是对财物的过度追求，有的人为了满足自己的私欲，不惜出卖自己的灵魂，甚至走上犯罪的道路，得到财物和失去人格与自由比较起来，实在是得不偿失。

“故知足不辱，知止不殆”。这句话是老子处世观的高度浓缩和最确切的表达。哲学上讲“矛盾会向自己的对立面转化”，也就是我们常说的物极必反。任何事物都有自己的发展极限，一旦超过这一限度，就势必向自己的对立面转化。人们常说真理再向前跨出一小步就是谬误，一点儿不假，这是经过实践论证而得到的结论。知足是明智的，知足就会少了一些耻辱；知道适可而止也是有大智慧的表现，只有知道停止方能长盛不衰。

人生在这个世间，其本身就是很多偶然因素的组合，我们是自己，为什么不是别人？正是因为有自己和别人存在于这个世界上，所以我们才变得这么争强好胜，我们害怕丢面子，所以我们才处处争取比别人强。名誉、地位、财富是最能显示自己强的标志，为了比别人强，有的人不惜利用各种见不得人的手段来争夺财富和名位，在此过程中，他们出卖的是自己的人格，耗费的是自己的精力，换取的呢？是一点点可怜的自尊，这种以沉重的代价换回所谓的尊严，值得吗？我们不否认利用聪慧的头脑和勤劳的双手来获取财富和名誉是光荣的，但我们必须把握住一个度，要适可而止，以损耗自己的生命作为代价来换取财富和名位，也同样不值得。

具备了和气，便合乎了大道的德性，就能像水一样以柔弱胜刚强。可天下能真正具备和气的人又有多少？所以，本章老子讲述了违背和气的结果。

开篇老子接连提出三个疑问，以引起人们的思考，让人们在名利与生命、财富与生命、得到这些身外之物与生命之间做出选择。答案是显而易见的：生命是宝贵的，谁也不会去选择前者而丢弃后者。

这个道理是人人都懂的，可惜有的人由于私心和贪婪，每到了那个关键时刻，名利心一重，就忘乎所以地做出了错误的选择。

清末杭州知府陈鲁原本是个很受百姓拥戴的清官，他不贪财、不好色、不嗜酒，想用这些东西拉他下水的人只好望而却步。但他有一样嗜好：喜爱古字画。遇到好的古字画，他茶饭不思。正好，他治下的余杭知县得了一幅唐伯虎的真迹，送上门来请他鉴赏，他爱不释手，知县善解人意，便慷慨相送，自此两人关系非同一般。过了不久，余杭县报上来一桩大案，他阅读案卷，明知事有蹊跷，却碍于情面，照准了。这桩案子就是当时震动朝野的杨乃武、小白菜冤案。案发后，朝廷追究涉案官员的责任，陈鲁自知罪责难逃，加上羞愧难当，便悬梁自尽了。

从一幅字画开始，清官成赃官，贪欲害人可见一斑。

出现这样的结果，是由于我们未达到“和”的标准，与大道的德性相违，自然受到了自然规律的惩罚。所以老子又说，过分地贪必会付出更大的代价；过分地聚藏，结果必会有更大的损失。

所以，对于名利和财富，只要能够知道满足，顺其自然，不贪婪，那么自然不会有什么耻辱和失败；知道事情都要适可而止，不为已甚，那么也就不会走向灭亡，自然也就会保持长久而不败了。

【事典心裁】

人如果不能克制贪欲，势必会遭其所害。看看历史上的那些因嗜好而铸成大错、酿成大祸的官员有多少？

杨震是东汉时期的一位名人。他早年从事教育事业，在当地开办私塾，传道授业解惑，且他为人正直，名誉清白，备受人们的推崇，在社会上有很高的威望。朝廷珍惜他这个人才，于是提拔他担任荆州刺史。

杨震为官有个最大的特色，就是善于发掘人才，许多有才华的人因为他的推荐得以飞黄腾达，王密就是其中的一

位。起初，王密只是荆州地区的一个名士，后来受到了杨震的举荐，担任了山东昌邑县的县令。

王密在诸侯中颇有名气，时时想起杨震对自己的帮助。他心想：要不是杨震的推荐，自己还不知道哪天才有出头之日呢！他决定报答杨震的知遇之恩，以表示自己的感激之情。

两年后，杨震被调往山东东莱任太守。王密觉得这是一个再好不过的机会，因此盛情邀请杨震在上任途中务必到昌邑叙叙旧情。

盛情难却，杨震只好恭敬不如从命，在昌邑停留了几日。王密生怕有所怠慢，安排得无微不至，吃穿住用行都不用杨震操心。

临行前的晚上，杨震正要入睡，王密推门进来，客气地说："没有大人您，也就没有我王密的今天，这个恩情我不知用什么来报答。这里是我的一点儿心意，权作送给您的盘缠。"说完，就从身后掏出十斤黄金。

杨震见状大吃一惊，好言劝道："盘缠我还是有的，你不必操心。我平生以清廉严格要求自己，你又不是不知道我的脾气！你收起来吧！"

王密回答道："这只是我的一片心意，既不是行贿受贿，也没有卖官鬻爵的嫌疑，是我们个人的交情。现在天这么晚了，这件事情谁也不知道，您就放心收下吧！"

杨震在这些事情上是非常认真的，见他执迷不悟，而且说得有条有理，不禁心生怒气，训斥道："你不要再说下去了，今天的事情已经有四个人知道了，这已经足够我拒绝你了！”

王密好奇地问：“怎么有四个人呢？”

“天知、地知、你知、我知！这难道还不够多吗？”杨震的反问掷地有声。王密只好惭愧地收拾起那些黄金，悻悻地离开了。

俗话说：人无横财不富。杨震在做官期间，为政清廉，从来不收任何礼品和礼金。全家人也没有因为他做官而享受安逸，仍然和以前一样，过着俭朴的生活。有人善意地劝说他应该趁现在做官的便利置办一些田产和房屋，也好为子孙后代留条退路。但每次杨震都坚定地说：“我一辈子没有沾染上有损我清白的事情，一旦上了贪船，什么时候靠岸就由不得自己了。这种事情我不会做的，当着别人我不会做，我一个人的时候也不会做！”

“那你能给你的子孙们留下什么呢？”别人问。

“别人都会说他们是清官的后代，这笔遗产就够他们受用一生了！”杨震自豪地回答。

自古以来，由于有贪欲而惹火烧身的官员很多，但杨震为官清正廉明，一直得到人民的称誉，平安地度过了一生。

故事一：

外在的名声和生命相比，哪一样与你更亲近呢？生命与财富相比，哪一样对你更重要呢？获得世界与丧失生命，哪一样才是有害的呢？

当代社会，人们的日常生活和工作都变得忙忙碌碌，古时候那种“采菊东篱下，悠然见南山”的生活已经难得。人们为着生存和发展而互相竞争，每个人都像绷紧的弦一样。在社会上流传着一句话：年轻的时候是用命换钱，年老的时候是用钱换命。这话说得让人不寒而栗，想想有的人的拼搏是牺牲了自己的健康，可最终得来的能比失去的更有价值吗？我们是不是应该稍稍放缓脚步，让自己的人生从容一些、健康一些呢？

有人认为，对于一个人来说，一生有三大重要投资：事业、家庭和健康。当然，这三样投资的排序因人而异，但大多数人都会像上面的排列顺序一样，把健康投资放到最后，因此，许多人生的悲剧就在这不经意的忽视中上演了。

没有了健康，一切都等于零。然而有的人总以为责任不能舍弃，所以必须透支自己的生命。可是，当你真的将生命透支以后，你知道自己还能走多远吗？一旦真的突然失去生命或失去健康，你所企望肩负的责任永远也无法兑现了，甚至还会为你的家人增添累赘和痛苦。

世界卫生组织曾宣布：每个健康人的寿命15%取决于遗传，10%取决于社会安定程度，8%取决于医疗条件，7%取决于气候、环境，剩下的60%取决于自己的生活方式。所以，那些过劳死的人们，其实是死于一种不健康的然而却又是在社会上泛滥的生活方式。

我们习惯晚睡，习惯加班，习惯充电，习惯不吃早饭，习惯饮食不规律，习惯吃垃圾食品……很快有一天，我们会陡然发现身上的某个部件不好使了。

作家余秋雨说：人生最大的悲剧就是某一天照镜子时发现了额角早霜似的一丝白发，这一丝白发的悲哀远胜过莎士比亚戏剧里的毒药、爱情与谋杀。

也许生活的责任应该是一种和谐，责任不能太超负荷，有压力才有动力，可也要掌握度。要平衡，一旦超过了度，一旦失去了平衡，那就糟了。

是的，当我们为着责任和理想而努力拼搏的时候，千万要注意一个度，不妨时常问问自己："名利和生命哪个更重要？"

若能体会到道家的清淡无为、潇洒度世的精华，或许，你的人生之路会走得更远更好。

故事二：

唐朝李景让在浙西担任观察使期间，有一天军队内部群情激愤，气氛紧张，眼看就要发生事变。

李景让一筹莫展地叹着气，坐等事态的发展。这件事被他的母亲郑氏知道了，她走出去一看，士兵们一个个瞪着眼睛，说话粗声粗气的，憋着一肚子的怨恨。她把一个士兵叫到身边，友善地和他说话。士兵看着李母十分诚恳的样子，就告诉她士兵的情绪都是冲着她儿子来的。

原来，李景让性格暴戾，不懂得爱护士兵，军中都有怨言。有一位牙将当面顶撞了他，李景让竟然命令卫士用刑杖将牙将活活打死。此事激起公愤，还不知怎样收场呢。

郑氏在军中生活了多年，知道一旦发生兵变，不仅儿子的生命和前程丢了，而且还会给国家带来祸害。怎么办呢？

事情都是自己的儿子乱打乱杀引起的，这账首先要算到李景让身上。她拿定主意，命人将儿子叫到庭前，当着诸位将士的面大声斥责道："皇上把浙西托付给你，你理应把这块地方治理好。可是，你却滥杀无辜，激怒将士，万一由此发生动乱，你如何对得起朝廷和浙西的老百姓呢？"

李母越说越来火，禁不住声泪俱下："你在任上发生了如此不光彩的事，叫我如何还有脸面活下去呢？你不是想活活气死我吗？这样不忠不孝的人，留着又有何用呢？"说毕，命人剥掉李景让的上衣，狠抽其背，直打得鲜血淋漓，伤痕累累。将士们看到李母这样责罚儿子，气消了大半，纷纷上前求情。最后，李母饶了儿子，军中的不满情绪也从此平息。

李母是一位爱护自己孩子的母亲，她通过打自己的孩子，来减少将士们对将军的不满，来免除儿子李景让的危机，同时也为儿子收买了军心，真是个了不起的策略。

第四十五章　大成若缺

大成若缺，其用不弊。大盈若冲，其用不穷。大直若屈，大巧若拙，大辩若讷。躁胜寒，静胜热，清静为天下正。

【释义】

极大的完满好像有些残缺，但它的作用永远不会衰败。最充盈的好像空虚，但它的作用永不穷尽。最笔直的东西好像弯曲，最灵巧的好像笨拙，最善辩的人好像不善言辞。躁动能战胜寒冷，冷静能制服炎热，清静无为才能使天下太平安宁。

【古典今读】

这一章从内容上和行文结构上都可以说是第四十一章的继续，第四十一章主要论述的是道，这一章主要论述的是人格形态，在老子看来，大成、大盈的人若缺、若冲。什么是大成？对它的理解有两种：一种是“最圆满的东西”；另一种是“获得了极大成就或成功”。何谓大成若缺？我们可以理解为一个获得了极大成就的人要表现得有所欠缺。为什么要表现得有所欠缺呢？这不是人为地让其欠缺，而是他自身要保持欠缺，这是他自身的需要，因为这样他才能保持自己发挥出来的作用永不减弱。这和老子上一章所主张的“故知足不辱，知止不殆”有着相同的渊源。这里的“有所欠缺”指什么呢？指做事留有余地，做事留有余地的好处是不但能够使自己进退自如，而且能使自己开创的事业持续不断地发展下去。

“大盈若冲，其用不穷”，其中盈是充盈、丰满之意，冲是空虚之意，整句话的意思是说大丰盈的却呈空虚状，但它的作用是永不枯竭的。这一句和上一句道理是相同的，都是在论述物极必反的道理。老子旨在告诉我们凡事要把握一个度，不可追求圆满无缺，只有保持“大成若缺”“大盈若冲”的状态，才不至于走向极端、一败涂地。

“大巧若拙”，意思是说最大的灵巧好像是笨拙的一样，老子在前面的章节里已经论述过自己对灵巧和机巧的看法，他憎恶机巧，在他看来，是机巧把人类从朴素引向奢华的歪门邪道。机巧不好，那拙劣就是好的吗？这很让人费解。明明机巧，却表现出笨拙的样子，就不是机巧了吗？那它又是什么呢？综观老子的思想我们不难发现，老子的无为并不是无所事事，无为是果皮，而无不为才是果实的真正内核。老子主张要像柔水一样与世无争，但并不是说要任人宰割，而是没人能与之争的不争。机巧也是如此，它本身并没有变，只是披了一件笨拙的外衣，这样的外衣有利于保护自己。

“大辩若讷”和“大巧若拙”道理相同，讲的也是生存的技巧和策略，其主要特点就是将自己高明的面目掩藏起来，表现出一副软弱、低能、愚笨、木讷的样子给人看，而不是表现出强硬和锋芒毕露，这是十分睿智的处世方略。老子反对张扬，在他看来，当强壮者、富足者、当权者刻意炫耀自己的权位和财富时，那他的财富和地位就已经岌岌可危了。

我们常说“心静自然凉”，静取安静意，凉是心安静下来后的一种清凉的感觉，我们常常会在心烦意乱时感到心的烦闷和燥热，这在很大程度上是欲海难平的结果。有欲望就有争夺，有争夺就有失败，有失败就有痛苦，苦海无边，而人生短暂，在苦海里啜泣一生，何苦呢？

由于我们人类的感观都是外向型的，所以易去追求那些外在的东西（如名利、财富等），在一些人看来，不去追求这些，好像就不能满足。不去追求，似乎就是木讷、蠢笨。然而本章中老子从大道的角度否定了这种观点，指出并非如此，而是恰好相反。

“大成若缺，大盈若冲，大直若屈，大巧若拙，大辩若讷”，缺陷、虚空、弯曲、笨拙、木讷等尽管都是人们不喜欢的，但却是真正应该保持的东西，是大道的象征，都代表了大道清静无为的德性。

在战争中，冷静沉着的一方就能战胜轻浮狂躁的一方。而我们为人处世，也应保持清静无为，做到“大直若屈，大巧若拙”或是我们常说的“大勇若怯，大智若愚”。本来你

很勇敢，却看似怯懦；本来足智多谋，却看似愚笨。智而示以愚，能而示之不能，用而示之不用，以此在“迟钝”中掌握主动，这种策略在外交、谈判、经济等领域有广泛的应用。

有一次，日本的一家公司到美国去与一家公司进行贸易谈判。谈判一开始，美方代表滔滔不绝地说个没完，想迅速达成协议。而日方代表却一言不发，只是挥笔疾书，把美方代表的发言全部记录下来，第一次谈判就这样结束了，日方代表也回国了。

六个星期之后，日本公司又派了另一个部门的几个人作为代表团来到了美国，进行第二轮谈判。这批新到的日本人，仿佛根本不知道以前协商讨论过什么问题，谈判只好从头开始。美国代表照样是口若悬河，滔滔不绝，日方代表又是一言不发，记下大量笔记又回去了。

又过了六个星期之后，日本方面的第三个代表团又来到谈判桌旁，他们的全部行动只不过是故伎重演，记下了大量笔记又走了。

以后，第四个、第五个日本谈判代表团都是如法炮制。

半年过去了，一年过去了，日本方面毫无反应，他们把美国公司弄得“丈二和尚摸不着头脑”，只能抱怨日方代表没有诚意。

正当美国这家公司感到绝望时，日方公司的谈判代表突然来到了美国。这一次，日本谈判人员一反常态，在美方代表毫无思想准备的情况下，突然拍板表态，做出交易决策，

弄得美方措手不及，十分被动，损失不小。

日本人一开始装得若无其事，既不表态，也没有采取任何举动，让美方猜测不透他们的目的。这种寻找恰当的时机，乘人不备，出奇制胜的方法十分厉害，往往使谈判对手猝不及防，损失不小。

但需要注意的是，在“迟钝”中掌握主动，关键是心中要有对付对方的策略，没有策略，无为而示有为，本来糊涂反装聪明，这样就会弄巧成拙，于己不利。

【事典心裁】

大凡立身处世，是最需要聪明和智慧的，但聪明与智慧有时却依赖糊涂而得以体现。郑板桥认为，聪明有大小之分，糊涂也有真假之分，所谓小聪明大糊涂乃真糊涂假智慧，而大聪明小糊涂则是假糊涂真智慧。从这个角度来说，做人难得糊涂，而大智慧正隐藏在这难得的糊涂之中。

在《三国演义》中，南中地区是蜀汉征伐曹魏的可靠后方，南中地区少数民族领袖孟获刚开始对蜀汉并不是忠心耿耿的。

刘备想为结拜兄弟关羽报仇，亲征东吴，结果大败而归，不久病死。孟获得到这个消息后，便造起反来。诸葛亮

为巩固大后方，分兵两路讨伐孟获，一举将孟获活捉。孟获不服，道："我是中了你们的埋伏才被捉住的。如果是正大光明地打，你们不是我的对手。"诸葛亮笑道："好，那就放你回去，我们再打一仗。"

诸葛亮放走孟获，许多将领有些不解。诸葛亮说："我之所以放孟获回去，是因为他是个人才，只有他才能安抚南中的百姓，如他归附我们蜀汉，那么南中也就归顺我们了，以后就不会再发生叛乱。"

孟获离开蜀营，收拾残兵败将渡过泸水，将所有船筏都渡靠南岸，又命令大、小酋长率本部人马修筑土城，企图借泸水天险和土城死守。诸葛亮从当地人那里了解到，泸水下游150里处的沙口水浅，可以扎筏渡过去，于是派大将马岱率3000人马在土人的带领下夜半渡水，奇袭孟获，再次活捉孟获。孟获仍旧不服，诸葛亮再次将孟获释放。

诸葛亮一连六次活捉孟获，又一连六次释放孟获。孟获屡战屡败，他所带的兵卒都认为诸葛亮胸怀宽广，无心再战，愿意归附蜀汉，但孟获还有点不服气，便向马戈国王借来三万藤甲军。藤甲军身穿藤甲，刀枪不入，弩箭射在藤甲上也不能穿透，蜀兵接连吃了败仗。但是，藤甲军的藤甲有一个致命弱点，藤甲是用油反复浸泡过的，所以怕火。诸葛亮发现了藤甲军的致命弱点后，将藤甲军引入一个狭窄的山谷中，截断藤甲军的退路，在山谷中放起火来，藤甲军被烧得焦头烂额，全军覆没，孟获再一次被活捉。

诸葛亮传下命令：放孟获回去，让他整顿兵马，再决一

胜负。孟获满面惭愧，说：“七擒七纵，这是自古以来从没有过的事情。我虽然不是读书之人，但也懂得做人的道理，怎能这样不懂羞耻呢？”说完，他跪倒在地，脱掉一只衣袖，露出胳膊，向诸葛亮请罪。诸葛亮问：“你真心愿意臣服吗？”孟获回答：“我们世世代代要铭记丞相的再生之恩，怎敢不服。”诸葛亮于是传令摆下酒宴，宴请孟获及各路酋长，仍旧让孟获任南中地区各少数民族的头领。

就这样，诸葛亮以他的诚信和卓越的才干，赢得了孟获的心，亲近了南中的黎民百姓，使南中成为蜀汉的强大后盾。

一个好用的东西若看似不够完美，在使用的时候，比较不会因为舍不得而没有充分使用；一个有才能的人，虽然已经经营了很多事业，但是看起来还是游刃有余，那么这个人为大众服务的能力是无穷尽的。真正正直的人，看起来比较柔软；真正技术高明的人，总是看起来普普通通；真正辩才无碍的人，总是看起来木木讷讷的样子。

老子认为，有智慧的人，应该具备一种“大成若缺”“大盈若冲”“大直若屈”“大巧若拙”“大辩若讷”的内敛功夫，只有这样才能够在为人处事上游刃有余，摒危险于身外。

辩证来看，有才能的人不一定是幸福的人，因为才能不仅能带来荣耀，更能导致灾难。才能让人羡慕，也让人嫉妒。才能出众如同树大招风，心胸狭窄的无能之辈总是与有才能的人为敌的。因此，有才能的人更应懂得内敛的重要性、懂得如何去运用它，要不然定会在这方面栽跟头。

故事一：

唐代大诗人白居易才高八斗，刚直耿介。他在朝为官时，许多无才无德的小人就重点攻击他。

一次，唐宪宗召见白居易，对他说：“你诗名很大，为人忠直，不像是个奸诈之人，可为什么总有人弹劾你呢？”

白居易说：“皇上自有明断，我说什么也是无用的。不过依我看来，我和那帮人‘道不同不相为谋’，一定是他们嫉恨我的才华忠直。否则，我和他们无冤无仇，他们为什么会无端诬陷我呢？”

白居易自知难与小人为伍，却不屑掩饰锋芒，他对那些无能之辈常出口讥讽，绝不留半点儿情面。

一次，朝中一位大臣作了一首小诗，奉承他的人不在少数。白居易看过小诗，却呵呵一笑，说：“如果说这是一首好诗，那么天下人都会写诗了。”

事后，白居易的一位朋友劝他说：“你身处官场，不应该当众羞辱别人。你不是和朋友谈诗论道，在朝堂上若讲真话，人家只会更加恨你了。”

白居易说：“我最看不惯不懂装懂之人，本来我不想说，可还是压抑不住啊。”白居易自恃有才，说话办事往往少了客气。他对皇上也大胆进言，只要他认为不对的事，他就直言上谏，全不顾任何禁忌。

河东道节度使王锷为了晋升官职，大肆搜刮百姓，他向朝廷献上了很多财物，唐宪宗于是准备让他当宰相。

朝中大臣都没有意见，只有白居易站出来反对。唐宪宗生气地说：“你是个才子，就该与众不同吗？你每次都和我唱反调，你是何居心呢？”

皇上发怒了，嫉恨白居易的小人趁势说他恃才傲物，目中无人。一时间，白居易的处境更加恶劣，格外孤立。

大臣李绛同情白居易，劝他收敛锋芒，说：“一个人如果因为才高招来八方责难，他就该把自己装扮得平庸了。你的见识虽深刻远大，但不可显示出来，你为什么总也做不到呢？这也是为官之道，不可小看。”

最后，白居易还是因为上谏惹祸，被贬出朝廷。白居易的才能人所共知，他尽忠办事，见解高明，却不能建功，皆因他的才能过于外露，反而招来灾祸。

世上没有绝对的公平，人们应当时刻提防小人的暗箭和中伤，把最能让他们嫉妒的东西藏起来，避免不必要的麻烦。

内敛，可以说是我们为人处世的传统方式。不以物喜，不以己悲，是一种内敛；智欲圆而行欲方，也算一种内敛；凡事不张扬，得意不忘形，富足时不骄矜，位卑或者贫穷时

也不谄媚，更是一种内敛。

看小说、听评书，我们不难知道，镖局这个旧行当在古代曾经盛极一时。镖局的人身怀武功，在舞刀弄棒的年代，仅凭此道，为人处事就可以胜人一筹，当着别人的面，剑拔弩张，趾高气扬，甚至喜怒溢于言表，也自有底气。可是，镖局中人恰恰应该是内敛型的。

镖局的对头是强盗，但镖局遇见强盗并非上来就是拳脚相加，而是把自己先收敛起来，讲行话，论人缘，拉交情，谈潜规则，不到万不得已时不动手。因为强中自有强中手，真打起来谁都未必占便宜。强盗拦住镖车，镖局的人要抱拳拱手，打个招呼：“当家的辛苦了！”镖局心里明白，自己这碗饭就是因强盗而得，对方才是当家的。如果对方问：“穿的谁家的衣？”回答就是：“穿的朋友的衣！”又问：“吃的谁家的饭？”再答：“吃的朋友的饭！”

人家听得高兴，自己又说的是事实，两下里一畅快，就过去了。当然，这也是由于有的贼比较内敛，自有一套道上的规矩，这些底线自知不可轻易破坏，破坏了就丧失了立命之本。

处世，当谦虚谨慎，虚怀若谷，内敛而不张扬。古人云“君子泰而不骄，小人骄而不泰”，说的就是仪表、行为上的差异。它告诫我们，在日常生活和工作中，要时刻注意自己的言行举止，懂得在谦虚中善学，懂得在内敛中进步，而不要不知天高地厚，摆出一副唯我独尊、锋芒毕露的骄姿傲态。

故事二：

公元165年，汉桓帝时，长沙、零陵等地盗贼蜂起，被平息后仍有盗贼卜阳、潘鸿等逃入深山潜伏，避实就虚地四处抢劫，蹂躏百姓，并勾结其他盗贼，声势颇大。

荆州刺史度尚，颇有胆略，招募本地的少数民族士兵，悬赏进讨，大破贼众，连平三寨，获得珍宝无数。卜、潘二贼仍活跃山林，据险固守，与官府对抗。

此时的军士都已得金银珍宝，毫无斗志了。为了继续追剿盗贼，度尚说：“卜阳、潘鸿为多年积贼，能战能守，现退据险地，不易驱除。我等军士经过几场激烈战斗，已相当疲劳，和盗贼相较，又是敌众我寡，一时不便轻进，我正征调各地兵马到来，并力围击，方可成功。在此期间，各军可以多多休息，还要随时习练武功，上山去打打猎，等到各地兵马齐集了，再大举进剿，岂不一劳永逸？”

众军士闻言，无不拍手称快，当即成群结队，四出游猎，每天捕获禽兽无数，充入庖厨，以供大嚼，可谓天天牙祭，晚晚宵夜。

度尚见军士们贪图享乐，很少顾及军营，便趁营内无人时，密派亲信，潜至各营放火，顷刻间，全营付之一炬。

几座营盘都化为灰烬，个人平日获得的珍珠财宝都被烧得一干二净，黄昏时，众军士回营，无不触目惊心，叫苦连天。正当大家涕泪交流、自悔自恨时，度尚说：“贼人如此可恶，竟敢乘机烧营，本官一时疏忽，难辞其咎。常言道血债要血偿，此次损失，向贼匪讨去。”最后，他又安慰军士：“卜、潘两贼所劫获之财货堆积如山，只要我们奋力一战，便可全部取来，此次损失只是区区之数，不足挂齿，明天出发进剿保证马到成功，亦保证各人有更大收获，大家意见怎样？”

众军士整理行装，天刚亮就出发，飞抵贼寨。众贼毫无防备，被官兵如削瓜切菜一样，卜、潘二贼亦被乱刀杀死。因此荆州之乱迅即平息。

度尚放火烧掉了士兵所有的财宝，却激发了他们的斗志，最后获得了更大的胜利。我们应该佩服他这种敢于放手一搏的精神。

第四十六章　知足常足

天下有道，却走马以粪；天下无道，戎马生于郊。祸莫大于不知足，咎莫大于欲得。故知足之足，常足矣。

【释义】

统治者如果遵循道的规律来治理天下，政治清明，就可以让战马退还到田里去耕田；不遵循道的规律来治理天下，政治昏乱，连怀胎的母马也要送上战场，在郊外生下马驹子。没有比放纵欲望更大的罪恶了，没有比不知满足更大的祸害了。所以能够知道欲望有度，不贪得无厌，才能保持住恒久的满足。

【古典今读】

这一章老子重申了自己的反战思想。老子生活的那个时代，各诸侯之间连年纷争，战争给老百姓的生产和生活带来了很大的影响，处于社会底层的广大劳苦大众深受战争之苦。老子站在大众的立场上，对统治者接连不断发起战争表达了自己的不满。老子分析了战争的起因，他认为战争是由于统治阶级的贪婪和永不知足引起的，要想消灭战争就必须

从统治阶级的思想上下功夫，让他们清醒地认识到战争并不能使国家强大，反而会削弱自己的统治，统治者只有清醒地认识到这一点，才会收束贪婪的欲望，实行无为而治。无为而治是合乎大道的，合乎道就会天下太平安定，否则就会战争频仍，老百姓战死，沙场上血流成河，其状况惨不忍睹。这是老子所深恶痛绝的，老子同情人民的疾苦，他发出了振聋发聩的呼声：停止战争，无为而治！

“罪莫大于可欲”，罪是罪恶、罪行或犯罪。什么是可欲？意思是最大的犯罪就是放纵欲望。河上公注：“好淫色也。”其实，欲望的范围很广，并不限于女色。春秋时代是一个欲望沸腾的时代，从国君到平民无不在心中荡漾着对功名利禄的渴求，种种实际的和不切实际的欲望弥漫于整个中原，致使老子把“可欲”视为一种罪恶。

“祸莫大于不知足”，一般来说，不知足虽然很容易使人产生出种种苦恼，但不知足怎么能变成祸患？人类心灵最重要的特征之一就是永远不知满足，不知满足指引着人类跨越了人、兽之间的巨大鸿沟，不知足驱动着人类走出了漫长的原始蛮荒时代，不知足鼓动着人类逐渐脱离了无知无识的愚昧状态，可以直接地说，不知足是人类勃勃野心的反映，亦是人类磅礴欲望的反映。所以，老子出于对朴素时代和无知无识状态的极端爱恋，把不知足说成是人类最大的祸患，自有其道理，并不是危言耸听。

“咎莫大于欲得”，咎是祸咎或过错、过失；欲得就是渴望得到，全句话是说人最大的过失是贪得无厌。如果说纵欲与不满足对于个人来说都能够引起罪恶、祸患的后果，那么贪得无厌不但可憎，而且后果非常严重。纵欲是在某种可以进行的条件下而不知加以收敛的放肆行为，不知足是一种个人主观能动性不知收敛的进取行为，而贪得无厌则是人心不知满足和欲望的无限扩大。所以，贪婪对国家的统治者来说，往往会给国家带来无穷的灾难；贪婪对于普通人来说，则必然使其陷入众叛亲离的境地。

我们都知道贪婪是人的本性，它是一切灾祸的根源。统治者的贪婪引起连年战乱，百姓深受其苦；我们普通人为自己的贪婪同样付出了沉重的代价。我们欲望的外向性决定了我们对外在事物的贪婪欲求是一个无底洞，我们为欲求所付出的代价是无法估量的，我们为什么不能吸取教训，从贪婪

中解脱出来呢？大道就是无欲无求，我们只有遵循大道才能合乎大道，做到无欲无争。无欲无争是人生快乐的源泉，我们常说知足常乐，快乐是知足带给我们的最大奖赏。

两个人同时被允许进入一个桃园里摘桃子，条件是一个人只摘一个，不论大小。第一个人进入桃园后一直都在紧张地搜寻，但每当他看到一个大桃子时就想：“这个还不够大，前面也许还有更大的。”结果他放过了很多大桃子，等到快要出桃园的时候，他才意识到自己已经没有机会选择了，所以只好匆忙摘了一个并不是很大的桃子。第二个人则不然，进桃园后不久就发现了一个很大的桃子，并将其摘了下来，然后一路悠闲地欣赏桃园中的风光，直到走出桃园。出桃园后两个人一比，第二个人摘的桃子比第一个人的大多了。

由此可见，知足实在是一种聪明的生存方式，我们应学会知足。

托尔斯泰在1886年曾写过一篇短篇小说《一个人需要多少土地》，小说的寓意正与老子本章的旨意相同，值得我们每一个人去好好地体会。故事讲的是：

俄国有个农民叫帕霍姆，他非常勤劳，却没有一块属于自己的土地。后来，他变卖了一部分家产，还让自己的一个儿子给别人做长工，提前从雇主那里拿到了报酬，又从亲戚那里借了些钱，买下了一块50公顷的土地。

但他并不满足。一天，帕霍姆从一位陌生人口中得知，伏尔加河对岸有人在大量卖地，而且非常便宜。帕霍姆便卖掉土地和田产，举家迁到伏尔加河对岸。这样一来，他的土地增加了十倍。

不久后，他从另一个陌生人口中得知了一个更好的消息：在遥远的巴什基尔，仅用1000卢布就可买下500公顷的土地。那个陌生人还告诉他，如果与当地的头领搞好关系，价格会更便宜。

帕霍姆非常高兴，他带着一个仆人，携带重礼，很快来到巴什基尔人的领地。帕霍姆把礼物送给他们，并告诉他们自己是来买土地的。巴什基尔人非常高兴，带他去见头领。帕霍姆又给头领送上一份厚礼，头领也很高兴，对他说："我们这里有的是土地，你想选哪块地就选哪块地。"头领还告诉他："只要交1000卢布，你一天走多远，走过的土地都是你的。不过在太阳落山之前，你必须返回出发地点。"

帕霍姆听了非常高兴。第二天黎明，他就开始争分夺秒拼命赶路，一刻也不曾休息。他尽量让自己走得更远一些，但是在走土地的第四条边的时候，他突然发现，太阳快要落山了！于是，他不得不走斜路向起点跑去。可是已经晚了，就在离起点两步远的地方，他精疲力尽而死。不过，他倒下的时候，双手刚好触到了起点那条线——他用生命换来了那片无比宽广的土地。帕霍姆死后，他的仆人在地上挖了个坑，把他葬在那里——那个坑宽三俄尺，长六俄尺。

【事典心裁】

不知足的人，对本不可强求的东西有太多的奢望，好比吃腻了鱼肉就想吃鸡肉，吃腻了鸡肉又想吃龙肉，龙肉固然不可寻，自然只能是空想。不知足的人，在追求事业、名利、地位、信念、财富时，往往因各种因素与自己的愿望有很大出入，对金钱财富之类心存贪欲，那就是贪心。贪心常常是自掘坟墓。

大业七年（611年）二月，隋炀帝下诏征讨高句丽，命令幽州总管元弘嗣到东莱海口造船300艘。官吏监督劳役，民夫日夜站在水中，不敢稍微休息一下，从腰以下都生了蛆，死掉的人十有三四。

五月，隋炀帝命令河南、淮南、江南制造兵车5万辆，送到高阳，用来装载衣物、铠甲、幔幕，让士兵自己拉车，征发河南、河北的民夫供应军需。

七月，征发江、淮以南的民夫及船只，运送黎阳和洛口各粮仓的粮食到涿郡，舟船相连几千里。运送兵器铠甲和

攻城器具的人，来往于路上的有几十万，挤满道路，昼夜不停。由于天气闷热，劳动强度太大，死掉的人互相叠压，路上到处散发着臭气，天下骚动。

由于耕作庄稼的季节被耽误，田地大多荒芜，再加上饥荒，谷价上涨，东北边境尤其严重，一斗米要几百钱。

又征发鹿车夫60多万，两个人推3石米，道路遥远，3石米还不够车夫在路上吃的，到达边镇上的时候，已经没有粮食缴纳。车夫们都因为害怕获罪，逃亡到外地。

隋炀帝忙于准备战事，无心管理朝中的官员，这些官吏趁机剥削百姓，百姓穷困潦倒，钱财力气都用尽了。安分守己的，无法忍受饥饿寒冷，死期迫近；而抢劫掠夺的，还能活命，于是百姓开始聚集起来做盗贼。

大业八年（612年）正月初二，隋炀帝不顾老百姓的死活，依然下诏，命令左十二军由镂方、长岑、溟海、盖马、建安、南苏、辽东、玄菟、扶余、朝鲜、沃沮、乐浪等道出发；右十二军从粘蝉、含资、浑弥、临屯、候城、提奚、蹋顿、肃慎、碣石、东暆、带方、襄平等路出发。路上人马络绎不绝，在平壤城会合，总计1133800人，号称200万大军，运送军需的人则是这个数目的两倍。

隋炀帝在桑干水南面祭祀土地，在临朔宫南面祭祀上天，在蓟城北边祭祀马祖。隋炀帝亲自指挥调度：每支军队设立大将、亚将各1人；骑兵40队，每队100人，10队为1个团；步兵80队，分为4个团，每团各有偏将1名；每团的铠甲、缨拂、旗幡颜色都不相同，设受降使者1名，负责承奉诏书、慰劳安抚，不受大将节制；其他的辎重、散兵等也分为4个团，由步兵在两旁护送；进军、停止、扎营，都有次序规矩。

初三，第一军出发，以后每天出发一军，前后相距40里，军营相接前进，经过40天，所有的军队才全部出发。各军首尾相连，战鼓号角声互相可以听见，旌旗相连，绵延960里。

但第一次征高句丽，隋军只在辽水以西攻下了高句丽的武厉逻，设置了辽东郡以及通定镇而已。

第二年二月，隋炀帝对侍臣说：“高句丽这个小强盗，竟敢侮慢我大隋国。如今以我们的国力，就算是移山填海，也可以办到，何况这个小强盗呢！”于是又让朝廷商议出征高句丽。

三月，隋炀帝不顾到处都有起义，仍然驾临辽东，做出征准备。

四月，隋炀帝的车驾渡过辽水，派宇文述和大将军杨义臣进军平壤。

后来，因为国内叛乱，就这样不了了之。

又过了一年，大业十年（614年），隋炀帝镇压了杨玄感的反叛，又打算出征高句丽。二月，隋炀帝下诏让文武百官商议此事，一连几天，都没有人敢说话。后来隋炀帝不顾大臣们的反对，仓促出兵，结果也是无功而还。

隋炀帝不顾老百姓的死活，三次动用大军征讨高句丽，使百姓苦不堪言、怨声载道，结果起义不断，隋朝不久就灭亡了。

故事一：

“唐宋八大家”之一的柳宗元写过一篇《蝜蝂传》，讲的是有一种叫做“蝜蝂”的小虫子，生来喜欢背负东西。它一路前行，不论遇到什么总是抓取过来背在身上，因此没多久

它就因负重过多累得走不动了。有人可怜它，替它去掉了背上的东西，可蝜蝂总是把那些东西再次背上。加上它们喜欢往高处爬，用尽力气也不肯罢休，结果只能是疲累而死。

蝜蝂是不是自己把自己累得绝了种，我们不得而知，或许它只是一种传说中的小动物，但它的贪心却普遍存在于很多尚未灭绝的生物身上，包括我们人类。

《意林》杂志某一期中介绍说，在澳大利亚，有一片名叫“spring look”的草原，那里的草长得特别肥美，因此那里的羊群繁殖得特别快，但是每当羊群繁殖到一定程度，就会出现一种非常奇怪的现象：走在前面的羊群总能吃到草，而走在后面的就只能吃些“残羹剩饭”，肚子都填不饱。于是后面的羊群就会拼命往前跑，前面的羊群自然不甘落后，吃完眼前的草之后，也会拼命地向前跑。就这样，羊群为了争夺食物，都不愿落后，草原上就形成了一种非常壮观的景象，羊群你追我赶朝着同一个方向不停地奔跑。但草原的尽头是一个悬崖，羊群跑到悬崖边缘收不住脚，就纷纷身不由己地跳下了悬崖。

类似的故事还有因纽特人捕熊的方法。在北极圈内，体重达1000多磅的北极熊没有任何天敌，除了因纽特人。北极熊嗜血如命，因纽特人便利用它们的嗜好，将海豹等动物的血冻结成冰，中间暗藏一把双刃匕首，然后把这种精心制作的“血豆腐”扔在北极熊出没的地方。北极熊闻到血液的气味，就会迅速赶来，然后贪婪地舔食血块。几分钟后，它的舌头就会逐渐麻痹，刀刃划破舌头也感觉不出来。而且受自己的鲜血气味刺激，它会越舔越快，鲜血也越流越多，最终北极熊因失血过多而倒地休克，落入因纽特人手中。

俗话说："贪心不足蛇吞象。"试想，蛇有可能吞得下一头大象吗？即使是南美洲的大蟒蛇，恐怕也没本事吞下一头刚刚出生的小象，那么这句俗语到底想说些什么呢？很简单：小心贪心会要命。蛇不能将一头大象活活吞下去，但是在蛇的心里，它的确很想将一头象活活地吞掉。那么，当一条蛇硬将一头大象活活吞下去，会有什么后果呢？应该只有两个可能性：第一，这条蛇会活活地被撑死；第二，即使这条蛇没被撑死，它也将会被人活生生地捉住。

很多人不解：贪官们要那么多的钱干什么？十辈子都花不完！其实，"知足天地宽，贪得宇宙隘"，贪官贪财，并不一定都是以享用为目的，他们只是不能克制心中的贪欲而已。

人要学会知足，才能谈得上常乐，否则就会迷失方向，甚至自取灭亡。看淡功名，看轻富贵，非大智大勇者不能做到，过去这叫作"龙象之力"。所谓"苦海无边，回头是岸"，要解脱人生的痛苦，获得心灵的安宁和精神的愉悦，就要学会转身，学会回头。少一分名利之欲，就多一分清净心。

故事二：

德国大文豪席勒曾经写过一个小寓言：

有一个被切去一角的圆，它很想恢复完整，没有残缺的活着，便踏上行程，四处寻找失去的部分。由于它残缺不全，滚动得很慢，所以它能在路上欣赏风景，闻花香，和毛毛虫聊天，享受阳光和雨露。它遇到过各种不同的碎片，但有的太小，有的太大，有的太尖锐，有的又太方正。有一次，它好像找到了一块合适的，但没有抓牢，又掉了；还有一次，它抓得太紧，弄碎了……直到有一天，它终于找到一个非常合适的碎片，它小心地把碎片拼在自己身上，快乐地滚动起来。由于它变得非常完整，所以滚动起来特别快，快得使它停不下来，看不清路边的花草树木，也不能和毛毛虫聊天。于是它主动停下，把那块补上的碎片又丢在了路旁，慢慢地滚走了。

就像那个缺角的圆一样，世上没有任何人的生命完整无缺，只要肯面对现实，每个人都至少缺少一样他认为很重要的东西。然而，缺憾是人生的一部分，如影随形，无处不在，除非你学会不假外物，向内寻求。

说到这里，要提一下清朝的乾隆皇帝。他一生好作诗，到处题碑写匾，吟诗作对，据说写了几万首，可悲的是连一个诗人的资格都没有被评上。有人甚至认为，乾隆连一句好诗也写不出来。这倒有点儿冤枉了他。比如，北京故宫博物院收藏有一个矾红彩御制诗文笔筒，这件文物上题有乾隆所作的五首诗，即《小园闲咏五首》，至少其中的第三首中有一句可勉强算得上好诗，也就是：“何必武陵路，随缘物外心。”具体到这句诗的意思，就是说世人不必专门去寻找晋代大诗人陶渊明所描写的世外桃源，只要游心物外，一切随

缘，便处处是桃花源般的美好世界。

我们再来讲一个日本的故事：

500年前，也就是日本历史上的战国时期，有一个武士叫丰臣秀吉，他从一系列厮杀中脱颖而出，权重一时。这个杀人不眨眼的人热衷于茶道，日本草庵茶道的创建者千利休则是他的御用茶师。

有一次，千利休随军出征，经过一片竹林时，发现那里的竹子材质很好，便截取竹子，做了三个插花用的竹花瓶。返回京都，千利休把其中一个竹花瓶作为礼物送给了儿子少庵。少庵一看，这个竹花瓶身上有一条裂痕，不由想起了日本名刹圆城寺中的镇寺之宝——钓钟。那个钓钟曾经摔过，摔出了一道裂痕，于是少庵就为这个竹花瓶取名为“圆城寺”，并用利刃刻在了瓶身上。

后来少庵死了，“圆城寺”传到了儿子宗旦手中。有一回，宗旦在客厅中招待客人，客人见插着鲜花的“圆城寺”滴滴答答地漏水，弄湿了地上的竹席，就好心提醒宗旦。

宗旦却平静地说：“漏，才是它的灵魂与生命所在。”

再后来，这个竹花瓶几度易手，每次转手，价格都更胜从前，最终成了一件价值不菲的艺术珍品。

一个普通的并且有裂痕的竹花瓶，为什么会成为人们追捧的名器呢？正如宗旦所说——它具备了灵魂与生命，也就是漏。人生也是如此，从古至今，人人有漏，我们必须接受它，就像我们必须接受生命一样。我们也不反对欲求，如果能在明得失、知进退的前提下做选择，岂不更好？

第四十七章　不为而成

不出户，知天下。不窥牖，见天道。其出弥远，其知弥少。是以圣人不行而知，不见而明，不为而成。

【释义】

了解大道的人足不出户，就能够推知天下的事理；眼不望窗外，就能够了解大自然的法则。越向外奔逐的人，他所知道的也越少。所以得道之人不用去做就可预知，不用窥望就能明了，不去妄加施为就能成功。

【古典今读】

在上面的章节中老子一再强调了道的德性是无欲无求而又不争抢的，圣人做到了不争、无为，合乎了大道的德性，所以他们知道天下万物，包括人类都来自自然，其根本是一个：大道无为，天道也无为，人道、物道都应如此。所以老子说："不出户，知天下；不窥牖，见天道。"

老子最后指出："是以圣人不行而知，不见而名，不为而成。"正是出于对生命本质的维护，老子坚决排斥人们盲目的行动，认为行动的跨度越大，所获得的真知就越少。真

正的智者都不用行动，不必招摇过市，就能获得正确知识。

一些批评老子的认识论是彻头彻尾唯心主义先验论的论著，都要引“不出户，知天下”作为论据。这样的认识实际上是一种误解。老子博学多识，他有丰富的生活实践经验。在以前的若干章节中，我们可以看到许多涉及社会生活和自然界的内容，这些都表明老子极为重视生活实践。老子是极富智慧之人，是天才的哲人。他的意思是，并不是什么事都要经过本人的实践才能认识，那是不可能的，因此要重视理性认识和间接知识。“不出户”“不窥牖”这类极而言之的强调手法，从古到今都是普遍应用的。

我们有时候会弄巧成拙，原因是什么呢？因为我们不是圣人，不能做到和大道同步，无法合乎道的德性。我们在做事情的时候常常会加入自己的主观臆断或妄想，所以常常和

大道背道而驰，不但达不到预期的目的，还会南辕北辙，距离目标越来越远。我们常常自以为很聪明，所以总爱投机取巧，老子一贯反对利用机巧，他主张“绝圣弃智”“绝巧弃利”，在他看来，聪明反被聪明误，利用心机大肆投机取巧，终究会走上迷途，其主要的原因是任何利用机巧的作为都是违背大道的，其结果必然是事与愿违。我们应铭记老子的谆谆教导，所作所为要合乎大道的德性，只有这样，我们才会像上面所说的那样“不出户，知天下；不窥牖，见天道”。这不是一种唯心的观点，而是一种内在修为所能达到的至高境界。

圣人无为，所以才能知足，便合乎了“道”的德性。

正是由于圣人能体悟到大道的德性，所以他们知道天下万物，包括人类都来自自然，其根本只有一个：大道无为，天道也无为，人道、物道都应如此。所以老子说：“不出户，知天下；不窥牖，见天道。”

话虽如此，但并不是所有人都是圣人，能做到无为，把天地万物视为一体，这是因为他们已有了各自的名相和概念。所以老子又说：“其出弥远，其知弥少。”这样的概念越多，人离大道就越来越远了。这正是古人所说的“南辕北辙”。

南辕北辙，也就是行动和目的相反。人类为了认识“道”而制定了名相，名相越多，结果却是离“道”越来越远了。老子清楚地认识到了这一点，告诫我们“南辕北辙”的结果只能是适得其反，事与愿违。在我国历史上就有许多

“南辕北辙”的故事：

赵太后新执政，秦国便加紧进攻赵。赵向齐求援。齐王说：“一定要以长安君做人质，军队才能派出来。”太后不答应，大臣们极力劝谏。太后明确地对左右的人宣布：“有再说让长安君做人质的，我这老婆子一定把唾沫啐在他脸上！”

左师公触龙拜见太后。左师公说：“我那儿子舒祺，年纪最小，没什么出息。可我年老了，内心总疼爱他，希望您让他充当一名卫士，来保卫王宫。我冒着死罪把这件事禀告您。”太后说：“好啊，他年纪多大啦？”左师公回答说：“15岁啦。虽说还小，我希望趁自己还没有死，便把他托付给您。”太后说：“男人也疼爱他的儿子吗？”触龙回答说：“比

女人还厉害。”太后说：“女人爱得特别厉害啊！”触龙回答说：“我私下认为您爱燕后，超过了爱长安君。”太后说：“你错了！我爱燕后远远比不上爱长安君。”左师公说：“父母爱子女，就要为他们做长远打算。您送燕后出嫁的时候，紧跟在她身后哭泣，想起她远嫁异国就伤心，也确实够伤感的了。她走了以后，您不是不想念她呀，祭祀时一定要为她祈祷，说：‘一定不要被遣送回来。’这难道不是为她考虑，希望她的子孙相继当王吗？”太后说：“是啊！”左师公问：“从现在算起，一直上推到三世以前赵氏建立赵国的时候，赵王子孙封了侯的，他们的子孙还有继承爵位的吗？”太后说：“没有。”触龙说：“不单是赵国，各诸侯国内被封侯的继承人还有在的吗？”太后说：“我没有听说过。”触龙说：“这就是说他们之中祸患来得早的自身遭了祸，祸患来得晚的落到了他们子孙的身上。难道说君王的子孙就一定不好吗？不是。只不过由于他们地位很高却没有什么功勋，俸禄很丰厚却没有什么伟绩，却拥有很多贵重的东西罢了。如今您尊显长安君的地位，封给他富庶的土地，赐给他很多贵重的东西，却不趁着现在让他为国立功，一旦太后您百年之后，长安君凭什么在赵国安身呢？老臣认为您替长安君打算得太短浅了。所以说您对他的爱不如对燕后的爱。”太后说：“好吧，任凭你怎么调派他吧！”于是给长安君置备好百辆车子，到齐国去做人质。齐国援兵就派出来了。

赵太后爱子心切，她本意是希望儿孙的国家能够长治久安，却将这种爱体现在对儿孙日常冷暖的关注上，平常不让他们锻炼，不给他们建功立业的机会，满以为衣食丰足就足够了。殊不知，这只会使他们毫无斗志、无所专长，他们的国家又怎样能长治久安？况且当时赵国正处于危难之中，不派质子，只会自取灭亡，又怎样保护儿孙的安全？赵太后的做法，正是一种“南辕北辙”的行为，她的努力犹如缘木求鱼，背道而驰。幸亏触龙的劝说，太后才能最终醒悟。可在生活中，又有多少人能像赵太后那样幡然省悟，调整自己的生存战略和做事方式呢？

【事典心裁】

生活中有许多“南辕北辙”的事情，“南辕北辙”只会导致事与愿违、适得其反。切记，凡事有一个明确的认识，才是成功的前提。

有人会说，这是不会时间管理。其实，仅仅学会管理时间还不够，我们还要学会管理能量。

我们见过很多能量管理不佳的成年人，也见过很多能量管理不佳的学生，他们都很努力，但因为无法取得能量管理与时间管理的平衡，陷入了鏖战，看不到多少希望。

时间是每个人都有的，每天都有24小时，但有时间是一回事，有没有能量，在不在状态，则是另一回事。不在状态的人，时间再多也出不了多大效益。反过来也是这样，不懂时间管理的人，即使有能量，也可能被浪费在一些无意义的小事上。

我们来看一个典型案例，空客公司销售主管约翰·雷义，一个取得了时间管理与能量管理完美平衡的人。

雷义是美国人，35岁时进入空客，从基层销售员做起，历时10年，成为空客销售主管。当时是1994年，空客最大的竞争对手波音占据了全世界民用航空市场60%的份额，空客仅占18%。CEO给雷义定下的目标是将市场份额提高到30%，雷义却立下军令状：5年时间内，空客的市场份额要提高到50%！这大大超出空客高层的期望，董事会甚至认为这是一个不切实际的目标，劝雷义现实点儿。时刻关注着空客重大人事变动的波音公司，也未将雷义放在眼里。

但是1999年，在雷义的带领下，他的团队就将空客的市场份额拉高到了50%，提前完成了他当初立下的军令状，让波音再也不敢小瞧他。此后，波音连续换过八位销售总监，也未能夺回自己的市场份额。

数据统计显示，雷义共担任空客销售主管23年，在这23年间，他和他的团队每天平均能卖出两架飞机。他是如何做到的呢？用他自己的话说：卖产品就是卖自己。他认为他之所以可以签下这么多订单，在于首先做好了自己，时刻保持自己最好的状态，做一个有感染力的人。没有人愿意和一个萎靡不振、看上去无精打采的人做生意。用我们的话说，这就是能量管理。为了保持自己精力饱满的状态，他从不喝酒，饮食以清淡为主，每天健身一小时。拜访客户前，为了让自己在客户面前神采飞扬、容光焕发，他在飞机上会适度睡觉，下飞机后会先做20分钟的有氧运动，再去见客户。

雷义的方法也适用于普通人，我们应该有时间管理意识，也应该学会从能量管理考虑问题。如果把我们的身体比喻为一辆汽车，能量就是汽油，你不可能载着空油箱，一路高喊着“加油”上路，有时你可以适度透支，但迟早要还。更重要的是，当你发现自己常常感到疲惫、压力大乃至精疲力竭，这说明你的能量管理做得很不好，你应该马上改善它。

事情很重要，这没错。目标很美好，这也没错。但是，姑且抛开这些不谈，就算你哪儿也不去，什么也不干，也应该先把自己的车加满油，不是吗？

良好的能量管理无非两方面，增加能量储备，然后把能量用在最需要能量的地方。

在增加能量储备方面，我们可以先问自己几个问题：

（1）每晚有充足的睡眠吗？

有些人天赋异禀，每天睡四五个小时就够了，学习起来还劲头十足，卓有成效。但我们并非这样的人，我们还是老老实实睡够七八个小时吧。睡得好，能量才会足。能量足，脑袋才清醒。当你状态好的时候，你的全身每一个细胞都在学习。当你状态不好的时候，你的每一个细胞也都不在状态。不排除有些人把从睡眠中挤出来的时间花在了学习上，但是，更多的人是一边嚷着没时间，觉不够睡，一边想着玩游戏、喝酒、跳舞、玩通宵。即使是全力以赴地学习，熬夜对学习来说也有百害而无一利，所以尽量不要熬夜，这与能量管理规律不符，也与生物规律不符，我们毕竟是夜伏昼出的生物。

（2）营养合理均衡吗？

如果把人类比喻成机器，饮食就是我们的能量源。很多人认为，学业重的时候要加强营养，于是食谱成了高糖、高脂肪、高蛋白质食谱。其实，加强营养很重要，均衡营养更重要。请放弃高糖、高脂肪、高蛋白质食谱，多吃些粗纤维和粗加工的食物，它能让你的血糖水平保持平稳，避免忽高忽低，这是能量管理的一部分。

（3）经常运动吗？

生命在于运动，主要是因为运动过少会削弱你的潜在能量水平，除非你的身体处在特殊时期，连医生都建议你过段时间再去运动，否则一个人每天最少应该拿出40分钟来锻炼身体。每天运动，养成习惯，学习效率会非常明显。

（4）每周休息吗？

休息就好好休息，什么事也不要做。如果你仍有事情必须等这仅有的一天时间去做，那就要思考一下，怎么在下一周的前六天完成七天的事情。一开始这很难，但是一旦形成规律，你就能体会到能量进入正循环且源源不断的感觉。

（5）晚上工作吗？

晚上就是休息的时间，要将一天的工作放在白天集中完成，早早完成工作，晚上你就有整块的休息时间了。如果总是不能在晚上来临之前就结束工作，而自身能力并不差，那就要考虑换份工作。记住，如果你不学会休息，工作是没有止境的。

至于把能量用在最需要能量的地方，其实是老生常谈，也就是俗话说的，“好钢用在刀刃上”。具体怎么做呢？

美国有个叫斯科特·亚当斯的漫画师兼作家，他的方法很值得学习：现在他是个有钱人，但对于能量输出却非常小气。他的“呆伯特系列”漫画畅销全球65个国家，他还开办了自己的食品公司。但是以前，他只是个办公室白领，收入有限。开始画呆伯特漫画的时候，因为要上班，必须每天早上四点起来画画。后来，他辞掉工作，专心画漫画，但还是每天四点起床，因为这个时间他的能量最充足。他还用一台专门的电脑，站着画画或写作，因为这个姿势最有利于他的灵感迸发。

故事一：

明将钱藻在密云（今北京密云）驻守时，地方官府交来一桩案子。原来是两名驻守京城（今北京）的军士外出公干时，结伙在路上抢劫财物，被密云衙吏擒获。解到官府，那两名军士自恃是京城守军，地方上奈何不得他们，便口出狂言，目无官府。官府难以制伏他们，便解到地方驻军长官钱藻处，请他代为审理此案。一经审问，那两名军士也不把作为地方驻军长官的钱藻放在眼里，照样刁蛮不讲理，并口出威胁之言。钱藻手下人都十分生气，吵着要揍他俩。钱藻一摆手制止了他们。钱藻明白，这两名军士的长官也是自己的上司，若这两名军士不肯招供认罪，上司怪罪下来，于自己也不好。想了一想，他生出一条计来。

他看那甲军士性情火爆，便命手下人将甲军士押出军门外数丈处，让他看着自己审讯乙军士。钱藻装出温和的样子跟乙军士闲话起来。乙军士见这长官变了态度，且问些与本案无关的问题，因此也平静下来回答。每当乙军士说一段，钱藻就在纸上写一阵子。那甲军士把这一切都看在眼里。

过了一会儿，钱藻让人押走乙军士，传来甲军士，晃着手中的纸说："看，乙军士都招供了，这事是你主谋，还不

快快认罪！”甲军士一听就火了，大跳大叫着说：“胡扯！这事都是他的主意，他怎么能赖我？”钱藻笑了笑：“他说了，这事是你先出主意抢劫的。”甲军士更火了，一跳老高，叫着：“他放屁！我俩出来公干，不小心把盘缠丢了，难回京都。他说：‘人家偷咱的，咱不会抢人家的吗？咱手中有家伙，哪个不害怕！’于是领我躲在路边上，抢了那个商人。”钱藻一一记下来，又问了些细节，让甲军士画了押，押了出去。

他又把乙军士传来，说：“甲军士都招了，主谋是你。”乙军士是个奸诈之人，起初还不相信，听钱藻念出细节之后，也火了，说：“主意是我出的不假，但动手的是他。”于是把经过也讲了一遍。钱藻记下之后，也让乙军士画了押。

这样，钱藻两边巧施离间计，让两个军士互相攀咬，终于审出了案子真情，把那两个军士分别治罪，并呈报给两个军士的长官。那长官看有军士供状，也就不好说什么。

故事二：

秦始皇死后，他的小儿子胡亥继承皇位，就是秦二世。二世荒淫无度，不问政事。为了使京城咸阳更壮观，显示皇帝的威严，他竟下令把城墙油漆一遍。大臣们一见这道命令，先是目瞪口呆，转而都愤愤不平，可又不知怎么办才好。去劝谏二世吧，他蛮横暴虐，劝不好，反倒自找苦吃。不按他的话去办吧，二世知道了，也会有死罪。人们想来想去，想到了乐人优旃。

优旃是个很幽默诙谐的人，善于用谈笑讲明道理，说动人心。大臣们把优旃找来商量，他笑笑说：“等我去说几句。”优旃见了二世，直截了当地说：“听说陛下下了一道命令，要油漆城墙？”“我想把咸阳城变得更漂亮迷人。”二世说。优旃喜悦地说：“妙极了！这真是个好主意。我打心眼里赞

成。即使陛下不下这样的圣旨，我也要提出这样的建议。”二世笑眯着眼，直点头。

“漆城墙，虽然会给老百姓增加徭役和负担，然而可以使全城变得光彩照人，好处可多了。我现在就急着想去把它油漆好。”优旃煞有介事地说，还拍手吟道：“城墙漆得溜光光，敌人来了不能上；城墙漆得油荡荡，敌人一爬准粘上！”这时，二世觉得油漆城墙的理由更充足了。

“再说，把城墙油漆一遍也不是多么难办的事啊！”优旃说，他忽然又显出十分为难的样子，“只是油漆过的东西，不能暴晒，要阴干，那漆才牢固，不会脱落。上哪儿去找一所大屋子把城墙罩起来呢？”优旃看看二世，建议说：“陛下，还是先建一座能把整个咸阳城罩起来的大屋子，而后再油漆城墙吧。”二世虽然霸道糊涂，但一听也笑了起来，说：“那就算了吧，不漆城墙了。”

优旃利用语言的技巧，正话反说，成功地劝说胡亥改变了初衷，免除了百姓的徭役和负担。

第四十八章 为道日损

为学日益，为道日损。损之又损，以至于无为。无为而无不为。取天下常以无事，及其有事，不足以取天下。

【释义】

追求学问的人知识一天比一天增长，追求大道的人则是一天比一天减少。减少又减少，一直到无为的境界。做到清静无为也就能无所不为了。取得天下要靠“无为”的道；如果“有为”，就不足以取得天下。

【古典今读】

这一章老子主要论述了为学和为道的不同，为学就是不断地向外界探索新知，知识是永无止境的，它无所谓开头也无所谓结尾，我们对知识的探求永远也没有个尽头。即便我们用尽一生的时间来学习，也无法将知识学完，尽管如此，我们还是要“活到老，学到老”，因为从宏观意义上而言，知识能使人们对自身和宇宙的认识更接近真理。但是知识无止境，这决定了我们会长时间走在追求真理的路上。老子比我们更早而且更清醒地认识到了这一点，他理智地从对外界

的追求转向了对内在的追求。

人的欲望永无止境，这决定了人们对外界的追求永远也没有终点。人生的短暂不容许我们犯太多的过错和留下太多的遗憾，所以我们应该时刻剔除心中的杂念，保持一颗平常心，平常心即道。修道之人在修道的过程中，欲念一天天减少，直到最后达到无为的境界，无为不是真正的无所事事，而是不妄为，做到了不妄为，也就合乎了道的德性，合乎自然规律的不妄为就是无所不为了。“无为而无不为”是老子提出的极富智慧的命题，它贯穿于老子《道德经》的始终。虽然在我国古代有不少学者提出了“无为”的主张，而真正将“无为”思想发挥到极致的只有老子，他从哲学的高度来论证“无为”的社会意义。表面上看起来，“无为”是消极的、倒退的，其实质是在前进中避开矛盾的主要方面，使其畅通无阻，化被动为主动，从而达到无为而无不为的境界。

老子联系实际，想到了统治阶级的统治也应该采取无所作为的态度。要赢取天下人的拥护和爱戴，就必须采取无为而治的态度治理天下，不对天下人实施强硬的手段，不对他们施行人为的干涉，顺应他们自身的特点来发展，他们自然会服从管制。相反，如果统治者以人主自居，自然得不到人们的拥护，也就不可能长治久安，其统治地位自然会不攻自破。

在上一章，老子讲述了求知和行道的不同，在这一章，他又继续深入地阐述了这一关系。

"为学日益，为道日损"，对知识的追求要不停地积累和发展，而修"道"则恰恰相反，只有去除了杂念，也就是说只有人们认识大道所建立的名相越来越少，才能离大道越来越近。"为学"与"为道"是完全对立的两个概念。

这也正如《庄子》所说："吾生也有涯，而知也无涯。"即人类永远也达不到真理所在的地方。老子的高明之处就在于他早认识到了这一点：向外求是永远也求不到一个终点的。

这一点对我们的人生有许多启示。人往往就是那样，对功名、财富的追求永远也不会满足，欲望就像是一条锁链，牵着一个永远也无法达到的终点。

在古代的印度，有一位禁欲苦行的修道者，准备离开他所住的村庄，到无人居住的山中去隐居修行，他只带了一块布当作衣服，就一个人到山中居住去了。

后来当他要洗衣服的时候，他需要另外一块布来替换，于是他就下山到村庄中，向村民们乞讨一块布当衣服，村民们都知道他是虔诚的修道者，于是毫不犹豫地给了他一块布，让他当作换洗穿的衣服。

当这位修道者回到山中之后，他发觉在他居住的茅屋里面有一只老鼠，常常会在他专心打坐的时候来咬他那件准备换洗的衣服，他早就发誓一生遵守不杀生的戒律，因此他不愿意去伤害那只老鼠，但是他又没有办法赶走那只老鼠，所以他回到村庄中，向村民要一只猫来饲养。

得到了一只猫之后，他又想："猫要吃什么呢？我并不

想让猫去吃老鼠，但总不能跟我一样只吃一些水果与野菜吧！”于是他向村民要了一只奶牛，这样那只猫就可以靠牛奶维生。但是，在山中居住了一段时间以后，他发觉每天都要花很多的时间来照顾那只奶牛，于是又回到村庄中，他找到了一个可怜的流浪汉，带着这无家可归的流浪汉到山中居住，帮他照顾奶牛。

那个流浪汉在山中居住了一段时间之后，他跟修道者抱怨说：“我跟你不一样，我需要一个太太，我要过正常的家庭生活。”

修道者想一想也有道理，他不能强迫别人一定要跟他一样，过着禁欲苦行的生活……这个故事就这样继续演变下去，你可能也猜到了：到了后来，也许是半年以后，整个村庄都搬到山上去了。

一个禁欲苦行的修道者也不能脱离欲望的烦恼，而我们这些普通人更是容易为欲望所忧，所以禁止欲望的膨胀是我们时刻要注意的问题。向外追求永远也没有一个终点，而我们的生命之舟载不动太多的物欲和虚荣，因此，我们必须学会知足，学会轻舟而行。

【事典心裁】

有句俗话："成人不自在，自在不成人。"一个人一生一世忙忙碌碌，挑肥拣瘦，朝三暮四，为了什么？还不是为自己选择一条锁链吗？智者告诉我们：每个人都有欲望，但欲望太多了，人生就变得疲惫不堪，每个人都应学会轻载，因为生命之舟载不动太多的欲望。

某大公司要招聘一位部门经理，薪资优厚，引得应聘者蜂拥而至。但招聘者不看学历，也不问经历，只给每个应聘者提了这样一个问题：

在一个风雨交加的晚上，你开着一辆车经过一个公交车站，车站上有三个人正在等公共汽车，都非常希望能够搭你的车。其中一位是医生，曾经救过你的命；一位是美女，还是你的梦中情人；还有一位是个老人，由于等车时间太久，天气又不好，老人心脏病突发，必须立即送往医院。但是你的车上只能坐一个人，这时候你应该怎么办？并说明理由。

大多数应聘者都选择了让老人上车——因为老人快要死了，救人要紧。

一部分感恩型的应聘者认为，应该让医生上车，因为他救过自己，这可是报答他的好机会。

也有人提出让美女上车，他们的理由是：医生可以改日再报答，生病的老人可以由其他人送往医院，美女却可遇而不可求，所以不能错过这个机会。

面对招聘者，应聘者侃侃而谈，据理力争。但是最终，却只有一位年轻人被录取。他只说了三句话——把车钥匙给医生，让他带老人去医院，我留下来陪梦中情人等公交车。

不得不承认这是最好的答案。那么大多数人为什么没有想到呢？关键就在于，他们从一开始就没有考虑过暂时舍弃自己的车钥匙，只是想着在现有的基础上能否再获得些什么。有些人甚至宁可什么都得不到，也不肯舍弃分毫。这样的人，得不到，能怪谁？

故事一：

八岁的康熙登基当了皇帝后，不能处理国事，便由四位辅政大臣代理。这四个人是鳌拜、索尼、苏克萨哈和遏必隆。其中拿大主意的是鳌拜。然而鳌拜是一个专横跋扈、野心勃勃的人。他利用其他三位辅政大臣的软弱退让，极力扩大自己的权势。凡是向他巴结献媚的，都受到提拔重用；凡是不肯顺从他的，不是被排斥罢黜，便是遭到蓄意陷害。辅政大臣苏克萨哈及大臣苏纳海、朱昌祚等人就因为与鳌拜持有不同的意见而遭杀身之祸。他甚至经常在康熙皇帝面前耀武扬威，呵斥他人，而且多次擅自以皇帝的名义假传圣旨，滥用权力。朝廷内外的大小官员，凡是稍有一些正义感的，

无不对鳌拜一伙的为非作歹恨之入骨，可是鳌拜的心腹党羽遍布从中央到地方的许多重要机构，掌握着生杀予夺的大权，谁也奈何他不得。

康熙立志要做一个像汉武帝、唐太宗那样有作为的皇帝，因此对鳌拜擅权十分不满，决心改变大权旁落的状况。于是在亲政不久，他便下令取消了辅政大臣的辅政权，使鳌拜的权力受到限制。可是，这样一来，君臣之间矛盾便日益激化起来。鳌拜虽然意识到康熙要夺回自己的权力，但误认为“主幼好欺”，对于自己的所作所为非但不加收敛，反而更加肆无忌惮。在群臣向康熙朝贺新年时，鳌拜竟然身穿黄袍，俨如皇帝。在他托病不朝、康熙亲往探视时，他把刀置于床下，直接威胁皇帝的安全。对于鳌拜的这些欺君罔上的行为，康熙决心采取果断的措施，把他除掉。

康熙知道鳌拜的势力大、党羽多，除掉他不是很容易的，必须要计划周密，谨慎从事。他一方面把近身侍卫索额图、明珠提拔为朝廷大臣，作为自己的左膀右臂，通过他们联络朝廷内外反鳌拜的势力；另一方面又给鳌拜封官加爵，麻痹他对自己的警觉。同时，一个擒拿鳌拜的计划也酝酿出来了。不久，康熙从各王公显贵府中挑选了100余名身强力壮的贵族子弟，以陪伴皇帝习武消遣为名入宫，鳌拜没有发觉其中有什么异常，一来是满族有让自己的子弟从小习武的习惯，二来是鳌拜把康熙看成一个年幼无知、只图玩乐的纨绔之辈，乐得他少过问政事，所以没有把这件事放在心上。不到一年，这班少年侍卫一个个学得拳术精通，武艺高强，连康熙本人也学到不少本领。康熙看在眼里，喜在心头，认为擒拿鳌拜的时机成熟了。于是便以下棋为名，召索额图入宫，商量除掉鳌拜等人计划。

一日，正值鳌拜入朝之日，康熙事先把少年侍卫招来，对他们说："你们常在我的身边，好像我的手足一样，你们是听从我的命令，还是听鳌拜的命令？"这些人对鳌拜的专横跋扈愤愤不满，又朝夕与皇帝相处，早已成为效忠于康熙的心腹，因此齐声高呼："听从皇帝的命令！"接着康熙历数鳌拜的罪状，布置擒捉之法，只等这个权奸来投罗网。不久，鳌拜入朝，康熙传令要单独召见他。鳌拜不疑，欣然前往。到了内廷，只见康熙端坐在宝座上，两旁站立的全是一班少年侍卫。鳌拜一向把这些人看成是一群孩子，成不了什么气候，心里毫无戒备，仍旧摆出一副傲慢的架势，来到康熙面前，康熙一见时机已到，便果断地做出擒拿的手势。少年侍卫们一拥而上，把鳌拜团团围住。看到此情，鳌拜大吃一惊，一开始还以为是皇帝教一群孩子来与他戏耍，后来感觉不对劲，便全力进行挣扎，与这班少年打成一团。鳌拜也不是等闲之辈，他不仅生得熊腰虎背，有一股蛮力，而且精通武艺，曾经驰骋疆场几十年，立过不少大功，是清朝的一代骁将。讲近身交手，他并不外行。他仗着自己体大力强，

拳脚并用，竟一连打倒好几个人，差一点脱身。可是，这些少年侍卫毕竟训练了一年，不仅气血方刚，武艺超群，而且都有除奸报君的决心，岂容奸雄逃脱！他们你一拳，我一脚，轮番向他攻击，直打得鳌拜气喘吁吁，汗流浃背，哪有还手之力，最后不得不束手就擒。

故事二：

有位丹青爱好者千里迢迢来到一位大师家，向大师诉说："我一心一意要学丹青，可至今没有找到一个满意的师父，许多人都是徒有虚名，有的画技还不如我。"大师听了淡淡一笑，要求其"现场直播"。绘画者问画什么，大师说他平素最大的嗜好就是品茗饮茶，就为他画一把茶壶一个茶杯吧！年轻人寥寥几笔就画完了，一把倾斜的茶壶正徐徐吐出一脉茶水来，源源不断地注入茶杯，没想到大师说他画错了，应该把杯子布置在茶壶之上才是。年轻人说："大师你

有没有搞错啊，哪有杯子往茶壶里注水的。”大师哈哈大笑：“原来你懂得这个道理啊！你渴望自己的杯子里能够注入那些丹青高手的香茗，但你总是将自己的杯子放得比那些茶壶还要高，香茗怎么注入你的杯子里？涧谷把自己放低，才能得到一脉流水，人只有把自己放低，才能吸取别人的智慧和经验。”

确实是这样。战国时期，燕昭王求贤，高参郭隗建议说：“您把别人当作老师，那么比自己强百倍的人就会到来；您把别人当成朋友，那么比自己强十倍的人就会到来；您把别人当成部属，那么和自己能力差不多的就会到来；如果颐指气使，怒吼呵斥，那么招来的只能是奴隶。”燕昭王采纳后，果然吸引来很多人才。

第四十九章　圣人无心

圣人无常心，以百姓心为心。善者吾善之，不善者吾亦善之，德善。信者吾信之，不信者吾亦信之，德信。圣人在天下，歙歙焉，为天下浑其心。百姓皆注其耳目，圣人皆孩之。

【释义】

圣人永远没有私心，以百姓的心为心。善良的人我善待他，不善良的人我也善待他，于是人们的品德就同归于善良了。守信的人我信任他，不守信的人我也信任他，这样人们的品德将同归于诚信了。得道的圣人统治天下，收敛个人的私欲偏见，让天下的老百姓的心归于浑朴。百姓都专注他们的视听，得道的圣人使他们回归到淳朴自然的婴儿状态。

【古典今读】

“圣人无常心，以百姓心为心”，这里提出的“常心”是指恒心，恒心是人所拥有的一种持久不懈的生命意志力之具体表现，是一种由知识所引发出来的磅礴欲望，按照现代的一般说法，就是进取心或上进心，这种心理伴随着时代演进

的脚步而日益渗透到人生中的各个阶段和各个领域。

恒心依靠毅力来支撑，而毅力支撑下的恒心便时时演变为勃勃雄心，这里便成了追求知识和满足欲望之无穷动力的真正发源地。在所谓“常心”刺激下的人类，其急功近利的表现真可谓惊天动地！一小部分以恒心作动力的人，或死命地追求知识，索天究地、上下探求；或无止境地聚敛财富，四方奔走、栉风沐雨；或明目张胆地扩大权力，排除异己、残杀无辜。这样的局面之出现，使绝大部分人都被裹挟进欲望的滚滚洪流中。人类在恒心的驱使下，心灵和身体走向了二元对立。老子在此提到了古代的圣人们从来也没有自己的恒心，是说他们没有自己的雄心壮志，而是以百姓的心（即百姓的心理追求和愿望）为自己的常心。

“善者吾善之，不善者吾亦善之，德善；信者吾信之，不信者吾亦信之，德信”。对圣人来说，善良的人他们会善待，不善良的人他们也会善待，这样就得到了善良；守信的人他们信任，不守信的人他们也信任，这样便得到了诚信。

如果能够以百姓的感情和心理作为自己的感情和心理，无疑是难能可贵的行为；同时，能抵制百姓的一些不正常的感情和心理，确实是高人一等。因为社会上普遍流行的一些准则或时尚，并不是真实的价值判断，比如善和信，什么是纯粹的善？什么是真正的信？其中存在着大量人为的谬见。可见，圣人并不是全部追随大众舆论而随波逐流，他们对所有的事物都拥有自己的基本看法和立场，所以圣人能够获得真正的“善”和“信”。

“百姓皆注其耳目，圣人皆孩之”。百姓们的心灵不但已经得到净化，而且归于浑朴。他们专注于自己的耳朵和眼睛，留心着圣人的举动，而圣人自然没有任何举动，他们便回归婴孩般的自然淳朴的状态了。

圣人知足、无为，能体悟大道的德行，他们将天地万物视为一体，没有分别。所以圣人便没有私心，没有偏见，对一切善良与不善良的人，诚信与不诚信的人，都一视同仁。他真诚地对待别人，别人感觉到了他的真诚，也就自然地从内心尊敬他、爱戴他、乐于倾听他的教诲、乐于模仿他的品行。

老子所说的就是我们常说的“同理心”——你如何对待别人，别人也常常会怎样对待你。这就要求我们在生活中爱我们身边的每一个人。正如《羊皮卷》中所说：“我的理论，他们也许反对；我的言谈，他们也许怀疑；我的穿着，他们也许不赞成；我的长相，他们也许不喜欢；甚至我廉价出售的商品都可能使他们将信将疑，然而我的爱心一定能温暖他们，就像太阳的光芒能融化冰冷的冻土。”

爱心是沟通人与人心灵的桥梁，你真诚地爱着别人，别人也会这样对待你，这样我们的生活将会更加和谐，人与人之间的关系将会更加融洽。

爱我们身边的每一个人，你就要做到接纳别人，像得道的圣人一样，没有私心、没有偏见，有的只是爱心。

每个人都希望自己完完全全地被接受，希望能够轻轻松松地与人相处。

在一般情况下，和人相处时，很少有人敢于完完全全地

暴露自己的一切。所以，若是有人能让我们感到轻松自在、毫无拘束，我们是极愿和他在一起的，也就是说，我们希望和能够接受我们的人在一起。专门找人家错处而吹毛求疵的人，一定不是个好亲人、好朋友。

请不要强迫别人的行动合乎自己的准则。请给对方一个展现真实自我的权利，即使对方有某些不是也无妨。

别要求对方完全符合自己的喜好，以及行动完全符合自己的要求。

要让你身旁的人轻松自在。

接纳别人，爱每一个人，往往具有带动他人向上的最大力量。

美国普林斯顿大学的数学家纳什博士，1995年不幸罹患严重的心理疾病，刚满30岁就被送进了精神病院。在以后的10多年中，他的病情反反复复，成了这家医院的常客。他常在校园中徘徊游荡，烦躁地在图书馆中出出进进，在黑板上莫名其妙地涂写一些数学公式，成了学校中孤独的“幽灵”。

在严重的心理困顿中，纳什得到了周围群体的热情关照和呵护。学校的亲朋同道们常热情邀请他参加讲座、研讨会等学术活动。人们对他亲善、友好，一点儿都不歧视他，这使他逐渐远离孤独。

置身于被人关心的氛围中，纳什感到自己被承认是“社会的人”。他从自我抑郁的阴影中走了出来，开始主动与同事和学生们接触交谈了。他的社交面越来越广，对事业倾注的热情越来越深。他的郁闷之心渐渐被化解，能正常地投入科研活动中，他还学会了编程等复杂的电脑技术。周围人热情的关注和他对工作的迷恋，使他增强了生活的信心和勇气，他的心理障碍渐渐排除了。1994年秋，美国普林斯顿大学的数学家纳什博士成为当年诺贝尔经济学奖获得者。

纳什走向诺贝尔殿堂的经历告诉我们：爱是世界上最伟大的东西，在爱的鼓励下，每个人都能创造奇迹。

【事典心裁】

某位心理学家说："要改变一个人对你的态度，除了对他表示善意，让他自己改变之外，再也没有其他更好的方法了。"

爱是世界上最有威力的武器，它能摧毁困住人们心灵的高墙，让怀疑与仇恨不复存在；爱会带来更加美好的生活，让和平永远成为时代的主旋律。

唐朝时期，科技不发达，农民种地主要是看天吃饭，即"望天收粮"。基于对"人误地一时，地误人一年"的认识，为了让农民都有饭可吃，唐太宗李世民一向注重农业问题。

他曾指出：让百姓从事农业生产，则饥饿寒冷的灾难可以远离；禁止生产华丽的物品，则赖以获取丰厚物质的农业就会兴盛。

贞观五年（631年），有关官员向李世民上奏说："皇太子将要举行加冠礼，占卜得知，二月为吉时，请增加兵丁仪仗，用来准备举行仪式。"

经过考虑，李世民没有同意这样做。因为他知道，增加兵丁要从百姓中招募，而且在二月里举行加冠礼会耽误农业生产。他便对官员们说："现在春耕刚刚开始，此时举行加冠礼恐怕会妨碍农事，不如改在十月进行。"

但为太子举行加冠礼的确是国家和皇宫的一件头等大事，古人又很信命，此事大多要进行占卜。太子少保又上奏说："按阴阳家的推算，在二月举行加冠礼最合适不过了。"

李世民反驳道："阴阳禁忌那一套，我是从来不大相信的。如果做事都要依照阴阳，而不顾道德礼义，想求得上天赐福保佑，怎么可能呢？如果做的事都符合正道，自然能够常常遇到吉时。况且吉凶在于人为，岂能依靠阴阳占卜那一套？农事极为重要，不能有半点儿差错。"

大臣们看到李世民态度如此坚决，都不敢再多言。

唐太宗无论做什么事，都以人民的利益为重，唐王朝在他的统治下，越来越强盛，史称“贞观之治”。

故事一：

19世纪英国著名法学家边沁讲过一个故事：

两个人吃一块饼，只有一把刀，没有任何尺子、天平之类的测量工具，所以不能保证一刀下去能把这张饼切得完全相等。也就是说，两个人都有可能在关于这张饼的利益分配中吃亏或占到便宜。没有人喜欢吃亏，所有人都期望至少不被占便宜。但这种情况下，又注定难以达到实质的公平。那么，怎样才能让二人心服口服？边沁的答案是：一人切，另一人先拿。

这就叫设立规则。恩格斯讲过，“人来源于动物界这一事实已经决定了人永远不能完全摆脱兽性，所以问题永远只能在于摆脱得多些还是少些”。既然人永远不能完全摆脱兽性，那么过多指望道德来改良人性也不现实。道德不可抛，但制度建设更重要。制度就好比菜园的篱笆，扎好篱笆，防君子，也防小人，还防家畜与野兽。

但规则与制度总有不被遵守或者不适用的时候。而且，有一种人，什么都防不住他，这就是伪君子。有些制度还催生伪君子。比如王莽时代的察举制，由于把道德放在第一位，固然使不少德才兼备之士脱颖而出，但也“启发”一些人为晋升弄虚作假，做政治秀、搞道德秀，最终道德被扭曲，导致“举孝廉，父别居”。同时，过于强调道德会导致求全责备，会在错失人才的同时，导致重要岗位被有德无才乃至庸碌无能者充斥。

制度防不住伪君子，反过来说，制度也无须防。制度只需不断自我完善。任何制度都必须以鼓励人性中的善为根本。

故事二：

明朝时，安吉州有一富裕人家办喜事，家中张灯结彩，亲朋满堂。有一小偷趁热闹之际，偷偷溜进了新房，钻进床底，想等到天黑时偷窃新娘的首饰财物。由于这家人家大业大，前来贺喜的人络绎不绝，新房里一连三天灯火通明，小偷下不得手。苦挨了三天三夜的小偷饥渴难忍，趁新房里只有新郎新娘时，爬出床底，拔腿就跑。“抓小偷啊！”新郎见有人从床下出来，大叫一声追了出去，新娘则吓得浑身颤抖。

院内站着一些帮忙的人，见一陌生男人鬼头鬼脑地窜出新房，又传出“抓小偷”的喊声，便立即扑将上去，擒住小偷捆了个结实，直接送到了官府。县令即刻升堂审讯：“盗贼是何许人也？”小偷镇静自若：“大人，我是医生，不是贼。”

县令喝道：“既是医生为何躲到人家新房内？”小偷对答如流：“大人，那新娘患有特殊的妇科病，出嫁前求我跟随着她，以便随时医治。”县令不管怎么审问，小偷都能有根有据地回答，而且对新娘家的事也说得头头是道。见县令无可审问，小偷心中暗想：幸亏在床底下憋了三天三夜，新婚夫妇的私房话这会儿全成了我的挡箭牌，真是天助我也！县令无奈，只得对原告说：“被告到底是医生还是小偷，只有请新娘上堂作证了。”

新郎的父亲回家一说，新娘子死活不肯上堂作证，刚结婚就上堂打官司太失脸面了！况且那贼竟然在床底下躲了三天三夜，想到自己的言行都让贼知道了，她觉得无地自容。县令听说新娘不肯上堂，就问身边的一位老吏怎么办。

老吏早有一计，他说：“新娘爱面子乃是人之常情。依我之见，那小偷不一定认识新娘，若请另外一位年轻的女子出庭作证，就有好戏可看了。”于是，按照老吏的吩咐，找来一位女子装扮成的新娘款步来到了堂前。“现在新娘子来了，你敢和她对证吗？”县令指指女子问。

小偷牙一咬说：“敢！怎么不敢！”这时，老吏领着漂亮的“新娘”走进了后堂。小偷急步上前：“新娘子，可是你叫我跟来治病的吧？为什么又让你婆家将我当作贼送到衙门呢？现在，你要给我作证啊！”

“哈哈！”在场的人哄堂大笑，女子装扮的新娘笑着说：“真正的新娘还在新房呢，不信你去看看？”小偷顿时傻了眼，县令再一审问，他便老实地认了罪。

第五十章　出生入死

出生入死。生之徒，十有三，死之徒，十有三；人之生，动之于死地，亦十有三。夫何故？以其生生之厚。盖闻善摄生者，陆行不遇兕虎，入军不被甲兵。兕无所投其角，虎无所措其爪，兵无所容其刃。夫何故？以其无死地。

【释义】

人脱离生就进入了死。长寿的人占十分之三，短命的人占十分之三，本来可以长生但自己走向死路的人占十分之三。为什么会这样呢？因为过度执着于求生了。听说善于养生的人，在陆地上行走不会遇到犀牛和老虎，进入战场不避兵器。犀牛对其无法施用它的角，老虎对其无法利用它的爪，兵器对其无法施用它的锋芒利刃。那是什么原因呢？因为他身上没有可以致死之地。

【古典今读】

这一章老子主要探讨人的生死问题。生和死是很沉重的话题，很多人采取回避的态度。生给我们带来欢喜，而死亡带给我们的是阴郁。很多人谈“死”色变，但无论我们如何惧怕死亡，死亡都不会对我们心生怜悯之心，它不会因为我们惧怕它而避开我们，它会在一个我们无法预料的瞬间降临我们的头上，这是谁也逃脱不了的。死和生相对而生，因为我们的降生，所以死亡也早晚会来，无生也无死，有生就有死。

老子说：“生之徒，十有三；死之徒，十有三。”意思是天生长命的人占十分之三，天生短命的人占十分之三，这是无法被我们破解的客观事实，我们只有淡然地对待它，任何人为的干预都于事无补，只会起到相反的效果。为什么这么说呢？听老子的论述吧，“人之生，动之死地，亦十有三”，就是说本来可以长寿的人因为自己的原因而早亡的占十分之三，原因又是什么呢？是自己的贪心、执着心使人常常郁郁寡欢。人是有思想意识的动物，思想意识的发达是人类摆脱蒙昧、进入文明的标志，人类的智慧使人类有了私欲，私欲的无限膨胀和无法得到满足之间的矛盾是人类痛苦的根源，郁闷的情绪总是挥之不去，时间长了会毁坏自己的身体，不折寿才怪呢！

老子认为真正懂得养生之道的人，在道路上行走不会遇到伤害人的犀牛和老虎。这里的不会遇到不是客观上的不会遇到，而是指即便遇到了，他也无所畏惧，没有惧怕之心，也就无所谓伤害了。犀牛和老虎都是十分凶猛的动物，它不会惧怕人，它不会因为我们怕与不怕而决定自己的行动。换成别的野兽或别的场合也是如此，即便身在战场，合乎大道的人不会惧怕敌人的刀剑，他们冲锋陷阵，丝毫没有对死亡的畏惧，一切顺应自然，刀剑的锋刃也失去了它固有的威力。与之相反，贪生怕死的人不敢去与敌人进行搏斗，自然会受到敌人锋利的刀剑的攻击，刀剑的利刃在贪生怕死的人身上有了用武之地。

最后老子用“以其无死地”这样一句深刻的话，概括了善于养生之人为何使锋利的刀剑、凶猛的野兽没有了一展神威的领地。善于养生之人依照天道行事，任何外患也就无法接近他的身体，无法施展其威力，自然他就不会走向死亡的领域。我们联系老子生活的时代来分析，老子生逢乱世，战火不断，人的生命随时都会有危险，此情此景，谁不害怕死亡的降临呢？老子针对时局提出了自己对生死的看法，他不主张用你杀我夺的战争来保护自己，因为战争的胜负是无法预料的，而且刀枪是没有眼睛的；他不主张用奢侈的生活方式来保养生命，奢侈对生命是没有任何益处的，它只会伤害生命。老子主张清静无为、恪守道的原则、合乎道的德行，他希望人们少私寡欲、淳朴自然。在他看来，任何有违道的行为，其后果都是既害人，又害己，是造成寿命变短的人为因素，也是人们应该极力避免的。

人们对死亡普遍恐惧，这是可以理解的，我们生命的形成具有很大的偶然性，这种偶然性决定了它是来之不易的，是应该好好珍惜的。但我们必须清醒地认识到对生命的珍惜不等同于单纯的怕死，我们可以通过让生命释放价值和能量来表达对生命的珍重。

上一章，老子给我们讲述了圣人的行为，圣人顺从自然大道，对天地万物完全没有分别之心。本章，老子又从另一个方面讲述了为什么应该没有分别之心。

因为人有生就会有死，所谓“出生入死”。但这其中还有一个区分，“生之徒，十有三；死之徒，十有三；人之生，动之死地，亦十有三”。前两类人顺其自然，死得其所，无所遗憾。而后一类人本该长寿，却因为“生生之厚”，求生心太切而有了太多的杂欲、纷争，违背了自然大道而早亡。

对生死有了分别之心，就贪生怕死，却早早地死去；对生死没有分别之心，在任何地方都不会害怕，面对任何事情都会保持冷静，如此就会长寿。

老子的思想正如萧伯纳所说：“我没有让怕死的心理支配我的生命，我的报酬是：我没有白活。”

而我国著名诗人陶渊明对此更是理解透彻。在他的一百多首诗中，几乎有三分之一讲到死，每次提到死时，他的态度是那么平静，语气堪称安详。他说那些一听说死就面如土灰的人其实不明自然之理。生死对于任何人都是公平的，从三皇五帝到平民百姓，从白发老翁到黄毛孺子，每个人都要

从出生走向坟墓。陶渊明说：

三皇大圣人，今复在何处？

彭祖爱永年，欲留不得住。

诗中提到的彭祖是传说中的高寿翁，据说他一生经历夏、殷、周三个朝代，共活了八百岁。这样的大寿也免不了一死。三皇、彭祖今天在哪里呢？接着他在诗中说：

甚念伤吾生，正宜委运去。

纵浪大化中，不喜亦不惧。

应尽便须尽，无复独多虑。

对于死亡过度恐惧反而有损身体，明智的态度是顺其自然，在大自然中自由自在地生活，对于生与死既不害怕，也不欣喜，当生命该完结时，就让它完结，用不着想得太多。

陶渊明于公元427年农历十一月离开人世，在他死前两个月写了一篇《自祭文》，说自己活了60多岁，现在死去“可以无恨”，从老年到寿终正寝是人之常情，还有什么留恋不舍的呢？

【事典心裁】

人有生就会有死，这是自然的规律，一味地贪生，整日酒肉滋味、饱暖温厚、服食药饵，希望能够长生，这并不是珍惜生命，而是生活在死的威胁之中，到头来不但没有真正地享受生活的美丽，反而是带着遗憾离去，试问，这一生又有什么意义？

庄子与妻子相亲相爱，十分融洽，二人相安无事地过了

大半辈子。在他们都进入人生的暮年时，庄子的妻子因患重病，先于他死去了。

听到这个消息，大家都很悲哀，作为庄子朋友的惠子很快赶到了庄子家里。他一方面是来吊唁，另一方面是来安慰庄子，怕他伤心过度不知节制，也伴老妻而去。

可是当他来到庄子家的时候，却见庄子正若无其事地叉开两腿坐着，一边敲着盆，一边哼哼呀呀地唱着歌，脸上毫无悲哀的影子。

看到惠子来了，他也不起来迎接，只是面无表情地点了一下头，仍然敲盆唱歌。

惠子见他如此薄情，不由得生起气来，满脸不高兴地对庄子说道：“你和你老婆生活了一辈子，她为你生儿育女、操劳不息，苦了一辈子，直至衰老而亡。可是她死了你不仅不哭，反而还在敲盆唱歌，显得这么高兴，叫大家难以理解，你这样做不是太过分了吗？”

庄子这才抬起头来，停止敲盆唱歌，平静地对惠子解释道：“我做得并不过分。你知道吗？当我妻子刚刚断气的时候，我也非常难过，放声大哭了一会儿，可是转念一想，她的逝去未必不是一件好事情。在我看来，她的生命完全是和大自然融为一体的。活着的时候，是大自然赋予了她形体和生气；死的时候，也就像春夏秋冬四时运行那样，回归了大自然。

“生和死无非是存在的状态不同罢了，现在人家终于摆脱了活着时的辛劳忧烦，像酣然长眠那样躺在这里，什么心也不用操了，这对她来说该是多么好的事情！如果我这时却

在旁边哭个不休，那显然是不懂自然之道，不通天命之意的做法。”

听了这些话，惠子若有所悟，感觉庄子的话确实有道理，脸上的怒气消失了，微微地点了点头，说：“唔，对，这似乎可以叫做‘喜丧’。”

故事一：

老子说，以出生到死亡来统计，长寿的人大约占三成，短命的人也大约占三成。本来可以活得长寿但却因为某些原因而折寿早死的，也有三成。是什么原因导致人会早死呢？是因为这些人生活过得太丰厚，太过于享受、娇生惯养的原因。

生和死是沉重的话题，老子围绕这个问题进行了至深的探讨。老子认为，导致许多人早死的原因主要是为这些人生活得太丰厚、太娇生惯养了。此后的孟子在这一智慧上也提出了“生于忧患而死于安乐”的观点（《孟子·告子下》）。可见，一个人不应太过于安逸。

人们都知道，在温室里长成的花是经不起风吹日晒的。人也是如此，在安逸的生活环境中，便很难养成克服困难，摆脱逆境的能力与品性。

“生于忧患”的例子很多，“死于安乐”的例子更是举不胜举。从下面这则寓言中，我们不难发现“死于安乐”的原因。

在一个奇冷的冬夜，富有的赵员外和有学问的陈老夫子正在家中赏乐，忽有一乞丐来行乞，而且自称不怕冷，只是饿了。赵员外给他吃饱之后，想弄清楚乞丐为何不怕冷。于是二人商定打赌——乞丐只要在员外院里的歪脖树下待上一夜而不被冻死，就可赢得五百亩良田、一套豪宅和一家当铺。当晚，乞丐不停地打太极、练武术，最终挨到了东方现出一缕红色的曙光，他赌赢了。乞丐因此发了财，娶了娇妻，也成了一位员外。

三年后，又是一个寒冷的冬夜，“乞丐员外”夫妇来赵员外家做客，陈老夫子作陪。赵员外说：“你现在也是员外了，不过还不如我富，你敢不敢再赌一次，赌注还是和原来一样：你若是再赢了，就比我富了，而且是全城首富。想不想再赌一回？”“乞丐员外”本来不想再赌，但“乞丐员外”的娇妻受不了“全城首富”的诱惑，对他撒娇不止，终于双方签下生死文书再赌一回。

“乞丐员外”还想再像三年前那样打太极练武术，但发现自己步伐已乱，四肢不灵，全没了天人合一的能力，最后终于被冻死。陈老夫子对赵员外总结说：“他以前能赢你，是因为他原本就饥寒交迫，所以抗冻能力强；现在他和你一样了，吃好的、穿好的，抗冻能力自然就降低了，所以在同样的条件下而被冻死了！”

故事二：

一个患了艾滋病的男孩被病魔折磨得奄奄一息，回光返照之际，他问爸爸：“我会死吗？”父亲心如刀绞，但仍微笑着回答："是的，我的孩子！"男孩又问："死很可怕吗？"父亲回答："不，一点儿都不可怕，死后会去天堂，天堂是每个人最终都要去的地方，就像我们外出旅游，玩得很高兴，但同时也很累，于是我们盼着回家去。死亡就像回家！"

——上面的片段来自一部名为《永不放弃》的美国电影。死亡就像回家！看似轻轻淡淡，实则让人震撼。死亡是一个悲凉而沉重的话题，死后未必是回家，毕竟谁也没有回去过，即使它真的是回家，也没有人愿意回去。但人生就是如此，谁也躲不过那最终的归宿。所以，最好的办法就是给自己的心找个归宿。你可以把它看成地狱，也可以把它看成是天堂。一个人只要满怀着回家的心情，即使是死亡，也是一件快事！

世人皆喜生恶死，越是热爱生活的人就越是讨厌死，但死本是人生的一部分，是每个人都在刻意回避但最终谁都无法回避的事实。生而为人，无论是国王或乞丐、诗人或农夫、男性或女性，生、老、病、死都是人生的必经阶段。既如此，那就只能适应这个现实，超脱这份残酷。

前面讲过庄子在妻子去世后鼓盆而歌的故事，其实对于自己的生命，庄子同样看得开。《庄子》中记载，庄子快要死了，弟子们打算用很多好东西为老师陪葬。庄子却说："我把天地当棺椁，把日月当连璧，把星辰当珠玑，万物都是我的陪葬。我陪葬的东西难道还不完备吗？哪里还用得着再加上你们说的那些东西！"弟子们又说："那棺椁至少得用吧，否则我们担忧老师的遗体被乌鸦和老鹰啄食。”庄子说：“弃尸地面将会被乌鸦和老鹰吃掉，深埋地下将会被蚂蚁和蛆虫吃掉，夺过乌鸦、老鹰的吃食再交给蚂蚁、蛆虫，这是多么的偏心！”

好一个达观的庄子！人从自然中来，就应该回到自然中去。没有乌鸦、老鹰、蚂蚁、蛆虫这些清道夫，自然也会不自然。只有在它们的帮助下，人类才能尽可能地“尘归尘、土归土”。

我们再来看看古希腊大哲苏格拉底的故事。苏格拉底晚年触怒了雅典当权者，被判死刑。巧的是，他赶上了雅典“圣船”仪式开始，在一个月内不准杀人。此间，苏格拉底有很多机会逃狱，他的朋友、学生都做好了充分的准备，只要苏格拉底愿意，立即可以潜逃。但苏格拉底坚持不肯逃狱，他的学生们前来探望时，都忍不住伤心哭泣，苏格拉底反倒安慰他们：“你们认为死亡很可怕吗？其实根本没必要怕死。因为死亡只有两种情况：第一，死亡就好像是无梦的安眠，这是我求之不得的！第二，死亡是前往一个过去的人所去的世界，我死后去到那个世界，可以同很多贤哲见面，这很好啊！”

更令人敬佩的是，在死亡的期限来到之前，苏格拉底甚至亲自询问狱卒，自己喝了毒酒之后反应会怎样，以便做好心理准备。狱卒非常惊讶，因为以往的犯人知道自己要死时都会不断地咒骂，怨天尤人，从来没有人像苏格拉底这样温和。此外，苏格拉底喝下毒酒前，还交代他的妻子帮他献一只鸡给医神，这源自于当时的传统，当一个人从长久的疾病中复原之后，必须献给医神一只鸡。也就是说，苏格拉底将死亡看成了复活！换言之，他认为人活着是处在生病的状态，只有身体的死亡，才能让灵魂得到痊愈。

“千古艰难唯一死”，人生最难突破的便是生死，但即使我们不说死亡，死亡也从未远离我们。有天就有地，有生就有死，我们既然对天地之间的一切都习以为常，那就不应该唯独对死亡不能接受！而站在另一角度上说，正是因为死亡令人难以接受，正是因为生命苦短，我们才更应该在有生之年好好珍惜它。

第五十一章　生而不有

道生之，德畜之，物形之，势成之。是以万物莫不尊道而贵德。道之尊，德之贵，夫莫之命而常自然。故道生之，德畜之，长之育之，成之熟之，亭之毒之，养之覆之。生而不有，为而不恃，长而不宰，是谓玄德。

【释义】

道生万物，德养育万物，物使它有了形体，势态成就了万物。所以万物尊崇道而贵重德。道之受万物尊崇，德之受万物贵重，并没有谁命令它们，而完全出乎自然。道生育万物，德畜养万物，使万物成长，万物成熟，使它们得到照顾和保护。生化万物却不据为己有，施泽万物却不自恃己功，养育万物却不加主宰，这就叫作深奥的恩德。

【古典今读】

老子在这一章里将“道”和“德”二者并立起来论述，这在前面的章节中已有论及，这一章我们主要就道、德和万物的关系进行解说。

万物顺应客观的自然规律生长、发展，客观的自然规律也就是大道，老子称其为“道生之”。生下之后由谁来抚养的问题是很关键的，生而不养必然灭亡，这是毫无疑问的。“德”刚好承担了这一职责，老子称其为“德畜之”。“道”和“德”共同构成了一个完整的“道德”体系，万物由道生、由德养，这就如同生养我们的父母，我们怎会不尊敬他们呢？所以万物对“道”和“德”充满了敬畏，这不难理解。

老子在前面的章节里已多次论述了“德”的性质和作用，我们在此再做强调说明，所谓“德”，意思为万物在谋求生存过程中所应具备的道德品质，具体表现为人类的行为准则，如果人类的行为符合道德的标准，人类就能得以繁衍生息，否则就只能是自取灭亡。

万物对“道”和“德”的尊崇，也仅是对自然界的客观规律的遵从和应用，而不是任何主宰者的刻意命令和安排，是自然而然的事情。万物通过自然而然的途径诞生，又通过遵从自然无为的品德而生生不息。

大道生成了万物，而不据为己有；抚育了万物而不自恃有功；引导万物而不强加自己的意志，不以万物的主宰自居。这就是大道的德行，它深厚、无私，可以作为我们人类行动的楷模。我们人类追求礼尚往来，还堂而皇之地用“有来无往，非礼仪也”作为我们行动的指南，其实这和大道是

相悖的，大道遵循自然，决不强求，它在付出时从未想着会得到回报，无所谓付出，也就无所谓回报。所有的付出得不到回报时，它也不会有烦恼和怨怼。而我们人类却不同，我们在付出爱和关怀时，十分渴望得到别人的爱和关怀作为回报，一旦这种渴望得不到满足，我们就会心生怨恨，埋怨生活对自己不公平，有的人甚至会由爱生恨，做出极端的事来，结果不但害了别人，也害了自己。

在现实生活中，我们每个人都无法逃避别人有意或无意的伤害，有时我们会因为怨恨一个伤害我们的人而怨恨起整个社会来，变得愤世嫉俗，看什么都不顺眼。生活在人世间，每个人都不是完美的，谁能保证不伤害别人呢？我们有意无意地伤害过别人，又怎能不被别人有意或无意地伤害呢？所以我们要冷静地看待得和失，客观地分析引起伤害的原因，不可因得不到回报而盲目地心生怨恨，怨恨是人的生命最大的杀手。因此，只知付出不求回报是充满智慧的处世哲学，对我们每个人都是有益的教导。

珍惜生命并不是叫人贪生怕死，而是要顺应自然的规律。那为什么应该遵循自然的规律呢？

因为大道生成了万物，大德养育了万物，大道生化万物而不占有，有功却不自恃，这就是自然的态度。所以大道才会永远自然无为、无生无死。

要想没有痛苦和烦恼，就应顺从自然的规律，不占有、不自恃，像大道一样付出了，也不要奢求回报。

我们立身处世应牢记：付出，不要奢求回报。只有真诚地付出，才会被别人真正地接受，才会有美妙的收成。这不也正是老子的教导吗？你无为，却成就了你的有得。对于此，一位朋友讲了这样一件事：

村东有片低洼地，是我家的菜园子。小时候，每到春季，父亲总爱领着我们在那里松土、起垄、开渠，而后再认认真真地把各种各样的种子播到地里。

劳作后的父亲坐在田头，抽着烟，满足地看着整齐的菜地，仿佛真的以为能有所收获。然而，在我的记忆中，很少能吃上自家种的菜。瓜果成熟的夏季，也正是那片菜地一片汪洋的时候。

父亲似乎没注意到这一点，仍是仔仔细细地种好每一块土地，年年如此。

终于，我觉得自己大了，而且很聪明。我就告诉父亲："别种了，反正也收获不了，种也白种。"

父亲握着锄头，很平静地对我说："我知道，但是，我是农民，即使没有收成，也不能看着自己的土地留有空白。"

等真的长大了，我开始仔仔细细地计算着自己付出与收获的比例。跟收获无关的事，我从不考虑。

活着活着，竟发现自己成了天才，而且灵敏度很高。我整天活在平衡之中，终于，我累了。

这时，才又想起了父亲那句话："即使没有收成，也不能看着自己的土地留有空白。"

播种，并不只为收获。正如我们给予别人微笑时，不去盼望对方回以笑脸；付出真情时，不太在意是否有感激的泪水。一切顺其自然，对于这样的人谁又会不喜欢？谁又会不诚心以待呢？

【事典心裁】

中国的古人在教育孩子方面其实有很多宝贵的经验，单是责备孩子，就有“七不责”之说：

1. 对众不责：在大庭广众之下，不要责备孩子，要在众人面前给孩子以尊严。

2. 愧悔不责：如果孩子已经为自己的过失感到惭愧后悔了，大人就不要责备孩子了。

3. 暮夜不责：晚上睡觉前不要责备孩子。此时责备他，孩子会带着沮丧失落的情绪上床，要么夜不成寐，要么噩梦连连。

4. 饮食不责：正吃饭的时候，不要责备孩子。这个时候责备孩子，很容易导致孩子吃不好饭，影响身心健康。如果经常这样，还会导致性格与心理障碍。

5. 欢庆不责：孩子特别高兴的时候，也不要责备他。中医理论认为，人高兴时，经脉处于畅通的状态，如果孩子忽然被责备，经脉就会突然不畅，对孩子的身体伤害很大。

6. 悲忧不责：孩子哭的时候，尤其是哭得很伤心的时候，不要责备他，以免伤心过度。

7. 疾病不责：孩子生病的时候不要责备他，因为生病的人处在最脆弱的时候，孩子更需要父母的关爱和温暖，这比任何药物都有疗效。

故事一：

公元前270年，秦昭襄王采用范雎远交近攻之策，拜白起为大将，先击破楚军收取郢都，迫使楚国求和；又大败魏军，斩首四万，魏国只得献出三座城池求和。秦军连克连捷，秦王被胜利冲昏了头脑，再派胡伤率师20万伐韩，包围了边城阏与。

阏与是韩国边陲重镇，若被秦军攻破，非但韩国朝夕不保，同时也会危及赵国疆域。韩厘王遣使向赵求救，赵惠王当即委派赵奢为将，率兵五万火速驰援。大军离开赵国都城邯郸，疾行30里，突然传来主将的命令："停止前进，就地扎营。""怎么，才离开都城就要扎营，是不是命令传错了？""救援阏与军情紧急，不该停兵不进啊。"赵国官兵们疑惑不解，议论纷纷。赵奢随后又传命说："就地立垒下寨，有言及军事者斩！"这时，有一名打探军情的军官回来禀报，秦军攻打阏与，其势勇猛，请赵奢尽快带兵救援。赵奢以违犯军令将他斩首示众，全军官兵再也不敢提进军救阏与的事了。赵军原地停留了28天，每天增垒挖沟，修筑防御工事。

秦国主将胡伤听说赵兵来救，28天不见人影，就派了一名亲信直入赵营面见赵奢说：“秦军攻阏与，很快就要破城而入，赵将军若敢与秦军交锋，请速来一战。”赵奢回答说：“赵王以邻邦告急，派遣我加强边防，我怎么敢与胡伤大将军交战呢？”他还用酒食款待了胡伤的亲信，让人领着他看过赵营防御又礼送出境。秦使如实回报，胡伤高兴地说：“赵兵坚壁不进，增垒自固，根本不敢冒犯秦军，我可以专心攻打阏与了。”

送走秦军信使后，赵奢马上选精锐轻骑万人为先锋，大军随后衔枚卷甲，昼夜兼行，两天一夜进军至韩国，在离阏与50里的地方安营扎寨。军士许历献策说：“秦军不知赵军突至，所以没有防备。元帅当速据北山岭上，凡秦兵行动，

一望而知。”赵奢就让许历带领一万人，屯据北山待命，然后厚集阵垒，等待秦兵来战。胡伤见赵奢的兵马出现在秦军背后，知道中了惑敌之计，但倚仗着兵马强盛，打算先退赵兵再攻阏与。两军交战，赵兵在主帅指挥下与秦兵厮杀正烈之际，忽闻一声鼓响，许历驱万人从山顶杀下，喊声如雷，前后夹攻，立即将秦军杀得人仰马翻。胡伤咆哮大怒，企图争夺北山岭地势，几次冲锋都被飞石击溃。赵奢挥兵围来，几乎将胡伤生擒，乘胜追出韩境才收兵，一战而解阏与之围。韩厘王亲自劳军，致书称谢赵王。

赵奢扎营惑敌兵，迷惑了胡伤，使其对自己掉以轻心，出其不意给予攻击，取得了胜利，使大家口服心服。

故事二：

道和德生养万物的思想，对于当今的教育，同样具有一定的借鉴意义。家长对孩子的爱往往是无私的，但有的家长并不能把握好爱孩子的度，以致这份爱在孩子的眼里变成了一种控制，尽管家长的初衷是对孩子的爱。确实，爱可以创造伟大的亲情，但过度的爱也可以制造家庭的不幸。

有些人简单地认为，什么都管，什么都安排好，就是对孩子最好的爱。也有的人认为，让孩子完全按自己的思路去做没什么不好，毕竟自己有丰富的经验与足够的能力，为孩子遮风挡雨。诚然，父母是孩子的监护人，他们有责任也有权利来教育自己的孩子，但教育孩子并不意味要让孩子完全按家长的意愿行事。具体怎么做呢？

首先应该克制自己的控制欲望。如果父母对孩子的控制欲比较强烈，建议父母首先应该把心态放平和。对孩子有期望是好的，但不要在孩子面前时时处处表现出来，不要急躁，有时候按照对的思路去做了，一时没看到成效，也不要太着急，继续做下去就行了。

其次要尊重孩子，给孩子一定的自由。父母尊重孩子，孩子才能尊重父母。父母控制孩子，孩子势必逆反。有的父母只希望孩子对自己言听计从，而不能有观点或者申辩一下，否则就对孩子大声训斥。这种孩子长大后很可能是一个人云亦云的人，没有自己的观点。

再次是给孩子一些成长空间。也就是说，孩子的成长应该适当地顺其自然，不应该脑子里有个框框，孩子应该怎样怎样，更不能强硬改变，而应该利用一些生活场景，尽量提供一些孩子发展的外部环境，正确地引导孩子。

再次是培养孩子独立思考和判断的能力。独立性是一种习惯，是在生活中慢慢养成的，如穿衣穿鞋、吃饭洗手这类小事。孩子做任何事情，都会碰到次序、步骤的问题，也有效率和结果的不同，这就是因果关系，就是逻辑。更复杂的独立思考、判断的习惯是在独立意识的基础上，在感觉经验和知识的积累中形成的，不是说有就有的，更多的是长期训练之后形成的一种对环境和面对事情的习惯反应。如果孩子从小就没有这种习惯或能力，可以肯定地说，长大后也不会有。

最后是引导孩子积极的生活态度和良好的价值观。当孩子逐步具备了认知事物的简单意识之后，几乎每时每刻都在对外界事物和信息进行着判断和选择。父母通过对孩子在一点一滴的小事中的不同做法的选择加以引导，就可以逐步培养其乐观、向上的生活态度和良好的价值观。

总之，作为父母，当然不能对孩子不加管教、听之任之，但是控制过严又可能压制孩子天真烂漫的童心，对孩子的心理健康产生消极作用。所以，要对孩子多些引导，给他们真正意义上的快乐和自由。

第五十二章　天下有始

天下有始，以为天下母。既得其母，以知其子；既知其子，复守其母，没身不殆。塞其兑，闭其门，终身不勤。开其兑，济其事，终身不救。见小曰明，守柔曰强。用其光，复归其明。无遗身殃，是谓袭常。

【释义】

天下万物皆有原始，始是天下万物之母。既已得知其母，就可以此知其子；既知其子，又能守住母，终身就不会

有危险。堵塞嗜欲的孔窍，关闭欲望的心门，终身没有劳烦之事。开启嗜欲的孔窍，增添纷杂的事务，终身不可救治。从细微处觉察事物之理叫作明，能守持柔弱叫作强。运用外在智慧之光，复归内在的明，不给自己留下祸患，这叫作因袭自然之常道。

【古典今读】

这一章意思深邃，整篇文字表述的都是深奥、抽象的理论，而没有比较具体的表象，所以我们理解起来比较困难。这一次我们改换一下顺序，先从中间进行分析。“塞其兑，闭其门，终身不勤”一句中，“兑”在《易经》的八卦里可以理解成口；我们在这里可以解释为口、耳、鼻，泛指和外界相通的器官。这句话可以解释为将自己的感觉器官（口、耳、鼻）统统都关闭起来，将自己的心门也封闭起来，一辈子没有任何困窘。这样一解感觉很古怪，老子莫非让我们什么都不说、不听、不闻？况且口、耳、鼻生来就是接受外物刺激的，这是它们本身的属性，又如何能够关得住呢？

老子在前面的章节里讲到过“五色”“五音”“五味”对人的危害，它们直接会导致目盲、耳聋、口爽，既然“五色”“五音”“五味”会伤害我们这么深，我们为何还要对其趋之若鹜呢？这是人的本性使然，人们很难控制自己的私欲，这也是老子十分关心的问题，他在这八十一篇《道德经》中反复强调克制欲望的重要性。老子所说的“塞其兑，闭其门，终身不勤”并不是真的要我们不睁眼、不呼吸、不

听声音，而是一种夸大其词的说法，强调的是外界的诱惑会对我们造成种种伤害，因此我们不要妄想和妄为，妄想和妄为是违背大道的，违背大道只会适得其反。老子在此要我们堵住“五色”“五音”“五味”进入我们身体的通道，这里的堵塞并不是不看、不听、不吃，他允许我们满足正当的需求，真正堵塞的是诱惑我们灵魂堕落的通道。一旦这些欲望的通道都打开，我们必将遭受深重的灾难。老子怀着无比善良的愿望谆谆告诫世人要“塞其兑，闭其门，终身不勤”。

我们回过头来再看前面的内容：天下有始，以为天下母。老子反复强调天下万物都有一个开始，这个开始是什么呢？老子认为万物始于道，因此我们可以说道是生养万物的母亲，万物都是道的孩子。这种比喻比较形象，好理解，也比较人性化。老子用母子关系来比喻道和天地万物的关系，是希望我们要像孝敬母亲一般顺应大道，只有这样才合乎大道，也只有如此才能“没身不殆”。

“见小曰明，守柔曰强。”意思是能把极其微小的事物都看个清清楚楚，自然是眼睛明亮的表象；能坚守柔弱而充满韧性，并表现出百折不挠的气势就叫“强”。此句话有领起下文的作用。

最后老子指引我们去寻“母亲”，也就是去寻大道，我们每个人都知道母亲的怀抱是最温暖的，我们都希望投入母亲的怀抱，老子为我们指明了方向。

前面讲了人类为什么必须遵循自然的规律，本章接着前面讲怎样去遵循自然的规律。

要遵循自然的规律，就应认识自然的德性，认识了自然的德性，还要从自然的角度来认识自己，这样就可以规范自己的言行，一切顺其自然了。也就是说，站在自然大道的立场看待自己，让自己保持与大道一样的德性，塞住贪婪的孔目，闭住嗜欲的门径，坚守柔弱，这样就无灾无害了。

这里老子教给了我们一种认识的方法，要求我们学会从客观的立场来看待自己。

人最大的毛病就在于喜欢从自己的角度看自己，不能从客观的立场来看待自己。

在一座山上住着一户人家，平日辛勤地耕种，生活还算过得去，只是如果有个额外的开销，经济就会吃紧。

这天，主人有一位很久以前认识的朋友，虽然很少见面，但是交情还算不错，千里迢迢地来访，让主人十分高兴。

有朋自远方来，不亦说乎？所以主人特别要妻子煮了一些下酒好菜，两人高兴地谈论到天明。

谁知道，客人这么一住下来，就连续住了很长一段日子，而且似乎没有打道回府的意思。

此时，家里的菜已经快要吃光了，偏偏正逢梅雨季节，户外的雨从来没有停过，无法下山去买粮，真是糟糕。

妻子："你也想想办法啊！"

主人："他不走，我总不能请他自己离开吧！"

妻子："不管你怎么做，反正没有米下锅了，也没菜可吃了，你再不想办法，我们三个人一起饿死好了！"

越说越气愤的妻子说完之后，就拂袖而去，留下不知该如何是好的主人。

隔天，吃完饭后，主人陪着客人聊天，并看看窗外的景致，回忆过往的事情。这时候，主人忽然看到庭院里的树上一只鸟正在躲雨，而且这只鸟的体型非常大，是以前都没有见过的鸟类。

于是，主人灵机一动，对着客人说："你远道而来，这几天我都没有准备什么丰富的菜肴招待你，真是不好意思！"

客人："别这么说，我觉得一切都很好，不但你和嫂子款待周到，而且吃得好、睡得好，感激不尽呢！有你们的照顾，我真的觉得十分舒适。"

主人："你看到窗外树上有一只鸟吗？"

客人："看到了，怎么啦？"

主人："我准备拿把斧头把树砍了，然后抓住那只鸟来煮，晚上我们喝酒时，才有下酒菜呀，你觉得如何？"

客人想了半天，十分疑惑地问："当你砍树的时候，可能鸟儿早就飞掉了吧，你怎么抓它呢？"

主人看着完全不解主人用心的客人，无力地回答："不会的，在这个人世间，还有更多不知人情世故的呆鸟，大树都已经倒了，都还不知道要飞呢！"

客人："真的？有那么笨的呆鸟吗？那么，这种鸟一定让人伤透了脑筋吧？"

以上这位仁兄，就是一个只会看到自己的人，他不会站在对方的立场去看自己，自然不会明白对方的意思。生活中这样的例子还有很多，如看到别人不择手段追名逐利受到惩罚，而自己不吸取教训，又重蹈覆辙……诸如此类，都是人不会从客观立场思考的缘故啊！

【事典心裁】

学会从客观的立场认识自己、思考自己，这是很重要的，也是我们最缺少的，这是人生的一大智慧，是化解矛盾、避免灾害最好的方法之一，所以我们应常常提醒自己。

法真，字高卿，是扶风郡人，他的父亲法雄曾任过南郡太守。法真好学，纵览百家，博通各家学问，是关西地区有名的大儒。

法真虽出身官宦之家，但生性恬静寡欲，不愿参与政事。扶风郡太守闻其名，希望与他见面，法真便应邀前往。太守说："春秋时，鲁哀公虽然不是贤君，但孔仲尼却对他称臣。如今，我德薄名虚，但想委屈你任郡功曹，怎么样？"法真回答："因为太守您待人有礼，所以我才做您的宾客。如果您要以我为吏，那我就要躲到北山之北，南山之南了。"太守听了这话，再也不敢勉强他了。

后来，朝廷举他为贤良，法真也没有应承。同郡人田弱也多次荐举他。有一次顺帝西巡，田弱又乘机推荐，顺帝前后四次征召他。

法真不但没有前往，反而深深隐居起来，始终没有露面。法真的朋友郭正称赞他说："法真这个人呀，可闻其大名，却难见其本人。他不愿出名而名声却老伴随着他，逃避功名而功名老追着他跑。他真可以为百世之师了。"

法真生活在东汉后期，朝廷内宦官外戚相争，党锢之祸屡屡发生，真可谓昨为人上人，今为阶下囚，丢官、坐牢、禁锢、杀身，经常有各种各样的悲剧发生。而法真却远离这些政治争斗，视功名利禄若粪土，这体现了他看透了社会人生的睿智。在东汉后期险恶的政治环境里，他能以89岁高龄善终，不能不认为是隐逸立身的成功典范。

故事：

若遇事时，只凭自己的感觉、记忆、印象及价值观来决定行为，而不能就事论事采取客观平等的态度去行为，则生活必然会受挫，也无法真正地解决问题。

许多已经成形的思想或理念，常常支配着我们的行动，让我们的头脑逐渐懒惰起来，不愿意跳出这个固定思维模式，用一种更为合适或者说简洁的方法去思考、去行事。

老子曾经指出“开其兑，济其事，终身不救”。凭借自身的感觉、记忆为行动指导，不能客观对待事情，便很难解决问题。唯有以一种“跳出三界外，不在五行中”的客观态度，挣脱思想枷锁的束缚，才能就事论事将问题解决掉。

一位大师即将离开人世的时候，他的弟子们来到他的病床前，同他诀别。弟子们都站在大师的床前，最聪明的学生站在最前边，挨着大师的头部，最笨的学生就排到了大师的脚边。大师渐渐地只剩下一口气了。这时最优秀的学生俯下身，轻声地问大师：“先生，在您即将离开我们的最后时刻，能否请您以简洁的语言告诉我们，人生的真谛是什么？”

大师积攒了一点儿力气，从枕头上微微抬起头来，喘息着说道：“人生就像一条河。”

第一位弟子转向第二聪明的弟子，轻声说：“先生说了，人生就像一条河。向下传。”第二聪明的弟子又转向下一位弟子说：“先生说了，人生就像一条河。向下传。”这样，大师的箴言就在弟子们中间一个接着一个地传下去，一直传到床脚边那个最笨的弟子那里，他开口说：“先生为什么说人生像一条河？他是什么意思呢？”

他的问题被传回去：“那个笨蛋想知道，先生为什么说人生像一条河？”

最优秀的弟子压住了这个问题。他说：“我不想用这样的问题去打扰先生。道理很清楚：河水深沉，人生意义深邃；河流曲折回转，人生坎坷多变；河水时清时浊，人生时明时暗。把这些话传给那个笨蛋。”

这个答案在弟子们中间一个接着一个地传下去，最后传给了那个笨弟子。但是他还是坚持问："听着，我不想知道那个所谓聪明的家伙认为先生这句话是什么意思，我想知道先生自己是什么意思。'人生像一条河'，先生说这句话，到底要表达什么意思？"

这个笨弟子的问题又被传回去了。

那个最聪明的学生极不耐烦地再俯下身去，对弥留之际的大师说："先生，请原谅，咱们这群弟子中最笨的那个家伙要我请教您：'您说人生就像一条河，到底是什么意思？'"

学识渊博的大师使出最后一点儿力气，抬起头说："那好，人生不像一条河。"说完，他双肩一耸，去世了。

看到了吧，真理与空言之间有时真的没有太多的差异。假设这位大师在回答那位笨学生的"傻"问题之前死去，他的那句话"人生就像一条河"也许就会被演绎成一套深奥的人生哲学。他那些忠实的门生会走遍世界，传播他的智慧。有人也会为此写出很多著作，发表很多感想等。

经验比想象中更根深蒂固左右我们的想法。我们常常认定："那事过去已经试过好几次了，那是不可能的。"我们应该从因循守旧的观念中解放出来，珍惜创意，开拓崭新的情境。

20世纪60年代，每个田径教练都这样指导跳高运动员：跑向横竿，头朝前跳过去。理论上讲，这样做没错。可是有个名叫迪克·福斯贝利的小将，他临跳时转身搞了个花样，用反跳的方式过竿。当他快跑到横竿时，他右脚落地，侧转身180度，背朝横竿鱼跃而过。《时代》杂志上称之为“历史上最反常的跳高技法”。当时大家都嘲笑他，把他的创举称为“福斯贝利之跳”。还有人提出疑问，“此种跳法在比赛中是否合法”。但令专家们奇怪的是，迪克不仅照跳他的，还在奥运会上如法炮制，一举获胜。而现在，他的跳法已是全世界通行的跳法。

有些情况下，所谓的传统智慧不能适用于新的环境，放弃有时候是最佳的解决途径——放弃过去、放弃传统、放弃定式，还有，放弃自己。

正如俗语所说“穷则变，变则通”，当遇到困难时，不要立即认为难解决而泄气。注意不要被自己的想法、主观意识与既有的知识所拘束。重新坦诚地审视事态，往往会产生意想不到的新方法。

第五十三章　唯施是畏

使我介然有知，行于大道，唯施是畏。大道甚夷，而人好径。朝甚除，田甚芜，仓甚虚；服文采，带利剑，厌饮食，财货有余，是谓盗夸。非道也哉！

【释义】

假若我稍微有点儿知识，行走于大道之上，唯独害怕的是走上邪道。大道荡然正平，而人们偏爱小径。朝政腐败至极，农田一片荒芜，仓库十分空虚，有人还穿着绣着花纹的衣裳，佩带锋利的宝剑，餍足了饮食，家里有多余的财货，这就叫作强盗的首领，强盗的首领所为不是行大道啊！

【古典今读】

这一章老子站在百姓的立场上对统治阶级的行为做了无情的揭露，老子对统治阶级不去遵循大道而做了较深入的探讨。

老子生活在春秋晚期，当时中原地区经济最发达。同时这一地区也充满了不祥和的气氛，富裕和贫困，美好和丑恶，自由和动乱，文明和野蛮，种种矛盾在社会中并存。虽

然时局混乱，老子作为当时一名中级官吏，日子不可能窘迫到无米下锅的分上，老子在此以民众的苦来唤起统治者的觉悟。由此可见老子对广大被统治者的深层了解和同情。

当时的社会境况是，统治者越来越腐败，农田越来越荒芜，仓库十分空虚，但还有人穿着锦绣的衣服，佩带着宝剑，饱食终日，搜括财货，这些人实是强盗首领，他们的所作所为和大道是背道而驰的。

“使我介然有知，行于大道，唯施是畏。大道甚夷，而人好径。朝甚除，田甚芜，仓甚虚”。这句话中的“介然有知”，是指稍微知道的意思。“施”，是说在宽阔平坦的大路上，难于把握抓住一条直线行进，往往在路上走成“之”字，这样就要跑很多的冤枉路。“夷”，平坦宽阔。“径”，小路，这里可以引申为捷径，或是歪门邪道。“朝”，朝廷。

"除"，废弛，败坏。"朝甚除"，是指朝政腐败。对此句的理解为：朝廷政治腐败，田园非常荒芜，仓库非常空虚，民不聊生。

"服文采，带利剑，厌饮食，财货有余，是谓盗夸。非道也哉！"是从上述的自然之理而推及人事，人事的发展亦与自然之理一样，过犹不及，因而奢侈不如简朴。老子一向认为道之理在于为用不为利，为腹不为目。人对自然和社会的索取要有度，超过这个度，就要受到道的惩罚。"文"，花纹和图案，古时人们穿衣服常以质料和花纹图案的艳丽与否作为尊贵或贫贱的标志，所以老子说"服文"。"厌"，餍足，美味美酒享用多了，就觉得世间什么东西都不好吃，见到什么东西都不想吃，所以老子以"厌饮食"来形容富贵奢侈者。"余"，多余，资财在可以资生之外还有剩余。

在这里，我们必须辨析一个问题，享受到底是对是错？老子绝不是反对人们享受，他祈愿世界和平、人类智慧、人生长寿、不遇灾祸，不都是享受的内容吗？但是他反对“非道”的享受。所以本章先讲“朝甚除，田甚芜，仓甚虚”，在这样的条件下，还要奢侈豪华，那就是强盗一样的人。老子以犀利的笔墨对统治者的行为做了无情的揭露，统治者如果执迷不悟，结果会怎样呢？老子没有明说，但统治者对这个结果应该是非常清楚的。

上一章讲述了人们怎样去遵循大道、修习纲常，本章则讲述了人们为什么不去遵循大道而修习纲常。

人们为什么不去遵循大道、修习纲常呢？

老子说这是由于“民好径”的缘故。自从人们有了分别的概念，人们就喜欢以自己的思维方式去思考一切，包括如何遵循大道、修习纲常。人们常常认为遵循大道、追求幸福也是有捷径可寻的，从而放弃了大道而去走那偏僻的小路，但是小路充满了凶险。对于统治者来说，如果人民生活十分贫苦，而自己却独占人民的劳动成果，锦衣玉食，这就是抄小路去寻找幸福，这就无异于强盗了，是自取灭亡。

由此，老子告诫喜欢走捷径的人，通往幸福的路是没有捷径可循的。

记得前几年发生过这样一件事：

在一次著名企业家报告会上，有一位年轻人向做讲演的企业家提出这样一个问题：“请问您过去走过什么弯路没有？能不能给我们年轻人指示一条成功之路，让我们少走弯

路呢？”

没想到这位企业家干脆利落地回答道：“我不认为自己走过什么弯路，我只知道自己一直走在成功的路上。成功从来就没有说走一条直线就可以了，成功就像攀登山顶一样，哪里有什么直路可以走呢？”

每个人都想找一条更省力气的路到达山顶，所以人们常常追问已经登顶的人，哪一条是直通山巅的捷径？那些从山顶下来的人却说：“山上哪有什么捷径，所有的路都是弯弯曲曲的。

想要到达顶峰，还必须要不断地征服那些根本就看不到路的悬崖峭壁。”

【事典心裁】

姚崇，陕州硖石人。在处理契丹事务时，判断裁决迅速

准确，且条理清楚，武则天对此非常惊奇，于是破格将他提拔为夏官侍郎，又加凤阁鸾台平章事。

圣历初年（698年），武则天对近臣说："以前周兴、来俊臣等裁讼刑狱，朝臣们相互牵连，结果都受反逆之罪。国家有法，朕岂能违抗。朕恐怕其中有冤情，就派近臣去狱中探问，都得到手状，并无虚假的东西，朕也不再怀疑，就批准了他们的奏请。自从周兴、来俊臣死后，再没听说有什么反逆者，那么以前被杀戮的是不是有很多属于冤枉滥杀的呢？"姚崇回答道："自垂拱（武则天年号）以来，被告者身死家破，都是受酷刑自诬而死的。告发的人还以此为功。这种罗织罪名，比汉代的党锢还要厉害。陛下让近臣去查问，近臣都难于自保，还谈什么动摇原案？被调查的人若是翻案，又要遭受更毒辣的酷刑，将军张虔勖、李安静就是这样。托上天降灵，诛除凶煞，朝廷便安然无事。从今往后，我以卑微之躯以及一家百口人的性命保证，内外官吏再不会有反逆者，请陛下以后收到状告，只需收藏起来，不必再过问。若不属实，有失察之处，我愿受不告之罪。”武则天听后说：“以前的宰相都不过问这些事，陷朕于不义的境地，如你所说，正与朕心相合。”于是武则天对他器重有加，当天就赐白银千两给姚崇。

故事一：

汉元帝时，石显专权，京房私下晋见皇帝，问汉元帝：“周幽王和周厉王当政，国家怎么陷入危机的呢？他们信任的是些什么人呢？”元帝说：“君主不英明，信任的都是些投机取巧、吹吹拍拍的人。”京房说：“是明知他们投机取巧、吹吹拍拍还要任用他们呢？还是认为他们有才能而任用他们呢？”元帝说：“是认为他们有才能。”京房说：“那么如今怎么知道他们不贤呢？”元帝说：“根据当时社会混乱，在君主的地位受到威胁的情况下知道的。”京房说：“齐桓公、秦二世也曾听到过这样的道理，但他们却嘲笑幽王、厉王的糊涂。然而他们仍然任用了竖刁、赵高这样的狡诈之徒，结果国家政治日渐混乱，造反的人漫山遍野。为什么他们不能以幽王、厉王作为前车之鉴，从而认识到自己用人之非呢？”元帝说：“只有懂得大道的人，才能鉴过去以知未来啊。”京房说：“陛下看现在的朝政是清明还是混乱呢？”

元帝说："也是非常混乱的。"京房说："如今受信任重用的是些什么人呢？"元帝说："有幸的是现在被任用的石显比竖刁、赵高他们都好。我认为朝政的混乱责任不在于他。"京房说："前世的齐桓公、秦二世也是这样认为的。我恐怕将来的人看现在的情形就如同我们看过去的情形是一样的。"上面这些故事，便是凡事都有迹象表现出来的道理。

唐代的赵蕤说过："考察一个人最有效的方法是看他怎么做而不是看他怎么说。人的品行总会有迹象表现出来，根据一个人的根本品质去参验他办事的迹象，那么是善是恶就无法掩饰了。"因此，不管修身，还是从政，都必须有一个最根本的准则。政治是否清明，人是否有才也都有迹象表现出来。如果能把握住根本，以办事的迹象作为考核的依据，那么就像水是凉的、火是热的一样，人的善恶就无法掩饰了。

故事二：

明朝正德年间，福建福州府城内朱紫坊有个秀才叫郑堂，字汝昂，号雪樵山人。他琴棋书画、诗词歌赋样样皆通。这一年，他在繁华的渡鸡口地段开设了个字画店。几个月来，生意兴隆，渐渐有了名气。

一天，有个叫龚智远的人，拿来一幅五代名画家的传世之作《韩熙载夜宴图》押当，这可是件稀世之宝。郑堂大喜，当场付了八千两银子。龚智远答应到期愿还一万五千两。可是一晃半月，到了最后一天，不见龚智远来赎画。郑堂取出放大镜，仔细看画，发现是幅假画。郑堂被骗去八千两银子的消息，在一夜之间不胫而走，惊动了全城的同行。第三天，郑堂却在朱紫坊家里办了十桌酒席，遍请全城士子名流和字画行家聚宴。这晚宾客来得很齐，有的抱着关切的心情来，有的抱着吸取教训的心情来，也有的抱着看热闹的心情来，更有一些人抱着幸灾乐祸的心情来。

酒饮一半，郑堂从内室取出那幅画，挂在大厅堂的正中，对大家说：“今天宴请诸位，一方面向大家表示郑某立志字画行业，决不因此罢休的决心；另一层意思是，让我们同行共看假画，认识认识骗子如何用巧妙的手段以假乱真。”同行看完假画后，都说：“郑先生使我们开了眼界，帮同行以后避免受骗上当，真是功德无量！”此时，郑堂把假画投进火炉，边烧边说道：“不能留此假画害人！”郑堂烧画之举，一夜之间又轰动了整个榕城。

第二天，郑堂到店里，却见龚智远已坐在那里等着他，说是有事而误了银子的还期。郑堂说：“只误三天，无妨，但需加三成利息。”一算，共计本息达一万五千二百四十两银子。那龚智远早知画已烧了，所以并不害怕，说：“好，兑银，请郑先生兑画！”郑堂进内室取出那幅画，龚智远给了银两，接画在手，迅速展开一看，两腿一软，几乎瘫了下来。原来，曾经上当受骗的郑堂早已察觉这幅画是假的，当时故作不知，让龚智远就范。随后，郑堂照这幅画仿造一轴，同时在四处故意声张自己受骗了，设宴毁画，让典画的幕后策划者知道，主动送来本息巨金。郑堂在宴席上烧的画，不过是自己仿造的那一幅。

第五十四章　以身观身

善建者不拔，善抱者不脱，子孙以祭祀不辍。修之于身，其德乃真。修之于家，其德乃余。修之于乡，其德乃长。修之于邦，其德乃丰。修之于天下，其德乃普。故以身观身，以家观家，以乡观乡，以邦观邦，以天下观天下。吾何以知天下之然哉？以此。

【释义】

善于树立的就不会被拔掉，善于抱持的就不会脱落，子孙对其祭祀，世代相传不绝。把德修炼到一人身上，德表现出来的是纯真；修炼到一家，德表现出来的是富余；修炼到一乡，德表现出来的是邻里相处和睦久远；修炼到一国，德表现出来的是丰饶；修炼到整个天下，德表现出来的则是自由平等。所以要从身来看身，从家来看家，从乡来看乡，从邦国来看邦国，从天下来看天下。我凭借什么去判断天下是怎样的一种状况？就是以此为准则。

【古典今读】

“善建者不拔，善抱者不脱，子孙以祭祀不辍”，“建”是建立之意，“善建者”，就是善于树立的人。“拔”，拔掉之意，亦指受法之禁锢不得自由之意，老子提倡自然无为，反对任何对人之禁锢的社会形式。“抱”，抱持；“善抱者”，就是善于抱持的人。当老子之世，孔子聚徒讲学，弟子三千，是第一个“善抱者”，老子对其采取不赞成的态度，老子本人一个徒弟也不收。“不脱”，不会脱落，引申为脱离不开自身，亦是不得自由之意。“祭祀”，是一种怀念先人的仪式。“不辍”，不间断。老子提倡自然无为，把子孙的祭祀看成是一种搅扰，是对安宁的破坏，因此也持反对态度。此章老子是批判法家和儒家的社会观，法家强调以法治国，儒家强调以礼乐教化治国，都是有为之治，都与老子的自然无为的理

念相反，老子通过对法、儒两种有为思想的批判，进而提出修身、齐家、睦邻、治国、平天下的标准。老子认为：法家以法制以求修身、齐家、睦邻、治国、平天下，儒家以聚徒讲学以求修身、齐家、睦邻、治国、平天下，都是有为，都是既禁锢他人也禁锢自我的愚蠢做法。道家的理念是自然无为，应该用自然无为的方式去修身、齐家、睦邻、治国、平天下。

在老子的理想之中，以自然无为的方式去修身，那么人人都会变得纯真，从而消除人心中险诈的一面；以自然无为的方式去齐家，那么家族成员都以纯真无诈的心来守护这个家，家庭也会成为富裕的家庭；以自然无为的方式去与乡邻相处，那么人人都以纯真对人，乡邻之间也能相处得和睦久远；以自然无为的方式去治理国家，国家也能兴旺发达；以自然无为的方式去治理天下，天下百姓就都能获得自由平等。

“修之于身，其德乃真。修之于家，其德乃余。修之于乡，其德乃长。修之于邦，其德乃丰。修之于天下，其德乃普”，是讲德之作用于身、家、乡、国、天下的表现形式，也就是说，把老子所讲的德修炼到身、家、乡、国、天下之后，身、家、乡、国、天下将会怎么样。老子在这里描绘出一幅在自然无为状态下的桃花源式的理想社会的图画。“修”，修炼，使德成为个人修身、齐家、睦邻、治国、平天下的自觉规范。“之”，到。“余”，富余。“长”，久远。“丰”，五谷丰登，古代社会是农业社会，社会的经济状况的好与坏，主要看农业的收成。

“以身观身，以家观家，以乡观乡，以邦观邦，以天下观天下。吾何以知天下之然哉？以此”，是讲如何检验身、

家、乡、国、天下是否有德。怎样检验呢？老子提出了标准，那就是以修之身作为检验身之标准，以修之家作为检验家之标准，以修之乡作为检验乡之标准，以修之国作为检验国之标准，以修之天下作为检验天下之标准。换句话说就是以富裕、久远的和睦、丰饶和平等作为检验身、家、乡、国、天下有德与否的标准。

遵循大道的人，其功勋不可动摇，其道德之心永远不会失落。正是由于他的道德水平很高，无私无畏地做出了许多丰功伟绩，为后人留下了宝贵的物质财富和精神财富，所以后人会思念他、景仰他，永远祭祀他。

因此一个人修“道”，他的“德”是真实可靠的；一家人修“道”，相互没有干扰、行善积德，大家齐心协力，所以积累的“德”就多；一乡人、一国人、全天下人一起修“道”，大家互相帮助、行善积德，蔚然成风，且相互学习，当然“德”就会长久、丰富、普照天下。而怎样看出修习大道的结果呢？

老子教给了我们一种比较的方法：以人比人，以家比家，以乡比乡，以国比国，以天下比天下，自然就知道了修“道”习“德”的好处了。

【事典心裁】

我们最难看清的就是我们自己，就犹如你开车，风驰电掣，你却仍想加速，此时你若看看路上其他车辆，慢若老妇，你便会放慢速度。这是何故？是因为那参照物的作用。

我们每个人都需要参照物，以我们身边优秀的人为镜，我们便会不断完善自己，不断进步。

修炼道德如此，一个人若想要进步也应如此，且看下面的故事：

墨子是春秋战国“百家争鸣”时期的墨家开创者，他有个得意门生名叫耕柱，是个不可多得的可造之才。不过，他却经常挨老师墨子的骂。有一天，墨子又一次责备耕柱，并且当着许多同学的面，这令耕柱感觉很没面子，当然最主要的原因是他感觉自己很委屈，于是他便找了个机会，愤愤不平地问墨子：“老师，难道我在您的弟子当中竟是如此的差劲，以致要每天遭受您老人家的责骂吗？”这一次，墨子倒是没有发火，而是耐心地引导他说：“假如我现在要上太行山，依你看，我应该用良马来拉车，还是用老牛来拉车？”

耕柱回答道："这还用问？谁都知道要用良马。"墨子又问："那么为什么不用老牛呢？"耕柱回答："理由非常简单，因为良马足以担负重任，值得驱遣。"墨子说："你答的一点儿也没错，我之所以时常责骂你，也只是因为你能够担负重任，值得我一再地教导。"

这个小故事充分说明了什么叫"严师出高徒"。没有老师不厌其烦地鞭打快牛，一个人即便能成才，恐怕也得大器晚成；没有老师在身旁时不时地煞一煞学生的傲气，祛掉学生的毛病，一个人即便能成才也往往恃才傲物，惹祸上身。如果我们不幸没遇上一位墨子式的良师，我们就必须学会对自己严厉点儿。我们要把自己当成闹钟，过段时间就拧一下发条，让自己时刻保持紧迫感、进取心。

第五十五章　物极必反

含德之厚，比于赤子。毒虫不螫，猛兽不据，攫鸟不搏。骨弱筋柔而握固，未知牝牡之合而朘作，精之至也。终日号而不嗄，和之至也。知和曰常，知常曰明，益生曰祥，心使气曰强。物壮则老，谓之不道，不道早已。

【释义】

含德深厚的人就如同初生的婴儿，有毒的虫不蜇咬他，猛兽不伤害他，凶猛的鸟不袭击他。骨软筋柔的小手握东西很牢固，他虽然不知男女交合之事，但生殖器却常勃起，这

是精气极为充足的缘故。整天哭叫嗓子却不沙哑，这是由于和气极为旺盛的缘故。阴阳二气和就叫作“常”，了解和气就是明。有益于生命就是祥，理智能够胜过欲望叫强。事物过分强壮会走向衰老，这都叫违反了道的法则，不遵守常道就会很快消亡。

【古典今读】

这一章主要讲人的最佳状态，它是一个人把无为大道修炼到最高程度后所能达到的最高境界，也就是进入无我和忘我的赤子状态。老子用极其夸张的手法将道德修养十分深厚的人比喻为赤子。赤子会怎样呢？赤子无我、无为、无欲，他不会去伤害任何事物或人，所以任何事物也不会对他造成伤害。老子言称毒虫不蜇他、野兽不咬他、恶鸟不搏击他，为什么柔弱可欺的婴儿却独能免遭伤害呢？这是我们心存疑惑的地方，我们再对初生婴儿的特征做进一步的探讨。

初生的婴儿无知无欲，不知道他所生活的这个世界充满邪恶和矛盾，可以说他根本不知道自己是谁，他除了满足本能的需求之外，根本不知道自己需要什么，所以他根本没有思想，也没有欲望。前面的章节中，老子论述了真正的富有就是无欲无求，婴儿的状态是最富有的状态。我们成人却无法做到这一点，只有道德修炼深厚的人才能像赤子一样无欲无求，心无杂念。

在老子看来，婴儿虽然无欲无求，但他并不软弱，看婴儿的表现吧，他的小手很柔软但很有劲，握东西很牢固，我们用劲也无法将其分开，用老子的话就是“骨弱筋柔而握固”。

我们成人多讲几句话就会口干舌燥、声音沙哑，而婴儿却不同，尽管他高声长号嗓子也不会沙哑。这是为什么呢？老子认为婴儿的生命力是强大的，而他之所以强大，就是因为他还处于无为的状态中。这种状态虽然并没有强大的表现，却是生命力充沛的标志，是身体里的中和之气充足的象征，老子称其为理想的生存状态。这种理想的生存状态并不是每个人都能拥有的，只有潜心修炼大道，我们才能合乎大道，才能和大道同步，也只有这样，我们才能日渐达到这种最佳的生存状态。

人不可能永远保持在赤子阶段，人要成长，这是无法扭转的客观规律，谁也改变不了。我们可以改变很多东西，而唯独改变不了的是我们的成长。我们要一天天地长大，要成家立业，要面临衰老和死亡；我们要踏入社会，要同各种各样的人打交道。虽然我们不情愿，我们渴望纯真，但我们为了生存而不得不采取随大流的生存方式，又加之我们自身的弱点，我们无法抑制自己的欲望，因此我们变得骄傲、霸道、暴躁，而唯独缺少了与生俱来的和气。

最后老子指出：“物壮则老，是谓不道，不道早已。”这是一种客观规律。我们知道，任何事物发展到顶点都会跌落到原点，这就是人们常说的“物极必反”。老子说事物发展到强壮的阶段，就是因为它不能遵守赤子的和气之道，不遵守这个道理就会早早衰亡。老子将人作为最有力的证据：人

在婴儿时期，什么也不知道，所以他也无欲无求，正因为他无欲无求，不对任何事物造成伤害，所以他也不会受到外物的伤害，处于绝对的安全中。而随着年龄的增长，他有了自己的思想和意志，私心也随之膨胀起来，他变得多疑、患得患失，因此各种坏情绪也就不期而至了，痛苦折磨得他丧失了生活的勇气，过早地衰亡也就成了必然。

再看此章中蕴含的“物极必反”的理论：任何事物的发展都有一个限度，一旦超过了这个限度，就会走向它的反面。事物强壮到极点就必然会走向衰亡。这就告诉我们做任何事都必须把握好一个度，不然就会走向反面。

遵循大道的人，就会有深厚的涵养，就会像婴儿一样保持身心的和气，一切顺其自然。

保持和气就要遵循大道，认识了遵循大道的道理，就会无灾无害，一切吉祥。人一旦贪图生活中的快乐，放纵自己的情欲，就会有灾难出现；一旦用心去使唤自己的精力血气，那就会变得刚强起来。而刚强之后就会衰老，这就是“物极必反”的道理。

人生在世，难免有七情六欲。欲望本非坏事，欲望、欲求，这正是人生之本的内在原动力。正是因为人有了欲望、欲求，才会有理想、信念、追求，才会有科学的进步，有各种物质和精神的建树。但是欲求难在适度，失度就会贻害无穷。放纵情欲、物欲，就会迷失本性，坠入欲望的深渊，这就是对“物极必反”的诠释了。

有这样一则故事：

一天，一个老头儿在森林里砍柴。他抡起斧子正准备砍一棵树，突然从树上飞出一只金嘴的小鸟。

小鸟对老头儿说：“你为什么要砍倒这棵树呀？”

“家里没柴烧。”

“你不要砍倒它。回家去吧，明天你家里会有许多柴的。”说完，小鸟就飞走了。老头儿空手回到家，对老伴儿说：“上床睡觉吧，明天家里会有许多柴的。”第二天，老伴儿发现院子里堆了一大堆柴，就叫老头儿：“快来看，快来看，谁在我们家院子里堆了这么大一堆柴。”

老头儿把遇到金嘴鸟的经过告诉了老伴儿，老伴儿说：“柴是有了，可是我们却没有吃的。你去找金嘴鸟，让它给我们弄点吃的。”

老头儿又回到森林里的那棵树下。这时，金嘴鸟飞来了，它问："你想要什么呀？"老头儿回答说："我的老伴儿让我来对你说，我们家没有吃的了。"

"回去吧，明天你们会有许多吃的东西的。"金嘴鸟说完又飞走了。

老头儿回到家，对老伴儿说："上床睡觉吧，明天家里会有许多食物的。"

第二天，他们果真发现家里出现了许多肉、鱼、甜点、水果、葡萄酒和其他想要的食物。他们饱餐了一顿后，老伴儿对老头儿说："快去找金嘴鸟，让它送我们一个商店，商店里要有许许多多的东西，这样，往后我们的日子就舒服了。"

老头儿又来到了森林里的那棵树下。金嘴鸟飞来问他："你还想要什么？"

"我的老伴儿让我来找你，她请你送给我们一个商店，商店里的东西要应有尽有。她说，这样我们就可以舒舒服服地过日子了。"

"回去吧，明天你们会有一个商店的。"金嘴鸟说。

老头儿回到家把经过告诉了老伴儿。

第二天他们醒来后，简直都不敢相信自己的眼睛了。家里到处都是好东西：布匹、纽扣、锅、戒指、镜子……真是应有尽有。老伴儿仔细地清理了这些东西以后，又对老头儿说："再去找金嘴鸟，让它把我变成王后，把你变成国王。"

老头儿回到森林里，找到了金嘴鸟，对它说："我的老伴儿让我来找你，让你把她变成王后，把我变成国王。”

金嘴鸟冷冷地望了一下老头儿，说：“回去吧，明天早上你会变成国王，你的老伴儿会变成王后的。”

老头儿回到家，把金嘴鸟的话告诉了老伴儿。

第二天早上醒来，他们发现自己穿的是绫罗绸缎，吃的也是山珍海味，周围还有着一大帮的侍臣奴仆。

可是，老伴儿对此仍不满足，她对老头儿说：“去，找金嘴鸟去，让它把魔力给我，让它来宫殿，每天早上为我跳舞、唱歌。”

老头儿只好又去森林找金嘴鸟，他找了许久，最后总算找到了它。老头儿说：“金嘴鸟，我的老伴儿想让你把魔力给她，她还让你每天早上去为她跳舞唱歌。”

金嘴鸟愤怒地盯着老头儿，说：“回去等着吧！”

老头儿回到家，他们等待着。

第二天起床后，他们发现自己被变成了两个又小又矮的人。

又一个“渔夫与金鱼”的故事。欲求太多，结果落入了欲望的深渊，自己害了自己。遏止欲望的膨胀，古人开列了几帖药方：当你色欲像烈火一样燃烧起来的时候，想一想病魔缠身时的痛苦；当你感到功名利禄的甘美时，想一想死神向你招手的情景：弥留之际，言语悲伤不安，气味腥臭难闻，呼吸急促，身体逐渐僵冷，万念俱灰。用这种方法控制自己的欲望而修习德行，欲望自然逐渐减少，慈悲和智慧自然增加，你会大有作为的。

【事典心裁】

故事一：

欲求人人都有，但并非人人都懂得节制。合理地顺乎人的本欲，度量有节，才是智慧之举。

造成“物壮则老”的关键就在于不能“心使气”，即只讲自我情感、意气，不讲理智，不顾客观规律，结果只能使阴阳失调，导致生命“早已”。

这就好像一个苹果，一旦熟得过分，那就离腐烂不远了。名利便是这样的“苹果”，如果任追求名利的欲望过分膨胀，那就好像是在把苹果催熟，一不小心便得到了一个烂苹果。

《红楼梦》中刻画了众多丰满的人物形象，王熙凤无疑是其中令人印象尤为深刻的人物之一。人们一面惊叹于她无与伦比的治家才能、她的人际交往的手段技巧；另一面又不禁感叹她结局的凄凉。在书中王熙凤的判词是这样的：“机关算尽太聪明，反误了卿卿性命。”

“机关算尽”这四字道尽了王熙凤对一己私欲的放纵，她个性好胜，作为管理贾府之人，她想尽办法想使贾府振兴起来，或者至少维持着大家族表面上的兴旺，但是她的“鞠躬尽瘁”却招来贾府上下的一片不满，最终也没能使贾府有什么起色，死后甚至连女儿都保不住。

熟悉凤姐的各色人等说她是：“于世路好机变，言谈去得。心性又极精细，竟是个男人万不及一的。”“少说着只怕有一百个心眼子，再要赌口齿，十个会说的男人也说不过她呢！”“真真泥脚光棍，专会打细算盘。”“天下都叫她算计了去。”然而她这样一个聪明人，却不仅好名，而且好利。

无论是对于金钱的欲望，还是对于权力、名声的欲望，王熙凤都毫不知道节制，也不担心会有什么不良后果，因为她说自己是从来不怕阴司地狱报应的，因此什么狠心的事她都做得出来。在第十五回，她弄权铁槛寺，一手操纵了张金哥之事。在这件事中，她巧妙地运用贾琏的关系，轻而易举地敲诈了三千两银子，至于张金哥与守备之子的死她全然不放在心上，手段高明但却阴险，——为了一个“利”字，可以罔顾他人性命，这又怎么能说不是对私欲的过度放纵呢?

在“协理宁国府”一回中，为操办秦可卿的丧事，她受命于混乱之际，目的自然是为了展现自己的才能。这种表现欲在当今社会看来无可厚非，但是同样的表现欲展现在他处就不仅仅是展现自己的才能而已了，就会演变成一种无法节制、不能收敛的贪婪。她对于金钱的贪欲，不仅是在外利用像张金哥一案那样的机会敛财，而且苛扣下人的月钱放高利贷，利用职务之便贪污受贿——为了争她身边一个丫环的名位，各色人等都来送礼，甚至在害死尤二姐之后，连丈夫贾琏的钱都搜刮得一干二净。就连她自己也说：“若按私心藏奸上论，我也太行毒了。也该抽身退步，回头看看。”

可是她真的抽身退步了吗？没有。欲望膨胀到一定的程度，就是洪水猛兽，她不仅没有退步，而且做什么事情都是赶尽杀绝，不留后路。

正如老子所说，“物壮则老”，欲望已经膨胀到这种地步，早已脱离了大道，那么自然也就只能是“不道早已”了。最后王熙凤作威作福，积怨渐多。赵姨娘想要为儿子贾环争夺继承权，不惜使用巫术对付她和宝玉；宁国府的尤氏则伺机奚落她，拉拢她的亲信和仇敌；连她的婆婆邢夫人也是抓住机会就要打压她，利用“绣春囊”一事大做文章；下人们也早已不能忍受她的刻薄贪吝和狠毒，骂她是“巡海夜叉”，用各种方式抵制她的“统治”，真是“墙倒众人推”。各种错综复杂的矛盾弄得她心力交瘁，大病小病不断，额头上的膏药是总得贴着的。而且连贾琏对她也是恨之入骨，最后王熙凤落得个“一从二令三入木”的下场，实在令人感叹。

从这一点来看，王熙凤的聪明实在称不上多么高明，她有的只是世俗的小聪明，以为自己始终能把一切都掌握在手中，能将众人玩弄于股掌之中，但是她却没有看到“物壮则老”的规律，最后必然自食恶果。

王熙凤这个人物形象其实就是贾府的一个缩影，仗着祖先的余荫，仗着元春入宫为妃，整个贾府其实都在肆无忌惮地放纵着自己的欲望，尤其是那些代表着贾府香火的男人们。贾府从“烈火烹油，鲜花着锦之盛”到“呼喇喇似大厦倾”，从极盛而至衰，恰恰印证了老子的论点。

那些老少主子爷们在生活上极尽奢华，当初为秦可卿这么一个年轻媳妇办丧事，宁国府的当家人贾珍不惜倾其所有，只为了丧礼上的风光，就花了一千两银子为贾蓉买了个“五品龙禁尉”的虚衔；上好的杉木板皆不中用，直至选中了“拿着一千两银子，只怕没处买”的樯木棺材；停灵四十九天，家下执事仆从人等可数得上的，就有一百三十余人穿梭般忙碌于其中；出殡之日沿路搭设彩棚，设席张筵进行路祭，其势轰动朝野。而且他们吃喝嫖赌种种恶习无一不沾，直让柳湘莲感叹“只有门口这两个石狮子是干净的”。倚财仗势，包揽词讼，欺压百姓，狎妓酗酒，种种恶行丑态不一而足。最后贾府被抄，男主革去世职，流放赎罪，赫赫

贾府从此家计萧条，每况愈下。

这些场景缩小了来看，和王熙凤的所作所为直至结局是多么相似啊。贾府的由盛至衰，不就是因为那些老少主子爷们的放纵贪婪吗？他们的贪欲被无穷尽地放大了，就像拼命吹大的气球，总有吹破的那一天，到时便是“落了片白茫茫大地真干净”。

这便是“物壮则老”的规律。我们对于名利的追求切不可过度，否则就会落入为求名利而不择手段的陷阱，只怕会像王熙凤一样“反误了卿卿性命”。

故事二：

据说，“泡沫”一词最早始于18世纪工业革命时期问世的肥皂，因此最早的经济泡沫也发生在西方工业革命的发源地英国。1720年，英国南海公司在英国政府的授权下，垄断了对西班牙的贸易权，对外鼓吹其利润的高速增长，从而引发了人们买卖南海股票的空前热潮，由于“贸易权”并非实体经济，基本上等同一个概念，因此该公司股价经过一段时间的飞涨后，又迅速下跌，犹如泡沫那样迅速膨胀又迅速破灭。在此过程中，除少数人成为富豪外，大多数参与者都走向了破产。值得一提的，时任英国皇家铸币局局长的大科学家牛顿，也在这次投机中失去了高达2万英镑的巨额财产。但这怪不得别人，本来，牛顿抓住了第一轮疯涨，斩获颇丰，但也因此失去了基本的理性，真的以为股市就是提款机，于是不惜借贷，满仓进入，最后不仅亏掉了之前赢利，还亏掉了本金。大痛之下，牛顿还说出了一句传世名言：“我能计算出天体运行的轨迹，却难以预料人们的疯狂。”

除了“南海公司案”，发生在老牌资本主义国家中的著名泡沫事件还有荷兰的“郁金香事件”、法国的“约翰·劳事件”。新兴资本主义国家美国则是房地产泡沫的发源地。史学家们甚至认为，上世纪20年代美国佛罗里达州的房地产泡沫，不仅是引发华尔街股市大崩溃的直接导火索，导致了以美国为首的20世纪30年代的全球经济大危机，也是引发第一次世界大战的间接因素。最近一段时期最著名的泡沫事件，则是上世纪90年代的日本房地产泡沫。

众所周知，二战后的冷战格局使得日本成了西方资本主义国家对抗东方社会主义国家的桥头堡。1960年代，日本便成为了仅次于美国的“世界第二经济大国”。至1980年代，日本进一步发展，而美国则在越战中耗去了不少元气，此消彼长，加之有些不懂得低调的日本政客动辄宣称“日本将成为世界第一经济大国”“日本将成为继美国之后的下一个霸权国家”“21世纪将是日本的世纪”等等，终于引起了老大哥美国的恐慌。美国汽车业、电器业界的大批失业人员认定，是日本人夺走了他们的饭碗，他们把东芝的晶体管电视机放在丰田汽车上，然后用铁锤敲碎它们，一次又一次地游行，一次又一次地抗议，当然最主要的还是美国政府出于自身利益的考虑，最终把一纸逼迫日元升值的“广场协议”强加到了日本身上。

对任何一种货币来说，升值有利也有弊。对于已经非常富裕的日本国民来说，日元的大幅升职首先表现为日本人手中的日元更值钱，即日本人更有钱了。有了钱的日本人买地、买房、买产业。不过日本人这种心情是可以理解的：日本孤悬海外、资源匮乏，土地既是稀缺资源，也是其可以购买的为数不多的资源之一。这么多人有钱，这么多人又都想买稀缺资源，不可避免地导致了地价疯狂上涨。资料显示，地价炒得最贵的时候，日本东京银座的楼房每平方米的价格高达人民币200余万元！荒无人烟的北海道的那些毫无开发价值的土地都涨到了一坪（约3.3平方米）5万日元，足足涨了一万倍。据当时一些在日本工作的中国人回忆，当时的日本学生还没毕业，就会被公司预先“订购”，以免被其他企业抢走。当他们第一天跨进公司的大门，老板便会拿出10万日元说："今天不用上班了，拿这些钱去银座买些衣服。"老板们不是烧包，而是经济实在太景气了，干什么什么赚钱。因此很多人纷纷辞职，自己当起了老板。就连出租车司机都回忆道："那时候人们动不动拿出大把钱来，要求从东京打的到名古屋（大约300公里），出租车司机一年可以收入1000万日元……"

日本人的买买买当然不会止步于国内，多金的日本人不仅收购了美国的文化象征——哥伦比亚公司，还收购了美国纽约的标志性建筑——帝国大厦。当然，这些都是以非一般的高价收购的。但即便如此，日本人的钱还是多到没处花。日本政府甚至推出了一项名为"家乡创生一亿"的政策，直接分钱给每个村庄。分到了钱的村庄也不知道钱该怎么花，于是有人拿它打造各种纯金工艺品，装饰办公室。不过这导致了村民们的争抢，以至于有些村子为解决纠纷直接把这些

纯金之物直接扔进了海里。

总之，那是一个疯狂的时代，疯狂到了仅日本东京一市的土地价值就能买下全美国的土地还能找零钱的程度。但没有人认为这不正常。每个人都认定土地会越来越值钱，每个人、每个企业都在投资房地产、购买股票，否则就会被认为是笨蛋。直到1991年，这个有史以来最大的经济泡沫终于破裂，土地和房屋再也无人问津，陆续竣工的楼房则成为“鬼楼”。尽管日本政府采取了多种手段，但在狂跌的房地产面前依然无能为力。企业纷纷倒闭，破产者越来越多，到处都是借酒浇愁的人。东京的各条地铁线动不动就紧急停运——又有人卧轨自杀了。据说，今天我们看到的地铁屏蔽门就是当时的应急发明。

第五十六章　知者不言

知者不言，言者不知。塞其兑，闭其门，挫其锐，解其纷，和其光，同其尘，是谓玄同。故不可得而亲，亦不可得而疏；不可得而利，亦不可得而害；不可得而贵，亦不可得而贱。故为天下贵。

【释义】

真正有知识、有智慧的人从不夸夸其谈，高谈阔论者不是有知识、有智慧的人。塞住嗜欲的孔窍，关闭嗜欲的门户，挫掉锋芒，消解纠纷，含敛光耀，浊同尘埃，就叫作玄妙的大同。玄妙的大同没有人可以亲近，也就没有人与其疏远；没有人可以给予利益，也没有人可以加以损害；没有人可以使他尊贵，也没有人可以使他卑贱。所以，“玄同”的境界为天下人所珍视。

【古典今读】

这一章老子向我们展示了一个真正的智者形象，他绝不会夸夸其谈以显示自己的高明和睿智，真正有知识、有智慧的人是不会随便高谈阔论的，他们常常保持缄默，不显山不

露水，永远站在最低点仰视他人、正视自己，他们是谦逊而随和的。老子说，只有毫无知识和头脑的人才会夸夸其谈，口无遮拦。这种人想通过侃侃而谈来显示自己的聪明才智，结果恰恰相反，这种随便谈论本身恰恰表明了他的无知和愚笨，可是他根本无法意识到这一点，老子对这种人做了严厉的批判。老子站在现实的大环境里，批判的不仅仅是当时的统治者，对普通的世人也做了最真诚的警示。

前面我们已经说过，老子不仅是世人最好的警醒者，而且是最好的引路人，他绝不会提出问题后躲到远处不管，而是给我们提供最可行的行动指南。在这一章里，老子针对大家常犯的错误，给出了最可行的建议：“塞其兑，闭其门，挫其锐，解其纷，和其光，同其尘。”同时这也是老子眼里得道的圣人所达到的境界。怎样理解“塞其兑，闭其门，挫其锐，解其纷，和其光，同其尘”呢？老子在前面的章节中已反复强调了做人要委曲、柔弱、和气、恍惚、无为，也就是不可锋芒毕露，锋芒毕露既会伤害他人，也会伤害自己，所以老子提出要“挫其锐”，这样就避免了伤人和自伤，顺利地保全了自己。我们作为凡夫俗子定会有这样的心理体验：一件事纠集在心头像一团乱麻，无论如何也解不开，我们心里的烦乱致使我们坐立不安，我们因此惶惑甚至痛不欲生。为什么不彻底解除心里烦乱的思绪，让自己快乐地度过短暂的一生呢？老子让我们“解其纷”，心中纷乱的思绪解除了，心灵也变得了无牵绊，自由自在了。做人要平和，不要过分炫耀，这是我们每个人都知道的做人准则，可究竟有多少人能做到这一点呢？我们为了在汹涌澎湃的浪潮中显示自己的存在，做过或正在做着多么荒唐的事！我们为了显示自己的聪明才智，逢人便夸夸其谈，其实我们有多少智慧可供谈论呢？真正拥有广博的知识和超凡的智慧的人是不屑于高谈阔论的，他们犹如深沉的大海般深不可测。真正的智者貌似普通，他们随大流，而决不追求个性。老子告诉我们要“和其光，同其尘”。现代社会物欲横流，人的欲望也跟着无限膨胀起来，我们很难控制住自己的欲望，这也是人的本性使然，老子规劝人们要堵塞住自己嗜欲的孔窍，关闭住自己嗜欲的门径，也就是“塞其兑，闭其门”。

我们生活的这个时代和老子生活的那个时代有着很大的差异，但人性和欲望是相同的，人很难克服自己的欲望。老子站在时代的顶点上高瞻远瞩，对人的本性做了很客观的分析，在今天看来，依然具有很重要的意义。有些人认为在这样的时代中如果一味地收敛光芒，就会被时代所湮没，无法将自己的才华真正地显现出来，于是他们不甘人后，大肆宣扬自己，见人就大谈自己的能力和财力。酒香真的怕巷子深吗？真正的好酒是不怕巷子深的，它不但会香飘万里，甚至会飘向国外，这也是时代提供给我们的便利。推而言之，如果我们真的有才华，还怕被埋没吗？答案是否定的。如果我们真的才华横溢，便什么也不会怕，无论走到哪里，都会有

可供自己翱翔的天空，大可不必费尽心思地夸夸其谈。前面我们说过言语的局限性，言语无法穷尽我们真实的想法，所以老子认为真正有知识和智慧的人是不会高谈阔论的，只有没有知识和智慧的人才会夸夸其谈。

“人不知而不愠，不亦君子乎！”可见人不知我，我心里一定会老大不高兴，这是人之常情。尤其是年轻人，总是希望在最短的时间内就使别人知道自己是个不平凡的人。要使别人知道自己，当然是要引起大家的注意，显示出自己有别于他人的才能，这可以说是逼人的锋芒、耀眼的光芒。

某人在年轻时以备有“三头”自负：即笔头写得过人，舌头说得过人，拳头打得过人。在学校读书时，已是一员“猛将”，不怕同学，不怕师长，以为他们都不及自己；步入社会，还是这样，结果得罪了许多人，受到了许多惩罚。

这样的人其实并不聪明，若仔细看看我们周围的一些有人缘的人，却恰好相反，“和其光，同其尘”，他们个个深藏不露，好像是庸才，谁知他们的才能颇为出众；好像个个都很木讷，谁知颇有雄才大略，但是他们却不肯在言语上、行动上显露自己，这又是什么原因呢？

老子对此给我们做了充分的解答，这就叫作“玄同”，也就是“塞兑闭门”“挫锐解纷”“和光同尘”的做法，这样就不会受到伤害了。

而上面那些聪明的人，他们的出发点也正在于此，他们怕自己耀眼的光芒得罪了别人，被得罪的人便成了自己的阻力，成了自己前途的破坏者，如果四周都是阻力或破坏者，在这种形势之下，你的立足点就会被推翻，哪里还能实现自己求知于人的目的呢？

【事典心裁】

俗话说，久病成良医。年轻人在受足了痛苦和教训之后，才知道自己的错误，才明白原来是自己为自己的前途铺满了荆棘，倘能及时悔过，是值得庆幸的。聪明人懂得如何将自己混同于世俗之中，所以他就少有阻碍而有好的人缘，试想这样的人，何愁不能得到别人的认同帮助，而他们在合适时机中的恰当显露，更能取得大的成功。

公元前489年，孔子师徒一行疲惫地来到陈国。

当时正是陈国被吴国层层围困陷于危机之时，楚国派兵解救，不料楚昭王病死军中，只好班师回国。

吴国军队乘势长驱直入，直至包围陈国首都宛丘城。正住在宛丘的孔子师徒不得不再次南下，朝楚国奔去，真是惶惶然如丧家之犬。

数年来的长途跋涉，加之处处碰壁，不免使孔子的学生们有些心灰意冷。

这次从宛丘逃出，沿路看到了人民苦于战火，流离失所，四处逃散。孔子师徒走在茫茫旷野之上，只见被烧掉的房屋、树木，难见人的行踪，学生们不禁悲从中来，甚至开始怀疑这种长途跋涉有没有实际意义。

战火带给人类的永远是苦难，孔子师徒带的粮食早已经吃完，再也找不到一粒粮食。

他们只好采集野菜、野果充饥，已经连续七天没吃到真正意义上的“饭”了。

一天，子路再次出去寻找吃的，半天才回来，却仍是两手空空。他实在有些忍不住了，便问孔子：“我听人说，对行善之人，上天总会给他幸福；对作恶的人，上天也会用灾祸去惩罚他。

“先生你积善多年，研习礼仪，具有许多美德，四方之人也都知道这一点，为什么却不见上天降福，反而困顿到如此地步呢？”

孔子见子路的情绪有些不对，他同时发现，严峻的形势正考验着自己弟子们的意志，子路的情绪也是弟子们共同的情绪，于是他耐心地对子路说：

“子路，有些问题，看来你还没有思考成熟。你以为所有有才干、品德高尚的人都应该得到重用，但实际情况却未必这样。

“否则王子比干也不会被挖去心肝；就是忠君之人也不是一定会被重用的，否则关龙逢也不会被桀杀害了；敢于谏诤的吴国伍子胥不是被肢解在姑苏门外吗？

“所以，能否被赏识重用，不但关乎德才问题，还关乎机遇问题；贤能与否，靠的是你自身的资质。许多德才兼备的贤者，一生因缺乏机遇而未被重用，这样的人又何止我孔丘一人呢？”

子路有些醒悟，但面对眼前的窘境，仍有些愤愤不平。

孔子看出这一点，但他并不急于讲这些道理，而让子路自己来发问。

果然，子路呆坐片刻，又问道：“贤德的君子，也有困窘的时候吗？”

孔子肯定地说：“有的！”

他看看子路，接着说：“君子和小人的区别在于，君子即使被困境所挠，也能意志坚定，百折不挠；而小人一遇困境，就改变自己的志向。”

孔子让子路坐下，语重心长地说：“香草芷和兰生长在茂密的深山老林中，没有人去欣赏，它们照样散发着浓郁的香气；我们修身养性，也并不是为了显达，而是为了磨炼我们自己的意志。

“只有意志坚定了，我们才能不被困难吓倒，在困顿中继续前进。

“至于能不能被重用，那需要时机。晋国的重耳之所以能称霸天下，是因为他在受困时磨炼了自己的意志。

“会稽山之败更加坚定了越王勾践称雄的决心。齐桓公也是在莒国逃亡的途中更坚定了富国强兵的信念。

“子路，只有经过磨难方能坚定人的意志，有了坚定的意志，方才能成就大业。君子修身，不能不看重这些。”

子路听了孔子的话，心绪平静下来，他更加感到老师的伟大，于是又轻松地上路了。

有智慧的人知道，不该讲话的时候绝不能讲。因为在某个特定的形势、场合、背景下，尽管你知道，但是不该说的就不说，说了反而不如不说的好，甚至还会带来祸害。历史与现实生活中很多人就是不能把握这一点，不看对象，不看场合，说话有口无心，给自己带来很多的麻烦，甚至一生的悔恨。

故事一：

第二次世界大战期间，美国一个水兵在他服役的军舰行将从美洲开往欧洲作战时，他多嘴多舌，竟借公用茶室的电话通知朋友，将出发的时间、开往地点、航行路线悉数暴露。不想隔墙有耳，当时在场窃听的一个德国间谍立即将这一情报报告了德国情报局，结果，这艘美国军舰很快被德国潜艇打入“龙宫”，这个多嘴的水兵也喂了鱼虾。

当然话还是要说的，不过说话做到“慎言”才行。正如老子所说“知者不言，言者不知”一样，那些懂得说话分寸的人从来都不会瞎说、乱说，故而他们能够得到人们最大的信任，说出来的话才有可信度。晏子是古代一位智者，他虽然伶牙俐齿，然而他说的话却是字字珠玑，都能切入要点。为此，他也深受当时人们的敬仰和国君的信赖。

有一年，齐国大旱，好多天不下雨，老百姓为此发愁极了。齐景公便召集群臣询问道：“我国已很久没下过雨了，夏粮收成不理想，老百姓都在饿肚子。我曾命人占卜气候干旱的原因，说是有妖魔鬼怪藏在高山和深水里。因此，我的意思是想多征收赋税来祭拜山神，你们说这样可行吗？”众大臣都低头不语。

这时，晏子站出来说：“我认为不可以，祭拜山神没有任何益处。山神用石头当作身体，把小草、树木作为头发，如今天气炎热干燥，长时间不下雨，它的‘头发’将要枯黄，‘身体’也很燥热，难道它就不想下雨吗？它也想，但

老天爷不让下雨，可见祭拜它也没什么用处。”

景公听后又说：“既然祭拜山神不行，那祭拜河神呢？”

晏子道：“当然也不行。河神以河流为国家，以鱼虾为子民。如今天热难耐，天又不下雨，泉水、河流都干涸断流。它难道不想下雨吗？它更想啊。但老天爷就是不下雨，可见祭拜它也没什么好处。”

景公道：“那现在我们该怎么办呢？”

晏子于是建议他试着离开豪华舒适的宫殿，住在乡野间，和百姓一起祈求老天爷下雨，或许能够求到。

景公听从了晏子的劝导。或许是巧合吧，不出三天果然下起了大雨。这不是我们要说的重点，重点是：我们从这个故事中能看得出晏子心怀天下，善良无私，劝谏君王又能切中要害，还不伤及君臣关系。无论哪个国家要有这样的臣子，都应该算是国家之福了。

当然，言之正误好坏，关键还在于思想。思想对了，才能谨言慎行，言之成理，言之有礼。企图用多言的方法来掩饰自己的无知，那样反而会暴露自己更多的缺点，显得自己不但无知而且愚蠢。唯有管住自己的舌头，在多数场合学会做一个绅士般的“听众”，细致分析、提炼别人话中的精髓，才能像智者那样一语道破天机，令人折服。

故事二：

贺若敦是北周名将，以勇猛善战著称。一次，朝廷派他率军渡江攻陈，由于陈军顽强抵抗，北周军队孤军深入，粮草不继，一年有余寸功未建，最后只能无功而返。不久，朝廷以无功、失地为由将其贬为庶民。后来虽被起用，却只是一个很不起眼的刺史，这让贺若敦很不高兴，话里话外不免有很多怨气。时间一长，怨气散之于外，激怒了掌握北周大权的宇文护，贺若敦被逼自杀。临死前，他嘱咐儿子贺若弼说：“我有志平定江南，然而未能实现，你要继承我的遗志，牢记祸从口出的教训。”说罢拿起一把锥子，刺得口舌流血，以示警戒。

一开始，贺若弼还能记住父亲的教训，他博览群书，刻苦练武，不久便在贵族子弟中崭露头角，后来先后做过齐王宇文宪的王府记室、小内使、寿州刺史等职位。杨坚建隋后，任命他为吴州总管，坐镇广陵。此后，贺若弼不忘父志，兢兢业业，终于在开皇八年与韩擒虎等名将率大军南下，攻入建康，灭亡了南陈，在一定程度上实现了父亲的遗愿。

大军凯旋，文帝论功行赏，封贺若弼为宋国公，官至右领军大将军，封邑三千户，各种赏赐无数，还把陈后主的妹妹赐给他为妾。但是贺若弼却被胜利冲昏了头脑，他居功自傲，目中无人，骄傲得失去了理智，忘记了父亲临死时的训诫。他不止一次地在同僚当中宣扬自己的功劳和才干，甚至以宰相自许。消息传出，隋文帝立即让他碰了个软钉子——任命杨素和高颖并为宰相，唯独不晋升他。这下贺若弼更是愤愤不平，他把发泄的矛头直指隋文帝，加上杨素从中陷害，不久他便被罢官下狱。好在隋文帝念其前功，免于处死，将其贬为平民了事。一年后虽然又恢复了他的爵位，但是对他不再信任，更别提重用了。

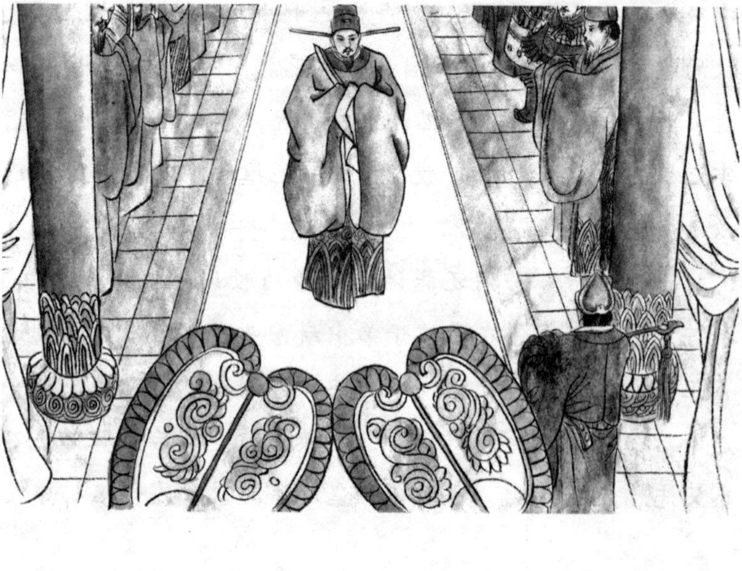

开皇十九年，宰相高颖不慎触犯了隋文帝和独孤皇后，贺若弼毫无策略地站出来为高颖开脱，让隋文帝很不舒服。事情未了，由于隋文帝和独孤皇后准备废杨勇而立杨广，贺若弼再次站出来替杨勇说情，这下可惹恼了文帝，他认为贺若弼居心叵测，于是再一次把他逮捕入狱。后来文帝自觉过分，才又把他释放出来。

杨广登基以后，贺若弼旧习不改。大业三年，杨广巡视北方边塞，贺若弼随行。为了炫耀国威，杨广在行宫大宴突厥可汗及各部酋长，大行赏赐，加之此前的大修行宫、大修长城等劳民伤财之举，使得大臣高颖、宇文恺等人颇有非议，贺若弼也下私下议论。隋炀帝得到密奏后，立即以毁谤朝政、意欲图谋不轨为名，将贺若弼处死。当时，他已经是个64岁的老人了。

真是“性格决定命运”，父子两代名将，先后惨死在一张嘴上。尤其是贺若弼，多次因狂言妄行致祸，却从不吸取教训，最后被杀实属必然。在生活中，尤其是遇到不公正的待遇时，我们也要做到慎言慎行，唯有如此才能明哲保身，才有进一步发展的可能。而发牢骚、使性子，不仅于事无补，反而会让我们失去更多，甚至像贺若氏父子一样，付出惨重的代价。

第五十七章　守正用奇

以正治国，以奇用兵，以无事取天下。吾何以知其然哉？以此：天下多忌讳，而民弥贫；民多利器，国家滋昏；人多伎巧，奇物滋起；法令滋章，盗贼多有。故圣人云："我无为而民自化，我好静而民自正，我无事而民自富，我无欲而民自朴。"

【释义】

以正道来治理国家，以奇诈、诡秘的方法来用兵，以不去扰民来取信天下。我怎么知道应该这样做的呢？根据就在于此：天下的禁忌越多，民众就越贫穷；民众的锐利武器越多，国家就越混乱；民众的巧智越多，邪恶的怪事就越容易发生；法令越是森严，盗贼就越多。所以圣人说："我无所作为，人民就自我化育；我喜欢清静，人民就会遵纪守法；我无所行事，人民自然富足；我无欲无求，人民就自然朴实。"

【古典今读】

老子的无为而治的思想已在前面的章节里多次出现，这一章老子又就这一思想做了论述。老子通过对"天下多忌讳，而民弥贫；民多利器，国家滋昏；人多伎巧，奇物滋起；法令滋章，盗贼多有"的论述，反证应"以无事取天下"。

"以正治国"，老子主张用清正无为的方略来治理国家，这是老子一贯的主张。老子作为当时一个普通的中级官员，他站在人民的立场上来审视当时的统治者，对统治者的言行和作为做了敏锐的审视和深刻的剖析，因而提出了要以正道来治理国家的严正建议，这一建议在今天看来依然具有十分重要的参考意义。中国人崇尚浩然正气，自古以来就以"邪不压正"来阐释正气的力量。中国历代皇帝中有很多人将

"正大光明"作为自己的座右铭或统治民众的道德准则，这里的"正"就含有正气和清正无为的意思。然而，官场的腐败自老子之前的时代已经出现，国家成为统治阶级实施统治的暴力工具，皇帝、官僚标榜的所谓的"正大光明"只不过是一个幌子。老子针对统治阶级的残暴统治而高声疾呼，喊出了当时人民的心声。

"以奇用兵"，老子的《道德经》虽然不是兵书，但其中不乏一些作战用兵的思想，在前面的章节中已有涉及。在这里，"以奇用兵"讲的就是用兵之道。老子认为用兵就应该采用非常规的战术，要用奇法、奇谋、奇计来迷惑对方，使对方钻入圈套，从而达到出奇制胜的效果。老子在此提出战争问题，并不突兀，也不是随意而发，他是针对治国的"正"而言的，用兵要"奇"，从政要"正"，一奇一正治天

下。我们知道老子反对战争，但战争不会因一个人的好恶而存在或消亡，确切地说，战争不可避免。针对这种现实，老子不得不为弱者、为正义的统治者提供“以奇用兵”之计，这一用兵之计具有很大的借鉴价值。

“天下多忌讳，而民弥贫；民多利器，国家滋昏；人多伎巧，奇物滋起；法令滋章，盗贼多有”，这是老子罗列的一些社会现象，也是他对国计民生的具体思考，其中不免含有老子对社会现状的忧虑、焦灼的情绪。在老子看来，民众之所以发生叛乱，和人民的本性无关。人民的本性是善良的，除非不得已，绝不会惹是生非，人民发起事端和统治阶级不合理的统治直接相关。老子认为天下的禁忌太多，民众就会揭竿而起，反叛就会造成社会动荡；人民拥有的锋利的武器越多，国家就越容易发生混乱；民众的巧智越多，邪风怪事就越盛行；法令条文越森严，盗贼就越猖獗。

老子站在普通劳苦大众的立场上，对当时的统治者提出了严厉的批判。我们再联系当时的社会大背景，春秋时代的列国，兼并战争此起彼伏，社会处于极端的混乱和盲目之中，随着等级观念的瓦解，人民手中都掌握了武器，武器是用来保护自己的，然而一旦人人手中都拥有了武器，那么每个人都不再是安全的了。人民不安全就会陷入恐慌，这种恐慌的心理是导致天下大乱的重要因素，天下不安定和统治阶级的残暴统治不能说没有关联。老子对当时的统治者试图通过制定严酷的刑罚来平定天下大乱十分反感，他甚至公然反对这种滥用国家机器的做法。在他眼里，严酷的刑罚非但起不到安定人心、稳定社会的效果，而且会起到反作用，因为严酷的刑罚无法从根本上消除人心的欲念，老子主张无为而治，他强调感化的力量。

“我无为，而民自化；我好静，而民自正；我无事，而民自富；我无欲，而民自朴。”这是老子引用圣明的统治者的话来重申自己的观点，起到了恰到好处的证明效果。圣明的统治者“无为”“好静”“无事”“无欲”，“无为”也就是无所作为；“好静”也就是怀柔、宁静；“无事”也就是无所行事，亦作无为解；“无欲”也就是没有私心杂念。这些圣明的统治者用“无欲”“无为”来治理天下，其结果是民众富足、守纪，民风自然淳朴。

上一章讲了智者的作为，本章则阐述了统治者该如何作为。用清静无为、顺其自然的方法来治理国家，用奇诡变幻、出神入化的策略去行军打仗，用垂拱而治、无所行事的政策来要求百姓，这就是统治者正确的治理的方法——无为

而治。

那么，这无为而治又如何证明呢？是从它的反面得到的。

统治者的禁忌越多、权力欲望越重，人们触犯法律的机会也就越多，所谓的盗贼也就跟着多起来了，这样国家自然也就会混乱了。

统治者就如同一个企业的领导者。从老子的思想中去体味一些领导的原则，就是身为领导者应懂得无为而治，但具体实践还有很多内涵。

【事典心裁】

晏子是齐国的宰相，他辅佐国君把齐国治理得井井有条。晏子有一个手下名叫高缭，此人为官三年，没做过什么错事，可是有一天晏子却把他免了职。左右的人感到奇怪，觉得晏子这样做不合情理，于是就劝阻他。有的说："高缭侍奉您三年，对您向来都是言听计从，并没出过什么差错呀。"有的说："按常理，高缭做满三年，又没有过错，您应当给他一定的爵位，怎么反倒将他辞掉了？这好像说不过去吧！"

晏子对他们说："我是一个有很多缺点的人，正如一块弯弯曲曲的木料，必须用规矩来定方圆，要用斧子来削，用刨子来刨，才能制成一件好的器具。我手下的人就应当像规、矩、斧、刨之类的工具，帮我去掉那些不能成器的地方，以便让我更好地帮助国君治国。可是高缭和我一起做事三年，对于我的缺点和过错从未提出过任何批评意见，也没做过任何纠正。我并非圣贤，平时工作中难免有失误，他却一味顺从我、称赞我，这对我更好地为国家服务有什么好处呢？非但没有好处，反而有害。所以我决定辞退高缭，原因正是你们所说的‘高缭无过’呀。”

晏子真是一个有见地的贤相。他的用人标准是反对圆滑处世，一味讨好上司。这样的用人标准对每个做领导工作的人都应有所启发。同时，这个故事也是对“守正用奇”之道的最好诠释。

第五十八章　福祸相倚

其政闷闷，其民淳淳；其政察察，其民缺缺。祸兮，福之所倚；福兮，祸之所伏。孰知其极？其无正也。正复为奇，善复为妖。人之迷，其日固久。是以圣人方而不割，廉而不刿，直而不肆，光而不耀。

【释义】

人君施政宽厚，民众自然淳朴；施政苛察，民众就会狡诈。灾祸，幸福就倚傍在它旁边；幸福，灾祸就潜伏在它之中。谁能知道其变化有没有终极？是没有一个定准吗？方正转变为邪恶，吉转变为凶。对此人们迷惑不解，时间已经很长了。因此，圣人处世方正却不割伤人，锋利却不刺伤人，直率却不放肆，光亮而不耀人眼目。

【古典今读】

老子在本章中提出了这样一个很重要的哲学命题：祸兮，福之所倚；福兮，祸之所伏。意思是灾难和幸福是相依相随的，谁也无法脱离谁而单独存在。这就告诉我们任何幸福的背后总是潜伏着灾祸，但灾祸并不是永远存在的，其反面就是幸福，所以我们要以平静的心态来面对灾祸和幸福，做到“不以物喜，不以己悲”，才是人生的大境界。

这一章顺承上一章讲述圣明的统治者操纵国家政权的合理方式。老子说：“其政闷闷，其民淳淳。”“闷闷”就是含糊不清的意思，“淳淳”就是自然纯朴的意思，联系起来讲，就是统治者如果用自然无为的方式统治人民，人民就会摒弃妄为，回归于自然纯朴；人自然纯朴，就不会生是非；没了是非，国家自然稳定太平。与此相反，统治者如果施行苛刻的政令，人民的承受能力一旦达到极限，就难免会起来反抗，反抗的过程是心智的较量，人民不变得狡黠不足以应付统治者的盘剥，所以“其政察察，其民缺缺”。

老子所处的时代战乱频繁发生，人们生活在战争的阴云笼罩之下，担心、惊惧时刻伴随着人们，过着这样的日子，还有什么幸福可言呢？所以老子将人们的不幸归结为社会的变迁。在阶级出现之前，人们过着平等的没有压迫的口子，而自从阶级的出现，人们就有了压迫，正是这种压迫使人们的心智大开，他们利用自己的聪明才智制造了花样翻新、层出不穷的新奇器物。老子在上一章里就对这些古怪的事物做了否定，他认为正是这些古怪的事物使人们的思想也变得光怪陆离。思想意识影响着人的行为方式，古怪的思想使人的行为方式越来越偏离轨道，与大自然越来越脱节，其表现就是人们恣意毁坏森林、植被，任意宰杀稀有动物，大肆污染环境等。这种狂妄的生活方式其实就是在危害我们人类自己，其结果就是我们生活的这个地球环境日益恶化，与此同时，我们的精神家园也变得一片荒芜。最后我们不得不迎来人类的灭亡。再联系当时的现实，混乱的战争风云中，人们的私欲极度膨胀，不但牵涉到对名利的争夺，也直接涉及对财物的疯狂占有。人们无止境的欲望决定了人们不会获得真正的幸福，况且占有的财物也时时面临被人抢去的风险，财富的得与失成了人们衡量幸福的标准，这种所谓的幸福严重偏离了生命的轨道，人们对福和祸的判断变得麻木和没有指向。

老子针对人们在福和祸面前的迷失，发出了善意的提醒：“祸兮，福之所倚；福兮，祸之所伏。”我们在中学课本里学到的“塞翁失马，焉知非福”的典故，就是对老子这句话的最好诠释。这个故事讲的是一个老翁失马复得，人们纷纷前来道贺，他并不认为那是好事。后来他的儿子从马背上摔下来，折断了腿，人们纷纷前来安慰，见他并不为此而悲，还说这未尝不是好事。果然不出老翁所料，不几日，官府征兵打仗，他的儿子因摔断了腿而幸免。由此可见，福和祸没有绝对严格的界限，为福而极乐或为祸而极悲都是不明智的，聪明的做法是不为好事大喜，也不为坏事大悲，一切得失顺其自然，才能过得逍遥、活得开心。

本章接续上一章，继续讲贤明的统治者该如何作为，才合乎大道。

统治者无为而治应该是最理想的境界，但统治者往往生怕自己的政策不明、法令不严，所以绞尽脑汁来对付百姓。结果百姓自然而然地生出对抗之心来，变得无比狡黠以致奸宄日生。

在这个世界上，有许多好的事物往往会成为一件坏事的开端，而坏事在一定的条件下也会变成好事。所以智者说，祸和福是可以相互转化的。有时行动本出于好意，却有可能导致坏结果，由此老子说祸福相倚，这其中确实包含了深刻的生活哲理。

从前有一个农夫，用草搭遮在篱笆上。一天他听到草里发出“吱吱”的叫声，拨开草，居然捉得一只山鸡，他喜出望外，就用草遮挡起篱笆，希望能再从那里捉到山鸡。第二天他去仔细听，那里边又发出先前那样的“吱吱”声，他忙拨开草，却抓到了一条毒蛇，他的手被蛇咬伤，他很快就中毒死去了。

“福兮，祸之所伏”。生活中不愉快的事情，常常发生在那些得意的事情之中，这是由于人们只看到有利益的一面，而看不到祸害的一面；只知道生存的快乐，而不知道还有痛苦。正如那个农夫，高兴之余，却是灾难来临之时。农夫的故事可以作为我们人生的重要教训。

同样，“祸兮，福之所倚”，面对不愉快甚至灾祸也不必绝望，因为灾祸背后常倚伏着幸福。《列子·说符》篇中记载了一则小故事：

宋国有一家人善行仁义，三代不懈。有一天他家的黑牛生下了一头白牛犊，他觉得奇怪而问孔子，孔子说是吉祥的征兆；过了一年，他的眼睛无故瞎了，而牛又生下一头白牛犊，一年后他儿子的眼睛也瞎了。后来楚国攻打宋国，年轻人大多战死，而这对父子因眼瞎而躲过兵役，保住了性命。等到楚国停止进攻，他们的眼睛就好了。

福祸相倚，谁又能说得那么准确？倒不如坦然地去面对一切，透过长远时空，利弊并重地思考问题，这样自然就产生了“不以物喜，不以己悲”的平常心。这种平常心带来了生活中的和谐，以及宽容待人的心。

【事典心裁】

福祸相倚。如果我们遭受灾祸而能吸取教训，就可以让灾祸成为过去，而让幸福来临；如果我们在幸福之中骄奢淫逸，那么幸福会离开，灾祸就会来临。因此，聪明的人知道，闻喜不喜，见怪不怪；祸至不惧，福至不喜。对待福祸，只持一颗平常心。

《孙膑兵法》是古代的著名兵书。你知道吗？孙膑如不在劣势时装疯避祸，那就不可能有这部著作的诞生。

在三家分晋以后，韩、赵、魏三家中数魏国的实力最强大，魏惠王野心勃勃，也想学秦国收买人才，找卫鞅之流来替他治理国家，又花了许多钱来招贤纳士。在这时庞涓来了，声称是当世高人鬼谷子的学生，与苏秦、张仪、孙膑是同学。魏王相信了他，并让庞涓当了大将，他的儿子庞英，侄子庞葱、庞茅全都当了将军。“庞家军”倒也确实卖力，训练好兵马，就向卫、宋、鲁等国进攻，连打胜仗，弄得三国齐来俯首称臣。东方的大国齐国派兵来攻，也被庞涓打了回去。从此魏王就更信任他了。

庞涓的同学孙膑是大军事家孙武的后代。他德才兼备，是个罕见的军事人才。尤其是从老师鬼谷子那里得知了祖先孙武的十三篇兵法，这使得他拥有了非凡智谋。

孙膑来到魏国，魏王知道孙膑十分有才能，想拜他做副将军，协助庞涓领军。庞涓听了忙说：“孙膑是我的兄长，才能又比我强，岂可在我的手下做事。不如先让他做个客卿，等他立了功，我再让位于他。”在当时，客卿没有实权，却比臣下的地位高，孙膑还以为庞涓一片真心，对他十分感激。

由于庞涓的陷害，孙膑的脸上被刺了字，膝盖骨也被剐去了，从此不利于行，成了残疾人。

庞涓对孙膑的生活照顾得很周到，孙膑很是感激，一心想报答他。有一天，孙膑就主动提出要替庞涓做点儿什么，庞涓说："你那祖传的十三篇兵法，能不能写下来，咱们共同琢磨，也好流芳后世。"孙膑想了想，只好答应了。后来，孙膑终于察觉了庞涓的奸计，便想以装疯的方式骗过庞涓。魏国的都城大梁城内，人人都知道有个孙疯子，庞涓每天都听人汇报，觉得孙膑再也无法同自己竞争了，就没再动杀他的念头。孙膑活了下来。

有一天夜里，有个人坐在孙膑的身边，过了一会儿，那人揪揪他的衣服，轻声对他说："我是禽滑厘，先生还认得我吗？"孙膑经过仔细辨认，确认是墨子的弟子禽滑厘，便泪如雨下，激动地说："我本以为早晚要死在这里，没想到今天还能见到你。"禽滑厘说："我已经把你的冤屈告诉了齐王，齐王让淳于髡来魏国接你，我们全都安排好了，你藏在淳于髡的车里离开魏国，我让人先装成你的样子在这里待两天，等你出了魏国，我们再逃走。"

第二天，魏王叫庞涓护送齐国的使者淳于髡出境。过了两天，躺在街上的孙疯子忽然不见了，庞涓怕魏王追问，就撒个谎说孙膑淹死了。

孙膑到了齐国，齐威王和孙膑交谈了一回，觉得他是个不可多得的人才，当即想拜他为军师，孙膑说："庞涓如知道我在齐国，定会嫉妒，不如等有用得着我的时候再出面不迟。"齐王同意了。后来，孙膑陆续打听到自己的几位堂哥

都已杳无音讯。这前前后后的冤屈全由庞涓一手造成。

后来，庞涓带兵连败宋、鲁、卫、赵等国，齐王派田忌为大将，孙膑为军师，使庞涓连连败北。最后，孙膑用“减灶法”引诱庞涓来追，暗设伏兵，将庞涓射死在马陵道上。

孙膑在遭受奸人迫害时能忍辱负重，终于否极泰来，杀死了仇人，并写下了流传千古的《孙膑兵法》。

故事：

魏晋是一个异常混乱的时代，变故层出不穷，朝廷官员互相倾轧、互相陷害的事件时有所闻，一些不苟合于世的清正人物，尤其难免惹上杀身之祸。阮籍眼见世事浑浊，自己既无肃清之力，又无法离群索居，所以只好放纵地饮酒，让满腔的理想、满腔的怨愤，从酒杯中发泄。在别人眼中，只把他视为酒徒，不会有什么心计，也就不算计他了。阮籍也

从不谈论政事，只是借酒度日，消极地生活。

身为权臣的司马昭看中了阮籍的女儿，想把她娶了来做儿媳妇。阮籍哪肯与权贵打交道，但是又不敢正面拒绝，所以终日耽于酒中，借酒装疯，大醉几十天，不来见司马昭的面。司马昭不知阮籍是有意回避，所以在屡至不得见的情况下，只好打消了娶阮籍女儿为儿媳妇的念头。

钟会是个大奸臣，想陷害阮籍，因为司马昭老是庇护阮籍，钟会分外眼红，好几次钟会都想用时事考问阮籍的态度，想从阮籍话中找漏洞，借机陷害他。但是阮籍有他的保生之道，那就是时常酩酊大醉，借酒装疯，避而不答。这样。钟会想陷害他的目的终不能实现。

《道德经》全解

【第四册】

［春秋］老子◎著

单天佶◎主编

时代文艺出版社

SHIDAI WENYI CHUBANSHE

第五十九章　唯吝积德

治人事天，莫若啬。夫唯啬，是以早服。早服谓之重积德，重积德则无不克，无不克则莫知其极，莫知其极可以有国。有国之母，可以长久。是谓深根固柢，长生久视之道。

【释义】

治理民众，尊奉天道，没有比吝惜更好的办法。只有吝惜，才能早早做好准备；早做准备，有长远打算，就叫作注重积德；注重积德则无往而不胜；无往而不胜就无法估计力量，不知其终极；不知其终极，就可以保有国家；保有国家的根本，才可以长治久安。这就是根深蒂固、长生久视的道理。

【古典今读】

“无为”“不争”“无欲无求”是老子思想的核心，如何克服人类本身的欲望？老子提出了“啬”的观念。何谓“啬”？啬即爱，引申为爱惜、保养，也可引申为节俭。

首先，我们先谈谈“治人事天，莫若啬”。治人也就是治理百姓的意思，事天就是尊奉天道的意思，整句话的意思就是统治者在治理百姓和尊奉天道的过程中要懂得节俭之道，通俗地讲，就是要吝啬。“啬”字在古代是一个官名，不是一个贬义词，而时至今日，“啬”字已变成了“小气鬼”的同义语，甚至为大家所不齿。

“夫唯啬，是以早服”，何谓早服？“早服”就是及早从事的意思。整句话可以理解为统治者只有懂得吝惜，才能利人而不害人，服从自然之道理。一个人（统治者）如果不懂吝惜，不早做打算，（积蓄的粮食）也会很快消耗殆尽，早做打算又有什么意义呢？所以俭啬是服从自然之理的行为。老子在此勉励统治者要节省民财、爱惜民力，不扰民，无为而治。

老子紧接着提出“早服谓之重积德”，什么是君主的德？君主的德行就是领导国家，领导国家的关键就是保证人民衣食无忧，这是国家稳定、太平的重要基础。素来“民以食为天”，只有人民衣食无忧，才会安心，才不会惹是生非。储备粮食关乎民心安定，还与战争息息相关。在战争中，自古以来遵奉“兵马未到，粮草先行”的原则，由此可见粮食在战争中的重要性，所以统治者懂得积蓄粮食是稳定国家的基础。作为君主应有高瞻远瞩的视野，对各种事都应有预见的能力，并根据自己的预测及时谋划出应对的策略。国家的粮食储备是否充足是检验一个君主德行优劣的重要指标。

“重积德则无不克，无不克则莫知其极”。老子在此强调积累德行所能达到的境界，“无不克”就是无所不胜，能克服一切、战胜一切的意思。一个国家物质储备富足，人民安

定团结，社会秩序井然，领导者又精于筹划、目光长远，这个国家自然能战无不克。这里的战无不克，并非专指战争，还指面对各种困难和挫折。老子是反对战争的，他只为为正义而战的一方指引出路。“无不克”是广义上的，一个人如果能做到无不克，他必然是高深莫测的，人们根本无法揣摸他智慧的深度、极限和终极。

什么是“有国之母”？母，即雌性，喻指生育万物的大道，也可喻指事物的根本。“有国之母”的意思是国家有了立身的根本，这是就统治天下的君主而言的。国家有了立身的根本，结果会怎样呢？老子很自然地推导出“可以长久”，可以长久也就是能够获得长久的生存。

老子这一章旨在说明，统治者如果能够吝惜，他统治的国家才能长久。吝惜对统治者的意义重大，对我们个人也同样如此。节俭自古是中华民族的传统美德，一个人如果以节俭、吝惜为美，那他必定是一个寡欲恬淡之人，他和大道大德是同步的，他必然少了很多烦恼，多了几分快乐。

在老子的思想中，所谓“不争”“无欲”和“无为”，是所有生物均可采用的生存方式。而对于人类来说，要使这样的行为得到具体落实，则需要有比较坚强牢固的心理支撑点。关于“无为”的支撑点，老子在其他章已经反复提及，就是无欲。我们已经知道，在老子心中，欲望之源是文字、技巧、发明、智慧、知识、权力、财货等，所以，老子在此所提到的消除和减少欲望的基本原则，就是“啬”。他说：“治人事天，莫若啬。”“啬”，爱也，在此可以引申为爱

惜、节省或收藏，老子又通过一组排比句强调了“啬”的重要性。

“啬”就是早做准备，早做准备就是不断积德；不断积德，就什么都可以战胜；什么都可以战胜，就可以享有一个国家；享有一个国家并拥有了治国的根本，就可以长治久安了。

老子在此把“啬”作为治国和治人事天的准则，把“啬”的特质作为国家的根本。国家或个人从“啬”做起，逐渐扩大为重积德，无不克，莫知其极，就等于为“长久”逐步建立了牢固的基础。

其实细想一下，我们身边的有识之士，大都善于以“啬”来严格要求自己。

爱因斯坦刚从德国来到美国，尚未成名，一位朋友在纽约街头碰见他，问他：“你怎么穿得这么破？”他回答道：“没关系，反正这里没有人认识我。”几年后，爱因斯坦成了全世界闻名的大学者。一次，那位朋友在纽约街头又碰见了他，惊异地问：“你怎么还穿得这么破旧呀？”爱因斯坦笑了笑说：“反正这里的人们都认识我了。”

被称为“船王”的包玉刚，《财富》杂志估计他拥有的财富超过10亿美元。但他崇尚俭朴，一直坚持把吃剩的菜放在冰箱里，下顿热热再吃。外孙吃剩一半的苹果，包夫人悄悄吃掉，从不浪费。一次大女儿看见同学穿着红色皮凉鞋，很是羡慕，就要父亲也给她买一双，包玉刚问：“你脚上穿的什么呀？”女儿说：“皮凉鞋啊！”包玉刚说：“你有凉鞋穿还买什么凉鞋！”一次包夫人给女儿的裤子的膝盖处补了两块补丁，女儿噘起嘴不愿穿，妈妈告诉女儿：“你瞧，你爸睡衣上也打了补丁呢！”这位船王省吃俭用，却成亿成亿地捐款支援祖国的建设，他多次回故乡宁波建大学、办工厂、开医院、修机场。

这些有识之士，他们不当守财奴，不把金钱作为自己追

求的最终目标，这就是“啬”，是一种品德，也是一种智慧。

【事典心裁】

我们可以确信，一个自己能够做到节俭和吝啬的人，即使他还没有彻底地消除欲望，也已经把欲望减少到最低程度了。极端节俭的人（当然并不是财迷）固然不必断绝七情六欲，却必然是个有欲望而知道收敛的人。他们对于地位、名声、权力、金钱、财货及女色等，并不狂热。他们为自己做人和事业上的成功建立了牢固的基础，自然不会有什么危害了。

杨王孙是西汉时期大名鼎鼎的思想家，他主张勤俭节约，反对奢侈浪费。

他临死前，把儿子们叫到床前，叮嘱他们说：“我死后不要厚葬，不要任何财物陪葬，我要光着身子，返璞归真。你们一定要牢牢记住，不要违背我的心愿。”

杨王孙的朋友祁侯知道了这件事，便前去劝他，对他说：“我听人说你要求裸葬入土，这是真的吗？”

杨王孙点了点头。

祁侯说：“你怎么能这样糊涂呢。假如先人无知则罢，如果先人有知，这不等于在地下戮尸吗？怎么去见祖先呢？其实陪葬一点儿东西也花不了几个钱，你还是改变主意吧！”

杨王孙欠欠身子，对祁侯摆摆手，说：“我打算用这种行动来矫正世俗。从古至今，人们一直推崇厚葬，其实厚葬对死者毫无益处，但世人却争相以此标榜，宁愿财物在地下腐烂，甚至有的今天刚埋入地下，明天就被盗走。财物被挖走不说，尸体被抛在一边，这与暴尸荒野有什么区别？再说，死亡是人生命的回归，人们用厚葬来伪饰真实，就使生命失去了归宿。人本来就应当来去了无牵挂的。我听人说，精神是上天赋予的，形体是大地赋予的，精神离开形体，就称为‘鬼’，‘鬼’的意思也就是归。死人的尸体孤零零地存在，难道会有知觉吗？其实魂魄早已离开了，用许多布帛锦缎包裹尸体，用珠玉珍宝陪送它，这实际是掠夺了生者的财物，白白浪费了钱财。从前，舜、尧死后下葬，把木头挖空

做成匣子，用葛藤缠裹封扎，挖墓穴时，向下深度不超过泉水，向上不至于泄漏尸臭。这样做根本无损于他们的伟大，相反他们却因为品行高洁而流芳千古。圣人生前崇尚俭易，死后安葬也不奢靡，不做无用的事，不花无用的钱。现在呢？耗尽财物为死者厚葬，不管活着的人如何，让生者受到死者的连累，这不是太荒谬了吗？我之所以这样做，就是为了纠正时弊啊！”

杨王孙一口气说完，祁侯连声说：“好！你说得对。”

杨王孙死后，他的儿子按照他的遗愿把他裸葬了，这在当时厚葬的风气下，实在是惊世骇俗之举。

杨王孙真可谓是一位旷达的智者，他参透了生死乃属自然规律，没有必要为厚殓死者去浪费钱财。

其实人赤条条地来到这个世界上，“生不带来，死不带去”，而且人死如灯灭，身体不存在了，又何来精神魂魄呢？这时再去摆阔气、讲排场，将大量财物埋入地下，实在是多此一举啊！

故事一：

俗话说：欲有尊卑，贪无二致。

王莽以皇亲国戚起家，屈己下人，勉力而行，从而博取名誉，赢得了家族称赞，得以登上高位，辅佐朝政。他表面上一副为国家辛勤工作、公正贤良的样子，好像宽仁厚道，本质上却虚伪、奸诈、邪恶。他篡夺皇位、窃取政权，和一般的权贵没有二致。

王莽的父亲王曼是太后的异母兄弟，但王曼死得早，未能封侯，王莽家就相对此较寒酸。少年王莽立下大志，决心有朝一日位极人臣，让那些飞扬跋扈的兄弟们看一看。要想爬上高位，必须要弄个诚实的好名声。于是，王莽发愤读书，勤学好问，生活节俭，疏远游手好闲之徒，结交饱读诗书的京中名士，对人礼貌，十分恭谨，在京城中首先获得了好名声。有了好名声，并不等于能爬上高位，最关键的是那位当大司马的王凤。于是王莽就竭力讨好王凤。有一次，王凤得了病，他精心伺候伯父，一直守在病榻边，细心照料，事必躬亲，小至请医把脉，大至煎药倒尿，毫无怨言，煎好药后还要亲口尝一尝。王凤病重时，他衣不解带，昼夜服侍，脸都顾不得洗，这种诚心令伯父非常感动。王凤在临死之时，亲口向太后交托要她照顾王莽。王莽得以升为“黄门侍郎”，后又升为“射声校尉”。

王莽对其他几位叔父，也千方百计地表示出尊敬、诚厚、老实、勤俭的样子，终于王莽又感动了一位叔父王商。王商细一思量，这整个王家花花公子多，勤俭子弟少，真正能保住王家基业的只有王莽一个。于是他上书皇上，表示愿意把自己的封邑分出一半给王莽，让他也封侯。朝中大臣也纷纷上书，夸奖王莽德才兼备，应该重用，引起皇帝重视。成帝永始元年（前16年），王莽被封为新都侯，官职又升到

骑都尉、光禄大夫。王莽虽然做了大官，仍然是一副谦逊谨慎、诚厚忠心的神态，而且十分节俭，不蓄家财，钱财都用于资助名士，颇有轻财重义的豪爽气概。王莽的哥哥王永早死，王永的妻子和儿子王光由王莽供养。王光读书，王莽特地带了酒肉等礼物慰问王光的老师，与王光一同读书的同学也受到馈赠。王莽身居高官，如此礼贤下士，令王光的先生们感激不尽，这些先生们官位低微，一副寒酸相，谁又看得起他们？唯独王莽慧眼识珠。这样一做，先生、学生争相宣传王莽的美德。朝中继王凤任大司马的王根也是王莽的叔父，王根病重，多次请示卸任，王莽遇到千载难逢的时机。公元前8年，王莽出任大司马。

因为大司徒孔光是著名的儒者，辅佐过三个皇帝，是皇太后所尊敬的贵人，全国人都相信他，于是王莽极力尊敬地对待孔光，选用孔光的女婿甄邯担任奉车都尉加侍中衔。当时依附顺从他的人被提拔，触犯怨恨他的人被消灭。对哀帝的外戚和他向来不喜欢的在职大臣，王莽都罗织他们的罪名，写成请示奏章，让甄邯拿去交给孔光。孔光一向小心谨慎，不敢不送上这些奏章，王莽再报告皇太后，这奏章总是被批准。王舜和王邑成为他的心腹，甄丰和甄邯掌管纠察弹劾工作，平晏管理机要事务；刘歆主管典章制度，孙建成为他的得力助手。还有甄丰的儿子甄寻、南阳郡人陈崇都由于有才能而得到王莽的宠爱。王莽脸色严厉，说话一本正经，想要有所行动，只需略微示意，同伙就会秉承他的意图明白地报告上去，而王莽自己却磕头哭鼻子，坚决推辞那些事，对上用这种手段迷惑皇太后，对下用这种手段向广大群众显示诚实。

一次，大臣们向太后报告说，王莽应该比照以前的大司马霍光和萧相国的成例受封。王莽递上报告说：“我和孔光、王舜、甄丰、甄邯共同决策拥立新皇帝，现在希望仅条陈孔光等人的功劳和应得的赏赐，撇开我王莽，不要和他们相提并论。”大臣们建议说：“王莽虽然克己让人，朝廷还是应当表彰，表明重视首功，不负众望。”皇太后便下诏书把召陵、新息两县民户二万八千家封给王莽，免除他的后代的差役义务，规定子孙可以原封不动地继承他的爵位和封邑，褒赏他的功勋，仿照萧相国的成例。任命王莽担任太傅，主持四辅的工作，称号“安汉公”。之后又把从前萧相国的官邸作为安汉公的官邸，明确规定在法令上永远流传下去。当时王莽

装作诚惶诚恐的样子，不得已才上朝接受策命。王莽接受了太傅的官位和安汉公的称号，辞谢了增加封地和规定子孙可以原封不动地继承爵位、封邑这两项赏赐，说是希望等到老百姓都富足了，然后再给予这样的赏赐。各大臣又力争，王莽又推辞没有接受，而建议应当把诸侯王的后代和自从高祖以来的功臣子孙赐封为列侯。

王莽已经赢得了大家的好感，但他最想要的是专权独断，随着地位的巩固和权势的增长，王莽的权欲愈益滋长。他从政治斗争的得失中认识到，控制皇后是至关重要的，这可以巩固他的权位。他在元始二年（2年）提出为平帝议婚，打算趁机把自己的女儿配为帝后。为此，王莽展开了各种活动，终于达到了目的。

不久平帝去世。在议立新君时，元帝一系的子孙已经灭绝，宣帝一系有曾孙数十人，他们都已成人，不利于王莽篡位。王莽借口“兄弟不得相为君”，就在宣帝玄孙中挑了一个年仅两岁的刘婴来继位，以便从中行奸。这时，王莽的党羽迎合王莽的意思，假造了一个刻有“告安汉公莽为皇帝”的符命石。王莽的党羽上奏王政君，王政君坚决反对：“这种诏告天下的事，不可施行。”然而，王政君经不住王莽党羽的蛊惑，糊涂的王政君竟然下令允准王莽“如周公故事”。至此，王莽名义上虽是“摄皇帝”，而其他一切礼仪、制度都无异于皇帝。

当了摄皇帝，他还想当真皇帝。王莽的党羽密谋弄假成真时，王莽“谦恭”的假面具被揭开，“巧伪人”的真面目暴露无遗。一些过去对王莽认识不清的人和部分汉室子弟开始觉察到王莽的野心，他们举行了好几次试图推翻王莽的起事和政变，但都没有成功。王莽的党羽把这些比为周公居摄时的“管蔡之变”，说什么“不遭此变，不章圣德”。但王莽心中明白，深恐夜长梦多，就在他“居摄”的第三年便匆匆忙忙公开篡位夺权了。当他派堂兄弟王舜去向王政君索要传国玉玺，准备位登大宝时，王政君才彻底地看清了王莽的真面目。她痛骂王莽和王舜，把传国玉玺狠狠地摔在地上。从此，王政君与王莽彻底决裂，退居深宫，仍穿汉家服饰，按汉廷旧制生活，以示坚守名节，不与王莽同流合污。公元6年，王莽正式称帝，改国号为“新”。至此，王莽彻底暴露了“大奸似忠”的真实面目。

故事二：

有一次，曹操带兵攻打袁绍，部队整装待发时，将领们发现地上还剩有一些竹片，每片长不过几寸，怎么看也算不上“贵重物资”。但当负责的将官命人将其烧毁时，却被凑巧赶到的曹操阻止了。主帅留这些破竹片有何用呢？大家照例去问曹操肚里的蛔虫——杨修，杨修稍一思索便得出答案：主公是想用它来做竹排上的榫钉。事后证明，杨修的答案正与曹操的意思相吻合。

东晋时期的陶侃也是一个懂得物尽其用的人。陶侃任荆州刺史时，有一年，朝廷命令他督造战船，陶侃不仅一再地交待工匠们要节约材料，不能浪费，还特意嘱咐大家把锯木头产生的木屑全部收藏起来，这一举动别说工匠们猜不出来，连平常与他最要好的同僚也想不明白。直到正月初一那天，当地下了一场大雪，雪后初晴，府衙前的台阶上虽然扫了雪但还是很湿滑，这时陶侃便命人把储备的木屑抬来，铺上厚厚地一层，这样，人们在台阶上行走时便一点儿也不湿滑了。

还有一次，官府营造房子时，工匠们留下了很多竹子的下脚料——竹根，陶侃见到后也命人将它们全部收集起来，最后竟堆积如山。后来大将军桓温要讨伐后蜀，需要打造战船，这些竹根全部被用来做了竹钉都还不够。

第六十章　道行天下

治大国，若烹小鲜。以道莅天下，其鬼不神；非其鬼不神，其神不伤人；非其神不伤人，圣人亦不伤人。夫两不相伤，故德交归焉。

【释义】

治理大国如同烹饪小鱼。用大道治理天下，那些鬼怪就不能作怪了；并不是鬼怪不愿作祟了，而是鬼怪作祟也不能伤害人了；不只是鬼怪作祟不能伤害人，圣人也不会伤害人了。鬼怪和圣人两者都不伤害人，所以功德都归于圣人。

【古典今读】

在上一章老子主要阐述了吝惜少费在治国中的重要意义，老子虽然没有明言治国必须秉承自然无为的宗旨，但吝惜少费的前提条件则必须是自然无为，有为则有费，实际上老子强调的还是自然无为的思想。这一章老子所强调的仍然是自然无为，如“以道莅天下”，就是强调以自然无为的方式去治理天下。老子的无为思想贯穿于《道德经》的始终，不管是为官还是为人，老子都提倡运用无为的思想。

“治大国，若烹小鲜”，“小鲜”即小鱼，我们都知道小鱼的身体还没有长成，骨弱肉薄，一不小心就会将小鱼弄碎，因此烹煎小鱼忌不断翻动，如不断翻动，势必将小鱼煎碎。老子不是说治理国家像烹饪小鱼一样容易，而恰恰相反，小鱼并不容易烹煎，要多加小心才能烹饪出美味的小鱼来，治理国家也是如此。如果统治者恣意妄为，势必导致国家混乱，老子用烹饪小鱼来比喻治理国家，旨在说明无为而治的重要意义。统治者安静无为，不扰害百姓，否则，灾祸就要来临。要保证国家的平安，执政者就必须小心谨慎，认真严肃，不能以主观意志随意左右国家政治，这句话用极其形象、简洁的语言概括了一个极其复杂的治国谋略。如果以个人的主观愿望去改变社会，朝令夕改，朝三暮四，忽左忽右，老百姓就会无所适从，国家就会动乱不安。相反，如果国家制定的政策法令能够得到坚定不移的贯彻执行，就会收到富国强兵之效。

“以道莅天下，其鬼不神”，鬼神是各个民族都普遍信奉的，其由来已久。鬼神是否真实存在，古今的看法和说法大相径庭。古人一般都相信鬼神是真实存在的，而按照现代科学理论，鬼神自然是子虚乌有，它们不过是人心中畏惧、胆怯、妄虚的产物。此处且不必理会古今之是非，古人一般认为，在阳气浩荡的时代及阳刚气十足的人身上，都很难发现鬼神的踪影；而在一些阴气凄迷的年代及一些虚弱、娇柔、神经质的人身上，则往往有鬼神的莅临。老子这里所说的道，是伸张正气的表现，它能压倒一切邪气，使充满邪气的鬼神没有立足之地，甚至丧失了它奇异怪诞的功能，因此鬼神在大道面前就不敢为非作歹了。

鬼怪到底是什么？我们谁能客观地表述出鬼怪的真实面目？谁又真正地见到过鬼怪呢？鬼怪只存在于我们的思想意识之中，它并非客观的存在，用老子的自然和谐的思想来推衍，可以认定鬼怪是自然界不和谐的产物，自然界不和谐而生鬼怪，这是自然而然的事情。

我们在电影里看到机器人试图消灭人类的穷凶极恶的场景，虽然是虚构的，但有一点我们不得不承认，人类改变世界的欲望是无止境的，这就会在很大程度上创造出终结自己的“杀手”。鬼怪也不再单纯指我们头脑中青面獠牙的怪物，而是扩展到了科技领域，比如科技发明和人类欲望的产物：洲际导弹、原子弹、氢弹和克隆生物等，这些都可以称得上现代人类的欲望生成的“鬼怪”。这些“鬼怪”的杀伤力是巨大的，只是人们只顾眼前的小利益而故意回避了这些“鬼怪”的危害。老子在两千多年前就反对人有巧智，极力提倡无知无欲。老子是从人类的本性出发来考察欲望的，这在今天依然具有借鉴意义。

遵循自然大道，竭力削弱自身的欲望，这本身就是遵循了道德的标准。遵循了道德，“鬼怪”也失去了原本的威力，“鬼怪”不伤害人，人类相安无事，和自然界和谐相处，一切也就都自然和美了。

对于遵循大道的圣人来说，治理大国就犹如加工一道美味的小菜一样轻而易举，得心应手。因为用大道去治理天下，使每一个人都把大道置于自己的心灵之中，那么各种自私、邪恶、不正当、非法的意念就不会在每一个人的心灵中产生。道德在人们的心灵中存在，使鬼怪根本没有容身之地，因此它们再也不能败坏人们的心灵并诱使人们堕落犯罪了。

也就是说“境由心生”，你的心决定了你的作为，你的心被道德占据着，自然就会依照道德去行事；反之，如果你的心中充满了自私、邪恶、不正当的意念，自然会干一些有悖道德，甚至是一些违法的事情。

【事典心裁】

一个人只有将道德置于自己的心中，他的心中才不会有自私、邪恶、不正当的意念。倘若一个人只是表面上装作有道德的模样，即使他装得很逼真，也终有露馅的那一天，他终会被他心中的无德所害。

春秋末期，郑国的宰相是子产。他善于辅政，把国家治理得有条不紊，深得民心。他的执政之道就在于刚柔相济，把握住高压和怀柔两种政策的最佳尺度。

当时，许多大国都觊觎郑国。子产认为，郑国要生存，当务之急是增强国力。于是子产一面提倡振兴农业，另一方面为确保军事费用，决定征收新税。一时间，民怨四起，对他恨得咬牙切齿，甚至有人还密谋杀害他。他的家人和朋友都纷纷劝他改变主张，朝中大臣也站出来反对他的政策。

面对来自各方面的压力，子产没有丝毫动摇。他力排众议，义无反顾地继续实施既定的政策。

“我所做的一切都是为国家和人民着想，即使牺牲我自己的名利也在所不惜。如果虎头蛇尾，我殚精竭虑想出来的兴国之道就会付诸东流。我决心一如既往地贯彻我的政策。老百姓的责难只是因为我的政策没有立竿见影的效果，过一段时间后，他们就会明白的。”子产这样对别人解释。他不改初衷，面对责难仍然坚持己见。

过了几年，农业的振兴计划收效甚大，人民的生活水平日益提高。军队也逐步强大起来，足以抵抗外来的入侵。郑国在诸侯国中逐渐树立起不可动摇的地位。

子产的政策并不都是如此“刚硬”，他在教育政策的制定上就表现得非常“宽容”。

郑国为了大力培养知识分子，在各地普遍设立了名为“乡校”的学校。但是许多对当政者不满的人就利用乡校传播与统治者相反的观点。若任其发展，就会不利于民心安定，对统治也造成威胁。因此，许多大臣提议关闭乡校。

子产却不以为然，反驳道：“如果那些人聚集在乡校谈论政治，我们就可以听取他们好的意见，不断改良我们的政策，这样看来，不是一件好事吗？”

子产借用了一个比喻，继续说：

"人们的言论就好比是河川里的水，如果我们钳制他们的言论，就如同堵塞河水一样。尽管暂时控制住了，不久那些不满就会像洪水一样滚滚而来，堤坝和堰塘终将被冲毁。与其这样，还不如疏通流水，引导它们畅通无阻地流出来，这样不是更合适吗？"

从此以后，郑国的文化教育事业得到了繁荣发展。

由于子产广开言路，集思广益，在他为政期间，郑国国泰民安，国家呈现出一派繁荣昌盛的景象。

柔中带刚是成功的为人之道，刚柔相济是行之有效的处世手段。治理国家同样如此。

子产深知，如果君主采用严刑峻法，过于苛刻，就会使人们畏而远之；如果太宽松，就会使臣子骄纵跋扈，不易驾驭。所以必须恩威并济，把握好时机和火候，正如老子所言：治大国，若烹小鲜。

故事一：

与子产同时代，郑国还出了一个叫邓析的思想家。

邓析是名家学派的先驱，他对子产推行的一些新法不满，还自编了一套法律刻在竹简上，人称"竹刑"。与此同时，邓析还承揽诉讼，报酬是一件衣服，相当于收取律师诉讼费。后来他又聚众讲学，相当于开法律培训班。人们觉得做律师收益不错，便纷纷参加他的培训班。无论是诉讼，还是讲学，邓析都敢于提出独到见解，并且擅长诡辩。受其影响，郑国出现了一股新思潮，"郑国大乱，民口欢哗"，当时

的辅政者已非子产，继任者应付不了这种情况，便诛杀了邓析，同时保留了他的竹刑。换言之，邓析的法律条文还是很符合当时的社会所需的。

《吕氏春秋》则记载了一个具体案例：有一年，洧河发大水，郑国一位富人被冲走并且溺水身亡。下游有人捞起富人的尸体，富人的家人知道后便去赎尸，但对方要价很高。家属来找邓析，请他出个主意。邓析对他说："你安心回家吧，他们只能把尸体卖给你，别人谁会买呢？"家属付了钱，高高兴兴地走了。不久，捞尸体的人也来找邓析出主意，因为富人的尸体确实只有他的家属才会买。但邓析换了一套说辞对他说："你放心，他们除了向你买，难道能从别处买到？"这人也很高兴，付完钱走了。

这么看，邓析不仅是律师鼻祖，还是咨询专家。也不难看出，他走入了歧途。因为他为了利益，罔顾基本的道德良知。这个世界，在法律之外还有良心。当法律和良心抵触之时，良心是最高的行动原则，而不是法律。较为合适的做法是，引导捞尸体的人多少收些辛苦费即可。邓析这样的人，越是能言善辩，越是有能力，给当事人和社会带来的潜在危害也就越大。

故事二：

俗话说：“不做亏心事，不怕鬼敲门。”它的意思正合《道德经》本章旨要。关于“鬼神”不灵的事，野史中不乏一些很有意思的记载。比如唐代有个叫魏元忠的官员，有一天，他家的婢女告诉他，刚才自己出去打水，回来后居然看到一只老猿猴在帮自己烧火！人们都有些害怕，魏元忠却若无其事地说：“这没什么，老猿猴同情咱家人手不够，特意来帮忙烧火，这很好嘛！”又有一次，魏元忠在书房里呼唤仆人，一连喊了几声都没有人应声，这时他家的狗居然学着魏元忠的声音喊叫了起来！人们自然既吃惊又害怕，魏元忠又说：“这条狗懂得为主人代劳，真是孝顺！”此后，魏家一连又发生了几次怪异事件，但魏元忠每次都本着“为人不做亏心事，半夜敲门心不惊”的态度坦然看待，后来就再也没有类似的事情发生了。

第六十一章　大者宜下

大邦者下流，天下之牝，天下之交也。牝常以静胜牡，以静为下。故大邦以下小邦，则取小邦。小邦以下大邦，则取大邦。故或下以取，或下而取。大邦不过欲兼畜人，小邦不过欲入事人。夫两者各得其所欲，大者宜为下。

【释义】

大国，要像江海居大而处下，又要像雌性那样安静柔弱，要与天下各方结交朋友。雌性常以安静胜过雄性，因为

她守静，所以做事以谦恭卑下为宜。所以大国自居于小国之下，就可取得小国的归附；小国自居于大国下，就可取得大国的接纳。所以有的自居于下取得归附，有的自居于下受到接纳。大国不过是希望网罗小国，小国不过是希望依附大国，于是大国、小国都能实现各自的愿望，则大国更应该自居于下。

【古典今读】

老子在前面的章节中曾多次讲到统治者治理国家要无为而治，这一章主要讲了作为一个大国在对待别的小国时应持有的态度。

春秋末期，诸侯国林立，兼并战争连年不断，大国争霸，小国自保，人民不堪战争之苦。老子一贯反对战争，针对战争带给人民的灾难，老子痛心疾首，几乎到了忍无可忍的地步，于是他不由自主地发出了“大国者下流”的呼声。

下流，不是现代意义上的卑贱、无耻，是指江河的下游。我们都知道水是向低处流的，海之所以能纳百川，是因为海甘居下位，恬静宽容，无所不包，所以它成就了自己的“大”，它的作为是合乎道德的，所以它能长久而博大。老子认为大国如果能像大海的下游，常常处于谦和、卑下的位置，国家就能太平，人民就能安宁，人心安，国家自然会更强盛。

老子接着用雌性以柔弱和安静战胜强硬雄性的道理来说明问题。大国之大并非仅凭战争兼并小国而获得，它之所以会强大，原因之一是客观上的地理位置优越。春秋时代的大国大都处在中原文明的边缘地带，这里地势低洼、水草丰美，正是这种优越的地理位置在很大程度上成就了大国的地位。大国之所以能长久保持强大的实力，取决于统治者统治有方，他们清楚大国和小国的关系，老子也针对这种关系做了论述，他说：“故大国以下小国，则取于小国。小国以下大国，则取于大国。”意思是说，大国如果以谦和、卑下的态度处理和小国之间的关系，就能取得小国的信赖；小国如果能以谦卑的态度对待大国，亦能取得大国的信任和保护。小国和大国的关系用海纳百川来形容是最恰当不过的，海是博大、深沉、宽容、谦和、卑下的，正是因为它的这些特性，百川才会欣然归于它的怀抱，也因此成就它的博大宽厚、永不干涸；百川只有得到了这样的归处才变得生机勃勃，一路欢歌而入海。

在老子生活的春秋晚期，大国和小国并存的割据时代式微。西周时期的几百个诸侯国家在周边大国的威逼下已经丧失了独立自主的地位，几乎都成了大国的附庸。这些小国虽然幸存了下来，但处境很是艰难，它们不但要向大国俯首纳贡，还要分担大国重大工程项目的劳役，小国的人民不堪忍受屈辱和劳顿之苦，可又无可奈何。大国固然不肯以谦下的态度对待小国，反而奴役小国的人民，使他们深受其苦。老子针对这种社会现状，提出了自己的主张，渴望能以此来唤醒大国的宽厚和仁慈，他幻想通过自己的力量改变社会现状，无疑具有一定的局限性。

老子认为柔弱能战胜刚强，综观自然界的种种现象，我们就不难发现：一些看似强大的事物却不能长久地存在，而一些看似渺小的事物却有着很强的生命力。比如身躯庞大的恐龙曾统治着整个自然界，而到最后竟被弱小的哺乳类动物取而代之。很多事实无不证实了老子的观点是正确的。

国家谦和才能够长久，人类也是如此。人类如果不能做到谦和，其在自然界的统治地位就会被其他的物种所取代，甚至自我毁灭，这是毋庸置疑的。所以我们作为人类的个体，就应该从我做起，对待周围的人要谦恭、柔和、甘居低位；对待周围的生物应该友善、包容，不大肆捕杀动物，不任意砍伐植被，和自然万物和谐相处，才能“两者各得其所欲”，也只有这样，我们才不愧做万物的长者，才不愧为拥有聪明才智的人。

本章老子继续阐述治国的策略。大国对待小国应该谦下，这样才能赢得小国的归附；小国谦下地对待大国，才能得到大国的保护。

这是治国的策略，我们不能不折服于老子的睿智，他的治国理念，还隐约可见一种适用于常人的生存策略。

（1）遇弱示强

当你碰到了实力较你弱的对手，那么就要显露你比他“强”的一面，这并不是为了让他来顺从你，或满足你的虚荣心。弱者普遍有一种心态，谁甘愿一上场就做弱者？因此他会在周围寻找对手较量较量，借此证明他也是一个“强者”。你若在弱者面前也示弱，正好引起对方的杀机，徒增不必要的麻烦与损失。示强则可使弱者望而生畏，知难而退。不过，这里的示强是防御性的，而不是侵略性的。若你判断错误，碰上一个“遇强示强”的对手，那你不是会输得很难看吗？

世界上的事情都不以我们个人的意志为转移，所谓“天有不测风云，人有旦夕祸福”。因此，我们必须随时随处以

发展的眼光看待社会和人，做好处乱不惊、随机应变的心理准备，这样才能游刃有余，以不变应万变，使自己永远掌握主动权，从而立于不败之地。

“遇弱示强”似乎与老子的思想很不相符，其实不然，因为老子所说的大国与小国的实力对比是非常明显的。我们这里的“遇弱示强”之法就是要你先确立自己“大国”的身份，当对方承认你是“大国”之后，对方自然对你没了攻击之心，而此时你对他再谦下一些，他自然视你为依靠，你因此而充分掌握了主动权。

（2）遇强示弱

如果你碰到了一个有实力的强者，那么，你不必为了面子而与他争强，争斗的结果是，你有可能毁了自己，因此不妨示弱来化解对方的戒心。以强欺弱，胜之不武，大部分的强者是不屑做这种事的。但也有一些具有侵略性的强者有欺

负弱者的习惯，因此示弱也让对方摸不清你的虚实，降低对方攻击的概率，一旦他攻击失败，他便不会再动手，而你便获得了生存的空间，并反转态势，他再也不敢随便动你。至于要不要反击，你要慎重考虑，因为反击时你也会有受损伤的可能，这个利害是要加以权衡的。何况还没有到一定要击败对方的地步，自己生存下去才是主要目的。

【事典心裁】

故事一：

遇弱示强和遇强示弱这两种生存策略都有谦下的共同之处，我们之所以主张谦下，是因为“强”与“弱”、“大”与“小”并不是一成不变的，正所谓“风水轮流转”，谁又能预料到未来的变化呢?

100多年前，美国西部掀起了一股“淘金热”，犹太人李维·施特劳斯怀着淘金发财的梦想来到旧金山。但是，当他看到那里已经聚集了成千上万淘金的人后，改变了自己的初衷。他离开淘金的人潮，自己开了家经营日用品的小商店。

有一天，他携带一些线团之类的小商品和一批供淘金者搭帐篷、马棚用的帆布外出销售。在船上，小商品很快便销售一空，待抵达码头时，他携帆布去推销，可是未能如愿。懊丧之余，李维·施特劳斯听到淘金者抱怨裤子不耐磨，没穿几天就破了。他灵机一动，立刻找到一家服装店，用自己的帆布作为布料做了几条裤子，卖给淘金者，一下就卖完了，并接到大批订单。此后，李维·施特劳斯专门从事牛仔裤的生产、销售，并成立了李维·施特劳斯牛仔裤公司，设

立了专门的服装厂，大批量生产“淘金工装裤”，以淘金者和西部牛仔为销售对象。由于这种耐磨的帆布裤符合人们的需要，既结实又好看，因而销路十分好。

李维·施特劳斯取得了初步的成功，但是他并未就此止步，而是继续投入产品的深层次开发中。

李维·施特劳斯根据工人们的劳动特点，不断改进裤子面料和样式，以适应工人的需求。最终，他找到一种法国哔叽布用来生产裤子，这种裤子既结实耐用，又美观大方。

考虑到工人们习惯将矿石的样品放进裤袋里，先前使用线缝制的裤袋不牢固，李维·施特劳斯就在缝制臀部裤袋时改用金属钉钉牢；牛仔裤的扣子则用铜、锌的合金材料制成，并在重要的部位用皮革镶起来。这样不但赢得了广大矿工的好评，而且由于样式独特，牛仔裤成了一种时髦的服装，受到人们的欢迎，销售量直线上升。

此后，李维·施特劳斯公司根据不同时期人们消费观念的变化，又不断推出新的样式，使牛仔裤耐穿、便宜、合身。时至今日，李维·施特劳斯公司已经在世界12个国家设有加工厂，在许多国家和地区设有销售网，成为年销售额达20亿美元的大型企业集团，令诸多服装加工业同行为之震惊。

大家想想看，如果李维·施特劳斯当初也跟着别人去淘金，能有今天的成就吗？

在本章中，老子表面上虽然阐述的是国家如何发展壮大的智慧，实则阐述的是一种人生智慧——若想发展壮大自己，唯有将自己放低才行。

故事二：

如今是个崇尚张扬个性的时代，也是一个强调自尊心的时代。从工作到生活，每个人都在想尽一切办法，让自己更拉风，更有个性、更与众不同些。应该承认，这至少比自我束缚、自我压抑要好。然而，谁又能否认，低调做人也是一种风度呢？

低调的人未必高尚，张扬的人也未必恶劣。我们不能以一个人是低调还是张扬来界定其人格。历史上的很多贤士都个性张扬，有些是天性如此，有些则是出于对现实的愤怒，关于此类张扬，我们不仅不能贬损，还应该顶礼膜拜。不过历史经验也一再地提醒我们，不管一个人是好人还是坏人，张扬绝不是好事。张扬的人招人烦、招人嫌、招人妒，甚至招来无妄之灾。所以先哲告诫我们："佼佼者易折，娆娆者易污。"

《三国演义》中的杨修因张扬致祸是大家熟悉的例子。在这部作品中，杨修表现得就好像曹操肚子里的蛔虫，就连曹操本人也非常佩服。然而这种聪明最终引起了曹操的嫌恶而将其斩首。这固然证明曹操心胸之狭窄，但同时也可反证杨修的聪明并没有用在正确的地方——你很难说他是在急领导所急，想领导所想。

人如此，动物也如此。《庄子》中有一则寓言：

某年夏天，吴王渡过长江，率领众大臣登上猕猴聚居的山岭去打猎。猴子们见有人来了，转眼间吓得四处奔逃，躲进了树林深处。唯有一只猴子例外，它从容不迫地跃上树枝，跳来跳去，像是免费表演，又像是在挑衅吴王。吴王见它不怕自己，非常生气，当即张弓搭箭，想把它射死。谁知这只猴子居然是个“武林高手”，它一把接住了飞速射来的利箭。这下吴王更恼怒了，他命左右随从一起射它，猴子躲避不及，被人们射成了个“大刺猬”。吴王回身对大家说：“这只猴子夸耀它的灵巧，仗恃它的敏捷而蔑视于我，以至受到这样的惩罚而死去！你们要以此为戒啊！”

经常看《动物世界》《自然密码》一类节目的观众都能想象得到，如果故事中的猴子不是在吴王面前炫耀，而是在它的猴群中展示自己的实力，那么它的结局可能不会这么悲惨。当然，就像所有弱肉强食的族群一样，类似它这样功夫较强的个体，也一定会比普通个体活得更滋润些。

然而它太拿自己当回事了。尽管它称得上很有能力，能够接住射来的飞箭，但它挡不住乱箭齐发。况且它又不是死于自己的功夫不到家，而是像吴王所说的那样——这只猴子夸耀它的灵巧，仗恃它的敏捷而蔑视他人。

我们有理由相信，吴王这句话是有深意的，是醉翁之意不在酒，训猴之意不在猴，是在以巧妙的方式警示那些随行的大臣，或者其中的某一位：别在我面前充老大，我才是老大！

第六十二章　万物之奥

道者，万物之奥。善人之宝，不善人之所保。美言可以市，尊行可以加人。人之不善，何弃之有？故立天子，置三公，虽有拱璧以先驷马，不如坐进此道。古之所以贵此道者何？不曰求以得，有罪以免邪？故为天下贵。

【释义】

道是万物的主宰，是善人的法宝，不善的人也用之保全自己。美好的语言可以取得尊敬，高尚的品行可以有益于

人。人群中那些不善的人怎么会抛弃它呢？所以立天子、置三公，纵然有拱抱的宝璧在先，驷马随后的献礼，还不如坐而进道。古人为什么重视这个道呢？不就是说有求的必有所得，有罪的可以幸免于灾祸吗？所以道为天下人所珍视。

【古典今读】

上一章老子讲述了大国和小国的关系及它们应持有的谦和态度，这一章老子主要阐述道的宝贵和修道所应坚守的正确目的。讲道的宝贵，老子重提道的属性和功用：道是产生天地万物的本源，是贮藏万物的庇护之所，它时刻在保佑着天地万物；道是世界物质中未被感知的存在，对万物一视同仁，它评价万物时，不把万物过去的行为作为评价标准，而是把现行和将来的行为作为评价标准。因此，无论是好人还是坏人，当他体悟了道，掌握了道的理念精髓之后，就会明白道是极其珍贵的宝物，会在保全人的平安上发挥作用。

美好的言论可以博取尊敬，美好的行为可以被人看重，不善之人还有什么可以抛弃的呢？所以设立天子，设置三公，虽然可以先进奉拱璧，再献驷马，供奉上天，但还不如用“道”来进奉上天，即去爱不善之人。

上一章讲的是大国对小国的“谦”，大小国之间也应“谦”，这一章是讲高贵的人对不善之人也该以“谦”字为道。真正的奉天不是奉拱璧、献驷马，而是要以“道”爱人，谦以下人。“谦”，就是要克服人对自我的仗恃心，此心不除，不可能公正视人视物，每当有事发之时，就会被仗恃心蒙了眼睛，从而丧失了体认道的机会。

“美言可以市，尊行可以加人。人之不善，何弃之有？故立天子，置三公”是讲道的平等待人并不是毫无原则的，而是有奖有惩。道对人的奖惩体现在道为人类设立了天子和三公上。天子和三公代表道去管理天下的百姓，去惩恶扬善。“加人”，即对人施加影响。“三公”，古时地位仅次于帝王的三位官员称“三公”，周代多指太师、太傅、太保。对此段之理解，古今注家言人人殊，有人认为“立天子，置三公”是说人有美言尊行可至为天子、三公。有人认为“人之不善，何弃之有”，是说不善之人，也没有理由去抛弃他们。

“虽有拱璧以先驷马，不如坐进此道。古之所以贵此道者何？不曰求以得，有罪以免邪？故为天下贵”，是再次重提道之宝贵，并明确指出修道要有正确的目的。为了让人能了解道之宝贵的程度，老子以帝王之尊的仪仗来与得道相比，说即使得到了帝王的地位，也不如静坐悟道。为了说明修道的正确目的，老子以古人对道的珍视是在哪一方面，来说明修道的正确目的是什么。“拱璧”，圆形中间有孔的玉。“驷马”，四匹马拉的车。前有人奉拱璧，后为四匹马拉的车，是春秋之际帝王出行的仪仗。“坐进”，立即进献。“求以得”，求取得到，这里指求取对道的理念的深层认识。“有罪以免”，指悟道后按道行事可以免除以往的罪过。古时的人为什么重视这个“道”？不就是因为所求可得，有罪的可以避免灾祸吗？所以，“道”为天下人所重视是不难理解的。

老子的这一思想在当今对我们依然具有很大的启发意

义。我们作为万物的灵长生活在这个地球上，我们拥有聪慧的头脑和灵活的四肢，这应该是我们成为高贵的人的条件。高贵的人具备谦和的道德品质，对周围的人不分好坏，一视同仁，绝不因某些人的低劣而鄙视他们，但我们很难做到这一点；与此相反，我们常常会因某人曾有过劣迹而鄙弃他，而大道却不这么做，它对任何人都是仁慈的，对不善之人也同样加以保护。我们应该学习大道，并做到和大道同步，对世间万物不分贵贱，一视同仁。

【事典心裁】

“经商要学胡雪岩，做官要做曾国藩”，这句话无人不知。但胡雪岩结局凄惨，显然不值得效法；而曾国藩，不仅立功、立德又立言，至今还研究者众，模仿者众。

用现代人的话说，曾国藩相当于清朝的经理，同时他手下也有无数的部门经理与顾问，如果说曾国藩是清朝的顶梁柱，做到了挽狂澜于既倒，那么他手下的这群人就是这根顶梁柱的有效支撑。

曾国藩不像诸葛亮，能呼风唤雨，智慧超群，说好听点儿他是大智若愚，说不好听点儿他是智商未抵一流境界，他“结硬寨、打呆仗”未必不是无奈之举。好在曾国藩懂得，作为领导，最重要的是发现人才，将各有所长的一群人凝聚成团队，向着共同的目标一起发力。

曾国藩聚才，爱才，也惜才。他是发自内心地喜欢那些有才华、有能力的人，当时他麾下名士、才子、专家与修补官员不下两百人，规模不可谓不大。除了广取天下英才，他特别注意培养副手和接班人。用他的话说就是“办大事者，以多选替手为第一义”。替手，就是代替自己的人。部分的替代，就是我们通常讲的副手；将来全面替代，就是接班人。曾国藩讲得有道理，做得也很好。无论是陆军方面，还是水军方面，都选择了不错的、称职的替手。

很多人会说，重视人才不难，难的是识别人才。什么样的人才算是人才呢？曾国藩很有章法，简单说来就是“德、识”为主，“才、学”为辅。“德”指道德、品行、操守；“才”指才干、能力、本事；“学”指学问、资历；“识”指眼光、见解。

“德”与“才”之间，“德”为主，“才”为次。“德”好比水之源头，“才”好比水之波浪。“德”好比木之根本，“才”好比树的枝叶。德才兼备是最好的，如果不能，他宁愿要“才”差一点儿的，但是“德”必须好。

“学”与“识”之间，“以识为主，以才为辅”。才能建立在学问的基础上，学问建立在见识的基础上。

“因量器使”是曾国藩的用人之道。因量，指根据一个人的才量；器使，是把人当作工具使用的意思。《论语》有说“君子不器”，但曾国藩不这么认为，他讲真正的“不器”是指那些全才，能领导全局的人。这样的人是很少的，绝大部分人都是“器”。他是锤子就当锤子用，他是镰刀就当镰

刀用。用人用得“当其时，当其事”，庸才也能成神才；不当其时，不当其事，神才也可能变成庸才。重要的是让合适的人去干适合的事。

故事一：

美好的言辞可以使人们互相尊重，良善的行为可以使人们互相感化。渴望被肯定，渴望被赞美，这是每个人对成就感的需要。因此，生活中我们应该多去发现、寻找别人值得称赞的地方，这样不但能给对方的生活带来阳光与快乐，你也会因此更受欢迎。

无论我们的交往对象是什么样的人，我们都可以找到他们的某些值得称赞的特点，可以通过赞美使他们感受到温暖和快乐。擦亮自己的眼睛，寻找他人的长处，给予由衷的称赞，就会得到更多的朋友。

古时有一个说客，当众夸口说："小人虽不才，但极能奉承。平生有一愿，要将一千顶高帽子戴给我最先遇到的一千个人，现在已送出了九百九十九顶，只剩下最后一顶了。"一长者听后摇头说道："我偏不信，你那最后一顶用什么方法也戴不到我的头上。"说客一听，忙拱手道："先生说得极是，不才从南到北，闯荡了大半辈子，但像先生这样禀性刚直、不喜奉承的人，委实没有！"长者顿时手捋胡须，洋洋自得地说："你真算得上是了解我的人啊！"听了这话，那位说客立即哈哈大笑："恭喜恭喜，我这最后一顶帽子刚好送给先生您了。"

这只是一则笑话，但它却有深刻的寓意。其中除了那位说客的机智外，更包含了人们无法拒绝赞美之辞的道理。之所以如此，最主要的原因便在于赞美他人能满足他们的自我肯定的需求。如果你能以诚挚的敬意和真心实意的赞扬满足一个人的自我肯定的需求，那么任何一个人都可能会变得更令人愉快、更通情达理、更乐于协力合作。

在《孩子，我并不完美，我只是真实的我》这本书里，著名的心理学家杰丝·雷耳也评论说："称赞对温暖人类的灵魂而言，就像阳光一样，没有它，我们就无法成长、开花。但是我们大多数的人，只是善于躲避别人的冷言冷语，而我们自己却吝于把赞许的温暖阳光给予别人。"

卡耐基小时候是一个公认的非常淘气的坏男孩。在他9岁的时候，父亲把继母娶进家门。当时他们是居住在弗吉尼亚州乡下的贫苦人家，而继母则来自一个经济条件较好的家庭。他父亲一边向她介绍卡耐基，一边说："亲爱的，希望你注意这个全县最坏的男孩，他可让我头疼死了，说不定会在明天早晨以前就拿石头扔向你，或者做出别的什么坏事，总之让你防不胜防。"出乎卡耐基意料的是，继母微笑着走到他面前，托起他的头看着他，接着又看着丈夫说："你错了，他不是全县最坏的男孩，而是最聪明但还没有找到发泄热忱的地方的男孩。"

继母说得卡耐基心里热乎乎的，眼泪几乎滚落下来。就凭着这一句话，他和继母建立起了深厚的友谊。也就是这一句话，成为激励他的一种动力，使他日后创造了"成功的28

项黄金法则”，帮助千千万万的普通人走上成功和致富的康庄大道。

故事二：

说话能站在他人立场设想的人，令人尊敬；做事能站在他人立场设想的人，则令人愿意追随。

老子提出“美言可以市，尊行可以加人”。这句话看似中庸，然而却令很多人深信不疑。汽车大王福特就深信此道，他曾说过这样一句话：“假如有什么成功秘诀的话，就是设身处地替别人想想，了解别人的态度和观点。”

世界上有许多从事推销工作的人，他们常常不能说服顾客购买他们的产品，这是为什么呢？在很多时候，并不是他们对自己所推销的产品不够了解，也不是他们的亲和力不够，而是他们在推销过程中总是想到怎么把“产品换成钱”，而没有想到顾客到底需要什么样的产品。如果这些推销员能够了解这些，我想推销工作一定会更有效果的。

老子的这种处事方法是一种放之四海而皆准的大智慧，它适用于任何方面。举例来说：

有个小孩子不肯吃饭，长得很瘦弱。孩子的父母总是嘀咕：“为妈妈吃一点儿呀！为爸爸吃下这个，赶快长成大人。”这孩子出于逆反心理，反而吃得更少了。最后，这个父亲终于明白了，他对自己说：“这孩子要什么？我怎么把他所要的和我所要的结合起来？”他的孩子有一辆小童车，他很爱在门前骑车。离他家不远处，住着另一个孩子，这个孩子经常把那小孩子从车上拉下来，自己骑着他的车玩。自然，小孩子跑到母亲那里诉苦了，她也必然要跑到外面去，把抢车子的孩子从车上拉下来，再把自己的孩子抱上去。这种事几乎每天都要发生。

这个小孩这时所要的是什么呢？他渴望马上长大，有力气，谁也不敢来欺侮他，那个抢车子的孩子如果再把他拉下车来，他能把对方的鼻子揍出血来。这时，他父亲告诉他，如果他能吃他妈妈要他吃的东西，有一天，他能长得很有力气。从此以后，他父亲再也不用担心孩子挑食了，什么甜、酸、苦、辣的东西他都吃，因为他想长得有力气，好来对付那个欺他太甚的孩子。

每个人都有自己想问题的观点和角度，有自己特定的意愿，这能导致他们自觉的行为。要使社交成功，请站在别人的角度想想问题。

第六十三章　图难于易

为无为，事无事，味无味。大小多少，报怨以德。图难于其易，为大于其细。天下难事，必作于易；天下大事，必作于细。是以圣人终不为大，故能成其大。夫轻诺必寡信，多易必多难。是以圣人犹难之，故终无难矣。

【释义】

从事无为之为，奉行无事之事，品味无味之味。以小为大，以多为少，用恩德报答仇恨。解决难为之事要从容易处着手，做大事要从细小处入手。凡是天下的难事，都必定从容易处开始；凡是天下的大事，必定从微小的事情开始。因此圣人始终不自以为伟大，所以才能成就他的伟大。凡是轻易许诺，必然会失去信用；凡是把事情看得简单，必然会遭受更多困难。因此，圣人总是认真对待困难，所以，他才反而没有什么困难。

【古典今读】

老子关于无为思想的论述，几乎贯穿于整个《道德经》的各个章节之中，前面已经讲得很多，尽管如此，由于每一

个章节的侧重点不同，就使“无为”每每有新意涌现。人生究竟应该采取怎样的方式度过？古往今来，是一个见仁见智的问题，从积极角度对待人生，人类既然有别于其他生物，则理应在生活中体现出人的意义。

此章老子主要阐述他的自然无为思想的含义。所谓“为无为”不是什么事也不做，无为的含义其实是说做任何事都不要掺杂自身的主观意志在内，不要妄图用自身的主观意志去改变事物的客观属性。能够不把自身的主观意志强加于行为之中，也就做到了自然。由此，我们可以看出老子所讲的自然无为实际是在讲一种自我修养的思想境界——一种抛弃主观而顺从客观的空灵澄净的思想境界。这种思想的实践解说就是：大事化小，小事化了；多事变少，少事变无；以德报怨以及人与自然之间、人与人之间的妥协和调和的世界观。老子的哲学是一种调和的哲学，老子是反对任何形式的对抗与斗争的。但老子也看到世间万物客观上永远无法逃避矛盾与斗争，因此他希望把矛盾与斗争从激烈的对抗状态拉回到相对平和的状态，从而规划他的“为无为”，“图难于其易，为大于其细”，慎终如始，希望矛盾与斗争在其刚刚萌生时就能被消除，并因谨慎小心而不产生新的矛盾与斗争。

“为无为，事无事，味无味”，有人解为：“以无为为为，以无事为事，以无味为味。”这种解释没有把老子自然无为的思想理解为一种自我思想境界的修养要求，而是作为一种单纯的行动指导思想来看的。按照此种理解，那么老子就是提倡什么事都不必去做了，就老子本人来讲，也不可能什么事都不做，人要生存就必须做事，否则，无法生存。如果真是这样，老子的哲学也就没有意义了。

“为无为，事无事，味无味”，实是修道的真实境界。每有事发之时，德之苗自然会出现，无须你为、你事、你味，只是个“发现”“明白”。但是，就是这个“发现”“明白”的过程，也千万不可好高骛远。

大生于小，多起于少，困难的事情要从易处着手，实现求道的远大理想要从细微处入手。天下的难事，必从容易处做起；天下的大事，必从细微处入手，所以有道的人从来不自以为伟大，因此能成就大事。轻易的允诺是不足信的。把事情看得太容易了，一定会遭到更多的困难。所以有道的人遇见事情总是把它看得很艰难，因此最后反而没什么困难。

在本章，老子阐述了自己对生活的理解。在此，老子在人生领域中广泛发挥了自己的无为思想，本着无所作为、无所事事和无声无息的生活态度，老子提出了为后世赞叹的“报怨以德”的思想，他说：“为无为，事无事，味无味。大小多少，报怨以德。”

老子接下来论述了天下事的形成道理，他说：“图难于其易，为大于其细。天下难事，必作于易；天下大事，必作于细。是以圣人终不为大，故能成其大。”这段话着重说明了处理任何事物都是从容易到困难、从微小到庞大的规律，最后归结到每个人都必须重视困难，才会有效地应付困难。这些教导后来演变为“防微杜渐”的格言。

“防微杜渐”是我们立身处世必须注意的问题，对此，美国著名的医生阿尔伯特·哈伯德感悟颇深：

那是在克尼斯纳，一个老林工正在解释如何伐树。他指出，要是你不知道哪棵树被砍后会倒在哪里，就不要去砍它。“树总是朝支撑少的那一方倒下，所以如果你想使树朝哪个方向倒下，只要削减那一方的支撑便可以了。”他说。我半信半疑——稍有差错，我们就可能损坏一幢昂贵的小屋，或一幢砖砌的车库。我满心焦虑，在两幢建筑物中间

的地上画一条线。老林工朝双手啐了一下，挥起斧头，向那棵巨松砍去。树干底部粗一米多，他的年纪看起来已六十开外，但力气十足。

约半个小时后，那棵树果然不偏不倚地倒在线上，树梢离开房子很远。我恭贺他砍伐得如此准确，他有点儿惊讶，但没说什么。不到一个下午，他已将那棵树伐成一堆整齐的圆木，又把树枝劈成柴。我告诉他，我绝对不会忘记他的伐树心得。他把斧头扛在肩上，正要转身离去，却突然说："我们运气好，没有风。要提防风。"

老林工的言外之意，我在数年后接到一个关于心脏移植病人的验尸报告时才忽然明白。那次手术想象不到的顺利，病人的复原情况也极好。然而，忽然间一切都不正常了，病人去世。验尸报告指出病人的腿部有一处微伤，伤口感染到肺，导致整个肺丧失了机能。

那老林工的脸蓦地在我脑海中浮现，他的声音也响起来："要提防风。"简单的事情，基本的真理，需要智慧才能了解。那个病人的死，惨痛地提醒我们"功亏一篑"这个道理。纵使那个伤口对健康的人是无关紧要的，却可以夺去那个病人的生命。

那老林工可能早已入土。然而，他却留下了一个训诫给我，让我在得意之时用来警惕自己。人人都得意扬扬，我会紧紧盯着镜里的影子，对自己说："我们这回运气好，没有风"。

的确，细微的破绽可能导致重大的失败，一定要考虑周全，不可忽略任何细节。如果你成功了，也不要得意，要对自己说上一句："我这回运气好，没有风。"

【事典心裁】

不懂得"防微杜渐"的人，常常喜欢"临渴掘井"，到口渴了才去掘井，已经太迟了。平时不做充分的准备，当事情发生后才去想应对之策，显然太晚。"平时不烧香，临时抱佛脚"，往往事与愿违。

如何防微杜渐呢？

就以《西游记》为例吧。师徒四人中的唐僧，我们都知道，其原型是著名的玄奘法师，他于唐朝贞观年间，不顾国家禁令，独自西行，经西域诸国进入印度，游学各邦国，17后满载而归，长安城道俗奔迎，倾都罢市，唐太宗也亲自接见他，不仅不计较他当初犯禁出国，还劝其还俗出仕。玄奘婉言谢绝，此后一心译经，共计1335卷，为佛学和中国文化做出了巨大贡献。后来，明代文学家吴承恩根据他的事迹，创作了《西游记》。在《西游记》里，代表玄奘法师原型的唐僧，看似胆小怕事，除了执着、慈悲之外，一无是处，风头被三个徒弟抢得一干二净。然而从根本上看，《西游记》其实是一个人的旅行，孙悟空的桀骜不驯，猪八戒的奸懒馋滑，沙和尚的憨直少慧，都只是包括玄奘法师在内的所有人都有的人性的弱点；各路妖魔，暗喻西行途中的各种艰难困苦与磨难打击；那些香艳的妖与人，则代表诱惑；师徒四人与各路妖、人的每一场戏，都只是玄奘法师一个人内心天人交战的艺术化写照。所以，在《西游记》中，作者给孙悟空起了很多名字，其中就有一个叫“心猿”，这个名字出现了不下十数次，白龙马则称“意马”，这两位组合起来，就是“心猿意马”，上过学的人都知道这是什么意思。

禅宗史上还有一个类似的公案：

北宋的汾阳善昭禅师，人称“无德禅师”，他有个弟子

叫元持，修行多年，却始终没有更深的体悟。这天，他找到老禅师，说：“师父，请您慈悲开示我，是不是我有些必修课程没修，所以才会用功多年，一无所悟？”

无德禅师说：“你不找我我也要找你了。你要看管好自己的两只鹫、两只鹿、两只鹰，约束好口中的一条虫，同时还要不断地斗一只熊，看护好一个病人。如果能做到这些，相信对你有很大的帮助。”

元持想了半天，也想不明白，自己哪有什么鹫、鹿、鹰、虫，只好继续请教：“师父，我孑然一身来此，并不曾带什么动物。何况，我问的是参学的必修课程，与您说的那

些动物有什么关系？”

无德禅师含笑解释道：“两只鹫，就是你的双眼，你要警戒它们，非礼勿视；两只鹿，是你的双脚，你要把持住它们，非礼勿行；两只鹰，是你的双手，你要像熬鹰一样，让它们经常工作，非礼勿动。口中的一条虫，是你的舌头，你要紧紧约束它，非礼勿言。一只熊，是你的心，你要克制它的杂念、妄想，非礼勿思。一个病人，就是你的身体，希望你不要让它陷于罪恶。对于修行，这些实在是不可缺少的必修课程。”

对普通人来说，上述所言，其实用一个词就可以概括，那就是“自律”。对于自律，先哲老子曾经把它提到非常高的高度来谈，称“胜人者有力，自胜者强”。俄罗斯总理梅德韦杰夫访问中国时，曾经引用它，解释为“战胜别人的人很强，但是战胜自己的人更强”。的确，克服自己的弱点，征服自己，最为困难，因为战胜自己，一时、一事或许不难，但若无论是小事还是大事，时时处处都做到严格自律，就太难了。

然而，我们不能因为自律难就不去自律。康德说的好，人不自律，那就得劳烦“他律”。“他律”就是纪律和法律。有的人看似能逃脱“他律”，甚至能凌驾于“他律”之上，但别忘了，“他律”之外，还有天谴。“他律”和天谴，看似离普通人很远，一些需要自律的小事，看似无足轻重，但历史经验告诉我们，自律不可小视。

故事一：

凡是天下最困难的事，都必是从容易处着手。凡是天下大事，必定从微小的事情做起。老子“天下难事，必作于易；天下大事，必作于细”的智慧，应用于当今成功的实例很多。先不说个人的成功，就企业管理来说，丰田的精细化管理、海尔的“责任到人”原则，都是做精、做细的成功典范。因此老子的这一智慧是值得现代人拿来学习和研究的。

在很多时候，我们只要对事情的每一个细微之处稍加留心，便能感受到它的妙处。就拿现在最热门的话题——“求职应聘”来说，关注细节同样能够带来成功。

美国福特汽车公司的创始人福特，大学毕业后，去过一家汽车公司应聘。和他一同应聘的三四个人都比他学历高，当他前面几个人面试之后，连他自己都觉得没有什么希望了。

但既来之，则安之。他也壮着胆子进入了董事长的办公室，当他一进办公室，便发现门口的地上有一张纸，弯腰捡起来，发现是一张被弄皱了的纸，便顺手将它扔进了废纸篓里。

当他走到董事长的办公桌前，介绍说："我是来应聘的福特。"没有经过任何的测试，董事长便对他说："很好，很好！福特先生，你已被我们录用了。"福特惊讶地说："董事长，我觉得前几位的条件都比我好，你怎么把我录用了？"董事长说："福特先生，前面三位的确学历比你高，且仪表堂堂，但是他们眼睛只能看见大事，而看不见小事。你的眼睛能看见小事，我认为能看见小事的人，将来自然更会看到大事；一个只能看见大事的人，他会忽略很多小事，他是不会成功的。所以，我才录用你。"

故事二：

在之前，知道宗庆后本人的人并没有几个，但提起他的产品——娃哈哈，却很少有人不知道。这个42岁才开始创业的农民，之前曾经插过秧、晒过盐、采过茶、烧过砖，还卖过冰棍……但是短短20年时间，他便将一个连他在内只有3名员工的校办小作坊，打造成了如今的中国饮料业巨头。

宗庆后是如何做到这一点的？带着这些疑问，某电视台专门对宗庆后进行了专访。在问完一些意料之中的问题后，主持人突然拿出了一个娃哈哈矿泉水瓶，一连问了宗庆后3道问题：

"这个娃哈哈矿泉水瓶的瓶口，有几圈螺纹？"主持人问。

"3圈。"宗庆后立即答道。主持人一数，果然是3圈。

"那么，瓶身有几道螺纹？"

"8道。"宗庆后还是不假思索地回答。主持人一数，说怎么数着只有6道啊？宗庆后笑着说："上面还有两道。"

主持人并不甘心。她拧开矿泉水的瓶盖，沉吟片刻，突然笑着问宗庆后："您能告诉我这个瓶盖上有几个齿吗？"

什么？这也太无厘头了吧！现场观众们都诧异地看着主持人。当然也有一部分观众在等待着宗庆后的难堪。但宗庆后让他们失望了，他笑着对主持人说："你观察得很仔细，问题很刁钻。我告诉你，一个普通的娃哈哈矿泉水瓶盖上，一般有15个齿。"

"这个你也知道？"主持人瞪大了双眼，"我来数一下。"她前后数了三遍，结果真是15个！

在观众的掌声中，主持人站了起来，做最后的节目总结："关于财富的神话，总是让人充满好奇。一个拥有170多亿元身价的企业家，管理着几十家公司和两万多名员工，开发生产了几十个品种的饮料产品，每天需要决断处理的事务何其繁杂？可是，他连他的矿泉水瓶盖上有几个齿都了如指掌。也许我们可以从中看出，他是如何一步一步走向成功的。"

宗庆后自然不仅仅是靠着心细成为曾经的中国首富的。但"天下大事，必做于细"的哲言，无论放诸古今中外都是绝对没错的。"细节里面有魔鬼"，这绝对没错，而且不止一个，好的、坏的都有。邦达连科与加加林的例子最能说明问题。很少有人知道，加加林那“登月第一人”的荣耀本来应该是属于邦达连科的，因为当时苏联相关部门确定的登月第一人选正是他，但在升空前的一次训练中，邦达连科却在充满纯氧的船舱里随手乱丢棉团，结果无巧不巧地扔到了电极板上，导致了大火，他本人也因此丧命。他死后，加加林从20多名后备宇航员中脱颖而出，成为首个进入太空的宇航员。他是怎么脱颖而出的呢？原因很简单，每次进入飞船训练时，只有他一个人脱掉靴子，穿着袜子进入船舱。

2003年2月1日，美国“哥伦比亚”号航天飞机返回地面途中，在着陆前意外发生爆炸，飞机上的7名宇航员全部遇难，全世界为之震惊。美国宇航局负责航天飞机计划的官员罗恩·迪特莫尔被迫辞职。此前，他在美国宇航局工作了26年，并已担任4年的航天飞机计划主管。

事后的调查结果表明，造成这一灾难的“凶手”竟是一块脱落的隔热瓦。

“哥伦比亚”号表面覆盖着2万余块隔热瓦，能抵御3000摄氏度的高温，以免航天飞机返回大气层时外壳被高温所熔化。1月16日，“哥伦比亚”号升空80秒后，一块从燃料箱上脱落的碎片击中了飞机左翼前部的隔热系统。宇航局的高速照相机记录了这一过程。

应该说，航天飞机的整体性能等很多技术标准都是一流的，但只这一小块脱落的隔热瓦就毁灭了价值连城的航天飞机，还有无法用价值衡量的7条宝贵的生命。

成就大事不能忽视细枝末节，可以说，成功是一项系统工程，任何一个环节都至关重要，对全局都有着很大的影响。

第六十四章　慎小事微

其安易持，其未兆易谋，其脆易泮，其微易散。为之于未有，治之于未乱。合抱之木，生于毫末；九层之台，起于累土；千里之行，始于足下。为者败之，执者失之。是以圣人无为故无败，无执故无失。民之从事，常于几成而败之。慎终如始，则无败事。是以圣人欲不欲，不贵难得之货；学不学，复众人之所过，以辅万物之自然而不敢为。

【释义】

事物发展处于稳定的状态时容易把持，事物未露先兆时，易于处理，事物发展尚处于脆弱的阶段时易破裂，事物发展尚处于微小的状态时易消散。处理问题应在事情未发生之前，治理事情要在祸乱未闹起来之先。合抱的大树生于微小的根芽；九层的高台从一筐一筐的土垒起；千里的远行开始于脚下举步。妄为要失败，强行把持一定会失去，所以圣人不妄为，就不失败；不强行把持，所以不失去。人们做事，常常是在快要成功的时候失败的。处事之法则是慎重对待事情的终结，就像对待开始，就不会有失败之事。所以圣人行不欲之欲，不看重难得的财物；行不言之教，抛开众人

之过失而复归于根本。所以圣人能辅助万物按其自身规律发展变化，而不是轻举妄动。

【古典今读】

这一章紧承上一章，上一章主要讲“为无为，事无事，味无味”的道理，这一章老子顺延着上一章的余韵，进一步提出了一整套物理与人理相结合的新颖理论，其中的所有观点不但蕴含了极深刻的哲理，且含有富于实际意义的行动技巧及切实可行的生活智慧，这些格言后来成为中国人修身行事的座右铭。

“其安易持，其未兆易谋，其脆易泮，其微易散”，老子首先指出了如何透过事物的现象而捕捉其本质的道理，这些道理，在今天看来并没有什么令人疑惑不解或高深莫测之处，这是因为这些道理已经在漫长的岁月里被大众化了，它们已成为民众传统信仰的重要组成部分。其实，它们在2500年前的春秋时代，则不啻为振聋发聩之语。

在本章中，老子运用三个排比句："合抱之木，生于毫末；九层之台，起于累土；千里之行，始于足下。"由此，再看一下荀子《劝学篇》中所写的这几句话："积土成山，风雨兴焉；积水成渊，蛟龙生焉；积善成德，而神明自得，圣心备焉。不积跬步，无以至千里；不积小流，无以成江海。"可见，他们在思想观点上有某些相同或承继关系，或者说，荀子吸取了老子的这一观点。但荀子与老子的结论不同，他说"锲而不舍，金石可镂"，人要像蚯蚓那样"用心一也"，虽然"无爪牙之利，筋骨之强"，也要"上食埃土，下饮黄泉"，提出积极进取的主张；而老子则主张无为、无

执，实际上是让人们依照自然规律办事，树立必胜的信心，凭借顽强的毅力，耐心地去完成，稍有松懈，常会造成前功尽弃、功亏一篑的结局。

事实上，宇宙间的所有看上去属于偶然的和突发性的事变，都必然经过了一个复杂、隐晦、潜移默化的演化阶段，只不过人们往往注意不到罢了。人类注意不到事物之间潜移默化的作用，而许多动物却比人类具有更加敏锐的洞察力，暴风雨来临之前的晴天白日下，老鼠、蚂蚁、青蛙、飞鸟们都会因预感到灾难的即将到来而纷纷未雨绸缪。按照生物界的常理，人类自然也应该具有未雨绸缪的能力，但事实上，在近代科学工具产生之前，人类确实已经丧失了这种能力。至于为什么会丧失，或许是人类脱离大自然的时间过久，或许是人类过于注重对人类世界的关爱而故意疏远了大自然，或许是人类有意地回避了那些无可逃避的灾难。

老子的提示对人类具有深刻的启发意义，他告诉人们，所有强大的、不可战胜的事物都有它的萌发时期，萌发时期的事物正处于柔弱阶段，如果人们善于把握事物的这种规律，就能够防患于未然。他指出："为之于未有，治之于未乱。"这正是对能瞻前而不能顾后的人类的提醒。

老子洞察了万物对生命的坚守，从来都不是通过变换表面形式来故弄玄虚，而是真诚地顺从自然，感到人类的许多行为确实是脱离自然界太远了。而且，人类这样犹如急行军一般的前进，对生命质量的提高会有真实帮助吗？老子不认为人生应该如此度过。老子在此强调了一切灾难和祸患都因有所作为和心理偏执而起。他说："是以圣人无为故无败，无执故无失。民之从事，常于几成而败之。慎终如始，则无败事。"不试图有所作为，自然少有失败；个人行为不偏执，自然少有失误。老子认为，一般老百姓们做事情，因为不懂无为的道理，亦不能以一种极其慎重的态度把一件事情从始到终地做完，他们虽然永远在忙碌着，却总在事情眼看着即将成功的时候失败了。

本章仍然接着上一章，谈老子对生活的态度。

开篇老子就指出"其安易持，其未兆易谋，其脆易泮，其微易散"，从而得出"为之于未有，治之于未乱"的结论，就是说应该在事情还没有发生的时候去做准备，在还没有发生散乱的情况下进行治理。如果等到危机来了再去对付，那就太迟了。

那又该如何做到防患于未然呢？

老子说："合抱之木，生于毫末；九层之台，起于累土；千里之行，始于足下。"就是告诉我们，任何事情一开始就要注意，"慎终如始，则无败事"。一件事从开始到结束，都保持谨慎的态度，就不会失败了。

许多人在做事时，开始比较谨慎，过不了多久，就松懈下来了；有的人对大事、难事比较谨慎，对小事、容易事就疏忽了。生活中不是常常有因忽略小事而酿成大祸的惨痛教训吗？在困难的事情面前一筹莫展，还不是在容易事前疏忽而导致的吗？因此，如果不想失败，就要十分谨慎。有古语说，"行百里者半九十"，就是指事物进展到尾声时切勿疏忽

大意，以防前功尽弃。在我国历史上就有过这样的教训。

战国时，秦国国富民强，气势最盛。秦武王以为从此可高枕无忧，便以骄色示人。一谋士见势不妙，便进言提醒武王道："诗曰'行百里者半九十'，指的是要看到最后关头的困难。今天的霸业是否能成，还得看各方诸侯是否出力，然而大王现在就沾沾自喜，以骄色示人，而忽视图霸的准备，若让他国知道了，受到诸侯攻击的话，霸业就难成了。"

秦武王虽精于政治，其霸业也只维系了短短的四年。可见他没有听进谋士的忠言。

在施政方面，真正做到善始善终、居安思危的，要数唐太宗李世民了。

太宗常对左右说：“治国之心犹如治病。病人希望尽快痊愈，求医心切。如果病人能认真听从医生的嘱咐，配合治疗，病就痊愈得快；反之，恐怕就要使病情恶化，甚至丧命。治国也是同理，要想保持天下安定，就得事事谨慎，若在关键时候有疏忽，必招亡国之祸。现在天下的安危全置于我一人肩上，因此，我要慎重地警惕自己。即使歌功颂德，我还需检点自己的言行，加紧努力。但是，只靠我一人是难有作为的，希望你们能做我的耳目，发现我有过失，请直言无妨，君臣之间如有疑惑而不说，对治国是极其有害的。”

唐太宗如此开明，才引出善谏的魏徵，以这种态度施政，才出现了中国历史上有名的“贞观之治”。

【事典心裁】

事业成于慎而败于纵。要想万事顺利，就一定要小心谨慎，即便是一帆风顺，也不可掉以轻心，只有以“安全驾驶”的姿态去把握事情，才能到达胜利的终点。

梁伯强从很不起眼的小小指甲钳入手，做成了全球的大生意。他在老家广东省中山市小榄镇的聚龙集团，专做工艺品和小五金产品。在这个珠江三角洲的名镇，他也算是一号人物了，与乐百氏的创始人何伯权等人几乎同时创业，可年销售额却只有2000多万元。

2001年下半年，梁伯强在小榄镇一下子圈了300亩地，他想把小榄镇打造成全球的指甲钳制造中心。在他看来，这是中国入世给他这个小老板的机会，但对这样一个大的投资决策，他多少有点儿紧张。

回想当初，即1998年5月的一天，梁伯强偶然从报上看到一篇《说话指甲钳》的短文，文章以指甲钳为例，提及轻工企业应努力提高产品质量，开发新产品。小小指甲钳市场有空白点，也是企业发展的机遇。一想自己在工艺品、小五金行业做这么多年，什么赚钱做什么，结果也没干出什么大名堂，梁伯强觉得是该有所专攻了。他决定在小五金行业做单一产品，做品牌，而不再做那些低档的产品，梁伯强把宝押在了指甲钳上。

经过考察和攻关，梁伯强生产出第一款命名为“圣雅伦”的新一代指甲钳。经国家日用金属制品质量监督检验中

心检测，该指甲钳各项指标均达到或超过称霸国际指甲钳市场的韩国产品，而价格仅是韩国产品的60%。这让当时中国轻工行业协会既吃惊又兴奋。

2001年8月，梁伯强收到了全国日用品标准化中心的委托函，委托聚龙集团起草指甲钳行业的国家标准。当时，“圣雅伦”在国内指甲钳的高档市场占据了70%以上的份额；在国际市场，“圣雅伦”已经进入东南亚和欧美市场。2002年销售额已达到6000万元，梁伯强走出了第一步。

梁伯强还有更远大的理想：在“中国小五金之乡”小榄

镇打造一个全球最大的指甲钳制造基地，新建6条现代化生产线，年销售额达到6亿元；在中国小商品集散地、全国物流中心浙江义乌与合作伙伴利中金属制品有限公司推出一个新品牌——“利中牌”指甲钳，占领国内中档指甲钳市场；与广东另一家指甲钳企业进行战略结盟，组建中国指甲钳集团，在全球打造指甲钳“中国造”的口碑……

故事一：

每个人小的时候，都会被老师或者家长问及：你长大了想当什么？想成为什么样的人？想从事哪类工作？同样，每个孩子都会在童年梦想着自己长大了能够成为白衣天使、园丁、科学家、记者、作家等。然而，当这些孩子长大之后，又有多少人实现了自己的愿望和理想呢？答案很显然：少之又少。

老子在这里点明了人们失败的原因，或者说告诉了我们踏上成功之路的方法——“千里之行，始于足下”。

这句话虽不是什么豪言壮语，但它却为人们揭示了一个简单而又客观实在的道理，即再远的路只有一步步去走才可以到达，再大的困难只要不断地去克服就一定能够成功。“千里之行”说的就是一种远大的奋斗目标，也就是孩子们常说的“我长大了要做科学家、要做作家……”如果没有这个“千里之行”，“始于足下”就无从谈起了。

人们常说：“成功，始于心动，成于行动。”而只有心动而没有行动，任何理想都将以失败告终。若想步行千里，首先要做的就需要迈出成功的第一步，然后是第二步，第三步……直至达到千里以外的终点。

蒸汽机车（即早期的火车）的发明者史蒂芬森共有八个兄弟姐妹，小时候穷得全家十多个人挤住在一个房间里。史蒂芬森没有机会读书，只好去给邻居放牛。但一有时间，他就用黏土和空心树枝做他想象中的蒸汽机车模型。到他十七岁时，他就真的组装成了一部蒸汽机车，还让父亲帮他烧火做实验。史蒂芬森虽然没有进学校读书的机会，但机器就是他的老师，而且他是非常用功的学生。当同龄人在游山玩水、逛酒吧的时候，他却在拆洗机器，仔细研究和反复做实验。当他作为一个伟大的发明家和蒸汽机车的改进者闻名于世的时候，那些游手好闲的人又都羡慕他了。

古往今来，能够在事业上取得成就的人很多。他们的成就和荣誉，往往令人敬佩、羡慕，人们也常渴望能取得像他

们那样的成就。无论哪一个有志者，都应该记住老子的这句话："千里之行，始于足下。"

不管做任何事，迈出第一步都很重要。智者虽有千虑，如果不付诸行动，必将一事无成；愚者虽少智慧，只要在行动中磨炼自己，也将心想事成。任何时候我们都不要忘记提醒自己：行动是通往成功的阶梯。

每个人都有自己的理想与目标，哪怕仅仅是微乎其微的——能吃饱饭、有好衣服穿、有房子住……然而，唯有行动可以帮助我们实现这些目标：若想吃饱饭就要去劳动，就要去工作；同理，如果我们想在人生之路上有所作为，就不要将我们心中的那份宏伟蓝图深藏于大脑之中，随着我们的老去而发霉烂掉，要敢于迈出成功的第一步，这样的人生才更有意义，我们离成功也会越来越近。

故事二：

合抱的大树都从小树苗开始生长，九层的高台是由一筐筐泥土堆积起来的，老子对于积累的认识很深刻，他认为任何事物都是由小成大、聚少成多的。

老子的这一观点很客观，也很符合事物发展的规律。正如人们所熟知的“不积跬步，无以至千里；不积细流，无以成江海”一样，无论做什么事，若能不断努力，长久不懈，永恒地做下去，总能有所收获。

格拉斯哥大学的教授凯尔文爵士，喜欢在物理课上给学生们做这么一个示范：他把一块很重的铁吊在教室的天花板上，然后从一个装满纸团的篮子里抓起一个又一个纸团，不停地向铁块砸去。那块铁起初可以说是纹丝不动；但过了一会儿，开始轻微地颤动；然后开始摆动，最后居然像钟摆一样，荡来荡去。

这个实验中的纸团相对于铁块来说重量简直微乎其微，然而正是这微乎其微的纸团一个接着一个不断地累加撞击，使得较重的铁块摆动了。这同样是积累的成功。倘若纸团并不是接连不断地冲击铁块，一个小纸团是很难撼动铁块的。

一个人想要获得成功，必须在日常生活中有所积累，有所沉淀，在这个基础上，才有可能抓住机遇。

20世纪最初的几十年里，在太平洋两岸的美国和日本，有两个年轻人都在为自己的人生努力着。经过六年的拼搏，日本的滕田靠节衣缩食攒钱起家，美国的江恩靠研究股市的“K线理论”致富。

在这两个看似风马牛不相及的故事中蕴涵着一个相同的道理，那就是许多成就大事业的人，他们也同样是从一点一滴的努力中创造和积累成功所需的条件的。

人们常常希望摆脱小事的束缚，甚至不愿意去做小事，企盼着能够“一招成名”。当然，我们并不否认有不少人是“一招成名”的，然而这里要说的是，那毕竟是有很大的运气成分在里面，然而这种运气又不是大多数人能够碰上的。对于一般人来说，要想成就大事，就不能忽视对小事的积累。如果我们忽略小事、小物、小地方，绝对不可能完成大事，抵达成功。

提起我国的数学家陈景润，谁都会把他与那颗数学王冠上的明珠——“哥德巴赫猜想”联系起来。但是，你是否会因他的成就联想到别的，比如他是从什么时候开始积攒那十几麻袋的草稿的？

曹雪芹花了十年写成《红楼梦》，如今有上千万人钻进“红学”里；司马迁花十八年的岁月写成他的《史记》，并且是在艰苦的环境里写作，让人震撼；李时珍用二十七年的时间写成了《本草纲目》，给祖国医学留下了一笔厚重的遗产；哥白尼撰《天体运行论》用了三十年，这样的精神就可以鼓舞你的人生；马克思奋斗了四十年写成《资本论》，对世界产生了深远的影响；雨果写《悲惨世界》用了三十年，是人们的精神粮食；歌德用六十年的光阴来写他的《浮士德》，人们光为他的耐心和努力不懈的精神就由衷地敬佩他。

在现实世界里，每个人都有梦想，都渴望成功，然而志大才疏往往是阻碍人成功的最大的障碍。人们看到的只是成功人士功成名就时的辉煌，却往往忽略了他们在此之前所进行的艰苦卓绝的努力，任何人只有通过不断的努力才能凝聚起改变自身命运的爆发力。老子告诫我们：成功需要积累。这永远是一条最原始也是最简单的成功智慧。

现在有些人很想成功，然而他们更关注树立怎样的理想，却对于如何实现自己的理想不感兴趣，这样的人日夜眺望着远方辉煌的目标，却不想方设法地去缩短这部分距离，

这样的理想称之为空想。古人常说“读书破万卷，下笔如有神”，“读书破万卷”是一个积累的过程，如果没有这个过程，很难达到“下笔如有神”的境界。因此，这些有远大抱负的人也应该拥有这个“读书破万卷”的积累过程，一点点缩短这个距离才能接近并实现自己的理想。

第六十五章 善为道者

古之善为道者，非以明民，将以愚之。民之难治，以其智多。故以智治国，国之贼；不以智治国，国之福。知此两者亦稽式。常知稽式，是谓玄德。玄德深矣远矣，与物反矣，然后乃至大顺。

【释义】

古代善于行道的人，不是使民众明察，而是使民众淳厚朴实。老百姓之所以难治理，是因为他们多智。所以以巧智

治国，是国家的灾祸；不以巧智治理国家，是国家的福气。要知道这两种治国方略也是两种治国法则。常知什么是法则，这叫作深奥的德。深奥的德深不可测啊，远不可及啊，和万物一起复归道的质朴，才能极大地顺乎于自然。

【古典今读】

“古之善为道者，非以明民，将以愚之。民之难治，以其智多”。我们知道老子一向反对巧智，在他看来民众之所以难治，是因为统治者治理不善造成的，那么统治者应该怎样治理才能安抚民心呢？老子指出应该“将以愚之”，这里的“愚”是纯朴厚道的意思。一旦民心淳朴了，民众就不会生出事端，天下自然太平，也就容易治理了。老子并非站在统治阶级的立场为其出谋划策，而是为广大老百姓的安定幸福考虑的。

“知此两者亦稽式。常知稽式，是谓玄德。玄德深矣远矣，与物反矣，然后乃至大顺。”“玄德”是什么？不就是前文“含德之厚，比于赤子”之“德”吗？不就是“修之于身，其德乃真”之“德”吗？不就是“道生之，德畜之”之“德”吗？只有这个“德”才是深且远的“道”之“德”，而非人间所谓的道德之德，德行之德。“与物反矣”，这是说，玄德与具象的物不一样，“德”与道一样也是无形无象的，必须透过“物”的运动才能彰显其“德”，也就是我们上文一再提到的“德”，皆不是可以寻找到的物象，必须透过物象去审视品味。一旦落于具象，就不再是“德”了。

我们可以通过对老子这一章的解读，透悟人生的规律：只有一切遵循大道，做到敦厚朴实，才可拥有真实的人生。老子说，如果使民众拥有巧智，人心就多伪诈，国家就难以治理。这也可以推延到个人，如果我们心机太多，不但自己会感到劳累、困顿，而且还会破坏和周围人的良好关系。试想在一个人人都狡诈、善变、满怀心机的群体里，每个人都想着如何满足自己卑俗的欲望，那么这个社会就会变得虚伪、狡诈、面目可憎，我们生活在这样一个群体中，还有什么乐趣可言呢？

没有人喜欢生活在伪诈的环境里，没有人喜欢和虚伪的人打交道，我们要想摆脱这种讨厌的人和环境，就必须从

自身做起。无论环境如何每况愈下，我们都要保持清醒的头脑，将自己恢复到自然纯真的状态，待人接物都应秉承自然淳朴的特性。现代社会，很多人主张返璞归真，这在一定意义上起到了作用，但必须清楚地认识到，返璞归真绝非一种形式，不仅仅是回归山林，到大自然中去呼吸新鲜的空气，或游山玩水，而是达到心灵的回归。心灵的回归就是灵魂彻底抛弃世间的浮华，达到和自然的和谐统一，只有这样我们才算摆正了自己的位置，才能悠然自得，人生才能其乐无穷。

本章接续上一章，继续发挥其思想的余韵。

人们为什么会出现那本末倒置的虚伪追求？为什么自愿扭曲本性而追逐那些与生命无关的东西？国家为什么越来越混乱？老子认为这是由于人们巧智太多的缘故。

老子又强调了远古的历史经验，那些善以大道来治理国家的人“非以明民，将以愚之”。就是说他们治国不教人民巧智，而教人民纯朴厚道。因为他们知道以大巧治国是灾，以愚治国是福。经常以此为戒，就能够具有“玄德”了。

治国如此，治身也应如此。

一个人巧智太多，就容易不诚实、虚伪，变得过于精明。

以前，北京有一家餐馆，以专门卖兔肉驰名，客人们都慕名而来，等着吃香喷喷的兔肉。

有一天，一桌客人叫了一大盘兔肉，大家都争相尝鲜、大快朵颐。可是其中一个对兔肉颇有研究的客人吃了几口后，觉得这个兔肉的味道不太对劲，就把餐厅老板叫了过来，请教他：“请问，这是兔子肉吗？”

“是的，这是咱们这儿的地道的兔子肉。”老板客气地说。

“可是，怎么吃起来味道有点儿酸酸的，好像是骡马肉的味道？”客人质疑。

“嗯……这个嘛……先生，不瞒您说，最近兔肉缺货，所以添加了一点儿骡子肉！”老板笑着回答。

“加了一点儿？”客人又吃了一口，皱着眉说，“我看，恐怕不只‘一点儿’吧！味道差很多呢！”

“对不起，是添加了一些，先生！”老板不好意思地说。

“那到底添加了多少呢？”

“一半一半啦！大概是一匹骡子，配上十只兔子啦！”老板说。

这位老板就是心智太多而有了私欲，试想那几位客人被骗了一次，以后还会再来吗？长久下去，他就只有关张了。

反之，一个人不虚伪，纯朴厚道，那就是他的福了。

【事典心裁】

纯朴厚道是一个人宝贵的德行。纯朴厚道的人会得到别人的信任，纯朴厚道的人少有灾难，即使遇到了不可抗拒的灾害，他也会因为自己的纯朴厚道而遇难呈祥。

唐玄宗天宝年间，在长安的崇玄馆里，正在进行一场激烈的辩论。一方是以期升为首的大批太学生，另一方只有陈少游一人。以前，期升在全馆是辩论高手，谁都服他。可是这一次，陈少游却不慌不忙地与他展开辩论。陈少游声音朗朗、引经据典，而且他的阐释不止于文句，寓意甚深，他还特别表现出对庄子、老子、列子等经典的精深研究。结果，

全馆的同学谁也辩不过他。

陈少游的表现，得到大学士陈希烈的赏识。从此他对陈少游总是另眼相看。不久，陈少游就被任命为渝州南平（在今重庆市东）令，以后又不断升迁。随着官位的升迁，他的贪欲也不断增长。

他聚敛财富，同时又舍得以钱财笼络权佞，这是他不断升官发财的诀窍。他笼络住泽潞节度使李抱玉，李抱玉上表代宗皇帝，希望皇帝任命陈少游为自己的副使。唐代宗永泰二年（766年），李抱玉再次上表提拔他为陇右行军司马。几经升迁调转，他做了桂州刺史、管桂观察使。

但是陈少游仍不满足。桂州在今天的广西壮族自治区，地理位置偏远，他希望能在一个离京师比较近的州郡为官。一次，他寻机回到长安，几经打听，知道现在受皇帝宠幸、掌握朝中大权的是宦官董秀，他把董秀的有关情况打听清楚后，便在董秀家附近找一家旅馆住下，单等董秀回家。见到董秀后，陈少游发挥他伶牙俐齿的特长，几句话就使谈话融洽起来。“七兄弟家中几口？每月得多少花销？”陈少游关切地问董秀。

“在下担任现职已经几年，家庭负担很重。现在物价上涨很快，哪个月都得一千多贯。”董秀诉苦似的说道。

“这样重的负担，一个人的俸禄怎能够用呢！七兄弟肯定需要经常向人借钱。如果有人愿意大量地给您提供钱财，只求您关心爱护，那您的日子可就宽裕多了。我虽然没有什么能力，但我愿意保障七兄弟的用度。每年我愿献给您五万贯。现在我的手头就有一多半，先交给您。剩下的一半，我回去以后，派人给您送来，免得您为了生活而奔波劳碌。您看如何？”

董秀没想到还有这样的好事，便欣然同意了。

这时，陈少游落下泪来，说道：“只怕我今后再也见不到七兄弟了。”

董秀急忙称呼着陈少游的官职说：“中丞有这样强的才能，不应该总是在外任。您给我几天时间，我一定办好这件事。”

从董秀这儿出来，陈少游又找到元载的二儿子元仲武，给他也送了重礼。这样，董秀和元载在朝廷内外一起给他制造舆论，几天的工夫，陈少游便被拜为宣州（在今安徽省）刺史，果然比桂州近了许多。大历五年（770年），又改任越州刺史兼御史大夫、浙东观察史。大历八年改任扬州大都督府长史、淮南节度观察使。官一步比一步大，地方一次比一次近，而且所在地一个比一个富庶。

陈少游为官的经验是：多施小惠，让手下人得到好处感到安心，对上还要讨好朝廷。当时正值“安史之乱”结束不久，吐蕃、回纥等族不断犯边。如遇水旱灾害，国家的财政就非常困难。这时，陈少游主动提出，把扬州的税率提高百分之二十，盐税也每斗加一百文。他后调任的这三处，都是天下富庶之地，很有油水可捞。他安抚了上上下下，便大肆搜刮起来。那些以供给朝廷为名多征的赋税，实际上有很大一部分进了他自己的腰包。他几乎每天都要求各地给他

送礼，他还经营商业，几年的时间，他的财富就达到上亿钱之多。

有了钱，他就拿出一部分贿赂有权势的达官显要。他每年送给元载的金帛，价值就达十万贯。他还贿赂宦官骆奉先、刘清潭、吴承琦等人，让这些人不断地在皇帝面前说他的好话，后来德宗即位，陈少游觉察到德宗对元载的信任在下降，便开始疏远元载。

不久，元载的大儿子元伯和被贬到扬州，陈少游表面上和他交朋友，暗中却派人监视他，并把元伯和的不法行为报告给德宗。德宗觉得他很忠诚，对他很信任，不断给他升官。有一次让他去镇压叛军，他打了败仗，反而给他加了官，还给他封了地。

陈少游有时干脆就明抢。德宗建中四年（783年），叛贼李希烈兵逼长安，德宗逃到奉天（在今陕西省乾县）。当时度支汴东两税使包佶在江淮地区征来的八百多万贯租税存在扬州。

陈少游闻讯后心想，皇帝已经逃离西京，以后怎样还很难说，不如把这一大笔财富拿过来。他派手下的一个判官找到包佶，说："现在局势不安定，请您拿出二百万贯给我们做军费。"软硬兼施之下，八百万贯国家财赋全被陈少游抢了去。包佶无奈，写了一份奏表，封在一个弹弓的弹丸里，派人送给德宗，禀报了赋税被陈少游强抢的情况。

正好这时陈少游派来的人也在朝中。德宗问那人："有人察报，陈少游抢了包佶的财赋，有这回事吗？"那人不知德宗的态度，只好吞吞吐吐地说："我那时已经离开扬州，不知此事。"德宗说："少游是守护国家的大臣，现在转运不便，为了防止他人抢劫，他取用一些也未尝不可。"众臣听了德宗的话，大吃一惊。这话传到陈少游耳朵里，他那悬着的心才放了下来。这时陈少游听说已经称帝的李希烈攻陷了汴州，马上要进攻江淮，便急忙派人给李希烈送去大量礼物。李希烈还向陈少游这里派来了刺史。包佶这时也赶到了奉天，向德宗亲自报告了陈少游抢夺财赋的事。陈少游很害怕，便上表说那是为了防卫急用，并且准备归还。为了还上这笔债，陈少游便在自己的管辖区内大肆加税搜刮，但因为受到战争破坏，一时征集不到这么多钱财。这时，李希烈

被打败，从他那里缴获的他的《起居注》，上面明明白白地记载着某年某月某日“陈少游上表归顺”的事。陈少游知道后，又惊恐又羞愧，发病而死。

君子只有通过广泛博览的学习，并且每天检查和反省自己，才会明白许多道理，从而不会让自己的行动有所偏差。志向高远，就对权贵傲视；以道义为重，就藐视王公大臣；

内心省察自己、注重思想修养，就觉得外物轻微了。如果你看见了他人好的品行，一定要认真地省察自己有没有这种好的品行；看见了他人不好的行为，一定要怀着忧惧的心情反躬自问。自己有了好的品行，一定要坚定不移地加以珍视；自己有了错误，一定要像被玷污了一样感到厌恶。

假如普通人把实行仁义作为主要内容来学习，专心一意，认真思考，仔细审察，长此以往，一天天地增进，积累善行而不停止，那么就能达到神明的境界。只要不停地前进，就是跛了脚的甲鱼，也能行走千里；只要不停地堆土，终究会堆成一座大山；把水源堵住了，又挖开沟渠让水流出，即使是深广的长江、黄河，也可能会干涸。见到好事，立刻去做，遇到疑难，立即去问，不等过夜。对于天下的各种事情不能融会贯通，就不能称作是擅长了。

人的资质秉性、知识和能力，君子与小人一样；爱好荣誉、厌恶耻辱，爱好利欲、厌恶祸害，君子与小人也一样。但是，求得荣誉和利欲、避免耻辱和祸害，君子与小人所采用的方法就不一样了。小人拼命做荒诞不经的事，还想要别人相信自己；拼命干欺诈的事，还想要别人亲近自己；行为如同禽兽，还想要别人用善意对待自己；心术叵测、行动诡诈，所持的观点难以站住脚，结果必然得不到荣誉与利益，也必然遭受耻辱与祸害。至于君子，对别人诚实，也想别人对自己诚实；自己忠厚待人，也想别人亲近自己；品行正直，办事中肯，也想别人用善意对待自己；襟怀坦白，行为安稳，所持的观点易于成立，结果必然得到荣誉和利益，肯

定不会遭到耻辱和祸患。

人应该向天底下有能耐的好人看齐，同心协力为社会多做贡献。不能因为各自的思想和方法不同，性格上的差异，甚至微不足道的小过节而互相诋毁，互相仇视，互相看不起。古人说："二虎相争，必有一伤。"这样下去，大家都不好过，抬头不见低头见，得饶人处且饶人吧！朋友之间相处要和气待人，需要用"和气"来化解彼此之间的矛盾。每个人都是不同的，对于性格、见解、习惯等方面的相悖，要以和为重，若"急风暴雨、迅雷闪电"会影响朋友之间的关系，甚至导致友谊破裂，反目成仇；而若和气面对彼此的不同，进而欣赏对方的优点，则对方也会对你加以赞美。这样的话，你们的关系会相处得更好。

故事一：

宋朝的王安石和司马光非常投缘，两人在公元1019与1021年相继在同一机构担任完全一样的职务。两人互相倾慕，司马光仰慕王安石绝世的文才，王安石尊重司马光谦虚的人品，在同僚们中间，他们俩的友谊简直成了典范。

王安石和司马光的官愈做愈大，但是因为对于变法的事情产生了分歧，原本相互唱和、互相赞美的两位老朋友因此反目成仇。倒不是因为解不开的深仇大恨，人们都不相信，他们是因为互不相让而结怨。两位智者，成了两只好斗的公鸡，雄赳赳地傲视对方。有一回，洛阳国色天香的牡丹花开，包拯邀集全体僚属饮酒赏花。席中包拯敬酒，官员们个个善饮，自然毫不推让，只有王安石和司马光酒量极差，待酒杯举到司马光面前时，司马光眉头一皱，仰着脖子把酒喝

了；轮到王安石，王执意不喝，全场哗然，酒兴顿扫。司马光大有上当受骗的感觉，于是喋喋不休地责备起王安石来。王安石以牙还牙，自此两人结怨更深，王安石得了一个“拗相公”的称号，而司马光也没给人留下好印象，他忠厚宽容的形象大打折扣，以至于苏轼都骂他，给他取了个绰号叫“司马牛”。

到了晚年，王安石和司马光对他们早年的行为感到后悔，大概是人到老年，与世无争，心境平和，世事洞明，回归本性的淳朴，可以消除一切拗性与牛脾气。王安石曾对侄子说，以前交的许多朋友，都得罪了，其实司马光这个人是个忠厚长者。司马光也称赞王安石，夸他文章好，品德高，功劳大于过错，仿佛是有一种约定似的。两人在同一年的五个月之内相继归天，“拗相公”和“司马牛”尽可以在那里和和气气地做朋友，吟诗唱和了。

故事二：

秦国出兵偷袭郑国，大军悄悄向东进发。郑国有位贩牛者叫弦高，带人赶了几百头牛西向行进，去京师洛邑贩卖，在黎阳津遇到朋友蹇他。二人相见大喜，吃酒闲谈。无意之中，蹇他说起路遇秦军东进，据说要去攻郑的消息。弦高一听大惊，心想：郑国是我的祖国，我怎能坐视不救？但又想：即使现在就返回郑国报告，怕国内也来不及准备了。怎么办呢？诸侯国间打仗，一般是先派使者威胁，下战书，而今秦国却悄然出兵，这分明是想趁我们无防备，打我们个措

手不及。想到这里，弦高突然眼睛一亮，心想：有了，对，就这么办。

他一边派人迅速回国送信，一边带人向秦军迎去。走不多远，果然碰到了秦军的先头队伍。弦高整整衣服，叫人按当时的礼节，前边带着四张熟牛皮，后边赶着12头肥牛，走到秦军先头部队前，说："我是郑国的使臣，有事要见你们主帅。"前哨通报给主帅孟明视。孟明视闻听大惊：我们是秘密偷袭，怎么会有郑国使者来接呢？踌躇再三，还是先见一下为好，或许郑人不知我军意图，有别事要讲。想到这里，孟明视忙传郑使来见。

弦高拜见孟明视，寒暄之后，说："我们国君听说将军率兵将要到我国去，特派我来犒劳大军。"于是命人献上礼物。又说："不知大军是在我国小住呢，还是仅仅路过？国君还让我问明白了，好预先准备粮草。"孟明视支支吾吾，最后说："我军不是去郑国，而是有别的任务。"弦高说："那么我回去报告我们国君，就不用再准备别的了。"

弦高离去后，孟明视与部下计议："我们原想偷袭郑国，打它个措手不及。但人家早已听到了消息，肯定预先准备好了。我们是轻师远袭，没有后援，不能持久作战。这仗是打不赢了，还是回师吧。"于是就近把小小的滑国灭掉，退兵西去了。

弦高凭借自己的机智，假借君命，犒劳秦师，故意打草惊蛇，张扬消息，使秦帅误以为郑人已早做准备，失去了偷袭的条件，因而不用寸兵，智退秦军，拯救了祖国，使国人避免了一场劫难。善为道者，并非弃绝一切才智，而是怀着一颗淳朴的爱国之心，才能在国家危难之时挺身相救。

第六十六章　善下不争

江海所以能为百谷王者，以其善下之，故能为百谷王。是以圣人欲上民，必以言下之；欲先民，必以身后之。是以圣人处上而民不重，处前而民不害。是以天下乐推而不厌。以其不争，故天下莫能与之争。

【释义】

江海之所以能成为百川之王，是因为江海善于自处于百川之下，故能成为百川之王。所以相处于民众之上，就要在

言辞上对民众表示谦虚卑下。圣人之所以能领导民众，是因为其把自身的私利放在民众之后。所以圣人在民众之上而民众不觉得是重负，圣人在民众之前而民众不觉得受到损害。天下民众乐于拥戴他而毫不厌倦。因为他不与人相争，所以天下没有人能跟他相争。

【古典今读】

这一章开篇，老子以一个十分常见的物理现象来引出自己的观点。我们都知道海纳百川，在前面的章节里我们已经论述过，江海之所以能纳百川，是因为江海位于百川之下，它自甘卑下之位，所以百川会自然地归属于它，从而成就了它的浩瀚，使它成为百川之王。老子拿统治者与之进行类比，说圣明的统治者之所以能领导民众，并得到民众的归顺和爱戴，最主要的原因是他不计个人得失，甚至将个人的私利放在民众的利益之后。他对待民众就如同江海对待百川一样谦和卑下，一切以民众为先，故而能够得到民众的尊敬和拥护。

我们联系老子所处的时代背景，春秋晚期，国家、阶级、等级、政权、君主、大臣、贵族、王侯这些东西已全部出现，社会制度已经日趋完善，人民的自由权利以及对重要活动所拥有的决策权至此已经全部丧失。统治集团的地位亦已完全巩固，他们与人民大众之间形成地位分明的不同阶级。这时，不要说国家的最高领导者，就是一般的官员也已经用不着表现出卑下的言辞和谦虚的姿态了。

老子本是富有谋略的智者，但由于他过于关注民生的苦难，也时时对国家政治怀有一些天真的幻想，他希望远古时代的仁慈酋长们能够重新出现，或者是当时的领导者能主动效法那些远古的圣人，他说：“是以圣人处上而民不重，处前而民不害。是以天下乐推而不厌。以其不争，故天下莫能与之争。”统治者虽然高高在上，但人民却感觉不到被压迫；统治者虽然处于领先地位，但人民却并不感到被伤害。老子提倡领导者应该卑下是真诚的，他认为领导者做到了让人民没有任何被压迫的感觉，那么不但会赢得国民的拥戴，而且会获得天下人的推举。如果领导者能够这样，天下就没有什么力量可以与他抗衡。

当今社会，和平与发展依旧是时代的主旋律。时代给我们每个人以机遇，创业的浪潮此起彼伏，席卷着每一个人的

心。在创业的路上，有的人事业如日中天，而有的人只能勉强维持现状甚至面临危机，是什么原因使他们如此不同？我们通过分析不难发现，其中的成功者不仅仅表现在其头脑的聪慧，还表现在卓越的用人才能上。俗话说，一个篱笆三个桩。任何人都不可能孤立地生存，他总要或多或少地借助别人的帮助，作为一个领导者更是如此。如何将自己的员工团结在自己的周围并充分发挥其才能，这是领导者成功的关键，也是衡量领导者基本素质的客观指标之一。一个好的领导者，深知员工的心理特点，清楚他们的内心需求，所以他将员工的需求和利益放在首位，尽量满足员工的需求。他不会因为员工不小心犯的一个小错误而大加指责，他的宽容如海一般；他也不会因为员工和自己的意见相左而排斥员工，打击员工的积极性；相反，他会采取十分谦卑的态度来对待有远见和创意的员工，用欣赏的态度接受员工的见解，这样员工就会产生很强烈的归属感，自然不会因为领导的妄自尊大而跳槽。而对于领导来讲，优秀员工的跳槽无疑是难以估量的损失。

对于一个企业如此，对于我们每一个人更是如此，谦和卑下是我们做人的准则，为什么这么说呢？无数惨痛的历史教训无不证明了这一点。我们的祖先早已给了我们“谦受益，满招损”的谆谆告诫。我们只有谨遵教诲，才能避免在人生的道路上连连受挫。

上一章讲述了圣人如何用“玄德”来治理民众，这一章继续阐述其中的智慧。

江海之所以能成为百川之王，是因为它非常谦逊，总是处于卑下的地方。

治理天下的道理与此相同。君王若想让人们相信他、拥戴他，使自己位居人上，他就必须对人民亲切一些、谦和一些；君王若想站在人前，就必须把自身利益置于人后，对人民多关心、多体贴，如此人民觉得他可以信赖，自然会把他尊为领袖。

同理，一个企业的管理者，只有赢得全体员工的爱戴和信任，才能排除企业潜在的障碍，带领职工勇往直前。日本著名企业家永野重雄曾颇为感慨地说："经营者和雇员如同一辆车上的两个轮子。在企业的内部，没有经营者和雇员之间协调一致的巧妙配合，企业这部车就难以正常运行。"

要做到协调一致、巧妙配合，作为企业的管理者就必须做到谦和，对员工关心、体贴，重视员工的利益。香港富丽华国际集团董事长陈丽华，就是一个善于协调自己与员工关系的管理者。

陈丽华的1300名工人都住在工厂里，一排排“夫妻房”也建造得十分精巧。她还包揽了所有工人一年四季的衣服。过阳历年，每个工人一件羽绒服，春节前她又为每个人准备了一件真丝棉袄。

陈丽华花在紫檀事业上的钱难以计数，但是她看重的是紫檀和一刀一刀为她雕出“紫檀王冠”的工人。她的比喻朴实无华：“一天吃一头牛，一年吃365头牛，能有多少钱？你有病了，黄金不能把你送去医院，还得是人。工人也是一样，所以处理好人的关系是最关键的。”

一个企业就是一部机器，与员工的关系处理好了，机器的运转就正常了。员工的积极性提高了，有干劲了，这样才能使企业蒸蒸日上。

【事典心裁】

故事一：

晋文公是春秋时期的一位霸主，未即位时曾因争权而逃亡在外。他历尽艰危险阻，吃尽苦头，几乎连命都丢掉，流亡了十九年，最后才回国即位。

在晋文公成为春秋霸主之时，翟这个地方有人进献给他

两张很大的狐狸皮和豹皮，都是普通百姓用不起的名贵之物。晋文公收到后十分感慨，长叹说："狐狸和豹子活得好好的，也没犯什么过错，就这样被人给杀了，只是因为它的皮毛长得太漂亮，所以引来灾祸。真是可怜可叹啊。"

晋文公身边有一个叫栾枝的大夫，曾经跟随他流亡多年，听到晋文公的感慨，就说道："一个国家拥有广大的土地，可是分配得不够平均；君主的内府里财帛那么多，可是并没有分配给百姓，所以百姓仍然没饭吃。这岂不是和被杀死的狐狸、豹子一样可悲吗？"他的意思是说，我们国家的土地很多，你私人的财富也很多，这就像狐狸和豹子的皮毛一样，华美而惹人惦记，说不定哪天就要因此招来灾祸啊。

晋文公是个聪明人，他听了栾枝的话以后，就说："你说得很有道理，请把话都讲出来，不要含含糊糊有所顾忌了。”

栾枝就接着说：“地广而分配不公平，就会引来百姓的怨恨，将来他们会为了争夺土地而起来替你分配的；你宫廷中财产那么多，只是聚敛在一起供自己享乐，而不是给社会谋福利，将来没饭吃、没钱用的百姓就会来将你宫中的宝贝都拿走。”也就是说，只有君主富有，而百姓穷困，那么当百姓生活过于困苦的时候，人们就会起来造反了，水能载舟亦能覆舟，到时候君主就会被百姓给推翻，什么都将要失去了。

晋文公说：“你说得很对。”于是马上实施政治改革，“裂地以分民，散财以赈贫”。

这也就是“以其善下之，故能为百谷王”的道理。

能处下，也就能吸纳，能汇聚，能丰盈。

关于晋文公还有一个故事，有一个叫咎犯的人，和栾枝一样是跟随晋文公流亡过的亲信，有一天晋文公和他讨论施政上的事情。

咎犯说：“分熟不如分腥，分腥不如分地，地割以分民而益其爵禄，是以上得地而民知富，上失地而民知贫。”

意思就是说：比如我们要分配一块肉，煮熟了来分，不如生着的时候分给人家好。因为生着的时候分，别人拿到了可以炒着吃，可以炖着吃，这都很方便。如果一定要煮熟了再分，那人家就只能吃煮熟的，不能按自己的口味来吃了，这就是有强迫别人顺从自己意志的倾向了。而且，分肉给人

又不如分地给人自己去耕种好，想吃什么就种什么。不但分配给他土地，使之生活安适，而且给他适当的职务，使他有事情可做。这样一来，虽然表面上是把自己的财产都分给百姓了，好像自己什么都没有了，其实百姓富了，也就是王室国家富有了。因为国家的土地和财富都分给百姓了，那么万一有人想侵略我们，百姓不用号召自己就会起来作战，保卫自己的财产，这是因为百姓的命运和国家是联系在一起的。历史上有很多朝代的灭亡，其实就是因为君主和贵族们将土地和财富牢牢抓在自己手里，舍不得分给百姓，结果百姓生存不下去了，就会起来反抗，争取自己的利益。或者有外来的入侵者，而百姓反正什么也没有，也就没有保护自己财产利益的想法，又怎么肯牺牲自己的性命去帮贵族们守卫他们的土地呢？所以就出现那种兵败如山倒，让入侵者长驱直入的现象了。

这种治国的道理，放到我们今天来说也是一样的，把范围缩小，小到一个企业、一个公司也是如此。有的公司给员工发股票，让员工都成为公司的股东，那么员工自然而然会加倍地努力工作，处处为公司的利益而打算。为什么呢？因为这时候公司不只是老板一个人的财产，它还是每个员工的财产，所以大家当然要想办法让自己增加收入。

表面上把自己的东西都分给别人了，但其实利益是更加巩固而且增加了。这是先把自己的位置放低，吸纳汇聚之后的发散，这就是道家哲理在世俗中的具体应用。

道家宣扬清静无为，静观玄览，追求内心的安宁，这就形成了离俗出世的理论。但从另一个角度来看，虽然老子主张清静无为，可是却在留下《道德经》之后才出的函谷关，这便是道家入世的最好证明。另外，在《道德经》里有很多涉及政治和世事的策略，可见老子其实是主张入世后才出世，是“功成身退”“事了拂衣去”的，而不是从一开始就要求人们脱离实际，超脱世俗。

所以我们在学习老庄之道时，首先要从入世上来理解，这就好比是盖高楼，基础是空的，那高楼只能是图纸上的空谈；只有基础是实在的，高耸入云的通天塔才有建成的可能。毕竟在现在这样的社会里，想要出世是非常困难的，我们只是普通人，想出世是很不容易的。但是如果我们总是陷于世间各种事务之中，被物欲所奴役，疏忽了精神上的自足，那就会对生活感到恐惧和疲惫，所以以出世的心态做入世的事情就很有必要了。其实无论儒、道、佛都是讲这个道理的，只不过各有侧重罢了。

如何以出世的心态做入世的事情呢？譬如老子的“无为而无不为”，譬如佛家的“砍柴担水，无非妙道”，譬如儒家的“谋事在人，成事在天”，讲的都是这个道理。我们要工作，要为家人的幸福而努力，要为社会的建设而付出劳动，这就是入世。但是我们自己不应该抱有挟恩图报、沾沾自喜的念头，以为自己做了多么了不得的事情，付出了多么大的牺牲，更不应该想要得到别人的感恩和回报，只要觉得尽了力，那就足够了，也就是道家提倡的顺其自然了。

所以，我们可以如江海善于处下，而后自然内心丰盈，不受外物所役。

故事二：

孟子，名轲，字子舆，战国时期著名的政治家、思想家。公元前336年，孟子来到了魏国，受到了魏国君臣的热烈欢迎。魏惠王问：“老先生，您不远千里而来，想必是来

对我们魏国奉献利益的吧？”

孟子回答说：“国君何必把利益挂在嘴上，应该以仁义为重。如果君王说怎样才能有利于我的国家，大夫说怎样才能有利于我的家族，官吏与百姓说怎样才能有利于我自身，上下互相为了谋求利益而争斗，国家就危险了，这样也就没有仁德遗留给亲朋了，也就没有忠义去追随国君了。”魏惠王听了称赞说：“好极了！”

起初，孟子曾拜子思为师，孟子问子思治理百姓的办法哪一种应放在前边，子思说：“先给百姓以利益。”孟子又问：“君子教育百姓只讲仁义二字，又何必再讲利益呢？”子思说：“仁义本来也是为了利益，因为上边不仁下边就会不得其所，上边不义下边就会热衷于欺诈，这样才是大不利的呀！因此《周易》上说‘利是义的总和’。《周易》还说：‘利益用来安定民心，而后才能使人崇尚道德。’这都是在讲利益是个大前提。”司马光评论说，子思和孟子的话是一致的。只有崇尚仁义的人才知道仁义是如何成为利益的，不讲仁义的人是不知道的，所以，孟子对魏惠王只讲仁义而不涉及利益的原因，是所讲的对象不同的缘故。

以上两位哲人在这一点上的意见是统一的。正是有了君王的仁政，才有了百姓的安居乐业；也正是因为有了百姓的安居乐业，才有了国家的长治久安。

第六十七章　处世三宝

天下皆谓我道大，似不肖。夫唯大，故似不肖；若肖，久矣其细也夫。我有三宝，持而宝之：一曰慈，二曰俭，三曰不敢为天下先。慈故能勇，俭故能广。不敢为天下先，故能成器长。今舍慈且勇，舍俭且广，舍后且先，死矣。夫慈以战则胜，以守则固。天将救之，以慈卫之。

【释义】

天下人都说我道大，大到无形，只有大形，所以才能成无形；若有形，早已成为细小了。我有三件宝贝，持有而珍视它。第一件叫慈爱，第二件叫节俭，第三件叫不敢处在众人之前。慈爱所以能勇武；节俭所以能宽广；不敢处在众人之前，所以能成为万物的尊长。现在有人舍弃慈爱和勇武，舍弃节俭和宽广，舍弃退让和领先，就会死亡。那慈爱，用于作战就可取胜，用于守卫就会坚固。天将让谁有所建树，就像用慈爱去卫护它。

【古典今读】

老子以大道来自述其身，大道是无形的，这在前面的章

节中我们已进行了多次讨论。这一章老子主要讲述道的原则在军政方面的具体运用。道的原则是什么呢？在前面的章节中早已涉及，这一章老子对其做了总结性的表述。道的原则有三个，即老子所说的三宝：一是仁慈，也就是仁爱之心和同情之心；二是俭朴，可以理解为节俭、不奢侈；三是不敢为天下先，意思是不露锋芒、不争不夺、谦和卑下，这一层

意思和老子的无为思想一脉相承，也可以说是无为思想的具体表现。

本章包含两层内容：第一层讲道之伟大；第二层讲道之原则的妙用。这两层内容之间是相互联系的，我们要能从中领悟出两者之间的密切关联，而不应该将两者孤立起来解读。“天下皆谓我道大，似不肖。夫唯大，故似不肖。若肖，久矣其细也夫。”这句话是老子就大道的伟大而做出的描述。大道是什么样子的呢？它不像任何事物的样子，这正是大道的伟大之处。我们对此不免会产生疑问：是什么成就了道的伟大并将这种伟大保全的呢？是老子文中所说的三宝，即慈、俭和不敢为天下先。

老子认为，正是因为仁慈，所以才能做到英勇无畏；正

是因为节俭，统治者的地位才能长久，其领导的民众才能富足、安康；正是因为谦和退让，才能成为万物的尊长。我们可以从老子的思想进行推理，得出这样的结论：如果我们舍本逐末就会走上绝路，如老子所言“今舍慈且勇，舍俭且广，舍后且先，死矣”。由此可见，老子所说的三宝所具有的价值，老子称之为宝贝是恰如其分的。

最后，老子得出“夫慈以战则胜，以守则固”的结论，乍一看，我们不免心里犯嘀咕：对敌怀有仁慈之心，怎能够取胜、守固呢？我们从老子的整个思想体系去分析，就不难理解老子在此句中所包含的真意。老子主张无为，“慈”用另一个名词表达，就是无为，无为而无不为，用在战争中自然能取胜，这是老子反对战争思想的表现。

现在，老子又谈到了他自己。老子提出，自己的道理之所以与众不同，就在于自己拥有三样法宝，即“夫我有三宝，持而宝之：一曰慈，二曰俭，三曰不敢为天下先”。

“慈”，即仁慈和慈爱，就是对天下任何事物都抱有一种慈悲为怀的心态，能够帮助他人，则尽力帮助。老子视“慈”为立身处世的第一要义，你只要仁慈宽厚，就一定会得到幸福。

对于“慈”，美国的成功学大师卡耐基曾讲过这样一个故事：

有一个人被带去参观天堂和地狱，以便比较之后能选择他的归宿。他先去看了魔鬼掌管的地狱，第一眼看去令人十分吃惊，因为所有的人都坐在酒桌旁，桌上摆满了各种佳肴，包括肉、水果、蔬菜。

然而，当他仔细看那些人时，他发现他们当中没有一张笑脸，也没有伴随盛宴的音乐或狂欢的迹象。坐在桌子旁边的人看起来沉闷、无精打采，而且一个个瘦得皮包骨。他发现每人的左臂都绑着一把叉，右臂绑着一把刀，刀和叉都有十几尺长的柄，不方便使用。所以即使每一样食品都在他们手边，结果他们还是吃不到，一直在挨饿。

然后他又去天堂，看到同样的食物、刀、叉，刀和叉都有十几尺长的柄，然而，天堂里的人们却都在唱歌、欢笑。他很不解：为什么情况相同，结果却如此不同。在地狱的人都在挨饿，可是在天堂的人吃得很好而且很快乐。最后，他终于看到了答案：地狱里的每一个人都试图喂自己，可是刀叉以及十几尺长的柄让他们根本不可能吃到东西；天堂里的每一个人都在喂对面的人，而且也被对面的人喂。因为互相帮助，有慈爱之心，结果皆大欢喜，人们幸福地生活着。

卡耐基指出："这个启示很明白。如果你慈悲一点儿，帮助其他人获得他们需要的东西，你也因此而得到想要的东西，你因此而得到幸福。""慈"对我们立身处世的确具有很重要的意义，它是人与人关系的协调剂，是人与人友爱的表现，是用多少金钱也买不到的。

"俭"，即在生活中抱有一种勤俭节省的态度，决不贪婪、放纵自己。

清代学者张英曾经说："人生福享，都有定数。珍惜福的人，福常有余；暴殄的人，福常不足。所以老子以俭为宝。不只是钱财应该俭，一切事都要常常思考节俭的意义，才能有余地。俭对于吃喝来说，可以养脾胃；俭对于嗜欲来说，可以集中精神；俭对于说话来说，可以培养气息；俭对于交朋结友来说，可以谨慎择友少过失；俭对于应酬来说，可以养身息劳。"这虽然是修身的方法，也不失为处世之道。

"不敢为天下先"，不敢争先走在天下人的前面。

这一句的意思很好明白，也就是叫你立身处世应学会谦卑一点，切忌不可锋芒毕露、自高自大、自以为是，这样只会让别人看不起你，而你也是自己为自己设置了许多人生绊脚石和成功的阻碍，聪明的人是绝不会那样做的。

【事典心裁】

以“慈”立身，人就会友爱和谐，不自私自利；以“俭”立身，人就会富足长久，绝不贪婪；以“谦”立身，人就会自谦，不炫耀。“慈”“俭”“谦”，叫作戒除极端，戒除奢侈，戒除过度，这的确是立身处世的奇方妙法。

丰田公司之所以在汽车市场有一席之地，与它长时期、全方位降低成本的努力是分不开的。

丰田公司在追求成本领先的过程中，采取了全方位的措施。他们对汽车的整个生产流程进行了全面的改善，尤其对那些重复性的大规模制造流程。在改善的基础上，公司建立起了新的流程，新流程的首要目标就是削减成本。

在此过程中，丰田公司首先提出了“看板系统”的概念，具体的做法是在公司的厂房摆放一套彩色的看板，用于显示生产过程中的现有库存量。这一系统看似简单，却非常有效地降低了公司的库存水平，它使得丰田生产车间里的流水线节拍变得非常和谐，极大地提高了生产效率。

丰田公司还和供应商签订了关系更加密切的采购合同，直接从供应商那里获得货物。他们通过计算机系统与供应商直接进行联系，当工厂的库存下降到安全值以下时，他们就

能够从供应商那里迅速地获得补给。这样的补给每天可以进行一次，必要的时候，甚至一天可以进行好几次。对于丰田公司来说，这样的举措使得公司的库存始终保持在一个较低的水平，极大地降低了库存成本。这一由丰田公司首创的生产方式就是现在已经广为人知的“JIT生产模式”。

丰田公司本着降低成本这一原则，通过长期不懈的努力，提高自己的生产效率，并建立了完善的精益生产体系。鉴于丰田公司在生产上所做的贡献，人们把这种生产方式称为“丰田生产方式”，这一方式在20世纪80年代彻底打破了美国三大汽车巨头的垄断神话。

丰田公司还在设计环节上降低成本，在设计新产品的时候，都会把生产、销售和零部件采购要求考虑进去。这样做有很多好处，它使得各部门在产品问世前就经过了充分的协调，针对各部门的不同意见，设计部门通过计算机来进行改进，从而避免了很多不必要的浪费。

在采购环节上，丰田和供应商会坐到一起，大家共同商量降低成本的措施。他们会找出占采购成本90%的零部件，然后按照不同零部件组成工作小组，要求他们和供应商协商降低成本的办法。丰田经常通过这种做法来降低成本，同时还要保证供应商有利可图。

事实上，丰田公司在降低成本上的努力并不仅仅局限于对生产领域的效率改进，丰田公司从不放过一些细小环节上的成本核算，从一点一滴做起。在丰田公司，办公用纸用完了正面还要用背面，午间休息的时候必须关灯，并取消了传真，改发电子邮件。在丰田公司，每一名员工都是监督浪费和消除浪费的专家。公司还对员工进行宣传和培训，将一些好的节约方式推广到分销、物流等业务中去。有人甚至这样评价道：丰田公司的利润大部分并不是生产过程中产生的，而是在每一个细小环节中不断抠出来的。

正是凭借着几近“抠门儿”的做法，丰田公司在内部各个环节进行着全方位节约成本的努力，这也使得丰田公司一次次地创下了赢利新纪录，并且在日本经济长期低迷和萧条的情况下，仍然保持了长久的竞争优势。

故事一：

不论是哪个朝代，哪个国家，人们对奉行仁义的人都充满了敬仰和爱戴。因此，在古代就出现了“仁义大侠”“仁义之师”之类的称呼。老子对待这个问题是这样看的——“夫慈，以战则胜，以守则固。天将救之，以慈卫之”。后来，孟子对老子的这句话进行了进一步的升华——“爱仁者人人爱之，敬仁者人人敬之”。

汉朝著名的学者董仲舒也很支持老子的这一观点，在他著的《仁义法》中，他讲道，“仁之法在爱人，不在爱我；义之法在正我，而不在正人”，意思就是首先是要爱别人而不是爱自己，讲正义首先从自己做起而不是对别人要求。

清代著名小说家吴敬梓讲“以仁义服人，何人不服”，就是指以仁义来服人，谁又会不服呢？

“弯弓射大雕”的英雄成吉思汗，虽然一生杀人无数，但当不该杀时，他也能放人一马，因此成吉思汗得到了更多人甚至是敌人的拥护。

一天，成吉思汗率部外出打猎，恰好遇上与自己有仇的泰赤乌部的朱里耶人。部众请求说："这是我们的仇人，请您下令把他们杀个一干二净。"

成吉思汗望着惊慌失措的朱里耶人，说道："他们既然现在不与我为敌了，还杀他们干什么？"并喝令想动手的人放下武器，不得动眼前的朱里耶人。

朱里耶人起初颇为疑惧，现在见成吉思汗无心杀他们，便纷纷上前答话，言谈中，成吉思汗得知他们常受泰赤乌部的虐待，既无粮食，又无帐篷。于是，成吉思汗慷慨地说："既然如此，那就请你们与我们一起住吧，明天行猎所获我们平分。"

第二天，成吉思汗果然兑现了自己的诺言。朱里耶人对此非常感动，皆说泰赤乌无道，而成吉思汗才是大度的主子，便纷纷投靠了成吉思汗。此事传到泰赤乌部后，大将赤老温也来投靠，就连曾经射杀成吉思汗坐骑的勇士哲别也投到成吉思汗的帐下。

武力可以使人屈服，却难以使人心服。所以，高明的御人法，就是与人为善，以真情感化对方，以自己的仁心去换取别人的真心。

故事二：

1754年，美国独立以前，弗吉尼亚殖民地议会选举在亚历山大里亚举行。日后成为美国总统的乔治·华盛顿上校作为这里的驻军长官也参加了选举活动。

选举最后集中于两个候选人。大多数人都支持华盛顿推举的候选人。但有一名叫威廉·宾的人则坚决反对。为此，他同华盛顿发生了激烈的争吵。争吵中，华盛顿失言说了一句冒犯对方的话，这无异于火上浇油。脾气暴躁的宾怒不可遏，一拳把华盛顿打倒在地。

华盛顿的朋友们围了上来，高声叫喊要揍威廉·宾。驻守在亚历山大里亚的华盛顿部下听说自己的司令官被辱，马上带枪赶了过来，气氛十分紧张。

在这种情况下，只要华盛顿一声令下，威廉·宾就会被打成肉泥。然而，华盛顿是一个头脑冷静的人，他只说了一句："这不关你们的事。"就这样，事态才没有扩大。

第二天，威廉·宾收到了华盛顿派人送来的一张便条，要他立即到当地的一家小酒店去。威廉·宾马上意识到，这一定是华盛顿约他决斗。于是，富有骑士精神的宾毫不畏惧地拿了一把手枪，只身前往。

一路上，威廉·宾都在想如何对付身为上校的华盛顿。但当他到达那家小酒店时却大出意料之外，他见到了华盛顿的一张真诚的笑脸和一桌丰盛的酒菜。

"宾先生，"华盛顿热诚地说，"犯错误乃是人之常情，纠正错误则是件光荣的事。我相信我昨天是不对的，你在某种程度上也得到了满足。如果你认为到此可以和解的话，那么请握住我的手，让我们交个朋友吧。"

宾被华盛顿的宽容感动了，把手伸给华盛顿："华盛顿先生，请你原谅我昨天的鲁莽与无礼。"

从此以后，威廉·宾成为华盛顿的坚定的拥护者。

当华盛顿被打倒在地时，他是很容易失去理智，做出一些悔恨终身的事的。可贵的是华盛顿能保持冷静，以一种宽容仁厚的姿态去面对自己的竞争对手，最终赢得了竞争对手的尊重。

"乘风破浪会有时，直挂云帆济沧海"。只要我们拥有一颗仁义之心，终有一天可以得偿所愿。所谓"莫愁前路无知己，天下谁人不识君"，同样的，只要我们拥有一颗仁义之心，便能"知交遍天下"。

第六十八章　不争之德

善为士者不武，善战者不怒，善胜敌者不与，善用人者为之下。是谓不争之德，是谓用人之力，是谓配天古之极。

【释义】

善于做士的人不崇尚武力，善于打仗的人不轻易被敌人激怒，善于战胜敌人的人，不与敌人正面争斗，善于用人的人对人谦下。这就叫作不争的德行，这叫善于使用人，这叫作配合自然之道，是古代极致的准则。

【古典今读】

“善为士者不武，善战者不怒，善胜敌者不与，善用人者为之下。”意思是说一个高明的士是不讲求武力的，善于指挥战争的人是不容易被激怒的，善于克敌制胜的人并不争一时之高低，善于用人的人对别人表示谦下。老子并没有不允许士参加战争，但他反对士仅充当一名只知披挂上阵和暴跳如雷的蛮横武夫。为什么将士不必是武艺高强的武人呢？我们知道，老子虽然反对智慧、谋略这些东西，但他尤其反对武力、暴力以及一切强大有力的表现；他本人充满了智慧

和谋略，在军事学方面更有独到的见解和高深的韬略。在老子看来，当时如火如荼的兼并战争，简直就像小孩子的游戏一般可笑，无数辆兵车后面跟随着无数步兵，敌对双方的

指挥官都是些虎背熊腰的蛮勇之士，根本不讲也不懂什么策略、计划和深思熟虑，只经过极为短暂的相互冲撞，便胜负已分。

老子反对战争——“不以兵强天下”“夫佳兵者，不祥之器”是老子的反战名言，这与他反对一切强大事物的态度相一致。但老子的柔弱并不是软弱，老子的不争并不是屈从，这在老子对军事学的看法中随处可见。

老子认为，以冷静的态度来对待战争，才能制订出合理的计划，才能避免不必要的损失，才能取得最好结果。善于克敌制胜的人，不是要寸土必争，斤斤计较于一时一地之得失，而是要获得最后胜利，所以，能够以不争的态度来指挥战事，就往往能够把握全局、操纵战机、进退自如。善于用人的人在态度上表现得谦下，亦是高明的策略。善于用人的人一定是上级领导，他们既然拥有用人的权力，为什么还要表现出谦下的姿态呢？老子以为，谦下是一种获得人心的最佳方式，一名领导者不能以自己的力量完成所有工作，尤其是一名军事指挥官不可能独立进行一场战争。所以，他们必须依靠众人的力量，而依靠众人便需要有一种智慧来把众人的力量凝聚在一起。在一般情形下，无论是政治领袖还是军事指挥官，他们往往采取极端严厉的态度来确立自己的威信和权威，但老子以为，采取谦下的态度才是真正的善于用人，大众的心理往往是吃软不吃硬的。

能够守住三宝才能合“道”，本章就“勇”字开始谈起。

勇武主要表现在战场上。能够冲锋陷阵、浴血奋战的是

英雄，能够折冲于樽俎之间、决胜于千里之外的更是英雄。所以真正善于领导作战的将帅从不逞强斗勇，也不凭借一时怒气而妄动，而是用智慧取胜。

英雄本色，当然以勇为先。但是，人们常把英雄与骁勇相联系，而很少与智谋相联系。勇而无谋，非可取也。有智无勇，更不可取。三国时，吕布可谓英雄，连刘、关、张三雄联袂，也不能奈何他。可惜吕布勇有余而智谋不足，因而注定他成不了大事，最后落得身首异处的结局。也有很壮烈的英勇，荆轲慷慨悲歌，易水动容。但悲壮毕竟不是皆大欢喜的，勇猛并非一定要以悲剧结束。但是勇者，的确往往爱以豪壮、勇力相拼，很少用智。

长坂坡力战千军的赵子龙，再多一点儿智谋，那不就如虎添翼了吗？《三国演义》第十一回，（曹）操曰："吾料吕布有勇无谋，不足虑也。”英雄短识，是古代勇士们的通病，这就注定了他们悲壮的命运，他们在历史上留下了千古余恨，也给我们留下了无尽的警示。

花和尚鲁智深是《水浒传》中一个招人喜爱的人物，他仗义疏财，好打抱不平，但也十分莽撞，酒劲上来，惹过不少祸。鲁智深性格直爽，巷里赶猪没有弯路。为人都好，只是身在江湖，这样憨直未免太容易遭到伤害了。在华州劫牢一事，便可见他的憨直，他要打杀贺太守，却并不谋算细致，而是一个人单枪匹马蛮干。你想哪个当官的不贼精？果然，鲁智深非但没有损及太守一根毫毛，自己倒被太守看破，诱入府中，打下牢狱。鲁智深勇过于智，遭人暗算。

勇是矛，谋是盾，智勇双全才是真英雄。

在现实生活中，智与勇往往互为条件，并且相互转化。有了智谋，锐气倍增；有了锐气，妙计迭出。没有一个锦囊妙计不是以勇气作为前提的。《三国演义》中诸葛亮最著名的空城计，如果没有足够的胆量和取胜的勇气，他那双弹琴的手就会打颤，就很难逃得过司马懿的耳。所以说没有英雄胆，也不会有空城计。现代人讲个人奋斗，锐意进取也是如此，智力低下的人，目光短浅的人，在战略上失误的人，越斗越疲，最终锐气不存。而明智的人，意识超前的人，选择正确的人，越战越勇，成绩卓著，让世人刮目相看。

【事典心裁】

在许多企业，老板与员工的关系是对立的，就是一般的管理人员和员工的关系也是对立的。由于这种对立，造成上下的目标不一致，导致团体力量的削弱。摩托罗拉公司自成立之日起，就针对这一问题，采取了以下有效措施：

其一，一视同仁，长期雇用。摩托罗拉公司在雇用员工时，对应聘者一视同仁，对应聘者的种族、宗教、性别、年龄、国籍等不做限制，更不歧视应聘者身上的残疾或其他生理缺陷。摩托罗拉在员工雇用方面的显著特点就是所有的正式员工均与公司签订无限期合同，这就意味着除非员工犯有重大错误，公司在一般的正常经营情况下，将对其进行实际上的终身雇用。与很多公司的三年合同期甚至一年合同期相比，这一制度为员工提供了稳定就业的保障，增强了员工对企业的认同感和责任感，同时也使得企业对员工在技术和管理上进行长期投资成为可能。

其二，真正的人格尊重。摩托罗拉公司的员工还享有充分的隐私权。员工的机密记录，包括病历、心理咨询记录和公安调查清单等都与员工的一般档案分开保存，公司内部能接触到的，仅限于“有必要知道”的有关人员的档案。员工的私人资料，只有在征得本人书面同意的情况下，才能对外界公布。这种对员工隐私的周密保护也充分体现了公司尊重人才的原则。

其三，开放的沟通渠道。摩托罗拉公司的开放沟通政策是指公司为促进员工关系，鼓励和增强员工参与意识所采取的双向沟通策略。它充分体现了摩托罗拉公司以人为本、尊重个人、发挥人的潜能、实现个人价值与企业共同发展的经营理念，使员工和企业共同营造开放的沟通环境及相互尊重的文化氛围成为可能。通过开放式沟通，一方面，公司可以随时了解和关注员工中存在的各种问题，听取员工的改善意见；另一方面，员工也可以采用公司内部各种沟通渠道与公司管理层及相关部门进行直接沟通，或通过各种途径全面了解公司内部有关政策和生产、经营、管理、业务、培训发展的状况。员工可以根据个人情况选择不同的直接沟通方式，如参与“总经理座谈会”“肯定个人尊严”对话等方式。公司还设有业绩报告会、《大家庭》报、公司网页等面向全体员工的沟通渠道。此外，员工还可以通过“畅所欲言”和“我建议”等形式反映个人问题，进行投诉或提出合理化建议。

通过开放式的沟通，使员工便于采用不同的沟通方式进行直接沟通，管理层也可以根据存在的问题及时有效地处理好员工事务，以不断促进员工关系，创造良好的工作环境。

摩托罗拉公司就是通过采取这一系列的措施，增加了员工的认同感和责任感，让员工感觉到自己就是公司的主人，要为这个大家庭添砖加瓦。

摩托罗拉公司就这样赢得了员工的信任，上下一致，创造了一个又一个辉煌。摩托罗拉公司的呼机风靡全球，让人们赞不绝口，公司紧接着又推出质量优良的手机，让人们爱不释手……虽然摩托罗拉的辉煌已经成为历史，他们营造和谐沟通氛围、以开放式沟通减少纷争的举措依然值得借鉴。

故事一：

春秋初期，楚国日益强盛。楚将子玉率师攻晋。楚国还胁迫陈、蔡、郑、许四个小国出兵，配合楚军作战。此时晋文公刚攻下依附楚国的曹国，深知晋楚之战迟早不可避免。

子玉率部浩浩荡荡向曹国进发。晋文公闻讯，分析了形势。他对这次战争的胜败没有把握，楚强晋弱，楚军气势汹汹，他决定暂时后退，避其锋芒，于是对外假意说："当年我被迫逃亡。楚国先君对我以礼相待。我曾与他有约定，将来如我返回晋国，愿意两国修好。如果迫不得已，两国交兵，我定先退避三舍（古时一舍为三十里）。现在，子玉伐我，我当践行诺言，先退三舍。"他撤退九十里，仗着临黄河，相信足以御敌。他又事先派人往秦国和齐国求援。

子玉率部追到城濮，晋文公早已严阵以待。晋文公已探知楚国左、中、右三军，以右军最薄弱，右军前头为陈、蔡士兵，他们本是被胁迫而来，并无斗志。子玉命令左右军先进，中军继之。楚右军直扑晋军，晋军忽然撤退，陈、蔡军的将官以为晋军惧怕，才要逃跑，就紧追不舍。忽然晋军中杀出一支军队，驾车的马都蒙上老虎皮。陈、蔡军的战马以为真虎，吓得乱蹦乱跳，转头就跑。楚右军大败。晋文公派士兵假扮陈、蔡军士，向子玉报捷："右师已胜，元帅赶快进兵。"子玉登车望见晋军后方烟尘蔽天，他大笑道："晋军不堪一击。"其实，这是晋军诱敌之计，他们在马后绑上树枝，来往奔跑，故意弄得烟尘蔽日，制造假象。子玉急命左军并力前进。晋军上军故意打着帅旗，往后撤退。楚左军又陷于晋国伏圈内，遭到歼灭。等子玉率中军赶到，晋军三军合力，已把子玉团团围住。子玉这才发现，右军、左军都已

被歼，自己已陷重围，急令突围。虽然他在猛将成大心的护卫下逃得性命，但部队伤亡惨重，只得悻悻回国。

三十六计——走为上计，指在敌我力量悬殊的不利形势下，采取有计划的主动撤退，避开强敌，寻找战机，以退为进。这在谋略中也应是上策。

这则故事中晋文公的几次撤退，都不是消极逃跑，而是主动退却，寻找或制造战机。以智慧的做法避免无谓的战争损耗是上策。

故事二：

自建安元年后，汉献帝完全落入曹操的掌控之中，曹操对自己代汉的意图却一直是讳莫如深的。献帝入许都前后，侍中太史令王立曾多次对献帝说：“天命有去就，五行不常盛，代替火德的是土德，承即汉位的是魏，能安天下的是曹姓，只要委任曹氏就行了。”曹操听说此事后，让人带话给王立，说：“知道你忠于朝廷，然而天道深远，希望你不要多说！”曹操当时羽翼未丰，自然不能不采取慎之又慎的态度。

随着献帝傀儡化程度的不断加深，曹操代汉的意图也暴露得越来越明显，这招来了政敌的不断攻击。如周瑜骂曹操是“托名汉相，实为汉贼”；刘备说曹操“有无君之心”，“欲盗神器”。如果任其自然而不加以辩解，曹操不仅可能丧失“挟天子以令诸侯”的政治优势，而且可能会成为四方诸侯“清君侧”的对象；内部的拥汉派势力也会起来反对他。

赤壁之战遭受挫折后，开始形成天下三分的局面，刘备、孙权虎视眈眈，以马超为首的关中诸将心怀叵测成为曹操的心腹大患。在这种情况下，内外政敌乘机加强了宣传攻势，说曹操有“不逊之志”，企图动摇他的政治基础，有人甚至干脆要求曹操交出兵权，以削弱曹操的政治实力。为了反击政敌，安抚内部的拥汉派势力，继续保持自己“挟天子以令诸侯”的政治优势，曹操不得不将自己代汉的意图进一步深藏起来，而特别强调自己对于汉室的忠心。曹操处在当时的特殊情况下，为了长远的统一大业，奉行韬晦之计，对自己的政治意图做了许多讳饰。建安二十四年（219年）冬，曹操在孙权的配合下，取得襄樊大捷之后，孙权给曹操上书劝曹操当皇帝，自己情愿称臣。曹操读罢来信，将信出示群臣，

说："这小子竟想让我蹲在火炉上去挨烤啊！"

曹操的用意是，如果以魏代汉，必然招致来自各方的反对，就像在火炉上挨烤一样。说这话的目的一是为了揭露孙权的真实用心，二是为了试探一下群臣的态度。群臣对曹操的用意心领神会，于是文官以陈群、桓阶为首，武将以夏侯惇为首，纷纷劝进。这些人劝进自然都不无阿附曹操之意，但对曹操代汉称帝条件的分析大抵还是比较客观的，比如说献帝只剩下一个皇帝的名号，一寸土地、一个老百姓都不再属汉朝所有说的就是事实。

其实曹操早已成竹在胸，听完大家的建议，他冷静地说："'施于有政，是亦为政。'如果天命在我这里，我就做一个周文王得了！"

"施于有政，是亦为政"，意思是说只要把孝顺父母、友爱兄弟的风气影响到政治上去，也就是参与了政治，何必一定要做官才算参与政治呢？

曹操引用这句话，意在说明只要掌握了实权，不必计较有没有皇帝这个虚名。即使当皇帝的时机已经成熟，他也不当皇帝，而要像当年周文王给周武王奠定基业那样，积极创造条件，让自己的儿子去做皇帝。这种不争，其反而获得实质的安稳过渡，胜过强称帝王的不智之举。

第六十九章　胜于无形

用兵有言："吾不敢为主而为客；不敢进寸而退尺。"是谓行无行，攘无臂，扔无敌，执无兵。祸莫大于轻敌，轻敌几丧吾宝。故抗兵相若，哀者胜矣。

【释义】

兵家有言：我不敢挑起战争，而宁愿防守；不敢盲目进击一寸，而宁愿退后一尺。这就是说，虽然有行动却好像没有采取行动，虽然举起手臂却好像没有举起手臂，虽然手执兵器却好像没有兵器，虽然面对敌人却好像没有敌人存在。

灾祸莫大于轻敌，轻敌几乎丧失了我的法宝。所以在两军势均力敌的情形下，怀有仁慈悲悯之心的军队能取得胜利。

【古典今读】

老子紧接上一章，对用兵之道做了深入细致的剖析。我们都知道老子是反对战争的，他不可能为战争的双方出谋划策，但不能否定他的军事谋略才能。老子不仅是哲学家、思想家、政治家，而且是军事家。

老子开篇引用兵家常说的话："吾不敢为主而为客；不敢进寸而退尺。"这里的主和客，是指战争的挑起者和被动迎战者；寸是极短的长度单位，尺比寸稍长。老子是反对战争的，他用尺和寸来形容战争的不可挑起性。他主张在不得已的战争中，要以退为进，切忌轻举冒进。这也是老子的无为思想在军事中的具体运用。

在老子看来，主动出击去侵略别人，其本身在道德仁义上就输给了别人，为什么这么说呢？如果我们主动出击，对方就是为正义而战，战士们都是有正义感的，对方的民众因我们的贸然进攻而心怀愤怒，其战争的积极性就会提高，其还击的力度就会很大，这对我们是极其不利的。相反，如果我们守而不攻，给对方主动出击的机会，我方的士兵就会愤然还击，克敌制胜。生活中也是这样，主动进犯别人微不足道的一寸，都会被对方视为凌辱，就会有遭受反击的可能，所以应极力避免主动进犯别人；如果我们能够主动后退一尺，我们表现出的是谦让和宽容的美德，虽然仅为微不足道的一尺，却会感化对方，使对方也以退让相待。在我国古代有“让他三尺又何妨”的佳话，讲的就是为了一点儿地盘即将陷入械斗旋涡的双方，最后却因一方的主动退让而化干戈为玉帛。我们一再说老子是反对战争、主张和平的，战争带给广大劳动人民的是无尽的灾难和痛苦，这一切老子亲眼所见，所以他想通过自己的呐喊将战争的阴云驱散。可他一个人的力量是多么渺小，他不可能改变当时的形势，万般无奈之下，老子拿起手中的笔抒发了自己的一腔赤诚。

“是谓行无行，攘无臂，执无兵，扔无敌”。这是一句难以理解的话，然而联系老子的整个思想体系来理解，就不会显得晦涩难懂了。这句话的意思是说，虽然有行动却好像没有采取行动，虽然举起手臂却好像没有举起手臂，虽然手执兵器却好像没有兵器，虽然面对敌人却好像没有敌人存在。这听起来好像很玄乎，明明有的东西怎么能说好像没有呢？联系老子的思想体系，我们不难理解，这是老子无为思想所能达到的最高境界——一切有却似无，看似无为却有为。

我们曾多次强调，无为不是什么也不做，不是骄傲轻敌而不做应战的准备，老子声称“祸莫大于轻敌，轻敌几丧吾宝”。骄傲轻敌必败无疑，这是军事中的重要思想，无论是古代还是现代，这种军事思想都发挥了积极的作用。我们可以推广应用到其他的领域，任何骄傲自大、轻视他人的行为都是违反道德标准的，都会受到惩罚。

老子最后以“哀者胜矣”作结，点明了自己的主旨。这里的“哀”不是悲哀，而是心怀悲悯的意思，老子曾说悲悯

位居道之三宝之首，悲悯的另一个代名词则是无为，用无为进攻则可以得胜，守则可以坚固。这和老子在此章所提出的“哀者胜矣”意思相同。老子认为应在战争中怀着一颗悲悯的心，因为只有怀着一颗悲悯之心，才能在战争中不滥杀无辜，这种审慎的态度是对生命的尊重，也是对自己的尊重。

这一章继续讲用兵打仗的事情。

战争为不得已而为之，所以老子不赞成动用武力发动战争，本章开篇便体现了这样的思想。

但到了必须战斗的时候又不得不战，因此又提出了“祸莫大于轻敌，轻敌几丧吾宝”。

“祸莫大于轻敌”，最大的灾害莫过于轻视敌人。

汉高祖元年（前206）六月，韩信进攻齐国，楚王派龙且带领20万大军援助齐国。于是齐王和龙且两支队伍合在一起对付韩信。还未交战的时候，有人建议龙且说：“汉军远征，历经数战，大获全胜，来势凶猛不可阻挡，意在速战速胜。齐、楚是在自己家门口作战，军心容易涣散而被打败。不如深沟高垒，坚守不战，以避其锋。让齐王派他的得力能臣去招抚已经降汉的城邑。这些城邑知道齐王还健在，而且又有楚国大军相救，必定会再度反汉归齐。汉军远离后方几千里，客地作战，一旦齐王所有城邑倒戈，他们必然势孤，军粮也无处筹措。这样齐、楚就可以不战而胜。”龙且不听，傲慢地说：“我知道韩信的为人和本领，他容易对付。况且，救齐国而未经战斗，即使韩信投降，我又有什么功劳可言？如果通过战斗胜了韩信，就可以得到齐国的一半土地，为什么要停止战斗？”

因此，龙且不愿意坚守不战，而采取了主动出击的战术。结果韩信派兵用沙袋堵住潍水上游，又假装失败诱使龙且追击，等龙且大军还未渡过潍水河时，韩信叫人放水，并进行反击。最后龙且被杀，齐王被俘，楚兵全部投降。

轻视敌人的灾祸是很大的，“几丧吾宝”。什么是法宝？就是不争而善战的法宝，胜不骄、败不馁之宝。龙且骄傲轻敌，不仅丧失了不战而胜的战机，而且招来杀身之祸。

而最高明的境界还是不战而屈人之兵，怀着悲悯，以看似无为的举措胜于无形。

【事典心裁】

郑国，是战国时期韩国卓越的水利专家。战国末年，秦国逐渐成为七国当中最强的国家。面对秦国无休止的侵略和蚕食，其他六国苦不堪言，最弱的韩国更是担惊受怕极了。韩国君臣反复琢磨，终于想出了一个主意：把本国水利专家郑国派到秦国去，给秦国人去修筑耗费巨大的水利工程，如此一来秦国就没有力量来吞并韩国了。

秦国虽然有充沛的河流湖泊，但并不是每个地方降水量都一样，为了提高农作物产量，只有增加灌溉能力一条路。所以，当郑国带着随从和韩王给的金银财宝到了咸阳后，他

打通关系，见到了秦王嬴政，拿出设计图纸，秦王一看非常高兴，当即拍板：工程立刻上马，由郑国主持。

这样一来，秦国确实暂时没有余力向东扩张了，六国获得了喘息的时间。但工程干到一半，郑国的间谍身份暴露了。估计这是韩国的又一个阴谋，其逻辑是：郑国是间谍，工程就会下马，秦国大臣和百姓就会反对秦王，经此内耗后的秦国更加无暇东顾了。

出乎意料的是，秦王来了个内紧外松。通过审讯，坐实了郑国的间谍身份，但是郑国诚恳地表示，工程虽然烧钱，但绝对是一项良心工程，对于粮食增产绝对有好处。郑国还说，修筑这条水渠，只能给韩国续十几年的命，却能让秦国更强大，成就千秋万载的统一大业。秦王于是找来监工，监

工证实郑国这几年把所有精力都放在了修建水渠上，很多施工细节都反复论证过了，秦国方面的水利专家也都认可他的规划。

嬴政不愧是一位眼光长远的政治家，他思考再三，决定让郑国继续主持修渠。又过了几年，这项水利工程终于竣工了。三百多里的水渠，沿途将很多河水汇入渠中，可以灌溉四万多亩良田，粮食年年丰收。高兴之余，秦王还力排众议，把这条渠道命名为“郑国渠”。

后来，秦国东扩打的第一个国家就是韩国，可怜的韩国很快就呜呼哀哉了。

故事一：

老子的“虚实并用”的智慧，在《三国演义》中体现得淋漓尽致——在长坂坡一役中，看似鲁莽的张飞一人便阻住了曹操十几万大军。

《三国演义》中这样记载：却说文聘引军追赵云至长坂桥，只见张飞倒竖胡须，圆睁环眼，手绰蛇矛，立马桥上。又见桥东树林之后，尘土大起，疑有伏兵，便勒住马，不敢近前……把住阵脚，一字儿摆在桥西，使人飞报曹操。操闻知，急上马，从阵后来。张飞睁圆环眼，隐隐见后军青罗伞盖，旄钺旌旗来到，料得是曹操心疑，亲自来看。飞乃厉声大喝曰：“我乃燕人张翼德也！谁敢与我决一死战？”声如巨雷。曹操闻之，尽皆股栗。曹操急令去其伞盖，回顾左右曰：“我曾闻云长言：翼德于百万军中，取上将之首，如探囊取物。今日相逢，不可轻敌。”言未已，张飞睁目又喝曰：“燕人张翼德在此，谁敢来决死战？”曹操见张飞如此气概，颇有退心。飞望见曹操后军阵脚移动，乃挺矛又喝曰：“战又不战，退又不退，却是何故？”喊声未绝，曹操身边夏侯杰惊得肝胆碎裂，倒撞于马下。操便回马而去。于是诸军众将一起往西奔去。正是，黄口孺子，怎闻霹雳之声；病体樵夫，难听虎豹之吼。一时弃枪落盔者不计其数，人如潮涌，马似山崩，相互践踏。

张飞之所以能够喝退曹军并不是偶然的：张飞在曹操大军到来之前就命令所率的二十多名骑兵都到树林子里去，砍下树枝，绑在马后，然后骑马在林中飞跑打转。而他一人在长坂桥上单人单骑立马扬威毫无惧色，尤其是他那惊天地泣鬼神的三声怒喝，吓死曹将之余，增加了几分"实像"。而对面的曹操呢？曹操深知诸葛亮的本事，怕诸葛亮用张飞作诱饵，后有伏兵。曹操亲自前来观战，见到张飞那勇猛的样子，想起关羽曾告诉他，张飞能在百万军中取上将之首。另外，张飞的吼叫吓死夏侯杰，张飞又在那里立马提枪，咄咄逼人，使曹军不敢冒着风险向前。

如果能熟练运用这一"虚实并用"的智慧，那么在与对手的交锋中定能略胜对手一筹，稳稳地将胜利握在自己手中。

故事二：

公元前686年，齐襄公在国内叛乱中被杀。大夫高傒与侨居莒国的公子小白关系很好，于是他派人前往莒国，迎接公子小白回国做国君。然而，此时齐襄公的另一个儿子公子纠也由鲁国派军队送其回国抢位，鲁国还分派管仲带领军队在半路上拦截从莒国回来的小白。

管仲领兵昼夜兼程，来到公子小白必经之地即墨，一打听，小白的车队已经过去。于是，管仲带着人马迅速追赶，行了三十余里，见小白的队伍正在打尖。管仲面带笑容上前同小白打招呼："公子近来身体可好？现在要到哪里去？"

小白回答道："回去为父亲治丧。"管仲说："公子纠是长子，应该主丧，不必劳您去辛苦了。"小白没有应答，其随从人员个个横眉怒目，准备动武。管仲恐怕自己寡不敌众，就假装退走，在暗中却突然弯弓搭箭，对准小白射了过来。只见小白大叫一声，口吐鲜血，倒在乘坐的车上。小白的随从人员一齐啼哭起来，管仲见射倒了小白，便拨转马头，飞快地去向公子纠报信。在路上，管仲感叹道："公子纠有福，合该为君！"公子纠一队人马知道小白已被射死，就悠然自得地在路上慢慢行走，过了六天才到达国都临淄。

可是，这时小白已经登基当上了国君，称为齐桓公。公子小白被管仲一箭射死，怎么又复活了呢？原来，管仲的这一箭正好射在小白腰间的带钩上。古人宽衣博带，带端有一个用青铜做的钩，称作"带钩"，一般长约三寸，宽约一寸左右：其作用同现今人们的腰带扣一样。管仲射来的箭虽然没有使小白受伤，但小白恐怕管仲再射，于是急中生智，咬破舌尖，口喷鲜血，装死倒在车上，从而麻痹了管仲。等管仲走后，小白连忙换上普通人的服装，带领随行人马抄小路星夜兼程。快到都城临淄时，小白派能言善辩的鲍叔牙先进城说服诸位大夫。鲍叔牙在众大夫面前历数了公子小白的贤明，取得了大夫们的认可。然后，大家出城迎接公子小白即王位。

公子小白之所以能抢在异母兄公子纠的前面登上王位，在于他临机应变，采用示假隐真、虚实并用的计谋，战胜了居心叵测的公子纠，得到了至高无上的王位。

对待那些奸诈、叵测的竞争对手，需要虚实并用，在无形中挫败对手。

第七十章　心如美玉

吾言甚易知，甚易行；天下莫能知，莫能行。言有宗，事有君。夫唯无知，是以不我知。知我者希，则我者贵。是以圣人被褐怀玉。

【释义】

我的话很容易理解，很容易施行；而天下的人都不能理解，不能去施行。言论有宗旨，办事有主见。正因为人们不理解这个道理，所以不理解我。理解我的人很少，能取法我的人就更难能可贵了。因而，圣人总是穿着粗布衣而怀里揣着美玉。

【古典今读】

老子在这一章里再一次阐述了大道的特点。

“吾言甚易知，甚易行；天下莫能知，莫能行”。老子的道或许在当时是“甚易知”和“甚易行”的，但因当时的人们被欲望蒙蔽了身心，除了满足自己的欲望之外，他们别无他求。我们联系老子所处时代的特点，就不难发现老子的道在当时被冷落的情景，老子发此嗟叹也是可以理解的。当时所流行的是鼓励欲望的思想和理论，老子的无为思想显然是

没有市场的，老子一向排斥欲望和妄为，这和当时的世风格格不入。人们的头脑被欲望充塞着，根本没为老子的思想留一丝一毫的空间。在他们看来，老子的无为是没有实在意义的空洞理论，其架构于虚无缥缈的真空之中，和现实相差甚远，过于抽象和玄远，根本无法理解；而在老子看来，自己的思想是易于理解和行动的，在不能被人理解的情况下，老子的内心自然是苦闷的，这其中也包含着他对当时的统治者的失望情绪。老子主张实行无为而治，他的一整套治国理论也被统治者束之高阁，不予理睬，老子对此能不灰心抑郁吗？

老子在本章的结尾谈到了圣人（得道者）的真实情态，他用了极其简洁的“被褐怀玉”来概括圣人的外貌，圣人的外貌特征是穿着粗布衣服，和平常的人没什么两样，但在如此简陋粗俗的外表下，隐藏着冰清玉洁的内心，老子称之为“怀玉”，玉是稀世珍宝，也喻指美好的品质。在这里老子用玉来比喻圣人纯洁的内心和不与世道同流合污的高洁品德。

我们从老子的思想中得到启示：真正的美丽是心灵的美丽，而绝非仅指外表的华美。我们所处的时代和老子所处的时代相去甚远，但人们满足自己欲望的要求是相同的，老子主张克服自身的欲望，达到内心的完美，这一思想在我们的时代同样实用，而且有着十分重要的意义。当今社会，人们的内心有着强烈的自我满足的欲望，对财富的极大占有已成为许多人相对更重要的人生目标。衣服或财富都是身外之物，生不带来，死不带去。就连属于我们自身的美丽容貌，也会随着时光的流逝而衰老。真正属于我们的，只有自己的

灵魂和内心。我们高贵的灵魂和丰厚的内心是我们自己给自己最大的礼物和最高的奖赏，生命给予我们的是短暂的几十年光景，生命的转瞬即逝会带给我们很多遗憾，我们会失去很多宝贵的东西，包括生命在内，可我们纯洁的灵魂和高贵的内心是任何人也剥夺不走的。

老子说他的道理很简单，可常人往往无法理解。所以，那些有了觉悟的圣人只能隐居在尘俗之中，虽然身穿粗布衣，但胸怀珠玉锦绣。也就是说，那些真正有觉悟的人，表面上与常人没有分别，只是境界不同罢了。

身穿粗布衣，这属于一个人的仪表；胸怀珠玉锦绣，这属于一个人的心灵。

仪表美与心灵美哪一个更重要呢?

对于这个问题，有位学者曾做过这样的回答：

一个人如果同时具有仪表美与心灵美，那当然最好。但是当二者必须选择其一时，我个人更看重心灵美。因为时装会过时，容颜会衰老，只有心灵可以永远年轻、美丽。

这一回答十分中肯。一个人的仪表美不仅仅是个人的问题，它也反映了一个人对别人的态度。比如说，某人与别人约会，如果他不注重仪表，弄得脏兮兮的，不堪入目，那就明显是对约会的另一方的不尊重。因此，是否注意仪表美也是一个道德品质问题。

但切记不要去过分雕琢，只需要适当注意就可以了。

一个人的心灵美较之仪表美，更不容忽视，因为心灵美才可以使仪表美显得丰满起来。对于心灵美，美国作家斯摩尔泰曾写道：

“心灵美的直接要求是我们必须具有爱心。

“人活在世界上，最重要的是要有爱人的能力，而不是被爱。我们不懂得爱人，又如何能被人所爱呢？我们之所以对生命做不到深刻透彻的认识，是我们还没有意识到爱人的快乐，人与人都是以心交心，以心换心的。具备爱人的心，自然会被人所爱。

“富有爱心的人，不但自己的生活充实快乐，而且能感染那些麻木了的、尘封了的、变形了的心灵。你富有爱心，可能你并不富有，没有炫耀的地位，没有显赫的声名，没有更多的财产，但在精神上，你却是天使。

“仪表美与心灵美都不应忽视，仪表美能反映心灵美，心灵美的人不可能不注重仪表美。只有将仪表美与心灵美融为一身的人，才是最美丽的。”

【事典心裁】

爱美之心，人皆有之。不管是仪表美还是心灵美，对于我们的生活来说都是必要的。

唐玄宗时，裴宽曾经在润州做参军，当时韦诜任润州刺史，裴宽是他的下属。

韦诜的女儿已经到了该谈婚论嫁的年龄了，韦诜一心要为女儿找一个德才兼备的女婿，可是上门提亲的不少，韦诜一个也没相中，不是嫌人家学问不好，就是嫌人家品德不好。这天，韦诜正在为女儿的事情发愁。他在花园中踱来踱去，不知不觉就走到了女儿的二层绣楼上，看到女儿正在用心刺绣，不忍打扰，就来到廊上眺望，偶然间发现花园里有个人，只见那人拿着小铲挖了个小坑，然后从怀中掏出一包东西，埋了进去，然后又小心地把土盖好。韦诜觉得好奇，就命下人去看看到底是怎么回事。下人回来禀报说："那人是裴宽。有人送给他一大块鹿肉干，没留下姓名放在门前就走了，他没法退还给人家，又不想收人家的东西，所以只好把它埋了起来。"韦诜听了点头表示赞许，又命人去打听一下裴宽的为人，下人们回来禀报说："裴宽为人清廉，从来不收人家的贿赂，生怕玷污了自己的家门。如果有人给他送东西，他一定马上派人送回去。即使不送回去，他也会派人给送东西的人回赠一份价钱相当的礼物。"韦诜听后，对裴宽的为人赞叹不已。

为了再考察一下裴宽，韦诜还设了一计。他命手下人去请裴宽，就说自己要请裴宽喝酒。裴宽接到刺史的请柬当然不敢怠慢，慌忙收拾了一下就来赴宴。韦诜并没有宴请别人，只请了裴宽一个。席间两人谈得很是投缘，韦诜见裴宽不是那么拘束了，就假装说："裴宽啊，自从我上任以来，你在我身边也立下不少的功劳，我打算为你置办一所宅院，以供你居住，你现在住的地方太差了。"裴宽听到这话，慌忙放下手中的酒杯，跪在韦诜面前，说："大人，辅佐您只不过是尽自己的责任，并没有什么功劳，您又何必赏赐我呢？"韦诜悄悄地说："你不必害怕，我这是偷偷送给你的，又没有旁人知道，以后你助我多聚敛些钱财，到时一定有你

的好处。”裴宽顿时脸色大变，厉声说：“大人，我原以为您是个清官，不想您也是如此……大人，我请求辞官。”说着就要起身离去。韦诜见裴宽果真清廉，于是大笑说：“裴宽，我是骗你的，只想考考你，不错，你是个人才。我决定把女儿嫁给你了！”裴宽又惊又喜。

结婚那天，裴宽也没什么好衣服，就拣了一件相对新一些的绿色衣服做新婚礼服。裴宽本来又瘦又高，穿了这件衣服，像个小丑，所以，族人们都取笑他，戏称他“碧鹳雀”。

韦诜则一脸严肃地说："我疼爱自己的女儿，一定要让她嫁给贤公侯做妻子。裴宽虽然其貌不扬，但是他为人清廉，将来一定能成大事，你们怎么能以貌取人呢？"

韦诜择婿注重其品德而不重其外貌，是十分可取的。韦诜的眼力确实没有错，女婿裴宽后来果然很有出息。没过多久，裴宽就被朝廷重用，前后任刑部员外郎、户部尚书兼御史大夫、礼部尚书等职。裴宽为官正直不阿，在朝中时，不怕得罪权贵，不肯徇私；任地方官时，政绩颇丰，百姓感念其恩德。史书上说他"为政务清廉，所莅人皆爱之，世皆冀其得宰相"，可见他在当时人们心目中的形象和地位。

裴宽有兄弟八人，都通过科举做了官。兄弟之间十分友爱，在城东造八所住宅，相邻而居。裴宽的甥侄辈也都有名，家族人口众多，吃饭时常常要以击鼓为号。所以在开元、天宝年间，如果要讲家族，裴家最有名望。裴宽与韦氏白头偕老，福寿贵盛，裴宽享年75岁才去世。

故事一：

有一个从小双目失明的人，由于家里穷，父母养不起只吃饭不干活儿的人，被迫把他送到了寺庙出家了。

经过老方丈多年口传心授的谆谆教导，加上他勤奋苦学、博闻强记，20岁时的他已经精通了三藏佛经，他被师父老方丈定为行脚僧，命他从此云游四海，光弘佛法，解脱人间苦难。然后，老方丈送了他一个纸包和10根黄杨木探路杖，告诉他："这纸包里是我寻求来的一个民间秘方，它能让你的双眼复明。但是，你必须先做到一件事——用这样质地坚硬的探路杖探路，用断10根探路杖之后再打开这个纸包。”

他答应了师父，然后便上路了。

一年又一年，他谨遵师命传播着佛法，度化着苦难的亡灵，不知经历了多少风雨，走过了多少里路，他的心中一直存着一个希望：敲断10根探路杖，让自己的眼睛重见光明。可是没想到那看起来不粗的探路杖用起来却异常结实，一直到第六个年头，师父送的那根木杖才终于断了。

就这样，等到这位盲僧真的敲断了10根探路杖时，他已经是80多岁的白发老人了。但是当他欣喜若狂地把纸包递给一个药店的老板时，老板却告诉他：纸上一个字都没有。

盲僧顿时呆住了，但是几秒钟之后，他便双手合十，满脸感激地说：“师父，谢谢你以这种方式让我一直活在希望里，我觉得不枉此生了。”

一个人内心最美好的东西，无外乎怀着希望，在人世间行善助人、无怨无悔地活着，这就是一种幸福的人生。

国外有一个现代的典范也说明这一点。

有一个富庶无比的家庭因为社会动荡而家道中落，这个家庭的小男孩只好选择在小餐馆打工。好在他是个勤快好学且不计报酬的孩子，这使得老板很快就喜欢上了他。为了让他学好英语，更方便与客人交流，老板甚至把他带到家里，让他跟自己的几个孩子一起玩耍。

一天，老板告诉他，某食品公司正在招聘营销人员，而自己跟那里的经理关系不错，如果他喜欢，自己可以帮忙引荐一下。就这样，他顺理成章地进入了那家大公司，负责推销和送货。

上班的前一天晚上，父亲把他叫到跟前：“我们的祖辈之所以能够成就那么大的家业，全得益于一个遗训，叫做‘日行一善’。我希望你在外面闯荡的时候，也能够时刻记住这四个字。”

他没有辜负父亲的期望，真的记住了那四个字。当挨街挨巷给各商店送燕麦片时，他总是不忘帮店主捎一封信给某人，或者让放学的孩子顺便搭一下他的便车。而且，他是微笑着做这一切的。

5年后，他接到总部的一份通知，通知上说他将被派往墨西哥，统管整个拉美的营销业务，因为在过去的几年中，他一个人的推销量占到了佛罗里达州总销量的40%，公司由此认定他是个能力非凡的人。

到了派驻地以后，“日行一善”又帮助他成功打开了拉丁美洲的市场。而后，加拿大和亚太地区也被他拿下了。1999年，他被召回了美国，因为总部有个适合他的职位空缺——年薪740万美元的首席执行官。

他叫卡罗斯·古铁雷斯。也许你觉得这几个字有点儿眼熟，没错，无论在美国还是在全世界，这个名字都被当成“奇迹”的代名词广泛传播着——当他被猎头公司列入可口可乐、高露洁等数家国际大公司的首席执行官候选人时，美国总统布什在竞选连任成功后宣布，提名他出任下一届政府的商务部部长。

别忘了，如此辉煌的成就，都来源于那不起眼的四个字：“日行一善”。

故事二：

1978年，75位诺贝尔奖获得者在巴黎聚会。

人们对于诺贝尔奖获得者非常崇敬，有个记者问其中一位：“在您的一生里，您认为最重要的东西是在哪所大学、哪所实验室里学到的呢？”

这位白发苍苍的诺贝尔奖获得者平静地回答：“是在幼儿园。”

记者感到非常惊奇，又问道：“为什么是在幼儿园呢？

您认为您在幼儿园里学到了什么呢？”

这位诺贝尔奖获得者微笑着回答：“在幼儿园里，我学会了很多很多。比如，把自己的东西分一半给小伙伴们；不是自己的东西不要拿；东西要放整齐；饭前要洗手；午饭后要休息；做了错事要表示歉意；学习要多思考，要仔细观察大自然。我认为，我学到的全部东西就是这些。”

所有在场的人对这位诺贝尔奖获得者的回答报以热烈的掌声。

第七十一章　圣人自知

知不知，尚矣。不知知，病也。圣人不病，以其病病。夫唯病病，是以不病。

【释义】

知道自己不知道，是最好的；不知道却自以为知道，是有毛病了。正是因为承认这种病是病，所以不患这种病。圣人之所以没有毛病，是因为他把毛病当作毛病对待，所以他就没有毛病了。

【古典今读】

老子在这一章谈到了人性的弱点之一：自以为是，其表现是刚愎自用。老子在前面的章节里提出过“自知者明”的观点，我们也常说人贵有自知之明，只有真正地自知了，我们才不会固执己见、自以为是。老子说“知不知，尚矣。不知知，病也”，意思是知道自己无知是高明的，而强不知以为知就是弊病了。老子针对当时人自以为是、自作聪明的问题提出了严厉的控诉。他在对这些没有自知之明的人做了剖析之后，又将圣人的“不病”摆在了世人的面前，以此进行对照，结果不说自明了。圣人怎样呢？“圣人之不病，以其病病，是以不病”。老子说圣人没有毛病的原因是圣人能承认自己的缺点和不足，并努力加以改正，长此以往，他也就没有什么毛病了。

圣人贵在能承认自己的不足，而不是自以为是、刚愎自用，所以圣人日益完善，成了大家学习的榜样。我们每个人都不可能孤立生存，都和他人发生着各种各样的联系，生活在大集体中的我们，怎样才能和他人和睦相处？首先我们必须克服自以为是这个弱点。

如果一个人的目标错了，而他仍要奋力向前，而且自以为自己意志坚定、态度坚决，那么导致的恶劣后果，恐怕比没有偏离目标或犹豫不前更为可怕。这种盲目心理会让人付出惨重的代价，刚愎自用带给人的是失败的痛苦，而不是成功的幸福。我们每个人都一样，为了事业的成功，或者爱情

的成功，常常无所顾虑，勇往直前，这本来是好事，然而一旦走错路，又不听别人的劝告，不肯悔改，结果就会与自己的奋斗目标南辕北辙。

刚愎之人常常是狂妄之徒，狂妄的人常常在无意中伤害他人的自尊心，而自己也常常因为这种无意而受伤。有一些人并不是没有才华，他不能施展才华的原因是太狂妄。没有多少人乐意信赖一个言过其实的人，更没有多少人乐意帮助一个出言不逊的人。

刚愎之人，多是无礼之人；无礼之人，多是孤立之人；孤立之人，多是最终失败之人。大凡具有大将风度之人，多具有谦逊的品德，而刚愎之人，骨子里总是透着一股小家子气。最糟糕的是既刚愎而又无能之人，刚愎使他什么都敢干，无能使他把所有的事情都搞得一团糟。有时刚愎者尽管心中已感觉到自己错了，但仍坚持自己的看法和做法，而这一点最让周围的人受不了。固执是刚愎者的一种手段，用来获得他想要的东西，别人越反对，他就越是固执己见。这种固执让别人讨厌。长此以往，就会发现别人都躲着自己。

一个骄傲自满的人必定是一个刚愎自用的人。面对一个狂妄而骄横的人，我们无须与之理论，时间自会证明他的实际价值，事实自会惩戒他的无知可笑。

我们无论做人还是做事，都要懂得“虚心使人进步，骄傲使人落后”的道理，要明白世上万事万物都处在不断的发展变化之中，只有根据事物的发展变化，及时调整自己的计划策略，才是比较合理的。而刚愎者则恰恰相反，他们最大的缺点就是常常自以为是，认为自己的判断是完美无缺的，因而常常表现得骄横跋扈、一意孤行，他们往往过高估计自己的能力，总是低估对手，这样就容易被表面的假象所蒙蔽，导致判断失误，惨遭失败。

这一章照应上一章，阐述人们认识自然大道的表现。

世界上真正能认识和遵循大道的人太少了，但却有更多的人往往自以为是地认为自己认识了大道。老子说：“知不知，尚矣。不知知，病也。”知道尚有所不知为上，不知道却自以为知道，就是有毛病。而自以为是许多人常犯的毛病。

曾经有一位哲人说：“聪明的人不自以为是，自以为是的人不聪明。”自以为是的人表面上看来似乎有点儿“学问”，他的一举一动似乎有点儿“道理”，但那些都是虚假的东西，自以为是的聪明是最愚蠢的行为。

在印度民间流传着一个故事：

有一次，印度的国都举行祭奠，宫廷的护卫也必须奉命前往。有一个护卫对院子里的猴王说：“我有事要出去，我不在的时候，你要替我照顾好院里的树苗，不要让它们枯死了，一定不要忘记打水灌溉，但也切忌太浪费水。”

猴王马上召集手下说：“喂！你们现在替小树打水，不过，不能浪费水。浇水之前，要把树苗一棵一棵拔起来看一下，为了节约用水，根长的就多浇些水，根短的就少浇些水。”

猴子们立刻遵照指示去做。这时，有一个贤者路过看见了，便问猴子：“为什么要把树苗拔起来看呢？要知道，树苗栽好了是不能拔起来的，直接浇水不就行了吗？”

猴子回答说：“我们只是奉命行事而已。”贤者听后，不禁悲叹说：“唉！你们真是愚蠢又无知！自以为这是两全其美的做法，却不知道这样干只会使后果不堪设想！”这些猴子只知忠实地服从命令，用水浇树，根本没有想到栽种的树苗不能随意拔起来，结果反而使树苗更迅速地枯萎了。

自以为聪明的举动却得到了坏的结果，自以为是的确害人不浅。猴子拔树苗的故事与我国“拔苗助长”的寓言故事如出一辙，寓意深刻、发人深省。

【事典心裁】

故事一：

战国时期，楚庄王准备出兵攻打越国，杜子进谏说：“听说大王准备攻打越国，这有什么特别原因吗？”

楚庄王回答说：“因为现在越国的政治很腐败，兵力也很弱。”

杜子说：“也许是我自己太愚蠢了，我真为您攻打越国的事放心不下。智慧就像人的眼睛一样，能清楚地看见百步之外的东西，反而看不见自己的眼睫毛。大王的军队前不久被秦国和晋国打得惨败，丧失国土几百里，这不是已经表明我们的兵力也不强吗？国内到处是百姓造反，贪官污吏多如牛毛，大王多次想搞廉政建设就是不实行，我们楚国的政治腐败混乱，至少和越国不相上下。不清楚自己的兵弱政乱，倒想着发兵去攻打越国，这样的智慧正如眼睛一样，看不见自己的睫毛啊。”

楚庄王经杜子这么一说，才意识到问题的严重性，立即打消了攻打越国的念头。

做人难不仅难在要能认清别人，更难在能认清自己。怎样才能既不盲目骄傲又不妄自菲薄呢？这就需要我们进行广泛的社会交往，人也和任何事物一样，是在相互比较中时时自省，正确看待自己的不足和长处。如有人谈到自己的能力时说："比上不足，比下有余。"这一认识就是通过比较得来的。同时，更重要的是要进行广泛的社会实践，在实践中不断丰富和修正对自己的认识。

故事二：

自省就是我们平时所说的做自我批评，就是用超我、自我来战胜本我，把卑鄙的念头和冲动压下去。现在我们来看一则战胜自我的故事。

子夏有一天去拜访曾子，他们曾一起在孔子门下读书，过去同窗时关系很要好。曾子一见子夏就说："老兄，几年不见，你看起来发福多了。"

子夏回答说："我自己战胜了自己，所以长胖了。"

曾子大惑不解地问道："你的话我一点儿也不明白。"

子夏说："以前我在书房里读到书里描写的圣贤就非常敬仰，出门看到别人享受荣华富贵又很羡慕，既想做一个品行高尚的君子，又想贪图眼前的利禄富贵。这两种力量在心里相持不下，长期不分胜负，所以人越来越消瘦。现在圣贤的道德战胜了享受的欲求，崇高镇住了卑劣，见到别人大把大把地花钱也不眼红，心里感到非常平静，生活清贫也很快乐，这样下去怎么会不胖呢？”

一个人是否具有反省能力对其为人很重要。自省可以改变一个人的命运和机缘，它在任何人身上都会发生大效用。因为自省所带来的不只是智慧，更是夜以继日的精进态度和前所未有的干劲。

俗话说：“静坐常思己过，闲谈莫论人非。”静坐常思己过是一种反省的功夫。我们假如常能在静下来的时候，想到自己在做事或待人方面有疏忽有亏欠的地方，自然就养成了对别人的抱怨嫉恨或报复的心情，同时也由于明白了自己的过失而得到一些警惕，以后将不致再犯同样的过错。这就是“静坐常思己过”的真正意义。

第七十二章　自爱不贵

民不畏威，则大威至；无狎其所居，无厌其所生。夫唯不厌，是以不厌。是以圣人自知不自见，自爱不自贵。故去彼取此。

【释义】

百姓不惧怕统治者的权威，统治者的大难就要临头了；不要逼迫百姓使百姓不得安居，不要压榨百姓使百姓无以维持生计。只有不侵害百姓的生计，百姓才不憎恶统治者。因此，圣人要有自知之明而不要自以为是，懂得自我珍爱，而不自以为高贵。所以舍弃后者而采取前者。

【古典今读】

上一章老子着重论述了普通大众的自知之明，这一章论述统治者的自知之明问题。老子说："民不畏威，则大威至。"第一个"威"指统治者的权威、高压政策，第二个"威"是威胁，即百姓的反抗斗争，整句话的大意是如果百姓不再害怕统治者的权威，那么统治者也就要大难临头了，为什么这么说呢？我们联系老子所处的时代背景来分析，春秋晚期，社会问题错综复杂，其中表现最突出的还是统治者的生活作风问题，他们追求物质享受，骄奢淫逸。统治者是百姓的榜样，其生活的奢侈和行为的不检点，必将会诱发百姓的强烈不满。在不满的驱使下，百姓必然会不惜一切代价，甚至冒着死亡和犯罪的风险去改变困苦的现状，当然不惧怕统治者的权威也成了很自然的事。不惧怕统治者的权威其结果会怎样呢？统治者的统治地位必然会受到威胁，统治者最关心的就是自己的统治，因为统治地位的丧失意味着其安逸生活的结束，耀武扬威的日子的终结，甚至统治地位的被推翻，统治者自己沦为奴隶或亡命天涯，这是统治者最不愿看到的。

"无狎其所居，无厌其所生。夫唯不厌，是以不厌"。针对统治者的统治地位岌岌可危的情况，老子对统治者提出了最严厉的警告，他的目的并不是为统治者保全名位，而是站

在百姓的立场上警告统治者要好自为之，不可再作威作福、荒淫无耻、凶残无度了！老子警告统治者说："不要逼迫百姓使百姓不得安居，不要压榨百姓使百姓无法维持生计。只有不迫害百姓的生计，百姓才不憎恶统治者。"民以"生"为本，如果连生计都难以维持，百姓还惧怕什么苛政、威严呢？如果人们缺衣少食、居无定所，那么百姓就不可能安于现状，社会发生动乱也就成了必然的事。

老子针对当时的社会现状，提出了自己的观点："是以圣人自知不自见，自爱不自贵。故去彼取此。"在老子眼里，圣明的统治者有自知之明，他们绝不会因位居高位而炫耀，更不会骄奢放荡、恣意妄为。他们懂得自爱，也懂得爱自己的百姓，其实自爱本身就是爱民的表现，反过来也成立，爱人就等于爱自己，因为百姓是自己立身高位的基础，不爱百姓就等于不爱江山，不爱江山就等于不爱自己。老子拿高明

的统治者的行为来暗示当时的统治者应如何立身处世，其忧国忧民的情怀可见一斑。

前面讲了人们认识自然大道的表现及圣贤如何遵循大道，这一章讲述为什么要这样认识和实践大道。

君王（圣贤）有权威，自然会让百姓畏惧和崇敬。但如果君王的权威不能让百姓畏惧的话，那天下就会大乱了。

百姓为什么不再畏惧了呢？是因为他们被逼无奈，君王的盘剥使他们居无定所，无法维持生计，他们只能铤而走险，奋起反抗了。所以圣人认识和实践了大道，要珍惜自己，但绝不让人觉得自己高贵出众、耀眼夺目，这样就不会有人跟他过不去了。

珍惜自己是应该的，可我们往往在珍惜自己的时候太在意自己，从而将珍惜自己变成了自以为高贵。君王因珍惜自己而自以为高贵，结果招致百姓的反抗。同样，在生活中，如果我们因珍惜自己而自以为高贵，那就一定会影响我们与他人之间的关系。下面这位《道德经》的小读者，对此就深有感悟：

“以前，我的成绩总是在班上名列前茅，所以老师的宠爱和同学的羡慕都集于我一身，我自己也觉得自己很了不起，有一种春风得意的感觉。一次班级大扫除，劳动委员在一旁吩咐我干这干那。一听到他那命令的口气，我就非常恼火，于是就冲他说：‘你有什么了不起，竟然如此指使我干活儿！我才不吃你那一套呢！有本事告到老师那儿，看看谁有理！’说完后，还感到很得意。事后老师找我谈话，批评了我几句，我觉得很委屈，所以心里一直记恨那位劳动委员，两人之间的关系闹得很僵。

“直到有一天，我无意间闯进学校开办的《道德经》讲座现场，当时老师正讲解《畏威》这一篇，开始我并没十分在意，但当听到‘自爱不自贵’这一段时，我想起了与劳动委员争执的那件事，这才猛然醒悟：当时的我太自贵自大、自以为是，不懂得自尊自爱。听课之后，我想了很久，终于领悟了老子所说的‘自爱不自贵’的真谛。”

【事典心裁】

“自爱不自贵”。虽然爱惜自己，但并不把自己看得很重，如此，我们便能客观地对待自己和他人，在爱惜自己的时候又能为他人着想，这样既避免了自己因自爱而误入歧途，又能友善待人，给予他人真心的帮助。

原始社会末期，夏启率先破坏禅让制，通过父亲的权威夺得帝位，子继父业，天下共愤。其中有一个部族首领叫有扈氏，他首先站出来指责夏启不应当抢夺伯益的王位，并要求夏启把王位立即还给伯益。

夏启不肯，有扈氏一怒之下攻打夏启，双方在甘泽举行决战，夏启的军队被有扈氏打得七零八落，几乎全军覆没。

夏启的大臣建议赶快补充人员，重整军队，准备第二次战斗。可是夏启没有这样做，他知道很多人不赞成父死子继

的规矩，所以才不肯拥护他。在这种情况下，肯定没有人来加入他的军队，打败对手简直是妄想。要想取得胜利，首先必须把人心拉向自己这一边，让人们知道夏启是一个贤能的人，由他来继承王位是符合天意的。

于是夏启严格要求自己，以博得人们对他的信任。吃饭时他只吃一碗清淡的蔬菜，睡觉只铺一张很薄且又粗糙的旧褥子，除了祭神和祭祖以外，他从不演奏音乐作为娱乐。他还爱护孩子，尊敬老人，并且提拔贤能：谁有本领，就请来加以重用；谁懂得武艺，就请来让他带兵打仗。

夏启这样坚持了几年，产生了巨大的效果，他的声誉大大提高了。人们常常说："夏启真不愧是夏禹的好儿子！你看他要求自己多么严格，对待别人又多么热情、有礼貌。天下就应当交给像他这样的人来治理！以后要是有谁再来和他争王位，我们应当全力保护他才对。"

人们互相传颂着夏启的好处和优点，于是都不约而同地认为夏启是夏禹的唯一继承人，对于父死子继的制度，再没有人觉得不合理了。

夏启看到人心已经倒向他这一边，又发动了对有扈氏的战争。这一次，有了人们的大力帮助和支持，他的力量大大增强。最后，夏启终于把有扈氏打得大败。有扈氏首领本人做了俘虏，被放逐到草原地区。夏启成功地解除了有扈氏对自己的威胁，他的地位也得到了最终的确认和巩固。

得人心者得天下，失人心者失天下。夏启在这里的智慧主要表现在两个方面：一是有自知之明。他知道人心得失是战争胜负的关键，自己暂时不得人心；二是从长计议。为得天下人心，他没有自吹自擂，而是严格要求自己，从实际做起，最终他取得了胜利。

故事：

范仲淹说："先天下之忧而忧，后天下之乐而乐。"他确实是事事处处都能从民众利益而不是一己之私出发，后人对此是有口皆碑的。

比如，范仲淹在庆历年间施行新政，措施之一是派一批"按察使"巡回各地视察，视察内容包括对各地官吏的政绩

的考察，然后再根据这种考察的结果，罢免那些不能胜任的官员，把他们的名字从官员登记簿上抹去。

有个朝中重臣，就劝范仲淹少勾一些，说：“你一笔勾掉一个名字容易，但是，被勾掉名字的官员及其一家人生活怎么办？”范仲淹马上予以反驳：“一家人哭，怎么比得一路（‘路’在宋朝相当于现在的省的编制）人哭呀！”他依然不改初衷。

再如，以前，苏州有条“卧龙街”，其得名的缘起，就跟范仲淹有关。原来，范仲淹在苏州为官时，一位风水先生认为此街的南头为龙头，北头为龙尾，所以就建议他建房于街南，如此，则可保范家的子孙世代进科中举，世代有功名富贵。

不料范仲淹却予以断然地拒绝。范仲淹说道：我一家的世代富贵，哪里比得上本地士大夫知识分子们的世代富贵呢？

所以，范仲淹就命人在该街的南头建孔庙，设府学，并大力聘请当时的名儒来此讲学，先后培养出了不少益国益民的才子，此地也就被众人视为藏龙卧虎之地，被称为“卧龙街”。

第七十三章　天网恢恢

勇于敢则杀，勇于不敢则活。此两者，或利或害。天之所恶，孰知其故？是以圣人犹难之。天之道，不争而善胜，不言而善应，不召而自来，绰然而善谋。天网恢恢，疏而不失。

【释义】

勇敢而胆大妄为就会遭到杀害，勇敢而不逞强就能保全性命。这两种行为一个获利一个遭害。天所厌恶的，谁知道其中的原因吗？自然的法则，不争斗而善于取胜，不发言而善于回应，不召唤而使万物自来归附，坦荡无私却善于谋划。苍天布下的法网广大无边，虽网眼稀疏，但不会遗漏。

【古典今读】

老子以一个“勇”字开篇，自然地引到了无为的人生哲学上。

“勇于敢则杀，勇于不敢则活”，这里的“勇”是勇气、勇敢的意思。整句话的大意是勇敢到无所不敢为时，就会招来杀身之祸；勇敢到有所顾忌时就能保全性命。怎样理解呢？老子在这里的意思是，真正的勇敢是敢为而又有所不敢为，而不是恣意妄为、胆大包天。可是老子怎么又把生死和勇敢联系到一起了？它们之间到底有怎样的因果联系？老子没有具体说明，我们需要联系老子的思想体系去细细体味。

老子一贯主张无为，这是他思想体系的核心，在前面的诸多章节中，老子一再为我们阐释了无为的内涵，这一章老子再一次提起，并提升到了生死存亡的高度。勇敢是有一定的限度的，一旦超过了这一限度，就会转向反面，就不能称其为勇敢，而只能称作鲁莽了。鲁莽是一种性格缺陷，在今天看来，鲁莽是不可能遭杀身之祸的，而在当时，就有可能会被杀，甚至株连九族，其后果是不堪设想的。所以老子所说的“勇于敢则杀”并非夸张之语。

老子又说：“此两者，或利或害。天之所恶，孰知其故？”通过分析，我们不难发现，同样是勇，程度不同，结果就大相径庭，老子一贯主张自然无为之道，重柔弱，不重强悍妄为。我们都知道，自然之道是不可违逆的，违背自然规律，就会受到自然规律的惩罚，“勇于敢”是恣意妄为，是违背自然规律的举动，所以老子认为会招致杀身之祸。与此相反，“勇于不敢”是顺应自然规律的，所以就“活”，即保全性命。老子将生死和勇提到同一高度来论述，可见把握好勇的度是多么重要。

“天之道，不争而善胜，不言而善应，不召而自来，繟然而善谋。”老子说自然的法则是不交战而善于取胜，不发言而善于回应，不召唤而万物自来归附，坦荡无私却善于谋划，主要是说自然不争不夺却赢得了万物的归顺和爱戴，不战而征服了万物。人类之所以鼓吹“勇于敢”，是因为有私心，为了满足自己的欲望才和别人争夺、和自然争夺，大自然是不与人争的，所以它取得了万物的信赖。人在争取的过程中显示出了自己所谓的勇敢，这种勇敢是违逆天道的，注定要失败。

最后，老子以“天网恢恢，疏而不失”八个字作结，八个字如同八支无形而又杀伤力极强的枪，时刻瞄准为所欲为的统治者、无所不敢的亡命之徒……

上一章阐述认知了大道的圣人会珍惜自己却不自以为高

贵，这一章接着讲不炫不争的道理。勇敢有两种：一是勇敢而胆大妄为，肆无忌惮，无所不敢，这种勇是勇而无谋，当遇到比自己更强大的对手时，就会招致灭顶之灾；另一种是勇敢而不妄为，有勇气但又不胡乱作为，这种勇是细心，是一种小心谨慎，这样就不至于有什么灾难。

以上两种勇，从大道的角度去看，前者偏离了大道，而后者正是大道的表现。所以老子推崇后一种勇，而鄙视前一种勇，进而提出了他名垂千古的不朽格言：

天网恢恢，疏而不失。

上天之网广大无边，虽网眼稀疏，但它却不会遗漏。

明朝成化年间，浙江永嘉有个书生名叫王杰，在家诵习待考。一天，家僮王二和潮州卖姜客人吕大发生争执，王杰上前劝解，失手打昏吕大。主仆二人赶紧救醒吕大，并赔礼赠绢，吕大拱手作别。

到了晚上，渡口船家周四突然来到，提着绢和姜篮。他声称吕大到船上后便死去了。临死时，他把白绢、姜篮交给他为证，请他代为申冤，并且说死尸现在门外船上。王杰大惊，看过尸体后信以为真，给了周四60多两银子，并派两个家人把尸体埋掉。

不久，王杰家人胡阿虎因事被主人责打，遂将吕大之事告到官府。王杰被抓入狱。半年后，吕大到王家探问，大家才知吕大未死。原来，当天吕大拿了白绢、篮子上船，和船家谈及白绢来历，船夫周四便买下白绢和篮子，到王杰家诈钱，那具死尸则是河中的浮尸。知县查明实情后，当堂拷打

周四，周四被打得皮开肉绽，鲜血淋漓，死在大堂之上。

周四财迷心窍，诓人钱财，正是因为他胆大妄为，反而害了自己。

【事典心裁】

天网恢恢，疏而不失。

纵观历史，无论是为所欲为的君王也好，流窜江湖的亡命徒也好，替天行道的英雄豪杰也好，祸乱天下的草头王也好，他们即使能得志于一时，却无法逃脱这个精辟格言的无情嘲弄。这八个字，是对所有欲冒死作恶者的提醒，是对所有亡命之徒的警告，也是对一切敢于冒天下之大不韪者最严厉的训诫。

王猛，字景略，北海郡剧县（今山东潍坊寿光东南）人。他出身贫贱，但博学而喜读兵书，胸怀大志，期望能遇到明主，一展才华，匡时济世。东晋桓温北伐入关，曾与王猛相见。王猛一边谈论时局，一边捉着虱子，旁若无人。桓温觉得他是个难得的人才，班师南返时，赐给他车马，并授予高官督护，请他一起归晋。但王猛认为东晋朝廷看重门阀，不会重用他这样的寒士，就仍然留在北方未走。

前秦的苻坚一心想成就霸业，十分注意收罗人才。他听说王猛的名声，急忙派人把他找来。苻坚和王猛纵谈天下大事，意见竟不谋而合。两人都相见恨晚。

苻坚登上皇位后，便任命王猛为中书侍郎。

当时始平一带社会秩序非常混乱，豪门大户横行霸道，为非作歹；盗贼土匪到处都有，无恶不作，历任县令都治理不了，善良百姓受尽欺压，无处申冤。苻坚就把王猛调去当始平县令。

王猛一上任，就申明法令，有胆敢违抗者定严惩不贷。有个官吏是个地头蛇，在朝中又有后台。他一向在当地作威作福，肆无忌惮，根本不把王猛放在眼里，对他发布的法令置若罔闻。一次，他触犯了王猛的法令，王猛一点儿也不客气，依法严惩，用鞭子打死他。这下当地豪强就像炸了锅，联合起来上书告王猛草菅人命，竟然鞭杀了颇有权势的官吏。这些豪强在朝中都有为他们说话的人。于是有关部门就弹劾王猛，把他抓起来，用囚车押到廷尉所设的诏狱。

苻坚接到报告，亲自质问王猛。

苻坚说："为政之本，以道德教化为先。你刚上任几天，却杀了那么多人，怎么这么残酷啊！"

王猛回答说："我听说：'宰宁国以礼，治乱邦以法。'

这就是讲，礼是用来治理安宁太平国家的，对于混乱污浊的地方，就要用法来治理。陛下不嫌弃我才疏学浅，派我去治理难以管理的地方。我决心恪守职责，不辜负明君的重托，为国家铲除凶险狡猾之徒。现在我刚刚杀死一个奸人，剩下的还有上万个坏蛋。倘若责备我未能除尽残暴的恶人、肃清不法分子，那么，我甘心受刑处死，以谢辜负陛下重托之罪；倘若指控我为政残酷无道，那么，我是实在不敢接受的。”

苻坚听了这番话，大为感慨地对群臣说：“王猛真是同春秋时管仲、子产一样的人啊！实在了不起！”于是赦免了他，并且加以重用，一年之内，王猛升了五次官。在王猛执政的十五年里，前秦的吏治得到了整顿，政治比较清明，社会比较安定，因而增强了国家实力。

故事一：

有这样一则寓言：有一天，狼发现山脚下有个洞，各种动物由此通过。狼非常高兴，它想，守住山洞就可以捕获到各种猎物。于是，它堵上洞的另一端，单等动物们来送死。

第一天，来了一只羊，狼追上前去，羊拼命地逃。突然，羊找到一个可以逃生的小偏洞，从小洞仓皇逃窜。狼气急败坏地堵上这个小洞，心想，再也不会功败垂成了吧。

第二天，来了一只兔子，狼奋力追捕，结果，兔子从洞侧面的更小一点儿的洞里逃生。于是，狼把类似大小的洞全堵上。狼心想，这下万无一失，别说羊，与兔子大小接近的狐狸、鸡、鸭等小动物也都跑不了。

第三天，来了一只松鼠，狼飞奔过去，追得松鼠上蹿下跳。最终，松鼠从洞顶上的一个小道跑掉。狼非常气愤，于是，它堵塞了山洞里的所有窟窿，把整个山洞堵得水泄不通。狼对自己的措施非常得意。

第四天，来了一只老虎，狼吓坏了，拔腿就跑。老虎穷追不舍。狼在山洞里跑来跑去，由于没有出口，无法逃脱，最终，这只狼被老虎吃掉了。

针对这一案例，各界人士说法不一。

哲学家说：绝对化意味着谬误。

宗教家说：堵塞别人生路意味着断自己的退路。

环境学家说：破坏原生态平衡者必自食其果。

经济学家说：预算和计划都要留有余地。

军事家说：除非你是百兽之王，否则，别想占有整个森林。

法学家说：凡规则皆有例外，恶法非法。

政治学家说：绝对的权力导致绝对的腐败，绝对的腐败必然导致彻底的失败。

渔民说：一网打尽，下一网打什么？

农民说：不留种子就是绝种绝收。

总之，人的生存与发展，依赖于千丝万缕的社会关系，所以无论做什么事都不要做得太绝，得为自己留一条后路。

本寓言里的狼发现了一个山洞，各种动物由此通过，为了捕获各种动物，狼把这个洞里除洞口外的所有通道都封死了，却不料将自己陷入万劫不复之地，成了老虎口中的美食。灭人者终自灭。“竭泽而渔”，“杀鸡取卵”，古而有之。

在人与人的交往中，也有一些人为了追求个人利益而对别人不管不顾，甚至是在别人身处逆境时落井下石，这样的做法是极其愚蠢的，因为一个人再成功，也不能保证自己就没有倒霉的时候，把事情做绝了，到时谁又会向你伸出援手呢？

故事二：

在茫茫沙漠的东西边缘，有两个村庄。从一个村庄到另一个村庄，如果绕过沙漠走，至少需要马不停蹄地走上二十多天；如果横穿沙漠，那么只需要三天就能抵达。但横穿沙漠实在太危险了，许多人试图横穿沙漠，结果无一生还。

有一天，一位智者经过这里，让村里人找来了几万株胡杨树苗，每半里一棵，从这个村庄一直栽到了沙漠那一端的村庄。智者告诉大家说：“如果这些胡杨有幸成活了，你们可以沿着胡杨树来来往往；如果没有成活，那么每一个走路的人经过时，要将枯树苗拔一拔，插一插，以免被流沙给淹没了。”

果然，这些胡杨苗栽进沙漠后，很快就全部被烈日烤死了，成了路标。沿着“路标”，在这条路上大家平平安安地走了几十年。

有一年夏天，村里来了一个僧人，他坚持要一个人到另一头的村庄去化缘。大家告诉他说：“你经过沙漠之路的时候，遇到要倒的路标一定要向下再插深些；遇到要被淹没的路标，一定要将它向上拔一拔。”僧人点头答应了，然后就带了一皮袋水和一些干粮上路了。他走啊走啊，走得两腿酸累，浑身乏力，一双草鞋很快就被磨穿了，但眼前依旧是茫茫黄沙。遇到一些就要被尘沙彻底淹没的路标，这个僧人想：“反正我就走这一次，淹没就淹没吧。”他没有伸出手去将这些路标向上拔一拔。遇到一些被风暴卷得摇摇欲倒的路标，这个僧人也没有伸出手去将这些路标向下插一插。但就在僧人走到沙漠深处时，寂静的沙漠突然飞沙走石，有些路标被淹没在厚厚的流沙里，有些路标被风暴卷走了，没了影踪。

这个僧人像没头的苍蝇似的东奔西走，却怎么也走不出这个大沙漠。在气息奄奄的那一刻，僧人十分懊悔：如果自己能按照大家吩咐的那样做，那么即便没有了进路，还可以拥有一条平平安安的退路啊！

是的，给别人留路，其实就是给我们自己留路。善待他人，关爱他人，实际上就是善待自己，关爱自己。

第七十四章　民不畏死

民不畏死，奈何以死惧之？若使民常畏死，而为奇者吾得执而杀之，孰敢？常有司杀者杀。夫代司杀者杀，是谓代大匠斫。夫代大匠斫者，希有不伤其手矣。

【释义】

民众不畏惧死亡，为何还要用死亡来威吓他们呢？如果民众害怕死亡，那么对于那些为非作歹之徒，我可以依法惩治杀掉他，谁还敢为非作歹呢？如果民众犯罪需要以法惩处，则常由执行杀人的司法部门去处置。代替刑戮者去胡乱杀人，这好比硬代大工匠砍木头。那代替高明木匠去砍木头的人，很少有不砍伤自己的手指头的。

【古典今读】

生命对于我们而言是有重大意义的，没有生命，谈什么都没有意义，我们每个人都十分珍惜自己的生命，这是毋庸置疑的。老子说民众不害怕死亡，为什么百姓会不怕死呢？这是个令人疑惑的问题。我们联系当时的社会背景，就不难发现民不畏死的原因了。春秋晚期社会动荡不安，当时的统治者荒淫无度，而且对百姓施行苛刻的政令，甚至不惜屠杀百姓来满足自己的欲望。生活在水深火热之中的百姓朝不保夕，他们对生的渴望很淡漠，死对于他们而言已不再可怕。在他们看来，生是痛苦的，死倒是一种最好的解脱，所以他们自然不害怕死了。对于不怕死的人，以死相威胁还有什么意义呢？因此老子提出了“民不畏死，奈何以死惧之”的质问，其中夹杂的愤懑情绪是我们能读得出、感觉得到的，老子之所以会愤然，是因为他对百姓的仁爱和怜悯以及他对生命的敬畏和尊重。

“若使民常畏死，而为奇者吾得执而杀之，孰敢？”老子紧接上文的“民不畏死”提出了相反的假设：如果民众害怕死亡的话，统治者就可以对那些为非作歹之徒依法判以死刑，那么以后谁还敢为非作歹呢？在这里，老子提出了一个杀一儆百的方略。老子是仁慈的，他反对战争，更不提倡杀人，老子用“杀”会让人感到别扭，但只要我们清醒地认识到，老子提倡要杀的是为非作歹、胆大妄为的不法之徒，而不是普通的劳苦大众，就不难理解老子的思想了。

一旦百姓不再畏惧死亡，那么国家的苛刻制度和严酷刑法就无法发挥作用，也就形同虚设了，或者说它不再有惩处的作用和震慑的威力了，那些为非作歹之徒就更加肆无忌惮了。在此种情形之下，国家势必更加混乱，百姓更是无路可走，统治者的地位就会面临着被颠覆的危险。如果统治者能以百姓的利益为重，让百姓有衣可穿、有饭可吃、有屋可居、有乐可享，百姓自然就会珍惜自己的生命，不会再去冒险和为非作歹，天下太平，统治者的地位也就稳固了。圣明的统治者懂得去珍惜生命，不轻易动用酷刑，对百姓进行道德、法律、制度的宣传教化，使他们在畏惧死亡的同时，明白法律的威严，只有这样，才能真正起到杀一儆百的效果。

“常有司杀者杀。夫代司杀者杀，是谓代大匠斫。夫代大匠斫者，希有不伤其手矣”。这是老子针对当时国家的法律之混乱和不健全，向统治者提出的忠告。老子明确提出为官者应各司其职，任何越俎代庖的行为都会以伤害自己而宣告终结，这是统治者必须注意的。

“天网恢恢，疏而不失”。自然中自有规律，圣人顺其自然也就可以了。

但是，如果君王自以为高贵，使百姓居无定所、无法维持生计，百姓就会冒死反抗。百姓不畏惧死，那又怎能用死来使他们畏惧呢？

如果能在执行死刑之前，对百姓进行道德法律教化，君王珍惜自己而不自以为高贵，使百姓安居乐业，这样百姓珍惜自己的生命，法律也自然有了威严，此时再执行死刑，那天下人就不敢再冒死犯罪了。

以上的这种方法，也就是我们常说的“杀一儆百”，这是一种高超的领导智慧，我国历史上许多著名的领导者，都是善用这一智慧的高手。

有一次，胡庆堂的一个采购人员不小心把豹骨误当作虎骨买了进来，而且数量还不少。进货负责人了解这个采购人员平日做事很牢靠，加上自己手头正忙，也未加详察，就把豹骨存入库备用。有个新提拔的副档手（相当于今天的企业副经理）得知此事，以为又有晋升机会了，就直接找胡雪岩打“小报告”。胡雪岩当即亲自带人到药库查看了这批药材，发现确实把豹骨误当作虎骨了，就命药工全部销毁。眼看由于自己工作失误带来巨大的经济损失，进货负责人羞愧地递了辞呈。不料，胡雪岩却温言相劝，说：“忙中出错，在所难免，以后小心就是。”但对那位自以为举报有功等着奖赏的副档手，胡雪岩却发了一张辞退书。因为，在他看来，身为副档手，发现伪药不及时向进货负责人汇报，已是渎职，而背后打小报告更是心术不正。如果不严惩他，反而奖励他，今后必有人效仿，这样就造成上下隔阂了。

胡雪岩这一招“杀一儆百”用得相当巧妙，从那以后，胡庆堂再也没有发生过类似的事情，胡庆堂上下同心，生意做得越发红火。

【事典心裁】

康熙帝掌政时期，国家呈现出太平盛世的景象。康熙时期的繁荣得益于康熙帝治理天下有方，然而康熙晚期，国家却一直走下坡路。一方面是因为他晚年多病，不能勤政；另一方面是因为确立皇储的问题搅得朝中一片混乱。因此，在他的晚年，朝中官员渐渐疏于政治，因循敷衍、懒散拖沓、贪污行贿，把官场弄得乌烟瘴气，这种状况一直蔓延到雍正初年。

雍正帝登基后，决心全面整顿，改变朝廷大臣玩忽职守的态度和消极懒散的作风。他清楚这种作风已经有很长时间了，彻底肃清不是轻而易举的事情，如果对他们仅仅宣传一些大道理，恐怕达不到较好的效果。

雍正帝想来想去，觉得不如来个杀鸡给猴看，说不定能产生大的影响，镇住其他大臣。但是，到哪儿去找这只"鸡"呢？不久，雍正就找到了突破口。

一天，雍正帝让手下趁别人不注意时，把刑部大门上的匾额拿回来，藏在屏风后面。然后雍正帝耐心地等待，看看刑部有什么反应。

一天过去了，刑部没有什么异常。

两天过去了，刑部依然像什么事都没有发生一样。

第七天，雍正帝再也沉不住气了。他命令召见刑部主管官员。一见面，他突然问："你们主管衙门外的大匾额还在吗？"

官员不知雍正帝有何用意，毕恭毕敬地回答说："在！"

可是当他们抬头看皇上时，只见雍正帝脸色阴沉，不知自己说错了什么，慌忙补充说："应该在吧！"说罢，不敢多言。

雍正帝向近旁的侍从招招手，两个内侍便把刑部大门外的匾额从屏风后抬出来。刑部主管官员一看，吓得直哆嗦，一时不明白究竟是怎么回事。

雍正帝指着放在大殿中央的匾，厉声说道：

"这块匾额已经放在这里七天了，可你们却没有任何人发现！这么大的疏漏你们居然都没有注意到，不知你们平日会疏忽多少事务！堂堂一部之首尚且玩忽职守到如此地步，又怎么能以身作则，教导下面的人勤于公务呢？"

雍正帝大发脾气，刑部主管吓得双腿发软，连连叩头，俯首请罪。他在皇上面前立下誓言，决心痛改前非，整顿吏治，提高效率。

雍正帝对其他部门什么都没说，但自从这件事传开后，朝廷六部拖拖拉拉的办事作风很快就有了改观。

故事一：

孔子50岁时，任鲁国司寇，摄行相事。

公元前487年，齐国君臣恐鲁国重用孔子日渐强盛，便致书鲁定公，约鲁侯于夹谷山相会，以通两国之好，永息干戈。宠臣黎弥献计，打算趁机在盟会上拘押鲁侯和孔子，逼迫鲁国臣服。鲁定公不知是计，准行。孔子劝鲁定公说："有文事者，必有武备。诸侯出疆，应派大将同行。"于是安排左右司马各率兵车500乘，另由大夫兹无还率兵车300乘，在夹谷山10里外待命。

届时，两君集于夹谷坛下，揖让而登。齐国是晏婴为相，鲁国由孔子为相，两相揖礼，各从其主，登坛交拜，共叙太公、周公之好，并互相赠送了礼物。齐景公说："齐国

有新歌舞，愿与鲁侯共观之。”说完，下令奏齐乐，齐乐刚起，坛下鼓声大振，300名兵士手执矛戟、剑盾蜂拥而至。狂呼乱叫，杀气腾腾。鲁定公吓得脸色发白，孔子走至齐景公面前说：“两君相会通好，本应行中国之礼，怎么能用蛮夷歌舞？”晏子不知黎弥阴谋，便劝齐景公斥退了兵士。

黎弥又生一计，安排优人献艺，任情戏谑，以淫词羞辱鲁国。然后，他升阶请示说：“请奏宫中之乐，为两君寿。”齐景公答应了，和鲁定公一起观看。倡优侏儒20余人，异服涂面，装女扮男，拥至鲁侯面前，跳的跳，唱的唱，且歌且笑，满口淫词。孔子怒喝：“匹夫戏诸侯者，罪当死！请齐司马行法。”齐景公不应，优人嬉笑如故。孔子说：“两国既已通好如兄弟，鲁国司马可代为执法！”话音刚落，鲁国二将飞身上坛，各执领班一人，当下斩首。齐景公吓得魂不附体，没了主意。黎弥仍想在坛下拘捕鲁侯，探得鲁军就在附近，只好缩着脖子忍下恶气。

孔子归鲁，鲁定公言听计从。孔子献策立纲陈纪，教以礼义，养其廉耻，所以鲁国民安吏治。三个月后，风俗大变，市场交易不饰虚价，男女行路而左右有别，夜不闭户，路不拾遗，四方之客入鲁境，皆有常供，宾至如归。

故事二：

武则天执政整整半个世纪，对于唐代社会的发展有着重要的影响。这里，仅择数事，以见其“忧劳天下”“不敢爱身”之处。

武则天十四岁进宫被封为才人。唐太宗死后，出宫为尼。高宗永徽三年再入宫，封为昭仪。六年，为皇后。由于百司奏事，皇后决之，“处事皆称旨”，显庆五年高宗“始委以政事”。至麟德元年，高宗视朝，武后“垂帘于后，政无大小，皆预闻之”，“中外谓之二圣”。

武则天“预闻”朝政之后，首先考虑的便是安定天下，劝课农桑。咸亨元年，四十余州遭虫、霜、旱灾，百姓饥馑，关中尤甚，朝廷急调江南谷米赈济。武后对灾情表示出极大的关注，以致要求避位，冀以减轻灾害。上元年间，她连年亲祀蚕神，以示重视农桑。同时，上书高宗，提出著名的“建言十二事”：

一、劝农桑，薄赋徭。二、给复三辅地。三、息兵以道德化天下。四、南北中尚禁浮巧。五、省功费力役。六、广言路。七、杜谗口。八、王公以降皆习《老子》。九、父在

为母服齐衰三年。十、上元（年号）前勋官已给告身（委任状）者，无追核。十一、京官八品以上益禀入。十二、百官任事久，材高位下者得进阶申滞。

前五条都是属于劝农、安定社会秩序的内容，高宗下诏实施，收到较为显著的效果。仪凤三年大旱，高宗、武后避正殿。武后更亲自审阅案卷，亲自批复，释赦无辜。

弘道元年，高宗卒，武后临朝执政。经过一番努力，使动乱的社会安定下来。一天，她对群臣言道："朕辅先帝逾三十年，忧劳天下"，"先帝弃群臣，以社稷为托，朕不敢爱身，而知爱人。"她在平定了裴炎、徐敬业、程务挺等人的叛乱，稳定了朝政之后，紧接着又于垂拱二年，正月编成《兆人本业记》，颁发各道，鼓励发展农业生产。由于社会安定，农业发展，人口增长较快。永徽三年，全国三百八十万户，到神龙元年增至六百一十五万户。

武则天"躬勤"的另一重要政务便是广开言路，招揽人才。垂拱元年二月，下令：西朝堂的登闻鼓、东朝堂的肺石，不再派人看守，不论什么人都可以击鼓或立石，表示有意见向朝廷申诉，御史必须受理。第二年，更铸铜匦置于朝堂，接受天下上书。其中，一曰"招谏"，凡言朝政得失的，都可投入；一曰"伸冤"，凡有冤抑者，皆可投入，设专人受理。这两项措施，保证了下情上达，改善了上下蔽塞的状况。一些重要的建言或冤情，武则天都要亲自处理。天授元年，武则天登基为女皇。这一年，她亲自考试举人于洛阳洛城殿，贡士殿试的制度自此始。长寿二年正月，武则天又亲自引见诸道巡抚使所举荐的人才，分别试用，试官制度由此始。于是，一些地位低下的人才通过试官制度，得以发挥其才智，进位将相。相反，对于那些不称职的试官，一经发现，立即罢免。至于冒充人才，混入官场者，则加刑诛。由于武则天能够“明察善断”，“故当时英贤亦竞为之用”。武则天执政五十年间，共用宰相七十八个。刘仁轨、狄仁杰、娄师德、徐有功等，都是有功于国于民的正派能臣。玄宗时的名相姚崇、宋璟，也是武则天亲自选拔上来的。长安二年，已年近八旬的武则天，仍然不忘选拔人才。正月，又新设武举之制，以选将帅之才。武举制度，亦自此始。“安史之乱”中为李唐皇室所倚重的郭子仪，便是武举出身而成为国之栋梁的。

第七十五章　无以生为

民之饥，以其上食税之多，是以饥。民之难治，以其上之有为，是以难治。民之轻死，以其上求生之厚，是以轻死。夫唯无以生为者，是贤于贵生。

【释义】

百姓之所以会遭受饥荒，是因为统治者榨取的赋税过多，故而遭受饥荒。百姓之所以难以治理，是因为统治者多欲暴敛，故而难以治理。百姓之所以轻视死亡而去冒犯法律，是因为统治者奉养自己过于丰厚奢侈，将民脂民膏都搜刮净了，百姓无以为生，故而轻死去冒犯法律。只有不追求供养丰厚而又有所作为的人才比珍爱自己、厚养生命的人更胜一筹。

【古典今读】

这一章顺承上一章，继续讲统治者和百姓之间的矛盾。我们都知道，自从阶级出现之后，统治阶级和被统治阶级之间的矛盾是对立统一的关系。一旦统治者以百姓的利益为重，那么百姓生活就会富足幸福，国家太平安定，统治者的地位就会稳固。与此相反，如果统治者追求自身的安逸，而不顾百姓的死活，对百姓大加盘剥，百姓就会轻视生命，进而铤而走险，不惜一切代价反抗统治者的压迫，而统治阶级也不甘示弱，对百姓施以严酷的镇压，最后以你死我活的下场而告终。

“民之饥，以其上食税之多，是以饥”。老子在此直截了当地揭示了百姓忍饥挨饿的原因。百姓之所以要忍受饥饿的煎熬，并不是因为百姓懒惰，没有可供解决温饱的粮食，而是因为粮食都被贪婪、骄奢淫逸的统治者盘剥殆尽了，所以百姓不得不忍饥挨饿，日子过得不堪其苦。繁重的赋税压得百姓喘不过气来，又没有食物满足基本的温饱需求，所以百姓起来反抗也是必然的事。正所谓哪里有压迫，哪里就有反抗。

对于百姓的反抗，统治阶级不可能无动于衷，他们会动用各种手段来对付百姓的反抗，即老子所说的“以其上之有为”，这里的“有为”是指统治者的强作妄为，统治者强作妄为的结果会怎样呢？当然是“是以难治”。百姓难以治理是统治阶级的原因，是统治阶级的妄为和蛮横导致的。百姓难以治理，又会产生什么结果呢？毫无疑问，那就是国家的混乱，直至统治阶级的地位被颠覆，这是统治阶级最不愿意看到的结果，可他们又不知道这其中的原因。老子在此以直截了当、明白易懂的言语对统治者做了细致入微的剖析。他为统治者敲响了警钟，但他的目的并不是为统治者出谋划策，其主要的目的还是为百姓的生活寻找一个幸福的出口，而不是永远被困在统治阶级的妄为、高压之下。

这一章老子又提出了“民不畏死”的问题。百姓为什么会不怕死，为什么会轻视死亡呢？上一章我们已做了阐释，老子在这里再一次提起，起到了强调的作用。生命对每个人而言都是极其宝贵的，一旦百姓对死都已不再重视，那么问题就十分严重了，老子对“民之轻死”的原因做了进一步的分析，他说是因“以其上求生之厚”，“求生之厚”是指统治者对自己的奉养过于丰厚奢侈，统治者过于注重自身的安逸、享受，其必然会对百姓大加掠夺，百姓缺衣少食，连基本的温饱都不能保证，而统治者却穷凶极恶、恣意妄为。面对这种不公正的现象，百姓实在忍无可忍，不惜冒着生命危险去反抗。这是容易理解的，百姓连最基本的生活都满足不了，生是一种折磨，死反倒成了一种解脱。

老子在结尾以“夫唯无以生为者，是贤于贵生”作结，点出了统治者应坚持的人生态度。在老子看来，只有不追求奉养的丰厚而又有所作为的人才比厚养自己生命的人更胜一筹。

这一章接续上一章，谈百姓的生活态度与统治者的作为。

统治者赋税太重，多行暴政，贪图奢侈，百姓就会因此遭受饥饿、难以治理、轻视死亡，终至铤而走险，纷纷造反，统治者也就面临着倒台的命运了。

那如何才能减少百姓的苦难，使百姓安居乐业，不去铤而走险呢？“夫唯无以生为者，是贤于贵生”。统治者只有不把自己的生命看得太重要，才是爱护百姓和自己生命最好的方法。对于这一点，唐太宗李世民看得比较清楚，他曾对属下说：

“民所以为盗者，由赋役繁重，官吏贪求，饥寒切身，故不暇顾廉耻耳。朕当去奢省费，轻徭薄赋，选用廉吏，使民衣着有余，则自不为盗，安用重法邪！”

【事典心裁】

故事一：

唐朝的宰相卢怀慎清正廉洁，从不搜刮钱财，他的住宅和家里的陈设用具都非常简陋。他当官以后，身份高贵，妻子和儿女仍免不了经常挨饿受冻，但是他对待亲戚朋友却非常大方。

他在东都（洛阳）担当负责选拔官吏的重要公务，可是随身的行李只是一只布口袋。他担任黄门监兼吏部尚书期间，病了很长时间。宋璨和卢从愿去探望他时，发现卢怀慎躺在一张薄薄的破竹席上，门上连个门帘也没有。卢怀慎平素很器重宋璨和卢从愿，看到他们俩来了，心里非常高兴，留他们待了很长时间，并叫家里人准备饭菜，端上来的只有两瓦盆蒸豆和几根青菜，此外什么也没有。卢怀慎握着宋璨和卢从愿两个人的手说："你们两个人一定会当官治理国家，皇帝寻求人才和治理国家的策略很急迫。但是统治的时间长了，皇帝身边的大臣就会有所懈怠，这时就会有小人乘机接近讨好皇帝，你们两个人一定要记住。"过了没几天，卢怀慎就死了。他在病危的时候，曾经写了一个报告，向皇帝推荐宋璩、卢从愿、李杰和李朝隐。皇帝看了报告，对他更加惋惜。

安葬卢怀慎的时候，因为他以前没有积蓄，所以只有一个老仆人做了一锅粥给帮助办理丧事的人吃。过了两年，玄宗皇帝到城南打猎，来到一片破旧的房舍之间，有一户人家简陋的院子里，似乎正在举行什么仪式，便派人骑马去询问，那人回来报告说："那里在举行卢怀慎死亡两周年的祭礼，正在吃斋饭。"玄宗于是赏赐细绢帛，并因此停止了打猎。

故事二：

在政治比较清明的时代，封建社会的税赋百姓基本还可承受。但在非常时期，尤其是遇到战争等情况，为持续开动战争机器，统治者往往变本加厉地搜刮百姓。以五代十国时期为例，当时除了正常的赋税之外，还有许多附加税，吃盐要上盐税，酿酒要交酒税，养蚕要纳蚕税，甚至点熔烛都得上税。这还不算，附加税上还有附加，比如“雀鼠耗”，就是官府以农户上交的粮食在储存和晾晒的过程中，可能会被老鼠和鸟类吃掉一些为名，向农户征收的税外之税。

以南唐为例，中宗李璟在位时，为攻打楚国，筹备物资，李璟加重赋税，地方官吏亦乘机盘剥百姓，最后几乎到了无物不税的程度。有一天午后，天空阴云密布，李璟对众臣说：“大雨将要来了。”一个大臣接过话茬，说：“大雨来了，百姓必定不敢进城躲雨。”李璟不明就里，该大臣开玩笑说：“害怕陛下征税。”

再比如吴越国主钱镠，他在位时，着实做了一些值得称道的事情，如修筑海塘，治理太湖，疏浚西湖，兴修水利，建设苏、杭二州，发展贸易，等等。但有的史书上说，他穷奢极欲，重税盘剥，以至很多百姓穷得穿不起裤子，只能以竹篾系于腰间遮羞。不过也有的史书说他“自奉节俭”，至于真相，恐怕只有当时的百姓清楚。

第七十六章　强大处下

人之生也柔弱，其死也坚强。万物草木之生也柔脆，其死也枯槁。故坚强者死之徒，柔弱者生之徒。是以兵强则灭，木强则折。强大处下，柔弱处上。

【释义】

人在活着的时候身体是柔弱灵活的，死亡后身体就变得僵硬了。万物草木有生命的时候形态是柔软脆弱的，死了就变得干枯残败了。所以说坚强的东西属于死亡的一类，柔弱的东西

属于有生命的一类。因此，军队强大就会灭亡，树木强硬则会折断。所以强大处于下位，柔弱居于上位。

【古典今读】

这一章老子以人和植物的生死状态来说明柔弱胜刚强的道理。人在活着的时候，面色红润，身体灵活，胳膊和腿都能屈能伸，行动自如。而一旦死去，身体就会变得僵硬，就会变成冷冰冰、硬邦邦的一具死尸。这话听起来很是让人难受，可这毕竟是事实，有生就有死，这是自然规律，谁也不可能违逆。老子紧接着人的生死而谈到了植物的生死状态，植物活着的时候，枝繁叶茂，鲜活美丽，而一旦死亡，就会枯槁、僵硬易折。无论是人还是花草树木，活着的时候是柔弱的，而死后就变得坚硬了，因此，老子概括为“坚强者死之徒，柔弱者生之徒”。老子说僵硬是通向死亡的途径，而柔弱、卑下是通向生的途径。

苍茫宇宙间，生命是那么的玄妙和神秘难测，我们每个人都有生的权利，可没有人能解开生命的谜，谁都无法预测自己的生命会在哪一刻停止运转。生命的转瞬即逝，督促我们在有生之年更加珍惜自己拥有的，促使我们领悟人生的真谛，从而有质量地生活。如何有质量地生活？这是一个十分重要的问题，它牵涉到很多方面，其中生活态度是一切问题的关键。老子提倡柔弱而反对坚强，他认为柔弱则生，刚强则死。我们如果以柔弱处世就能长久，而如果以强硬的态度待人接物，就容易碰钉子，就不能长久。

“是以兵强则灭，木强则折。强大处下，柔弱处上”。老子是反对战争的，但战争不会以一个人的意志为转移，春秋末期战争连年不断，老子针对战争的问题提出了自己的看法，他认为“兵强则灭”，这多少让人有些犯疑，兵强马壮是战争取胜的基础，为什么老子说兵强则灭呢？我们都知道战争的胜负取决于很多因素，只有兵强，死打硬拼是无法取胜的，还要有智谋。老子在前面的章节里说“夫慈，以战则胜”，慈是仁慈，仁慈的表现是柔弱、谦和，谦和、柔弱是无为思想的最好表达。

这一章接续上一章“求生”来说，讲生与死的关系和道理。

我们人类都喜欢生而害怕死，但生与死的区别是什么呢？

老子列举了人和草木生与死的现象，指出生与死的区别仅在于一个“柔弱”与“坚强”，有生命的东西都柔弱脆弱，而死了的东西都坚硬干枯。

聪明的人应从中吸取教训和智慧：做人不能强硬，而要柔弱一些。因为强大到了极点，无法再强大，“盛极而衰”，就开始走下坡路了。另外一个原因是强大以后很容易骄傲自满，“满招损”，也会走下坡路，或者走上错路与绝路。

北宋寇准十九岁中进士，四十四岁就当上了宰相，可谓志得意满。据说，这位寇相爷生性豪放，热情好客，经常在家中设宴，与同僚夜宴。寇准的酒量太好，而且劝酒时往往先干为敬，因此经常喝得客人一塌糊涂。

有一回，寇准向枢密副使曹利用敬酒，曹利用却不肯喝。寇准说："我劝太尉饮酒，太尉怎么不喝呢？"曹利用却铁了心，就是不喝。寇准面子上挂不住了，他生气地说："你这小子，竟敢如此无礼！"

曹利用一听也火了，他站起来厉声回答："皇上拔擢我曹某人在枢密院担任副使，相公却称我为小子，明天上朝时，我倒要当面问问皇上，这是何道理？"

众人赶紧把二人劝开，但劝开的只是尴尬场面，从此以后曹利用把寇准当成了死对头，后来寇准被贬海南岛，就是曹利用罗织的罪名。

【事典心裁】

故事一：

明太祖朱元璋在位期间，功臣也杀，奸臣也杀，贤士也杀，刁民也杀。杀得朝中及民间战战兢兢，人人自危，据说很多大臣早上上朝前，都要在家里搞个告别仪式。不过也有例外的，比如有个叫王朴的谏官，朱元璋倒是有心饶他一命，他自己却想不开，非要以自己的性命为代价向朱元璋要个说法，最终以自己的头颅为后人留下了一个残酷的教训。

起初，王朴虽触犯了龙颜，但朱元璋只是罢了他的官而已。不久，朱元璋多半是意识到自己开除王朴不对，便重新起用他为御史。王御史刚刚上任，便又就当时的一些政事与朱元璋强争，结果没多久就再次惹恼了朱元璋。朱元璋咆哮着命左右将其推出殿外斩首，但没走几步，朱元璋又命左右把他押回来，显然是有心宽恕于他。当朱元璋问王朴"现在你改变了自己的主张了吗"时，王朴却得理不饶人："陛下不认为我是无用之人，提拔我担任御史，奈何摧残污辱我到这个地步？假如我没有罪，怎么能杀我？假如我有罪，又何必让我活下去？我今天只求速死！"朱元璋仅有的一丝理智也化作了怒火，当即命左右"成全"了王朴。

在封建社会，帝王就是天。跟天作对，岂能讨得到好果子？在封建社会，君要臣死，臣不得不死，为人臣的，每天见到皇上都得三跪九叩，以现代人的思维来看，跪都跪了，弯一下腰，又有何妨？

当然，此处的跪拜与弯腰性质不同，没有可比性。王朴的做法，也是一种自尊的表现。然而人不能把尊严无限宽泛化，自尊过了头，往往是自卑的表现，更是不智的表现。就说王朴吧，三番五次地顶撞皇上也就算了，而且朱元璋是个杀人不眨眼的皇上，他也知道，可就是因为性子太直，宁折不弯，结果连皇帝给机会都不要，以致毫无意义地送了自己的小命，实在是太可惜了。

故事二：

邓肯是19世纪最富传奇色彩的女性之一，她小时候，有一年圣诞节，学校举行庆祝大会，老师一边分糖果，一边说着："小朋友们，这是圣诞老人给你们带来的礼物……"

邓肯听到后马上站起来，一本正经地说："骗人！世界上根本没有圣诞老人。”

老师虽然很生气，但还是压住心中的怒火，改口说：“相信圣诞老人的乖女孩才能得到糖果。”

“我才不稀罕糖果。”邓肯回答。

结果老师勃然大怒，不仅没给她糖果，还处罚了她。

邓肯的遭遇绝非偶然，现实生活中也不乏此类的例子。曹雪芹说过，“世事洞明皆学问，人情练达即文章”，诚实固然可贵，但也要看时机，看场合。不看场合，那它就成了坏事的根源了。所以，具体情况还要区别对待。

唐宣宗时，国舅郑光倚仗自己的权势，纵容管家为所欲为，京城百姓深恶痛绝。京兆尹韦澳欲拿此人开刀，严肃法纪，命人将这个管家关入大牢，择日斩首。这下挫了郑光的威风，他不思悔改，反而厚着脸皮到唐宣宗处为管家求情。

唐宣宗心慈面软，架不住郑光求情，便把韦澳召进宫中，让他放了管家。韦澳据理力争，说得入情入理，唐宣宗也知道韦澳是为江山社稷考虑，便说：“你说得很对，但是国舅几次来找我，你把那个管家痛打一顿，饶他一死，可以吗？”

韦澳心想：按照唐律，交上吞占的租税和罚金赎罪是可以的。于是他说：“既然陛下有旨，我不敢不服从。但是，请准许我暂且扣押他，等他把所欠的租税和罚金交足后，再释放他。”

唐宣宗高兴地说：“当然可以，我为了国舅，干扰了你，心里很是惭愧。”

第七十七章　不欲见贤

天之道，其犹张弓与！高者抑之，下者举之；有余者损之，不足者补之。天之道，损有余而补不足；人之道则不然，损不足以奉有余。孰能有余以奉天下？唯有道者。是以圣人为而不恃，功成而不处。其不欲见贤。

【释义】

天道运行的法则不就如同拉弓射箭吗？弦位高了就压低它，弦位低了就抬高它；有余的就减少，不足的加以补足。所以天道运行的法则是减少有余而补充不足。人间的法则则

不同，常常是剥夺不足的而供奉有余的。谁能够拿出有余的补给天下不足的呢？只有得道者。所以圣人有所作为而不自恃功高，功成而不居功自傲，他不愿意被人赞美。

【古典今读】

这一章老子以“天之道”和“人之道”做对比，突出“天之道”的博大和“人之道”的渺小，进而主张“人之道”要效仿“天之道”。“天之道”的特点是“高者抑之，下者举之；有余者损之，不足者补之”。在讲“天之道”时，老子使用的是比喻的手法，老子将“天之道”比喻成张开的弓，张开的弓是为了射捕猎物，要随着猎物的位置的移动而改变，弦位高了压低它，弦位低了抬高它，弦拉得过满就松些力，拉得过松就用些力。所以“天之道”就是减少有余而补充不足。老子在讲完“天之道”后并没有戛然而止，而是很自然地引出了“人之道”。“人之道”和“天之道”恰好相反，“人之道”是“损不足以奉有余”。老子反对这种人间法则，他认为这样只会造成天下的贫富不均和权利的不平等。古人云：不患贫而患不安，不患寡而患不均。不均等是一切祸乱产生的根源，大自然的法则是追求平等，所以它能长存；而人间的法则是不平等，所以人心才会不安，才会有动乱的发生。

“孰能有余以奉天下？唯有道者”。老子自问自答，对有道者的行为特征做了进一步的说明，有道者会将自己多余的衣物、粮食、财富拿出来奉献给贫穷的人，以达到和他们的均等，从而保证社会的安定。而有道之人实在是少之又少，根本无法扭转时局，社会普遍存在的现象是不均等，富有的人在欲望的驱使下对财富疯狂占有，财富的高度集中使一小部分人占有着社会上绝大部分的财富，他们利用手里的资本变得更加富有，而绝大多数的人正遭受着贫穷的折磨。在封建社会，权钱交易是极其普遍的事，当官的自有人巴结逢迎，送来黄金万两；有钱的则拿出万贯财宝去讨好当权的，讨来个小官当，然后一步步往上爬。权钱交易的结果势必将普通老百姓推向贫穷和被压迫的火海中去。

人的忍耐力是有一定限度的，当这种压迫达到一定程度之后，百姓自然会揭竿而起，打破这种不平等的局面，以达到一种新的平衡。这实际上已不自觉地遵循了大自然的规则，即老子所说的“天之道”。

“是以圣人为而不恃，功成而不处。其不欲见贤”，老子用圣人的所作所为来向世人做示范，圣人决不会将自己推到溢满的地位，他们会将自己多余的部分分给不足的人，而绝不炫耀，甚至适当地贬损自己，始终保持谦和、恭敬、卑下的德行。圣人有所作为而不据为己有，有功而不居功自傲，不喜欢显山露水、被人夸耀。

上一章阐述了柔弱和刚强所造成的生与死，这一章则继续讲大自然关于有余和不足的规律。

自然大道对任何事物都平等，也就是说，大道对满的、强的损之，对谦的、弱的益之，大道始终保持中和。为此，老子将天道的规律比作拉弓射箭，太高了就放低一些，太低

了就举高一些，拉得太满了就减损一些，拉得不够满就补充一些。

自然之道如此，可人们做事却恰恰相反，喜欢减去不足的而补充有余的。越有钱的越追求钱财，越有权的越追求权力，贪婪的欲望永无止境。结果穷人越来越穷，民不聊生，揭竿而起，推翻压迫者，重新分配，这是大道的规律，不可违背。

所以聪明的圣人便会从中得到智慧：当自己满足时，绝不去炫耀，反而会贬损自己。一旦自己多余的时候，就会把多余的东西补给那些欠缺的人。这样贬损了自己，别人也得到了好处，那么你与别人的关系自然也就好了，自然不会产生什么矛盾，有什么争斗了。

著名的影星英格丽·褒曼就是深谙此道的人。

英格丽·褒曼在获得了两届“奥斯卡最佳女主角”奖后，又因在《东方快车谋杀案》中的精湛演技获得最佳女配角奖。然而，她领奖时，一再称赞与她角逐最佳女配角奖的弗伦汀娜·克蒂斯，认为真正获奖的应该是这位落选者，并由衷地说：“原谅我，弗伦汀娜，我事先并没有打算获奖。”

褒曼作为领奖者，没有因自己成就与辉煌而去炫耀，相反，她在自己满足的时候，反而贬损自己，对自己的对手推崇备至。此时她把头上的光环补给了落选的克蒂斯，维护了对方的面子。这样的人谁会不喜欢，谁又会去与她争斗呢？

【事典心裁】

故事一：

关于“天之道”有这样一个小故事：

一天，上帝对一个盲人、一个瘸子以及两个壮汉说：“你们沿着这条路一起出发，谁先把幸福之门打开，我将满足他的任何愿望。”上帝说完，就一声令下，比赛正式开始。

只见两个壮汉拔腿就跑，其速度快如风驰电掣。而盲人因眼疾，只能一步步试探地前进，瘸子虽然明确目标，可也只能缓缓前进。

历经无数次的坎坷之后，盲人和瘸子达成了共识，即盲人背起瘸子充当双腿，瘸子给盲人充当双眼，两人取长补短，一步步向幸福之门迈进。

眼看着两个壮汉临近终点，一个壮汉突然停下将另一个壮汉狠狠地推倒在地，而后自己又向前跑去。被推倒的人又迅速爬起来追上前者，一脚踢在对方的后腿上。两人厮打起来，他们谁都不允许对方推开幸福之门。

就在他们纠缠在一起时，盲人和瘸子赶了上来。两个壮汉因为互相阻挠，都没注意到周围情况的变化。盲人和瘸子因为互相弥补了自己的缺陷，慢慢地走到了前面。在幸福之门前面，他们并没有互相抛弃，而是彼此示意了一下，共同打开了幸福之门。

现实生活中也不乏类似的案例：

丹麦天文学家第谷有出色的观察能力，但不擅长于理论研究，结果得出了很多错误的结论。后来，第谷请了德国天文学家开普勒做助手。虽然开普勒在观察方面不如第谷，但他很有理论方面研究的才华。

在他们的合作下，终于发现了“行星运动三定律”。显然，在他们两者中，只要有一个不存在，那么就不会有这样伟大的天文发现，也正因为他们的密切配合，互相取长补短，才能在天文学领域做出卓越的贡献。

老子的言论提醒我们，在人生中应该多一些取长补短。广泛吸取别人的优点弥补自身的缺点，是对待长处、短处的正确态度，也是让人进步的最好方法。

用一双慧眼去发现生活中身边人的优点，捕捉它们，并用这些人的优点来点亮自己的人生，我们的人生才能更光彩夺目。

故事二：

韩信早年曾追随项羽，后来又投到刘邦门下。他足智多谋，屡出奇计，为刘邦打天下立下了赫赫战功，先后被封为齐王、楚王。

刘邦坐稳了江山之后，看到韩信握有重权，并且深得军心，不由得食不甘味，辗转难眠。他宴请群臣，面对臣下的恭贺，也忧心忡忡。张良察言观色，私下对韩信说："你是否记得勾践杀文种的故事？自古以来，只可与君主共患难，而不可与其共享福。飞鸟尽，良弓藏；狡兔死，走狗烹。前车之鉴，后事之师啊！我们要好自为之。"于是，张良急流勇退，见好就收，他请求回乡养老，刘邦最后封其为留侯。张良功成身退，终于保身全名，可谓有先见之明。

韩信尽管认为张良的话有道理，但是对刘邦还是抱有幻想：自己当初曾舍命救过他。可是不久，便有奸佞之臣诬告韩信恃功自傲，不把君主放在眼里。那时项羽乌江自刎之后，他的一个大将钟离昧拼死杀出了重围，逃到韩信那里避难。因为韩信与他是生死之交，就偷偷地把他藏了起来。刘邦知道此事后，认为他怀有二心，决心除掉他。

可是韩信作为一朝权臣，要除掉他也不是那么容易。于是刘邦就设了一个圈套，让韩信自投罗网。他以巡游为借

口，要到楚地的云梦（今湖北安陆）去打猎，同时派信使通知诸侯王到陈地会合。这样就能调虎离山，把韩信从封地中骗出。一旦他脱离靠山——军队和封地，就不愁没机会下手了。

韩信听到这个消息后，很害怕，明知前面有陷阱，也不得不硬着头皮前往陈地谒见刘邦。为了保全自己，不让刘邦找到借口抓他，他权衡再三，最终还是逼着好友钟离眛自杀了，然后提着钟离眛的首级来见刘邦，想以此来表明他对刘邦的忠诚。

欲加之罪，何患无辞？韩信一走进刘邦的驻地，两边的武士就一拥而上，把他五花大绑起来，押到刘邦座前。韩信很不服气，他一边挣扎一边大叫：“皇上，臣鞍前马后跟随您这么多年，南征北战，出生入死，才打下汉朝江山，臣下何罪之有？”此时，刘邦也想到给韩信以谋反定罪，确实证

据不足，难以服人心。于是他亲自下来为他松绑，然而，他还是借机解除了韩信的军权。

至此，韩信终于心灰意冷。他后悔当初不听张良的劝告而至今日，不禁仰天长叹道：“飞鸟尽，良弓藏；狡兔死，走狗烹；敌国灭，谋臣亡。现在天下大局已定，我也该遭殃了。”

第七十八章　刚柔并济

天下莫柔弱于水，而攻坚强者莫之能胜，以其无以易之。弱之胜强，柔之胜刚，天下莫不知，莫能行。是以圣人云："受国之垢，是谓社稷主；受国不祥，是谓天下王。"正言若反。

【释义】

天下万物没有比水更柔弱的了，然而攻击坚硬强壮之物没有能胜过它的，因而水是没有事物可以代替得了的。弱胜强，

柔胜刚，天下没有不知道的，但没有哪个能做到。因而圣人说："能承担国家的屈辱，才能称得上国家的君主；能承担国家的灾难，才能做天下的君王。"正面的言语好像是反话一样。

【古典今读】

水在老子的《道德经》里曾多次出现，水作为柔弱的象征，贯穿于老子思想的整个体系中，备受老子称道。

我们在前面的章节中已介绍了水的特性，比如它的顺势而为、甘居下位、柔弱、顺畅、坚韧等都是我们所熟知的，所以不再一一赘述。老子说天下万物没有比水更柔弱的了，然而它却是最坚强的。为什么这么说呢？比如对于洪水，人们将其比喻为猛兽，它时而温柔顺畅，时而来势汹汹，实在让人费解。它的力量是难以估量的，所以老子说它"攻坚强者莫之能胜"，绝非溢美之词。

"弱之胜强，柔之胜刚，天下莫不知，莫能行"，老子说天下人都已清醒地认识到了弱能胜强，柔能胜刚的道理，但都不能像水一样貌弱而实强，这是为什么呢？这是因为在弱肉强食的社会里，人们从小就被灌输一种思想，那就是要争先、争强，绝不能软弱，因为软弱就会被鲸吞。在这种思想的驱使下，人们变得争强好胜，然而越是争强，越不可能强，真正的强者反而是不争的，就如同水，甘居下位、温顺无比，却是最有力量的。

"受国之垢，是谓社稷主；受国不祥，是谓天下王"，这是老子认为的真正的君主应具备的品德。配得上做一国之主的人能够承受得了国家的耻辱，比如越王勾践，不以自己的荣辱为荣辱，为了国家不惜忍辱负重，他像水一样柔弱、能屈能伸，而不是穷兵黩武。知道爱惜民力，知道尊重老百姓的生命，只有这样的人才配称为国家的君主。

“正言若反”是老子对整部《道德经》中一些言论的高度概括，比如大成若缺、大白若辱、大巧若拙、大智若愚、大辩若讷等。正面是成，反面是缺，正面是一套，反面又是一套，正面和反面是矛盾的统一体。老子在此说“正言若反”，和原文并不是割裂的，它是承接上文所说的水的柔弱和刚强而来的。

上一章谈有余与不足，这一章照应第七十六章，谈柔弱与刚强。

有余便是刚强，不足就是柔弱。自然大道损有余而补不足，也可以说自然大道损刚强，而补柔弱。在老子的五千言中，老子一直提倡柔弱，在第四十三章就曾说：“天下之至柔，驰骋天下之至坚。”

柔能胜刚，刚处下而柔处上，这个道理人人都懂，可人们就是无法照办，这是由于在众人心中，都想争做顶天立地的强者，把柔看成是胆小懦弱。其实这种思想是错误的，明代才子冯梦龙在《广笑府·尚气》篇中就曾记载了这样一个故事：

从前，有父子二人，性格都非常刚直，生活中从来不对人低头，也不让人，且不后退半步。一日，家中来了客人，父亲命儿子去集贸市场买肉。儿子拿着钱在屠夫处买了几斤上好的肉，用绳子串起来转身回家。来到城门时，迎面碰上一个人，双方都寸步不让，也坚决不避开，于是，面对面地挺立在那儿，相持了很久很久。

日已正中，家中还在等肉下锅待客饮酒，做父亲的不由得十分焦急起来，便出门去找买肉未归的儿子。刚到城门处，看见儿子还僵立在那儿，半点儿也没有让人的意思。父亲心下大喜：这真是我的好儿子，性格刚直如此；又大怒：那是谁呀，竟敢如此放肆。他蹿上前去，大声说道："好儿子，你先将肉送回去，陪客人吃饭，让为父站在这儿与他对抗！"

话音刚落，父亲与儿子交换了一个位置，儿子回家去烹肉煮酒待客，父亲则站在那个人的对面，如怒目金刚般挺立不动，惹得众多的围观者大笑不止。

其实老子也并非是完全排斥刚，完全排斥似乎也不通情理，老子是叫我们做人不能太刚直了，人太刚直会走向反面，这种人往往固执己见，不知退让，不会变通，没有半点儿柔韧的弹性。

【事典心裁】

故事一：

魏晋出名士，王述就是其一。名士大都有些怪癖，王述也不例外。史料记载，王述非常宠爱儿子王坦之，小时候动不动就把儿子抱在大腿上玩耍。这并不奇怪，怪的是直到儿子长大成人，在朝为官了，他也动不动就把儿子抱在腿上，而王坦之也不觉得有任何不好意思！后来，王坦之在权臣桓温的手下任职时，桓温向王坦之提亲，想让他把女儿嫁给自己的儿子，可想而知，这时王坦之至少有三四十岁了，但回到家中，他仍旧是坐在父亲腿上。这天，王坦之坐在父亲腿上，向王述转达了桓温的意思，谁知王述听了勃然大怒，一把将儿子从腿上推倒地上，骂道："你真是个痴人，怎么能惧怕桓温的权势，把女儿嫁给他的儿子！"王坦之见父亲不高兴，便托词向桓温谢绝。桓温一语道破："恐怕是你爸爸不肯同意吧！"但他不以为意，后来反倒把自己的女儿嫁给了王坦之的儿子。由此可见王述性情之刚之躁。

还有一次，王述吃煮鸡蛋时突发奇想，试图用筷子扎住鸡蛋，但鸡蛋光溜溜的，他怎么也刺不中。王述因而大怒，抓起鸡蛋掷于地下，但鸡蛋竟无巧不巧地没被摔烂，而是继续在地上滴溜乱转。这下王述更加恼怒，便伸脚去踩鸡蛋，踩来踩去仍踩不中。王述怒不可遏，竟弯腰捡起鸡蛋，直接放进口里，狠狠地咀嚼一番，然后"呸"的一声吐在地上，这才算解气。

这样一个性情中人，怎么看他跟"忍"字也挂不上钩。但事实上，王述的忍功其实非常了得。据《世说新语》记载，有一次，王述因为一件小事得罪了谢安的哥哥谢奕，谢奕也是个性情粗暴的主，他直接找上门去，数落了王述半天，仍不解气，索性破口大骂。王述却始终面对着墙壁一言不发，直到谢奕骂够了离去很久，他才问左右的小官说："安西将军（谢奕的官职）走了没有？”答曰：“走了好一会儿了。”王述这才坐回到座位上。

古人说，君子之所以为君子，就在于忍人之所不能忍，容人之所不能容，处人之所不能处。王述是不是标准的君子，尚待商榷，但他无疑是个明智的人。首先，王家不如谢家势大，官大一品压死人，势大更甚；其次，王家与谢家是姻亲，谢安之弟谢万正是王述的女婿；再次，王家与谢家还是政治上的盟友，在对抗桓温集团的过程中两家相互帮助。所以从哪一方面来说，他都不应该跟谢奕闹翻。

故事二：

北宋的邵康节是我国历史上著名的哲学家，他的书直到今天还在各大书店、各小书摊热卖。邵康节自己不爱做官，却收了一大批在朝做官的弟子，很多官宦贵胄也以能和他交往为荣。宋神宗执政时期，任命王安石为相，推行新法，刚强失度，造成了某些州县的骚乱。邵康节的几个弟子和老友写信给邵康节，说他们准备弹劾王安石，然后辞官回家，眼不见心不烦。邵康节回信道：“正所谓家贫显孝子，国破见忠臣。当前正是需要有志之士报效国家的时候，新法固然严苛，但诸君在执行中能够放宽一分，老百姓就能多得到一分的好处。而你们弹劾王安石，除了发泄一通私己的愤怒，这对维护老百姓的利益又有什么好处呢？”

第七十九章　天与善人

和大怨，必有余怨；报怨以德，安可以为善？是以圣人执左契，而不责于人。故有德司契，无德司彻。天道无亲，常与善人。

【释义】

调和大的怨结，必然还有余留的怨恨，怎能称得上是妥善呢？因此圣人保存借据的存根，却不向人索取偿还。有德的人就像持有借据的人那样宽容不索取，无德的人就像掌管税收的人那样苛取。自然的法则是不分亲疏的，常常伴随着有德行的人。

【古典今读】

在这一章，老子依然就统治阶级和老百姓之间的矛盾展开论述。矛盾的结果必然是积怨很深，怨由何而激起呢？老子在这里没有明说，但根据前面章节的内容，我们知道统治阶级对百姓的盘剥是矛盾产生的总根源，这种矛盾属于经济范畴的矛盾。我们联系当时的时代背景分析，春秋末期统治阶级穷奢极欲而且好大喜功，他们不惜牺牲百姓的利益来满足自己的欲望，为此国家财政常常出现亏空的现象，这种入不敷出的局面该如何妥善解决？原有的税收已不能满足统治阶级的贪婪欲望，而统治阶级是不会委屈自己的，于是五花八门的横征暴敛手段便相继出炉了。

在当时，统治阶级除了让百姓承担沉重的徭役之外，还强迫百姓服兵役。我们知道统治阶级的特点是好大喜功，为了显示自己的“丰功伟绩”而穷兵黩武，百姓不但缺衣少食，而且要忍受妻离子散、战死沙场的悲痛。对统治阶级而言，这还不够，他们还会向百姓收取大量临时强加的赋税，使百姓深受其苦、不堪重负。就这样，交不起赋税的劳苦大众成了统治阶级的债户，而统治阶级坐享其成，反倒成了最大的债主。统治阶级和劳苦大众的矛盾不断激化，百姓怨声四起。统治阶级面对这种不利于自己的情况，只得“和大怨”。什么是“和大怨”？通过上面的分析，我们知道了统治阶级和百姓的“大怨”，统治阶级为了巩固自己的统治而采取的调和他们与百姓之间矛盾的措施，就是“和大怨”。“和大怨”的结果会怎样呢？在老子看来并不乐观，老子称其为“必有余怨”，为什么会“必有余怨”呢？因为统治阶级和百姓之间的矛盾是不可调和的，要想消除“余怨”，统治阶级必须抛弃自身贪婪的欲望，从浮华和虚无的追求中解脱出来，不要再为了满足自己的穷奢极欲而牺牲百姓的利益；除此之外，统治阶级无论从主观上做出怎样的努力，都不可能消除人们心中的“余恨”，所以老子称之为“必有余怨”。

“是以圣人执左契，而不责于人。有德司契，无德司彻”，老子再一次拿圣人的行为做参照，指出了“有德”和“无德”的区别，老子说“有德”的统治者依据契约的合同收租，而“无德”的统治者则根据田亩的数量任意地收取地租。

“天道无亲，常与善人”，老子指出了天道对任何事物都无亲无疏，但它会站在善良的人一边，反之，苛刻的统治者会受到天道的谴责和惩罚，这就为“无德”的统治者敲响了警钟。

我们来看看后唐庄宗李存勖和后唐明宗李嗣源的故事：

李存勖的父亲李克用是沙陀人，以骁勇善战著称，他麾下还有著名的“十三太保”，其中有十二个是他的义子，李嗣源便是大太保。李存勖则是李克用唯一的亲儿子，战斗力极强。在很短时间内，他便实现了父亲的三大遗愿，灭亡了后梁，打败了契丹，讨伐了刘仁恭，并建立了后唐王朝。

已升级为后唐庄宗的李存勖认为自己应该适当放松一下了。他喜欢看戏，看戏就有人演戏，演戏就需要演员，在当时叫作伶人。这些人不仅仗着庄宗的宠幸随便出入皇宫，甚至还侮辱戏弄朝臣，大臣们却敢怒不敢言。时间一长，这些伶人活用当时的潜规则，或是为某些官员在庄宗面前美言，或是为庄宗做耳目刺探群臣的言行，有的伶人上下逢源，居然做上了刺史的高官。

不演出的时候，庄宗还喜欢打猎，每次都是前呼后拥，遍地撒欢儿，把都城附近的农田糟蹋得不成样子不说，还责令所过之处的官员和百姓提供食宿，达不到满意，卫兵们便烧房子打人，时间一长，胆小的都跑到山里隐藏起来了。

打猎离不开狗，庄宗不仅豢养了大批猎狗，而且时时把它们带在身边，有时上朝也带着，这些狗或蹲或卧，或拉或尿，甚至相互厮咬，金銮殿转眼变成了狗窝。

此外，庄宗还很同情原先流落各地的唐朝太监们，下令将他们召集到宫里，把他们作为心腹，让他们监视朝臣，入各藩镇作监军。有了太监，庄宗又想到了宫女，他令太监和伶人们强抢民女入宫，有一次，这些有恃无恐的家伙居然把驻守魏州的将士们的妻女1000多人抢进了宫里，搞得众叛亲离，怨声四起。

公元925年夏秋之际，种种迹象表明，再不改变策略就要天下大乱了，但李存勖仍然派遣数万大军伐蜀，蜀国倒是很快就被攻下来了，但伐蜀一事既增加了百姓负担，又造成了京师空虚，给魏州驻军发动叛乱提供了机会。庄宗急忙派大将李嗣源前往平叛，但李嗣源的部队不久也发生了叛乱，硬逼着李嗣源当了皇帝。不久，庄宗死在战乱中，连个全尸都没能得到。

而李嗣源确实有资格当皇帝，而且他这个人好得有点儿让人难以置信：别的皇帝都是求仙求道，向天再借五百年，恨不得把皇宫坐穿，而他做了皇帝后，却无比虔诚地向上天祈祷：我受众人推举才勉强做了皇帝，无才无德，实在难以君临天下，拯救万民于苦海，求上天保佑，赶紧派个圣人来接手这个天下。

后人往往将明宗祈祷一事与同年出生的赵匡胤联系在一起，其实明宗又何必祈祷上天呢？他自己就是圣人——一个来自草根阶层的“五好圣人”。李嗣源是李克用的沙陀族小老乡，比李克用小10岁，不过李克用是头领朱邪赤心之子，而李嗣源的父亲却是个连姓氏都没有的下等公民。李嗣源的父亲单名一个“霓”字，霓跟随李克用父子南征北战，官至雁门部将，生子邈佶烈。邈佶烈13岁即在李克用麾下卖命，因作战勇敢，被李克用收为义子，赐名李嗣源。从此，李嗣源跟随李克用三十余年，南征北讨，屡立奇功。公元884年，李克用被朱温困在上源驿，险些被烧成焦炭，是李嗣源冒死相救，扶着李克用逾墙而走；公元896年，朱温围困朱瑄，是李嗣源带着300骑兵杀败了强悍的汴州军，把朱瑄从虎口中夺了回来，也成就了自己“李横冲”的美名；次年，又是李嗣源大败梁将葛从周于青山口，战斗结束后，人们发现他身中四箭，血流至腿，李克用亲自为其解衣敷药……李克用死后，他又协助庄宗李存勖浴血奋战十余年，生擒刘仁恭、刘守光父子，急援周德威、大败契丹，奇袭郓州、直捣梁都……他纵然不是后唐最勇猛的战将，但绝对是后唐最伟大的功臣。连庄宗自己都动情地对他说：“我的天下大多是义兄你打下来的，我愿与义兄共享富贵。”

李嗣源却从未有过非分之想。他不贪，也从不自夸。有一次，其他将领都在庆功宴上争先恐后地描述自己作战时如何英雄了得，唯有李嗣源沉默不语，有人问他这次战果如何，他缓缓地说：“你们都是用嘴杀敌，而我是用手。”众将听了都羞愧不已。

李嗣源本人并不想造反，更不想当皇帝。而且他刚进洛阳时，并未称帝，而是以监国的身份临朝。当时庄宗后宫里有1000多个宫女，负责人便挑了数百个年轻貌美的献给李嗣源，已经60岁的李嗣源明知故问：“要她们干什么？”答曰：“宫中事务不可缺人。”李嗣源又说：“这些人年纪轻轻的，懂得宫中的典章制度吗？”说完命人换了几百个老宫女，其余一律放出去与亲人团聚。

不久，李嗣源正式即位，史称后唐明宗。明宗在位时间只有短短的8年，但却开创了一个小小的盛世，给了混乱至极的五代历史一个难得的喘息时机，也给了饱受战乱之苦的五代百姓一份对未来生活的憧憬。

【事典心裁】

故事一：

顾觊之，字伟仁，南朝宋吴县（今江苏苏州市吴中区）人。他一生为官，清廉爱民。

起初，朝廷任命他为山阴县县令，当时山阴有三万民户，历来公事繁巨，号称难治。顾觊之上任以后，将一个公事极其繁杂难治的地方整治得讼息、政简，井井有条，足见其政治才能。

顾觊之不但能让一方百姓安居乐业，而且也善于治家，使得家门和睦，在地方上赢得了很高的名望。他一共有五个儿子，其中第三个儿子顾绰家中的财产最多，家道极为殷实。正因为这样，顾觊之的家乡不论士子平民，好多都欠着他的债。顾觊之对儿子向乡亲们放债的行为十分不满，曾多次劝阻，而顾绰总是不听。顾觊之在外做官，儿子又已自立门户，所以也想不出办法来制止儿子。

后来，朝廷任命他为吴郡太守，他终于回到家乡来做官了。

顾觊之对儿子放债之事一直耿耿于怀，心里始终未放下，这次回家乡任太守，便想出了一个办法。有一天，他找了个机会对顾绰说："以前我常常禁止你在乡里放债，现在仔细想一想，如果不这样做，搞得家里十分贫穷，也不是过日子的办法。你平时放的债，有多少人没有及时偿还？趁我现在回到家乡来当太守，我设法代你催要。不然的话，等到我以后不在家乡当官了，你哪里还能要得到这些债。你的债券都放在什么地方了，赶快拿出来！”

顾绰正为有些欠债难以讨回而伤脑筋，听父亲说准备为他撑腰，帮他讨债，真是大喜过望。心想凭他父亲在地方上当官的势力，讨起债来岂不是易如反掌？他急忙将别人欠债所写的文书全都拿了出来，竟然有满满一大橱子。此时，顾觊之见自己的计谋已经成功，便不管三七二十一，点起一把熊熊大火，将顾绰的所有借债文书烧了个精光。烧完文书，他郑重其事地向远近乡人宣告道：“你们欠三郎的所有债务，今后都不必再还了。所有的欠条，都已经被我一把火烧掉了。”

顾绰心理上没有丝毫准备，见自己这么多财产在父亲的一把大火中全都化为乌有，一下子受到沉重打击，以至于整天都十分懊丧，不停地唉声叹气，心里难过，却也不得不接受事实。

故事二：

做好事的目的不同，结果就大不一样。人的善心不该用来作为交易，否则就失去善良的本义了。一旦计较这些，人们的心里就失去了原本的安宁，为了得失寻找平衡，对受惠者颐指气使就不可避免了。这样，人们只能怨恨施惠者的虚伪，也不会再有丝毫的感激之情了。

唐玄宗时，安禄山发动叛乱。后来，随着形势的不利，安禄山的心情越来越坏，他开始随意惩罚身边的人，包括他

最信任的谋士严庄和贴身侍卫李猪儿。

严庄是安禄山一手提拔起来的心腹。当初，安禄山发现严庄是个人才，对他礼贤下士，很快就把他安置在重要岗位上。他曾对严庄推心置腹地说：“你是读书人，知道的道理比我多，你可以随时指出我的过失，我是绝不会怪罪你的。”

严庄受了安禄山的大恩，从此也一心报效，为他出谋划策，竭尽心力。他对朋友说：“安禄山对我有知遇之恩，我就是为他搭上性命也报不完呀。大恩不可言谢，我现在只有默默地做事报答他。”

李猪儿原是一个归降的童仆，安禄山喜欢他的聪明伶俐，破例把他留在身边服侍自己。他给李猪儿许多赏赐，又给了他许多特权，随时都让他陪伴自己。

安禄山起兵叛乱不久，他的眼睛便失明了，身上也长了毒疮，他的情绪开始烦躁不安了。直到后来叛军进展不利，战败的消息接连不断，安禄山的情绪更坏，他杀身边的人泄气，平时总是大吼大叫。严庄劝他说："胜败乃兵家常事，不应该过于认真。现在形势虽然对我军不利，但是并不是不可以挽救的。"

严庄话没说完，安禄山就指着他骂个不停，说："我对你有恩，你就是这样报答我吗？早知道你是个不中用的家伙，我就把你一刀砍了，留你有什么用呢？"

他命人鞭打严庄，打得他皮开肉绽。这样的凌辱发生过多次，严庄从心里恨他入骨，只是表面还保持恭顺。李猪儿也经常无缘无故遭到安禄山的痛骂和鞭打，安禄山还恶狠狠地对李猪儿说："我不收留你，你早死了，现在我就要了你的命也是应该的。"

严庄和李猪儿同病相怜，他们担心有一天安禄山会杀了他们，便勾结安庆绪，三人合谋，将安禄山杀死在床上。

安禄山自恃对严庄和李猪儿有恩，就无所顾忌地凌辱惩罚，而又不加丝毫防范，这是他对人缺乏了解的缘故。他施恩的用心并不真诚，严庄和李猪儿既已明白，他们当然会怨恨他，合谋反叛也就发生了。

第八十章　小国寡民

小国寡民。使民有什佰之器而不用；使重死而不远徙。虽有舟舆，无所乘之。虽有甲兵，无所陈之。使民复结绳而用之。甘其食，美其服，安其居，乐其俗。邻国相望，鸡犬之声相闻，民至老死不相往来。

【释义】

建立的国家要小，百姓要少。使百姓即使有十倍、百倍效率的各种器具也不使用。还使百姓重视生命而不向远方迁徙。虽然有船和车却没有必要去乘坐，有甲兵却没有必要

去布阵交锋，使百姓回到使用结绳记事的远古的自然状态中去。使百姓有甘甜美味的饮食、华丽的衣服、安适的住所、欢乐的风俗，邻国之间能够互相看得见，鸡犬之声能够互相听得到，百姓直到老死都没有往来。

【古典今读】

从老子在前面诸多章节的叙述中，我们不难体悟到老子所处时代的特征：战乱、压迫、贫瘠、饥饿、荒淫、贪婪……面对这样一个让人难以忍受的时代，老子有一种逃离的欲望，这种欲望是正当的，而绝非奢望。如何逃离？老子没有说明，而是向我们描述了他理想中的国度的情景：国家小得犹如一个安静的村落，国民也很少。虽然国小人少，但百姓是富足的，各种器具应有尽有，人们却都不去使用这些器具；统治者清心寡欲，不对百姓横加干涉，让他们生活得幸福安康；因对生命的存在极为重视，为了不浪费时间和精力，他们不向远方迁徙；他们虽然有船和车作为代步工具，但他们从不去乘坐；天下太平，即便拥有雄厚的军事实力，也无用武之地。这就使百姓回到结绳记事的远古时代。

老子的幻想将我们引领到了一个没有压迫、没有剥削的理想社会：百姓自给自足，没有战争和掠夺，没有心智和欺诈，没有凶悍和恐惧，百姓生活富足，这些都是这个社会的特点。这种单纯质朴的社会无疑令当时处于压迫和剥削下、饥寒交迫的人们神往。时隔两千多年，今天我们在品读老子理想生活图景时，依然感觉到它的美好。

老子的幻想并不是毫无根据的，这种理想的社会可能曾在人类历史上存在过相当长的时期，最后随着阶级的出现而灰飞烟灭了。那时的理想社会虽不像老子所描述的那样富足，但也并不十分匮乏，那里没有压迫，没有尊贵卑贱之分，人们虽然没有太多的知识，但人们没有狡诈、虚伪，没有你争我夺的心智，人和人之间以诚相待、以心交心，大家生活融洽、和谐幸福。

“甘其食，美其服，安其居，乐其俗”，老子用一连串的排比，来叙述他心目中理想社会的真实场景：有味道甘美的食物可供人们食用，有色泽华美的衣服可供人们穿戴，有安定的住所可供人们栖居，有令人愉快的风俗可供人们享受。这些在现代人看来，都是极其普通的生命需求，正是这种普通而简单的生活需要，才让人类生命的价值得以提高。我们都知道人的欲壑难填，老子在超越人类欲望的基础上，平静地提出自己的“理想国”的情景。老子在前面的章节中曾经指出，真正的富足就是知道满足，在此老子以“小国寡民”来提醒统治者不可贪婪地掠夺别国的土地，这也是他反战思想的另一种表达方式。老子鉴于当时统治者的贪婪本性提出了自己的政治见解，对统治者起到了敲警钟的作用；他所描述的理想社会给生活在压迫和战乱中的劳苦大众提供了一顿丰盛的精神佳肴，人们有了对美好生活的向往和追求，这无疑也具有重要的意义。

在本章的最后，老子着力描写了“小国”里的人们的生活和交际情况，他说“邻国相望，鸡犬之声相闻，民至老死，不相往来”。这句看似普通的言语却分明地道出了老子的处世观和生活态度，他认为人和人之间不应该交往，要“老死不相往来”。这种封闭保守的生活态度不是没有目的。我们都知道老子反对“多智”，他认为百姓巧智太多就会引发祸乱，是社会不稳定的因素，所以他不主张人们往来。

本章讲的是奉行了道德之后的社会状态，是理想的人间社会模式。

有人认为老子的“小国寡民”思想反文明，这是每个人的理解不同，从人生意义上来说，这种生活方式，真正体现了人类生命的价值。这种社会的状态与千百年来古今中外哲人们所追求的桃花源、大同世界、乌托邦、理想国等一样，可以说是一种向往、一种高的境界。

我们知道，孔子曾问道于老子，尽管二人的理念不尽相同，但在这点上，他们称得上一脉相承。

有一天，孔子的学生子路、子贡、颜回三人陪同孔子出游，一同置身于了鲁国边境的山峦中。山下是一大片肥沃的土地，却没有耕种，长满了野草。由于鲁国国势衰弱，常常遭到强邻齐国、楚国等国的侵扰。山下的这块土地正好是鲁国与齐、楚等国的边境，孔子看着肥沃的土地因地处交界处被人抛荒，感到十分惋惜。他叹了一口气，说：“你们三个就前面这块荒地谈谈各自的想法，让我来听听。”

老师的话刚刚落音，身为武将的子路就迫不及待地回答道：“我愿担当起保卫鲁国的责任。敌人的军队若从这里侵入，我就穿上威武的军装，高举战旗，吹起号角，擂响战鼓，率领一支军队冲向敌军，夺过他们的帅旗，杀得敌人望风而逃。我再乘胜扩大鲁国的疆土，使鲁国强大起来。”一番慷慨激昂的“演讲”完毕后，还没等别人搭话，子路又自豪地说：“这只有我仲由才做得到。子贡和颜回，你们就跟在我后边立功吧！”孔子没有任何表情，只是淡淡地说：“真是一名勇将。”

接着，擅长外交、口才出众的子贡说道：“这块土地是一个很好的战场，齐、楚等国的军队会在这里摆开阵势进攻鲁国。鲁国的军队也将摆开阵势在这里迎战。战鼓已经擂响，军队互相对峙，在战争一触即发的时候，我穿上外交家的白色礼服，在齐、楚的阵营前游说，坦陈利害，使他们不战而退。只有我这样才能挽救鲁国。子路和颜回你们俩只要跟着我就行了。”孔子仍然平静地评论说：“真是一个雄辩的外交家。”

轮到颜回了，他却退到一旁不语。孔子再三鼓励后，他才说：“我希望鲁国有一个贤明的国君，让我辅佐他，实行教化，宣扬礼仪，倡导良好的社会风气，使鲁国强盛起来。与邻国和睦相处，不劳民伤财，不需建筑防御敌人的城池，把刀剑化为农具，让牛马在这片肥沃的土地上自由劳作。因为永远没有战争，男人们不会因战争别离妻儿，子路的勇再也无用武之地，子贡雄辩的口才再也无处施展。那时天下已经太平。”

孔子沉醉于颜回描绘的美景中，非常感动。过了片刻，他才严肃地称赞说：“这是多么美好的前景、多么崇高的道德理想啊！”

【事典心裁】

故事一：

师旷是春秋时期晋国盲人音乐家，也是神话故事中“顺风耳”的原型。据说，他弹琴时，马儿会停止吃草，鸟儿会停止飞翔，甚至于惊天地、动鬼神。此外，师旷还是一位思想家，在诸侯国中享有盛名。

有一年，齐景公去访问晋国，晋平公特意让师旷一起作陪。齐景公久闻师旷大名，因此在席间特意向师旷请教如何治国：“太师，您能给寡人一些教诲吗？”

师旷说：“你只要记住对百姓好一点儿就行了！”

齐景公觉得师旷是在敷衍他，于是过了会儿又趁着酒兴正浓再问：“太师，还有什么教诲？”

师旷还是那句话：“对百姓好一点儿！”

兴许他是喝醉了吧！齐景公这样想。过了几天，他专门挑了个大家都很清醒的时间，再次请教师旷，没想到师旷还是那句：“对百姓好一点儿！”

此后一直到回国，齐景公反复思考着师旷那句话：“对百姓好一点儿？为什么要对百姓好一点儿呢？我对百姓不好吗？还有谁比我更关心百姓吗？哦，对了，我的两个弟弟公子尾和公子夏，他们也很得民心，如果说齐国谁对我还有威胁的话，也只有这两个人了。师旷反复叫我对百姓好一点儿，是不是暗示我要与两个弟弟争夺民众的支持呢？嗯，肯定是了。我一定要比他们对百姓更好。”

本着这一思路，齐景公回国后采取了一系列措施讨好老百姓，包括开仓济贫、体恤孤寡、放归宫女等等，这些措施使老百姓得到了实惠，自然获得了相应的拥护和爱戴。而齐景公的两个弟弟眼见自己在齐国不会有出路，没多久便分别流亡去了楚国和晋国，齐景公取得了争夺民众的成功。

毫无疑问，师旷的本意绝非齐景公想像得那么功利，师旷是在劝齐景公发自内心地对百姓好。因为一个君王，只有发自内心地对百姓好，百姓才会发自内心地拥护他、热爱他。这道理放诸四海、放诸古今而皆准，也一点儿都不难理解。齐景公偏偏把这简单的道理复杂化、功利化，在于他自私，是其长期勾心斗角的强大惯性使然。但是，即便如此，齐景公最终歪打正着，也说明对百姓好，终究不会错。

那么，我们也应该学会对别人好一点儿。对人好一点儿，是基本的做人之道。

故事二：

据说，唐代大诗人贺知章在长安为官时，他家对面住着一个姓王的老头。王老头没有家眷，只有一个小僮，他经常骑着一头小毛驴出入市井，仅靠卖串钱的索子为生，但他五六年来总是穿着一样的衣裳，却总是新的，这说明他经济上很宽裕，可以一次做下上百套同样款式的衣裳。然而，王老汉却总是刻意保持低调，生活也很平淡。

贺知章觉得王老汉非同寻常，便经常登门拜访，一来二去，王老汉超凡脱俗的人品愈加吸引贺知章。随着时间的推移，二人的关系越来越密切。这时候，王老汉便告诉贺知章，自己其实是个修道的人，精通炼丹术，能够炼出黄金白银。贺知章倒不像寻常百姓那样迷恋金银，但他热衷修道，于是便奉上了一颗价值不菲的夜明珠，权当学费。老汉也不推辞，可他接过夜明珠后直接递给身旁的小僮，小僮转身出门，不一会儿带回来30多个烧饼，并当着贺知章的面回报主人，这就是刚才那颗夜明珠换的！王老汉说："好，你下去吧！"小僮走了。

贺知章心里很别扭，他想，我这颗可是夜明珠啊，再不值钱也不至于才换30个烧饼吧？王老汉看在眼里，当即严肃地开导他：“这就是我给你上的修道的第一课啊！你怎么能过分看重经济利益呢？道这个东西是用心来体会的，要想真正体会道的真谛，就不能去计较贫富。你现在的问题是对金钱的心思太重，所以学不好道术。唯一的办法就是走出大都市的牢笼，回到乡间，去到深山老林中，到穷的什么都没有的山沟里去。等你得道之后你就会明白，所谓荣华富贵，不过是过眼云烟。”

见贺知章似懂非懂，王老汉又说：“比如刚才那颗夜明珠吧，想必它耗费了你很多心血，试问一下，你是为自己活着，还是为珠子活着呢？”

贺知章当即了悟，说：“真是啊！自从有了这颗珠子，我时而担心它丢了，时而又担心它坏了，真的费了很多心思。”

王老汉呵呵一笑，指着烧饼说：“现在，它只是一些烧饼而已，我们一起享用如何？”

贺知章一边吃着饼，一边想：自己这几十年来，处在官场，所听到看到的，无不是你抢我夺，尔虞我诈。富贵倒也有了，金银倒也有了，但也都成了人生的负累……过了没多久，贺知章便向皇上提出要告老还乡，回到了阔别几十年的老家，做了个业余道士。

第八十一章　圣人之道

信言不美，美言不信。善者不辩，辩者不善。知者不博，博者不知。圣人不积，既以为人，己愈有；既以与人，己愈多。天之道利而不害，圣人之道为而不争。

【释义】

真实可信的言语不华美，华美的言语不可信。善良的人忠厚老实不巧言善辩，巧言善辩的人不善良。有真知灼见的人不求知识广博，有广博知识的人不可能有真知灼见。圣人不私自积藏，他尽量帮助别人，自己反而更富有；他尽量给予别人，自己反而更丰富。天道的法则是利于万物而不妄加伤害，圣人的法则是施惠众人而不与人争夺。

【古典今读】

巧加掩饰，为自己的错误大加辩解，真可称得上巧言善辩了。这种人心地如何呢？毫无疑问，这种人肯定是不善良的，也是没有道德感的。真正善良的人，绝不会与人争论是非，对自己的所作所为和功过是非不进行争辩，他们虽然木讷，但是非分明；看似愚钝，但心如明镜；他们不善于论人，也不善于为自己争辩，一切尽在不言中。老子认为，这些不善于用花言巧语来争辩的人是完善的，其本质也是善良的。我们常说"言多必失"，言语发展到今天，其作用大大超越了原始意义上的交流需求，它已经成为现代人生存必不可少的工具；尤其在社交场所，言语起到了无可替代的作用，这一点谁也无法否认。在老子看来，言语的负面作用比正面作用大，这是他所处的时代背景造成的，所以他有这种看法也无可厚非。我们必须清醒地认识到，老子绝不是要我们都成为"哑巴"，他只是强调言语上升到"善辩"这一层次所出现的弊端，他将言语和人的善良本质联系起来不是没有道理的，这在今天看来，依旧具有重要意义。

对于获得知识的博与专，老子有他自己的见解，他称"知者不博，博者不知"。关于这一问题的讨论，直到现在仍未休止，一般意义上的知识广博和专精是不能说明老子的理论的。老子在这里强调的是对道的把握（真知）和多闻（广博）的辩证关系，在老子看来，多闻并不能真正地明白道，明白道的人并不靠广博闻得。

“圣人不积，既以为人，己愈有；既以与人，己愈多。”这句话在现代人看来或许会不理解，自己的东西给了别人，自己怎么就更富有了呢？在这里，我们从精神和物质层面上来解释：自己的东西（物质的、有形的）给予了别人，东西是变少了，但自己的精神财富（无形的）却上了一个台阶，给予了别人，却换来了自己内心的充实。这难道不是自己变得更富有和充足了吗？

“天之道利而不害，圣人之道为而不争。”这是全章的总结，也是整部《道德经》的总结，老子以一句极富鼓动性的话结束了五千言。看啊，苍茫的天地之间，人类就如同浩瀚大海里的游鱼，成群结队，大小不一。我们参与竞争，常常被强大的对手吞噬；我们成长、衰老、消亡，我们都喜欢生而讨厌死，因为生是幸福的；抬头看天上的星星，低头看草叶上的露珠，这一切都让人欣喜和感动。天地给予我们的并不只有这些，这些美丽的事物是天地给予我们的礼物，它无私地给予着，让我们人类尽情地享受着它带给我们的美好，它不要求回报，更不用说去伤害我们了。圣人也是如此，他只是默默地奉献而不要求我们的回报，他和万物没有纷争、没有打斗，只有奉献、没有索取，更没有欲望和妄为。这是多么幽远、高深的境界，但他看起来又是这般普通！

老子讲完了八十章之后，重新强调了圣人的标准和特点，以此让天下人都能够明白一切，能够幸福而自在地生活。

圣人明白自然之道，明白满招损而谦受益，所以绝不自满自骄，而是自谦益人。他们不会为自己而积蓄，所有的积蓄都会尽力帮助别人。正是由于他们谦虚，所以他们就会受益，反而得到的更多。

最后老子总结道：“天之道利而不害，圣人之道为而不争。”天道有利于万物，却不伤害万物；圣人之道也是如此，有所作为却不与人争夺。也就是说，圣人为人处世，把别人的利益放在了第一位。我们应效法圣人，做到不与人争，处处以人为先，以己为后，正如那名扬天下的“飞将军”李广一样。

汉朝讨伐匈奴的名将李广，是位令匈奴人闻风丧胆的虎将，有“飞将军”的美名。然而，李广却是一个处处以人为先的人。遇到皇帝恩赐犒赏时，他总是毫不吝惜地与士兵们分享。吃饭的时候，等全体士兵到齐都吃上饭，他才开始用餐。行军途中，到泉水、井垣处，待全体部下解渴后，他才饮用。总之，一切以部下为先。因此，他的部下都能效忠他。

李广处处以人为先，以己为后，结果他不但没有失去什么，反而得到了下属的誓死效忠。司马迁评价李广：“桃李不言，下自成蹊。”即桃树、李树虽默默不语，但它开出芬芳的花朵，结出甜美的果实；所以人们自然而然地就会聚集在它周围，踩出一条道路。正如老子所说，遵循大道行事的圣人，他“为而不争”，但他优美的言辞却得到别人的尊敬，美好的行为得到别人的景仰。效法圣人的你倘若处处以人为先，以己为后，那么你就会像圣人一样被人尊敬，你会因此获得更多人缘，得到更多利益。

【事典心裁】

老子说："圣人不为自己囤积，他尽力帮助别人，而自己更充实；他把自己所有的施予众人，自己也更丰富。真正的天道，是对天下有利而不妨害万物；圣人之道，是服务于天下而不与人争。"这说的是"舍得之道"。

舍与得的问题，多少有哲学的意味。舍得，舍得，先有舍才有得；不舍不得，小舍小得，大舍大得，舍即是得。舍是得的基础，将欲取之，必先予之。因而人生最大的问题不是获得，而是舍予，无舍尽得谓之贪；而贪者，万恶之首也。领悟了舍得之道，对于做人做事都有莫大的益处。做人，应该抛弃贪婪、虚伪、浮华、自私，力求真诚、善良、平和、大气。做事，应该有所为有所不为。

生活本来就是舍与得的艺术，我们在选择中走向成熟。做学问要有取舍，做生意要有取舍，爱情要有取舍，婚姻也要有取舍，实现人生价值更要有取舍。正如孟子所说："鱼，我所欲也；熊掌，亦我所欲也。二者不可兼得，舍鱼而取熊掌者也。"人生即是如此，有所舍而有所得，在舍与得之间蕴藏着不同的机会，就看你如何抉择。倘若因一时贪婪而不肯放手，结果只会被迫全部舍去，这无异于作茧自缚，而且错过的将是人生最美好的事物，即使最后也能获得些什么，那也是一种得不偿失的行为，何苦来哉？

记住：给予不是无奈地放弃，而是智慧的选择。

古时候，有位富翁很想帮帮附近的穷人，为慈善事业略尽绵力，但他的妻子非常小气，别说旁人，就是亲戚朋友遇到困难，她也不愿接济，两人总为这事争吵。

富翁请来一位高人，让他择机点化自己的妻子。高人一看，富翁的妻子果然吝啬，嘴上说得比蜜甜，什么“高人请进”，“大德请坐”，却连一杯茶都舍不得，只倒了一杯白开水。高人并不计较，欣然接受。只是不知为什么，他居然把两只手攥成拳头，夹着杯子喝水。富翁的妻子看在眼里，“扑哧”一笑。

高人明知故问：“您在笑什么？”

她迟疑着说：“您的手……是不是有毛病？怎么总是攥着拳头？”

高人问：“攥着拳头不好吗？”

“当然不好了，天天这么攥着，手就成畸形了。”

“哦——”高人像是恍然大悟一般，伸开双手，并且故意把十个指头都伸得僵直，然后用两个手掌夹着杯子喝水。

富翁的妻子又是“扑哧”一笑，说：“您的手虽然不攥着了，但总这样也不好，时间长了，还得畸形啊！”

“你说得对，”高人点点头，认真地说，“总是攥着拳头会成畸形，总是伸着巴掌也会成畸形，这就如同我们的钱财，总是一文钱攥出汗来，不肯松开，天长日久，我们的财富观念就会变得畸形；但总是大手大脚，只知消费，不知积存，同样是畸形的财富观。金钱如水，必须流转起来，才能实现它的价值。”

富翁的妻子越听越脸红，她狠狠地瞪了富翁一眼，心说原来你请他是给我上财富课的！看我怎么收拾你俩。正想着，家里养的一只小猴子跑了进来，她立即起身将小猴子抱过来，对高人说：“您看，这小猴子多可爱呀！跟我们人类的模样差不多。您既然是高人，能不能把它变成人呢？”

富翁一听，这不是刁难人吗？刚想解围，高人却说：“无妨，猴子不过比人多了一身毛，若肯舍弃，做人有何难？我试试看。不过，能不能变成人，主要看它自己的造化。”说完，高人走近些，伸手要从猴子身上拔一根毛。小猴子吓得吱吱乱叫，一脚蹬开女主人，逃出了屋外。高人注视着富翁的妻子，意味深长地开导道：“一毛不拔，怎能做人？舍得，舍得，不肯舍，哪能得？”

富翁的妻子羞愧地低下头，再也无话可说。